THE
GHIDRA BOOK

THE
GHIDRA BOOK

기드라 리버스 엔지니어링 완벽 가이드

크리스 이글 · 카라 낸스 지음   윤우빈 옮김

i!i
에이콘

 에이콘출판의 기틀을 마련하신 故 정완재 선생님 (1935-2004)

과학과 사실에 기반을 둔 의사결정을 믿는 모든 사람의
노력과 희생으로 COVID-19라는 글로벌 위기에 대응해
우리에게 희망의 빛을 안겨준 모든 사람에게...

기술을 조사하고 이해하는 데 열정적인 모든 소녀와
그들을 지원하고 격려하는 모든 남성과 여성에게...
꿈을 크게 갖고 계속해서 탐험하길 바란다!

지은이 소개

크리스 이글 Chris Eagle

40년 경력의 리버스 엔지니어로, 『IDA Pro Book』」(2판 한국어판, 에이콘, 2012)의 저자이며 인기 있는 리버스 엔지니어링 교육자다. 수많은 리버스 엔지니어링 툴을 만들었고 블랙햇Blackhat, 데프콘Defcon, 쉬무콘Shmoocon과 같은 보안 콘퍼런스에서 발표자로 활약했다.

카라 낸스 Kara Nance

개인 보안 컨설턴트로, 수년 동안 컴퓨터공학 교수로 재직했다. 허니넷Honeynet 프로젝트의 이사회에서 활동했으며 세계적인 콘퍼런스에서 수많은 강연을 했다. 기드라 익스텐션 만들기를 좋아하며 정기적으로 기드라 교육을 제공한다.

기술 감수자 소개

브라이언 헤이 Brian Hay

수년간 리버스 엔지니어이자 교수이며 소프트웨어 개발자로 일했다. 많은 콘퍼런스에서 연설하고 가르쳤으며 현재 보안 기술 연구 기업의 선임 연구원으로 일하고 있다. 기드라와 같은 흥미진진한 새로운 툴을 교육하고 테스트하기 위한 가상화된 환경을 설계하고 개발하는 일에 전문성을 갖고 있다.

감사의 글

이 책은 노스타치 출판사^{No Starch Press} 직원들의 전문적인 도움과 지원이 없었다면 출판되지 못했을 것이다. 빌 폴락^{Bill Pollock}과 바바라 이옌^{Barbara Yien}은 기드라에 대한 책을 만들고자 했던 우리들의 목표를 지원해줬고 그동안의 여정 동안 우리를 신뢰해준 데 대해 깊은 감사를 드린다. 책 내용 구성에 대한 애서베스카 위치^{Athabasca Witschi}의 초기 피드백은 귀중한 통찰력과 방향을 제공해줬다. 로렐 천^{Laurel Chun}은 우리의 질문에 인내를 갖고 지속적으로 지원해줬으며, 우리가 매우 자랑스럽게 여기고 있는 이 책을 완성하는 데 많은 도움이 됐다. 또한 카트리나 테일러^{Katrina Taylor}와 바톤 리드^{Barton D. Reed}, 섀런 윌키^{Sharon Wilkey}, 다니엘레 포스터^{Danielle Foster}를 비롯해 이 꿈을 현실로 만들기 위해 '보이지 않는 곳에서' 노력해준 모든 사람에게 감사를 드린다.

수많은 단어와 예제를 검토해준 편집자 브라이언 헤이에게 감사드린다. 기드라에 대한 그의 지식과 경험은 이 책의 기술적인 내용이 견고하다는 것을 확인하는 데 도움이 됐으며, 그의 강의 경험은 경험이 없거나 경험을 갖춘 리버스 엔지니어 모두에게 호소력 있는 방식으로 내용을 작성하는 길잡이가 돼줬다.

기드라를 개발하고 오픈소스 프로젝트로 전 세계에 공유한 NSA^{National Security Agency, 국가안보국}의 과거와 현재의 기드라 개발 팀 모두에게 감사드린다.

카라는 기술을 배우는 동안 인내심을 가져준 벤^{Ben}에게 감사를 드리며, 글을 쓰는 동안 인내심으로 기다려준 케이티^{Katie}에게도 감사를 드린다. 또한 젠^{Jen}의 영감을 주는 소개와 항상 그녀를 믿어준 디키^{Dickie}와 레노라^{Lenora}에게도 감사를 드린다. 마지막으로 매일 매시간 유머와 지속적인 지원을 아끼지 않은 브라이언에게 감사드린다. 모두의 지원이 없었다면 이 책이 출판되는 것은 불가능했을 것이다.

옮긴이 소개

윤우빈

기존의 IT 기술과 새로 만들어지고 있는 최신 기술을 보안이라는 관점에서 이해하고 새로운 기술, 비즈니스 영역의 새로운 보안 위협과 그에 대한 대응 기술을 고민하며, 에이콘출판사를 통해 다양한 보안 관련 지식을 공유하고자 노력하고 있다. 지금도 여전히 새로운 분야에 대한 보안 기술 연구와 다양한 보안 기술 개발을 위해 진땀을 흘리고 있다.

옮긴이의 말

리버스 엔지니어링은 전통적으로 소프트웨어 보안과 디지털 포렌식, 악성코드 분석, 보안 취약점 연구 등 사이버 보안 영역에서 필요한 중요 기술로 자리 잡고 있습니다. 오늘날의 IT 환경은 클라우드 컴퓨팅, 사물인터넷^{IoT, Internet of Things}, 인공지능^{AI, Artificial Intelligence} 등 혁신적인 기술이 주도하고 있으며 앞으로도 새로운 IT 기술이 주도하는 방향으로 끊임없이 진화해갈 것입니다. 그러한 새로운 기술들은 새로운 기회를 제공하지만 새로운 형태의 보안 위협에 직면하게 하고 있습니다. 전통적인 보안 위협뿐만 아니라 새로운 형태의 보안 위협에 대응하는 데 기본적으로 필요한 기술이 소프트웨어 분석 능력입니다. 단순한 소프트웨어 분석 역량이 아닌 보안 위협의 본질을 파악하고 그것을 역추적할 수 있는 기술과 통찰력이 필요합니다. 이를 위해 사이버 보안 전문가에게 필요한 기본 도구 중 하나가 리버스 엔지니어링 도구입니다. 기드라는 오픈소스 리버스 엔지니어링 도구 중 가장 강력하고 유연합니다. 오픈소스이기 때문에 전 세계의 사이버 보안 전문가와 연구자들이 적극적으로 기능을 발전시키고 있다는 장점이 있습니다. 기드라는 강력한 디컴파일러와 디스어셈블러를 포함하고 있으며 복잡한 바이너리 분석을 손쉽게 수행할 수 있는 다양한 기능을 제공하고 있습니다.

기드라의 설치부터 기본 사용법 그리고 기드라가 제공하는 다양한 기능 및 활용 방법을 자세히 설명하며, 사용자가 필요하다면 자신만의 고유한 기능을 만들어 사용할 수 있는 방법까지 자세히 다루는 것이 이 책입니다. 즉, 리버스 엔지니어링을 수행해야 하는 사이버 보안 담당자를 위한 종합적이고 전문적인 안내서이자 실용적인 지침서라고 할 수 있습니다. 기드라를 활용한 리버스 엔지니어링의 세계를 깊이 이해하고 자신의 리버스 엔지니어링 능력을 한 단계 끌어 올리는 기회가 되길 바랍니다.

끝으로 언제나 좋은 IT 서적을 출판하기 위해 노력하고, 항상 가족처럼 대해주시는 에이콘출판사 가족 분들께 감사의 말을 전합니다.

오탈자
한국어판의 정오표는 에이콘출판사 도서정보 페이지 http://acornpub.co.kr/book/ghidra-book에서 볼 수 있다.

문의 사항
한국어판에 관한 질문은 에이콘출판사 편집 팀(editor@acornpub.co.kr)이나 옮긴이의 이메일로 문의하길 바란다.

간단 목차

목차

1부 소개

1장 디스어셈블리 소개 37

3부 자신을 위한 기드라 만들기

들어가며

현재와 미래의 리버스 엔지니어에게 기드라를 소개하는 것이 이 책의 목표다. 숙련된 리버스 엔지니어의 손에서 기드라는 분석 과정을 유연하게 만들고, 리버스 엔지니어의 분석 작업을 개선하고 각자의 요구 사항에 맞게 사용자 정의와 기능을 확장할 수 있다. 리버스 엔지니어라면 기드라를 쉽게 사용 가능하다. 특히 이진 바이너리 분석을 시작할 때 내장된 디컴파일러는 디스어셈블리 코드와 하이레벨 언어 간의 관계를 명확히 이해할 수 있게 해준다.

기드라에 대한 책을 쓰는 일은 쉽지 않다. 기드라는 지속적으로 진화하고 있는 복잡한 오픈소스 리버스 엔지니어링 툴이다. 기드라 커뮤니티는 계속해서 기드라의 기능을 개선하고 확장해 나가고 있다. 새로운 오픈소스 프로젝트들과 마찬가지로 기드라는 빠른 속도로 진화돼 릴리스되고 있다. 이 책을 집필하는 동안 가졌던 주요 목표는, 기드라가 진화함에 따라 현재와 미래의 기드라 버전을 이해하고 당면한 리버스 엔지니어링 문제를 해결하는 데 기드라를 효과적으로 활용할 수 있도록 광범위하고 깊은 지식 기반을 제공하는 것이었다. 가능한 한 기드라 버전을 가리지 않으려고 노력했다. 다행스럽게도 새로운 버전의 기드라가 나오더라도 문서화가 잘돼 있으며, 책에서 설명한 기드라 버전과 새로운 버전 간에 차이가 발생할 경우 버전별로 자세한 가이드를 제공하는 변경 사항 목록이 있다.

이 책의 소개

기드라를 전반적으로 설명하는 첫 번째 책이다. 즉, 기드라를 사용해 리버스 엔지니어링을 수행하는 내용의 전반을 다룬다. 리버스 엔지니어링 세계에 새로운 탐험가를 데려오기 위해서 기드라를 소개하는 내용과 경험 있는 리버스 엔지니어의 세계관을 확장시켜줄 수 있는 진보된 내용을 제공하며, 초보자 및 베테랑 기드라 개발자 모두가 기드라의 광범위한 기능을 지속적으로 확장시킬 수 있고 기드라 커뮤니티에 기여하는 데 도움이 되는 예제를 제공한다.

대상 독자

야심차고 경험이 풍부한 소프트웨어 리버스 엔지니어를 대상으로 하는 책이다. 책의 초반부에서 리버스 엔지니어링을 소개하고, 기드라로 바이너리를 탐색하고 분석하는 데 필요한 배경 지식을 제공하기 때문에, 리버스 엔지니어링 경험이 없어도 상관없다. 자신의 툴킷에 기드라를 추가하고자 하는 숙련된 리버스 엔지니어라면 처음 2개의 부에서 기드라에 대한 기본적인 지식을 빠르게 숙지한 다음 관심 있는 장으로 이동해서 보면 된다. 기드라 사용 경험이 있는 사용자나 개발자라면 새로운 기드라 익스텐션을 만들고 자신의 경험과 지식을 기드라 프로젝트에 기여할 수 있도록 책의 후반부를 집중해서 볼 수도 있다.

이 책의 구성

총 5개의 부로 구성돼 있다. 1부에서는 디스어셈블리와 리버스 엔지니어링, 기드라 프로젝트를 소개한다. 2부에서는 기본적인 기드라 사용법을 설명하고, 3부에서는 사용자가 원하는 대로 사용자 지정 방법과 자동화 방법을 설명한다. 4부에서는 특정 유형의 기드라 모듈과 지원 개념을 설명한다. 5부에서는 리버스 엔지니어가 마주치게 되는 몇 가지 실제 상황에 기드라를 적용하는 방법을 설명한다.

1부: 소개

1장: 디스어셈블리 소개

1장에서는 디스어셈블리의 이론과 실행에 대해 소개하고 2가지 일반적인 디스어셈블리 알고리듬의 장단점을 살펴본다.

2장: 리버싱과 디스어셈블리 툴

2장에서는 리버스 엔지니어링과 디스어셈블리에서 사용할 수 있는 툴의 종류를 알아본다.

3장: 기드라를 만나다

3장에서 비로소 기드라를 만나고 그 기원과 기드라 오픈소스 툴을 사용하는 방법을 가볍게 살펴본다.

2부: 기본적인 기드라 사용법

4장: 기드라 시작하기

기드라와 함께하는 본격적인 여정은 4장부터 시작된다. 프로젝트를 만들고, 파일을 분석하고, 기드라의 그래픽 사용자 인터페이스^{GUI, Graphical User Interface}를 이해함으로써 기드라가 작동하는 모습을 처음 엿볼 수 있다.

5장: 기드라 데이터 디스플레이

5장에서는 파일 분석을 위한 기드라의 주요 툴인 CodeBrowser를 설명한다. 또한 CodeBrowser의 창 구성도 경험한다.

6장: 기드라의 디스어셈블리 이해

6장에서는 기드라 디스어셈블리를 이해하고 이용하는 데 필요한 기본적인 개념을 설명한다.

7장: 디스어셈블리 코드 변경

7장에서는 기드라의 분석을 보완하고 자체 분석 과정의 일부로 기드라 디스어셈블리를 조작하는 방법을 알아본다.

8장: 데이터 타입과 데이터 구조체

8장에서는 컴파일된 프로그램에서 발견되는 간단하거나 복잡한 데이터 구조체를 정의하고 변경하는 방법을 살펴본다.

9장: 상호 참조

9장에서는 상호 참조와 상호 참조가 그래프 작성을 어떻게 지원하는지, 그리고 프로그램의 동작을 이해하는 데 어떻게 핵심적인 역할을 하는지 자세히 설명한다.

10장: 그래프

10장에서는 기드라의 그래프 기능과 바이너리 분석 툴로 그래프를 이용하는 방법을 설명한다.

3부: 자신을 위한 기드라 만들기

11장: 소프트웨어 리버스 엔지니어링 협업

11장에서는 기드라의 고유한 기능인 기드라를 이용한 협업 지원을 소개한다. 기드라 서버를 설정하는 방법 및 다른 분석가와 프로젝트를 공유하는 방법을 살펴본다.

12장: 기드라 사용자 정의

12장에서는 개별적인 분석 워크플로를 지원하고자 프로젝트와 툴을 설정함으로써 기드라를 사용자 정의하는 방법을 설명한다.

13장: 기드라의 세계관 확장

13장에서는 기드라가 새로운 바이너리 구조를 인식할 수 있게 라이브러리 시그니처 및 기타 특정 콘텐츠를 만들고 적용하는 방법을 알려준다.

14장: 기드라 스크립트

14장에서는 기드라의 인라인 편집기를 사용해 파이썬과 자바로 작성하는 기드라의 스크립트 기능을 소개한다.

15장: 이클립스와 기드라

15장에서는 이클립스를 기드라에 통합시키고 그에 따른 강력한 스크립트 기능으로 기드라 스크립트를 새로운 수준으로 끌러올릴 것이며, 예제를 통해 새로운 분석기를 만들어본다.

16장: 기드라 헤드리스 모드

16장에서는 GUI가 없는 헤드리스 모드에서 기드라를 사용하는 방법을 소개한다. 그리고 대규모의 반복적인 작업에서 헤드리스 모드가 제공하는 장점을 살펴본다.

4부: 심층 분석

17장: 기드라 로더

17장에서는 기드라에서 파일을 임포트하고 로드하는 방법을 자세히 설명한다. 그리고 이전에 인식되지 않은 파일 형식을 처리하기 위한 새로운 로더를 만들어본다.

18장: 기드라 프로세서

18장에서는 프로세서 아키텍처를 정의하기 위한 기드라의 SLEIGH 언어를 소개한다. 또한 기드라에 새로운 프로세서와 명령을 추가하는 과정을 경험한다.

19장: 기드라 디컴파일러

19장에서는 기드라의 매우 인기 있는 기능 중 하나인 기드라 디컴파일러를 자세히 설명한다. 기드라 디컴파일러가 내부적으로 어떻게 동작하고 분석 과정에 어떻게 기여하는지 살펴본다.

20장: 컴파일러

20장에서는 다른 컴파일러로 컴파일되거나 대상 플랫폼이 다른 코드에 대해 설명한다.

5부: 실제 분석에 적용

21장: 난독화된 코드 분석

21장에서는 코드를 실행시키지 않는 정적 분석으로 난독화된 코드를 분석하는 방법을 설명한다.

22장: 바이너리 패치

22장에서는 분석을 수행하는 동안 기드라를 이용해 바이너리를 패치해서 새로운 버전의 패치된 바이너리를 만드는 방법을 설명한다.

23장: 바이너리 비교와 버전 추적

23장에서는 기드라를 이용해 두 바이너리 간의 차이점을 식별하는 방법과 바이너리의 버전을 추적하는 기능을 간단히 소개한다.

부록: IDA 사용자를 위한 기드라

IDA에 익숙한 사용자를 위해 부록에서는 IDA 용어와 사용법을 기드라의 유사한 기능에 매핑시키기 위한 팁과 트릭을 제공한다.

> **참고** 이 책에서 사용하는 코드는 https://nostarch.com/GhidraBook/과 https://ghidrabook.com/ 에서 확인할 수 있다. 동일한 코드를 에이콘출판사 도서정보 페이지(http://acornpub.co.kr/book/ghidra-book)에서도 다운로드할 수 있다.

1부

소개

1

디스어셈블리 소개

여러분은 이 기드라 책에서 어떤 것을 기대해야 할지 궁금할 것이다. 이 책은 분명 기드라를 중점적으로 다루고 있지만 기드라 사용 설명서로 만든 것은 아니다. 이 책에서는 다양한 소프트웨어를 분석해서 유용한 정보를 찾아내는 리버스 엔지니어링 기술을 위한 툴로 기드라를 사용할 계획이다. 그리고 적절히 특정 작업을 수행하기 위한 세부적인 단계를 설명한다. 결과적으로 파일의 초기 분석 시 수행해야 할 기본 작업부터 시작해서 까다로운 리버스 엔지니어링 문제를 위한 기드라의 고급 사용 방법 및 사용자 정의 방법까지 살펴본다. 하지만 기드라의 모든 기능을 설명하지는 않고 리버스 엔지니어링을 수행하는 데 있어 필요한 유용한 기능을 설명할 것이다. 이 책은 여러분의 무기고에서 기드라를 가장 강력한 무기로 만드는 데 도움이 될 것이다.

기드라의 세부 내용을 살펴보기에 앞서 디스어셈블 과정에 대한 몇 가지 기본적인 내용과 컴파일된 코드를 리버스 엔지니어링하기 위한 다른 툴들에 대해 간단히 살펴보자. 살펴볼 다른 툴들이 기드라가 제공하는 전체 기능과 일치하지 않을 수는 있지만 각 툴은 기드라의 특정 기능에 부합할 수 있으며 그렇게 함으로써 기드라의 특정 기능에 대한 가치 있는 통찰력을 얻을 수 있을 것이다. 1장의 나머지 부분은 하이레벨에서 디스어셈블 과정을 이해할 수 있게 설명할 것이다.

디스어셈블리 이론

프로그래밍 언어를 공부한 사람이라면 누구나 다양한 세대의 언어에 대해 배웠을 것이다. 그러나 그에 대해 잘 모르는 사람을 위해 간략히 요약했다.

1세대 언어: 1세대 언어들은 일반적으로 1과 0 또는 16진수와 같은 함축된 형식으로 구성되며, 바이너리를 그대로 읽어야 하는 가장 낮을 수준의 언어다. 모든 내용이 비슷하게 보이기 때문에 1세대 언어에서는 명령어와 데이터를 구별하기가 어렵다. 1세대 언어를 기계어, 경우에 따라서는 바이트 코드byte code라고도 할 수 있으며, 기계어 프로그램을 종종 바이너리binary라고 한다.

2세대 언어: 2세대 언어를 어셈블리어라고 하며, 기계어와는 달리 단순한 테이블 조회이며 일반적으로 특정 비트 패턴이나 오피코드opcode를 짧지만 기억하기 쉬운 문자 시퀀스인 니모닉mnemonic이라고 하는 것에 매핑한다. 프로그래머는 니모닉을 통해 관련된 명령을 기억할 수 있다. 프로그래머는 어셈블러라는 툴을 이용해서 어셈블리어로 작성된 프로그램을 실행 가능한 기계어로 변환한다. 완벽한 어셈블리어에는 일반적으로 명령을 위한 니모닉뿐만 아니라 최종 바이너리에 포함되는 코드와 데이터의 메모리 레이아웃을 지시하기 위한 지시문directive이 포함된다.

3세대 언어: 3세대 언어는 프로그래머가 자신의 프로그램을 위한 구성 요소로 사용하는 키워드와 구조를 도입해 자연어의 표현 능력을 한층 향상시킨 언어다. 3세대 언어는 일반적으로 플랫폼에 독립적이지만 작성된 프로그램이 특정 운영체제의 고유한 기능을 이용하기 때문에 결과적으로 플랫폼에 종속적이게 된다. 자주 인용되는 3세대 언어의 예로는 FORTRAN, C, 자바가 있다.

프로그래머는 일반적으로 컴파일러를 이용해서 자신의 프로그램을 어셈블리 언어 또는 기계어(또는 바이트 코드와 같은 언어)로 변환한다.

4세대 언어: 4세대 언어가 존재하긴 하지만 이 책과 관련이 없기 때문에 따로 언급하지는 않을 것이다.

디스어셈블리란

전통적인 소프트웨어 개발 모델에서 컴파일러, 어셈블러 그리고 링커는 실행 가능한 프로그램을 만들어내고자 단독으로 사용되거나 조합해서 사용된다. 프로그램을 리버스 엔지니어링하려면 어셈블리와 컴파일 과정을 거꾸로 돌리기 위한 툴을 사용한다. 당연히 그런 툴들을 디스어셈블러disassembler와 디컴파일러decompiler라 부르며, 그 기능은 이름 자체가 나타내는 것과 동일하다. 디스어셈블러는 어셈블리 프로세스를 거꾸로 돌리는 것이기 때문에 출력 결과는 어셈블리어가 된다(물론 입력은 기계어가 된다). 디컴파일러는 어셈블리어나 심지어 기계어를 입력으로 받아들여 하이레벨의 언어 코드를 출력해준다. '소스코드를 복원'해주는 것은 경쟁 소프트웨어 시장에서는 매우 매력적이기 때문에 유용한 디컴파일러를 개발하는 것은 컴퓨터 과학 영역에서 활발히 연구되고 있는 분야다. 다음은 디컴파일이 어려운 몇 가지 이유를 나열한 것이다.

컴파일 과정을 거치면 손실이 발생한다. 기계어 레벨에서는 변수나 함수 이름이 존재하지 않으며 변수의 타입 정보도 명시적으로 선언되지 않고 해당 변수의 데이터가 어떻게 사용되는지에 따라서만 결정된다. 32비트의 데이터가 전달되는 것을 본다면 해당 32비트 데이터가 정수형인지 또는 32비트 부동소수점 값인지, 32비트 포인터를 나타내는 것인지 확인하고자 몇 가지 조사를 수행해야 한다.

컴파일은 N:N 관계의 작업이다. 소스 프로그램은 매우 다양한 방법으로 어셈블리어로 변환될 수 있고 기계어 또한 매우 다양한 방법으로 소스코드로 변환될 수 있다는 의미다. 결과적으로 어떤 파일을 컴파일하고 즉시 그것을 디컴파일하더라도 일반적으로는 원본과 상당히 다른 소스 파일이 만들어진다.

디컴파일러는 언어와 라이브러리에 종속적이다. 델파이 컴파일러로 만들어낸 바이너리 파일을 C 코드로 만들어내는 디컴파일러로 디컴파일을 수행한다면 매우 이상한 결과를 얻을 수 있다. 이와 유사하게 윈도우 바이너리 파일을 윈도우 API 정보를 알지 못하는 디컴파일러로 디컴파일하는 경우에도 유용한 출력 결과를 얻기 힘들 것이다.

바이너리를 정확하게 디컴파일하려면 거의 완벽한 디스어셈블리 기능이 필요하다. 디스어셈블 단계의 오류나 누락은 컴파일된 코드에 영향을 미친다. 디스어셈블리 코드는 적절한 프로세서 레퍼런스 설명서를 이용해 검증할 수 있다. 하지만 디컴파일러 출력 결과의 정확성을 검증하는 데 사용할 수 있는 표준적인 레퍼런스 설명서는 없다.

기드라는 자체적으로 디컴파일러를 내장하고 있으며 그에 대해서는 19장에서 자세히 다룬다.

디스어셈블리하는 이유

디스어셈블리 툴의 목적은 주로 소스코드가 없을 때 프로그램을 쉽게 이해할 수 있게 하기 위한 것이다. 디스어셈블리가 사용되는 일반적인 경우는 다음과 같다.

- 악성코드 분석
- 소스코드가 없는 소프트웨어의 보안 취약점 분석
- 소스코드가 없는 소프트웨어와의 상호 운용
- 컴파일러의 성능이나 정확도를 확인하고자 컴파일러가 만들어낸 코드를 분석

- 디버깅 과정 중에 프로그램의 명령을 출력

다음은 디스어셈블리가 사용되는 각 경우에 대한 좀 더 자세한 설명이다.

악성코드 분석

스크립트 기반의 악성코드를 다루지 않는 한 악성코드 제작자는 자신의 결과에 소스코드를 포함시키는 일은 거의 없을 것이다. 소스코드가 없다면 악성코드가 정확히 어떻게 동작하는지 알아내기 위한 방법은 매우 제한적이다. 악성코드 분석을 위한 2가지 중요한 기술이 동적 분석과 정적 분석이다. 동적 분석은 매우 신중하게 통제되는 환경(샌드박스)에서 악성코드를 실행하고 다양한 시스템 유틸리티를 이용해 악성코드의 동작을 기록하는 것이다. 반면 정적 분석은 프로그램 코드를 읽어 그것의 동작을 이해하는 방법이다. 악성코드의 경우에는 일반적으로 디스어셈블된 목록과 디컴파일된 목록을 구성해서 분석한다.

보안 취약점 분석

보안 감사 프로세스를 보안 취약점 발견, 보안 취약점 분석, 공격 코드 개발과 같이 3단계로 간단히 정의할 수 있다. 이 단계는 소스코드의 유무와는 상관없이 동일하다. 하지만 소스코드가 없는 바이너리를 분석해야 하는 경우에는 투입되는 노력이 상당히 증가된다. 첫 번째 단계는 프로그램에 잠재적으로 공격이 가능한 조건이 있는지 여부를 발견하는 과정이다. 이는 주로 퍼징[fuzzing][1]과 같은 동적 분석 기술을 이용하지만 정적 분석으로도 가능하다(정적 분석은 상대적으로 더 많은 노력이 필요하다). 프로그램에서 발견한 것이 있다면 그것이 실제로 공격 가능한 것인지 그리고 어떤 조건에서 공격이 가능한지를 판단하기 위한 추가적인 작업이 필요하다.

공격자의 이익을 위해 조작할 수 있는 변수를 식별하는 것은 보안 취약성 발견에

---

1. 퍼징은 프로그램에 입력되는 고유한 입력값을 많이 만들어내 그중 하나가 탐지, 분석, 궁극적으로 악용될 수 있는 방식으로 프로그램이 실패하게 만들어서 보안 취약점을 발견하는 기술이다.

있어 중요한 단계다. 디스어셈블리 코드는 컴파일러가 프로그램 변수를 할당하고자 선택한 방법을 정확히 이해하는 데 필요한 상세 정보를 제공한다. 예를 들면 프로그래머가 선언한 70바이트 문자 배열이 컴파일러에 의해 할당될 때 80바이트로 반올림됐다는 것을 아는 것은 유용한 정보라고 할 수 있다. 또한 디스어셈블리 코드는 컴파일러가 전역으로 선언됐거나 함수 내에서 선언된 모든 변수를 정렬하는 방법을 어떻게 결정했는지 정확히 판단할 수 있는 유일한 방법을 제공한다. 발견한 보안 취약점에 대한 공격 코드를 개발할 때 변수 간의 공간적인 관계를 이해하는 것은 필수적이다. 결국 디스어셈블러와 디버거를 함께 사용하면 공격 코드를 만들어낼 수 있다.

소프트웨어 상호 운용

소프트웨어가 바이너리 형태로만 릴리스되면 경쟁 업체는 해당 소프트웨어와 상호 운용할 수 있는 소프트웨어를 만들거나 해당 소프트웨어를 대체할 수 있는 플러그인을 제공하는 것이 매우 어려워진다. 하나의 플랫폼에만 지원되는 하드웨어용 드라이버 코드가 일반적인 예라고 할 수 있다. 공급업체의 지원 속도가 느리거나 더 나쁜 경우에는 새로운 하드웨어에 대한 지원을 하지 않을 때는 새로운 하드웨어를 지원하는 소프트웨어 드라이버를 개발하고자 상당한 리버스 엔지니어링 노력이 필요할 수 있다. 그런 경우에는 정적 코드 분석이 거의 유일한 해결책이며 경우에 따라서는 소프트웨어에 드라이버뿐만 아니라 임베디드 펌웨어를 이해해야 하는 경우도 있다.

컴파일러 검증

컴파일러(또는 어셈블러)의 목적이 기계어를 만들어내는 것이기 때문에 컴파일러가 설계된 대로 작업을 올바르게 수행하는지 확인하려면 종종 훌륭한 디스어셈블리 툴이 필요하다. 또한 분석가는 컴파일러의 출력 결과를 추가적으로 최적화할 수 있는 방법과 보안 관점에서 컴파일러가 생성한 코드에 백도어를 삽입할 수 있을 정도로 컴파일러 자체가 공격 당할 수 있는지 확인하는 데 관심을 가질 수 있다.

디버깅 출력

디스어셈블러의 가장 일반적인 용도는 디버거 내에서 명령 코드를 생성하는 것이다. 하지만 불행하게도 디버거에 내장된 디스어셈블러는 정교함이 부족한 경향이 있다. 즉, 일반적으로 배치 디스어셈블리가 불가능하며 함수의 경계를 결정할 수 없는 경우에는 디스어셈블리가 제대로 되지 않을 수도 있다. 이 때문에 디버깅하는 동안 더 나은 상황 인식과 문맥을 제공하는 고품질의 디스어셈블러를 디버거와 함께 사용해야 한다.

디스어셈블러의 동작 방식

지금까지는 디스어셈블리의 목적을 살펴봤으므로 이제는 실제로 어떻게 동작하는지 알아볼 차례다. 디스어셈블러는 전형적으로 다음과 같은 어려운 작업에 직면하게 된다. 이 100KB를 이용해 코드와 데이터를 구별하고 코드를 어셈블리어로 변환해 사용자에게 표시하라. 단, 디스어셈블 과정에서는 어떤 것도 놓쳐서는 안 된다. 디스어셈블러는 함수를 찾거나 점프 테이블을 인식하거나 지역 변수를 식별해야 하는 추가적인 특별한 작업을 수행해야 하기 때문에 디스어셈블러가 수행해야 하는 작업은 훨씬 더 어려워진다.

이와 같은 요구 사항을 모두 만족시키고자 모든 디스어셈블러는 대상 파일을 탐색할 때 다양한 알고리듬 중에서 알맞은 것을 선택해야만 한다. 생성된 디스어셈블리 코드의 품질은 사용된 알고리듬의 품질과 해당 알고리듬이 얼마나 잘 구현됐는지에 따라 직접적으로 영향을 받는다.

이번 절에서는 기계어 코드를 디스어셈블하는 데 사용되는 2가지 기본적인 알고리들을 설명할 것이다. 또한 디스어셈블러가 실패하는 것처럼 보이는 상황에 대비하고자 알고리듬의 단점도 설명할 것이다. 디스어셈블러의 한계점을 이해하면 여러분이 직접 개입할 수 있어 디스어셈블된 출력의 전반적인 품질을 향상시킬 수 있다.

기본적인 디스어셈블리 알고리듬

우선 기계어를 입력으로 받아들이고 어셈블리어를 출력으로 생성하는 간단한 알고리듬을 개발해보자. 이를 통해 자동화된 디스어셈블 과정의 기초가 되는 어떤 문제를 풀어야 하고 어떤 것을 가정하고 타협해야 하는지 이해할 수 있게 될 것이다.

1. 디스어셈블 과정에서 첫 번째 단계는 디스어셈블할 코드 영역을 식별하는 것이다. 이는 그리 간단하지 않다. 명령들은 일반적으로 데이터와 섞여 있으며 둘을 구별하는 것이 중요하다. 대부분의 경우 디스어셈블 대상 파일은 윈도우에서 사용되는 PE^{Portable Executable} 형식과 리눅스 기반의 시스템에서 사용되는 ELF^{Executable and Linkable Format}로 나뉜다. 이런 파일 형식에는 일반적으로 파일에서 코드와 엔트리 포인트가 위치하는 섹션을 찾을 수 있는 메커니즘(주로 계층적인 파일 헤더 형태)이 포함된다.[2]

2. 명령의 주소를 알아낸 다음에는 해당 주소(또는 파일 오프셋)에 포함된 값을 읽은 다음 바이너리 오피코드 값 테이블을 조회해서 그것의 어셈블리어 니모닉을 알아낸다. 디스어셈블되는 명령 세트의 복잡도에 따라 이 과정은 간단한 작업이 될 수 있지만 명령의 동작에 영향을 줄 수 있는 명령의 접두사를 이해하거나 명령에 어떤 피연산자가 필요한지를 결정해야 하는 추가적인 작업이 필요할 수 있다. x86 명령 세트처럼 명령의 길이가 가변적인 경우에는 하나의 명령을 완벽히 디스어셈블하고자 추가적인 명령 바이트를 조회할 필요가 있다.

---

2. 프로그램 엔트리 포인트는 단순히 프로그램이 메모리에 로드된 후 운영체제가 제어를 전달하는 명령의 주소를 의미한다.

3. 일단 명령을 가져오고 필요한 피연산자를 디코딩했다면 그에 매칭되는 어셈블리어 코드가 지정돼 디스어셈블리 코드의 일부로 출력된다. 그리고 출력은 하나 이상의 어셈블리어 출력 구문 중에서 선택된다. 예를 들어 x86 어셈블리어의 2가지 주요 형식은 인텔 형식과 AT&T 형식이 있다.

4. 명령 출력 후에는 다음 명령으로 넘어가서 파일의 모든 명령을 디스어셈블할 때까지 이전 과정을 반복한다.

X86 어셈블리 구문: AT&T와 인텔 형식

x86 어셈블리어의 소스코드에는 AT&T와 인텔 형식의 구문이 사용된다. 2가지 모두 2세대 언어지만 변수, 상수, 레지스터 접근 그리고 세그먼트 및 명령 크기 재정의, 간접 및 오프셋에 이르기까지 두 구문은 크게 다르다. AT&T 어셈블리 구문에서는 모든 레지스터 이름이 %로 시작하며 상수(직접적인 값)는 $로 시작한다. 또한 소스 피연산자가 왼쪽에 표시되고 대상 피연산자는 오른쪽에 위치한다. AT&T 구문에서 EAX 레지스터에 4를 더하는 명령은 add $0x4, %eax가 된다. GNU 어셈블러(as)와 gcc와 gdb 같은 그 외의 다른 많은 GNU 툴은 기본적으로 AT&T 구문을 이용한다.

인텔 구문에서는 레지스터와 상수 앞에 어떤 접두사도 사용하지 않는다는 점이 AT&T 구문과 다른 부분이다. 그리고 피연산자의 순서가 AT&T 구문과 달라서 소스 피연산자가 오른쪽에 위치하고 대상 피연산자가 왼쪽에 위치한다. 앞서 말한 add 명령을 인텔 구문으로 표현하면 add eax,0x4가 된다. MASM(Microsoft Assembler)와 NASM(Netwide Assembler)과 같은 어셈블러 등이 인텔 구문을 이용한다.

디스어셈블리를 시작할 위치를 판단, 디스어셈블할 다음 명령을 선택하는 방법, 데이터와 코드를 구별하는 방법, 마지막 명령이 디스어셈블됐는지 여부를 판단하는 방법을 위한 다양한 알고리듬이 있다. 그중에서 2가지 중요한 디스어셈블리 알고리듬은 리니어 스윕linear sweep과 재귀 하강recursive descent 알고리듬이다.

리니어 스윕 디스어셈블리

리니어 스윕 디스어셈블리 알고리듬은 디스어셈블할 명령을 찾는 데 매우 간단한 접근 방식을 취한다. 즉, 하나의 명령이 끝나면 다른 명령이 시작된다고 가정한다. 결과적으로 이 알고리듬이 직면하게 되는 가장 어려운 부분은 어디부터 시작하고 언제 중지해야 하는지 판단하는 것이다. 이에 대한 일반적인 해결책은 프로그램의 코드 섹션(일반적으로 프로그램의 파일 헤더에 선언된다)에 포함된 모든 것이 기계어 명령을 나타낸다고 가정하는 것이다. 디스어셈블리는 코드 섹션의 첫 번째 바이트에서 시작해 선형적으로 이동해서 해당 섹션의 끝에 도달할 때까지 명령들을 차례대로 디스어셈블한다. 분기와 같은 비선형 명령을 인식해서 프로그램의 제어 흐름을 이해하려고 노력하지 않는다.

디스어셈블 과정에서 현재 디스어셈블되고 있는 명령의 시작 위치를 표시하는 포인터를 관리할 수 있다. 또한 디스어셈블을 수행하면서 각 명령의 길이를 계산하고 그것을 이용해 다음에 디스어셈블할 명령의 위치를 결정한다. 명령의 길이가 고정인 경우(예를 들면 MIPS)에는 다음 명령의 위치를 찾는 것이 간단하기 때문에 디스어셈블 작업이 쉬워진다.

리니어 스윕 알고리듬의 가장 큰 장점은 프로그램의 코드 섹션 전체를 처리한다는 것이다. 리니어 스윕 알고리듬의 주요 단점 중 하나는 코드와 함께 섞여있는 데이터를 제대로 처리하지 못한다는 것이다. 리니어 스윕 알고리듬으로 디스어셈블된 함수를 보여주고 있는 다음의 리스트 1-1을 보면 그것을 확인할 수 있다.

리스트 1-1: 리니어 스윕 디스어셈블리

```
40123f: 55                      push ebp
401240: 8b ec                   mov ebp,esp
401242: 33 c0                   xor eax,eax
401244: 8b 55 08                mov edx,DWORD PTR [ebp+8]
401247: 83 fa 0c                cmp edx,0xc
40124a: 0f 87 90 00 00 00       ja 0x4012e0
401250: ff 24 95 57 12 40 00    jmp DWORD PTR [edx*4+0x401257]❶
```

```
❷401257: e0 12                    loopne 0x40126b
 401259: 40                       inc eax
 40125a: 00 8b 12 40 00 90        add BYTE PTR [ebx-0x6fffbfee],cl
 401260: 12 40 00                 adc al,BYTE PTR [eax]
 401263: 95                       xchg ebp,eax

 401264: 12 40 00                 adc al,BYTE PTR [eax]
 401267: 9a 12 40 00 a2 12 40     call 0x4012:0xa2004012
 40126e: 00 aa 12 40 00 b2        add BYTE PTR [edx-0x4dffbfee],ch
 401274: 12 40 00                 adc al,BYTE PTR [eax]
 401277: ba 12 40 00 c2           mov edx,0xc2004012
 40127c: 12 40 00                 adc al,BYTE PTR [eax]
 40127f: ca 12 40                 lret 0x4012
 401282: 00 d2                    add dl,dl
 401284: 12 40 00                 adc al,BYTE PTR [eax]
 401287: da 12                    ficom DWORD PTR [edx]
 401289: 40                       inc eax
 40128a: 00 8b 45 0c eb 50        add BYTE PTR [ebx+0x50eb0c45],cl
 401290: 8b 45 10                 mov eax,DWORD PTR [ebp+16]
 401293: eb 4b                    jmp 0x4012e0
```

위 함수에는 switch 문이 포함돼 있고 컴파일러는 이를 점프 테이블을 이용해서
각각의 경우를 처리하게 구현했다. 또한 컴파일러는 함수 자체에 점프 테이블을
포함시켰다. 즉 jmp 문❶은 주소 테이블❷을 참조한다. 하지만 불행하게도 디스어
셈블러는 주소 테이블을 일련의 명령인 것처럼 처리해서 결과적으로 잘못된 어셈
블리어 표현을 만들어냈다.

점프 테이블❷를 연속적인 4바이트 리틀엔디안^{little endian} 값[3]으로 올바르게 처리한다
면 각각의 값이 실제로 점프를 수행할 다양한 주소 값(004012e0, 0040128b, 00401290, ...)
에 대한 포인터라는 것을 알 수 있을 것이다. 따라서 loopne 명령이라고 출력된

---

3. x86은 리틀엔디안 아키텍처로, 멀티바이트 데이터 값의 최하위 바이트가 다른 바이트보다 낮은 메모리 주소에 저장된다. 빅엔디
   안 데이터는 리틀엔디안의 역순으로 저장되며 데이터 값의 최상위 바이트가 다른 바이트보다 낮은 메모리 주소에 저장된다.
   프로세서는 빅엔디안, 리틀엔디안 또는 2가지를 모두 지원하는 것으로 분류된다.

부분❷은 명령이 아니다. 결국 코드와 함께 사용된 데이터를 리니어 스윕 알고리듬이 올바르게 구분하지 못한 것이다.

리니어 스윕 알고리듬은 GNU 디버거(gdb), 마이크로소프트의 WinDbg 디버거 그리고 objdump 유틸리티에 포함된 디스어셈블리 엔진에서 사용된다.

재귀 하강 디스어셈블리

재귀 하강 디스어셈블리 알고리듬은 명령을 찾는 데 다른 방식을 사용한다. 즉, 제어 흐름의 개념에 초점을 맞춰 다른 명령에 의해 참조되는지 여부를 판단해서 디스어셈블을 수행할 것인지 결정한다. 재귀 하강 알고리듬을 이해하려면 명령을 명령 포인터에 영향을 미치는 방식에 따라 분류해야 한다.

순차 흐름 명령

순차 흐름 명령은 바로 뒤에 오는 명령으로 실행 권한을 전달한다. add와 같은 단순한 산술 명령, mov와 같은 레지스터에서 메모리로 값을 전달하는 명령 그리고 push와 pop 같은 스택을 처리하는 명령이 순차 흐름 명령의 예다. 이러한 명령인 경우 디스어셈블리는 리니어 스윕 형태로 진행된다.

조건 분기 명령

x86의 jnz와 같은 명령이 조건 분기 명령이며, 2가지의 가능한 실행 경로를 제공한다. 조건이 참이면 분기가 발생하고 분기할 곳으로 점프할 수 있게 명령 포인터가 변경돼야 한다. 하지만 조건이 거짓이면 선형 방식으로 계속 수행되고 다음에 디스어셈블할 명령을 찾고자 리니어 스윕의 방법론이 사용된다. 일반적으로 정적 콘텍스트에서는 조건부 테스트의 결과를 확인할 수 없기 때문에 재귀 하강 알고리듬이 2가지 경로를 모두 디스어셈블하며, 분기 대상 명령의 주소를 나중에 디스어셈블할 주소 목록에 추가해서 디스어셈블 수행을 연기한다.

무조건 분기 명령

무조건 분기 명령은 선형적인 실행 흐름을 따르지 않기 때문에 재귀 하강 알고리듬이 처리하며, 순차 흐름 명령처럼 실행이 하나의 명령으로만 진행된다. 하지만 해당 명령이 분기 명령 바로 다음에 위치할 필요는 없다. 사실, 리스트 1-1에서 봤듯이 명령이 무조건 분기 명령 다음에 위치할 이유는 전혀 없다. 따라서 무조건 분기 명령 다음에 위치하는 바이트들을 즉시 디스어셈블할 필요가 없다.

재귀 하강 디스어셈블러는 무조건 점프 대상 주소를 판단해서 해당 주소에 있는 명령을 디스어셈블한다. 불행하게도 일부 무조건 분기에서는 재귀 하강 디스어셈블러가 문제를 일으킬 수 있다. 점프 명령의 대상이 런타임 값인 경우에는 정적 분석만으로는 점프할 대상을 판단하는 것이 불가능할 수 있기 때문이다. 프로그램이 실제로 실행될 때에만 rax 레지스터에 올바른 값이 들어간다면 x86 명령인 jmp rax가 이와 같은 문제를 일으킬 수 있다. 정적 분석 중에는 해당 레지스터에 값이 포함되지 않기 때문에 점프 명령의 대상을 결정할 방법이 없고, 따라서 디스어셈블 과정을 어디에서 계속 수행해야 할지 결정할 수 없게 된다.

함수 호출 명령

함수 호출 명령은 무조건 분기 명령과 유사하게 처리된다(이 경우에도 디스어셈블러가 call rax와 같은 명령의 대상을 결정할 수 없을 수 있다). 일반적으로는 함수의 실행이 완료된 후 호출 명령 바로 다음에 있는 명령으로 실행이 반환된다. 이와 관련해 2개의 실행 경로를 생성한다는 점에서 조건 분기 명령과 유사하다고 할 수 있다. 함수 호출 명령의 대상 주소는 지연된 디스어셈블리 목록에 추가되는 반면 함수 호출 직후에 실행되는 명령은 리니어 스윕과 유사한 방식으로 디스어셈블된다.

호출된 함수가 반환될 때 프로그램이 예상대로 동작하지 않는다면 재귀 하강 알고리듬이 실패할 수 있다. 예를 들면 함수 안에 있는 코드는 함수 실행 이후에 예상한 위치와 다른 위치로 제어 흐름을 반환하도록 의도적으로 조작할 수 있다. 이에 대한 예로는 다음의 잘못된 코드에서 볼 수 있다. 즉, badfunc 함수는 함수 호출자로 반환하기 전에 단순히 반환 주소에 1을 더해준다.

```
badfunc proc near
48 FF 04 24 inc qword ptr [rsp] ; 저장된 반환 주소를 증가시킨다.
C3          retn
badfunc endp
; -------------------------------------
label:
E8 F6 FF FF FF   call badfunc
05 48 89 45 F8   add eax, F8458948h❶
```

결과적으로 제어가 badfunc 함수 이후의 add 명령❶으로 전달된다. 올바른 디스어셈블리 코드는 다음과 같다.

```
badfunc proc near
48 FF 04 24 inc qword ptr [rsp]
C3          retn
badfunc endp
; -------------------------------------
label:
E8 F6 FF FF FF   call badfunc
05               db 5      ; 이전 add 명령의 첫 번째 바이트
48 89 45 F8      mov [rbp-8], rax❶
```

이 코드는 badfunc 함수가 실제로 mov 명령❶으로 반환하는 프로그램 실행 흐름을 좀 더 명확히 보여준다. 리니어 스윕 디스어셈블러 또는 다소 다른 이유로 인해 이 코드를 제대로 디스어셈블하지 못한다는 것을 이해하는 것이 중요하다.

반환 명령

경우에 따라서는 재귀 하강 알고리듬이 길을 잃는 경우도 있다. 반환 명령(x86에서는 ret)은 다음에 실행될 명령에 대한 어떤 정보도 제공하지 않는다. 프로그램이 실제로

실행 중이라면 런타임 스택의 꼭대기에서 반환 주소를 가져와 해당 주소에 있는 명령이 실행될 것이다. 하지만 디스어셈블러는 스택^{stack}에 접근하는 이점을 누릴 수 없다. 대신 디스어셈블 과정이 갑자기 멈추게 된다. 이 시점에 재귀 하강 디스어셈블러는 지연해서 디스어셈블하려고 따로 설정한 주소 목록을 이용한다. 해당 목록에서 주소가 제거되고 그 주소에서 디스어셈블 과정이 계속 진행된다. 이와 같은 재귀 과정이 수행되기 때문에 알고리듬의 이름에 재귀라는 단어가 들어간 것이다.

재귀 하강 알고리듬의 주요 장점 중 하나는 코드와 데이터를 구별하는 뛰어난 능력을 가졌다는 것이다. 제어 흐름 기반의 알고리듬으로서 재귀 하강 알고리듬은 데이터 값을 코드로 잘못 디스어셈블할 가능성이 매우 낮다. 재귀 하강 알고리듬의 주요 단점은 포인터 테이블을 이용해서 대상 주소를 조회하는 점프나 호출 명령과 같은 간접적인 코드 경로를 제대로 판단하지 못하는 것이다. 하지만 코드에 대한 포인터를 식별하기 위한 몇 가지 체험적인 기능을 추가하면 재귀 하강 디스어셈블러는 완전한 코드 커버리지와 탁월한 데이터, 코드 인식 능력을 제공할 수 있다. 리스트 1-2는 앞서 살펴본 리스트 1-1의 switch 문을 기드라의 재귀 하강 디스어셈블러로 출력한 내용을 보여준다.

리스트 1-2: 재귀 하강 디스어셈블리

```
0040123f      PUSH      EBP
00401240      MOV       EBP,ESP
00401242      XOR       EAX,EAX
00401244      MOV       EDX,dword ptr [EBP + param_1]
00401247      CMP       EDX,0xc
0040124a      JA        switchD_00401250::caseD_0
         switchD_00401250::switchD
00401250      JMP       dword ptr [EDX*0x4 + ->switchD_00401250::caseD_0] = 004012e0
           switchD_00401250::switchdataD_00401257
00401257      addr      switchD_00401250::caseD_0
0040125b      addr      switchD_00401250::caseD_1
0040125f      addr      switchD_00401250::caseD_2
00401263      addr      switchD_00401250::caseD_3
```

```
00401267    addr    switchD_00401250::caseD_4
0040126b    addr    switchD_00401250::caseD_5
0040126f    addr    switchD_00401250::caseD_6
00401273    addr    switchD_00401250::caseD_7
00401277    addr    switchD_00401250::caseD_8
0040127b    addr    switchD_00401250::caseD_9
0040127f    addr    switchD_00401250::caseD_a
00401283    addr    switchD_00401250::caseD_b
00401287    addr    switchD_00401250::caseD_c
        switchD_00401250::caseD_1
0040128b    MOV     EAX,dword ptr [EBP + param_2]
0040128e    JMP     switchD_00401250::caseD_00040128E
```

switch 문으로 인식되고 그에 따라 형식이 지정됐다는 것을 볼 수 있다. 재귀 하강 과정을 이해하면 기드라가 최적화되지 않은 디스어셈블리 코드를 생성할 수 있다는 것을 인식할 수 있고 기드라의 출력을 개선하기 위한 전략을 개발할 수 있다.

요약

디스어셈블러를 사용할 때 디스어셈블리 알고리듬에 대한 깊은 이해가 필수적일까? 그렇지는 않다. 그러면 디스어셈블리 알고리듬에 대한 이해가 유용할까? 그렇다. 툴과의 싸움은 리버스 엔지니어링을 수행하는 동안 시간을 할애하게 되는 마지막 작업이다. 기드라의 많은 장점 중 하나는 대화형 디스어셈블러로서 어떤 결정을 안내하거나 무시할 수 있는 다양한 기회를 제공한다는 것이다. 결과적으로 철저하고 정확한 디스어셈블을 수행할 수 있게 만들어준다.

2장에서는 다양한 리버스 엔지니어링 상황에서 유용하게 사용할 수 있는 여러 가지 툴을 살펴본다. 기드라와 직접적인 관련이 없더라도 그런 도구 중 다수는 기드라에 영향을 미쳤으며 기드라 사용자 인터페이스에서 사용되는 다양한 정보 표시를 이해하는 데 도움이 될 수 있을 것이다.

2

리버싱과 디스어셈블리 툴

1장에서는 디스어셈블리의 기반 지식을 몇 가지 살펴봤다. 기드라의 세부 사항을 알아보기 전에 먼저 바이러스를 리버스 엔지니어링할 때 사용하는 몇 가지 툴을 살펴보면 기드라를 이해하는 데 도움이 될 것이다. 살펴볼 툴들은 대부분 기드라보다 먼저 만들어졌으며, 해당 툴들을 빠르게 살펴보고 기드라의 동작 방식과 비교해본다면 유용할 것이다. 앞으로 살펴볼 기드라는 툴들의 많은 기능을 리버스 엔지니어링을 위한 단일하고 통합된 사용자 인터페이스 환경으로 제공한다.

유형을 분류하기 위한 툴

알 수 없는 파일을 처음 접하면 "이건 무슨 파일이지?"와 같은 간단한 질문에 답해야 할 때가 많다. 그런 질문에 답하기 위한 첫 번째 원칙은 파일이 실제로 무엇인지 확인하고자 파일 확장자에 의존하지 않는 것이다. 파일 확장자는 무의미한 것이라고 인정한다면 다음에 설명하는 유틸리티 중 하나 이상에 익숙해지게 될 것이다.

file

file 명령은 대부분의 유닉스 스타일의 운영체제와 리눅스용 윈도우 서브시스템^{WSL,} Windows Subsystem for Linux[1]에 포함되는 표준 유틸리티다. 또한 윈도우에 Cygwin[2]이나 MinGW[3]를 설치하면 file 명령을 사용할 수 있다. file 명령은 파일 내부의 특정 필드를 조사해서 해당 파일의 형식을 식별한다. 경우에 따라 file 명령은 #!/bin/sh (셸 스크립트)와 <html>(HTML 문서)과 같은 일반적인 문자열을 인식하기도 한다.

아스키 문자열을 포함하지 않는 파일의 경우에는 파일 형식을 식별하는 것이 간단하지 않다. 그런 경우에 file 명령은 파일의 내용이 알려진 파일 형식으로 구조화돼 있는지 확인한다. 즉, 파일에 특정 파일 유형을 나타내는 매직 넘버^{magic number[4]}가 있는지 확인한다. 다음의 16진수 목록은 몇 가지 파일 유형을 식별하는 데 사용되는 매직 넘버를 나열한 것이다.

```
윈도우의 PE 실행 파일
  00000000 4D 5A 90 00 03 00 00 00 04 00 00 00 FF FF 00 00 MZ..............
  00000010 B8 00 00 00 00 00 00 00 40 00 00 00 00 00 00 00 ........@.......
Jpeg 이미지 파일
  00000000 FF D8 FF E0 00 10 4A 46 49 46 00 01 01 01 00 60 ......JFIF.....`
  00000010 00 60 00 00 FF DB 00 43 00 0A 07 07 08 07 06 0A .`.....C........
자바의 .class 파일
  00000000 CA FE BA BE 00 00 00 32 00 98 0A 00 2E 00 3E 08 .......2......>.
  00000010 00 3F 09 00 40 00 41 08 00 42 0A 00 43 00 44 0A .?..@.A..B..C.D.
```

file 명령은 여러 가지 아스키 텍스트 파일과 실행 파일 그리고 데이터 파일 형식 등 다양한 종류의 파일 형식을 식별할 수 있다. file 명령에 의해 수행되는 매직 넘버 검사는 매직 파일에 포함된 규칙에 의해 관리된다. 운영체제에 따라서 매직

---

1. https://docs.microsoft.com/en-us/windows/wsl/about/
2. http://www.cygwin.com/
3. http://www.mingw.org/
4. 매직 넘버는 특정 파일 형식을 나타내는 특수한 값이다. 어떤 경우에는 재미있는 이유로 매직 넘버가 선택되기도 한다. MS-DOS 실행 파일 헤더에 있는 매직 넘버 MZ는 MS-DOS의 원래 설계자 중 한 명인 Mark Zbikowski의 이니셜을 사용한 것이고, 자바의 .class 파일과 관련된 잘 알려진 0xcafebabe 16진수 값은 쉽게 기억할 수 있다는 이유로 선택됐다.

파일이 달라지지만 일반적으로 /usr/share/file/magic, /usr/share/misc/magic 또는 /etc/magic에 매직 파일이 위치한다. 매직 파일에 대한 자세한 사항은 해당 파일 설명서를 참고하길 바란다.

경우에 따라 **file** 명령으로 특정 파일 유형 내에서 변형된 것을 구별할 수도 있다. 다음 목록은 **file** 명령이 여러 가지 형태로 변형된 ELF 바이너리뿐만 아니라 바이너리가 링크된 방식(정적 또는 동적 링크)과 바이너리가 스트립[strip]됐는지 여부를 식별해 주는 것을 보여준다.

```
ghidrabook# file ch2_ex_*
    ch2_ex_x64:         ELF 64-bit LSB shared object, x86-64, version 1 (SYSV),
                        dynamically linked, interpreter /lib64/l, for GNU/Linux
                        3.2.0, not stripped
    ch2_ex_x64_dbg:     ELF 64-bit LSB shared object, x86-64, version 1 (SYSV),
                        dynamically linked, interpreter /lib64/l, for GNU/Linux
                        3.2.0, with debug_info, not stripped
    ch2_ex_x64_static: ELF 64-bit LSB executable, x86-64, version 1 (GNU/Linux),
                        statically linked, for GNU/Linux 3.2.0, not stripped
    ch2_ex_x64_strip:   ELF 64-bit LSB shared object, x86-64, version 1 (SYSV),
                        dynamically linked, interpreter /lib64/l, for GNU/Linux
                        3.2.0, stripped
    ch2_ex_x86:         ELF 32-bit LSB shared object, Intel 80386, version 1
                        (SYSV), dynamically linked, interpreter /lib/ld-, for
                        GNU/Linux 3.2.0, not stripped
    ch2_ex_x86_dbg:     ELF 32-bit LSB shared object, Intel 80386, version 1
                        (SYSV), dynamically linked, interpreter /lib/ld-, for
                        GNU/Linux 3.2.0, with debug_info, not stripped
    ch2_ex_x86_static: ELF 32-bit LSB executable, Intel 80386, version 1
                        (GNU/Linux), statically linked, for GNU/Linux 3.2.0,
                        not stripped
    ch2_ex_x86_strip:       ELF 32-bit LSB shared object, Intel 80386, version 1
                        (SYSV), dynamically linked, interpreter /lib/ld-, for
                        GNU/Linux 3.2.0, stripped
    ch2_ex_Win32:           PE32 executable (console) Intel 80386, for MS Windows
```

ch2_ex_x64:	PE32+ executable (console) x86-64, for MS Windows

---

WSL 환경

WSL은 가상머신을 생성할 필요 없이 윈도우 내에서 직접 GNU/리눅스 커맨드라인 환경을 제공한다. WSL을 설치하는 중에 사용자는 리눅스 배포판을 선택할 수 있으며 WSL에서 실행시킬 수 있다. 이를 통해 일반적인 커맨드라인 무료 소프트웨어(grep, awk)와 컴파일러(gcc, g++), 인터프리터(펄, 파이썬, 루비) 그리고 네트워크 유틸리티(nc, ssh) 등을 사용할 수 있다. 일단 WSL을 설치하면 리눅스용으로 작성된 많은 프로그램을 윈도우 시스템에서 컴파일하고 실행시킬 수 있다.

---

file 유틸리티 및 그와 유사한 유틸리티의 결과가 항상 올바르다고 할 수는 없다. 특정 파일 형식의 식별 표시가 있다는 이유만으로 파일을 잘못 식별할 수 있기 때문이다. 어떤 파일을 헥스 에디터^{hex editor}로 열어 파일 내용의 처음 4바이트 값을 자바 클래스 파일을 나타내는 매직 넘버인 CA FE BA BE로 변경해보면 알 수 있다. 즉, file 명령은 해당 파일을 컴파일된 자바 클래스 파일로 잘못 식별할 것이다. 이와 유사하게 단지 MZ 두 문자만 포함하는 텍스트 파일이 있다면 그 경우에도 MS-DOS 실행 파일로 잘못 식별할 것이다. 리버스 엔지니어링 작업을 수행할 때는 어떤 툴의 분석 결과를 다른 툴의 분석 결과나 직접 수동으로 분석한 결과와 상호 비교하기 전까지는 완전히 신뢰하면 안 된다.

바이너리 실행 파일의 스트리핑

바이너리 파일을 스트립하는 것은 바이너리 파일에서 심볼 정보를 제거하는 것이다. 바이너리 오브젝트 파일에는 컴파일 과정의 결과로 만들어진 심볼이 포함된다. 그런 심볼 중 일부는 최종 실행 파일이나 라이브러리를 만들 때 파일 간의 참조를 확인하기 위한 링크 과정에서 사용된다. 그 외에는 디버거가 추가적인 정보로 사용할 수 있는 심볼들이 있다. 링크 과정 이후에는 더 이상 필요하지 않은 심볼이 많다. 따라서 링커에 특정 옵션을 전달하면 링커가 불필요한 심볼을 제거하게 만들 수 있다. 또는 **strip**이라는 유틸리티를 사용해 기존 바이너리 파일에서 심볼을 제거할 수도 있다. 바이너리를 스트리핑하면 바이너리의 크기가 작아지지만 바이너리의 동작에는 영향을 주지 않는다.

PE Tools

PE Tools는 윈도우 시스템에서 실행 중인 프로세스와 실행 파일 모두를 분석하는 데 유용한 툴을 모아놓은 것이다.[5] 그림 2-1은 활성화된 프로세스 목록을 보여주는 PE Tools의 기본적인 인터페이스를 보여준다.

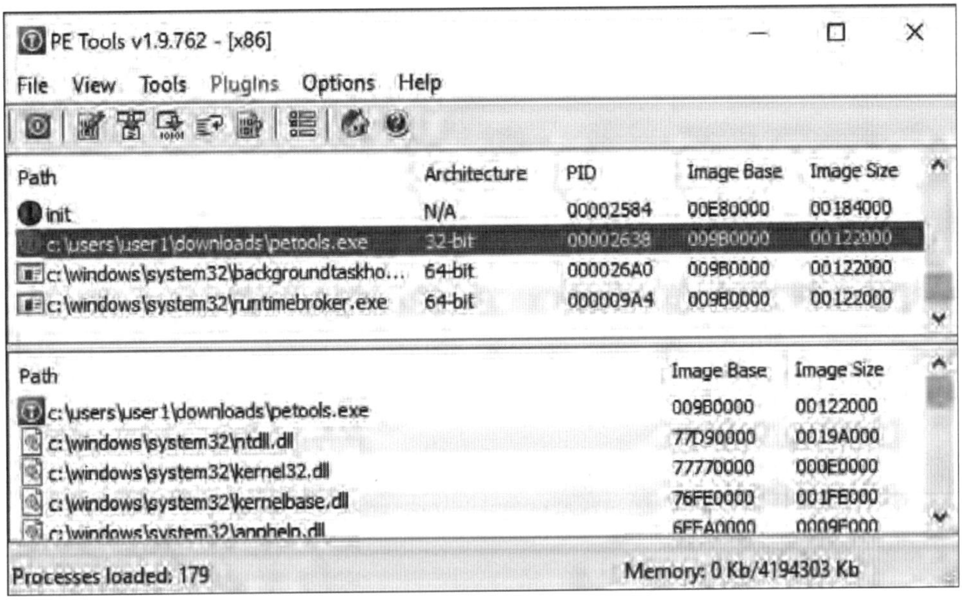

그림 2-1: PE Tools 유틸리티

프로세스 목록에서 사용자는 특정 프로세스의 메모리 이미지를 파일로 덤프하거나 PE Sniffer 유틸리티를 이용해서 해당 프로세스의 파일이 어떤 컴파일러로 컴파

---

5. https://github.com/petoolse/petools/

일됐는지 판단할 수 있다. 또한 실행 파일이 어떤 알려진 난독화 유틸리티로 난독화됐는지도 판단할 수 있다. Tools 메뉴에서는 디스크 파일 분석을 위한 옵션을 제공한다. 사용자는 PE Editor 유틸리티로 파일의 PE 헤더 필드를 보거나 헤더의 값을 쉽게 변경할 수 있다. PE 헤더의 수정은 난독화된 PE 파일을 유효한 PE 파일로 재구성하려고 할 때 종종 필요하다.

바이너리 파일 난독화

난독화는 어떤 것의 진정한 의미를 모호하게 만드는 것이다. 실행 파일에 난독화를 적용하면 해당 프로그램이 어떻게 동작하는지 숨길 수 있다. 프로그래머는 다양한 이유로 난독화를 사용할 수 있다. 가장 흔한 이유로는 독점적인 알고리듬을 보호하거나 악의적인 의도를 숨기는 것이다. 거의 모든 형태의 악성코드는 분석을 방지하고자 난독화를 사용한다. 난독화된 프로그램을 만들 때 프로그래머가 사용할 수 있는 툴이 많다. 난독화 툴과 기술 그리고 그것이 리버스 엔지니어링에 미치는 영향은 21장에서 자세히 다룬다.

PEiD

PEiD는 특정 윈도우 PE 바이너리를 만들고자 사용된 컴파일러와 윈도우 PE 바이너리를 난독화하고자 사용된 툴이 무엇인지 식별할 목적으로 만들어진 또 다른 윈도우 툴이다.[6]

그림 2-2는 PEiD를 사용해 Gaobot 웜 악성코드[7]의 변종을 난독화하는 데 어떤 도구(이 경우 ASPack)가 사용됐는지 식별하는 것을 보여준다.

---

6. https://github.com/wolfram77web/app-peid/
7. https://www.trendmicro.com/vinfo/us/threat-encyclopedia/malware/GAOBOT/

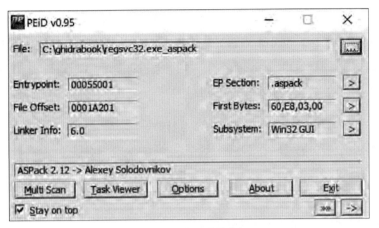

그림 2-2: PEiD 유틸리티

PE 파일의 헤더를 요약하고 실행 중인 프로세스에 대한 정보를 수집하고 기본적인 디스어셈블을 수행하는 등 PEiD의 추가적인 기능들은 PE Tools의 기능과 겹친다고 할 수 있다.

요약을 위한 툴

이 장의 목표는 바이너리 프로그램 파일을 리버스 엔지니어링하는 것이기 때문에 파일 분류는 초기 단계 이후에는 파일의 세부 정보를 추출하는 좀 더 정교한 툴이 필요하다. 이번 절에서 설명하는 툴들은 자신이 처리하는 파일의 형식을 좀 더 잘 인지한다. 대부분의 경우 특정 파일 형식을 잘 이해하며, 입력된 파일을 분석해서 해당 파일에서 매우 구체적인 정보를 추출하는 데 사용한다.

nm

소스 파일이 오브젝트 파일로 컴파일될 때 컴파일러는 전역(외부) 심볼의 위치에 대한 정보를 오브젝트 파일에 포함시킨다. 그래야 링커가 그런 심볼에 대한 참조를 확인할 수 있고 오브젝트 파일을 결합해서 실행 파일을 만든다. 최종 실행 파일에서 심볼을 제거하도록 지시하지 않는 한 링커는 일반적으로 오브젝트 파일의 심볼을 실행 파일로 전달한다. man 페이지의 내용을 보면 nm 유틸리는는 "오브젝트 파일의 심볼을 나열"한다고 설명하고 있다.

nm이 오브젝트 파일(실행 파일이 아닌 .o 파일)을 검사하는 데 사용되는 경우에는 기본적으로 해당 파일에 선언된 함수 및 전역 변수의 이름을 출력한다. nm 유틸리티의 샘플 출력 내용은 다음과 같다.

```
ghidrabook# gcc -c ch2_nm_example.c
ghidrabook# nm ch2_nm_example.o
                   U exit
                   U fwrite
   000000000000002e t get_max
                   U _GLOBAL_OFFSET_TABLE_
                   U __isoc99_scanf
   00000000000000a6 T main
   0000000000000000 D my_initialized_global
   0000000000000004 C my_uninitialized_global
                   U printf
                   U puts
                   U rand
                   U srand
                   U __stack_chk_fail
                   U stderr
                   U time
   0000000000000000 T usage
ghidrabook#
```

nm이 각 심볼과 해당 심볼에 대한 정보를 출력해주는 것을 볼 수 있다. 문자 코드는 나열되는 심볼의 유형을 나타내는 데 사용된다. 문자 코드의 설명은 다음과 같다.

　　U　정의되지 않은 심볼(일반적으로 외부 심볼 참조)

60

T text 섹션에 정의된 심볼(일반적으로 함수의 이름)

t text 섹션에 정의된 로컬 심볼. C 프로그램에서 이는 정적 함수에 해당한다.

D 초기화된 데이터 값

C 초기화되지 않은 데이터 값

> **참고** 대문자 코드는 전역 심볼에 사용되고 소문자 코드는 로컬 심볼에 사용된다. 문자 코드에 대한 전체 설명을 포함한 자세한 내용은 nm의 man 페이지에서 찾아볼 수 있다.

nm이 실행 파일의 심볼을 출력하는 경우에는 약간 더 많은 정보를 얻을 수 있다. 링크를 수행하는 동안 심볼은 가상 주소(가능한 경우)로 확인돼 nm이 실행될 때는 더 많은 정보를 사용할 수 있다. 다음은 실행 파일에 대한 nm의 출력 결과 중 일부다.

```
ghidrabook# gcc -o ch2_nm_example ch2_nm_example.c
ghidrabook# nm ch2_nm_example
  ...
                 U fwrite@@GLIBC_2.2.5
0000000000000938 t get_max
0000000000201f78 d _GLOBAL_OFFSET_TABLE_
                 w __gmon_start__
0000000000000c5c r __GNU_EH_FRAME_HDR
0000000000000730 T _init
0000000000201d80 t __init_array_end
0000000000201d78 t __init_array_start
0000000000000b60 R _IO_stdin_used
                 U __isoc99_scanf@@GLIBC_2.7
                 w _ITM_deregisterTMCloneTable
                 w _ITM_registerTMCloneTable
0000000000000b50 T __libc_csu_fini
0000000000000ae0 T __libc_csu_init
                 U __libc_start_main@@GLIBC_2.2.5
00000000000009b0 T main
0000000000202010 D my_initialized_global
```

```
      000000000020202c B my_uninitialized_global
                      U printf@@GLIBC_2.2.5
                      U puts@@GLIBC_2.2.5
                      U rand@@GLIBC_2.2.5
      0000000000000870 t register_tm_clones
                      U srand@@GLIBC_2.2.5
                      U __stack_chk_fail@@GLIBC_2.4
      0000000000000800 T _start
      0000000000202020 B stderr@@GLIBC_2.2.5
                      U time@@GLIBC_2.2.5
      0000000000202018 D __TMC_END__
      000000000000090a T usage
   ghidrabook#
```

심볼 중 일부(예를 들면 main)에는 가상 주소가 할당됐으며, 링크 과정의 결과로 새로운 심볼(__libc_csu_init)이 만들어졌고 일부(my_unitialized_global)는 심볼의 유형이 변경됐으며 외부 심볼을 참조하게 정의되지 않은 채 남아있는 것들도 있다. 이 경우 분석된 바이너리는 동적으로 링크되는 것으로, 정의되지 않은 심볼은 C의 공유 라이브러리에서 정의된다.

ldd

실행 파일이 생성될 때는 해당 실행 파일이 참조하는 라이브러리 함수의 위치를 확인해야만 한다. 링커는 2가지 방식(정적 링크, 동적 링크)으로 라이브러리 함수에 대한 호출을 확인한다. 링커에게 전달되는 커맨드라인 옵션에 의해 어떤 방법을 사용할지 결정된다. 따라서 실행 파일은 정적으로 링크되거나 동적으로 링크 또는 2가지 링크 방법 모두로 링크된다.[8]

정적 링크가 요청되면 링커는 애플리케이션의 오브젝트 파일들을 필수 라이브러리의 파일 복사본들과 결합해 실행 파일을 만든다. 따라서 애플리케이션이 실행될

---

8. 링크에 대한 자세한 내용은 존 레빈(John R. Levine)의 『Linkers and Loaders』(Morgan Kaufmann, 1999)을 참고하길 바란다.

때는 필요한 라이브러리 코드가 이미 실행 파일 안에 존재하기 때문에 따로 라이브러리 코드를 찾을 필요가 없다. 정적 링크의 장점은 (1) 함수를 좀 더 빠르게 호출할 수 있고, (2) 사용자의 시스템에서 라이브러리 코드가 있는지 확인할 필요가 없기 때문에 바이너리 배포를 좀 더 쉽게 할 수 있다는 것이다. 반면 정적 링크의 단점은 (1) 실행 파일의 크기가 커지고, (2) 내부적으로 사용 중인 라이브러리가 변경됐을 때 그것을 반영하기 위한 프로그램 업데이트가 훨씬 어려워진다는 것이다. 즉, 라이브러리가 변경될 때마다 링크를 다시 해야 하기 때문에 프로그램 업데이트가 더 어려워진다. 리버스 엔지니어링 관점에서 본다면 정적 링크는 분석을 좀 더 어렵게 만든다. 정적으로 링크된 바이너리를 분석해야 한다면 "어떤 라이브러리가 바이너리에 링크돼 있는가?"라는 질문에 답할 수 있는 쉬운 방법이 없다. 그리고 "이 함수가 라이브러리의 함수인가?"라는 질문에도 답하기 어렵다. 정적으로 링크된 코드를 리버스 엔지니어링하는 동안 발생할 수 있는 문제는 13장에서 다룬다.

```
ghidrabook# gcc -o ch2_example_dynamic ch2_example.c
ghidrabook# gcc -o ch2_example_static ch2_example.c -static
ghidrabook# ls -l ch2_example_*
  -rwxrwxr-x 1 ghidrabook ghidrabook 12944 Nov 7 10:07 ch2_example_dynamic
  -rwxrwxr-x 1 ghidrabook ghidrabook 963504 Nov 7 10:07 ch2_example_static
ghidrabook# file ch2_example_*
  ch2_example_dynamic: ELF 64-bit LSB executable, x86-64, version 1 (SYSV),
  dynamically linked, interpreter /lib64/l, for GNU/Linux 3.2.0,
  BuildID[sha1]=e56ed40012accb3734bde7f8bca3cc2c368455c3, not stripped
  ch2_example_static: ELF 64-bit LSB executable, x86-64, version 1 (GNU/Linux),
  statically linked, for GNU/Linux 3.2.0,
  BuildID[sha1]=430996c6db103e4fe76aea7d578e636712b2b4b0, not stripped
ghidrabook#
```

동적 연결이 제대로 작동하려면 동적으로 연결된 바이너리가 어떤 라이브러리에 의존하는지 그리고 그런 라이브러리에서 어떤 특정 리소스를 필요로 하는지 나타내야 한다. 따라서 정적 링크 바이너리와는 달리 동적으로 링크된 바이너리에서는 어떤 라이브러리에 의존하는지 간단히 확인할 수 있다. ldd[list dynamic dependencies] 유틸리티는 실행 파일에서 필요로 하는 동적 라이브러리 목록을 출력해주는 툴이다. 다음 예에서 ldd는 아파치 웹 서버가 동적으로 사용하는 라이브러리 목록을 보여준다.

```
ghidrabook# ldd /usr/sbin/apache2
    linux-vdso.so.1 => (0x00007fffc1c8d000)
    libpcre.so.3 => /lib/x86_64-linux-gnu/libpcre.so.3 (0x00007fbeb7410000)
    libaprutil-1.so.0 => /usr/lib/x86_64-linux-gnu/libaprutil-1.so.0 (0x00007fbeb71e0000)
    libapr-1.so.0 => /usr/lib/x86_64-linux-gnu/libapr-1.so.0 (0x00007fbeb6fa0000)
    libpthread.so.0 => /lib/x86_64-linux-gnu/libpthread.so.0 (0x00007fbeb6d70000)
    libc.so.6 => /lib/x86_64-linux-gnu/libc.so.6 (0x00007fbeb69a0000)
    libcrypt.so.1 => /lib/x86_64-linux-gnu/libcrypt.so.1 (0x00007fbeb6760000)
    libexpat.so.1 => /lib/x86_64-linux-gnu/libexpat.so.1 (0x00007fbeb6520000)
    libuuid.so.1 => /lib/x86_64-linux-gnu/libuuid.so.1 (0x00007fbeb6310000)
    libdl.so.2 => /lib/x86_64-linux-gnu/libdl.so.2 (0x00007fbeb6100000)
    /lib64/ld-linux-x86-64.so.2 (0x00007fbeb7a00000)
ghidrabook#
```

ldd 유틸리티는 리눅스와 BSD 시스템에서 사용할 수 있다. 맥OS 시스템에는 otool 유틸리티를 -L 옵션(otool -L 파일 이름)과 함께 사용하면 ldd와 유사한 결과를 얻을 수 있다. 윈도우 시스템에서는 비주얼 스튜디오 툴 스위트에 포함돼 있는 dumpbin 유틸리티(dumpbin /dependents 파일 이름)를 사용해 동적 링크 라이브러리 목록을 얻을 수 있다.

툴 사용에 유의하라!

ldd가 간단한 툴로 보이겠지만 ldd의 man 페이지를 보면 "임의의 코드가 실행될 수 있기 때문에 신뢰할 수 없는 실행 파일에 ldd를 사용해서는 안 된다."라고 언급하고 있다. 이는 대부분의 경우 거의 발생하지 않지만 간단한 SRE(Software Reverse Engineering) 툴로 신뢰할 수 없는 입력 파일을 검사할 때도 의도치 않은 결과가 발생할 수 있음을 상기시켜준다.

신뢰할 수 없는 바이너리를 실행하는 것이 안전하지 않을 수 있다는 것은 분명하며, 신뢰할 수 없는 바이너리를 정적으로 분석할 때에도 예방 조치 차원에서 SRE 작업을 수행하는 컴퓨터에는 의도하지 않은 데이터가 포함돼 있거나 다른 호스트와 연결될 수 있다는 것을 가정해야 한다. 그렇지 않으면 SRE 작업에 의해 어떤 침해가 발생할 수도 있기 때문이다.

objdump

ldd는 특정 기능에 특화돼 있지만 objdump는 매우 많은 기능을 제공한다. objdump의 목적은 오브젝트 파일의 정보를 출력해주는 것이다.[9] 이는 매우 광범위한 기능이며 이를 위해 objdump는 오브젝트 파일에서 다양한 정보를 추출하고자 30개 이상의 옵션을 제공한다. objdump 툴을 사용하면 오브젝트 파일과 관련된 다음과 같은 정보(이보다 더 다양한 정보를 얻을 수 있다)를 얻을 수 있다.

섹션 헤더: 프로그램 파일에 있는 각 섹션에 대한 요약 정보다.

프라이빗 헤더: 프로그램 메모리 구조 정보, 런타임 로더가 필요로 하는 정보, ldd로도 얻을 수 있는 실행에 필요한 라이브러리 목록이다.

디버깅 정보: 프로그램 파일에 포함돼 있는 디버깅 정보다.

심볼 정보: nm 유틸리티로 얻을 수 있는 것과 유사한 심볼 테이블 정보다.

디스어셈블리 리스트: objdump 툴은 파일의 code로 마킹된 섹션에 대해 리니어 스윕 디스어셈블리를 수행한다. x86 코드를 디스어셈블할 때 objdump를 사용하면 디스어셈블된 AT&T나 인텔 구문을 텍스트 파일로 얻을 수 있다. 이 텍스트 파일을 디스어셈블리 데드 리스팅^{dead listing}이라고 하며, 리버스 엔지니어링을 수행할 때 사용할 수는 있지만 효과적으로 탐색할 수 없으며 그것을 일관되고 에러가 없는 방식으로 수정하는 작업이 오히려 어려울 수 있다.

---

9. http://www.sourceware.org/binutils/docs/binutils/objdump.html

objdump 툴은 GNU binutils 툴 스위트[10]에 포함돼 있으며 리눅스와 FreeBSD, 윈도우 (WSL 또는 Cygwin)에서도 찾을 수 있다. objdump는 binutils의 구성 요소인 libbfd (Binary File Descriptor library)를 사용해 오브젝트 파일을 분석하며 libbfd에서 지원하는 파일 형식(특히 ELF와 PE)을 모두 파싱할 수 있다. ELF 파일을 파싱할 때는 readelf라 는 유틸리티를 사용할 수도 있다. readelf 유틸리티는 objdump와 거의 동일한 기능 을 제공하며 차이점이라면 readelf는 libbfd 라이브러리에 의존하지 않는다는 것 이다.

otool

otool 유틸리티는 맥OS용이며 objdump와 유사한 옵션을 제공한다. 특히 맥OS의 Mach-O 바이너리를 분석하는 데 유용하다. 다음은 Mach-O 바이너리에 동적으로 링크된 라이브러리 목록을 otool이 어떻게 출력해주는지 보여주며 그 결과는 ldd 와 유사하다.

```
ghidrabook# file osx_example
  osx_example: Mach-O 64-bit executable x86_64
ghidrabook# otool -L osx_example
  osx_example:
    /usr/lib/libstdc++.6.dylib (compatibility version 7.0.0, current version 7.4.0)
    /usr/lib/libgcc_s.1.dylib (compatibility version 1.0.0, current version 1.0.0)
    /usr/lib/libSystem.B.dylib (compatibility version 1.0.0, current version 1281.0.0)
```

otool 유틸리티는 파일의 헤더 및 심볼 테이블과 관련된 정보를 보여주며 파일의 code 섹션에 대한 디스어셈블을 수행해준다. otool에 대한 좀 더 자세한 정보는 otool의 man 페이지를 참고하길 바란다.

---

10. http://www.gnu.org/software/binutils/

dumpbin

dumpbin 커맨드라인 유틸리티는 마이크로소프트의 비주얼 스튜디오에 포함돼 있다. otool, objdump, dumpbin과 마찬가지로 윈도우 PE 파일과 관련된 다양한 정보를 출력해준다. 다음은 dumpbin이 ldd와 비슷한 방법으로 윈도우의 메모장 프로그램이 동적으로 어떤 라이브러리를 링크해서 사용하고 있는지 보여준다.

```
$ dumpbin /dependents C:\Windows\System32\notepad.exe
Microsoft (R) COFF/PE Dumper
Copyright (C) Microsoft Corporation. All rights reserved.

Dump of file notepad.exe

File Type: EXECUTABLE IMAGE

  Image has the following delay load dependencies:

    ADVAPI32.dll
    COMDLG32.dll
    PROPSYS.dll
    SHELL32.dll
    WINSPOOL.DRV
    urlmon.dll

  Image has the following dependencies:

    GDI32.dll
    USER32.dll
    msvcrt.dll
    ...
```

dumpbin에 옵션을 추가하면 PE 바이너리의 다양한 섹션에서 심볼과 임포트한 함수 이름, 익스포트한 함수 이름, 디스어셈블리 코드 등의 정보를 추출할 수 있다. dumpbin에 대한 추가적인 정보는 마이크로소프트의 웹 사이트를 참고하길 바란다.[11]

---

11. https://docs.microsoft.com/en-us/cpp/build/reference/dumpbin-command-line/

c++filt

함수의 오버로딩을 허용하는 프로그래밍 언어는 오버로딩된 함수들의 이름이 동일하기 때문에 오버로딩된 각 함수를 구별할 수 있는 메커니즘을 갖고 있어야 한다. 다음은 C++에서 demo라는 이름으로 오버로딩된 여러 개의 함수에 대한 프로토타입을 보여준다.

```
void demo(void);
void demo(int x);
void demo(double x);
void demo(int x, double y);
void demo(double x, int y);
void demo(char* str);
```

일반적으로 오브젝트 파일은 동일한 이름을 가진 2개의 함수를 가질 수 없다. 오버로딩을 허용하고자 컴파일러는 함수 인자들의 타입을 설명하는 정보를 이용해서 오버로드된 함수에 고유한 이름을 할당한다. 함수의 고유한 이름을 만드는 과정을 네임 맹글링name mangling[12]이라 한다. C++ 코드를 컴파일한 것에서 nm으로 심볼을 덤프한다면 다음과 같은 결과(demo 함수에 초점을 맞추고자 필터링한 결과)를 얻게 될 것이다.

```
ghidrabook# g++ -o ch2_cpp_example ch2_cpp_example.cc
ghidrabook# nm ch2_cpp_example | grep demo
   000000000000060b T _Z4demod
   0000000000000626 T _Z4demodi
   0000000000000601 T _Z4demoi
   0000000000000617 T _Z4demoid
   0000000000000635 T _Z4demoPc
   00000000000005fa T _Z4demov
```

C++ 표준은 네임 맹글링 스킴을 정의하고 있지 않기 때문에 컴파일러 설계자가

---

12. http://en.wikipedia.org/wiki/Name_mangling 참고

그것을 개발해야 한다. 앞에 나열된 네임 맹글링된 demo 함수들을 해석하려면 컴파일러(이 경우 g++)의 네임 맹글링 스킴을 이해해야 한다. 이것이 바로 c++filt의 목적이다. c++filt 유틸리티는 각 입력 함수의 이름을 네임 맹글링된 것으로 처리하며 그것을 위해 어떤 컴파일러가 사용됐는지 판단한다. 네임 맹글링된 이름으로 판단되면 c++filt는 원래 이름을 출력해준다. 반면 네임 맹글링된 것이 아니라고 판단되는 경우에는 함수 이름을 그대로 출력해준다.

앞 예제의 nm 출력 결과를 c++filt에 전달하면 함수의 원래 이름을 얻을 수 있다.

```
ghidrabook# nm ch2_cpp_example | grep demo | c++filt
   000000000000060b T demo(double)
   0000000000000626 T demo(double, int)
   0000000000000601 T demo(int)
   0000000000000617 T demo(int, double)
   0000000000000635 T demo(char*)
   00000000000005fa T demo()
```

네임 맹글링된 함수의 이름에는 nm이 일반적으로 제공하지 않는 추가적인 정보가 포함돼 있다는 것을 알아야 한다. 그와 같은 정보는 리버스 엔지니어링을 수행할 때 매우 유용하게 사용할 수 있으며, 클래스의 이름이나 함수 호출 규약에 관련된 정보가 포함되는 경우도 있다.

심층 분석 툴

지금까지는 파일의 내부 구조에 대한 최소한의 지식을 기반으로 파일에 대한 간단한 분석을 수행해주는 툴을 살펴봤다. 또한 파일 구조에 대한 매우 자세한 지식을 기반으로 파일에서 특정한 정보를 추출해주는 툴도 살펴봤다. 이번 절에서는 분석 대상 파일의 형식과 상관없이 특정 유형의 정보를 추출할 수 있게 설계된 툴을 살펴본다.

strings

파일의 내용과 관련해서 파일 구조와 관련된 특정 정보가 아닌 일반적인 질문을 하는 것이 경우에 따라 유용한 경우가 있다. 예를 들면 "이 파일에는 문자열이 포함돼 있는가?"와 같은 질문이다. 물론 먼저 "문자열인지 어떻게 정확히 판단할까?"에 대한 질문에 답해야 한다. 문자열을 연속적인 인쇄 가능한 연속된 문자라고 느슨하게 정의해보자. 이와 같은 정의는 문자열의 최소 길이와 특정 문자 집합을 지정하는 개념이 추가돼 확장되고는 한다. 따라서 최소한 4개의 연속적인 인쇄 가능한 아스키 문자로 이뤄진 모든 문자열을 찾아 콘솔에 출력하게 지정할 수도 있다. 일반적으로 문자열을 검색하는 것은 파일의 구조에 의해 제한받지 않는다. 즉, 마이크로소프트의 워드 문서에서 문자열을 검색하는 것처럼 ELF 바이너리에서도 동일하고 쉽게 문자열을 검색할 수 있다.

strings 유틸리티는 파일의 형식과 상관없이 파일 내에 있는 문자열을 추출할 목적으로 설계됐다. 디폴트 설정(최소한 4개의 연속적인 7비트 아스키 문자 검색)으로 strings 유틸리티를 사용하면 다음과 유사한 결과를 얻을 수 있을 것이다.

```
ghidrabook# strings ch2_example
   /lib64/ld-linux-x86-64.so.2
   libc.so.6
   exit
   srand
   __isoc99_scanf
   puts
   time
   __stack_chk_fail
   printf
   stderr
   fwrite
   __libc_start_main
   GLIBC_2.7
   GLIBC_2.4
```

```
GLIBC_2.2.5
_ITM_deregisterTMCloneTable
__gmon_start__
_ITM_registerTMCloneTable
usage: ch4_example [max]
A simple guessing game!
Please guess a number between 1 and %d.
Invalid input, quitting!
Congratulations, you got it in %d attempt(s)!
Sorry too low, please try again
Sorry too high, please try again
GCC: (Ubuntu 7.4.0-1ubuntu1~18.04.1) 7.4.0
...
```

---

strings 동작 방식은 왜 변경됐는가?

strings로 실행 파일에 있는 문자열을 검색하면 기본적으로 바이너리 파일에서 로드되고 초기화된 데이터 섹션에서 최소한 4개의 연속적인 문자로 이뤄진 문자열을 찾는다. 이를 위해 strings는 libbfd와 같은 라이브러리를 사용해 바이너리 파일에서 검색을 수행할 대상 섹션을 찾는 작업을 수행한다. 신뢰할 수 없는 바이너리 파일을 파싱하는 데 사용된다면 라이브러리 자체의 보안 취약점으로 인해 잠재적으로 임의의 코드가 실행될 수도 있다.[13] 결과적으로 이런 점 때문에 로드되고 초기화된 데이터 섹션을 별도로 찾지 않고(-a 플래그를 사용하는 것과 동일) 바이너리 파일 전체를 검색하도록 strings의 기본적인 동작 방식이 변경됐다(변경되기 전 방식으로 검색하려면 -d 플래그 사용).

앞의 strings 실행 결과를 보면 프로그램이 출력하는 데 사용하는 몇 개의 문자열 및 함수 이름과 라이브러리 이름을 볼 수 있다. strings 실행 결과만으로 프로그램의 동작 방식에 대해 어떤 결론도 내려서는 안 된다. 분석가는 종종 파일에 있는 문자열 출력 결과를 기반으로 프로그램의 동작을 추론하려는 함정에 빠지기 쉽다. 바이너리 내에 문자열이 존재하더라도 해당 바이너리에서 문자열이 어떤 방식으

---

13. CVE-2014-8485와 https://lcamtuf.blogspot.com/2014/10/psa-dont-run-strings-on-untrusted-files.html

로든 사용된다는 의미는 아니다.

다음은 strings 사용에 대한 몇 가지 참고 사항이다.

- 기본적으로 strings는 문자열이 파일의 어느 위치에 존재하는지 알려주지 않는다. -t 옵션을 사용하면 발견된 각 문자열의 위치를 나타내는 파일 오프셋 값을 출력해준다.
- 많은 파일이 대체 문자 세트를 사용한다. -e 옵션을 사용하면 16비트 유니코드와 같은 와이드 문자를 검색할 수 있다.

디스어셈블러

앞에서도 언급했듯 바이너리 오브젝트 파일에 대한 데드 리스팅 스타일 디스어셈블리를 만드는 툴이 있다. dumpbin, objdump, otool을 사용하면 각각 PE, ELF, Mach-O 바이너리를 디스어셈블할 수 있다. 하지만 3개의 툴 모두 임의의 바이너리 데이터 블록을 처리하지는 못한다. 그리고 널리 사용되는 파일 형식을 따르지 않는 바이너리 파일을 마주하게 되는 경우도 있다. 그런 경우에는 사용자가 지정한 오프셋에 있는 데이터를 디스어셈블할 수 있는 툴이 필요하다.

그런 디스어셈블러를 스트림 디스어셈블러stream disassembler라고 하며 x86 명령 세트를 지원하는 스트림 디스어셈블러는 ndisasm과 diStorm[14]이다. 그리고 ndisasm은 NASM[15]에 포함돼 있다. 다음의 예는 Metasploit 프레임워크[16]로 만든 셸코드의 일부분을 ndisasm으로 디스어셈블한 결과다.

```
ghidrabook# msfvenom -p linux/x64/shell_find_port -f raw > findport
ghidrabook# ndisasm -b 64 findport
  00000000  4831FF            xor rdi,rdi
```

---

14. https://github.com/gdabah/distorm/
15. http://www.nasm.us/
16. https://metasploit.com/

```
00000003  4831DB        xor rbx,rbx
00000006  B314          mov bl,0x14
00000008  4829DC        sub rsp,rbx
0000000B  488D1424      lea rdx,[rsp]
0000000F  488D742404    lea rsi,[rsp+0x4]
00000014  6A34          push byte +0x34
00000016  58            pop rax
00000017  0F05          syscall
00000019  48FFC7        inc rdi
0000001C  66817E024A67  cmp word [rsi+0x2],0x674a
00000022  75F0          jnz 0x14
00000024  48FFCF        dec rdi
00000027  6A02          push byte +0x2
00000029  5E            pop rsi
0000002A  6A21          push byte +0x21
0000002C  58            pop rax
0000002D  0F05          syscall
0000002F  48FFCE        dec rsi
00000032  79F6          jns 0x2a
00000034  4889F3        mov rbx,rsi
00000037  BB412F7368    mov ebx,0x68732f41
0000003C  B82F62696E    mov eax,0x6e69622f
00000041  48C1EB08      shr rbx,byte 0x8
00000045  48C1E320      shl rbx,byte 0x20
00000049  4809D8        or rax,rbx
0000004C  50            push rax
0000004D  4889E7        mov rdi,rsp
00000050  4831F6        xor rsi,rsi
00000053  4889F2        mov rdx,rsi
00000056  6A3B          push byte +0x3b
00000058  58            pop rax
00000059  0F05          syscall
ghidrabook#
```

스트림 디스어셈블러의 유연성은 많은 상황에서 유용하다고 할 수 있다. 예를 들면 셸코드를 포함한 네트워크 패킷에 의한 컴퓨터 네트워크 공격을 분석하는 경우가 있다. 스트림 디스어셈블러는 네트워크 패킷의 악의적인 페이로드의 동작을 분석하고자 셸코드를 포함하는 네트워크 패킷의 일부분을 디스어셈블할 수 있다. 또 다른 예로는 레이아웃 정보를 알 수 없는 ROM 이미지를 분석하는 경우가 있다. ROM의 일부분에는 데이터가 포함되고 다른 부분에는 코드가 포함돼 있을 것이다. 스트림 디스어셈블러는 코드라고 예상되는 ROM 이미지의 일부분을 디스어셈블할 수 있다.

요약

2장에서 설명한 툴들이 반드시 최고의 툴은 아니다. 하지만 바이너리 파일을 리버스 엔지니어링하려는 사람이라면 누구나 일반적으로 사용할 수 있는 툴이다. 더 중요한 점은 기드라 개발에 많은 동기를 부여해준 툴들이라는 점이다. 다음 장들에서는 기드라에 통합된 기능과 유사한 기능을 제공하는 독립 실행형 도구들을 때때로 언급할 것이다. 그런 툴에 대한 이해는 기드라의 사용자 인터페이스와 기드라가 제공하는 많은 정보를 이해하는 데 큰 도움이 될 것이다.

3

기드라를 만나다

기드라는 NSA^{National Security Agency, 국가안보국}가 만든 오픈소스 소프트웨어 리버스 엔지니어링 툴이다. 플랫폼에 독립적인 기드라 환경에는 대화형 디스어셈블러 및 디컴파일러뿐만 아니라 코드 분석에 도움이 되는 다양한 도구가 포함돼 있다. 또한 다양한 명령 세트 아키텍처와 바이너리 형식을 지원하며, 독립형 또는 협업으로 리버스 엔지니어링을 수행할 수 있게 지원한다. 기드라의 가장 좋은 점은 사용자가 작업 환경을 정의할 수 있고 자체적인 플러그인이나 스크립트를 개발해 리버스 엔지니어링 작업을 향상시킬 수 있으며, 그것을 기드라 커뮤니티에 공유할 수 있다는 것이다.

기드라 라이선스

기드라는 무료로 배포되며 아파치 라이선스 버전 2.0에 따라 라이선스가 부여된다. 아파치 라이선스는 개인에게 기드라를 사용할 수 있는 많은 자유를 제공하지만 몇 가지 제한 사항이 있다. 기드라를 다운로드해서 사용하거나 수정하는 모든 개인은 기드라 사용자 계약^{Ghidra User Agreement} 파일(docs/UserAgreement.html)과 GPL 및 licenses 디렉터리에 있는 라이선스 파일들을 읽어 모든 라이선스 계약을 준수하고 있는지 확인하는 것이 좋다. 기드라는 자체적인 라이선스 정책을 갖고 있는 서드 파티 컴포넌트를 사용하기 때문이다. 여기서 설명한 내용을 잊었더라도 기드라를 시작하거나 Help 메뉴에서 About Ghidra를 선택할 때마다 라이선스 정보를 표시해 준다.

기드라 버전

기드라는 윈도우 및 리눅스 그리고 맥OS에서 사용할 수 있다. 기드라는 다양한 설정으로 이용할 수 있지만 대부분의 신규 사용자는 전통적인 리버스 엔지니어링 기능을 포함하고 있는 최신 버전의 기드라 Core 사용을 선택한다. 이 책은 비공유 프로젝트를 위한 기드라 Core의 기능 설명에 초점을 맞추고 있다. 또한 공유 프로젝트와 헤드리스 기드라 그리고 Developer 설정, Function ID 설정, Experimental 설정도 다룬다.

기드라 지원 리소스

실제 마주치게 되는 까다로운 리버스 엔지니어링 문제를 해결하고자 새로운 소프트웨어 제품을 사용하는 것은 진입 장벽이 높을 수 있다. 기드라 사용자로서(또는 잠재적인 개발자로서) 기드라에 관련된 질문이 있다면 어디에서 도움을 받을 수 있을지 궁금할 수 있다. 이 책을 충분히 이해한다면 그런 여러 가지 질문에 대한 답을 얻을 수 있을 것이다. 이 책 이외에 추가적인 도움이 필요하다면 다음의 리소스를 참고하길 바란다.

공식적인 도움말 문서: 기드라의 메뉴나 F1 키를 이용하면 기드라의 자세한 도움말 시스템을 이용할 수 있다. 기드라의 도움말 시스템은 계층적인 도움말 메뉴와 검색 기능을 제공한다. Help 메뉴는 다양한 보기를 제공하지만 현재는 "어떻게 x를 할 수 있습니까?"와 같은 형태의 질문에는 답을 제공하지 않는다.

Readme 파일: 경우에 따라 기드라 Help 메뉴에서는 특정 항목에 대한 추가적인 콘텐츠로 readme 파일과 같은 것을 언급할 것이다. Help 메뉴에는 특정 플러그인에 대한 보충 설명과 추가적인 주제에 대한 설명(예: support/analyzeHeadlessREADME. html), 다양한 설치 방법(docs/InstallationGuide.html) 그리고 개발자로서 발전하는 데 도움이 되는 많은 readme 파일(예: Extensions/Eclipse/GhidraDev/GhidraDev_README.html)이 포함돼 있다(그리고 "어떻게 x를 할 수 있습니까?"와 같은 형태의 질문에 대한 지원 기능을 개발할 수 있다).

기드라 사이트: 기드라 프로젝트 홈 페이지(https://www.ghidra-sre.org/)에서는 잠재적인 기드라 사용자, 기드라를 현재 사용하고 있는 사용자와 개발자, 기드라 프로젝트 기여자에게 도움이 될 수 있는 정보를 제공한다. 각각의 기드라 릴리스와 관련된 자세한 다운로드 정보와 설치 과정을 그대로 따라할 수 있는 유용한 설치 가이드 동영상도 제공한다.

기드라 docs 디렉터리: 기드라를 설치하면 기드라와 관련된 유용한 문서도 함께 설치된다. 즉, 인쇄 가능한 형태의 가이드와 단축키(docs/CheatSheet.html) 정보를 제공한다. 기드라의 초급, 중급 및 고급 기능을 다루는 문서는 docs/GhidraClass에서 찾을 수 있다.

기드라 다운로드

기드라를 다운로드하는 것은 쉬우며 3단계의 과정으로 이뤄진다.

1. https://ghidra-sre.org/로 이동한다.
2. 빨갛고 큰 **Download Ghidra** 버튼을 클릭한다.
3. 파일을 컴퓨터의 원하는 장소에 저장한다.

다운로드를 위한 3단계는 매우 간단하지만 권장하는 방식에서 약간 벗어나는 형태를 원하는 경우가 있을 수 있다. 다음은 약간 다른 형태의 설치를 원하는 사용자를 위한 설명이다.

- 다른 릴리스 버전을 설치하고 싶다면 Releases 버튼을 클릭하고 원하는 버전을 다운로드하면 된다. 그렇게 다운로드하는 기드라는 일부 기능이 다를 수는 있지만 기본적인 동작은 동일하다.
- 협업을 위해 기드라를 서버에 설치하고자 한다면 설치 과정에서 무엇을 변경해야 하는지 11장을 참고한다(또는 server 디렉터리에 있는 정보를 이용해 시도해보기 바란다). 최악의 경우에는 간단한 3단계의 다운로드 과정을 다시 수행함으로써 기존 작업을 취소하고 로컬의 기드라 인스턴스로 시작해보는 것이 좋을 수 있다.
- 진정으로 용감한 사람은 소스코드를 이용해 기드라를 빌드하고 싶을 것이다. 기드라의 소스코드는 깃허브(https://github.com/NationalSecurityAgency/ghidra/)에서 얻을 수 있다.

이제 설치 과정으로 넘어가보자.

기드라 설치

마법의 빨간색 다운로드 버튼을 클릭하고 컴퓨터의 어디에 저장할 것인지 지정했는가? 문제없이 다운로드가 됐다면 지정한 위치에서 zip 파일을 볼 수 있을 것이다. zip 파일의 이름은 ghidra_9.0_PUBLIC_20190228.zip와 같은 형태일 것이다. 파일 이름에서 9.0은 기드라의 버전을 나타내며, PUBLIC은 릴리스의 타입(BETA_DEV와 같은 릴리스 타입도 있다)을 나타낸다. 그리고 마지막은 릴리스된 날짜를 나타낸다.

다운로드한 zip 파일에는 기드라 프레임워크를 구성하기 위한 3,400개 이상의 파일이 포함돼 있다. 다운로드한 zip 파일의 압축을 해제(예를 들면 윈도우에서 마우스 오른쪽 버튼

클릭 ▶ 압축 풀기를 선택)하면 기드라의 계층적인 디렉터리 구조를 볼 수 있다. 기드라의 내부 데이터 파일 중 일부는 컴파일을 해야 하기 때문에 기드라 사용자는 기드라의 모든 하위 디렉터리에 대한 쓰기 권한이 있어야 한다.

기드라 디렉터리 구조

기드라를 사용하기 전에 설치된 기드라의 내용을 잘 알고 있어야 하는 것은 아니다. 하지만 지금은 다운로드한 파일에 대해 말하고 있으므로 기드라 디렉터리의 기본적인 구조를 먼저 살펴보자. 기드라의 디렉터리 구조를 이해하면 다음 장들에서 설명하는 기드라의 고급 기능을 사용하는 데 도움이 될 것이다.

기드라를 설치하면 그림 3-1과 같은 구조의 기드라 하위 디렉터리를 볼 수 있다.

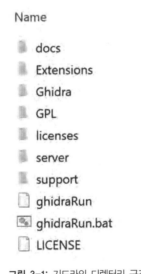

그림 3-1: 기드라의 디렉터리 구조

docs: 기드라에 관한 일반적인 지원 문서와 기드라 사용 설명서가 포함돼 있다. 이 디렉터리에는 2가지 중요한 하위 디렉터리가 포함돼 있다. 첫 번째는 GhidraClass 디렉터리이며 기드라에 대해 배울 수 있는 교육적인 내용을 제공한다. 두 번째는 languages 디렉터리이며 기드라의 프로세서 언어인 SLEIGH에 대한 내용을 제공한다. SLEIGH는 18장에서 다룬다.

Extensions: 기드라 익스텐션을 작성하는 데 유용한 미리 빌드된 익스텐션과 정보가 포함돼 있다. Extensions 디렉터리는 15, 17, 18장에서 좀 더 자세히 다룬다.

Ghidra: 기드라를 위한 소스코드가 포함돼 있다. 12장에서 기드라에 대한 사용자 정의를 하고 13~18장에서 새로운 기능을 만들기 시작하면서 이 디렉터리의 내용을 자세히 알아본다.

GPL: 기드라 프레임워크의 일부를 구성하는 구성 요소 중 일부는 기드라 개발팀이 개발하지 않고 GNU GPL^{General Public License} 라이선스로 배포된 다른 코드를 이용했다. 따라서 GPL 디렉터리에는 이와 관련된 내용과 라이선스 정보를 포함하고 있다.

licenses: 기드라의 서드파티 구성 요소의 적절하고 합법적인 사용을 설명하는 파일이 포함돼 있다.

server: 협업 리버스 엔지니어링을 용이하게 해주는 기드라 서버 설치에 관련된 내용이 포함돼 있으며, 이 디렉터리는 11장에서 자세히 다룬다.

support: 다양하고 특수한 기드라의 기능에 대한 포괄적인 내용이 포함돼 있다. 작업 환경을 추가로 사용자 정의하려는 경우(예를 들면 기드라 시작 스크립트에 대한 바로 가기 만들기) 기드라 아이콘(ghidra.ico)을 찾을 수도 있다. 이 디렉터리는 다양한 기드라의 기능을 소개하기 때문에 필요할 때마다 다룰 것이다.

기드라 시작

기드라의 하위 디렉터리에 있는 내용과 함께 기드라 루트 디렉터리의 파일을 사용해 기드라 리버스 엔지니어링의 여정을 시작할 수 있다. 기드라 루트 디렉터리에는 또 다른 라이선스 파일(LICENSE.txt)이 있으며, 실제로 기드라를 실행시키는 스크립트 파일이 있다. ghidraRun.bat 파일을 최초로 더블클릭(리눅스나 맥OS에서는 ghidraRun 스크립트를 커맨드라인에서 실행)하면 기드라 사용자 계약을 준수해 기드라를 사용할 것이라는 의미의 그림 3-2와 같은 최종 사용자 사용권 계약^{EULA, End-User License Agreement}에 동의해야 한다. 동의를 했다면 다음부터는 동의 화면이 뜨지 않을 것이다. 하지만 Help 메뉴의 내용을 볼 때는 항상 보게 될 것이다.

추가적으로 자바 설치 경로를 묻는 메시지가 표시될 수도 있다(자바가 설치돼 있지 않다면 doc 디렉터리에 있는 설치 가이드에서 'Java Notes' 절을 보면 된다). 기드라가 실행되려면 JDK^{Java Development Kit}의 버전 11 이상이 필요하다.[1]

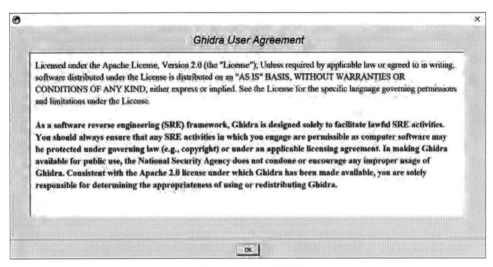

그림 3-2: Ghidra 사용자 동의

요약

기드라를 성공적으로 실행시켰다면 기드라를 이용해 유용한 작업을 수행할 준비가 된 것이다. 다음 몇 개의 장에서는 기드라를 이용해 기본적인 파일 분석을 수행하는 방법, CodeBrowser 및 여러 가지 일반적인 기드라의 디스플레이 창을 살펴보고, 그런 창들을 구성하고 변경하는 방법을 살펴본다.

---

1. https://adoptopenjdk.net/releases.html?variant=openjdk11&jvmVariant=hotspot/

2부

기본적인 기드라 사용법

4

기드라 시작하기

이제 실제로 기드라의 사용법을 알아보자. 이 책의 나머지 부분에서는 기드라의 다양한 기능과 그것을 활용해 리버스 엔지니어링의 요구 사항을 충족시키는 방법을 다룬다. 4장에서는 기드라를 실행할 때 제공되는 옵션에 대한 설명을 시작으로 분석을 위해 기드라로 바이너리 파일을 열 때 어떤 일이 발생하는지 살펴본다. 마지막으로 다음 장들을 위한 기반 지식이 되는 사용자 인터페이스를 간략히 소개한다.

기드라 실행

기드라를 시작할 때마다 기드라의 로고, 빌드 정보, 기드라 및 자바의 버전, 라이선스 정보를 표시하는 스플래시 화면을 볼 것이다. 기드라 버전을 자세히 알아보고자 스플래시 화면을 자세히 읽고 싶다면 기드라 Project 창에서 Help ➤ About Ghidra 메뉴를 선택하면 언제든지 확인할 수 있다. 스플래시 화면 이후에는 그림 4-1과 같이 Tip of the Day 창과 그 뒤에 기드라 Project 창을 볼 수 있다. Next Tip 버튼을 클릭해 여러 가지 기드라 관련 정보를 볼 수 있으며, 기드라로 작업할 준비가 됐다면 Close 버튼을 클릭해 Tip of the Day 창을 닫으면 된다.

그림 4-1: Ghidra 시작

기드라를 실행시킬 때마다 Tip of the Day 창을 보고 싶지 않다면 Tip of the Day 창의 하단부에 있는 Show Tips on Startup 체크를 선택 해제하면 된다. 체크를 해제한 상태에서 다시 복원하고 싶다면 기드라 Help 메뉴의 Tip of the Day를 선택하면 내용을 볼 수 있다.

Tip of the Day 창을 닫거나 Show Tips on Startup 체크를 해제한 상태에서 기드라를 실행하면 기드라 Project 창을 보게 된다. 기드라는 분석 대상 프로젝트 파일이나 파일 그룹과 관련된 데이터를 관리하고 통제하고자 프로젝트 환경을 이용한다. 처음에는 공유되지 않은 단일 파일을 분석하는 데 초점을 맞춰보자. 상대적으로 더 복잡한 경우는 11장에서 다룬다.

새로운 프로젝트 생성

기드라를 처음 실행시킨다면 프로젝트를 만들어야 한다. 이전에 기드라를 실행시켰다면 가장 최근에 사용한 프로젝트가 활성화된다. File ➤ New Project 메뉴를 선태하면 새로운 프로젝트에 대한 여러 가지를 지정할 수 있다. 관련해서 가장 먼저 선택해야 하는 것은 Non-Shared Project인지 Shared Project인지를 선택하는 것이다. 4장에서는 Non-Shared Project로 시작한다. 프로젝트의 종류를 선택하면 그림 4-2와 같은 창을 볼 수 있다. Non-Shared Project의 경우에는 프로젝트의 디렉터리와 이름을 지정해야 한다.

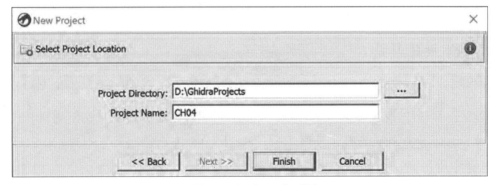

그림 4-2: 기드라 프로젝트 생성

일단 프로젝트의 위치와 이름을 입력하고 Finish 버튼을 클릭하면 새로운 프로젝트가 생성된다. 그러면 그림 4-3과 같이 새로 생성된 프로젝트가 선택된 Project 창을 볼 수 있다.

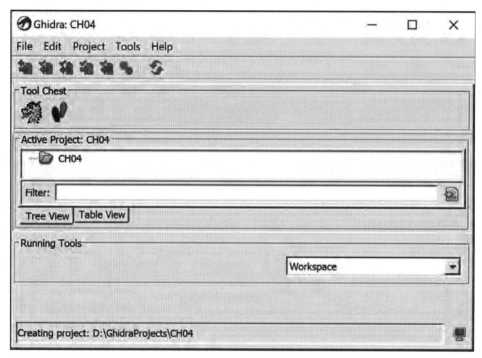

그림 4-3: 기드라 Project 창

기드라 파일 로딩

작업을 하려면 새로운 프로젝트에 최소한 하나 이상의 파일을 로드해야 한다.

파일을 로드하려면 File ➤ Import File 메뉴를 이용해서 임포트할 파일을 선택하거나 Project 창에 파일을 직접 드래그앤드롭하면 된다. 로드할 파일을 선택하면 그림 4-4와 같은 Import 창을 볼 수 있다.

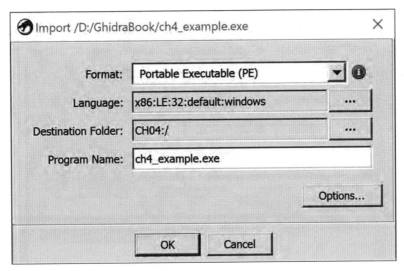

그림 4-4: 기드라 Import 창

기드라는 로드되는 파일의 형식을 Import 창의 상단에 표시해준다. Format 필드 옆의 **정보** 버튼을 클릭하면 지원되는 파일 형식의 리스트를 제공해준다. 이에 대해 서는 17장에서 설명한다. Format을 선택하는 필드는 기드라의 파일 로더가 해당 파일을 처리하고자 가장 적합하다고 생각되는 목록을 제공한다. 예를 들면 Format 필드에서는 PE^Portable Executable 파일 형식과 Raw Binary 형식을 제공한다. Raw Binary 형식은 인식하지 못하는 파일을 로드하기 위한 기드라의 기본 형식이기 때문에 항상 Format 필드 목록에 포함되며, 로드되는 파일을 위한 가장 낮은 수준의 옵션 이라 할 수 있다. Format 필드를 통해 여러 가지 파일 형식을 선택할 수 있는 경우 로드하는 파일에 대해 명확한 정보를 갖고 있지 않다면 기드라가 선택한 파일 형식 을 그대로 받아들이는 것이 좋다.

Language 필드는 로드되는 파일을 어떤 프로세서 타입으로 디스어셈블 작업을 수 행할지 선택할 수 있게 해준다. 기드라 언어/컴파일러 사양은 프로세서의 타입, 엔디안 타입(LE/BE), 비트 값(16/32/64), 프로세서 변형 및 컴파일러 ID(예: ARM:LE:32:v7: default)로 구성된다. 좀 더 자세한 내용은 17장의 '언어 정의 파일' 절뿐만 아니라 13장의 '언어/컴파일러 사양' 칼럼을 참고하길 바란다. 대부분의 경우 기드라는 실행 파일의 헤더에서 읽는 정보를 기반으로 적절한 프로세서를 선택한다.

Destination Folder 필드에서는 새로 임포트되는 파일을 위한 프로젝트 폴더를 선택할 수 있다. 기본적으로는 프로젝트 폴더의 최상위를 표시해주지만 임포트되는 프로그램을 프로젝트 폴더의 하위 폴더에 구성할 수도 있다. Language나 Destination Folder 필드 우측의 확장 버튼을 선택해 다른 옵션을 선택하는 것도 가능하다. 또한 Program Name 필드의 내용을 수정할 수도 있다. Program Name이라는 용어에 혼동하면 된다. Program Name은 기드라가 프로젝트 내로 가져온 바이너리를 참조하고자 사용하는 이름이며 **프로젝트** 창에 표시된다. 기본적으로는 임포트한 파일의 이름이 사용되지만 'Starship Enterprise에서 가져온 악성 파일'처럼 좀 더 설명적인 이름으로 변경해도 된다.

그림 4-4의 4개 필드뿐만 아니라 Options 버튼을 이용하면 파일 로딩 과정을 추가로 제어할 수 있다. 옵션의 내용은 선택된 파일의 형식과 프로세서 타입에 따라 다르다. x86용 PE 파일인 ch4_example.exe에 대한 옵션은 그림 4-5와 같으며 디폴트 옵션이 기본적으로 선택돼 있다. 디폴트 옵션으로 진행하는 것이 일반적으로 좋은 방법이지만 경험을 쌓아가면서 다른 옵션을 선택해볼 수도 있다. 예를 들면 종속적인 라이브러리를 프로젝트로 임포트하고자 Load External Libraries 옵션을 선택할 수도 있다.

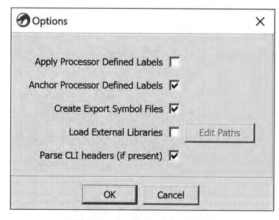

그림 4-5: 기드라 PE 파일 로딩 옵션

파일을 임포트하기 위한 옵션은 파일 로딩 과정을 세밀하게 제어하는 데 사용된다. 모든 입력 파일의 형식에 따라 옵션이 동일한 것은 아니며 대부분의 경우 디폴트 옵션 값을 사용한다. 옵션에 대한 추가적인 정보는 기드라의 Help 메뉴를 참고하길 바란다. 기드라의 파일 임포트와 로딩 과정은 17장에서 좀 더 자세히 다룬다.

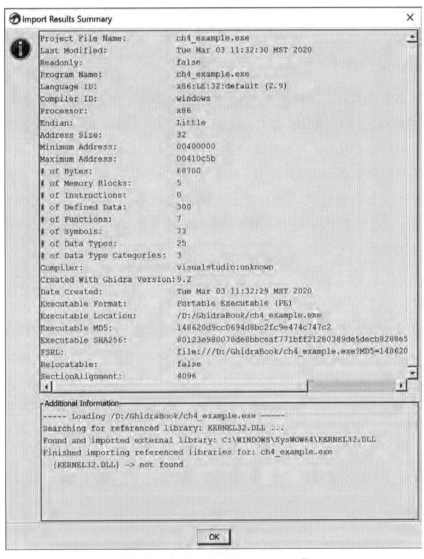

그림 4-6: 기드라 Import Results Summary 창

로딩 옵션을 선택하고 OK를 클릭해 대화상자를 닫으면 그림 4-6과 같이 Import Results Summary 창이 나타난다. Import Results Summary 창을 통해 선택한 임포트 옵션과 로더가 선택된 파일에서 추출한 기본적인 정보를 볼 수 있다. 13장의 '파일 임포트' 절에서는 Import Results Summary 창에 여러분이 알고 있는 파일에 대한 추가적인 정보가 반영되지 않은 경우 분석 전에 수정하는 방법을 설명한다.

Raw Binary 로더

때로는 파일 형식으로 선택할 수 있는 것이 Raw Binary가 유일할 수도 있다. 그것은 기드라가 선택한 파일의 형식을 인식하지 못하는 경우다. 예를 들면 커스텀 펌웨어 이미지 분석이나 네트워크 패킷 캡처 또는 로그 파일에서 추출한 페이로드인 경우에는 Raw Binary 로더를 사용해야 한다. 그런 경우에는 기드라가 파일 로딩 과정에서 사용할 파일 헤더 정보를 인식할 수 없어 로더가 자동으로 수행해주는 프로세서 지정이나 비트의 크기, 컴파일러 식별과 같은 작업을 사용자가 직접 수행해줘야 한다.

예를 들어 바이너리에 x86 코드가 포함돼 있다는 것을 알고 있다면 그림 4-7과 같이 Language 대화상자에서 보여주는 목록 중 하나를 선택해야 한다. 경우에 따라서는 바이너리에 맞는 언어의 선택 범위를 좁히고자 약간의 노력과 시행착오가 필요하다. 파일이 실행되게 설계된 장치에 대한 어떤 정보든 얻을 수 있다면 유용하게 사용할 수 있을 것이다. 분석 대상 파일이 윈도우 시스템용이 아니라고 확신한다면 컴파일러 설정으로 gcc 또는 디폴트(선택 가능한 경우)를 선택해야 한다.

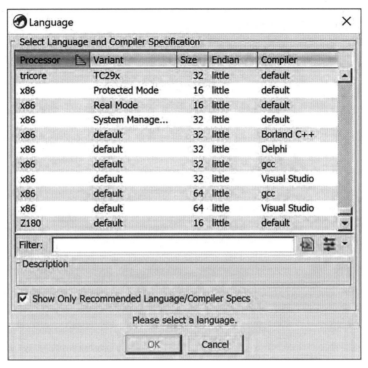

그림 4-7: 언어와 컴파일러 선택 옵션

바이너리 파일에 기드라가 인식할 수 있는 헤더 정보가 없다면 기드라는 파일의
메모리 레이아웃도 인식하지 못할 것이다. 파일의 베이스 주소, 파일 오프셋 또는
파일의 길이를 알고 있다면 그림 4-8과 같은 옵션 창에서 해당 값들을 직접 입력하
거나 값을 수동으로 입력하지 않고 그대로 파일을 로드할 수도 있다(이 값들은 5장의
'Memory Map 창' 절에서 설명하듯이 메모리 맵 창을 통해 분석 전후에 언제든지 참조하거나 조정할 수 있다).

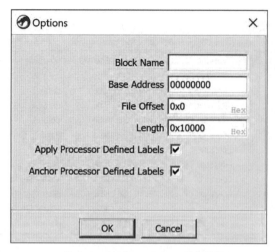

그림 4-8: 기드라 Raw Binary 로더 옵션

기드라가 인식할 수 없는 바이너리 파일을 수동으로 로드하고 구성하는 방법은 17장에서 자세히 다룬다.

기드라로 파일 분석

본질적으로 기드라는 고유한 기능을 가진 플러그인 라이브러리에 의해 제어되는 데이터베이스 애플리케이션이다. 모든 프로젝트 데이터는 사용자가 프로젝트에 정보를 추가함에 따라 내용이 커지고 진화하는 자체 데이터베이스에 저장된다. 기드라가 제공하는 다양한 디스플레이는 단순히 소프트웨어 리버스 엔지니어에게 유용한 형식으로 데이터베이스의 내용을 보여주는 것이다. 사용자가 데이터베이스의 내용을 수정하면 그에 따라 사용자에게 보여주는 내용도 변경된다. 하지만 그런 변경으로 인해 원래의 실행 파일이 변경되지는 않는다. 기드라의 강력함은 데이터베이스 내의 데이터를 분석하고 조작하는 데 사용되는 기드라에 포함된 툴들에 있다.

CodeBrowser는 기드라에서 사용할 수 있는 많은 툴의 중심 역할을 하며, 사용자가 창을 구성할 수 있게 해주고, 툴을 추가 및 삭제 그리고 콘텐츠를 재정렬하고 사용자의 작업 과정을 문서화하는 데 도움을 주는 기능을 제공한다. 기본적으로 CodeBrowser는 Program Tree, Symbol Tree, Data Type Manager, Listing, Decompiler, Console 창과 함께 열린다. 이런 여러 창은 5장에서 설명한다.

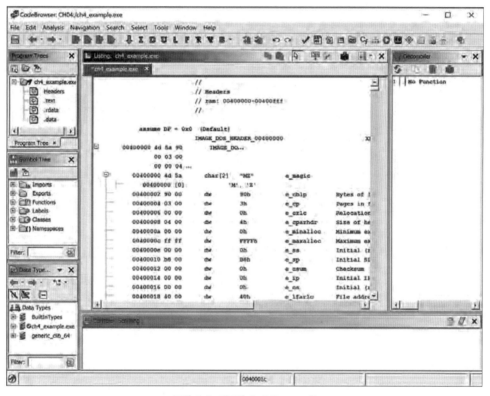

그림 4-9: 기드라 CodeBrowser 창

지금까지 설명한 과정은 프로젝트를 만들어 파일을 로드하는 것이며 실제 분석 작업은 아직 시작되지도 않았다. 기드라 Project 창에서 파일을 더블클릭하면 그림 4-9처럼 CodeBrowser 창을 볼 수 있다. 임포트한 파일 중에서 파일을 선택하는 것이 처음이라면 기드라가 자동으로 해당 파일을 분석하게 허용하는 옵션을 볼 수 있다. 자동 분석을 허용하면 그림 4-10과 같은 Analysis Options 창이 나타난다. 일반적인 플랫폼에서 사용되는 컴파일러로 빌드된 바이너리 파일이라면 자동 분

석이 올바른 선택일 것이다. 그리고 CodeBrowser 창의 우측 하단에 있는 **빨간색
중지** 버튼을 클릭하면 언제든지 자동 분석 과정을 중지시킬 수 있다(중지 버튼은 자동
분석을 수행하는 중에만 표시된다).

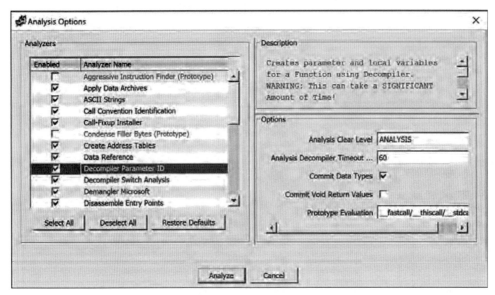

그림 4-10: Analysis Options 창

기드라의 자동 분석 결과가 마음에 들지 않으면 언제든지 변경 사항을 저장하지
않게 선택하고 CodeBrowser를 닫아 작업을 취소할 수 있다. 그리고 파일을 다시
열어 자동 분석 옵션을 변경해서 자동 분석을 재시도할 수 있다. 자동 분석 옵션을
수정하는 일반적인 경우는 분석 대상 파일이 난독화돼 비정상적으로 구조화된 바
이너리이거나 기드라가 인식하지 못하는 운영체제나 컴파일러로 빌드된 경우다.

상당히 큰 바이너리 파일(아마도 10MB 이상)인 경우에는 자동 분석 과정이 몇 분에서
몇 시간까지 걸릴 수 있다. 그런 경우에는 일부 분석기(예를 들면 Decompiler Switch
Analysis, Decompiler Parameter ID, Stack)를 비활성화하거나 시간제한을 두도록 설정할 수
있다. 그림 4-10을 보면 각각의 분석기를 선택할 때 그에 대한 설명과 해당 분석기
가 분석 작업을 수행하는 데 어느 정도의 시간이 걸리는지에 대한 정보를 볼 수

있다. 또한 해당 창에 있는 Options 부분에서는 개별 분석기의 동작에 대한 제어를 할 수 있다. 비활성화시키거나 시간이 초과된 분석은 기드라의 Analysis 메뉴에서 이후에 언제든 다시 실행할 수 있다.

자동 분석의 경고

일단 로더가 파일 분석을 시작하면 분석을 진행하면서 사용자에게 경고할 만한 문제가 발생할 수 있다. 예를 들어 연관된 PDB(Program DataBase) 파일 없이 빌드된 PE 파일인 경우에 그런 경고가 발생할 수 있다. 그런 경우 분석이 완료되면 Auto Analysis Summary 창에서 발생한 문제에 대한 요약 정보를 볼 수 있다(그림 4-11).

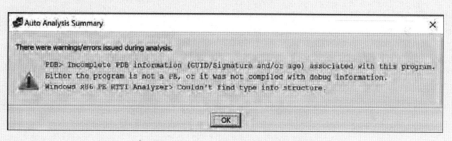

그림 4-11: Auto Analysis Summary 창

대부분의 경우 요약 정보는 단순한 정보성 내용이다. 경우에 따라 요약 정보에는 서드파티 유틸리티를 설치해서 발견된 문제를 해결하기 위한 방법이 포함되기도 한다.

기드라의 자동 분석 작업이 완료되면 그림 4-12와 같이 새로운 정보가 추가된 것을 볼 수 있다.

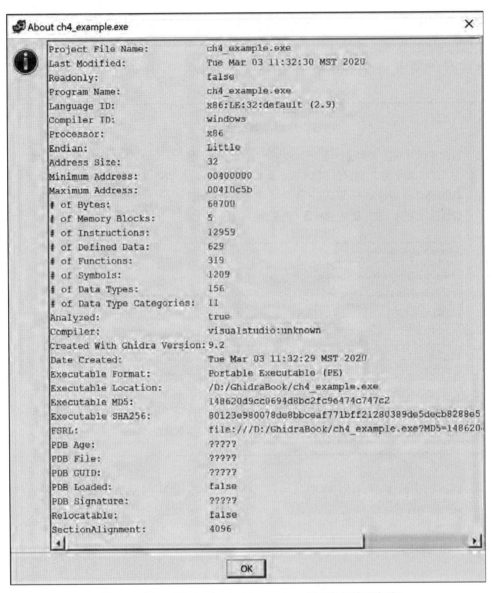

```
About ch4_example.exe                                                    ✕

   Project File Name:        ch4_example.exe
   Last Modified:            Tue Mar 03 11:32:30 MST 2020
   Readonly:                 false
   Program Name:             ch4_example.exe
   Language ID:              x86:LE:32:default (2.9)
   Compiler ID:              windows
   Processor:                x86
   Endian:                   Little
   Address Size:             32
   Minimum Address:          00400000
   Maximum Address:          00410c5b
   # of Bytes:               68700
   # of Memory Blocks:       5
   # of Instructions:        12959
   # of Defined Data:        629
   # of Functions:           319
   # of Symbols:             1209
   # of Data Types:          156
   # of Data Type Categories: 11
   Analyzed:                 true
   Compiler:                 visualstudio:unknown
   Created With Ghidra Version: 9.2
   Date Created:             Tue Mar 03 11:32:29 MST 2020
   Executable Format:        Portable Executable (PE)
   Executable Location:      /D:/GhidraBook/ch4_example.exe
   Executable MD5:           148620d9cc0694d8bc2fc9e474c747c2
   Executable SHA256:        80123e980078de8bbceaf771bff21280389de5decb8288e5
   FSRL:                     file:///D:/GhidraBook/ch4_example.exe?MD5=148620
   PDB Age:                  ?????
   PDB File:                 ?????
   PDB GUID:                 ?????
   PDB Loaded:               false
   PDB Signature:            ?????
   Relocatable:              false
   SectionAlignment:         4096

                              OK
```

그림 4-12: Ghidra Help ➤ About ch4_example.exe에 대한 분석 요약 정보

자동 분석 결과

기드라의 자동 분석은 새로 로드된 바이너리를 대상으로 선택한 각 분석기를 실행함으로써 이뤄진다. Analysis Options와 기드라의 Help 메뉴를 통해 각 분석기에 대한 설명을 볼 수 있다. 디폴트로 선택된 분석기는 기드라 사용자들이 다양한 유형의 파일에 대해 유용하다고 판단한 것들이다. 다음 절에서는 파일이 로드돼 자동 분석이 수행되면서 파일에서 추출된 정보 중 가장 유용한 정보를 설펴본다.

컴파일러 식별

소프트웨어를 빌드하는 데 사용된 컴파일러를 식별하면 바이너리에서 사용되는 함수 호출 규약을 이해할 수 있고 바이너리에 어떤 라이브러리가 링크되는지 판단하는 데 도움이 된다. 파일이 로드될 때 해당 파일을 컴파일하는 데 사용된 컴파일러를 식별할 수 있다면 자동 분석을 수행하는 과정에서 식별된 컴파일러의 특정 동작에 대한 정보를 이용하게 된다. 컴파일러의 종류와 컴파일러에 대한 실행 옵션에 따른 차이점은 20장에서 자세히 다룬다.

함수 인자와 지역 변수 식별

식별된 각 함수(심볼 테이블과 함수 호출 명령 대상의 주소를 바탕으로 식별됨)를 대상으로 기드라는 스택 안에 위치하는 변수를 인식하고 함수의 스택 프레임 구조를 이해하고자 스택 포인터 레지스터의 동작을 자세히 분석한다. 함수 내의 지역 변수나 함수 호출 과정의 일부분으로 스택에 할당돼 함수에 전달되는 함수 인자의 경우에는 이름이 자동으로 부여된다. 스택 프레임은 6장에서 자세히 다룬다.

데이터 타입 정보

기드라는 공통 라이브러리 함수 및 그에 관련된 파라미터 정보를 갖고 있으며, 그것을 이용해 각 함수 내에서 사용되는 함수, 데이터 타입, 데이터 구조체를 식별한다. 이와 같은 정보는 Symbol Tree와 Data Type Manager 창 그리고 Listing 창에 추가된다. 이를 통해 다양한 API[Application Programming Interface] 레퍼런스에서 수동으로 알아내야 하는 정보를 제공해주기 때문에 엄청난 시간을 절약할 수 있다. 기드라의 라이브러리 함수 처리와 그에 관련된 데이터 타입은 8장에서 자세히 다룬다.

초기 분석 과정의 작업 내용

새로운 파일을 초기에 분석하는 동안에 CodeBrowser 내에서는 엄청난 양의 작업이 수행된다. CodeBrowser 창의 오른쪽 하단에서 분석 진행 상황을 보여주는 부분을 보면 분석 과정을 이해하는 데 도움이 될 것이다. 빠르게 업데이트되는 분석 진행 상황을 보기 힘들다면 기드라 로그 파일을 열어 내용을 꼼꼼히 확인할 수도 있다. 기드라 로그 파일을 보려면 기드라 Project 창의 Help ➤ Show Log 메뉴를 선택하면 된다(Show Log 메뉴는 CodeBrowser 창의 Help 메뉴가 아니라 기드라 Project 창의 Help 메뉴를 통해서만 볼 수 있다).

다음의 출력 내용은 기드라가 ch4_example.exe를 분석하는 과정에서 생성된 로그 파일의 내용으로, 자동 분석 과정에서 생성된 메시지다. 메시지의 내용은 분석 과정을 설명하고 있으며 기드라가 수행한 작업의 순서뿐만 아니라 분석 과정에서 각 작업에 소요된 시간 정보를 포함하고 있다.

```
2019-09-23 15:38:26 INFO (AutoAnalysisManager) ----------------------------
        ASCII Strings                      0.016 secs
        Apply Data Archives                1.105 secs
        Call Convention Identification     0.018 secs
        Call-Fixup Installer               0.000 secs
        Create Address Tables              0.012 secs
        Create Function                    0.000 secs
        Data Reference                     0.014 secs
        Decompiler Parameter ID            2.866 secs
```

```
         Decompiler Switch Analysis        2.693 secs
         Demangler                         0.004 secs
         Disassemble Entry Points          0.016 secs
         Embedded Media                    0.031 secs
         External Entry References         0.000 secs
         Function ID                       0.312 secs
         Function Start Search             0.051 secs
         Function Start Search After Code  0.006 secs
         Function Start Search After Data  0.005 secs
         Non-Returning Functions - Discovered  0.062 secs
         Non-Returning Functions - Known   0.000 secs
         PDB                               0.000 secs
         Reference                         0.025 secs
         Scalar Operand References         0.074 secs
         Shared Return Calls               0.000 secs
         Stack                             0.063 secs
         Subroutine References             0.016 secs
         Windows x86 PE Exception Handling 0.000 secs
         Windows x86 PE RTTI Analyzer      0.000 secs
         WindowsResourceReference          0.100 secs
         X86 Function Callee Purge         0.001 secs
         x86 Constant Reference Analyzer   0.509 secs
-----------------------------------------------------------
         Total Time    7 secs
-----------------------------------------------------------
2019-09-23 15:38:26 DEBUG (ToolTaskManager)   task finish (8.128 secs)
2019-09-23 15:38:26 DEBUG (ToolTaskManager)   Queue - Auto Analysis
2019-09-23 15:38:26 DEBUG (ToolTaskManager)   (0.0 secs)
2019-09-23 15:38:26 DEBUG (ToolTaskManager)   task Complete (8.253 secs)
```

자동 분석이 완료되기 전에도 다양한 데이터를 참조할 수 있으며, 프로젝트 파일을
변경하고 싶다면 자동 분석이 완료됐을 때 하는 것이 안전하다.

작업 내용 저장과 종료

분석을 잠시 중지하고 싶다면 작업한 내용을 저장해야 한다. 작업 내용 저장은 CodeBrowser 창에서 다음에 제시하는 방법 중 하나를 이용하면 쉽게 할 수 있다.

- CodeBrowser File 메뉴에 있는 여러 가지 Save 메뉴 중 하나를 이용한다.
- CodeBrowser 툴바에 있는 Save 아이콘을 클릭한다.
- CodeBrowser 창을 닫는다.
- Ghidra 창에서 Save Project 메뉴로 프로젝트를 저장한다.
- Ghidra File 메뉴의 Exit Ghidra를 선택해 기드라를 종료한다.

위에 설명된 방법을 이용하면 수정된 파일을 저장하라는 메시지가 표시된다. CodeBrowser와 여타 기드라 툴의 모양과 기능 변경은 12장에서 자세히 다룬다.

기드라 관련 팁과 트릭

기드라는 엄청난 양의 정보를 보여주기 때문에 복잡해 보일 수 있다. 다음은 기드라를 최대한 잘 활용하기 위한 몇 가지 팁이다.

- 기드라를 위한 화면 공간은 클수록 좋다. 이를 위해 매우 큰 모니터(또는 4대의 모니터)를 구매하길 바란다.
- 새로운 뷰어를 열거나 실수로 닫은 창을 복원하려면 CodeBrowser의 Window 메뉴를 이용하면 된다. CodeBrowser 툴바의 툴 버튼을 이용해서 창을 열 수도 있다.
- 새로운 창을 열면 기존에 있는 창 앞에 뜨기도 한다. 그런 경우에는 창의 상단이나 하단에 있는 탭을 이용해서 탭 사이를 이동하면 된다.
- 필요에 따라 창을 닫거나 다시 열 수도 있으며 CodeBrowser 내에서 창을 새로운 위치로 이동시킬 수도 있다.

- 창의 디스플레이 형태를 변경하려면 Edit ➤ Tool Options 메뉴를 선택하고 해당 창에 관련된 Display 옵션을 찾아 수정하면 된다.

이 내용은 빙산의 일각에 불과하지만 기드라 CodeBrowser를 이용할 때 도움이 될 것이다. 바로가기나 툴바 옵션과 같은 CodeBrowser와 관련된 추가적인 팁과 트릭은 5장에서 다룬다.

요약

CodeBrowser에 익숙해지면 그만큼 기드라를 잘 사용하게 될 것이다. 바이너리 코드를 리버스 엔지니어링하는 것은 툴을 이용하지 않으면 매우 어렵다. 초기 로딩 단계의 기드라 수행 결과와 선택한 옵션은 이후에 수행하게 되는 모든 분석 단계의 토대를 마련한다. 사용자를 대신해 초기에 기드라가 수행한 작업은 만족스러울 수 있고, 간단한 바이너리인 경우에는 초기 분석 과정이 필요한 전부가 될 수도 있다. 반면 리버스 엔지니어링 과정을 추가로 제어할 수 있는 방법이 궁금하다면 기드라의 다양한 데이터 디스플레이 기능에 대해 자세히 알아볼 준비가 된 것이다. 5장에서는 각 주요 디스플레이에 대한 소개, 각 디스플레이를 유용하게 사용할 수 있는 상황, 작업 흐름을 최적화하고자 툴과 디스플레이를 잘 다룰 수 있는 방법을 살펴본다.

5

기드라 데이터 디스플레이

이제 새로운 프로젝트를 만들어 바이너리를 해당 프로젝트에 로드하고 자동 분석을 수행할 수 있을 것이다. 일단 기드라의 초기 분석 단계가 완료됐다면 기드라를 제어해보자. 4장에서 설명했듯 기드라를 실행하면 리버스 엔지니어링을 위한 모험이 기드라 Project 창에서부터 시작된다. 프로젝트에서 파일을 열면 두 번째 창이 열린다. 바로 기드라 CodeBrowser이며 소프트웨어 리버스 엔지니어링 작업 대부분을 위한 본진 역할을 하게 된다. 이미 4장에서 CodeBrowser를 사용해 파일을 자동 분석해봤다. 이제 CodeBrowser의 메뉴, 창, 기본 옵션을 자세히 살펴볼 차례다. 또한 기드라의 기능에 대한 지식을 높이고 개인적인 작업 흐름과 일치되는 리버스 엔지니어링 분석 환경을 만들 수도 있다. 기드라의 주요 데이터 디스플레이부터 살펴보자.

CodeBrowser

기드라 Project 창의 Tools ➤ RunTool ➤ CodeBrowser 메뉴로 CodeBrowser 창을 열수 있다. 분석을 위한 파일을 선택하면 CodeBrowser 창이 열리지만 CodeBrowser의 기능과 설정 옵션을 보고자 그림 5-1과 같이 내용이 빈 CodeBrowser 창을 열 수도 있다. CodeBrowser는 기본적으로 6개의 하위 창으로 구성된다. CodeBrowser의 하위 창들을 살펴보기 전에 CodeBrowser의 메뉴와 그에 관련된 기능을 잠시 살펴 보자.

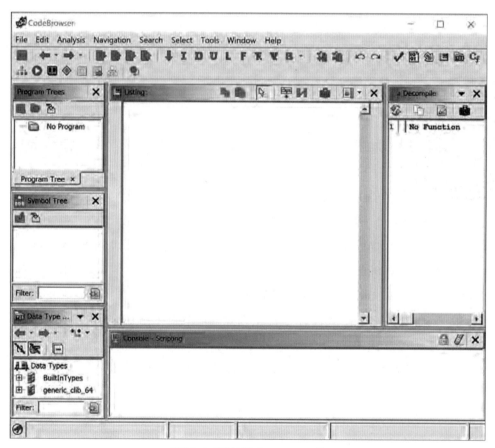

그림 5-1: 내용이 빈 CodeBrowser 창

CodeBrowser 창의 상단에는 메인 메뉴가 위치하고 바로 아래에는 툴바가 위치한다. 툴바는 가장 자주 사용되는 메뉴를 클릭 한 번만으로 실행시킬 수 있게 해준다. 아직은 파일을 로드하지 않았기 때문에 로드된 파일과 관련이 없는 메뉴에 초점을 맞춰 설명하겠다. 다른 메뉴는 소프트웨어 리버스 엔지니어링 과정에 대한 적용 가능성 측면에서 설명하겠다.

File: File 메뉴는 Open/Close, Import/Export, Save, Print와 같이 대부분의 파일 관련 메뉴에서 볼 수 있는 기본적인 기능을 제공한다. File 메뉴에 있는 몇 가지는 기드라에 특화된 것이다. 예를 들어 Tool 관련 메뉴는 CodeBrowser 툴을 저장하고 수정할 수 있게 해주고 Parse C Source 메뉴는 C 헤더 파일에서 데이터 타입 정보를 추출함으로써 디컴파일 과정에 도움을 준다(13장의 'C 헤더 파일 파싱' 절 참고).

Edit: Edit 메뉴에는 CodeBrowser의 하위 창 외부에 적용할 수 있는 명령이 포함돼 있다. 그것은 Edit ➤ Tool Option이며, CodeBrowser에서 사용할 수 있는 많은 툴에 대한 옵션과 파라미터를 설정할 수 있는 새로운 창을 연다. 그림 5-2는 그중에서 콘솔 관련 옵션을 보여준다. 우측 하단의 Restore Defaults 버튼(디폴트 설정으로 복원)을 이용해 언제든지 설정을 원래대로 복원할 수 있다.

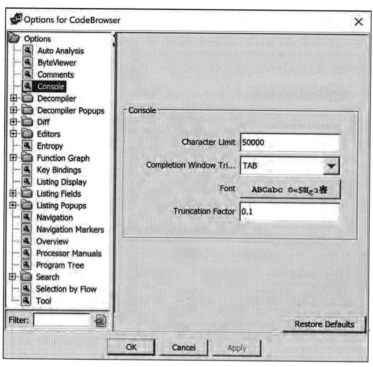

그림 5-2: CodeBrowser의 Console 관련 옵션

Analysis: Analysis 메뉴로 바이너리를 재분석하거나 개별적인 분석 작업을 선택해 수행할 수 있다. 기본적인 분석 옵션은 4장의 '기드라로 파일 분석' 절에서 설명했다.

Navigation: Navigation 메뉴를 이용하면 파일 내에서 각종 탐색을 용이하게 할 수 있다. 이 메뉴는 많은 애플리케이션에서 지원하는 기본적인 키보드 기능을 제공하고 바이너리에 대한 특별한 탐색 옵션을 제공한다. Navigation 메뉴로 파일 내에서 이동할 수 있지만 탐색을 위한 다양한 옵션을 경험한 후에는 툴바나 단축키(각 메뉴의 오른쪽에 위치)를 사용하게 될 것이다.

Search: Search 메뉴를 이용하면 메모리, 프로그램 텍스트, 문자열, 주소 테이블, 직접 참조, 명령 패턴 등을 검색할 수 있다. 기본적인 검색 기능은 6장의 '검색' 절에서 설명한다. 좀 더 전문적인 검색 개념은 다음 장들에서 소개하는 많은 예제를 통해 설명하겠다.

Select: Select 메뉴는 특정 작업을 위해 파일의 특정한 부분을 식별해주는 기능을 제공한다. 서브루틴이나 함수, 제어 흐름을 기반으로 선택하거나 단순히 파일의 원하는 부분을 강조 표시하고자 선택할 수도 있다.

Tools: Tools 메뉴는 소프트웨어 리버스 엔지니어링에 도움이 되는 추가적인 정보를 만들어내기 위한 몇 가지 흥미로운 기능을 제공한다. 그중에서도 가장 유용한 기능은 현재 파일과 관련된 프로세서 매뉴얼을 알 수 있는 Processor Manual이다. 기드라가 제공하지 못하는 프로세서 매뉴얼의 경우에는 그림 5-3처럼 해당 매뉴얼에 대한 정보를 제공해준다.

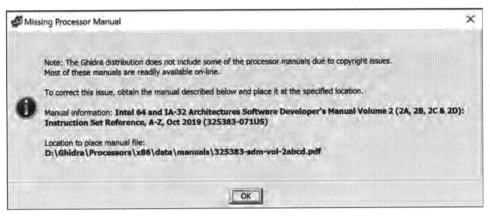

그림 5-3: Missing Processor Manual 메시지

Window: Window 메뉴를 이용해 작업 흐름에 맞게 기드라의 작업 환경을 구성할 수 있다. 5장에서는 기본적인 기드라의 창과 도움이 될 만한 다른 창들에 대해 설명한다.

Help: Help 메뉴는 풍부하고 체계적이며 매우 상세한 옵션을 제공한다. Help 창에서는 원하는 것을 검색할 수 있으며 즐겨 찾기 등록과 내용을 확대/축소할 수 있다. 또한 내용을 프린터로 출력하거나 프린터 출력에 대한 설정을 할 수 있다.

CodeBrowser 창

그림 5-4의 중앙에 보이는 것이 Window 메뉴의 내용이다. CodeBrowser가 실행되면 기본적으로 6개의 창(Program Trees, Symbol Tree, Data Type Manager, Listing, Console, Decompiler)이 열린다. 각 창의 이름은 창의 상단 부분에 표시된다. 그리고 Window 메뉴를 이용해 각 창들을 보이게 할 수 있으며, 메뉴 바로 아래에 있는 툴바의 버튼을 이용해서도 창이 보이게 할 수 있다(예를 들어 그림 5-4를 보면 Decompiler 창을 열기 위한 메뉴 및 그것과 동일한 동작을 하는 툴바의 버튼을 화살표로 표시해준다).

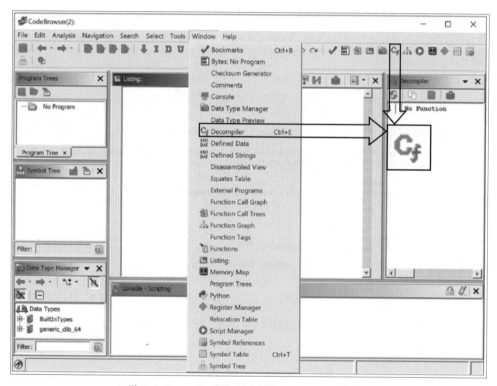

그림 5-4: Decompiler 창을 보기 위한 CodeBrowser 창의 메뉴

이제는 6개의 창이 SRE 과정에서 얼마나 중요한 역할을 하는지 이해하고자 각 창을 살펴보자.

타이틀 바를 클릭하거나 CodeBrowser 창의 외부로 끌어다 놓으면 된다.

하지만 주의할 점은, 일단 창을 CodeBrowser 창 안으로 되돌리는 것은 CodeBrowser 창의 밖으로 옮기는 것만큼 간단하지 않다(12장의 '창 재정렬' 절 참고).

창이 어디로 숨었지?

기드라에는 많은 창이 있어 특정 창이 어디에 있는지 기억하는 것이 어려울 수 있다. 더 많은 창을 열면 CodeBrowser 창이나 다른 창에 가려져 더욱 어려워질 수 있다. 이런 경우를 대비해서 기드라는 창을 찾기 위한 고유한 기능을 제공한다. 찾고자 하는 창과 관련된 툴바 버튼이나 메뉴 항목을 클릭하면 해당 창이 앞으로 이동하지만 이것만으로는 충분하지 않을 수 있다. 찾고자 하는 창에 해당하는 툴바의 버튼을 계속 클릭하면 해당 창이 진동하거나 글꼴 크기나 색상이 변경되거나 창이 확대되거나 회전하는 등 창을 찾는 데 도움이 되는 여러 가지 흥미로운 동작을 보여줌으로써 창을 찾는 데 도움을 준다.

Listing 창

Disassembly 창으로도 불리는 Listing 창은 기드라가 만들어낸 디스어셈블리 코드를 보거나 조작, 분석하기 위한 기본 도구가 될 것이다. Listing 창에서는 프로그램의 전체적인 디스어셈블된 내용을 보여주고 바이너리의 데이터 영역을 보기 위한 기본적인 방법을 제공한다.

그림 5-5는 ch5_example1.exe에 대한 CodeBrowser의 내용을 보여준다. Listing 창의 왼쪽 여백 부분은 파일에 대한 중요한 정보뿐만 아니라 현재 참조하고 있는 파일의 위치를 제공한다. Listing 창의 오른쪽 부분(수직 스크롤바의 바로 오른쪽 부분)에서는 중요 정보와 탐색 기능을 제공한다. 스크롤바는 파일 내에서의 현재 위치를 나타내며 스크롤바를 이용해 파일 내부의 위치를 이동할 수 있다. 스크롤바의 바로 오른쪽 부분에서는 북마크와 같은 파일에 대한 몇 가지 추가적인 정보를 보여준다.

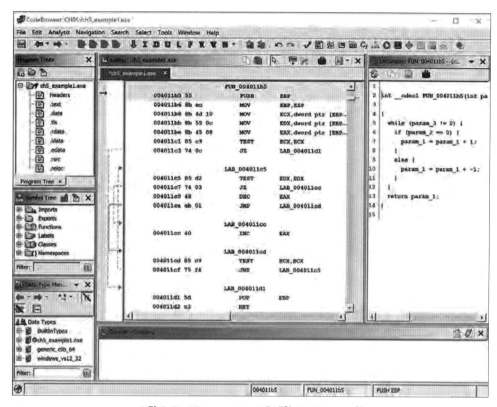

그림 5-5: ch5_example1.exe에 대한 CodeBrowser 창

자주 사용하게 될 바

파일이 자동으로 분석된 뒤에 여백 부분을 이용하면 파일을 탐색하고 추가적인 분석에 도움이 된다. 기본적으로는 Navigation 바(Bar)만 표시된다. Listing 창의 우측 상단에 있는 Toggle Overview Margin 버튼을 이용하면 추가적으로 Overview 바와 Entropy 바를 보이게 하거나 숨길 수 있다. 어떤 바가 표시되든 Navigation 바는 항상 다른 바의 왼쪽에 위치하며 파일에서 현재의 위치를 표시해준다. Navigation 바에서 아무 위치나 마우스 왼쪽 버튼을 클릭하면 파일의 해당 위치로 이동되고 Listing 창의 내용도 업데이트된다.

이제 바를 보이게 하거나 숨기는 방법을 알았으므로 각각 어떤 내용을 표시하고 소프트웨어 리버스 엔지니어링 과정에서 어떻게 사용할 수 있는지 알아보자.

Navigation 마커 영역: 파일 내에서 위치를 이동하는 데 사용할 수 있지만 그것보다 더 중요한 기능이 있다. Navigation 마커 영역에서 마우스 오른쪽 버튼을 클릭하면 파일과 연결될 수 있는 마커와 북마크들을 볼 수 있다. 마커의 타입을 선택하거나 선택 해제하면 Navigation 바에 보이는 것을 제어할 수 있다. 이를 통해 특정 타입의 마커(예: 하이라이트)로 쉽게 이동할 수 있다.

Overview 바: 파일의 내용에 대한 시각적인 정보를 제공한다. Overview 바에 있는 가로 밴드는 프로그램의 영역을 색상을 구분해서 보여준다. 기드라는 함수 영역, 외부 참조 영역, 데이터 영역, 명령 영역에 대한 색상을 디폴트 값으로 제공하지만 Edit ➤ Tool Options 메뉴를 이용하면 각 영역에 대한 색상을 변경할 수 있다. 각 영역 위에 마우스 커서를 가져가면 영역의 타입과 해당 영역과 관련된 주소 등의 정보를 볼 수 있다.

Entropy 바: 주변의 파일 콘텐츠를 기반으로 파일 콘텐츠를 '스테레오 타이핑'하는 고유 기능을 제공한다. 영역 내에 있는 콘텐츠의 변동이 거의 없는 경우에는 낮은 엔트로피 값이 할당된다. 반면 변동이 많은 경우에는 해당 영역의 엔트로피 값이 높아진다. 엔트로피 바의 수평 밴드 위로 마우스 커서를 가져가면 엔트로피 값(0.0과 8.0 사이)과 타입(예: .text) 그리고 해당 영역과 관련된 파일 내 주소를 볼 수 있다. 잘 구성된 엔트로피 바를 통해 해당 영역에 있는 콘텐츠의 종류를 판단할 수 있다. 엔트로피의 기능과 그 이면에 있는 수학에 대한 자세한 정보는 기드라의 Help 메뉴에서 찾을 수 있다.

그림 5-6은 Listing 창과 관련된 툴바 버튼에 대한 설명이다. 그림 5-7은 Listing 창의 내용을 좀 더 보기 쉽게 확대한 것이다. 기본적으로 디스어셈블리 코드가 순서대로 보이고 왼쪽 열에서는 가상 주소를 볼 수 있다.

	Copy(복사)	이 기능은 기드라의 다양한 창에서 사용할 수 있으며 창에서 선택한 내용이 어떤 것이냐에 따라 동작이 다를 수 있다. 선택한 콘텐츠에 따라 오류 메시지가 표시될 수도 있다.
	Paste(붙여넣기)	
	Toggle Mouse Hover Popups (마우스 오버에 대한 정보 토글링)	이 버튼은 마우스 커서를 가져갔을 때 정보를 표시할지 여부를 선택할 수 있게 해준다.
	Browser Field Formatter (브라우저 필드 포매터)	Listing 창의 내용을 설정할 수 있다(12장 참고).
	Open Diff View(파일 비교)	두 파일을 비교해준다(23장 참고).
	Snapshot(스냅숏)	이 버튼은 Listing 창의 복사본을 만들거나 연다.
	Toggle Overview Margin Displays(Overview 바 토글링)	Entropy 바와 Overview 바가 보이게 하거나 보이지 않게 한다.

그림 5-6: Listing 창 관련 툴 버튼

Listing 창에는 주목할 만한 몇 가지가 있다. 창의 맨 왼쪽에 있는 회색 밴드 부분은 여백 마커다. 그것은 파일 내에서의 현재 위치를 알려주며 기드라의 Help 메뉴에서 설명하고 있는 포인트 마커와 영역 마커가 포함돼 있다. 예를 들면 현재의 파일 위치(004011b6)를 작은 검은색 화살표로 표시해준다.

마진 마커의 바로 오른쪽 부분은 함수 내의 비선형적인 동작 흐름을 그래픽으로 나타내주는 데 사용된다.[1] 제어 흐름 명령을 위한 출발지나 목적지 주소가 Listing 창에 표시되면 그에 대한 실행 흐름을 나타내는 화살표가 표시된다. 실선으로 된 화살표는 무조건 점프를 나타내고 점선으로 된 화살표는 조건 점프를 나타낸다.

---

1. 기드라는 flow라는 용어를 사용해 주어진 명령에서 어떻게 실행이 계속되는지를 나타낸다. normal(ordinary라고도 함) flow는 명령이 순차적으로 실행되는 것을 나타낸다. jump flow는 현재의 명령이 순차적이지 않은 위치로 점프한다는 것을 나타낸다. call flow는 현재 명령이 서브루틴을 호출하는 것을 나타낸다.

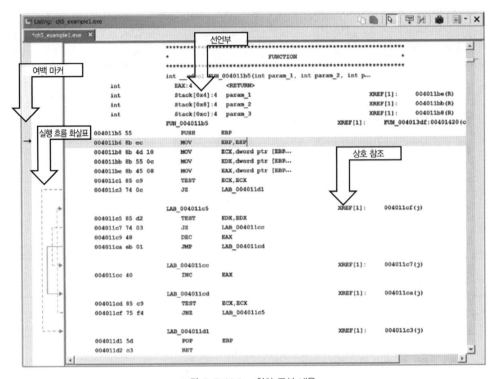

그림 5-7: Listing 창의 구성 내용

실행 흐름 화살표에 마우스 커서를 올리면 실행 흐름의 출발지와 목적지 그리고 실행 흐름 타입을 나타내는 툴팁을 볼 수 있다. 점프(조건 점프 또는 무조건 점프)가 프로그램에서 앞선 주소를 가리킬 때는 종종 루프인 경우가 많다. 그림 5-7의 **004011cf**에서 **004011c5**로 실행 흐름을 나타내는 화살표가 그것이다. 그리고 실행 흐름 화살표를 더블클릭하면 실행 흐름의 출발지와 목적지로 쉽게 이동할 수 있다.

그림 5-7의 상단 부분에 있는 선언부는 기드라가 분석한 함수의 스택 프레임stack frame[2] 레이아웃을 보여준다. 기드라는 스택 포인터와 함수 내에서 사용된 스택 프레임 포인터의 동작을 분석해서 함수의 스택 프레임(지역 변수)의 구조를 계산한다.

---

2. 스택 프레임(또는 활성화 레코드)은 프로그램의 런타임 스택에 할당되는 메모리 블록으로, 함수에 전달된 파라미터와 함수 내에서 선언된 지역 변수를 모두 포함한다. 스택 프레임은 함수가 시작될 때 할당되고 함수가 종료되면 해제된다. 스택 프레임은 6장에서 자세히 다룬다.

스택은 6장에서 좀 더 자세히 다룬다. Listing 창에서는 일반적으로 그림 5-7의 오른쪽 부분에 표시된 것처럼 데이터와 코드의 상호 참조를 XREF로 표시한다. 상호 참조는 디스어셈블리 코드상의 어느 한 위치에서 다른 위치를 참조할 때마다 만들어진다. 예를 들면 주소 A에 있는 명령이 주소 B에 있는 명령으로 점프를 한다면 A와 B 간에 상호 참조가 만들어지는 것이다. 참조 주소 위에 마우스 커서를 올리면 참조 위치가 포함된 창이 팝업된다. 참조 팝업 창은 Listing 창과 동일한 형태를 갖지만 창의 배경색은 노란색이다(툴팁 팝업과 비슷) 팝업 창을 통해 내용을 볼 수는 있지만 참조를 따라갈 수는 없다. 상호 참조는 9장에서 다룬다.

추가적인 디스어셈블리 창 열기

두 함수를 동시에 보고자 한다면 Listing 툴바에 있는 Snapshot 버튼을 이용해서 새로운 디스어셈블리 창을 열면 된다(그림 5-6 참고).

Listing 창 설정

Listing 창의 디스어셈블리 코드 리스트는 니모닉 필드, 주소 필드, 주석 필드 등 여러 가지 구성 요소로 이뤄진다. 지금까지 봐온 Listing 창의 내용은 파일에 대한 중요 정보를 제공하고자 디폴트 설정으로 이뤄진 것들이다. 하지만 디폴트 설정에서 제공하지 않는 특정 정보를 보고 싶은 경우도 있을 수 있다. 이를 위해서는 브라우저 필드 포매터(Browser Field Formatter) 버튼을 이용해야 한다.

브라우저 필드 포매터를 이용하면 Listing 창에 표시될 수 있는 30개 이상의 필드를 사용자 정의할 수 있다. 브라우저 필드 포매터를 활성화하려면 단순히 Listing 창의 툴바에서 해당 버튼을 클릭하면 된다(그림 5-6). 그러면 Listing 창 상단에 그림 5-8과 같이 하위 메뉴와 레이아웃 편집기가 열린다. 브라우저 필드 포매터를 이용하면 주소 구분, 플레이트 주석, 함수, 변수, 명령, 데이터, 구조체, 배열의 모습을 제어할 수 있다. 각각 항목별로 세부적인 내용을 조정하고 제어할 수 있는 필드들이 있다. 주로 디폴트 설정의 Listing 창을 이용하겠지만, Listing 창의 내용을 좀 더 잘 이해할 수 있는 브라우저 필드 포매터의 옵션이 있는지 확인해보는 것이 좋다.

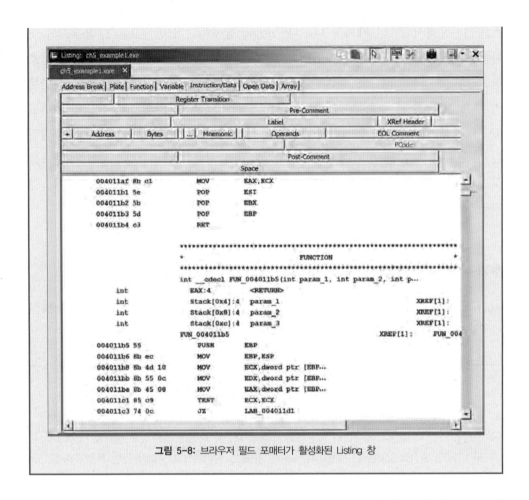

그림 5-8: 브라우저 필드 포매터가 활성화된 Listing 창

첫 번째 디스어셈블리 창의 타이틀 형식은 Listing: 〈파일 이름〉이고, 추가적으로 열리는 디스어셈블리 창의 타이틀 형식은 [Listing: 〈파일 이름〉]이 된다. 스냅숏으로 열린 창은 다른 창에 영향을 주지 않기 때문에 자유롭게 창을 탐색할 수 있다.

기드라의 Function Graph

어셈블리 코드가 흥미롭고 유익한 정보를 제공하지만 그래프 기반으로 실행 흐름을 본다면 프로그램의 동작을 더 쉽게 이해할 수 있을 것이다. Window ➤ Function

118

Graph 메뉴를 선택하거나 CodeBrowser 브라우저 툴바에서 해당되는 버튼을 클릭하면 CodeBrowser와 연관된 Function Graph 창을 열 수 있다. 그림 5-9는 그림 5-7의 함수에 대한 Function Graph 창이다. Function Graph에서는 함수가 기본 블록으로 나눠져있어 한 블록에서 다른 블록으로의 함수 제어 흐름을 시각화할 수 있다는 점에서 프로그램의 순서도와 비슷하다고 할 수 있다.[3]

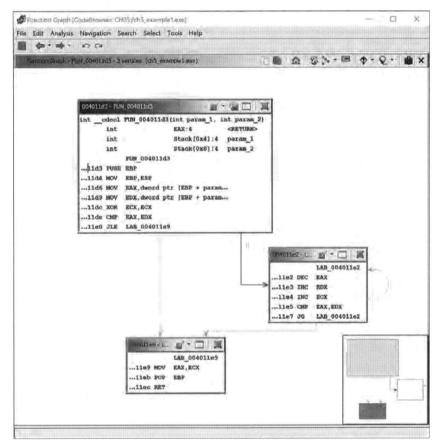

그림 5-9: 그림 5-7의 함수에 대한 그래프 뷰

---

3. 기본 블록(basic block)은 분기 없이 실행될 수 있는 명령들을 최대한 묶은 것이다. 각 기본 블록은 하나의 시작 지점(블록의 첫 번째 명령)과 종료 지점(블록의 마지막 명령)을 갖고 있다. 기본 블록의 첫 번째 명령은 주로 분기 명령의 목적지가 되며, 기본 블록의 마지막 명령은 주로 분기 명령으로 이뤄진다.

그래프 뷰에서는 함수 내 블록 간의 다양한 형태의 흐름을 구분하고자 색이 다른 화살표를 사용한다. 또한 화살표 위에 마우스 커서를 올려놓으면 실행 흐름에 대한 정보를 추가적으로 보여준다. 기본 블록의 마지막이 조건 점프로 끝나는 경우에는 2가지 흐름이 만들어진다. 하나는 녹색의 Yes 에지 화살표(조건이 참일 때)이고 다른 하나는 빨간색의 No 에지 화살표(조건이 거짓)다. 이어지는 블록이 하나뿐인 기본 블록은 Normal 에지(기본적으로 파란색)로 다음 블록을 가리킨다. 화살표를 클릭하면 한 블록에서 다른 블록으로 흐름이 전이되는 정보를 볼 수 있다. 그래프와 디스어셈블리 창은 기본적으로 동기화되기 때문에 Listing 창이나 Function Graph 창에서의 이동이 그대로 다른 창에 반영된다. 예외적인 부분에 대해서는 Ghidra Help를 참고할 수 있으며, 10장에서도 설명한다.

그래프 모드에서 기드라는 한 번에 하나의 함수를 보여준다. 그리고 그래프를 창 내에서 상하좌우로 움직이거나 확대, 축소와 같은 전통적인 이미지 상호작용 기술을 사용해 그래프 탐색을 용이하게 해준다. 함수가 크거나 복잡하면 그래프가 매우 복잡해져서 그래프를 탐색하기 어려워질 수 있다. 그런 경우에는 그래프 창의 우측 하단에 있는 Satellite View를 이용하면 도움이 된다. 기본적으로 Satellite View는 그래프 창의 우측 하단에 위치하며 현재 보이지는 함수 내의 위치가 어디인지 파악하는 데 유용하게 사용할 수 있다(그림 5-9).

Satellite View 창

Satellite View는 항상 전체 블록 구조를 모두 보여주며 디스어셈블리 창에서 현재 보고 있는 부분을 그래프에 별도로 강조된 프레임으로 표시해준다. Satellite View에서 블록을 클릭하면 해당 블록 주변의 그래프가 중앙에 표시된다. 강조 표시된 프레임은 마치 렌즈처럼 동작해서 그것을 마우스로 끌어 움직이면 그래프에 표시되는 부분도 함께 이동된다. Function Graph 창에서 원하는 곳으로 이동하는 수단을 제공하는 것 외에도 이 마법과 같은 창은 파일을 조사할 때 양날의 칼과 같이 작용할 수도 있다.

Satellite View 창이 Function Graph 창의 공간을 차지하기 때문에 중요한 블록이나 내용을 가릴 수도 있다. 이와 같은 상황을 해결하려면 2가지 방법이 있다. 첫 번째 방법은 Satellite

---

View 창에서 마우스 오른쪽 버튼을 클릭해 Dock Satellite View 체크를 해제할 수 있다. 그러면 Satellite View 창이 별도로 떠서 가려진 Function Graph 창의 내용을 볼 수 있다. 그리고 언제 든 Dock Satellite View 옵션을 다시 체크하면 원래 위치로 되돌아갈 수 있다.

두 번째 방법은 Satellite View가 필요 없다면 그것을 보이지 않게 숨기는 것이다. 이 또한 마찬가지로 마우스의 오른쪽 버튼을 클릭해서 해당 옵션의 체크를 해제하면 된다. Satellite View를 숨기면 Function Graph 창의 우측 하단에 조그만 아이콘이 생긴다. 그 아이콘을 클릭 하면 Satellite View 창이 다시 보이게 된다. Satellite View 창이 보이는 상태에서는 Function Graph 창이 생각보다 느리게 동작할 수도 있다. 따라서 Function Graph 창의 반응 속도를 빠르게 하려면 Satellite View를 숨기면 된다.

툴 간의 연결

툴은 독자적으로 동작하거나 다른 툴과 연동해서 동작할 수 있다. Listing 창과 Function Graph 창이 데이터를 공유하며 둘 중 하나의 윈도우에서 발생한 이벤트가 다른 창에도 반영되는 것을 볼 수 있다. 즉, Function Graph 창에서 특정 블록을 선택하면 그에 대응되는 코드가 Listing 창에서 강조돼 표시된다. 반대로 Listing 창에서 함수 간 이동을 하면 Function Graph 창도 그것에 반응해서 업데이트된다. 이는 툴 간의 상호작용이 자동으로 양방향 상호작용하는 예 중 하나다. 또한 툴 간의 단방향 연결도 가능하며 툴 간의 이벤트를 프로듀서/컨슈머 모델로 서로 연결시키거나 연결을 해제시킬 수도 있다. 이 책에서는 기드라가 제공하는 툴 간의 양방 향 자동 상호작용에 초점을 맞추고 있다.

Satellite View로 코드를 탐색하는 것 외에도 여러 가지 방법으로 Function Graph 창 에 보이는 내용을 조작할 수 있다.

패닝[Panning]: Satellite View를 이용해 그래프를 빠르게 재배치하는 방법 외에도 그 래프 자체의 배경을 클릭해서 끌면 그래프의 위치를 조정할 수 있다.

확대/축소: ctrl/커맨드나 마우스 스크롤 또는 관련 단축키와 같이 전통적인 방법 을 이용해 그래프를 확대하거나 축소해서 볼 수 있다. 그래프를 너무 많이 축소 하면 블록의 내용을 볼 수 없는 페인팅 임곗값에 이를 수 있고 그렇게 되면 블록은 단지 색깔만 있는 직사각형으로 보이게 된다. 하지만 Listing 창으로 함께 작업할 때는 함수 그래프를 화면에 표시하는 속도를 향상시킬 수 있기 때문에 유리할 수도 있다.

블록 재배치: 그래프 안에 있는 블록의 타이틀 바를 마우스로 끌어 새로운 위치로 이동시킬 수 있다. 블록의 위치를 이동시켜도 블록 간의 연결은 그대로 유지된다. 그래프를 원래 레이아웃으로 돌리고 싶으면 언제든 Function Graph 툴바의 Refresh 버튼을 이용하면 된다.

블록 그룹화: 블록을 개별적으로 또는 다른 블록들과 함께 그룹화해서 그래프의 복잡도를 낮출 수 있다. 블록을 그룹화하면 블록이 축소되며 분석을 수행한 블록이라는 표시로 사용할 수 있다. 그룹화는 블록의 우측 상단에 있는 Group 버튼을 이용해 수행할 수 있다. 어떤 블록이든 그룹화할 수 있으며 블록을 그룹화하면 그룹화된 블록들이 그룹 블록에 표시된다.

그래프 표현의 사용자 정의

분석을 용이하게 하고자 기드라는 Function Graph 내의 각 블록 상단에 메뉴 바를 제공해서 해당 블록이 표현되는 방식을 변경할 수 있게 해준다. 메뉴 바를 이용해 각 블록의 백그라운드나 텍스트의 색을 변경할 수 있고, XREF로 점프할 수도 있고 블록을 전체 창으로 볼 수도 있으며 블록을 그룹화할 수 있다(Function Graph에서 블록의 백그라운드 색을 변경하면 Listing 창의 해당 영역의 백그라운드 색도 함께 변경된다). 적극적으로 Function Graph 창과 Listing 창을 함께 사용하는 경우에는 이와 같은 기능 중 일부는 필요하지 않을 수 있지만 블록을 사용자 정의하는 옵션이 유용하게 사용될 수도 있고 어떤 옵션이 있는지 알아둘 만한 가치는 있다. 이는 10장에서 좀 더 자세히 다룬다.

Function Graph 창이 CodeBrowser 창 외부에 뜨기 때문에 2개의 창을 나란히 놓고 볼 수 있다. 2개의 창은 서로 연결돼 있기 때문에 하나의 창에서 위치를 바꾸면 그것이 다른 창에도 반영된다. 많은 사용자가 프로그램의 흐름을 시각화해 볼 때 하나의 창을 보는 것을 선호하긴 하지만 굳이 하나의 창만 고집할 필요는 없다. 또한 그래프와 텍스트 창이 서로 연결돼 제어되기 때문에 충분히 2개의 창을 볼만

한 가치가 있다. 추가적인 기드라의 그래프 관련 기능은 10장에서 설명하고, 기드라의 보기 옵션에 대한 자세한 내용은 기드라 Help에서 확인할 수 있다.

이어지는 5개의 장에서는 예제를 위한 디스어셈블리 코드 표현에 초점을 맞출 것이며 명확하게 그래프가 필요할 경우에는 그래프 표현도 함께 살펴본다. 6장에서는 기드라의 디스어셈블리를 이해하는 데 초점을 맞추고, 7장에서는 디스어셈블리 코드를 정리하고 주석을 다는 작업을 설명한다.

이동 방법

기존의 파일 탐색 방법(위쪽 화살표, 아래쪽 화살표, 페이지업, 페이지다운 등) 외에도 기드라는 소프트웨어 리버스 엔지니어링 과정에서 사용할 수 있는 탐색 툴을 제공한다. Navigation 툴바의 아이콘(그림 5-10)을 이용하면 프로그램 내에서 쉽게 이동할 수 있다. 리버스 엔지니어를 지원하는 각 아이콘의 의미를 살펴보자.

⬇ I D U L F Ʀ ꓦ B ·

그림 5-10: CodeBrowser Navigation 툴바

맨 왼쪽에 있는 것이 방향을 나타내는 아이콘이다. 아이콘의 화살표는 위쪽과 아래쪽으로 전환되며, 그에 따라 다른 아이콘들의 방향이 결정된다. 그리고 그림 5-11에서 보여주는 다른 8개의 아이콘은 지정된 방향대로 다양한 대상으로 이동할 때 사용된다.

그림 5-11: Navigation 툴바의 정의

Data 아이콘을 이용하면 인접한 데이터를 건너뛰고 인접하지 않은 다른 데이터의 시작 부분으로 이동한다. Instruction과 Undefined 아이콘도 동일한 방식으로 이동한다. 맨 오른쪽에 있는 드롭다운 화살표는 빠른 탐색을 위해 특정 책갈피 타입을 선택해서 이동할 수 있는 목록을 표시해준다. 이는 주로 Listing 창에서 사용되지만 이와 같은 바로 가기 기능을 Listing 창과 연결된 다른 모든 창에서도 동작한다. 즉, Listing 창과 연결된 어느 한 창에서의 이동은 다른 창에도 동기화된다.

Program Trees 창

CodeBrowser 창으로 다시 돌아와 그림 5-12와 같은 Program Trees 창을 살펴보자.

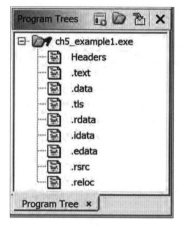

그림 5-12: Program Trees 창

이 창은 프로그램을 폴더와 프래그먼트로 구조화해 보여주며 자동 분석에 의해 만들어지는 프로그램의 구성을 구체화할 수 있게 해준다. 프래그먼트Fragment는 연속된 주소 범위를 나타내는 기드라의 용어다. 프래그먼트는 다른 프래그먼트와 겹칠 수 없다. 프래그먼트의 좀 더 전통적인 이름은 프로그램 섹션(예를 들면 .text, .data, .bss)이다. Program Trees 창과 관련된 작업에는 다음과 같은 것들이 있다.

- 폴더/프래그먼트 만들기
- 폴더를 확장/축소/병합
- 폴더/프래그먼트 추가/제거
- Listing 창의 내용을 식별해서 프래그먼트로 이동
- 이름/주소로 정렬
- 주소 선택
- 프래그먼트/폴더를 복사/잘라내기/붙여넣기
- 폴더 재정렬

Program Trees 창 또한 Listing 창과 연결돼 있어 특정 프래그먼트를 클릭하면 Listing 창의 내용이 해당 부분으로 이동된다. Program Trees에 대한 좀 더 자세한 정보는 기드라 Help를 참고하길 바란다.

Symbol Tree 창

기드라 프로젝트로 파일을 임포트하면 기드라 로더 모듈은 해당 파일의 내용을 로드한다. 기드라 로더는 바이너리 파일에서 심볼 테이블 정보(2장 참고)를 추출해서 그림 5-13과 같이 Symbol Tree 창에 표시한다. Symbol Tree 창은 임포트, 익스포트, 함수, 라벨, 클래스와 프로그램과 관련된 네임스페이스 정보를 포함된다. 다음 절에서는 각 심볼 타입별로 살펴본다.

Symbol Tree 창의 6개 폴더는 Symbol Tree 창의 하단에 있는 필터를 이용해 제어할 수 있다. 이 기능은 현재 분석 중인 파일이 무엇인지 알고 있다면 더욱 유용하게 사용할 수 있다. 또한 Symbol Tree 창은 objdump (-T), readelf (-s), dumpbin (/EXPORTS)과 같은 커맨드라인 툴과 유사한 기능을 제공한다는 것을 알 수 있다.

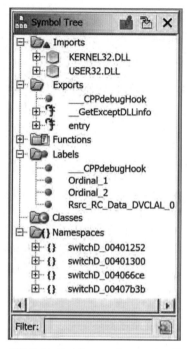

그림 5-13: CodeBrowser Symbol Tree 창

Imports

Symbol Tree 창의 Imports 폴더는 분석 대상 바이너리가 임포트하고 있는 모든 함수를 나열해준다. 이는 바이너리가 어떤 외부 라이브러리도 임포트하지 않고 공유 라이브러리를 정적으로 링크해서 사용하는 경우에만 해당된다. Imports 폴더는 임포트한 라이브러리와 해당 라이브러리에서 임포트한 개별 아이템(함수나 데이터)를 나열해준다. Symbol Tree 창에서 심볼을 클릭하면 연결된 모든 창이 선택한 심볼로 이동한다. 예를 들면 샘플 윈도우 바이너리의 Imports 폴더에서 GetModuleHandleA를 클릭하면 디스어셈블리 창이 GetModuleHandleA에 해당하는 임포트 주소 테이블 항목으로 이동한다. 그림 5-14에서는 주소 0040e108이 그것이다.

그림 5-14: Listing 창과 임포트 주소 테이블 항목

임포트 관련해 기억해야 할 사항은, 바이너리의 임포트 테이블에서 명명된 심볼만을 보여준다는 것이다. 즉, 바이너리가 **dlopen/dlsym**이나 **LoadLibrary/GetProcAddress**와 같은 메커니즘을 사용해 자체적으로 로드하는 경우에는 Symbol Tree 창에 나열되지 않는다.

Exports

Exports 폴더는 파일의 엔트리 포인트를 나열한다. 프로그램의 헤더에 명시된 실행 엔트리 포인트뿐만 아니라 다른 파일이 사용할 수 있게 익스포트한 함수와 변수도 함께 나열된다. 익스포트되는 함수는 윈도우의 DLL과 같은 공유 라이브러리에서 쉽게 발견할 수 있다. 익스포트 엔트리는 이름으로 나열되며, 선택하면 그것의 가상 주소가 Listing 창에 강조돼 표시된다. 실행 파일인 경우 Exports 폴더는 항상 최소한 하나의 엔트리(프로그램의 실행 엔트리 포인트)를 가지며, 기드라는 바이너리 타입에 따라 이를 **entry**나 **_start**라는 이름으로 표시한다.

Functions

Functions 폴더는 기드라가 바이너리에서 식별한 모든 함수의 목록을 나열한다.

Symbol Tree 창에서 함수 이름 위에 마우스 커서를 올리면 해당 함수에 대한 구체적인 정보가 포함된 그림 5-15와 같은 팝업 창이 나타난다.

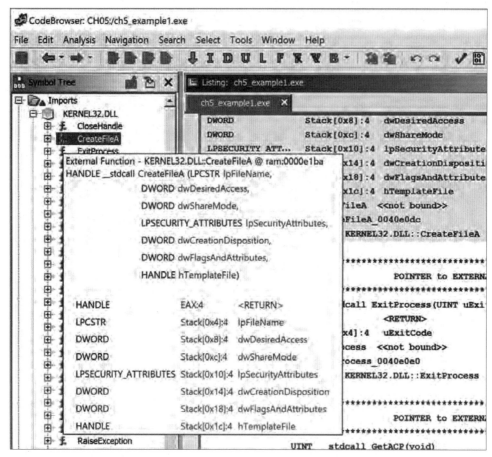

그림 5-15: Symbol Tree Functions 폴더의 팝업 창

로딩 과정에서 로더는 파일 구조 분석이나 바이트 시퀀스 매칭 등의 다양한 알고리즘을 이용해 파일을 생성하는 데 사용된 컴파일러가 무엇인지 추론한다. 분석을 수행하는 동안에는 Function ID 분석기가 컴파일러의 식별 정보를 이용해 바이너리에 링크됐을 수 있는 라이브러리 함수의 본문이 존재하는지 알아내기 위한 해시 기반의 함수 본문 매칭을 수행한다. 해시 값이 일치한 것이 있으면 기드라는 해시

데이터베이스(.fidbf 파일에 포함돼 있음)에서 해당 함수의 이름을 찾아 그것을 함수의 심볼 이름으로 추가한다. 해시 매칭은 심볼 테이블의 존재와 상관없이 함수의 심볼을 복구할 수 있는 수단을 제공하기 때문에 스트립된 바이너리인 경우 특히 유용하다. 이와 관련된 내용은 13장의 'Function ID' 절에서 좀 더 자세히 살펴본다.

Labels

Labels 폴더는 Functions 폴더에 대응되는 데이터를 나열한다. 바이너리의 심볼 테이블에 포함돼 있는 데이터 심볼이 Labels 폴더에 나열된다. 또한 데이터 주소에 새로운 라벨 이름을 추가할 때마다 Labels 폴더에도 추가된다.

Classes

Classes 폴더는 분석 과장에서 식별된 클래스를 목록으로 제공한다. 개별 클래스 항목 아래에는 해당 클래스의 동작을 이해하는 데 도움이 될 수 있는 식별된 데이터와 메서드를 나열해준다. C++ 클래스와 기드라가 Classes 폴더를 채우고자 사용하는 구조체는 8장에서 좀 더 자세히 살펴본다.

Namespaces

기드라는 Namespaces 폴더에서 새로운 네임스페이스를 만들거나 네임스페이스 이름이 바이너리에서 충돌되지 않게 확인한다. 예를 들면 식별된 개별 외부 라이브러리나 점프 테이블을 이용하는 개별 switch 문을 위한 네임스페이스를 (충돌 없이 다른 switch 문에서 점프 테이블 라벨을 재사용할 수 있게) 만들 수 있다.

Data Type Manager 창

Data Type Manager 창에서는 데이터 타입 아카이브 시스템을 이용해 데이터 타입을 찾거나 구성하거나 파일에 적용할 수 있다. 아카이브는 주요 컴파일러에 포함된 헤더 파일에 정의된 데이터 타입에 대한 기드라의 축적된 지식을 의미한다. 헤더 파일을 처리함으로써 기드라는 널리 사용되는 라이브러리 함수의 데이터 타입을 이해하고 그것을 바탕으로 디스어셈블리 코드 및 디컴파일된 코드에 주석을 달 수 있다. 이와 비슷한 방법으로 기드라는 헤더 파일을 이용해 복잡한 데이터 구조체의 레이아웃과 크기를 이해한다. 이렇게 수집된 모든 정보는 아카이브 파일에 모아지고 바이너리를 분석할 때 언제든 이용한다.

그림 5-4를 다시 보면 Data Type Manager 창(CodeBrowser의 좌측 하단)에서 BuiltInTypes 트리를 볼 수 있고 그곳에는 변경하거나 이름을 바꾸거나 다른 데이터 타입 아카이브로 이동시킬 수 없는 기본 타입이 포함된다. 기드라는 구조체나 공용체, 열거형, typedef 등과 같은 사용자 정의 데이터 타입을 만드는 것도 지원한다. 또한 배열이나 포인터와 같은 파생 데이터 타입도 지원한다.

파일을 열면 개별 파일에 연관된 항목이 그림 5-5처럼 Data Type Manager 창에 생긴다. 폴더의 이름은 현재 파일의 이름과 동일하며 폴더 내의 항목은 현재 파일 내에서 고유한 이름이다.

Data Type Manager 창은 열려있는 각 데이터 타입 아카이브에 대한 노드를 표시한다. 아카이브는 프로그램이 아카이브를 참조할 때 자동으로 열리며, 사용자가 수동으로 열 수도 있다. 데이터 타입과 Data Type Manager는 8장과 13장에서 좀 더 자세히 다룬다.

Console 창

CodeBrowser 창의 하단 부분에 위치한 Console 창은 사용자가 직접 개발한 플러그인과 스크립트의 출력 내용을 보여주는 영역이다. 또한 기드라가 수행하는 작업에 대한 정보를 보여주는 영역이기도 하다. 스크립트와 플러그인을 개발하는 것은 14장과 15장에서 다룬다.

Decompiler 창

Decompiler 창은 연결된 창을 통해 바이너리의 어셈블리와 C 언어 표현을 동시에 볼 수 있고 그것을 수정할 수 있게 해준다. 기드라 디컴파일러가 만들어내는 C 언어 표현이 항상 완벽한 것은 아니지만 바이너리를 이해하는 데 매우 유용하다. 디컴파일러는 표현식, 변수, 함수 파라미터 및 구조체 필드를 원래의 코드로 복원하는 기능을 기본적으로 제공한다. 어셈블리어에서는 함수의 코드 블록 구조가 모호해지는 경향이 있으며, 따라서 구조화된 블록처럼 보이게 goto 문(또는 이와 동등한)을 광범위하게 사용한다. 디컴파일러는 이와 같은 함수의 코드 블록 구조를 복원하는 기능도 제공한다.

Decompiler 창은 Listing 창에서 선택한 함수의 C 언어 표현을 그림 5-16처럼 보여준다. 어셈블리어에 대한 경험을 바탕으로 본다면 Listing 창에 표시되는 어셈블리어 코드보다는 디컴파일된 코드가 훨씬 더 이해하기 쉬울 것이다. 초보 프로그래머라도 디컴파일된 함수에서는 무한 루프를 식별할 수 있어야 한다(while 문의 조건은 param_3의 값에 의존적이며 while 문 내에서는 수정되지 않는다).

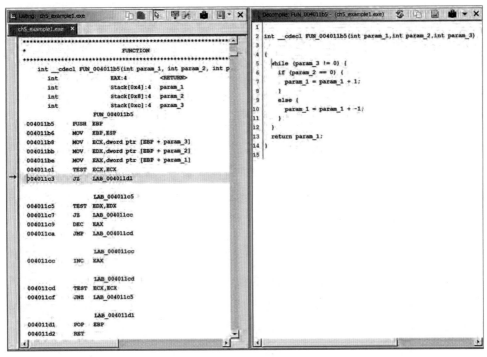

그림 5-16: Listing 창과 Decompiler 창

Decompiler 창의 툴바 아이콘은 그림 5-17과 같다. 여러 버전의 디컴파일된 버전을 비교해서 보고 싶거나 Listing 창에서 다른 곳으로 이동하는 동안 특정 함수를 계속해서 보고 싶다면 스냅숏 아이콘을 이용해서 (연결되지 않은) Decompiler 창을 추가적으로 열 수 있다. 익스포트^{Export} 아이콘은 디컴파일된 함수를 C 파일로 저장해준다.

Decompiler 창에서 마우스 오른쪽 버튼을 이용한 콘텍스트 메뉴를 이용하면 강조 표시된 항목과 관련된 작업을 수행할 수 있다. 그림 5-18에서는 함수의 파라미터 중 하나인 param_1과 관련돼 수행할 수 있는 작업을 보여준다.

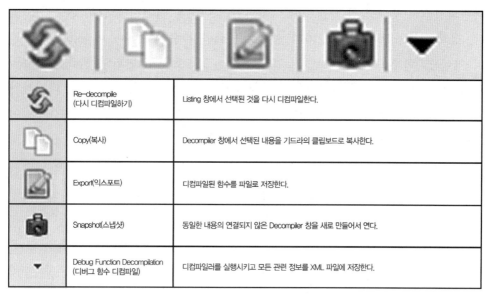

	Re-decompile (다시 디컴파일하기)	Listing 창에서 선택된 것을 다시 디컴파일한다.
	Copy(복사)	Decompiler 창에서 선택된 내용을 기드라의 클립보드로 복사한다.
	Export(익스포트)	디컴파일된 함수를 파일로 저장한다.
	Snapshot(스냅샷)	동일한 내용의 연결되지 않은 Decompiler 창을 새로 만들어서 연다.
	Debug Function Decompilation (디버그 함수 디컴파일)	디컴파일러를 실행시키고 모든 관련 정보를 XML 파일에 저장한다.

그림 5-17: Decompiler 창 툴바

```
Decompile: FUN_004011b5 -  (ch5_example1.exe)

1
2  int __cdecl FUN_004011b5(int param_1,int param_2,int param_3)
3                                          Edit Function Signature
4  {
5    while (param_3 != 0) {                Rename Variable        L
6      if (param_2 == 0) {                 Retype Variable        Ctrl+L
7        param_1 = param_1 + 1;            Auto Create Structure  Shift+Open Bracket
8      }
9      else {                             Commit Params/Return P
10       param_1 = param_1 + -1;          Commit Locals
11     }
12   }                                    Highlight                    ▶
13   return param_1;                      Secondary Highlight          ▶
14 }
15                                        Copy                  Ctrl+C

                                          Comments                     ▶

                                          Find...               Ctrl+F
                                          References                   ▶

                                          Properties
```

그림 5-18: 함수 파라미터를 위한 Decompiler 창 옵션

디컴파일은 매우 복잡한 과정이며 디컴파일러 이론은 여전히 활발히 연구되고 있다. 정확한 매뉴얼이 있어 결과의 정확성을 확인할 수 있는 디스어셈블리와는 달리 어셈블리어를 C 언어로(또는 C 언어를 어셈블리어로) 표준적으로 변환하기 위한 매뉴얼은 없다. 사실 기드라의 디컴파일러는 항상 C 소스코드를 만들어내지만 디컴파일러가 분석하는 바이너리가 원래는 C 언어 이외의 언어로 작성된 경우일 수 있어 디컴파일러의 C 언어 지향의 가정이 적용되지 않을 수도 있다.

대부분의 복잡한 플러그인과 마찬가지로 디컴파일러의 출력 품질은 입력 품질에 크게 좌우된다. Decompiler 창의 대부분 이슈와 불규칙성은 기본적으로 디스어셈블리의 문제로 거슬러 올라갈 수 있다. 따라서 디컴파일된 코드가 이상한 경우에는 디스어셈블리 코드의 품질을 개선하는 데 시간을 투자할 필요가 있을 수 있다. 디스어셈블리의 품질 개선은 좀 더 정확한 데이터 타입으로 주석을 달아주는 것이 대부분이다. 이는 8장과 13장에서 설명한다. 이후에도 계속해서 디컴파일러의 기능에 대해 살펴보고 특히 19장에서 깊이 있게 다룬다.

기타 기드라 창

기본적인 6개의 창 이외도 다른 형태로 파일의 내용을 보여주는 다른 창을 열어 소프트웨어 리버스 엔지니어링 과정을 수행할 수 있다. 열 수 있는 창의 목록은 그림 5-4의 Window 메뉴로 확인할 수 있다. 새로운 창의 유용성은 현재 분석 중인 바이너리의 특성과 여러분의 기드라를 이용하는 기술에 따라 좌우된다. 그런 창 중 일부는 이후에 좀 더 자세한 설명이 필요할 만큼 전문적인 것도 있지만 여기서는 일반적인 내용을 소개하겠다.

Bytes 창

Bytes 창은 파일의 내용을 바이트 레벨로 보여주며, 기본적으로 CodeBrowser의 우측 상단 위치에 열리며, 한 줄에 16개의 바이트를 16진수로 보여준다. Bytes 창을 16진수 편집기로도 사용할 수 있고 Bytes 창의 툴바에 있는 Settings 아이콘을 이용해 다양한 형식으로 내용을 변경할 수 있다. 대부분의 경우 그림 5-19처럼 ASCII 형식을 함께 표시되게 하면 유용하다. 그것은 그림에서 보이는 것처럼 Byte Viewer Options 대화상자에서 설정할 수 있으며, Bytes 창의 툴바에 있는 아이콘을 이용해 내용을 편집하거나 스냅숏된 새로운 Bytes 창을 열 수도 있다.

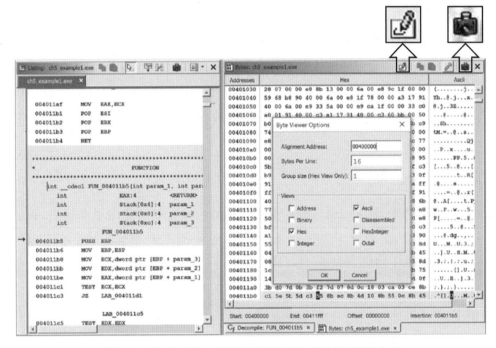

그림 5-19: 토글 및 스냅숏 아이콘이 강조된 16진수 창과 디스어셈블리 코드

Listing 창과 마찬가지로 Bytes 창의 툴바에 있는 스냅숏 아이콘(그림 5-19)을 이용하면 여러 개의 Bytes 창을 동시에 열 수 있다. 첫 번째 Bytes 창은 기본적으로 Listing 창과 연결돼 있기 때문에 어느 한 창에서 스크롤을 해서 위치를 이동한 다음 클릭하면 다른 창도 해당 위치(동일한 가상 주소)로 이동하게 된다. 반면 첫 번째 이외의 Bytes 창은 Listing 창과 연결되지 않기 때문에 독립적으로 위치를 이동시킬 수 있

다. Listing 창과 연결되지 않은 Bytes 창의 경우에는 창의 이름이 대괄호로 안에 표시된다.

Bytes 창의 16진수 값(또는 ASCII 값)을 변경할 수 있게 설정하려면 그림 5-19에서 강조된 연필 모양의 아이콘을 단순히 토글시키면 된다. 값을 변경시킬 수 있는 상태가 되면 창의 커서 색깔이 붉게 변경된다. 하지만 명령과 같이 코드가 위치한 주소에서는 값을 변경시킬 수 없다. 값을 변경시킨 다음에 다시 아이콘을 클릭하면 창이 읽기 전용 모드로 변경된다(변경 사항은 연결되지 않은 다른 Bytes 창에는 반영되지 않는다).

16진수 값이 아닌 물음표로 표시된 영역이 있다면 그것은 기드라가 해당 가상 주소 영역에 어떤 값이 들어가는지 확실하지 않다고 말하는 것이다. 일반적으로 파일 내에서는 공간을 차지하지 않지만 프로그램의 정적인 저장 공간 요구를 위해 로더가 확장하는 영역인 bss 섹션[4]이 프로그램에 포함되는 경우가 바로 그런 경우다.

Defined Data 창

Defined Data 창은 현재 프로그램에서 정의된 데이터의 문자열 표현과 관련 주소, 타입, 크기 정보를 그림 5-20처럼 보여준다. 열과 행으로 구성된 대부분의 창과 마찬가지로 열의 헤더 부분을 클릭하면 오름차순이나 내림차순으로 정렬시킬 수 있다. Defined Data 창에 있는 항목을 더블클릭하면 Listing 창은 더블클릭한 항목의 주소로 점프한다.

상호 참조(9장에서 설명)를 이용할 경우 Defined Data 창을 이용하면 관심을 갖고 있는 항목을 빠르게 찾아내고 몇 번의 클릭만으로 프로그램 내에서 해당 항목을 참조하는 위치를 거꾸로 추적할 수 있다. 예를 들면 Defined Data 창에서 "SOFTWARE\Microsoft\Windows\Current Version\Run"을 보다면 애플리케이션이 왜 이 특정 레지스트리 키를 참조하고 있는지 궁금할 것이다. 따라서 이 레지스트리 키를 참

---

4. bss 섹션은 프로그램의 초기화되지 않은 정적 변수를 수용하고자 컴파일러가 만들어낸다. 그런 변수에는 초깃값이 할당되지 않기 때문에 프로그램의 파일 이미지에는 공간을 할당할 필요가 없으며, 따라서 해당 섹션의 크기만 프로그램의 헤더에 표시된다. 그리고 프로그램이 실행되면 로더는 필요한 공간을 할당해서 해당 영역 전체를 0으로 초기화한다.

조하는 부분으로 이동하면 윈도우가 부팅될 때 프로그램이 자동으로 실행되게 만들고자 이 레지스트리를 설정한다는 것을 발견하게 될 것이다.

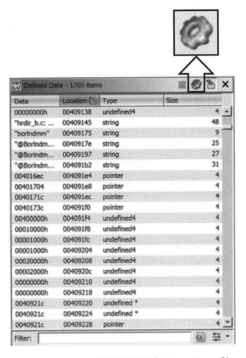

그림 5-20: Filter 아이콘이 강조된 Defined Data 창

Defined Data 창은 다양한 필터링 기능을 제공한다. Defined Data 창의 하단부에서 필터링을 위한 문자열을 입력할 수 있지만 우측 상단에 있는 Filter 아이콘(그림 5-20에 서 강조돼 표시된)을 이용하면 추가적인 필터링 옵션을 이용할 수 있다(그림 5-21).

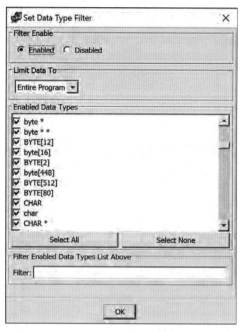

그림 5-21: Defined data의 필터링 옵션

OK 버튼으로 Set Data Type Filter 대화상자를 닫을 때마다 기드라는 새로운 필터링 옵션을 적용해서 Defined Data 창의 내용을 업데이트할 것이다.

Defined Strings 창

Defined Strings 창은 바이너리 내에서 정의된 문자열을 그림 5-22처럼 보여준다. 그림에서 보여주는 내용 이외에도 열의 헤더 부분에서 마우스 오른쪽 버튼을 클릭해 열을 추가할 수도 있다. 추가할 수 있는 열중에서 가장 흥미로운 것은 Has Encoding Error일 것이다. 그것은 문자 집합에 문제가 있거나 문자열이 잘못 식별됐는지 나타내준다. Defined Strings 창 이외에도 기드라에서는 다른 방법으로 문자열을 검색할 수도 있다. 그것에 대해서는 6장에서 설명한다.

Location	String Value	String Representation	Data Type
00409289	xxtype.cpp	"xxtype.cpp"	ds
00409294	tp2->tpName	"tp2->tpName"	ds
004092a0	xxtype.cpp	"xxtype.cpp"	ds
004092ab	IS_STRUC(ba...	"IS_STRUC(base->...	ds
004092c2	xxtype.cpp	"xxtype.cpp"	ds
004092cd	IS_STRUC(de...	"IS_STRUC(derv->...	ds
004092e4	xxtype.cpp	"xxtype.cpp"	ds
004092ef	derv->tpClas...	"derv->tpClass.tpc...	ds
00409315	xxtype.cpp	"xxtype.cpp"	ds
00409320	((unsigned __...	"((unsigned __far ...	ds
00409347	xxtype.cpp	"xxtype.cpp"	ds
00409352	<notype>	"<notype>"	ds
0040935b	topTypPtr != ...	"topTypPtr != 0 &...	ds
00409389	xxtype.cpp	"xxtype.cpp"	ds
00409394	tgtTypPtr != ...	"tgtTypPtr != 0 &...	ds
004093c2	xxtype.cpp	"xxtype.cpp"	ds
004093cd	srcTypPtr ==...	"srcTypPtr == 0 ||...	ds
004093fb	xxtype.cpp	"xxtype.cpp"	ds
00409406	__isSameTyp...	"__isSameTypeID(...	ds
00409430	xxtype.cpp	"xxtype.cpp"	ds
0040943b	tgtTypPtr !=	"tgtTypPtr != 0 &	ds

그림 5-22: Defined Strings 창

Symbol Table 창과 Symbol References 창

Symbol Table 창은 바이너리 내에 있는 모든 전역적인 이름을 나열하며, 기본적으로 그림 5-23처럼 8개의 열로 구성된다. 창에 열을 추가하거나 삭제할 수 있으며 오름차순이나 내림차순으로 정렬시키는 등 다양하게 화면을 설정할 수 있다. 처음 2개의 열은 Name과 Location 열이다. Name은 Location에 정의된 심볼에 주어진 설명이다. Symbol Table 창은 Listing 창과 연결돼 있어 서로 상호작용할 수 있다. 그림 5-23에서 강조돼 표시된 아이콘은 Symbol Table 창에서의 마우스 클릭이 관련된 Linsting 창이 해당 위치로 이동할지 여부를 토글해주는 역할을 한다. 하지만 토글 아이콘의 상태와는 상관없이 Symbol Table 창에서 특정 행을 더블클릭하면 Listing

창은 해당 심볼의 위치로 바로 점프하게 된다. 이는 프로그램 내에서 알려진 위치로 빠르게 이동하는 데 유용하게 사용할 수 있는 기능이다.

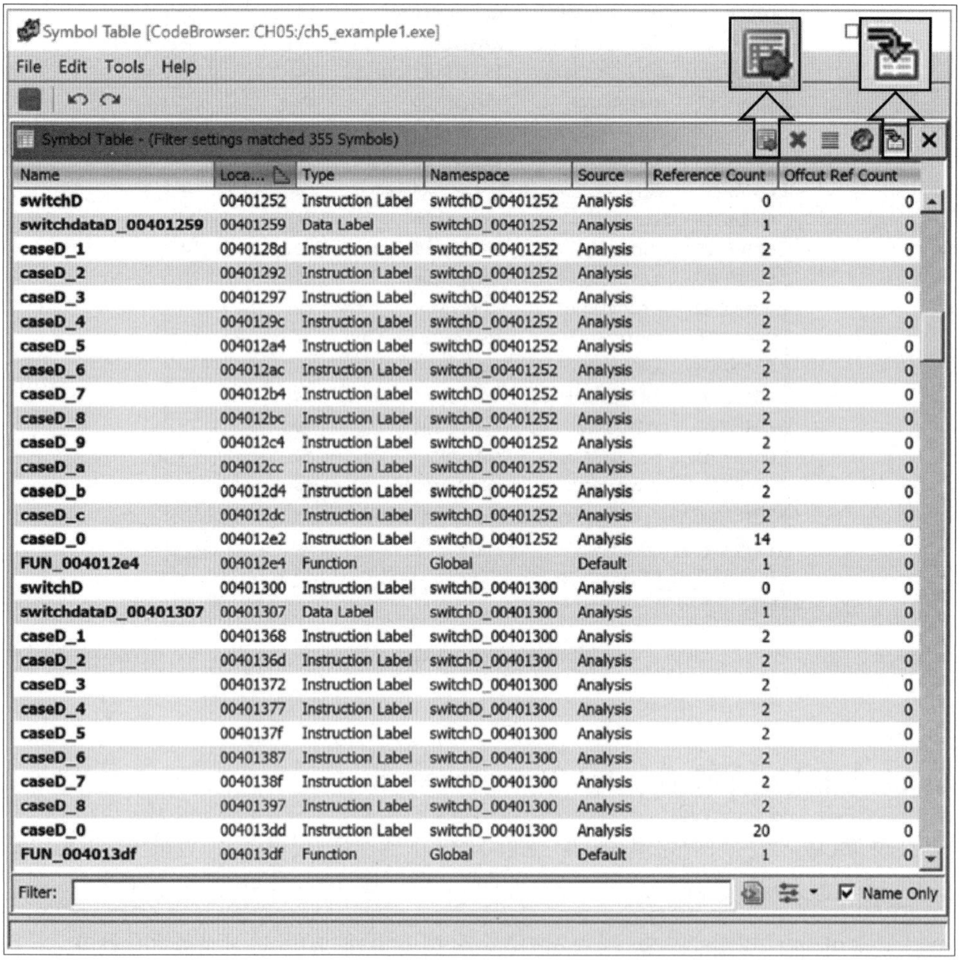

Name	Loca...	Type	Namespace	Source	Reference Count	Offcut Ref Count
switchD	00401252	Instruction Label	switchD_00401252	Analysis	0	0
switchdataD_00401259	00401259	Data Label	switchD_00401252	Analysis	1	0
caseD_1	0040128d	Instruction Label	switchD_00401252	Analysis	2	0
caseD_2	00401292	Instruction Label	switchD_00401252	Analysis	2	0
caseD_3	00401297	Instruction Label	switchD_00401252	Analysis	2	0
caseD_4	0040129c	Instruction Label	switchD_00401252	Analysis	2	0
caseD_5	004012a4	Instruction Label	switchD_00401252	Analysis	2	0
caseD_6	004012ac	Instruction Label	switchD_00401252	Analysis	2	0
caseD_7	004012b4	Instruction Label	switchD_00401252	Analysis	2	0
caseD_8	004012bc	Instruction Label	switchD_00401252	Analysis	2	0
caseD_9	004012c4	Instruction Label	switchD_00401252	Analysis	2	0
caseD_a	004012cc	Instruction Label	switchD_00401252	Analysis	2	0
caseD_b	004012d4	Instruction Label	switchD_00401252	Analysis	2	0
caseD_c	004012dc	Instruction Label	switchD_00401252	Analysis	2	0
caseD_0	004012e2	Instruction Label	switchD_00401252	Analysis	14	0
FUN_004012e4	004012e4	Function	Global	Default	1	0
switchD	00401300	Instruction Label	switchD_00401300	Analysis	0	0
switchdataD_00401307	00401307	Data Label	switchD_00401300	Analysis	1	0
caseD_1	00401368	Instruction Label	switchD_00401300	Analysis	2	0
caseD_2	0040136d	Instruction Label	switchD_00401300	Analysis	2	0
caseD_3	00401372	Instruction Label	switchD_00401300	Analysis	2	0
caseD_4	00401377	Instruction Label	switchD_00401300	Analysis	2	0
caseD_5	0040137f	Instruction Label	switchD_00401300	Analysis	2	0
caseD_6	00401387	Instruction Label	switchD_00401300	Analysis	2	0
caseD_7	0040138f	Instruction Label	switchD_00401300	Analysis	2	0
caseD_8	00401397	Instruction Label	switchD_00401300	Analysis	2	0
caseD_0	004013dd	Instruction Label	switchD_00401300	Analysis	20	0
FUN_004013df	004013df	Function	Global	Default	1	0

그림 5-23: Display Symbol References 아이콘과 Navigation Toggle 아이콘이 강조된 Symbol Table 창

Symbol Table 창은 다양한 필터링 기능을 제공하며 여러 가지 방법으로 필터링 옵션에 접근할 수 있다. Symbol Table 창의 툴바에 있는 Configure Symbol Filter 아이콘을 이용하면 Symbol Table Filter 대화상자를 열 수 있다. 그림 5-24는 Symbol Table Filter 대화상자(Use Advanced Filters 옵션이 체크된 상태)를 보여준다. 또한 Symbol Table 창의

하단에 있는 Filter 옵션을 사용할 수도 있다. 심볼 테이블의 필터링 옵션에 대한 좀 더 자세한 내용은 기드라의 Help에서 확인할 수 있다.

그림 5-23에서 강조 표시된 아이콘 중 왼쪽 아이콘은 Display Symbol References 아이콘이다. Display Symbol References 아이콘을 클릭하면 Symbol Table 창의 오른쪽에 Symbol References 창이 열린다. 기본적으로 이 2개의 창은 나란히 표시된다. 가독성을 높이고자 그림 5-25처럼 Symbol References 창을 마우스로 끌어 Symbol Table 창 밑에 놓을 수 있다. 이 두 테이블 간의 연결은 단방향이며, Symbol Table에서의 마우스 이벤트가 바로 Symbol References 창에 반영된다.

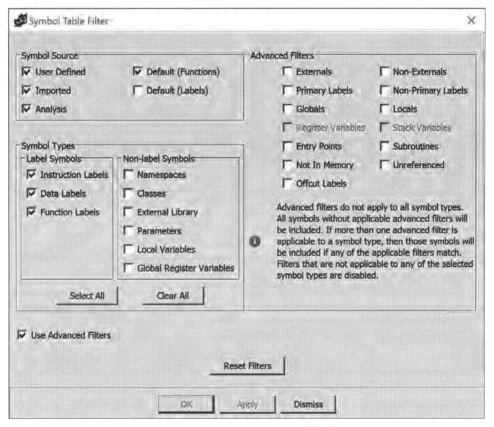

그림 5-24: Symbol Table Filter 대화상자

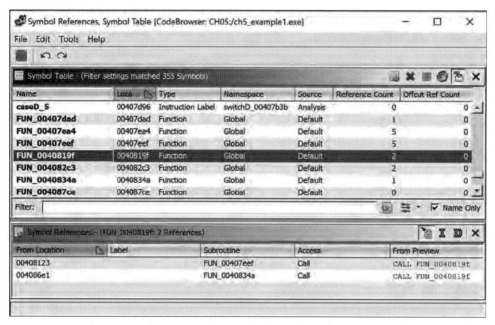

그림 5-25: Symbol Table 창과 Symbol References 창

Symbol Table 창의 경우처럼 Symbol References 창의 열도 동일한 방법으로 제어할 수 있다. Symbol References 창의 내용은 우측 상단에 있는 3개의 아이콘(S, I, D 아이콘)으로 변경할 수 있다. 세 아이콘은 동시에 사용할 수 없어 한 번에 하나만 선택할 수 있다.

S 아이콘: 이 아이콘을 클릭하면 Symbol References 창은 Symbol Table에서 선택한 심볼에 대한 모든 참조를 보여준다. 그림 5-25는 S 아이콘을 선택했을 때의 Symbol References 창의 내용을 보여준다.

I 아이콘: 이 아이콘을 클릭하면 Symbol References 창은 Symbol Table에서 선택한 함수의 모든 명령 참조를 보여준다(Symbol Table에서 함수를 선택하지 않으면 Symbol References 창은 아무것도 표시하지 않을 것이다).

D 아이콘: 이 아이콘을 클릭하면 Symbol References 창은 Symbol Table에서 선택한 함수의 모든 데이터 참조를 보여준다. Symbol Table에서 함수를 선택하지 않거나 선택한 함수가 어떤 데이터 심볼도 참조하지 않는다면 Symbol References

창은 아무것도 표시하지 않을 것이다.

Memory Map 창

Memory Map 창은 그림 5-26처럼 프로그램에 존재하는 모든 메모리 블록의 목록을 보여준다. 기드라는 바이너리 파일의 구조를 설명할 때 메모리 블록을 섹션이라는 용어로 자주 부른다. Memory Map 창의 내용은 메모리 블록(섹션)의 이름, 시작과 끝 주소, 길이, 권한 플래그, 블록 유형, 초기화된 플래그, 사용자가 소스 파일 이름과 설명을 추가할 수 있는 공간으로 구성된다. 시작 주소와 끝 주소는 프로그램 섹션이 실행 시에 매핑될 가상 주소 범위를 나타낸다.

Name	Start	End	Length	R	W	X	Volatile	Type	Initialized	Byte Source	Source	Comment
Headers	00400000	004005ff	0x600	☑	☐	☐	☐	Default	☑	File: ch5_example1.exe: 0x0		
.text	00401000	004089ff	0x7a00	☑	☐	☑	☐	Default	☑	File: ch5_example1.exe: 0x600		
.text	00408a00	00408fff	0x600	☑	☐	☑	☐	Default	☐			
.data	00409000	0040b3ff	0x2400	☑	☑	☐	☐	Default	☑	File: ch5_example1.exe: 0x8000		
.data	0040b400	0040bfff	0xc00	☑	☑	☐	☐	Default	☐			
.tls	0040c000	0040c1ff	0x200	☑	☑	☐	☐	Default	☑	File: ch5_example1.exe: 0xa400		
.tls	0040c200	0040cfff	0xe00	☑	☑	☐	☐	Default	☐			
.rdata	0040d000	0040d1ff	0x200	☑	☐	☐	☐	Default	☑	File: ch5_example1.exe: 0xa600		
.rdata	0040d200	0040dfff	0xe00	☑	☐	☐	☐	Default	☐			
.idata	0040e000	0040e5ff	0x600	☑	☐	☐	☐	Default	☑	File: ch5_example1.exe: 0xa800		
.idata	0040e600	0040efff	0xa00	☑	☐	☐	☐	Default	☐			
.edata	0040f000	0040f1ff	0x200	☑	☐	☐	☐	Default	☑	File: ch5_example1.exe: 0xae00		
.edata	0040f200	0040ffff	0xe00	☑	☐	☐	☐	Default	☐			
.rsrc	00410000	004101ff	0x200	☑	☐	☐	☐	Default	☑	File: ch5_example1.exe: 0xb000		
.rsrc	00410200	00410fff	0xe00	☑	☐	☐	☐	Default	☐			
.reloc	00411000	004117ff	0x800	☑	☐	☐	☐	Default	☑	File: ch5_example1.exe: 0xb200		
.reloc	00411800	00411fff	0x800	☑	☐	☐	☐	Default	☐			

그림 5-26: Memory Map 창

창에서 시작 주소나 끝 주소를 클릭하면 Listing 창의 내용이 해당 주소로 이동(다른 연결된 창도 마찬가지)한다. Memory Map 창의 툴바를 이용하면 메모리 블록을 추가/삭제, 블록 이동, 블록 나누기/병합 그리고 이미지 베이스 주소를 새로 설정할 수 있다. 이와 같은 기능은 기드라 로더가 바이너리의 세그먼트 구조를 식별하지 못하는 비표준 형식의 파일을 리버스 엔지니어링할 때 유용하게 사용할 수 있다. Memory Map 창이 보여주는 내용은 objdump (-h), readelf (-S), dumpbin (/HEADERS)와 같은 커맨드라인 명령으로도 볼 수 있다.

Function Call Graph 창

어떤 프로그램에서든 함수는 다른 함수를 호출하거나 다른 함수에서 호출될 수도 있다. Function Call Graph 창은 주어진 함수와 바로 이웃하는 함수들을 보여준다. X 함수가 Y 함수를 직접 호출하거나 Y 함수가 X 함수를 직접 호출하면 X 함수의 이웃이 Y 함수가 된다. Function Call Graph 창을 열면 기드라는 현재 커서가 위치하는 함수의 이웃을 판단해 Function Call Graph 창에 보여준다. Function Call Graph 창은 프로그램 파일에서 사용되는 함수를 보여주지만 전체 중에서 일부일 뿐이다.

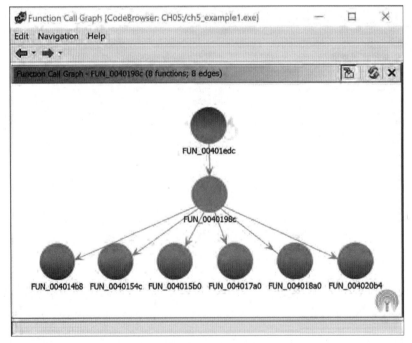

그림 5-27: Function Call Graph 창

그림 5-27에서는 FUN_00401edc라는 이름의 함수가 FUN_0040198c라는 이름의 함수를 호출하고 이어서 다른 6개의 함수를 호출한다. 창에서 함수를 더블클릭하면

144

Listing 창과 다른 연결된 창이 해당 함수 부분으로 바로 이동하게 된다. 기드라
상호 참조(XREF)는 Function Call Graph를 만드는 기반이 되는 메커니즘이다. XREF는
9장에서 자세히 다룬다.

함수 호출 목록

Function Call Graph 창은 많은 도움이 된다. 어떤 경우에는 큰 그림이 필요하고 또 어떤 경우
에도 좀 더 큰 그림이 필요하기도 하다. Function Call Trees 창(Windows ➤ Function Call
Trees)은 선택된 함수가 호출하는 함수 목록과 선택된 함수를 호출하는 함수 목록을 보여준다.
Function Call Trees 창(그림 5-28)은 두 부분으로 구성된다. 하나는 선택한 함수를 호출하는
함수 목록이고 다른 하나는 선택한 함수가 호출하는 함수 목록이다. 필요하다면 해당 목록을
확장하거나 축소시킬 수도 있다.

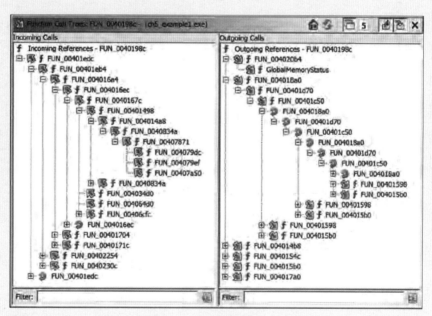

그림 5-28: Function Call Trees 창

entry 함수를 선택하고 Function Call Tree 창을 열면 프로그램의 함수 호출에 대한 계층적
표현을 볼 수 있다.

요약

처음에는 기드라가 뷰를 너무 많이 제공하는 것으로 보일 수 있다. 따라서 다양한 뷰를 편하게 이용할 수 있게 되기 전까지는 기본적으로 제공하는 뷰만을 이용하는 것이 가장 쉬운 방법이다. 어쨌든 기드라가 제공하는 모든 것을 의무적으로 사용해야 한다고 느낄 필요는 없다. 리버스 엔지니어링 시나리오에 따라 유용한 창이 달라질 수 있다.

기드라의 디스플레이에 익숙해지는 가장 좋은 방법 중 하나는 바이너리에 대한 데이터를 포함하는 다양한 하위 창을 살펴보고 그 외에 사용 가능한 창을 몇 개 더 열어보는 것이다. 기드라를 편하게 사용하면 할수록 리버스 엔지니어링을 좀 더 효과적이고 효율적으로 수행할 수 있게 된다.

기드라는 매우 복잡한 툴이다. 5장에서 다룬 창 이외에도 기드라를 마스터하려면 친숙해야 할 다른 대화상자를 마주치게 될 수도 있다. 이 책의 나머지 부분에서 그런 주요한 대화상자들을 소개한다.

이제는 기드라의 인터페이스와 CodeBrowser에 좀 더 익숙해졌다고 느끼기 시작해야 한다. 6장에서는 기드라를 좀 더 쉽게 다루고 프로그램의 행동에 대한 이해를 높이고자 디스어셈블리를 수정하는 다양한 방법에 초점을 맞추기 시작한다.

6

기드라의 디스어셈블리 이해

6장에서는 기드라의 디스어셈블리를 좀 더 잘 이해하는 데 도움이 되는 중요하면서도 기본적인 기술을 살펴본다. 기드라가 만들어낸 산출물을 조사하는 데 필요한 기본적인 탐색 기술부터 살펴보자. 함수 간의 흐름을 탐색해보면 디스어셈블리에서 사용할 수 있는 몇 가지 단서만으로 각 함수의 프로토타입을 해석해야 한다는 것을 알게 될 것이다. 따라서 함수에 전달되는 파라미터의 수와 각 파라미터의 데이터 타입을 알아내는 방법을 살펴본다. 함수가 수행하는 대부분의 작업은 함수가 관리하는 지역 변수와 관련이 있기 때문에 함수가 지역 변수 저장 공간으로 스택을 어떻게 사용하는지 그리고 기드라의 도움을 받아 함수 자신을 위한 공간으로 스택 공간을 어떻게 사용하는지도 살펴본다. 코드를 디버깅하든, 악성코드를 분석하든 또는 공격 코드를 개발하든 상관없이 함수의 스택에 할당된 변수를 해석하는 방법을 이해하는 것은 프로그램의 동작을 이해하는 데 있어 핵심적인 기술이다. 마지막으로 검색을 위해 기드라가 제공하는 옵션과 그것을 이용해 어떻게 디스어셈블리를 이해하는지도 살펴보겠다.

디스어셈블리 탐색

4장과 5장에서는 일반적인 리버스 엔지니어링 툴이 제공하는 기능을 기드라는 CodeBrowser에 통합해서 보여준다는 것을 기본적인 수준에서 설명했다. 기드라가 제공하는 뷰를 탐색하는 것은 기드라를 마스터하는 데 필요한 핵심적인 기술 중 하나다. objdump와 같은 툴들이 제공하는 정적 디스어셈블리 코드는 코드를 위아래로 스크롤하는 것 외에는 별다른 탐색 기능을 제공하지 않는다. 통합된 grep 스타일의 검색을 제공하는 최고의 텍스트 편집기를 사용하더라도 그런 정적인 코드를 탐색하기란 매우 어렵다. 반면 기드라는 뛰어난 탐색 기능을 제공한다. 기드라는 텍스트 편집기나 워드프로세서에서 제공하는 익숙한 표준적인 검색 기능을 제공할 뿐만 아니라 웹 페이지의 하이퍼링크처럼 동작하는 상호 참조 목록을 만들어 보여준다. 결과적으로 대부분의 경우 두 번의 클릭만으로도 관심 있는 위치로 이동할 수 있다.

이름과 라벨

프로그램이 디스어셈블되면 프로그램 내의 모든 위치에는 가상 주소가 할당된다. 따라서 관심이 있는 위치로 이동하려면 그곳의 가상 주소를 이용해 프로그램 내에서 자유롭게 이동할 수 있다. 하지만 불행하게도 각종 주소의 목록을 모두 기억하는 것은 쉬운 일이 아니다. 이런 사실 때문에 초기 프로그래머들은 참조하고자 하는 프로그램의 위치에 심볼 이름을 할당함으로써 좀 더 쉬운 방법으로 위치를 기억했다. 프로그램 주소에 심볼 이름을 할당하는 것은 프로그램 오피코드에 니모닉 명령 이름을 할당하는 것과 다르지 않았다. 즉, 식별자를 좀 더 기억하기 쉽게 만듦으로써 프로그램을 읽고 쓰는 것이 더 쉬워졌다. 기드라 또한 가상 주소를 위한 라벨을 만들고 사용자가 라벨을 수정하고 확장할 수 있는 기능을 제공함으로써 이런 전통을 이어갔다. 그리고 Symbol Tree 창에서 이미 심볼 이름에 대해 알아봤다. Symbol Tree 창에서 이름을 더블클릭하면 Listing 창(그리고 Symbol References 창)이 해당 심볼 위치로 점프한다. 이름과 라벨 사이에는 이용상 차이점이 있지만(예를 들면 함수는 이름을 갖고 있고, 기드라 Symbol Tree 창에서는 라벨의 개별적인 분기에 이름이 사용된다) 탐색 대상을 나타낼 때는 두 용어를 혼용해 사용할 수 있다. 기드라는 자동 분석을 수행하는 동안 바이너리에 존재하는 이름이나 바이너리 내에서 위치가 참조되는 방식에 따라 자동으로 생성된 이름을 이용해 심볼 이름을 만든다. 이름을 부여하는 목적뿐만 아니라 디스어셈블리 창에 표시되는 모든 라벨은 웹 페이지상의 하이퍼링크와 유사하게 탐색 대상에 대한 링크 기능을 제공한다. 라벨과 하이퍼링크의 2가지 주요한 차이점은 라벨에 대상을 따라갈 수 있다는 것을 나타내고자 어떤 방식으로도 강조돼 표시되지 않으며, 기드라에서는 전통적인 하이퍼링크와 달리 대상으로 따라가고자 단일 클릭이 아닌 더블클릭을 해야 한다는 것이다.

라벨 이름 규약

기드라는 라벨을 할당할 때 사용자에게 많은 유연성을 제공하지만 특정 패턴은 특별한 의미를 갖게 기드라에서만 사용된다. 그런 라벨의 이름은 EXT, FUN, SUB, LAB, DAT, OFF, UNK로 시작해서 밑줄과 주소로 이뤄진다. 따라서 라벨을 스스로 만들 때는 이와 같은 패턴의 이름은 피해야 한다. 또한 라벨의 이름에는 공백 문자와 인쇄할 수 없는 문자는 사용할 수 없다. 라벨 이름의 길이는 최대 2,000자까지 가능하다. 길이를 초과할 위험이 있다고 생각되면 신중하게 길이를 계산하길 바란다.

기드라에서 탐색

그림 6-1에서 실선 화살표로 표시된 각 심볼은 이름이 부여된 탐색 대상을 나타낸다. 그리고 해당 심볼을 더블클릭하면 Listing 창(그리고 연결된 다른 모든 창)은 해당 심볼이 위치하는 곳으로 이동한다.

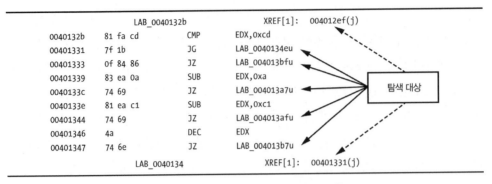

그림 6-1: 탐색 대상을 보여주고 있는 Listing 창

탐색을 위한 목적으로 기드라는 추가적으로 2가지를 더 탐색 대상으로 취급한다. 첫 번째는 상호 참조(그림 6-1에서 점선 화살표로 가리키는 것)다. 그림에서 두 번째 상호 참조 주소를 더블클릭하면 해당 참조 위치(00401331)로 점프한다. 상호 참조는 9장에서 좀 더 자세히 다룬다. 탐색 대상을 나타내는 것에 마우스 커서를 올리면 해당 위치의 코드를 팝업 창으로 보여준다.

두 번째는 16진수 값을 이용해 탐색 대상을 나타내는 경우다. 바이너리 내에서 연속된 16진수 값이 유효한 가상 주소를 나타내는 경우에는 그 오른쪽에 그림 6-2 처럼 해당 가상 주소가 표시된다. 그리고 그 가상 주소를 더블클릭하면 해당 주소로 창이 점프한다. 그림 6-2에서 실선 화살표가 가리키는 값 중 어느 것이라도 더블클릭을 하면 해당 가상 주소가 바이너리 내에서 유효한 주소이기 때문에 그곳으로 점프하게 된다. 하지만 유효한 가상 주소 값이 아닌 다른 값을 더블클릭하면 어떤 변화도 일어나지 않는다.

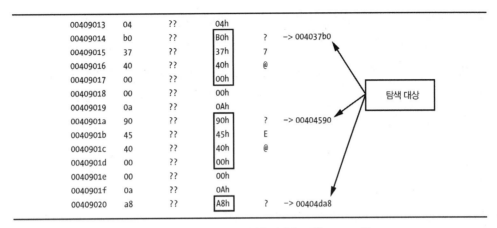

그림 6-2: 16진수로 탐색 대상을 나타내고 있는 Listing 창

Go To 대화상자

탐색하고자 하는 대상의 이름이나 주소를 안다면(예를 들면 ELF 바이너리 분석을 시작하고자 main을 찾는 경우) 스크롤로 해당 주소로 이동하거나 원하는 이름을 찾고자 Symbol Tree 창에 있는 Functions 폴더를 스크롤하거나 기드라의 검색 기능(이 장의 뒷부분에서 설명)을 이용할 수 있다. 주소나 이름을 알고 있을 때 가장 쉬운 방법은 Go To 대화상자(그림 6-3)를 이용하는 것이다. Navigation ➤ Go To 메뉴를 선택하거나 디스어셈블리 창이 활성화돼 있을 때 단축키로 G를 이용하면 Go To 대화상자를 열 수 있다.

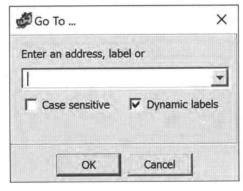

그림 6-3: Go To 대화상자

바이너리에서 어느 위치로든 이동하고자 한다면 간단히 유효한 주소(또는 대소 문자를 구분한 심볼 이름이나 16진수 값)를 지정하고 OK 버튼을 클릭하면 된다. 그러면 원하는 위치로 바로 점프하게 된다. 대화상자에 입력된 값은 드롭다운 히스토리 목록을 통해 이후에도 사용할 수 있으며, 이를 이용하면 이전에 요청한 위치로 쉽게 돌아갈 수 있다.

탐색 히스토리

최종적인 탐색 기능으로 기드라는 디스어셈블리 코드를 탐색한 이력의 순서를 기반으로 앞으로 가거나 뒤로 가기 기능을 제공한다. 새로운 위치로 이동할 때마다 현재 위치가 히스토리 목록에 추가된다. 히스토리 목록은 Go To 대화상자나 CodeBrowser 툴바의 오른쪽 화살표 아이콘이나 왼쪽 화살표 아이콘으로 탐색할 수 있다.

그림 6-3의 Go To 대화상자에서 드롭다운 창을 클릭하면 이전에 Go To 대화상자에 입력해서 이동한 위치 목록을 볼 수 있고 그중에 하나를 선택해서 이동할 수도 있다. 그림 6-4의 좌측 상태에서 볼 수 있는 CodeBrowser 툴바의 화살표 아이콘은 브라우저 스타일의 앞으로 가기, 뒤로 가기 기능을 제공한다. 화살표 버튼을 누르면 이전에 탐색한 모든 위치 이력이 드롭다운 목록에 나타나 그중에서 하나를 선택하면 바로 해당 위치로 이동할 수 있다. 그림 6-4는 뒤로 가기 화살표 버튼을 눌렀을 때 표시되는 드롭다운 목록을 보여준다.

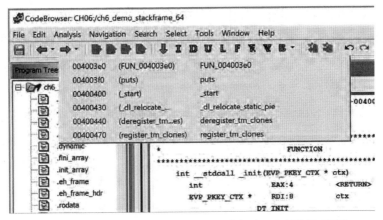

그림 6-4: 이전에 이동한 주소 목록과 앞으로 가기, 뒤로 가기 화살표 아이콘

ALT 키 + 왼쪽 화살표 키(맥에서는 Option 키 + 왼쪽 화살표 키) 조합을 이용하면 뒤로 가기가 되고 메모리에 적용할 수 있는 가장 유용한 단축키 중 하나다. 뒤로 가기 탐색은 함수 호출 체인을 몇 번 따라간 상태에서 어셈블리 코드상에서 원래의 위치로 돌아가기로 결정했을 때 매우 편리하게 사용할 수 있는 기능이다. **ALT 키 + 오른쪽 화살표 키**(맥에서는 Option 키 + 오른쪽 화살표 키) 조합은 히스토리 목록에서 앞으로 이동할 때 사용할 수 있다.

이제는 기드라에서 디스어셈블리 코드를 탐색하는 것에 대한 좀 더 명확한 그림을 갖게 됐지만 이동하게 되는 다양한 목적지에 여전히 의미를 부여하지는 않았다. 다음 절에서는 일반적으로 함수를 만드는 요소가 무엇인지 그리고 리버스 엔지니어링을 위한 중요한 탐색 대상인 스택 프레임을 살펴본다.

스택 프레임

기드라는 로우레벨의 분석 툴이기 때문에 기드라가 제공하는 많은 기능과 디스플레이는 기계어 생성과 하이레벨 프로그램에 의한 메모리 관리에 초점을 맞추고 있다. 따라서 사용자는 컴파일된 언어의 로우레벨 세부 사항과 다소 비슷하다고 느끼게 된다. 기드라는 컴파일러가 지역 변수를 선언하고 그에 접근하는 방식에 특히 주의를 기울인다. 대부분의 함수 시작 부분에서 상당수의 코드가 지역 변수 전용이라는 것을 눈치 챘을 것이다. 그것은 기드라가 스택 분석기를 사용해서 각 함수를 분석한 상세한 스택 분석 결과다. 컴파일러는 스택에 할당된 메모리 블록에 함수의 로컬 변수(경우에 따라서는 함수에 전달되는 인자)를 배치하기 때문에 그와 같은 분석이 필요하다. 이번 절에서는 기드라 Listing 창의 세부 내용을 이해하는 데 도움이 될 수 있도록 컴파일러가 지역 변수와 함수 인자를 처리하는 방법을 살펴보자.

함수 호출 메커니즘

함수를 호출하는 작업은 피호출 함수에 파라미터(인자)를 전달하기 위한 메모리가 필요하고 피호출 함수가 수행되는 동안에도 임시 저장 공간 역할을 할 메모리가 필요하다. 함수에 전달되는 파라미터 값이나 그것을 위한 메모리 주소는 함수가 알 수 있는 어떤 곳에 저장돼야 한다. 프로그래머가 지역 변수를 선언하면 임시 저장 공간이 할당되며, 그곳은 함수 내에서만 접근이 가능하며 함수의 수행이 종료되면 접근할 수 없게 된다. 스택 프레임(활성화 레코드라고도 함)은 프로그램의 런타임 스택 안에 할당되며 함수 호출 전용으로 사용되는 메모리 블록이다.

컴파일러는 스택 프레임을 사용해서 함수에 전달되는 파라미터와 지역 변수를 할당하거나 해제한다. 스택을 이용해 함수에 파라미터를 전달하는 함수 호출 규약의 경우 컴파일러는 함수에게 실행 권한을 넘겨주기 전에 함수의 파라미터를 스택 프레임에 배치하는 코드를 삽입한다. 이때 컴파일러는 함수의 지역 변수를 위한 공간을 고려해서 충분한 메모리 공간을 할당하는 코드를 삽입한다. 경우에 따라 함수가 반환되는 주소 또한 새로운 스택 프레임에 저장되기도 한다. 또한 스택 프레임은 재귀를 가능하게 한다.[1] 함수를 재귀 호출할 때마다 개별적인 스택 프레임이 할당되기 때문에 이전 재귀 호출의 스택 프레임과 명확히 구분된다.

---

1. 재귀는 함수가 직접 또는 간접적으로 자신을 호출할 때 발생한다. 함수가 자기 자신을 재귀로 호출할 때마다 새로운 스택 프레임이 만들어진다. 명확한 재귀 호출 종료 조건이 정의되지 않으면(또는 재귀 호출이 종료되기 전에 적절한 수 이상으로 재귀 호출이 이뤄진다면) 모든 스택 공간을 써버리게 돼서 프로그램이 중지될 수 있다.

함수가 호출되면 다음과 같은 작업이 이뤄진다.

1. 함수 호출자는 피호출 함수가 필요로 하는 파라미터를 피호출 함수가 사용하는 함수 호출 규약에 따라 지정된 위치에 배치한다. 함수 파라미터가 런타임에 스택으로 전달되면 프로그램 스택 포인터 값이 변경된다.

2. 함수 호출자는 x86에서는 **CALL**, ARM에서는 **BL**, MIPS에서는 **JAL**과 같은 명령으로 피호출 함수에 실행 권한을 넘긴다. 반환 주소는 프로그램 스택이나 레지스터에 저장된다.

3. 필요하다면 피호출 함수는 프레임 포인터를 구성해 함수 호출자 입장에서 변경되지 않기를 바라는 레지스터 값을 저장한다.[2]

4. 피호출 함수는 자신이 필요로 하는 지역 변수를 위한 공간을 할당한다. 이는 런타임 스택의 공간을 예약하고자 프로그램 스택 포인터의 값을 조정한다.

5. 피호출 함수는 자신에게 전달된 파라미터를 이용해 자신의 작업을 수행하고 결과를 만들어낸다. 함수가 결과를 반환하면 함수 호출자는 특정 레지스터를 조사해 결괏값을 확인한다.

6. 피호출 함수의 작업이 완료되면 지역 변수를 위해 예약된 스택 공간이 해제된다. 이 작업은 4번 단계에서 수행된 작업을 거꾸로 함으로써 이뤄진다.

7. 3번 단계에서 함수 호출자 대신 저장한 레지스터의 값들이 원래 값으로 복원된다.

8. 피호출 함수는 함수 호출자에게 실행 권한을 넘겨준다. 이는 일반적으로 x86에서는 **RET**, ARM에서는 **POP**, MIPS에서는 **JR** 명령을 이용해 수행된다. 사용되는 함수 호출 규약에 따라 프로그램 스택에서 하나 이상의 파라미터를 지우는 작업이 함께 수행되기도 한다.

9. 함수 호출자가 실행 권한을 다시 받으면 프로그램 스택 포인터의 값을 1번 단계를 수행하기 전의 값으로 복원함으로써 스택 안의 파라미터를 제거한다.

---

2. 프레임 포인터는 스택 프레임 내의 위치를 가리키는 레지스터다. 일반적으로 프레임 포인터가 가리키는 위치로부터의 상대적인 거리를 이용해 스택 프레임 안의 변수를 참조한다.

3단계와 4단계는 일반적으로 함수에 진입할 때 수행되기 때문에 함수의 **프롤로그**
prologue라고 한다. 비슷하게 6단계에서 8단계까지를 함수의 에필로그epilogue라고 한다.
5단계를 제외한 모든 작업은 함수 호출과 관련된 부분이다. 이는 프로그램의 하이
레벨 소스코드에서는 분명하게 보이지 않지만 어셈블리어 레벨에서는 명확히 관
찰할 수 있다.

진짜로 값이 제거된 것일까?

스택에서 항목을 '제거'하거나 전체 스택 프레임을 제거한다는 것은 스택의 내용을 삭제하는
것이 아니라 단지 스택 포인터가 스택의 하위 데이터를 가리키도록 조정하는 것을 의미하며,
스택에서 제거된 내용은 더 이상 POP 명령으로 확인할 수 없다. 따라서 PUSH 명령으로 스택의
내용을 덮어쓸 때까지 스택의 내용은 그대로 있다. 프로그래밍 관점에서 보면 이는 제거로
간주된다. 반면 디지털 포렌식 관점에서 좀 더 자세히 살펴본다면 스택의 내용을 찾을 수 있다.
변수 초기화 관점에서 이는 스택 프레임 내의 초기화되지 않은 로컬 변수가 마지막으로 사용한
특정 스택 영역에 으래된 값으로 남아있을 수 있다는 것을 의미한다.

호출 규약

함수 호출자와 피호출 함수 간에 함수 파라미터가 전달될 때 함수 호출자는 피호출
함수가 파라미터를 찾는 방법으로 파라미터를 정확히 저장해줘야 한다. 그렇지
않으면 심각한 문제가 발생할 수 있다. 호출 규약은 함수 호출자가 피호출자에게
전달할 파라미터를 어디에(레지스터, 프로그램 스택 또는 레지스터와 프로그램 스택 모두) 저장해야 하
는지 정확히 정의한다. 프로그램 스택으로 함수 파라미터를 전달하는 경우 호출
규약은 피호출 함수가 작업을 완료했을 때 스택의 파라미터를 누가(함수 호출자 또는
피호출 함수) 제거해야 하는지도 결정한다. 어떤 아키텍처의 바이너리를 리버싱하든
사용되는 호출 규약을 이해하지 못하면 함수 호출을 둘러싼 코드를 이해하기 어려
울 수 있다. 다음 절에서는 컴파일된 C와 C++ 코드에서 일반적으로 사용되는 호출
규약을 살펴본다.

스택과 레지스터 인자

함수 인자는 프로세서 레지스터나 프로그램 스택 또는 둘을 모두 이용해 전달한다. 스택을 이용해 인자를 전달하는 경우에 함수 호출자는 스택에 인자를 넣기 위한 메모리 쓰기 작업(PUSH 명령 이용)을 수행하며 피호출 함수는 전달된 인자에 접근하고자 메모리 읽기 작업을 수행해야 한다. 좀 더 빠른 함수 호출을 위해 인자를 레지스터로 전달하는 호출 규약도 있다. 레지스터로 인자가 전달되면 메모리를 읽고 쓰는 작업이 필요 없어지게 되고 피호출 함수는 단지 특정 레지스터의 값을 읽기만 하면 된다. 레지스터 기반 호출 규약의 한 가지 단점은 프로세서의 레지스터 수가 한정돼 있어 함수에 전달할 인자의 수가 사용 가능한 레지스터의 수보다 많은 경우에는 그것을 적절히 처리해야 한다는 것이다. 일반적으로 사용 가능한 레지스터의 수를 '초과하는' 경우에는 스택을 추가적으로 이용해 인자를 전달한다.

C 호출 규약

C 호출 규약은 함수를 호출할 때 대부분의 C 컴파일러가 기본적으로 사용하는 호출 규약이다. C/C++ 프로그램에서는 _cdecl 키워드를 함수의 프로토타입에 선언해서 C 호출 규약을 사용하도록 강제할 수 있다. cdecl 호출 규약에서는 함수 호출자가 인자를 오른쪽에서 왼쪽의 순서로 스택에 배치하고 피호출 함수의 작업이 완료되면 함수 호출자가 스택에서 파라미터를 제거한다. 32비트 x86 바이너리에서 cdecl은 모든 파라미터를 프로그램 스택으로 전달한다. 반면 64비트 x86 바이너리인 경우 cdecl은 운영체제에 따라 다르다. 즉, 리눅스의 경우 처음 6개의 인자까지는 RDI, RSI, RDX, RCX, R8, R9 레지스터로 전달되고 그 이상의 추가적인 인자는 스택으로 전달된다. ARM 바이너리인 경우 cdecl은 처음 4개의 인자가 R0 ~ R3 레지스터로 전달되고 그 이상의 추가적인 인자는 스택으로 전달된다.

스택으로 전달되는 인자는 오른쪽에서 왼쪽의 순서로 스택에 배치되며 가장 왼쪽의 인자가 항상 스택의 꼭대기에 위치하게 된다. 이는 함수에 전달되는 파라미터의 수에 관계없이 함수가 첫 번째 인자를 쉽게 찾을 수 있게 해주며 인자의 수가 가변인 경우(예: printf)에도 이상적인 호출 규약이 되게 만들어준다.

함수 호출자가 전달한 파라미터를 함수 호출자가 스택에서 제거한다는 것은 피호출 함수가 반환된 직후에 프로그램 스택 포인터를 조정하는 명령을 자주 보게 된다는 것을 의미한다.

함수에 전달되는 인자의 수가 가변인 경우 함수 호출자는 자신이 전달한 인자의 수를 정확히 알고 있어 스택 포인터를 올바르게 조정할 수 있지만 가변 인자를 전달받는 피호출 함수는 자신에게 전달되는 파라미터의 수를 미리 알 수 없다. 다음은 32비트 x86 바이너리에서 호출되는 함수이며 각기 다른 방식을 사용하는 예다. 함수의 프로토타입은 다음과 같다.

```
void demo_cdecl(int w, int x, int y, int z);
```

이 함수는 기본적으로 cdecl 호출 규약을 사용하며, 오른쪽에서 왼쪽의 순서로 4개의 파라미터를 스택에 넣으며 함수 호출자가 스택의 파라미터를 제거한다. 다음은 C 언어에서 실제로 함수를 호출하는 예다.

```
demo_cdecl(1, 2, 3, 4); // demo_cdecl(C 언어) 함수를 호출
```

컴파일러는 다음과 같은 코드를 만들어낼 것이다.

```
❶ PUSH    4              ; 파라미터 z를 push
  PUSH    3              ; 파라미터 y를 push
  PUSH    2              ; 파라미터 x를 push
  PUSH    1              ; 파라미터 w를 push
  CALL    demo_cdecl     ; 함수 호출
❷ ADD     ESP, 16        ; ESP의 값을 이전 같으로 조정
```

4개의 PUSH 명령❶은 프로그램 스택 포인터(ESP) 값을 16바이트(32비트 아키텍처에서는 4 * sizeof(int))만큼 변경시키며 demo_cdecl 함수가 반환하면 곧바로 ESP의 값을 원래

값으로 복원한다. ❷ 다음은 GNU 컴파일러(gcc, g++)가 만들어낸 코드이고 cdecl 호출 규약을 준수하면서 demo_cdecl 함수를 호출한다. 이 경우에는 함수가 반환된 이후에 파라미터를 명시적으로 정리할 필요가 없다.

```
MOV     [ESP+12], 4    ; 파라미터 z를 스택의 네 번째 위치로 이동시킨다.
MOV     [ESP+8], 3     ; 파라미터 y를 스택의 세 번째 위치로 이동시킨다.
MOV     [ESP+4], 2     ; 파라미터 x를 스택의 두 번째 위치로 이동시킨다.
MOV     [ESP], 1       ; 파라미터 w를 스택의 꼭대기로 이동시킨다.
CALL    demo_cdecl     ; 함수 호출
```

demo_cdecl에 전달되는 파라미터를 스택에 위치시키고 있지만 프로그램 스택 포인터의 값은 변경되지 않는다. 위의 2가지 방식 모두 함수가 호출될 때 스택 포인터는 맨 왼쪽 파라미터를 가리키게 된다.

표준 호출 규약

마이크로소프트는 32비트 윈도우의 DLL에서 표준standard 호출 규약이라고 하는 호출 규약을 많이 사용한다. 소스코드에서 다음과 같이 함수 선언 시 _stdcall 키워드를 사용하면 표준 호출 규약을 사용하게 된다.

```
void _stdcall demo_stdcall(int w, int x, int y);
```

표준이라는 단어로 인한 혼동을 피하고자 이후부터는 stdcall 호출 규약이라고 부를 것이다. stdcall 호출 규약 또한 파라미터를 오른쪽에서 왼쪽 방향으로 스택에 담아 함수에 전달한다. 하지만 피호출 함수의 작업이 완료되면 스택에 할당된 인자를 정리하는 책임은 피호출 함수에 있다. 따라서 함수에 전달되는 파라미터의 수가 고정인 경우에만 이 호출 규약을 사용할 수 있다. printf와 같이 전달되는 파라미터의 수가 가변인 경우에는 stdcall 호출 규약을 사용할 수 없다. demo_stdcall 함수에는 3개의 파라미터가 전달되며 파라미터 전달을 위해 사용되는 스

택의 공간은 12바이트(32비트 아키텍처에서 3 * sizeof(int))가 된다. x86 컴파일러는 특별한 형태의 RET 명령을 사용해 스택의 꼭대기에서 반환 주소를 POP하고 동시에 스택에 할당된 함수 파라미터를 정리하고자 스택 포인터를 증가시킬 수 있다. demo_stdcall 함수의 경우 RET 명령을 사용해 함수 호출자로 반환하는 것을 볼 수 있다.

```
RET 12    ; 스택의 12바이트를 정리하고 반환
```

stdcall 호출 규약을 사용하면 함수를 호출할 때마다 스택에서 파라미터를 정리할 필요가 없어지기 때문에 프로그램이 약간 더 작아지고 빨라진다. 이런 점 때문에 마이크로소프트는 32비트 공유 라이브러리(DLL)에서 익스포트하는 함수 중에서 함수에 전달되는 인자의 개수가 고정인 모든 함수에 대해 stdcall 호출 규약을 사용한다. 이는 공유 라이브러리 구성 요소에 대한 함수 프로토타입이나 바이너리 호환을 위한 작업을 수행할 때 기억해야 하는 중요한 포인트다.

x86을 위한 fastcall 호출 규약

마이크로소프트 C/C++ 컴파일러와 GNU gcc/g++(버전 3.4 이상) 컴파일러는 처음 2개의 파라미터를 ECX와 EDX 레지스터로 전달하는 변형된 stdcall 호출 규약인 fastcall 호출 규약을 인지한다. 2개 이외의 파라미터는 오른쪽에서 왼쪽 방향으로 스택에 위치시켜 전달하며, 피호출 함수가 함수 호출자로 반환할 때 피호출 함수가 스택에서 파라미터를 제거하는 역할을 수행한다. 다음은 fastcall 호출 규약으로 선언한 함수의 예다.

```
void fastcall demo_fastcall(int w, int x, int y, int z);
```

C 언어로 이 함수를 호출하면 다음과 같다.

```
demo_fastcall(1, 2, 3, 4);    // demo_fastcall (C 언어) 함수를 호출
```

그러면 컴파일러는 다음과 같은 코드를 만들어낼 것이다.

```
PUSH 4              ; 파라미터 z를 스택의 두 번째 위치로 이동시킨다.
PUSH 3              ; 파라미터 y를 스택의 꼭대기로 이동시킨다.
MOV EDX, 2          ; 파라미터 x를 EDX로 이동시킨다.
MOV ECX, 1          ; 파라미터 w를 ECX로 이동시킨다.
Call demo_fastcall  ; 함수 호출
```

demo_fastcall 함수가 반환한 다음 스택 조정 작업이 필요하지 않다. demo_fastcall 함수가 반환할 때 스택에서 파라미터 y와 z를 정리하는 역할을 담당하기 때문이다. 2개의 파라미터는 레지스터로 함수에 전달되기 때문에 피호출 함수는 자신에게 4개의 파라미터가 전달됐음에도 스택에서 단지 8바이트만을 정리하면 된다.

C++ 호출 규약

C++ 클래스의 비정적 멤버 함수는 함수를 호출하고자 사용되는 객체에 대한 포인터(this 포인터)를 사용해야만 한다.[3]

C++ 클래스의 비정적 멤버 함수는 함수를 호출하는 데 사용되는 객체(this 포인터)에 대한 포인터를 사용할 수 있게 해야 한다. 함수 호출에 사용되는 객체의 주소는 함수 호출자가 파라미터로 전달해줘야 한다. 하지만 C++ 언어 표준에서는 객체의 주소를 전달하는 방법을 정의하고 있지 않기 때문에 컴파일러마다 구현 방식이 다를 수 있다.

x86용 마이크로소프트의 C++ 컴파일러는 this 포인터를 전달하고자 ECX/RCX 레지스터를 사용하고 stdcall의 경우처럼 스택의 파라미터를 정리하는 책임이 비정적 멤버 함수에 있는 thiscall 호출 규약을 사용한다. GNU g++ 컴파일러는 this 포인터를 비정적 멤버 함수에 전달되는 첫 번째 파라미터로 취급하며 동작 방식은

---

3. C++ 클래스는 2가지 형태(정적, 비정적)의 멤버 함수를 정의할 수 있다. 비정적 멤버 함수는 특정 객체의 속성을 변경하는 데 사용되기 때문에 대상 객체를 정확히 알 수 있는 방법(this 포인터)이 있어야 한다. 반면 정적 멤버 함수는 클래스의 모든 인스턴스에서 공유되는 속성을 변경하는 데 사용되기 때문에 this 포인터를 필요로 하거나 전달 받지 않는다.

cdecl 호출 규약과 동일한 방법을 사용한다. 따라서 g++로 컴파일된 32비트 코드는 비정적 멤버 함수를 호출할 때 this 포인터를 스택의 첫 부분에 위치시켜 전달하며, 함수가 반환하면 함수 호출자가 스택에서 파라미터(this 포인터가 스택으로 전달되기 때문에 언제나 하나 이상의 파라미터가 존재하게 됨)를 제거하는 역할을 담당한다. 컴파일된 C++ 프로그램의 추가적인 특징은 8장과 20장에서 다룬다.

기타 호출 규약

앞서 설명한 모든 호출 규약을 완벽히 설명하려면 책 하나의 분량이 될 것이다. 호출 규약은 종종 운영체제나 언어, 컴파일러 및 프로세서에 따라 다를 수 있으며, 일반적이지 않은 컴파일러가 만들어낸 코드를 봐야 한다면 추가적인 조사가 필요할 수 있다. 또한 최적화된 코드나 사용자 지정 어셈블리어 코드, 시스템 콜에 대해서는 추가적인 언급이 필요하다.

다른 프로그래머가 사용할 수 있게 익스포트한 함수(라이브러리 함수)의 경우에는 프로그래머가 해당 함수를 쉽게 사용할 수 있도록 잘 알려진 호출 규약을 사용하는 것이 중요하다. 반면 프로그램 내부에서만 사용할 의도로 작성된 함수라면 프로그램 내에서만 해당 함수의 호출 규약을 알아도 되며, 컴파일러는 더 빠른 코드를 만들어내기 위한 최적화 작업의 일환으로 다른 호출 규약을 사용하도록 선택할 수도 있다. 예를 들면 마이크로소프트 C/C++에서 /GL 옵션을 사용하면 '전체 프로그램에 대한 최적화'를 수행하게 만들 수 있다. 그렇게 되면 함수 간의 레지스터 사용이 최적화된다. 그리고 GNU gcc/g++에서 regparm 키워드를 사용하면 최대 3개의 인자를 레지스터로 전달할 수 있게 만들 수 있다.

프로그래머가 어셈블리어를 작성하는 데 익숙하다면 자신이 작성한 함수에 인자가 전달되는 방식을 완벽하게 제어할 수 있다. 즉, 다른 프로그래머가 자신이 작성한 함수를 사용하지 않는 한 어셈블리어 프로그래머는 자신이 원하는 방식으로 파라미터를 자유롭게 전달할 수 있다. 따라서 난독화 루틴이나 셸코드와 같은 사용자 지정 어셈블리어를 분석할 때는 각별한 주의가 필요하다.

시스템 콜은 운영체제 서비스에게 요청을 전달하고자 사용하는 특별한 형태의 함수 호출이다. 시스템 콜을 호출하면 일반적으로 운영체제 커널이 사용자의 요청을 처리하고자 유저 모드에서 커널 모드로 상태 전환이 이뤄진다. 시스템 호출이 시작되는 방식은 운영체제와 프로세서에 따라 다르다. 예를 들어 32비트 x86 리눅스의 시스템 콜은 INT 0x80 명령이나 sysenter 명령으로 호출하며, 다른 x86 운영체제는 sysenter 명령만 사용하거나 다른 인터럽트 번호를 사용한다. 64비트 x86 코드는 syscall 명령을 사용한다. 대부분의 x86 시스템(리눅스는 예외)에서는 시스템 콜을 위한 파라미터가 런타임 스택으로 전달되며 시스템 콜 번호는 시스템 콜이 시작되기 바로 전에 EAX 레지스터에 담긴다. 리눅스에서는 특정 레지스터로 파라미터를 전달하며 사용 가능한 레지스터보다 전달할 파라미터의 수가 많은 경우에는 메모리로 파라미터를 전달한다.

스택 프레임에 대한 추가 고려 사항

어떤 프로세서에서 레지스터는 프로그램 내의 모든 함수 간에 공유돼야 하고 협력해서 사용해야 하는 한정된 자원이다. 함수(func1)가 실행되면 해당 함수는 모든 프로세서 레지스터를 완벽히 통제할 수 있게 된다. 그리고 func1이 또 다른 함수인 func2를 호출하면 func2 또한 자신의 필요에 따라 모든 가용한 프로세서 레지스터를 이용할 수 있게 된다. 따라서 func1이 의존적으로 사용하는 레지스터의 값을 func2가 임의적으로 변경한다면 문제가 발생하게 된다.

이 문제를 해결하고자 모든 컴파일러는 레지스터 할당 및 사용에 대해 잘 정의된 규칙을 따른다. 그런 규칙을 일반적으로 플랫폼 ABI^Application Binary Interface라고 한다. ABI는 레지스터를 2가지(caller-saved와 callee-saved)로 분류한다. 함수가 다른 함수를 호출할 때 호출자는 자신이 의존적으로 사용하는 레지스터의 값을 잃지 않도록 caller-saved 레지스터의 값만 저장해 놓으면 된다. callee-saved로 분류되는 레지스터는 피호출 함수가 저장해야 피호출 함수 자체 목적으로 해당 레지스터를 사용할 수 있다. 이 과정은 일반적으로 함수의 프롤로그에서 수행되며 함수 호출자의 저장된 값은 피호출 함수가 반환하기 직전에 함수의 에필로그에서 복원된다. caller-saved 레지스터는 피호출 함수가 먼저 저장하지 않고도 자유롭게 그것의 내용을 수정할 수 있기 때문에 clobber 레지스터라고도 부른다. 반대로 callee-saved 레지스터는 no-clobber 레지스터라고 부른다. 인텔 32비트 프로세서를 위한 시스템 V ABI에 따르면 caller-saved 레지스터는 **EAX**, **ECX**, **EDX** 레지스터이며 callee-saved 레지스터에는 **EBX**, **EDI**, **ESI**, **EBP**, **ESP** 레지스터가 포함된다.[4] 컴파일된 코드를 보면 컴파일러는 함수 내에서 caller-saved 레지스터 사용을 선호한다는 것을 알 수 있다. 함수를 시작하고 종료할 때 레지스터의 내용을 저장하고 복원하는 책임이 없어지기 때문이다.

지역 변수 레이아웃

함수에 파라미터를 전달하는 방법을 기술하는 함수 호출 규약과는 달리 함수의 지역 변수에 대한 메모리 레이아웃 규약은 따로 없다. 컴파일러는 함수를 컴파일할 때 함수의 지역 변수와 no-clobber 레지스터를 위해 필요한 공간을 계산해야 한다. 그리고 지역 변수가 프로세서 레지스터에 할당할 수 있는지 아니면 프로그램 스택에 할당해야 하는지를 판단한다. 지역 변수를 할당하는 방식은 함수의 호출자와 피호출 함수와의 관련이 없으며 일반적으로 함수의 소스코드를 조사하는 것만으로는 함수의 지역 변수 레이아웃을 판단하는 것은 불가능하다. 스택 프레임과 관련해서 확실한 한 가지는, 컴파일러는 함수에 새로 할당된 스택 프레임의 위치를 기억하고자 적어도 하나의 레지스터를 지정해야 한다는 것이다. 이를 위한 가장 분명한 선택은 스택 포인터를 이용하는 것이다. 스택 포인터의 역할은 스택을 가리키는 것이기 때문에 현재 함수의 스택 프레임을 가리키는 레지스터로 사용된다.

---

4. https://wiki.osdev.org/System_V_ABI

스택 프레임 예

바이너리 리버스 엔지니어링과 같은 복잡한 작업을 수행할 때는 항상 시간을 효율적으로 사용하도록 노력해야 한다. 디스어셈블된 함수의 동작을 이해하는 데 있어 일반적인 코드를 분석하는 데 걸리는 시간이 적을수록 복잡한 코드를 분석하는 데 더 많은 시간을 투자할 수 있다. 함수의 프롤로그와 에필로그가 일반적인 코드의 대표적인 예라고 할 수 있다. 따라서 그런 코드를 인지하고 이해할 수 있어야 좀 더 많은 생각을 필요로 하는 흥미로운 코드로 빨리 넘어갈 수 있다.

기드라는 각 함수의 시작 부분에 있는 지역 변수 목록에서 함수 프롤로그에 대한 것을 요약해서 코드를 좀 더 읽기 쉽게 만들어주지만 그것이 분석해야 하는 코드의 양을 줄여주는 것은 아니다. 다음 예에서는 2가지 형태의 일반적인 스택 프레임과 그것을 만들 때 필요한 코드를 살펴볼 것이다. 다른 곳에서 그것과 유사한 코드를 보게 된다면 함수의 핵심적인 동작을 분석할 수 있는 부분으로 빠르게 이동할 수 있을 것이다.

다음은 32비트 x86 기반의 컴퓨터에서 컴파일된 것이다.

```c
void helper(int j, int k);   // 함수 프로토타입
void demo_stackframe(int a, int b, int c) {
   int x;
   char buffer[64];
   int y;
   int z;
   // 다음 함수 호출과는
   // 크게 관련되지 않는 함수 본문
   helper(z, y);
}
```

demo_stackframe 함수를 위해 필요한 지역 변수의 공간은 76바이트(3개의 4바이트 정수와 64바이트 버퍼)다. 이 함수는 stdcall이나 cdecl 호출 규약 중 하나를 사용할 수 있으며 동일한 스택 프레임이 만들어질 것이다.

예 1: 스택 포인터를 통한 지역 변수 접근

그림 6-5는 demo_stackframe 함수를 호출함으로써 만들어질 수 있는 스택 프레임의 한 가지 형태다. 이 예에서 컴파일러는 스택 프레임에 있는 변수를 참조할 때 항상 스택 포인터를 사용하게 결정했으며, 스택 포인터 외의 다른 레지스터들은 다른 목적으로 사용한다. 어떤 명령으로 스택 포인터의 값이 변경된다면 컴파일러는 이후에 로컬 변수에 접근하는 모든 코드에 해당 사항이 반영돼야 한다.

	변수	오프셋	
ESP →	z	[ESP]	지역 변수
	y	[ESP+4]	지역 변수
	buffer	[ESP+8]	지역 변수
	x	[ESP+72]	지역 변수
	Saved EIP	[ESP+76]	
	a	[ESP+80]	파라미터
	b	[ESP+84]	파라미터
	c	[ESP+88]	파라미터

그림 6-5: 32 비트 x86 컴퓨터에서 컴파일된 함수의 스택 프레임 예

이 프레임을 위한 공간은 demo_stackframe의 프롤로그에서 하나의 명령으로 설정된다.

```
SUB    ESP, 76     ; 지역 변수를 위한 공간을 충분히 할당한다.
```

그림 6-5의 오프셋 열은 스택 프레임에 있는 각 지역 변수와 파라미터를 참조하고자 필요한 x86 주소 모드(베이스 주소 + 거리)를 나타낸다. ESP가 베이스 레지스터로 사용되고 있으며, 각각의 거리 값은 ESP가 가리키는 주소와 스택 프레임 안에 있는 각 변수의 시작 주소 간의 상대적인 오프셋 값이다. 그리고 ESP 레지스터의 값이 변경

되지 않아야만 그림 6-5의 오프셋이 유효하다. 하지만 불행하게도 스택 포인터의 값은 자주 바뀌기 때문에 컴파일러는 스택 프레임에 있는 변수를 참조할 때 적절한 오프셋이 사용되도록 지속적으로 조정해야 한다. 이를 위해 demo_stackframe 함수에서 helper 함수를 호출하는 코드를 살펴보자.

```
❶ PUSH    dword [ESP+4]    ; y 값을 푸시
❷ PUSH    dword [ESP+4]    ; z 값을 푸시
  CALL    helper
  ADD     ESP, 8           ; cdecl 호출 규약은 함수 호출자가 파라미터를 정리해야 한다.
```

첫 번째 PUSH 명령 ❶은 그림 6-5에 있는 오프셋을 이용해 지역 변수 y를 PUSH한다. 얼핏 보면 두 번째 PUSH 명령 ❷이 지역 변수 y를 잘못 참조하는 것처럼 보일 수 있다. 하지만 스택 프레임에 있는 모든 변수는 ESP에 대한 상대적인 거리 값으로 참조되며, 첫 번째 PUSH 명령 ❶으로 인해 ESP 값이 변경되기 때문에 그림 6-5에 있는 모든 오프셋 값은 임시적으로 조정돼야 한다. 따라서 첫 번째 PUSH 명령 ❶으로 인해 지역 변수 z의 새로운 오프셋 값이 [ESP+4]가 되는 것이다. 스택 포인터를 이용해 스택 프레임에 있는 변수를 참조하는 함수를 분석할 때는 스택 포인터의 변경 사항을 확인하고 그에 따른 모든 변수의 오프셋 값을 조정해서 분석해야만 한다.

demo_stackframe 함수의 작업이 완료되면 demo_stackframe 함수 호출자로 반환해야 한다. 궁극적으로 RET 명령이 스택의 상단에 있는 반환 주소를 명령 포인터 레지스터(이 경우에는 EIP 레지스터)로 POP된다. 반환 주소가 POP되기 전에 스택의 상단에 있는 지역 변수가 제거돼 RET 명령이 실행될 때 스택 포인터가 반환 주소를 올바르게 가리키도록 만들어야 한다. 이를 위해 함수의 에필로그에서는 다음과 같은 작업(cdecl 호출 규약이 사용된다고 가정)이 수행된다.

```
ADD     ESP, 76    ; ESP가 저장된 반환 주소를 가리키게 조정
RET                ; 함수 호출자로 반환
```

예 2: 스택 포인터를 자유롭게 만들자

스택 프레임에 있는 변수를 가리키기 위한 용도의 전용 레지스터를 사용하면 스택 프레임에 있는 각 변수를 참조하기 위한 오프셋을 매번 다시 계산할 필요 없이 스택 포인터를 자유롭게 변경시킬 수 있다. 물론 컴파일러는 그런 전용 레지스터가 변경되지 않도록 보장해야 한다. 그렇지 않으면 ESP 값 변경으로 인한 오프셋 조정 이슈가 동일하게 발생하게 된다. 이를 위해 컴파일러는 그런 용도로 사용한 레지스터를 먼저 선택해야 하고 그다음에는 함수의 시작 부분에서 해당 레지스터를 초기화하는 코드를 만들어야 한다.

그렇게 선택된 레지스터를 프레임 포인터frame pointer라고 부른다. 앞의 예에서는 ESP가 프레임 포인터로 사용된 것이고 ESP를 프레임 포인터로 사용된 경우를 ESP 기반 스택 프레임이라고 한다. 대부분의 아키텍처에서 ABI는 어떤 레지스터를 프레임 포인터로 사용할 것인지 제안한다. 프레임 포인터는 함수 호출자가 이미 동일한 목적으로 사용하기 때문에 항상 no-clobber 레지스터로 취급된다. x86 프로그램에서는 일반적으로 EBP/RBP 레지스터가 프레임 포인터로 사용된다. 기본적으로 대부분의 컴파일러는 스택 포인터가 아닌 다른 레지스터를 프레임 포인터로 사용하는 코드를 만들어내지만 옵션을 사용하면 스택 포인터를 프레임 포인터로 사용하게 할 수 있다(예를 들면 GNU gcc/g++에서는 컴파일러 옵션으로 -fomit-frame-pointer를 사용하면 ESP 레지스터가 프레임 포인터로 사용된다).

프레임 포인터를 별도로 사용하는 경우 demo_stackframe 함수의 스택 프레임이 어떤 모습인지 보려면 다음과 같은 새로운 함수 프롤로그 코드를 살펴봐야 한다.

```
❶ PUSH    EBP           ; 함수 호출자의 EBP 값을 저장한다(no-clobber 레지스터이기 때문).
❷ MOV     EBP, ESP      ; EBP가 ESP의 값을 가리키게 만든다.
❸ SUB     ESP, 76       ; 지역 변수를 위한 공간을 할당한다.
```

PUSH 명령❶은 현재 함수 호출자가 사용되고 있는 EBP의 값을 저장한다. 여기서 EBP 레지스터는 no-clobber 레지스터이기 때문이다. 그리고 함수 호출자가 사용한

EBP 레지스터의 값은 피호출 함수가 반환할 때 복원돼야 한다. 함수 호출자를 대신해서 다른 레지스터들(예를 들면 ESI나 EDI)도 저장해야 한다면 컴파일러는 EBP 레지스터의 값을 저장할 때 그 레지스터들의 값들도 함께 저장하거나 로컬 변수를 할당하기 전까지 저장을 연기할 수도 있다. 따라서 스택 프레임의 어느 위치에 레지스터를 저장해야 한다는 표준은 없다.

일단 EBP가 저장됐다면 MOV 명령❷을 이용해 스택 포인터(현재 시점에서 스택을 가리키는 유일한 레지스터)의 현재 값을 EBP로 복사해서 EBP가 현재의 스택 위치를 가리키게 만들어야 한다. 마지막으로 ESP 기반의 스택 프레임의 경우처럼 지역 변수를 위한 공간을 할당❸한다. 그 결과 그림 6-6과 같은 모습의 스택 프레임이 만들어진다.

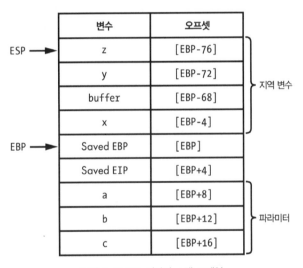

변수	오프셋	
z	[EBP-76]	
y	[EBP-72]	
buffer	[EBP-68]	지역 변수
x	[EBP-4]	
Saved EBP	[EBP]	
Saved EIP	[EBP+4]	
a	[EBP+8]	
b	[EBP+12]	파라미터
c	[EBP+16]	

ESP → (z)
EBP → (Saved EBP)

그림 6-6: EBP 기반의 스택 프레임

그림 6-6에서 보는 것처럼 전용 프레임 포인터를 사용하면 모든 변수의 오프셋은 프레임 포인터 레지스터 위치와의 상대 거리가 된다. 대부분의 경우(항상 그런 것은 아니지만) 스택에 할당된 함수 인자에 접근할 때는 양수의 오프셋이 사용되고 지역 변수에 접근할 때는 음수의 오프셋이 사용된다. 또한 스택 프레임에 있는 변수에 대한 오프셋에 영향을 주지 않기 때문에 스택 포인터의 값을 자유롭게 변경할 수 있다. 이제는 helper 함수를 호출하는 부분이 다음과 같이 구현될 수 있다.

```
❶ PUSH    dword [ebp-72]    ; y 값을 푸시
  PUSH    dword [ebp-76]    ; z 값을 푸시
  CALL    helper
  ADD     ESP, 8            ; cdecl 호출 규약은 함수 호출자가 파라미터를 정리해야 한다.
```

첫 번째 PUSH 명령❶으로 인해 스택 포인터의 값이 변경되지만 이어지는 두 번째 PUSH 명령에서 지역 변수 z에 대한 접근에는 영향을 주지 않는다.

프레임 포인터를 사용하는 함수의 에필로그에서는 함수 호출자의 프레임 포인터를 반환하기 전에 복원해줘야 한다. POP 명령으로 프레임 포인터를 복원한다면 프레임 포인터를 복원하기 전에 먼저 스택에서 지역 변수를 제거해야 한다. 하지만 이 작업은 간단하게 처리될 수 있다. 현재의 프레임 포인터가 이전 프레임 포인터의 값을 저장하고 있는 위치를 가리키고 있기 때문이다. EBP를 프레임 포인터로 사용하는 32비트 x86 프로그램에서는 다음의 코드가 전형적인 에필로그가 된다.

```
MOV    ESP, EBP    ; ESP 값을 다시 설정함으로써 지역 변수를 제거
POP    EBP         ; 함수 호출자의 EBP를 복원
RET                ; 함수 호출자로 반환
```

이와 같은 작업은 매우 일반적이기 때문에 x86 아키텍처에서는 동일한 작업을 수행해주는 LEAVE 명령을 제공한다.

```
LEAVE    ; ESP 값을 EBP에 복사하고 EBP 값을 팝한다.
RET      ; 함수 호출자로 반환
```

프로세서 아키텍처마다 사용되는 레지스터와 명령의 이름이 다르지만 스택 프레임을 만드는 기본적인 과정은 동일하다. 즉, 아키텍처와 상관없이 전형적인 함수의 프롤로그와 에필로그가 사용되기 때문에 실제로 분석이 필요한 코드로 빠르게 넘어갈 수 있다.

기드라 스택 뷰

스택 프레임은 런타임 개념이다. 즉, 스택 프레임은 스택과 실행 중인 프로그램이 없으면 존재할 수 없다. 그렇더라도 기드라와 같은 툴로 정적 분석을 수행할 때 스택 프레임의 개념을 무시해야 한다는 의미는 아니다. 바이너리 파일에는 스택 프레임을 설정하기 위한 코드가 각 함수마다 존재한다. 따라서 함수가 실행 중이지 않은 상태라고 하더라도 코드를 주의 깊게 분석하면 함수의 스택 프레임 구조를 이해할 수 있다. 실제로 기드라는 디스어셈블되는 모든 함수의 스택 프레임 구조를 판단하고자 정교한 분석을 수행한다.

기드라 스택 프레임 분석

초기 분석 단계에서 기드라는 스택 포인터에 상수 값을 더하거나 빼서 스택 포인터 값을 변경시키는 산술 연산뿐만 아니라 모든 PUSH나 POP 명령을 조사함으로써 함수 내에서 스택 포인터의 동작을 추적하기 위한 노력을 기울인다. 이는 함수의 스택 프레임에 할당되는 지역 변수 영역의 크기를 정확히 판단하거나 함수 내에서 프레임 포인터를 위한 레지스터가 사용되는지 여부(PUSH EBP/MOV EBP, ESP와 같은 명령이 사용되는지를 기반으로 판단)를 판단하기 위함이다. 또한 함수의 스택 프레임에 있는 변수에 대한 모든 메모리 참조를 알아내기 위함이다.

예를 들어 기드라가 다음과 같은 명령을 demo_stackframe 함수에서 발견하게 된다면 함수에 대한 첫 번째 인자(그림 6-6 참고)가 EAX 레지스터에 로드된다고 이해하게 된다.

```
MOV EAX, [EBP+8]
```

기드라는 함수의 인자(스택 프레임상에서 저장된 반환 주소보다 아래에 위치)에 접근하는 메모리 참조와 지역 변수(스택 프레임상에서 저장된 반환 주소보다 위에 위치)에 접근하는 참조를 구분한다.

기드라는 추가적으로 스택 프레임 내에서 직접 참조되는 메모리 위치를 판단한다. 예를 들면 그림 6-6에서 스택 프레임의 크기는 96바이트이지만 참조될 가능성이 있는 변수는 7개(4개의 로컬 변수와 3개의 함수 파라미터)뿐이다. 결과적으로 기드라가 중요하다고 식별한 7개에 대해서만 주의를 기울이고 기드라가 이름을 부여하지 않은 바이트에 대해서는 깊이 생각하지 않아도 된다. 스택 프레임에 있는 개별 항목을 식별하고 이름을 부여하는 과정에서 기드라는 변수 사이의 공간적인 관계 또한 인식한다. 기드라의 이와 같은 분석 능력으로 인해 버퍼 오버플로로 어떤 변수의 값을 덮어쓸 수 있는지 쉽게 판단할 수 있어 공격 코드를 만드는 경우 매우 유용할 수 있다. 기드라의 디컴파일러(19장에서 다룬다)는 함수가 수신하는 파라미터의 수와 디컴파일되는 코드에서 필요한 지역 변수 선언을 추론하고자 스택 프레임 분석에 크게 의존한다.

Listing 창에서의 스택 프레임

함수의 동작을 이해하는 것은 종종 함수가 변경하는 데이터의 타입을 이해하는 것으로 귀결된다. 디스어셈블리 코드를 읽을 때 함수가 변경하는 데이터를 이해하기 위한 첫 번째 방법은 함수의 스택 프레임 분석을 보는 것이다. 기드라는 함수의 스택 프레임을 위해 2가지 뷰(요약 뷰, 상세 뷰)를 제공한다. 2가지 뷰를 이해하고자 다음과 같은 demo_stackframe 함수(gcc로 컴파일됨)를 이용할 것이다.

```
void demo_stackframe(int i, int j, int k) {
  int x = k;
  char buffer[64];
  int y = j;
  int z = 10;
  buffer[0] = 'A';
  helper(z, y);
}
```

지역 변수는 함수가 실행되는 동안에만 유효하기 때문에 함수 내에서 의미 있는 형태로 사용되지 않은 지역 변수는 중요하지 않다. 결국 이 코드는 기능적으로 다음의 함수(최적화한 버전이라고 말할 수도 있다)와 동일하다고 할 수 있다.

```
void demo_stackframe_2(int b) {
  helper(10, b);
}
```

원래 코드를 보면 많은 일을 하는 것처럼 보이겠지만 실제로는 그렇지 않다.

원래 버전의 **demo_stackframe** 함수에서는 지역 변수 x와 y가 함수로 전달된 파라미터 k와 j로 각각 초기화된다. 그리고 지역 변수 z는 상수 값 10으로 초기화되고 **buffer**라는 이름의 64바이트 지역 변수 배열의 첫 번째 문자는 'A'로 초기화된다. 원래 버전의 **demo_stackframe** 함수를 기드라가 기본적인 자동 분석으로 디스어셈블하면 그림 6-7과 같이 보일 것이다.

기드라의 디스어셈블리 코드의 표기법에 익숙해지려면 많은 부분을 설명해야 한다. 이번에는 디스어셈블리 코드에서 유용한 특정 정보를 제공하는 두 부분에만 초점을 맞출 것이다. 먼저 스택의 요약 정보를 제공해주는 부분을 살펴보자(스택 프레임에 대한 요약 정보를 보려면 언제나 그림 6-7을 참고해보면 된다). 기드라는 설명을 단순화시키고자 지역 변수와 인자라는 용어를 사용해 2가지 형태의 변수를 구분해서 보여준다. 그리고 2가지 형태 모두에 변수라는 용어가 사용된다.

```
undefined    AL:1              <RETURN>
undefined    Stack[0x4]:1      param_1
undefined4   Stack[0x8]:4      param_2
undefined4   Stack[0xc]:4      param_3
undefined4   Stack[-0x10]:4    local_10
undefined4   Stack[-0x14]:4    local_14
undefined4   Stack[-0x18]:4    local_18
undefined1   Stack[-0x58]:1    local_58
```

그림 6-7: demo_stackframe 함수의 디스어셈블리 코드

기드라는 직접적으로 참조되는 모든 스택 프레임 내의 변수와 그에 대한 중요 정보를 보여준다. 세 번째 열에 있는 변수의 이름은 디스어셈블리 코드에서 변수를 볼 때 각 변수에 대한 정보를 담고 있는 형태로 기드라가 부여한 것이다. 따라서 함수에 전달되는 인자인 경우에는 이름이 param_으로 시작하고, 지역 변수인 경우에는 이름이 local_로 시작한다. 결과적으로 변수의 이름만으로도 2가지 형태의 변수를 쉽게 구별할 수 있다.

174

변수 이름을 구성하는 접두사는 변수의 위치나 변수의 위치에 대한 정보와 결합된다. 예를 들어 param_3이라는 이름이 부여된 인자의 경우에는 함수에 전달되는 인자 중에서 세 번째 인자라는 의미를 갖는다. 그리고 지역 변수 local_10인 경우에 10은 스택 프레임 내에서 해당 변수의 위치를 나타내는 16진수 오프셋을 의미한다. 변수의 위치는 두 번째 열의 내용을 통해서도 확인할 수 있다. 두 번째 열의 내용은 콜론으로 구분되는 2가지 요소로 구성된다. 즉, 함수가 시작될 때 초기의 스택 포인터가 가리키는 위치와 해당 변수 사이의 거리를 나타내는 스택 프레임 내에서의 변수 위치 정보와 기드라가 추정한 변수의 크기(바이트)로 구성된다.

그림 6-8은 스택 프레임 정보를 표로 나타낸 것이다. 앞서 언급했듯이 함수의 파라미터는 저장된 반환 주소 아래에 위치하고 반환 주소가 저장된 곳으로부터의 오프셋 값이 양수로 표기된다. 지역 변수는 자정된 반환 주소의 위에 위치하며 음수의 오프셋 값을 갖는다. 스택에서 지역 변수의 순서는 소스코드에서 선언된 순서와 일치하지 않는다. 컴파일러는 바이트 정렬과 배열의 위치 선정과 같은 다양한 내부적인 요소를 기반으로 지역 변수를 스택에 자유롭게 배열하기 때문이다.

주소	설명	이름
-0x68	helper 파라미터	
-0x64		
-0x58	buffer	local_58
-0x18	z	local_18
-0x14	y	local_14
-0x10	x	local_10
-0x04	저장된 EBP	
0x00	저장된 RET	
0x04	i	param_1
0x08	j	param_2
0x0c	k	param_3

그림 6-8: 간단한 스택 프레임 구조표

디컴파일러의 스택 프레임 분석

demo_stackframe 함수와 다음의 함수가 기능적으로 동일하다는 것을 기억하길 바란다.

```
void demo_stackframe_2(int j) {
   helper(10, j);
}
```

그림 6-9는 위 함수에 대해 디컴파일러가 만들어낸 코드다. 기드라의 디컴파일러가 만들어낸 코드는 위 코드와 매우 유사하다는 것을 알 수 있다. 디컴파일러는 원래 함수와 동일한 기능의 코드만을 포함하기 때문이다(한 가지 차이점은 param_1을 포함하고 있다는 것이다).

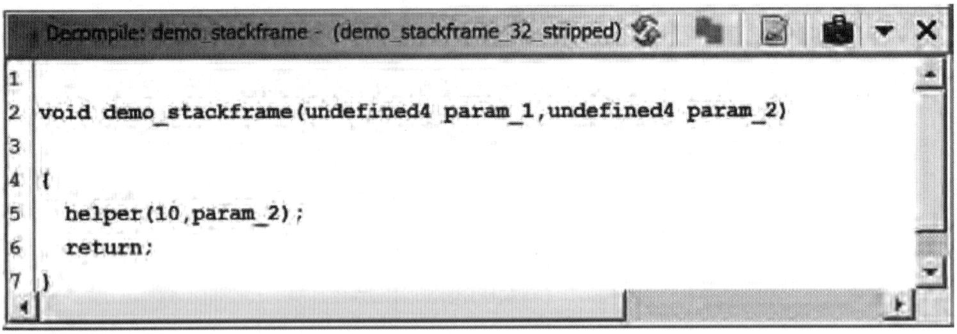

그림 6-9: demo_stackframe 함수에 대한 디컴파일러 창(Decompiler Parameter ID 분석기를 이용)

demo_stackframe 함수에는 원래 3개의 정수 파라미터가 전달되지만 디컴파일된 코드에서는 2개의 파라미터(param_1, param_2)만 전달된다는 것을 볼 수 있다. 그렇다면 어떤 파라미터가 빠진 것이고 그 이유는 무엇일까? 기드라의 디스어셈블러와 디컴파일러는 이름에 대한 접근 방식이 약간 다르다. 디스어셈블러는 참조된 모든 파라미터에 대해 이름을 부여하지만 디컴파일러는 의미 있는 방식으로 사용되는 마지막 파라미터까지만 이름을 부여한다. 기드라에서 사용할 수 있는 분석기 중에는 Decompiler Parameter ID라는 이름의 분석기가 있다. 대부분의 경우에는 이 분석기가 기본적으로 동작하지 않는다(2MB보다 작은 윈도우 PE 파일의 경우에만 활성화된다). Decompiler
Parameter ID 분석기가 사용되면 기드라는 디컴파일러에서 파생된 파라미터 정보
를 디스어셈블리 코드의 함수 파라미터 이름으로 사용한다. 다음은 Decompiler
Parameter ID 분석기가 활성화됐을 때의 demo_stackframe 함수에 대한 디스어셈블
리 코드 중 변수 부분이다.

```
undefined AL:1 <RETURN>
undefined Stack[0x4]:4 param_1
undefined4 Stack[0x8]:4 param_2
undefined4 Stack[-0x10]:4 local_10
undefined4 Stack[-0x14]:4 local_14
undefined4 Stack[-0x18]:4 local_18
undefined1 Stack[-0x58]:1 local_58
```

함수 인자 param_3이 더 이상 보이지 않는다. 디컴파일러가 param_3은 함수 내에서
의미 있는 방식으로 사용되지 않았다고 판단했기 때문이다. 이 스택 프레임은 8장
에서 좀 더 살펴본다. 바이너리를 연 후에 Decompiler Parameter ID 분석기가 비활
성화된 상태에서 Decompiler Parameter ID 분석기를 동작시키고 싶다면 Analysis
➤ One Shot ➤ Decompiler Parameter ID 메뉴를 선택하면 된다.

피연산자로서의 지역 변수

이번에는 함수의 실직적인 디스어셈블리 부분을 살펴보자.

```
08048473 55 PUSH      EBP❶
08048474 89 e5    MOV    EBP,ESP
08048476 83 ec 58 SUB    ESP,0x58❷
08048479 8b 45 10 MOV    EAX,dword ptr [EBP + param_3]
0804847c 89 45 f4 MOV    dword ptr [EBP + local_10],EAX❸
0804847f 8b 45 0c MOV    EAX,dword ptr [EBP + param_2]
```

```
08048482 89 45 f0    MOV    dword ptr [EBP + local_14],EAX❹
08048485 c7 45 ec    MOV    dword ptr [EBP + local_18],0xa❺
         0a 00 00 00
0804848c c6 45 ac 41 MOV    byte ptr [EBP + local_58],0x41❻
08048490 83 ec 08    SUB    ESP,0x8
08048493 ff 75 f0    PUSH   dword ptr [EBP + local_14]❼
08048496 ff 75 ec    PUSH   dword ptr [EBP + local_18]
```

함수의 프롤로그❶ 부분은 일반적인 EBP 기반의 스택 프레임이다. 컴파일러는 지역 변수를 위한 공간❷으로 스택 프레임에 88바이트(0x58)를 할당했다. 이는 실제로 필요한 76바이트보다는 약간 더 많은 것이며, 컴파일러는 스택 프레임 내에서 특정 메모리 정렬을 유지하고자 때때로 필요한 지역 변수 공간에 추가적인 공간을 더하기도 한다.

앞서 수행한 스택 프레임 분석 내용과 비교해 기드라의 디스어셈블리 코드의 중요한 차이점은 [EBP-12](objdump에서는 이런 형태의 코드를 볼 수 있다)와 같은 메모리 참조 코드를 볼 수 없다는 것이다. 대신 기드라는 모든 상수 오프셋을 심볼 이름과 함수의 초기 스택 포인터 위치에 대한 상대적인 오프셋으로 대체시켰다. 이는 더 높은 수준의 디스어셈블리 코드를 만드는 기드라의 목표에 부합되는 동작이다. 숫자 상수 값보다는 심볼 이름을 사용하는 것이 가독성을 높여준다. 또한 변수가 사용된 목적을 알아낸다면 이해를 돕고자 변수의 이름을 수정할 수 있다. 기드라는 CodeBrowser 창의 우측 하단에 현재 명령의 원래 형태를 함께 보여준다. 이번 예제에서는 디스어셈블리 코드와 비교할 수 있는 소스코드를 갖고 있기 때문에 기드라가 만들어낸 변수 이름을 원래 소스코드에서 사용된 이름으로 다시 매핑시킬 수 있다.

1. 먼저 demo_stackframe 함수에는 파라미터가 3개(i, j, k)가 전달되며 각각의 파라미터에 해당하는 것이 param_1, param_2, param_3이다.
2. 지역 변수 x(local_10)는 파라미터 k(param_3)로부터 초기화된다.❸
3. 비슷하게 지역 변수 y(local_14)는 파라미터 j(param_2)로부터 초기화된다.❹
4. 지역 변수 z(local_18)는 10으로 초기화된다.❺

5. 64바이트 배열 버퍼의 첫 번째 문자인 **buffer[0]**(local_58)는 A(아스키 0x41)로 초기화된다.❻

6. **helper** 함수에 전달되는 2개의 인자는 스택에 푸시된다.❼ 이 2번의 푸시 명령 전에 8바이트의 스택 조정으로 인해 16바이트의 스택 변경이 이뤄진다. 결과적으로 프로그램 초기에 수행한 16바이트 스택 정렬을 유지하게 된다.

기드라 스택 프레임 에디터

기드라는 스택 요약 정보뿐만 아니라 스택 프레임에 할당된 모든 바이트에 대해 상세히 편집할 수 있는 기능도 제공한다. Stack Frame Editor 창은 선택된 함수나 함수에 대한 스택 요약 정보를 보여주는 부분에서 마우스 오른쪽 버튼 메뉴 중 Function ➤ Edit Stack Frame을 선택하면 열 수 있다. demo_stackframe 함수에 대한 Stack Frame Editor는 그림 6-10과 같다.

Stack Frame Editor 창에서는 스택 프레임에 있는 모든 바이트를 설명하기 때문에 스택 요약 정보보다 더 많은 공간을 차지한다. 그림 6-10에서는 전체 스택 프레임 중에서 일부인 29바이트 부분만을 보여준다. 내용을 보면 **local_10**❸, **local_14**❹, **local_18**❺는 dword(4바이트)로 초기화되면 디스어셈블리 코드에서 직접 참조된다는 것을 알 수 있다. 32비트의 데이터로 초기화됐다는 사실을 기반으로 기드라는 각 변수의 크기가 4바이트라고 추론해서 각각 **undefined4**(타입을 알 수 없는 4바이트 변수)라는 라벨을 지정하고 있다.

Stack Frame Editor이기 때문에 각 필드를 편집 및 표시 형식을 변경하거나 분석 과정에 도움이 되는 정보를 추가해 넣을 수 있다. 예를 들면 0x0에 저장된 반환 주소의 이름을 추가해서 넣을 수 있다.

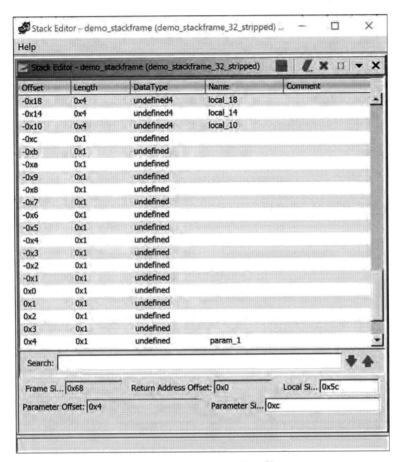

그림 6-10: Stack Frame Editor 창

레지스터 기반의 파라미터

ARM에서는 스택을 사용하지 않고 최대 4개의 레지스터까지 사용해서 함수에 파라미터를 전달하는 호출 규약을 사용한다. 일부 x86-64 호출 규약에서는 최대 6개의 레지스터를 사용하며 일부 MIPS 호출 규약에서는 8개의 레지스터까지 사용할 수 있다. 레지스터 기반의 파라미터 전달은 스택 기반의 파라미터 전달의 경우보다 식별하는 것이 다소 어렵다.

다음 2가지의 어셈블리 코드를 살펴보자.

```
stackargs:              ; x86 32 비트 함수
  PUSH EBP              ; ebp 저장(no-clobber)
  MOV EBP, ESP          ; 프레임 포인터 설정
❶ MOV EAX, [EBP + 8]    ; 스택에 할당된 인자 가져오기
  MOV CL, byte [EAX]    ; 가져온 포인터 인자의 값 참조
  ...
  RET
regargs:                ; x86-64 비트 함수
  PUSH RBP              ; rbp 저장(no-clobber)
  MOV RBP, RSP          ; 프레임 포인터 설정
❷ MOV CL, byte [RDI]    ; 포인터 인자의 값 참조
  ...
  RET
```

첫 번째 함수에서는 저장된 반환 주소의 아래 영역에 접근하기❶ 때문에 해당 함수가 최소한 하나의 인자를 필요로 한다는 결론은 내릴 수 있다. 다른 고급 디스어셈블러와 마찬가지로 기드라는 스택 포인터 및 프레임 포인터 분석을 통해 함수의 스택 프레임 멤버에 접근하기 위한 명령을 식별한다.

두 번째 함수에서는 RDI가 초기화되기 전에 RDI의 값을 사용❷한다. 이를 통해 논리적으로 추론할 수 있는 유일한 결론은 RDI가 함수 호출자에 의해 초기화돼야 한다는 것이다. 즉, 함수 호출자가 regargs 함수를 호출할 때 RDI를 이용해서 정보(즉, 함수 파라미터)를 전달한 것이다. 프로그램 분석 측면의 용어로 말하면 RDI는 regargs 함수에 진입할 때 활성화된다고 할 수 있다. 함수에 전달되는 레지스터 기반의 파라미터 수를 판단하려면 레지스터에 값이 써지기(초기화되기) 전에 함수가 레지스터의 내용을 읽고 활용하는 레지스터가 몇 개나 있는지 관찰하는 것이다.

불행하게도 데이터 흐름 분석은 일반적으로 기드라를 포함한 대부분의 디스어셈블러의 기능을 뛰어 넘는 것이다. 반면에 디컴파일러는 이와 같은 유형의 분석을 수행할 수 있어야 하며, 따라서 레지스터 기반의 파라미터를 식별하는 데 능숙하다. 기드라의 Decompiler Parameter ID 분석기(Edit ➤ Options for ... ➤ Properties ➤ Analyzers)는 디컴파일러가 수행한 함수 파라미터 분석을 기반으로 디스어셈블리 코드를 업데이트할 수 있다.

Stack Frame Editor 창에서는 컴파일러의 내부 작업을 자세히 볼 수 있다. 그림 6-10을 보면 저장된 프레임 포인터 -0x4와 지역 변수 x(local_10) 사이에 8바이트를 추가로 삽입한 것을 알 수 있다. 그 부분은 스택 프레임의 -0x5에서 -0xc 영역이다. 컴파일러 개발자가 아니거나 GNU gcc의 소스코드를 깊이 파고들지 않았다면 컴파일러가 왜 이와 같은 방식으로 추가적인 영역을 할당했는지 추론할 수밖에 없다. 대부분의 경우에는 데이터 정렬을 위해 추가하며 일반적으로 바이트 추가로 인해 프로그램의 동작은 영향을 받지 않는다. 8장에서는 배열이나 구조체와 같이 좀 더 복잡한 데이터 타입을 처리하고자 스택 에디터를 다시 살펴볼 것이다.

검색

6장의 시작 부분에서 봤듯이 기드라는 디스어셈블리 코드에서 이미 알고 있는 것이나 새로운 것을 쉽게 탐색할 수 있게 해준다. 또한 특정한 유형의 정보(이름, 문자열, 임포트 등)를 요약해줘 그것을 쉽게 찾을 수 있게 해준다. 하지만 디스어셈블리 코드를 효과적으로 분석하려면 분석을 위한 새로운 단서를 검색하는 기능이 필요한 경우가 많다. 다행히 기드라는 관심 있는 항목을 찾을 수 있는 Search 메뉴를 제공한다. 그림 6-11은 기본적인 검색 메뉴 옵션이다. 이번 절에서는 CodeBrowser에서 제공되는 텍스트와 바이트 검색 기능으로 디스어셈블리 코드를 검색하는 방법을 설명할 것이다.

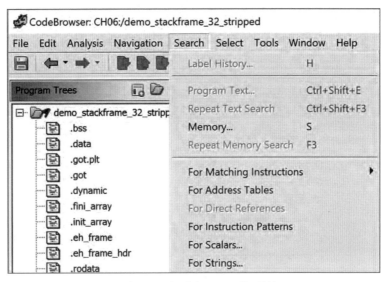

그림 6-11: 기드라의 Search 메뉴 옵션

Search Program Text 대화상자

기드라의 텍스트 검색은 디스어셈블리 코드에서 문자열을 검색한다. 텍스트 검색을 위해 Search ➤ Program Text 메뉴를 선택하면 그림 6-12와 같은 대화상자가 나타나 2가지 유형의 텍스트 검색을 수행할 수 있다. 전체 프로그램 데이터에서 검색을 수행하는 것과 CodeBrowser 창 내에서 표시되는 내용에서 검색을 수행하는 것이다. 검색 유형 외에도 여러 가지 옵션을 사용해 검색 방법과 검색 대상을 선택할 수 있다.

검색해서 일치하는 텍스트들을 찾았다면 Search Program Text 대화상자 하단의 Next와 Previous 버튼을 이용해 이동할 수 있으며, Search All 버튼을 이용하면 일치하는 모든 것을 새로운 창으로 보여주면 그곳에서 쉽게 해당 위치로 이동할 수도 있다.

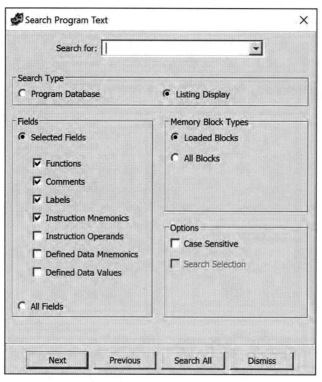

그림 6-12: Search Program Text 대화상자

검색 결과 창의 이름 변경

검색 결과 창은 분석을 수행할 때 검색 창을 추적하는 데 도움이 되게 이름을 바꿀 수 있는 유형의 창이다. 창의 이름을 바꾸려면 창의 타이틀 바에서 마우스 오른쪽 버튼을 클릭하면 되고 자신에게 도움이 되는 의미 있는 이름으로 변경하면 된다. 좋은 방법은 검색 설정을 기억할 수 있게 니모니과 함께 검색 문자열을 포함하는 이름으로 바꾸는 것이다.

Search Memory 대화상자

이미 알고 있는 바이너리 데이터와 같이 특정한 바이너리 내용을 검색할 때는 텍스트 검색을 사용하면 안 되고 기드라의 메모리 검색 기능을 사용해야 한다. Search

➤ Memory 메뉴나 단축키인 S를 이용하면 그림 6-13과 같이 메모리 검색을 위한 Search Memory 대화상자가 나타난다. 16진수 바이트 데이터를 검색하려면 그림 6-13처럼 **c9 c3**과 같이 대소문자를 구분하지 않는 2자리의 16진수 값을 공백으로 구분해서 지정해야 한다. 찾고자 하는 데이터 전체의 정확한 16진수 값을 모른다면 와일드카드(* 또는 ?)를 사용할 수도 있다.

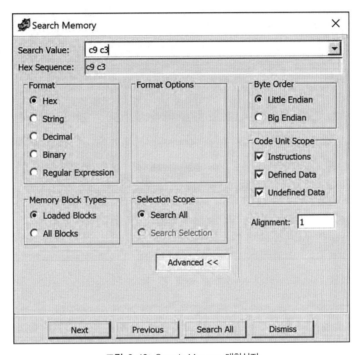

그림 6-13: Search Memory 대화상자

c9 c3바이트를 검색해서 찾은 모든 목록을 보려면 Search All 버튼을 이용하면 되며, 그 결과는 그림 6-14와 같다. 검색 결과 창에서는 각각의 열을 정렬시키거나 창의 이름을 변경시킬 수 있으며 필터를 적용해서 볼 수도 있다. 검색 결과 창의 특정 목록을 선택해서 마우스 오른쪽 버튼을 클릭하면 해당 목록을 삭제하거나 해당 목록의 코드로 이동할 수 있다.

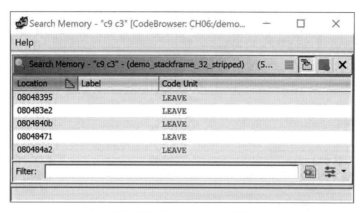

그림 6-14: Search Memory 결과

검색하고자 하는 값은 문자열이나 10진수, 바이너리 또는 정규 표현식 형태로 입력할 수 있다. 문자열, 10진수, 바이너리 값은 각각 문맥에 적당한 형식 옵션을 제공한다. 정규 표현식을 이용하면 특정 패턴의 데이터를 검색할 수 있지만 내부적인 동작 방식의 제한으로 인해 정방향으로만 검색을 수행할 수 있다. 기드라는 기드라의 Help에도 자세히 설명돼 있듯이 자바가 기본적으로 제공하는 정규 표현식 문법을 사용한다.

요약

6장의 목적은 기드라의 디스어셈블리 코드를 효과적으로 해석하고 탐색하는 데 필요한 최소한의 필수 기술을 제공하는 것이다. 기드라를 사용하는 데 있어 필요한 것 대부분은 지금까지 논의해온 내용에 포함된다. 하지만 기본적인 탐색을 수행하는 것과 스택 같은 중요한 디스어셈블리 구조를 이해하는 것은 리버스 엔지니어에게 있어서는 빙산의 일각에 불과하다.

그런 기술을 사용할 수 있다면 다음 단계는 특정 요구 사항에 맞게 기드라를 사용하는 방법을 배우는 것이다. 7장에서는 바이너리의 내용과 동작에 대한 이해를 바탕으로 디스어셈블리 코드를 기본적으로 변경하는 방법을 살펴본다.

7

디스어셈블리 코드 변경

디스어셈블리 코드를 탐색하는 것 외에 디스어셈블리 코드를 변경하는 것은 기드라의 가장 중요한 기능 중 하나다. 기드라는 디스어셈블리 코드를 쉽게 변경해 새로운 정보를 추가하거나 특정 요구 사항에 맞게 코드를 다시 형식화할 수 있는 기능을 제공한다. 기드라에서 디스어셈블리 코드를 변경하면 관련된 모든 기드라 뷰에 전파돼 프로그램의 일관적인 그림을 유지시킨다. 기드라는 상황 인식 검색 및 교체와 같은 작업을 자동으로 처리하기 때문에 명령을 데이터로 또는 데이터를 명령으로 자동으로 바꿔준다. 아마도 최고의 기능은 수행한 거의 모든 작업을 취소시킬 수 있을 것이다.

기드라의 실행 취소와 다시 실행 기능

소프트웨어 리버스 엔지니어링을 잘하려면 탐색과 실험, 필요한 경우 단계를 역추적해서 다시 추적할 수 있는 능력을 가져야 한다. 기드라의 강력한 실행 취소 기능을 사용하면 소프트웨어 리버스 엔지니어링 과정에서 작업을 유연하게 취소(또는 다시 실행)시킬 수 있다. 이와 같은 실행 취소 기능을 사용하려면 CodeBrowser 툴바의 화살표 아이콘❶❷(그림 7-1)을 이용하면 된다. 또는 CodeBrowser 메뉴의 Edit ➤ Undo나 단축키인 Ctrl + Z를 이용해도 되며, 다시 실행 기능은 Ctrl + Shift + Z 단축키를 이용하면 된다.

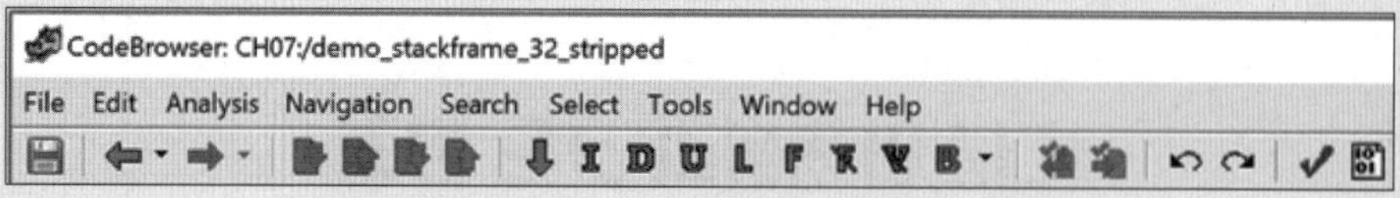

그림 7-1: CodeBrowser 툴바의 실행 취소와 다시 실행 아이콘

이름과 라벨 변경

지금까지는 기드라 디스어셈블리 코드에서 2가지의 식별자를 다뤘다. 그중 하나는 라벨(위치와 관련된 식별자)이고 다른 하나는 이름(스택 프레임 변수와 관련된 식별자)이다. 대부분의 경우 기드라는 2가지를 다소 느슨하게 구분하기 때문에 이름으로 통칭해서 사용하는 경우도 있다(정확하게 말하면 라벨은 이름, 주소, 히스토리 등과 연관돼 있다. 라벨을 참조할 때 일반적으로 라벨의 이름을 사용한다). 그리고 구별이 중요한 경우에는 두 용어를 구체적으로 구분해서 사용할 것이다.

스택 변수 이름은 2가지의 접두사로 시작한다. 파라미터의 이름은 param_으로 시작하고 지역 변수의 이름은 local_로 시작한다. 그리고 위치를 나타내는 이름에는 자동 분석 단계에 LAB_, DAT_, FUN_, EXT_, OFF_, UNK_와 같은 형태의 접두사가 부여된다. 대부분의 경우 기드라는 관련된 변수나 주소가 어떻게 사용되는지 추측해서 이름과 라벨을 자동으로 만들지만 해당 위치나 변수의 목적을 이해하려면 프로그램을 직접 분석해야 한다.

프로그램 분석을 시작할 때 디스어셈블리 코드를 변경하는 가장 일반적인 경우 중 하나는 기드라가 부여한 이름을 좀 더 의미 있는 이름으로 바꾸는 것이다. 다행히 기드라에서는 이름을 쉽게 변경할 수 있으며, 변경된 이름을 전체 프로그램에 알아서 전파시켜준다. 이름 변경 대화상자를 열려면 변경할 이름을 클릭해서 선택한 다음 단축키 L을 사용하거나 마우스 오른쪽 메뉴의 Edit Label을 선택하면 된다. 스택 변수(이름)와 이름이 명명된 위치(라벨)에 대해서는 다음 절에서 설명한다.

파라미터와 지역 변수의 이름 변경

스택 변수와 관련된 이름은 특정 가상 주소와는 연관성이 없다. 다른 프로그래밍 언어와 마찬가지로 스택 변수의 이름은 해당 스택 프레임이 속한 함수 내에서만 유효하다. 따라서 모든 함수는 param_1과 같은 이름의 자체 스택 변수를 가질 수 있다. 하지만 그림 7-2에서 보는 것처럼 param_1이라는 이름을 가진 변수를 동시에 여러 개 가질 수는 없다.

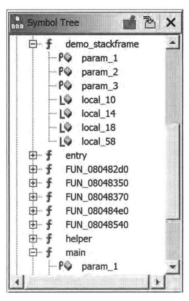

그림 7-2: 함수마다 동일한 이름(param_1)을 사용하는 것을 보여주는 Symbol Tree 창

Listing 창에 있는 변수의 이름을 변경하려고 하면 그림 7-3과 같은 대화상자가 나타난다. 변경하고자 하는 것의 타입(변수, 함수 등)이 대화상자의 타이틀 바에 표시되며, 변경하고자 하는 것의 이름이 타이틀 바와 텍스트 박스에 표시된다.

그림 7-3: 스택 변수의 이름 변경 (local_14를 y로 변경)

새로운 이름을 입력하면 기드라는 현재 함수에 있는 기존 이름들을 모두 찾아 변경 해준다. 다음의 코드는 demo_stackframe 함수에 있는 local_14 변수의 이름을 y로 변경한 결과를 보여준다.

```
*****************************************************************
* FUNCTION *
*****************************************************************
undefined demo_stackframe(undefined param_1, undefined4
    undefined        AL:1          <RETURN>
    undefined        Stack[0x4]:1   param_1
    undefined4       Stack[0x8]:4   param_2
    undefined4       Stack[0xc]:4   param_3
    undefined4       Stack[-0x10]:4 local_10
    undefined4       Stack[-0x14]:4 y❶
    undefined4       Stack[-0x18]:4 local_18
    undefined1       Stack[-0x58]:1 local_58
  demo_stackframe
08048473 55          PUSH    EBP
08048474 89 e5       MOV     EBP,ESP
08048476 83 ec 58    SUB     ESP,0x58
08048479 8b 45 10    MOV     EAX,dword ptr [EBP + param_3]
```

190

```
0804847c 89 45 f4      MOV    dword ptr [EBP + local_10],EAX
0804847f 8b 45 0c      MOV    EAX,dword ptr [EBP + param_2]
08048482 89 45 f0      MOV    dword ptr [EBP + y],EAX❷
08048485 c7 45 ec      MOV    dword ptr [EBP + local_18],0xa
         0a 00 00 00
0804848c c6 45 ac 41   MOV    byte ptr [EBP + local_58],0x41
08048490 83 ec 08      SUB    ESP,0x8
08048493 ff 75 f0      PUSH   dword ptr [EBP + y]❸
08048496 ff 75 ec      PUSH   dword ptr [EBP + local_18]
08048499 e8 88 ff      CALL   helper
         ff ff
0804849e 83 c4 10      ADD    ESP,0x10
080484a1 90            NOP
080484a2 c9            LEAVE
080484a3 c3            RET
```

변경된 이름❶❷❸은 그림 7-4처럼 Symbol Tree 창에도 반영된다.

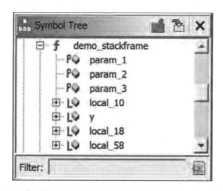

그림 7-4: 스택 변수 y로 이름이 변경된 것을 보여주는 Symbol Tree 창

금지된 이름

함수 내의 변수 이름을 변경할 때는 몇 가지 제약 사항이 있다. 다음은 함수 인자의 이름과 관련된 몇 가지 제약 사항이다.

- 기존의 함수 파라미터의 이름과 충돌하지 않더라도 param_ 뒤에 숫자가 오는 형태의 이름으로는 변경할 수 없다.
- param_ 뒤에는 숫자가 아닌 문자는 사용해도 된다.
- 함수 파라미터의 이름은 대소문자를 구분하므로 Param_ 뒤에 숫자가 오는 형태는 가능하다(하지만 권장하지는 않는다).
- param_ 뒤에 숫자가 오는 형태, 즉 기드라가 지정한 이름의 형태로 다시 복원할 수는 있다. 기드라가 지정한 원래의 숫자를 이용해서 복원한다면 기드라는 아무런 불만 없이 받아들일 것이다. 기드라가 지정한 원래의 숫자가 아닌 다른 숫자를 이용한다면 기드라는 "Rename failed − default names may not be used."와 같은 메시지로 경고를 할 것이다. 이때 Rename Parameter 대화상자에서 Cancel 버튼을 선택하면 원래의 이름으로 복원될 것이다.
- 이름이 param_1(기드라가 부여한 이름)인 것과 이름이 Param_1(여러분이 변경한 이름)인 파라미터를 동시에 가질 수 있다. 이름은 대소문자를 구분하지만 권장하는 방법은 아니다.

지역 변수의 이름 또한 대소문자를 구분하며, local_ 뒤에 숫자가 아닌 문자를 붙여 새로운 지역 변수 이름을 만들 수도 있다.

이미 사용된 변수의 이름은 변수의 타입과 상관없이 사용할 수 없다(예를 들면 동일 함수 내에 동일 이름의 변수를 가질 수 없다). 따라서 동일 이름으로 변수를 변경하는 것은 대화상자가 거부할 것이다.

마지막으로 변수의 이름과 관련해서 혼란스러움을 느낀다면 단축키 H를 눌러 Show All History를 선택한다. 그리고 변수의 현재 이름(또는 이전 이름)을 텍스트 박스에 입력하면 입력한 변수 이름에 대한 변경 이력을 볼 수 있다(변수 이름의 변경 이력은 메인 메뉴의 Search ➤ Label History를 통해서도 볼 수 있다).

이름을 어디에서 변경해야 할까?

변수의 이름은 Listing, Symbol Tree, Decompiler 창에서 변경할 수 있다. 어디에서 변경하든 결과는 동일하지만 Listing 창에서 변경할 때 또는 대화상자에서 더 많은 정보를 제공한다. 그리고 어디에서 이름을 바꾸든 변수 이름에 적용되는 규칙은 동일하게 적용된다.

이 책에서 이뤄진 대부분의 이름 변경 예제는 Listing 창에서 이름을 변경한 것이며, 따라서

그림 7-5의 왼쪽에 있는 대화상자를 통해 변경한 것이다. Symbol Tree 창에서 이름을 변경하려면 마우스로 변경할 이름을 선택하고 마우스 오른쪽 버튼을 눌러 Rename 메뉴를 선택하면 된다. Decompiler 창에서는 단축키 L을 이용하거나 마우스 오른쪽 버튼을 눌러 Rename Variable 메뉴를 선택하면 된다. 그러면 그림 7-5의 오른쪽 대화상자가 나타난다. 그림 7-5에서 보여주는 두 대화상자는 모두 동일한 작업을 수행해주지만 오른쪽 대화상자에서는 네임스페이스나 속성 정보를 제공해주지 않는다.

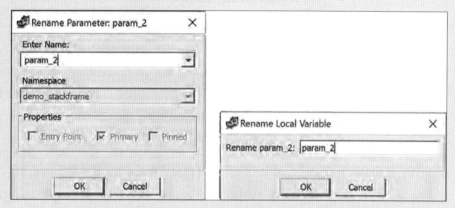

그림 7-5: Listing 창이나 Symbol Tree 창에서의 이름 변경 시 나타나는 대화상자(왼쪽)과
Decompiler 창에서 이름 변경 시 나타나는 대화상자(오른쪽)

기드라에서 네임스페이스는 단순히 해당 변수의 유효 범위를 나타낸다. 따라서 하나의 네임스페이스에서는 모든 심볼이 고유한 이름을 갖는다. 전역 네임스페이스는 바이너리 내의 모든 심볼을 포함한다. 그리고 함수 네임스페이스는 전역 네임스페이스와 중첩된다. 함수 네임스페이스에서 모든 변수의 이름과 라벨은 고유하다. 함수 자체에는 switch 문과 연결된 네임스페이스와 같은 중첩된 네임스페이스가 포함될 수 있다(예를 들면 동일한 case 라벨을 갖고 있는 2개의 switch 문).

라벨 이름 변경

라벨은 위치와 관련된 디폴트 이름 또는 사용자 지정 이름이다. 스택 변수의 경우와 마찬가지로 단축키 L이나 Edit Label 메뉴를 이용하면 이름을 변경할 수 있는 대화상자가 뜬다. 위치의 이름을 변경할 때 그것의 네임스페이스와 속성도 함께 변경할 수 있다(그림 7-6).

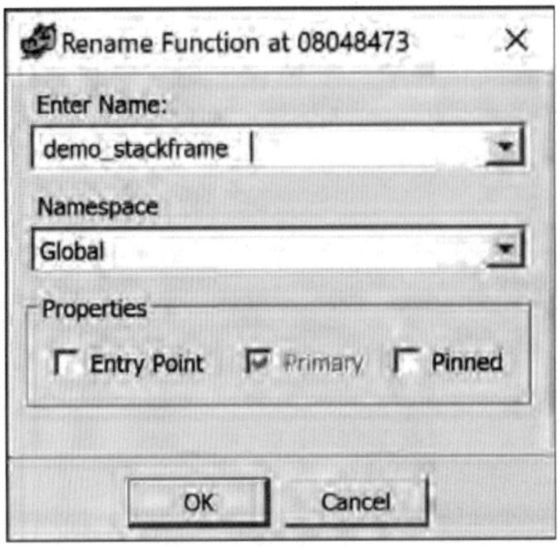

그림 7-6: 함수의 이름 변경

대화상자의 타이틀 바에는 변경하고자 하는 이름의 유형과 가상 주소가 표시된다. 속성 항목에서는 주소를 프로그램 진입점으로 식별하거나 주소를 고정할 수 있다 (‘라벨 편집’ 절 참고). 6장에서도 언급했듯 기드라는 이름의 최대 길이를 2,000자까지 허용한다. 따라서 의미를 부여한 이름을 부여하거나 심지어는 주소에 관한 정보까지 (공백 문자 없이) 이름에 포함시킬 수 있다. 이름의 길이가 길면 Listing 창에서는 이름의 일부분만 표시되지만 Decompiler 창에서는 전체 이름이 표시된다.

새로운 라벨 추가

기드라는 기본적으로 많은 라벨을 만들지만 새로운 라벨을 추가해서 그것을 디스 어셈블리 코드의 주소와 연결할 수도 있다. 대부분의 경우 주석(이 장의 뒷부분에서 설명)이 더 적절한 방법이긴 하지만 디스어셈블리 코드에 주석을 추가하는 용도로 라벨을 이용할 수도 있다. 현재 커서가 위치한 주소에 새로운 라벨을 추가하려면 그림 7-7과 같은 Add Label 대화상자를 열면(단축키 L 이용) 된다. 대화상자에서 새로운 라벨을 입력하는 곳의 드롭다운 목록은 최근에 사용한 이름 목록을 보여준다. 그리고

194

Namespace 드롭다운은 적절한 라벨의 범위를 선택할 수 있게 해준다.

그림 7-7: Add Label 대화상자

라벨의 접두사

자동 분석을 수행할 때 기드라가 라벨의 이름을 만드는 방법은 라벨의 위치와 관련해서 의미 있는 접두사와 해당 위치의 주소를 결합하는 것이다. 다음 목록은 그렇게 사용되는 접두사와 그에 대한 일반적인 설명이다. 각 접두사에 대한 자세한 정보는 기드라의 Help를 참고하길 바란다.

LAB_주소: 코드 – 자동 생성된 라벨(일반적으로 함수 내에서의 점프할 대상을 나타낸다)

DAT_주소: 데이터 – 자동 생성된 전역 변수 이름

FUN_주소: 함수 – 자동 생성된 함수 이름

SUB_주소: 호출 대상(또는 그에 상응하는 항목) – 함수가 아닐 수 있음

EXT_주소: 외부 진입점 – 아마도 다른 누군가의 함수

OFF_주소: 오프컷(기존 데이터 또는 코드 내부) – 아마도 디스어셈블리의 오류

UNK_주소: 알 수 없음 – 데이터의 목적을 판단할 수 없는 경우

함수 라벨은 다음과 같은 특징이 있다.

- Listing 창에서 FUN_08048473과 같은 디폴트 함수 라벨을 제거하면 FUN_ 접두사는 SUB_ 접두사로 교체될 것이다(즉, SUB_08048473).
- 디폴트 FUN_ 라벨이 있는 주소에 새로운 라벨을 추가하면 새로운 라벨을 만드는 대신

> 함수 이름이 변경된다.
> - 라벨은 대소문자를 구분하기 때문에 복잡한 디스어셈블리 코드를 만들고자 한다면 Fun_ 이나 fun_ 접두사를 모두 사용할 수 있다.

새로운 라벨의 이름을 입력할 때 기드라의 예약된 접두사 중 하나를 사용하려고 하면 충돌이 발생할 수 있다. 즉, 예약된 접두사를 사용하려고 하면 기드라는 이름 간의 충돌이 발생할 수 있다고 판단해서 그것을 거부한다. 이와 같은 현상은 접두사 뒤에 오는 것이 주소처럼 보일 때만 발생한다(경험상 4개 이상의 16진수인 경우에는 주소로 판단한다). 예를 들면 기드라는 FUN_zone과 FUN_123은 허용하지만 FUN_12345는 허용하지 않는다. 또한 디폴트 라벨(예: FUN_08048473)을 갖고 있는 함수와 동일한 주소에 라벨을 추가하려고 하면 기드라는 해당 위치에 두 번째 라벨을 추가하는 대신 함수의 이름을 바꿔버린다.

라벨 편집

라벨을 편집하려면 단축키 L을 이용하거나 Edit Label 메뉴를 이용하면 된다. 라벨을 편집할 때는 대화상자의 필드가 기존 라벨의 현재 값으로 초기화돼 보이는 것 외에는 라벨을 추가할 때의 대화상자와 동일하다. 라벨을 편집하면 동일한 네임스페이스를 공유하는지 여부와는 상관없이 동일한 주소를 공유하는 다른 라벨에 영향을 줄 수 있다. 예를 들면 라벨을 진입점으로 식별하면 기드라는 해당 위치와 관련된 모든 라벨 또한 진입점으로 식별하게 된다.

> ### 버그인가? 아니면 정상적인 기능인가?
> 함수 이름에 대해 이것저것 실험을 해보면 두 함수에 동일한 이름을 지정할 수 있다는 것을 알 수 있을 것이다. 그것은 함수에 전달되는 파라미터의 차이로 함수를 구분하는 함수 오버로

딩을 연상하게 만든다. 기드라는 함수 오버로딩보다 더 확장된 기능을 제공한다. 즉, 동일한 네임스페이스 내에서 함수의 프로토타입이 같더라도 해당 함수들에 정확히 동일한 이름을 지정할 수 있다. 이는 라벨이 고유 식별자(데이터베이스인 경우에는 기본키)가 아니기 때문이다. 따라서 함수의 파라미터와 상관없이 함수를 고유하게 식별하는 데 라벨이 사용되지 않기 때문이다. 함수에 태그를 지정하는 경우에도 이름을 중복해서 사용할 수 있다. 예를 들면 나중에 추가 분석을 하고자 함수를 분류하거나 분석 대상에서 제거하는 용도로 사용할 수 있다. 모든 이름은 함수 이력(단축키 H)에 저장되며 쉽게 되돌릴 수 있다.

그림 7-7의 Primary 체크박스를 보면 주소가 표시될 때 표시되는 라벨임을 알 수 있다. 기본적으로 Primary 체크박스는 선택된 상태로 비활성화돼 있기 때문에 그것을 선택 해제할 수 없다. 이는 표시할 기본 이름이 항상 있어야 한다는 것을 의미한다. 다른 라벨이 기본 이름으로 선택돼 그것의 체크박스가 비활성화돼 있다면 동일 주소에 있는 다른 라벨의 체크박스는 활성화될 것이다.

지금까지는 주소와 연관된 라벨을 봐왔지만 실제로는 라벨의 이름이 해당 주소에 있는 내용과 연관된다. 예를 들면 main이라는 이름의 라벨이 있다면 그것은 일반적으로 main 함수 코드 블록의 시작을 나타낸다. 기드라는 파일 헤더 정보를 기반으로 위치에 주소를 할당한다. 바이너리의 전체 내용을 새로운 주소 범위로 재배치한다면 라벨 main은 main 함수의 새로운 주소에 올바르게 연결될 것이다. 라벨이 고정된 상태에서 주소가 재배치된다면 라벨이 현재 위치하는 주소에 있는 내용과의 연결이 끊기게 된다. 즉, 고정된 라벨은 주소 재배치에 따라 이동하지 않고 그대로 현재 위치에 고정된 상태로 있게 된다. 고정된 라벨의 가장 일반적인 용도는 프로세서/시스템 설계자가 지정한 특정 주소에 존재하는 리셋 벡터와 메모리 매핑 I/O 위치의 이름을 지정하는 것이다.

라벨 제거

현재 커서가 위치하는 곳의 라벨을 제거하려면 마우스 오른쪽 버튼을 눌러 해당 메뉴를 선택(또는 DELETE 키)하는 것이다. 하지만 모든 라벨을 제거할 수 있는 것은 아니다. 첫째, 기드라가 기본적으로 만든 라벨은 제거할 수 없다. 둘째, 기드라가 기본적으로 만든 라벨의 이름을 변경하고 이후에 그 라벨을 삭제하기로 결정한다면 기드라는 해당 라벨의 이름을 원래 기드라가 만든 이름으로 교체한다. 라벨 제거와 관련된 자세한 내용은 기드라의 Help를 참고하길 바란다.

라벨 탐색

라벨은 탐색이 가능한 위치와 연결돼 있기 때문에 참조된 라벨을 더블클릭하면 해당 라벨로 이동하게 된다. 이 내용은 9장에서 좀 더 자세히 설명하겠지만 디스어셈블리 코드에는 라벨을 추가할 수 있고 그렇게 함으로써 탐색을 용이하게 만들 수 있다. 이후의 '어노테이션' 절에서도 동일한 기능을 설명하고 있지만 경우에 따라 라벨을 이용(라벨의 길이를 2,000자까지 사용할 수 있음)하는 것이 가장 빠른 방법일 수 있다.

주석

프로그램을 분석할 때 진행 상황 및 발견한 정보를 디스어셈블리 코드와 디컴파일 코드에 주석으로 남기는 것은 매우 유용한 방법이다. 기드라는 용도별로 다르게 사용할 수 있는 5가지 종류의 주석을 제공한다. 먼저 Listing 창의 디스어셈블리 코드에 직접 추가할 수 있는 주석부터 살펴보자.

마우스 오른쪽 버튼으로 Set Comment 대화상자(그림 7-8)를 열어 주석을 추가할 수 있지만 가장 빠른 방법은 단축키(: 키)를 이용하는 것이다(많은 어셈블리 코드에서 세미콜론(;)을 주석 추가 용도로 사용하기 때문에 단축키로 ; 키를 선택한 것이다).

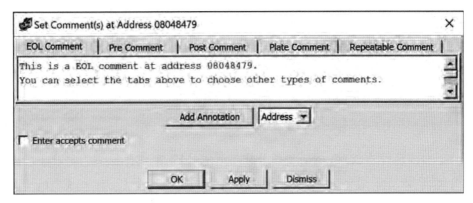

그림 7-8: Set Comment 대화상자

Set Comment 대화상자의 타이틀 바를 보면 어느 특정 주소(그림 7-8에서는 08048479)에 대한 주석인지 확인할 수 있다. 5가지의 주석 탭(EOL, Pre, Post, Plate, Repeatable Comments) 중 어느 것을 선택해서 입력하든 내용은 연결된 주소에 대한 주석이 된다.

Set Comment 대화상자의 텍스트 박스에 추가할 주석의 내용(개행문자를 포함해서 여러 줄의 주석을 입력할 수 있음)을 입력하고 Apply나 OK 버튼을 누르면 된다(Apply 버튼을 누르면 입력한 주석 내용이 바로 적용되며 Set Comment 대화상자는 추가적인 주석 편집을 위해 열린 상태로 유지된다). 간단한 주석을 입력할 때 시간을 절약하려면 대화상자 왼쪽 하단의 Enter accepts comment 체크박스를 선택하면 된다(특히 유용한 정보 작성을 위한 Plate 타입의 주석을 작성하는 경우에는 언제든지 체크박스를 일시적으로 선택 취소할 수 있다).

3개의 버튼

Set Comment 대화상자(그림 7-8)에는 3개의 버튼이 있고 OK 버튼과 Apply 버튼은 이름 그대로 동작한다. OK 버튼을 누르면 대화상자가 닫히고 편집한 주석이 적용된다. Apply 버튼을 누르면 편집한 주석 내용이 코드상에 반영되는 것을 볼 수 있으며 계속해서 주석을 편집하거나 종료할 수 있다.

하지만 Dismiss 버튼은 코드상에 어떤 영향을 주지 않고 대화상자를 종료한다는 의미의 취소 버튼과는 다르기 때문에 Dismiss라는 이름이 부여된 것이다. 어떤 주석도 편집하지 않은 채로

Dismiss 버튼을 누르면 대화상자가 바로 종료되지만 주석을 편집한 상태라면 해당 변경 사항을 저장할 것인지 물어본다. 대화상자의 우측 상단에 있는 X를 클릭해 대화상자를 닫을 때도 Dismiss 버튼을 눌렀을 때와 동일하게 동작한다. 기드라의 다른 기능에서도 Dismiss 버튼이 사용되는 것을 보게 될 것이다.

주석을 삭제하려면 Set Comment 대화상자를 열어 주석 내용을 제거하거나 Listing 창의 현재 커서에 있는 주석을 삭제하기 위한 단축키(DELETE 키)를 이용하면 된다. 특정 주소에 있는 주석의 이력을 보거나 이전 주석으로 복원하려면 마우스 오른쪽 버튼을 클릭하고 Comments ➤ Show History 메뉴를 선택하면 된다.

줄 끝 주석

아마도 가장 흔하게 사용되는 주석 타입은 Listing 창의 현재 코드 끝에 주석을 추가하는 줄 끝$^{EOL, End-Of-Line}$ 주석일 것이다. 메뉴로 Set Comment 대화상자를 열거나 단축키인 세미콜론 키로 Set Comment 대화상자를 연 다음 EOL Comment 탭을 선택하면 된다. 기본적으로 EOL 주석은 파란색으로 표시되며 여러 줄의 주석을 달 수 있다. EOL 주석은 디스어셈블리 코드의 오른쪽에 정렬돼 추가되며 기존 주석은 새로운 주석을 위한 공간을 만들고자 아래도 이동된다. 주석은 언제든지 Set Comment 대화상자를 열어 수정할 수 있다. 주석을 삭제하는 가장 빠른 방법은 Listing 창에서 삭제할 주석을 클릭하고 DELETE 키를 누르는 것이다.

기드라는 자동 분석을 수행하는 동안 많은 EOL 주석을 스스로 추가한다. 예를 들면 PE 파일을 로드할 때 기드라는 IMAGE_DOS_HEADER 섹션의 각 필드 설명을 위한 EOL 주석을 추가한다. 기드라는 특정 데이터 타입에 관련된 정보를 갖고 있을 경우에만 자동으로 주석을 추가해준다. 기드라는 8장과 13장에서 자세히 살펴볼 Data Type Manager 창에서 보여주는 타입 라이브러리 안에 포함돼, 정보를 주로 주석으로 추가해준다. 기드라가 제공하는 주석 타입 중에서 EOL 주석이 가장 세부적인 설정이 가능한 주석이며 각각의 주석 타입별 설정 옵션은 Edit ➤ Tool Options ➤ Listing Fields 메뉴로 확인할 수 있다.

Pre 주석과 Post 주석

Pre 주석과 Post 주석은 선택한 어셈블리 코드 줄의 바로 앞과 뒤에 별도의 줄로 추가되는 주석이다. 다음은 주소 **08048476**에 추가된 여러 줄의 Pre 주석과 일부 내용이 잘린 한 줄짜리 Post 주석을 보여준다. 내용이 잘린 주석에 마우스를 올리면 전체 주석 내용이 표시된다. 기본적으로 Pre 주석은 보라색으로 표시되며 Post 주석은 파란색으로 표시된다.

```
08048473 PUSH  EBP
08048474 MOV   EBP,ESP
         ******** Pre 주석 - 여러 줄로 된 주석
         ******** 다음의 코드는 스택 프레임에 88바이트의
         ******** 지역 변수를 할당한다.
08048476 SUB   ESP,0x58
         ******** Post 주석 - 이제 필요한 공간을 확보했다.
08048479 MOV   EAX,dword ptr [EBP + param_3]
```

Plate 주석

Plate 주석을 사용하면 Listing 창의 어디에든 주석을 그룹화해서 볼 수 있다. Plate 주석은 별표(*)로 둘러싸인 사각형 안의 중앙에 배치된다. 그림 7-9처럼 FUNCTION 이라는 단어가 포함된 Plate 주석을 지금까지의 많은 예제에서 볼 수 있었다. 그림 에서는 디스어셈블리 코드와 오른쪽에는 그것과 연결된 Decompiler 창을 볼 수 있으며, Listing 창에서는 기본적으로 Plate 주석을 볼 수 있지만 Decompiler 창에는 해당 주석이 없다는 것을 알 수 있다.

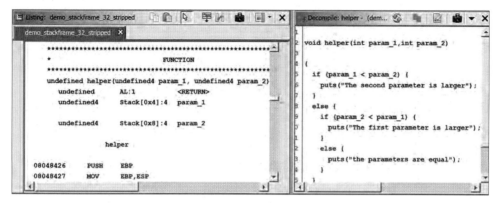

그림 7-9: Plate 주석 예

함수의 시작 주소를 선택해서 주석을 입력하는 대화상자를 열어 그림 7-10과 같이 좀 더 유용한 주석 내용으로 대체할 수도 있다. 그렇게 하면 기드라가 디폴트로 추가한 Plate 주석이 새로 입력한 주석으로 교체되고 동시에 Decompiler 창에도 C 스타일의 주석이 추가된다. Plate 주석이 생성될 때 커서가 Decompiler 창의 상단에 있었다면 결과는 동일할 것이다.

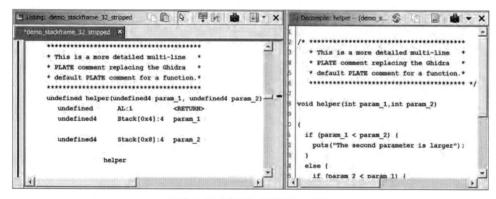

그림 7-10: 사용자가 수정한 Plate 주석

참고　디컴파일 창에는 기본적으로 Plate 주석과 Pre 주석만 표시된다. 하지만 Edit ➤ Tool Options ➤ Decompiler ➤ Display에서 디컴파일러 창에 표시되는 주석의 종류를 변경할 수 있다.

Repeatable 주석

Repeatable 주석은 한 번 입력하면 디스어셈블리 코드상의 여러 곳에 자동으로 추가된다. Repeatable 주석은 9장에서 자세히 다룰 교차 참조 개념과 밀접하게 연관돼 있다 즉, 교차 참조의 대상 부분에 추가된 Repeatable 주석은 해당 부분을 참조하는 곳에도 자동으로 추가된다. 따라서 어느 한 곳에 Repeatable 주석을 추가하면 디스어셈블리 코드상의 여러 곳에(교차 참조는 여러 곳에서 이뤄질 수 있기 때문) 해당 주석이 추가될 수 있다. 입력된 Repeatable 주석은 다른 주석과 쉽게 구분할 수 있게 디스어셈블리 코드에서 오렌지색으로 표시되며, 해당 부분을 참조하는 곳에서는 회색으로 Repeatable 코드가 표시된다. 다음은 Repeatable 주석의 예다.

```
08048432 JGE   LAB_08048446              Repeatable comment at 08048446❶
08048434 SUB   ESP,0xc
08048437 PUSH  s_The_second_parameter_is_larger
0804843c CALL  puts
08048441 ADD   ESP,0x10
08048444 JMP   LAB_08048470
      LAB_08048446
08048446 MOV   EAX,dword ptr [EBP + param_2]  Repeatable comment at 08048446❷
```

위 코드에서는 Repeatable 주석을 주소 08048446❷에 추가한 것이고 주소 08048432❷에서는 주소 08048446을 점프할 대상으로 참조하고 있기 때문에 주소 08048432에도 동일한 Repeatable 주석이 추가됐다(08048432에서 08048446에 대한 교차 참조가 존재). 동일한 주소에 EOL 주석과 Repeatable 주석이 입력되면 EOL 주석만 표시된다. 하지만 Set Comment 대화상자에서 입력한 두 주석을 볼 수 있고 수정할 수도 있다. EOL 주석을 삭제한다면 Repeatable 주석이 표시될 것이다.

파라미터와 지역 변수 주석

스택 변수에 대한 주석을 추가하려면 해당 스택 변수를 선택하고 세미콜론 단축키를 이용하면 된다. 그림 7-11은 지역 변수에 대한 주석을 입력하는 창을 보여준다. 스택 변수에 대해 입력한 주석의 내용이 길면 EOL 주석의 경우처럼 일부만 보이는 형태로 표시된다. 하지만 해당 주석에 마우스 커서를 올리면 전체 주석 내용을 볼 수 있다. 그리고 주석의 내용은 EOL 주석의 기본 색인 파란색이 아니라 변수 타입의 기본 색상과 동일한 색으로 표시된다.

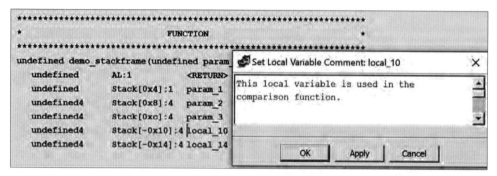

그림 7-11: 스택 변수에 대한 주석

어노테이션

기드라는 Set Comment 대화상자에서 주석을 입력할 때 프로그램이나 URL, 주소, 심볼에 대한 링크를 추가하는 어노테이션annotation 기능을 지원한다. 그리고 주석에 포함된 심볼 정보는 해당 심볼의 이름이 변경되면 주석에 있는 심볼 이름도 자동으로 변경된다. 어노테이션을 이용해 특정 실행 파일을 실행시킬 때 해당 실행 파일을 좀 더 자세히 제어할 수 있도록 파라미터를 추가할 수 있다(이는 보안상 위험해 보이기는 하다).

예를 들면 그림 7-12의 Plate 주석에 추가된 어노테이션은 디스어셈블리 코드상의 주소에 대한 링크를 제공한다. 어노테이션에 대한 추가적인 정보는 기드라의 Help 를 참고하길 바란다.

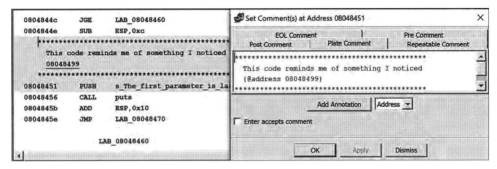

그림 7-12: 주소 어노테이션의 예

기본적인 코드 변환

대부분의 경우에는 기드라가 생성한 디스어셈블리 코드의 내용에 만족할 것이다. 하지만 경우에 따라 그렇지 않은 경우가 있을 수 있다. 분석 대상 파일의 형식이 일반적인 컴파일러가 생성한 실행 파일과는 거리가 있을 수 있기 때문에 디스어셈블리 분석 과정과 디스어셈블된 내용을 표시하는 과정을 더 많이 제어할 필요가 있을 수 있다. 특히 난독화된 코드나 (기드라가 알지 못하는) 사용자 정의 파일 형식을 분석해야 할 때 더욱 그렇다. 이를 위해 기드라는 다음과 같은 코드 변환을 지원한다.

- 코드가 표시되는 방법 변경
- 명령 피연산자에 대한 형식 정의
- 함수 변경
- 데이터를 코드로 변환
- 코드를 데이터로 변환

일반적으로 분석할 바이너리가 매우 복잡하거나 바이너리를 빌드하는 데 사용된 컴파일러의 코드에 대해 기드라가 익숙하지 않은 경우에는 기드라가 분석을 수행하면서 많은 문제에 봉착하게 되고, 따라서 디스어셈블리 코드를 수동으로 조정할 필요가 발생한다.

코드 표시 옵션 변경

기드라를 사용하면 Listing 창의 코드 형식을 세밀하게 제어할 수 있다. 레이아웃은 Browser Field Formatter(5장 참고)로 제어할 수 있다. Browser Field Formatter 아이콘을 선택하면 그림 5-8처럼 코드와 관련된 모든 필드를 보여주는 탭이 표시된다. 단순히 필드를 마우스의 드래그앤드롭으로 추가하거나 삭제하거나 위치를 조정할 수 있으며, 그렇게 변경한 내용은 코드에 바로 반영돼 즉시 변경된 코드를 볼 수 있다. 코드를 구성하는 각 필드와 그에 대응되는 Browser Field Formatter 항목 간의 긴밀한 연결은 매우 유용하다. Listing 창에서 마우스 커서를 이동할 때마다 Browser Field Formatter는 마우스 커서가 가리키는 코드 항목에 대응되는 필드를 즉시 식별할 수 있게 표시해준다. Browser Field Formatter에 대한 자세한 사항은 12장의 '편집 기능을 위한 특별한 툴' 절을 참고하길 바란다.

Listing 창에 있는 개별 코드 요소들의 모양을 변경하려면 4장에서 설명했듯이 Edit ➤ Tool Options 메뉴를 이용하면 된다. 즉, 개별 코드 요소에 대한 고유한 설정 메뉴들을 이용해 원하는 대로 조정하면 된다. 코드 구성 요소마다 차이는 있지만 일반적으로 표시되는 색상, 관련된 기본값, 구성 및 형식을 변경할 수 있다. 예를 들어 어셈블리 코드를 좋아해서 시간날 때마다 어셈블리 코드를 읽는 사람이라면 그림 7-13과 같이 EOL Comments Field의 기본 설정 값을 변경하면 주석을 좀 더 익숙하게 볼 수 있게 각 주석 라인의 시작 부분에 세미콜론이 기본적으로 표시되게 만들 수도 있다.

Listing 창에서 개별 라인이나 선택한 영역의 배경색을 바꾸려면 마우스 오른쪽 버튼을 클릭해 Colors 메뉴를 선택해서 원하는 색을 고르면 된다. 선택할 수 있는 색상의 범위는 매우 넓으며 최근에 사용한 색상을 선택할 수 있는 옵션도 제공한다. 또한 코드 라인이나 선택한 영역 또는 전체 파일에 대한 배경색을 지정했다면 그것을 초기화할 수도 있다.

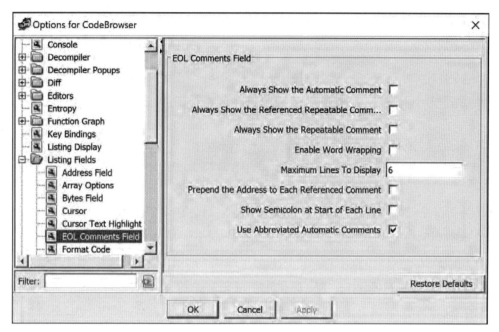

그림 7-13: EOL Comments Field를 위한 옵션

참고 현재 설정된 색상이 없으면 초기화 옵션이 나타나지 않는다.

명령 피연산자의 형식 변경

자동 분석이 수행되는 동안 기드라는 각 명령의 피연산자 형식, 특히 다양한 명령 타입에서 사용되는 정수형 상수를 어떤 형식으로 표시할지 결정한다. 무엇보다도 그런 상수는 점프나 호출 명령에서의 상대적인 오프셋 값, 전역 변수의 절대 주소, 산술 연산에 사용되는 값 또는 프로그래머가 정의한 상수를 나타내는 데 사용할 수 있다. 디스어셈블리 코드를 더욱 가독성 있게 만들고자 기드라는 가능하면 숫자보다는 심볼 이름을 사용하려고 노력한다.

경우에 따라 디스어셈블되는 명령의 문맥(예: 호출 명령)을 기반으로 표시 형식이 결정되기도 하고 사용되는 데이터(예: 전역 변수에 대한 접근인지 또는 스택 프레임이나 구조체에 대한 오프셋인지에 따라)를 기반으로 결정되기도 한다. 종종 상수가 사용되는 정확한 문맥을 기드라가 식별하지 못하는 경우도 있다. 그런 경우에 상수는 일반적으로 16진수 값으로 표시된다.

16진수를 늘 끼고 사는 사람이 아니라면 기드라의 피연산자 형식 설정 기능은 매우 유용할 것이다. 다음과 같이 디스어셈블리 코드가 있다고 생각해보자.

```
08048485  MOV     dword ptr [EBP + local_18],0xa
0804848c  MOV     byte ptr [EBP + local_58],0x41
```

16진수 상수인 0x41을 선택하고 마우스 오른쪽 버튼을 눌러 그림 7-14처럼 Convert 메뉴를 선택하면 다양한 숫자 표현이나 문자 상수(0x41은 출력 가능한 아스키 문자 범위의 값이므로) 형식으로 변경할 수 있다. 상수가 어떻게 다양한 표현으로 변경될 수 있는지 모를 수 있기 때문에 이는 매우 유용하게 사용할 수 있는 기능이다. 또한 기드라는 상수를 대체할 문자를 항상 제시해준다.

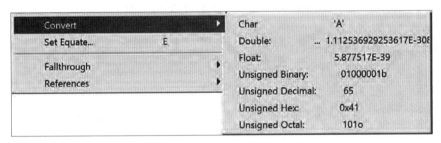

그림 7-14: 상수의 형식 변경

대부분의 경우 프로그래머는 소스코드상에 정의된 상수를 사용한다. 상수는 #define문(또는 이와 동일한 의미의 명령문)이나 열거형 상수로 정의된다. 불행하게도 컴파일러가 소스코드 컴파일을 마칠 때까지는 소스에서 심볼 상수를 사용한 것인지 문자나 숫자 상수를 사용한 것인지 판단하지 못한다. 하지만 다행히 기드라는 C 표준 라이브러리나 윈도우 API와 같이 널리 사용되는 라이브러리의 상수를 관리한다. 따라서 기드라는 Set Equate 대화상자(단축키 E)를 통해 선택한 상수가 무엇인지 유추할 수 있게 도움을 준다. 그림 7-15는 상수 0xa에 대한 Set Equate 대화상자를 보여준다.

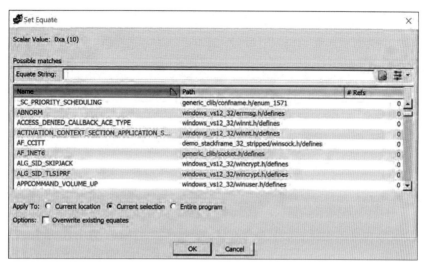

그림 7-15: Set Equate 대화상자

Set Equate 대화상자는 기드라가 내부적으로 관리하는 상수 목록에서 선택한 상수의 값에 해당되는 것들을 보여준다. 대화상자의 내용을 스크롤하면 기드라가 상수 값 **0xA**와 동일하다고 알고 있는 모든 상수를 볼 수 있다. 선택한 값이 X.25 스타일의 네트워크 연결 생성과 함께 사용됐다고 판단해 목록에서 **AF_CCITT**를 선택하면 다음의 디스어셈블리 코드처럼 변경될 것이다.

```
08048485 MOV    dword ptr [EBP + local_18],AF_CCITT
```

특정 상수가 어떤 상수 이름과 연결되는지 판단하는 데 표준 상수 목록이 유용하게 사용될 수 있으며, 상수가 어떤 의미인지 알아내고자 API 문서를 읽는 데 소요되는 시간을 절약할 수 있다.

함수 변경

기드라가 수행한 자동 분석 결과에 만족하지 않는다면 디스어셈블리 코드에서 함수를 수정(함수에 속하는 것으로 기드라가 식별한 코드의 수정하거나 함수의 속성 변경)할 수 있다. 기드라가 함수 호출 부분을 찾는 데 실패하는 경우에는 해결할 명확한 방법이 없어 함수 자체를 식별하지 못하게 되며, 기드라가 함수의 끝부분을 제대로 찾지 못하면 올바른 디스어셈블리가 수행되지 않을 수 있어 디스어셈블리 코드를 올바르게 변경시킬 필요가 있다. 컴파일러가 여러 개의 주소 범위로 함수를 분할했거나 코드 최적화의 일환(공간 절약)으로 2개 이상의 함수에서 공통적으로 사용하는 함수 끝부분의 코드를 병합하는 경우에는 기드라가 함수의 끝부분을 찾는 데 문제가 있을 수 있다.

새로운 함수 생성

함수에 아직 속하지 않은 기존 명령 코드를 이용해 새로운 함수를 만들 수 있다. 새로운 함수를 만들려면 새로운 함수에 포함될 첫 번째 명령에서 마우스 오른쪽 버튼을 클릭해 Create Function 메뉴를 선택하면 된다(단축키는 F). 코드 영역을 선택했다면 그것이 함수 본문이 된다. 코드 영역을 선택하지 않은 경우에는 기드라가 제어 흐름을 따라가 함수 본문의 경계를 판단한다.

함수 삭제

함수 시그니처에 마우스 커서를 위치시키고 단축키를 이용하면 해당 함수를 삭제할 수 있다. 기드라의 자동 분석에 오류가 있거나 새로운 함수를 잘못 만들었다고 판단되면 함수 삭제가 필요할 수 있다. 함수를 삭제하면 함수 및 함수와 관련된 속성이 더 이상 존재하지 않으므로 필요하다면 함수를 다시 만들 수도 있다.

함수 속성 변경

기드라가 분석을 통해 식별한 함수에는 몇 가지 속성을 부여하며, 식별된 함수의 목록은 CodeBrowser의 Window ➤ Functions 메뉴를 통해 볼 수 있다(기본적으로는 5개의 속성만이 표시되며 칼럼 헤더 부분에서 마우스 오른쪽 클릭으로 총 16개의 속성을 추가할 수 있다). 함수의 속성을 편집하려면 함수의 Plate 주석과 함수의 디스어셈블리 코드의 시작 전에 위치한 마지막 지역 변수 사이에 마우스 커서를 위치시키고 마우스 오른쪽 버튼으로 Edit Function 대화상자를 열면 된다. 그림 7-16은 Edit Function 대화상자의 예다.

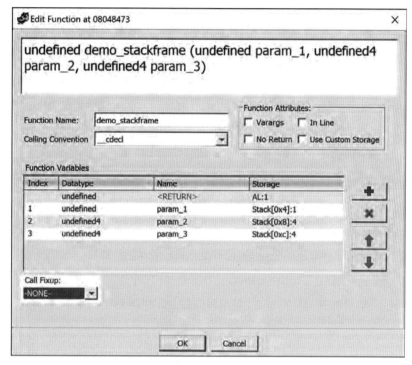

그림 7-16: Edit Function 대화상자

Edit Function 대화상자에서 변경할 수 있는 속성은 다음과 같다.

함수 이름

Edit Function 대화상자의 상단에 있는 텍스트 박스나 Function Name 필드에 표시되는 함수의 이름을 변경할 수 있다.

함수 속성

5가지의 함수 속성을 활성화할 수 있다. 4개의 속성(Varargs, In Line, No Return, Use Custom Storage)은 기본적으로 체크가 돼 있지 않다. 나머지 한 속성은 Call Fixup으로, 대화상자의 좌측 하단에 위치하며 기본값은 NONE이다. 속성 값을 바꾸려면 드롭다운 메뉴에서 원하는 속성을 선택하면 된다. 함수의 속성을 변경하면 기드라는 자동으로 디스어셈블리 코드에서 해당 함수가 표시되는 모든 곳에 변경된 프로토타입을 적용해준다.

Varargs 속성은 함수에 전달되는 인자의 개수가 유동적이라는 것을 나타낸다(예: printf 함수). 함수의 인자를 나타내주는 부분(그림 7-16의 상당에 있는 텍스트 입력 필드)의 마지막 인자로 줄임표(...)를 추가해줘도 Varargs 속성이 활성화된다. In Line 옵션은 함수의 프로토타입에 inline 키워드를 포함시키는 것 외에는 디스어셈블리 분석에 영향을 주지 않는다(함수가 실제로 컴파일러에 의해 인라인 된 경우 해당 함수를 호출하는 함수의 본문 내에 포함됐기 때문에 디스어셈블리 코드에서는 해당 함수가 별개로 보이지 않는다). No Return 속성은 함수가 반환되지 않는 경우에 사용된다(예를 들면 다른 함수로 점프하고자 exit 또는 불투명한 술어를 사용하는 경우). 함수에 No Return 속성이 지정되면 기드라는 해당 함수를 호출하는 부분에 이어지는 코드는 점프 명령과 같은 것으로 실행 흐름이 그곳에 도달한다는 증거가 없는 한 해당 코드는 실행되지 않는다고 가정한다. Use Custom Storage 속성을 사용하면 기드라의 함수 파라미터 분석을 무시하고 값 저장소 위치와 크기를 반환한다.

호출 규약

Edit Function 대화상자의 Calling Convention 드롭다운 항목에서는 함수가 사용하는 호출 규약의 종류를 변경할 수 있다. 함수의 호출 규약을 변경하면 기드라의 스택 포인터 분석이 변경될 수 있으므로 올바르게 변경해야만 한다.

함수의 변수

Edit Function 대화상자의 Function Variables 영역에서는 함수의 변수를 편집할 수 있다. 함수의 변수와 관련된 항목은 4개이며 기드라는 각 항목을 올바르게 변경할 수 있도록 정보를 제공해준다. 예를 들면 param_1의 Storage 항목을 변경하려고 하면 기드라는 Parameter와 Return Storage를 변경할 수 있게 먼저 'Use Custom Storage' 속성을 활성화라는 메시지를 표시해준다. 대화상자의 오른쪽에 있는 4개의 아이콘을 사용하면 함수의 변수를 추가, 삭제, 탐색할 수 있다.

데이터를 코드로 변환(또는 코드를 데이터로 변환)

기드라가 자동 분석을 수행하는 동안 데이터 바이트가 코드로 잘못 식별돼 명령으로 디스어셈블되거나 코드 바이트가 데이터 바이트로 잘못 식별돼 데이터 값으로 표시되는 경우가 있을 수 있다. 이와 같은 현상의 원인은 여러 가지가 있을 수 있다. 일부 컴파일러가 프로그램의 코드 섹션에 데이터를 삽입해 기드라가 그것을 코드로 인식해버리거나, 코드 바이트가 직접 참조되지 않아 기드라가 그것을 데이터로 인식하는 경우 등에 발생할 수 있다. 특히 난독화가 수행된 프로그램은 코드와 데이터의 구분을 의도적으로 모호하게 만드는 경향이 있다(21장 참고).

코드나 데이터로 잘못 인식된 부분의 형식을 다시 지정하는 첫 번째 방법은 현재 지정된 형식(코드 또는 데이터)을 제거하는 것이다. 함수나 코드 또는 데이터의 타입을 해제하려면 해당 항목을 선택한 후 마우스 오른쪽 버튼을 클릭하고 Clear Code Bytes(단축키 C)를 선택하면 된다. 형식을 해제하면 해당 바이트 영역은 원시 바이트 값으로 표시된다. 마우스로 영역을 지정해서 해당 주소 범위의 형식을 해제할 수도 있다. 예를 들어 다음과 같은 간단한 함수가 있다고 생각해보자.

```
004013e0  PUSH    EBP
004013e1  MOV     EBP,ESP
004013e3  POP     EBP
004013e4  RET
```

이 함수의 형식을 해제하면 다음과 같이 바이트 값으로 표시되며 이제는 어떤 형식으로든 다시 지정할 수 있게 된다.

```
004013e0  ??    55h  U
004013e1  ??    89h
004013e2  ??    E5h
004013e3  ??    5Dh  ]
004013e4  ??    C3h
```

이 바이트 데이터를 디스어셈블리 코드로 만들려면 디스어셈블할 첫 번째 바이트를 마우스로 선택하고 마우스 오른쪽 버튼을 클릭해 Disassemble을 선택하면 된다. 그러면 기드라는 선택된 바이트부터 시작해 재귀 하강 알고리듬으로 디스어셈블리를 수행하게 된다. 마우스로 영역을 지정해 해당 주소 영역을 코드로 변환할 수도 있다.

코드를 데이터로 변환하는 것은 좀 더 복잡하다. 먼저 데이터로 변환하려는 명령들의 형식을 해제한 다음 어떤 바이트 형식인지 적절하게 지정하지 않는다면 메뉴를 이용해 코드에서 바이트로 직접 변환할 수 없다. 기본적인 데이터 타입에 대해서는 다음 절에서 설명한다.

기본적인 데이터 변환

프로그램의 동작을 이해하려면 올바른 코드 형식뿐만 아니라 올바른 데이터 타입 식별이 중요하다. 기드라는 디스어셈블리 코드 내에서 데이터 타입을 올바르게 나타내고자 다양한 방법과 알고리듬을 사용한다.

예를 들면 다음과 같다.

- 데이터의 타입과 크기는 레지스터가 그것을 사용하는 방식에서 유추할 수 있다. 메모리에서 32비트 레지스터를 로드하는 명령은 해당 메모리 위치에 4바이트 데이터 타입이 저장돼 있음을 의미한다(하지만 4바이트 정수 타입인지 4바이트 포인터 타입인지는 구분하지 못할 수 있다).
- 함수의 프로토타입은 함수 파라미터의 데이터 타입을 할당하는 데 사용될 수 있다. 기드라는 이를 위한 목적으로 매우 큰 함수 프로토타입 라이브러리를 관리한다. 함수 파라미터와 메모리 위치를 연결시키고자 함수에 전달된 파라미터에 대한 분석이 수행된다. 분석을 통해 둘 간의 관계가 밝혀지면 해당 메모리 위치에 데이터 타입이 적용될 수 있다. 함수로 전달되는

파라미터가 하나이고 그 파라미터는 **CRITICAL_SECTION**(윈도우 API에서 정의된 데이터 타입)에 대한 포인터인 함수가 있다고 가정해보자. 기드라가 해당 함수에 대한 호출 부분에서 파라미터로 전달되는 것의 주소를 확인할 수 있다면 해당 주소의 데이터 타입은 **CRITICAL_SECTION**이라고 판단할 수 있다.

- 일련의 바이트를 분석해보면 데이터 타입을 알아낼 수도 있다. 이는 바이너리 파일에서 문자열을 식별할 때 사용하는 방식이다. 긴 아스키 문자열을 발견했을 때 해당 부분이 문자 배열일 것이라고 가정하는 것은 합리적이지 않다.

다음 절에서는 디스어셈블리 코드에 있는 데이터에 대해 수행할 수 있는 몇 가지 기본적인 변환을 살펴본다.

데이터 타입 지정

기드라는 데이터 크기 및 타입 지정자를 제공한다. 가장 흔하게 볼 수 있는 타입 지정자는 byte, word, dword, qword이며 각각 1바이트, 2바이트, 4바이트, 8바이트 데이터를 의미한다. 데이터의 타입을 지정하거나 변경하려면 데이터가 포함된 디스어셈블리 라인(명령이 아님)을 마우스 오른쪽 버튼으로 클릭하고 Data 메뉴를 선택하면 된다. 그러면 그림 7-17과 같이 보일 것이다.

Data 메뉴를 통해 현재 선택된 데이터의 타입과 크기를 곧바로 변경할 수 있다. Cycle 옵션을 사용하면 그림 7-18에서 보여주는 것처럼 숫자, 문자, 부동소수점 타입과 같은 연관된 데이터 타입 그룹을 빠르게 순환할 수 있다. 예를 들어 F키를 반복적으로 누르면 해당 타입 순환 그룹이 float와 double로 구성돼 있기 때문에 float와 double 타입 사이를 순환하게 된다.

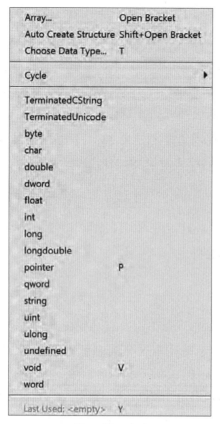

그림 7-17: Data 메뉴

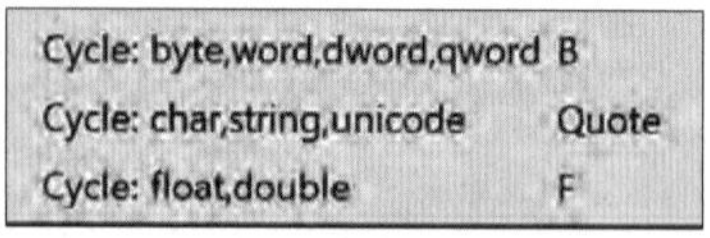

Cycle: byte,word,dword,qword	B
Cycle: char,string,unicode	Quote
Cycle: float,double	F

그림 7-18: Cycle 그룹

데이터 타입을 변경하면 어떤 타입으로 변경하느냐에 따라 데이터의 크기가 변경된다. 데이터 타입 변경 후에도 크기가 동일하다면 크기가 동일한 다른 데이터 타입으로 변경된 것이다. 데이터 타입이 ddw(4바이트)에서 db(1바이트)로 변경된다면 나머지 3바이트는 데이터 타입이 지정되지 않은 채로 남게 된다. 반대로 크기가 큰 데이터 타입으로 변경한다면 기드라는 충돌이 발생할 수 있다고 경고하고 해결

216

방법을 안내한다. 그림 7-19는 너무 큰 문자 배열 지정으로 안한 기드라의 경고를 보여준다.

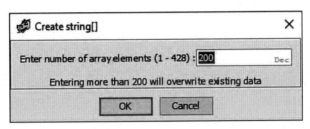

그림 7-19: 배열 지정에 대한 경고 예

문자열 처리

Search ➤ For Strings 메뉴를 선택하면 특정 문자열 검색을 위한 검색 기준과 옵션을 설정할 수 있는 그림 7-20과 같은 대화상자가 나타난다. 대화상자에 있는 옵션은 이름만으로 충분히 알 수 있으며, 기드라가 제공하는 문자열 검색의 고유한 특징은 워드 모델word model과 검색을 연결할 수 있다는 것이다. 워드 모델은 특정 문자열이 원하는 문맥에 해당하는지 판단할 때 사용할 수 있다. 워드 모델은 13장에서 다룬다.

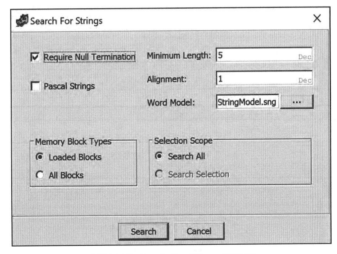

그림 7-20: Search For Strings 대화상자

문자열 검색이 완료되면 검색 결과가 String Search 창에 표시된다(그림 7-21). 문자열 검색을 여러 번 했다면 결과가 String Search 창의 탭으로 구분된다. 탭 제목에는 검색을 수행한 시간이 포함돼 있기 때문에 쉽게 검색 결과 순서를 알아낼 수 있다.

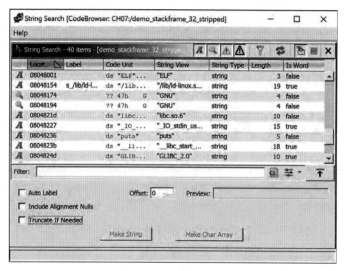

그림 7-21: 검색 결과를 보여주는 String Search 창

String Search 창의 가장 왼쪽 열에는 문자열 정의 상태(정의되지 않은 상태, 충돌된 상태 등)를 나타내는 아이콘이 표시된다. 각 아이콘의 의미는 그림 7-22에서 보여준다. String Search 창의 우측 상단에 있는 문자열 정의 상태 아이콘들을 토글하면 특정 상태의 문자열을 보이게 하거나 보이지 않게 할 수 있다.

아이콘	정의
 A	이미 정의된 문자열(Defined Strings 창에 표시되는 문자열). 이런 문자열은 일반적으로 교차 참조의 대상이다.
 🔍	정의되지 않은 문자열. 이런 문자열은 교차 참조의 대상이 아니며 일반적으로 바이트는 개별적인 16진수 값으로 표시된다.
 ⚠	문자열의 일부가 정의된 문자열. 이런 문자열은 일반적으로 이미 정의된 문자열을 일부분으로 포함하고 있는 문자열이다.
 ⚠	문자열이 이미 정의된 기존의 명령이나 데이터와 충돌(겹침)한다.

그림 7-22: 문자열 상태 아이콘

아이콘을 사용하면 아직 문자열로 정의되는 않은 항목을 쉽게 식별할 수 있고 해당 항목을 선택해 Make String이나 Make Char Array 버튼으로 문자열이나 문자 배열을 만들 수 있다. 정의되지 않은 문자열을 정의된 문자열로 바꾸면 Defined Strings 창에 해당 문자열이 포함된다.

배열 정의

하이레벨 언어를 디스어셈블할 때의 단점 중 하나는 배열 크기에 대한 단서를 거의 제공하지 않는다는 것이다. 배열의 각 요소를 별도의 디스어셈블리 코드 라인으로 표시한다면 엄청나게 많은 양의 디스어셈블리 코드가 필요하게 된다. 다음은 데이터 섹션에 있는 데이터를 보여준다. 데이터 중에서 첫 번째 부분만 어떤 명령에 의해 참조되고 있으며 그 사실로부터 해당 부분이 배열의 첫 번째 요소일 것이라고 유추할 수 있다. 배열의 나머지 요소들은 직접 참조되기보다는 종종 배열의 시작 부분으로부터 인덱스 계산으로 참조된다.

```
          DAT_004195a4                        XREF[1]:  main:00411727(W)
    004195a4    undefined4      ??
    004195a8        ??          ??
    004195a9        ??          ??
    004195aa        ??          ??
    004195ab        ??          ??
    004195ac        ??          ??
    004195ad        ??          ??
    004195ae        ??          ??
    004195af        ??          ??
    004195b0        ??          ??
    004195b1        ??          ??
    004195b2        ??          ??
    004195b3        ??          ??
    004195b4        ??          ??
    004195b5        ??          ??
```

```
004195b6        ??              ??
```

기드라는 연속된 데이터 정의를 하나의 배열 정의로 그룹화할 수 있다. 배열을 만들려면 배열의 첫 번째 요소를 선택하고 Data ➤ Create Array 메뉴를 선태(단축키 [키)하면 된다. 그러면 배열 요소의 수를 입력하거나 기드라가 제안하는 기본값을 선택하면 된다(단일 값이 아닌 데이터 범위를 선택한 경우 기드라는 해당 영역을 배열의 경계로 사용하게 된다). 배열 요소의 타입과 크기는 기본적으로 선택된 첫 번째 요소의 데이터 타입을 기반으로 결정된다. 배열은 디스어셈블리 코드상에 축소된 형태로 표시되지만 배열의 개별 요소들을 모두 펼쳐볼 수도 있다. 한 라인에 표시되는 배열 요소의 수는 CodeBrowser 창의 Edit ➤ Tool Options 메뉴에서 설정할 수 있다. 배열은 8장에서 좀 더 자세히 다룬다.

요약

6장과 함께 7장에서는 기드라 사용자에게 필요한 가장 일반적인 작업을 설명했다. 디스어셈블된 결과를 변경함으로써 기드라가 제공한 지식과 여러분의 지식을 결합해서 좀 더 가치 있는 정보를 만들어낼 수 있다. 소스코드에서와 마찬가지로 이름을 효과적으로 지정하고, 데이터에 타입을 지정하고, 자세한 주석을 추가하면 여러분이 분석한 것을 기억하는 데 도움이 될 뿐만 아니라 분석 작업을 수행하는 다른 사람에게도 큰 도움이 될 것이다. 8장에서는 C 언어의 구조체처럼 좀 더 복잡한 데이터 구조체를 처리하는 방법과 컴파일된 C++ 바이너리를 살펴본다.

8

데이터 타입과 데이터 구조체

바이너리를 분석하면서 마주치는 데이터 타입과 데이터 구조를 이해하는 것은 리버스 엔지니어링의 기본이다. 함수에 전달되는 데이터는 함수의 시그니처(함수에 전달되는 파라미터의 수, 타입 그리고 각 파라미터의 순서)를 리버스 엔지니어링하기 위한 핵심이다. 그 외에도 함수 내에서 선언되고 활용되는 데이터 타입 및 데이터 구조는 각 함수가 수행하는 작업에 대한 추가적인 단서를 제공한다. 이는 어셈블리어 수준에서 데이터 타입과 데이터 구조를 어떻게 표현하고 변경하는지 깊이 있게 이해하는 데 매우 중요하다.

8장에서는 이와 같이 성공적인 리버스 엔지니어링에 있어 매우 중요한 주제들에 많은 시간을 할애할 것이다. 그리고 디스어셈블리에서 사용되는 데이터의 구조를 기드라에서 파악하는 방법과 그런 데이터의 구조를 모델링하는 방법을 살펴본다. 기드라의 풍부한 데이터 구조 레이아웃을 통해 분석 시간을 절약할 수 있는 방법도 알아본다. C++의 클래스는 C의 구조체를 복합적으로 확장한 것이며, 컴파일된 C++ 프로그램을 리버스 엔지니어링하는 것에 대한 설명으로 8장을 마무리할 것이다. 이제 컴파일된 프로그램 내에서 발견되는 단순하거나 복잡한 데이터 타입과 구조를 정의하고 변경하는 방법을 살펴보자.

데이터 이해하기

리버스 엔지니어로서 여러분은 디스어셈블리 코드에서 보는 데이터를 이해하고 싶을 것이다. 어떤 변수에 특정 데이터 타입을 연결하는 가장 간단한 방법은 이미 어느 정도 알고 있는 함수에 대한 파라미터로 사용되는 변수가 함수 내에서 어떻게 사용되는지 관찰하는 것이다. 기드라가 분석 작업을 수행하는 동안 기드라는 자신이 프로토타입을 알고 있는 함수 내에서 변수가 어떻게 사용되는지 관찰하고 해당 변수의 타입을 추론해 변수 타입을 주석으로 추가하려고 노력한다.

임포트된 라이브러리 함수라면 기드라가 이미 해당 함수의 프로토타입을 알고 있을 가능성이 크다. 그런 경우 Listing 창이나 Symbol Tree 창에서 해당 함수 이름에 마우스 커서를 올리며 함수 프로토타입을 쉽게 볼 수 있다. 기드라가 사전에 임포트한 함수의 파라미터에 대해 모른다면 최소한 해당 함수를 임포트한 라이브러리 이름이라도 알아야 한다(Symbol Tree 창에서 Import 폴더를 참고). 이런 경우 함수의 시그니처와 동작을 알아내기 위한 가장 좋은 리소스는 관련 매뉴얼이나 기타 사용 가능한 API 문서다. 그런 참고할 만한 리소스도 없다면 "구글은 당신의 친구입니다."라는 말을 기억하길 바란다.

바이너리 프로그램의 동작을 이해하는 데 있어 빠르게 얻을 수 있는 결실은 프로그램이 호출하는 라이브러리 함수를 분해하는 데 있다. connect 함수를 호출하는 C 프로그램이 있다면 그것은 네트워크 연결을 만든다고 판단할 수 있다. 그리고 RegOpenKey 함수를 호출하는 윈도우 프로그램이 있다면 윈도우의 레지스트리에 접근한다고 판단할 수 있다. 하지만 그런 함수를 왜 호출하고 어떻게 호출하는지를 이해하려면 추가적인 분석이 요구된다.

함수가 어떤 방식으로 호출되는지 알아내려면 해당 함수와 관련된 파라미터에 대해 알아야 한다. HTML 페이지 일부를 가져오고자 connect 함수를 호출하는 C 프로그램이 있다고 생각해보자. connect 함수를 호출하고자 프로그램은 가져올 HTML 페이지를 호스팅하고 있는 서버의 IP 주소와 포트 번호를 알아야 하며, 그것은 getaddrinfo 라이브러리 함수를 호출해 알아낼 수 있다. 기드라는 getaddrinfo 함수를 라이브러리 함수로 인식해서 다음과 같이 Listing 창의 함수 호출 부분에 추가 정보를 제공하기 위한 주석을 추가한다.

```
00010a30 CALL getaddrinfo     int getaddrinfo(char * __name, c...
```

위 함수 호출에 대해 몇 가지 방법으로 추가적인 정보를 얻을 수 있다. 함수 호출 명령 오른쪽에 있는 축약된 주석 위에 마우스 커서를 가져가면 함수 호출을 위해 전달되는 파라미터를 포함한 완전한 함수 프로토타입을 볼 수 있다. Symbol Tree 창에서 해당 함수 이름에 마우스 커서를 가져가면 팝업 창으로 해당 함수의 프로토타입을 볼 수 있다. 또는 함수를 마우스로 선택하고 마우스 오른쪽 버튼을 눌러 나타나는 메뉴에서 Edit Function을 선택하면 그림 8-1과 같은 함수 편집 대화상자를 볼 수 있다. 좀 더 추가적인 정보를 보려면 Data Type Manager 창에서 addrinfo 데이터 타입과 같이 함수에 전달되는 특정 파라미터에 대한 정보를 찾아볼 수도 있다. Listing 창에서 getaddrinfo 함수를 클릭했다면 그림 8-1의 내용에 그것이 그대로 반영되는 것을 볼 수 있을 것이다(이는 이후에 설명할 Thunk 함수 내에서 발생한다).

마지막으로 디컴파일러는 이미 이와 같은 정보를 Decompiler 창에 적용하기 때문에 별도로 Symbol Tree 창이나 Data Type Manager 창에서 찾아보지 않아도 된다. Decompiler 창을 보면 기드라에 로드된 타입 라이브러리의 정보를 이용해 구조체(addrinfo)에 포함돼 있는 필드의 이름을 이미 적용하고 있는 것을 알 수 있다. 아래에 있는 디컴파일러의 코드 부분을 보면 구조체의 멤버로 ai_family와 ai_socktype을 볼 수 있다. 이를 통해 local_48은 connect 함수 호출 시 사용되는 구조체라는 것을 알 수 있다. 또한 ai_family에 할당되는 값(2는 AF_INET을 의미)을 통해 IPv4 주소가 사용되고 있다는 것을 알 수 있고 ai_socktype에 할당되는 값(1은 SOCK_STREAM을 의미)을 통해 스트림 소켓이 사용되고 있다는 것을 알 수 있다.

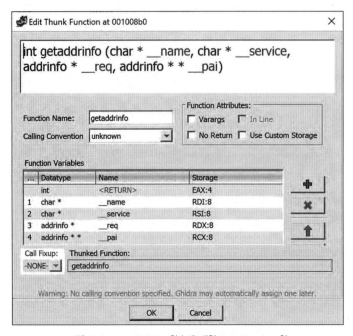

그림 8-1: getaddrinfo 함수에 대한 Edit Function 창

```
local_48.ai_family = 2;
local_48.ai_socktype = 1;
local_10 = getaddrinfo(param_1,"www",&local_48,&local_18);
```

데이터 구조체의 사용 형태 인식

원시 데이터 타입은 주로 프로세서의 레지스터나 명령 피연산자에 적합하지만 배열이나 구조체처럼 복합적인 데이터 타입의 경우에는 해당 데이터 타입이 포함하고 있는 개별 요소에 접근하고자 좀 더 복잡한 명령이 필요하다. 복잡한 데이터타입을 이용하는 코드의 가독성을 높이기 위한 기드라의 기능을 살펴보기 전에

224

그런 코드가 어떤 형태를 갖고 있는지 먼저 살펴볼 필요가 있다.

배열 요소에 대한 접근

배열은 메모리 레이아웃 측면에서 가장 단순한 복합 데이터 구조다. 배열은 동일한 데이터 타입(동종 타입)의 연속된 요소로 이뤄진 연속적인 메모리 블록이다. 배열의 크기는 배열의 요소 수와 배열 요소의 크기를 곱한 값이다. C 언어로 선언한 정수 배열을 위한 최소 공간은 다음과 같이 계산한다.

```
int array_demo[100];

int bytes = 100 * sizeof(int); // 또는 100 * sizeof(array_demo[0])
```

배열의 각 요소에 대한 접근은 다음과 같이 접근하고자 하는 배열 요소의 인덱스를 이용해 접근할 수 있다.

```
❶ array_demo[20] = 15;            // 배열의 고정 인덱스를 이용
  for (int i = 0; i < 100; i++) {
❷ array_demo[i] = i;              // 가변 인덱스를 이용
```

예를 들어 sizeof(int)가 4바이트라고 가정하면 첫 번째 배열 접근❶은 배열의 80바이트 위치에 있는 정수 값에 접근하는 것이고 두 번째 배열 접근❷은 오프셋 0, 4, 8, ... 96바이트 위치의 정수에 접근하는 것이다. 첫 번째 배열 접근을 위한 오프셋 값은 컴파일 시 20 * 4로 계산될 수 있다. 두 번째 배열 접근을 위한 오프셋 값은 반복문 카운터인 i 값이 컴파일 시 고정된 값으로 계산할 수 없기 때문에 프로그램이 실행되면서 계산돼야 한다. 따라서 배열에 대한 정확한 오프셋 값은 반복문을 수행할 때마다 i * 4로 결정된다. 궁극적으로 배열 요소에 접근하는 방법은 사용되는 인덱스 유형뿐만 아니라 프로그램의 메모리 공간에서 배열이 할당되는 위치에 따라 달라진다.

전역으로 할당된 배열

프로그램의 전역 데이터 영역(예: .data 또는 .bss 섹션 내)에 배열이 할당되면 컴파일러는 컴파일을 수행할 때 배열의 기본 주소를 알고 있어 배열 요소의 고정된 주소를 계산할 수 있고, 고정된 인덱스로 배열 요소에 접근할 수 있다. 고정 인덱스와 가변 인덱스를 모두 사용해 전역으로 할당된 배열에 접근하는 다음과 같은 간단한 프로그램이 있다고 생각해보자.

```
int global_array[3];
int main(int argc, char **argv) {
    int idx = atoi(argv[1]);    //예제를 단순화시키고자 배열의 경계를 체크하지 않음
    global_array[0] = 10;
    global_array[1] = 20;
    global_array[2] = 30;
    global_array[idx] = 40;
}
```

C의 처리 방식

간단히 설명하고자 C에서는 정수 인덱스를 위해 변수나 상수를 이용한다고 했다. 하지만 실제로는 정수로 평가되거나 해석될 수 있는 모든 표현식이 가능하다. 일반적인 가이드는 "정수를 사용할 수 있는 모든 곳에서 정수로 평가되는 표현식을 사용할 수 있다."이다. 물론 이는 정수에만 한정되는 것은 아니다. C는 여러분이 작성하는 모든 표현식을 평가해서 예상되는 변수 타입대로 동작하도록 노력한다. 값이 배열의 경계를 벗어나면 어떻게 될까? 물론 그렇게 되면 수많은 방법으로 악용될 수 있는 취약점이 만들어지게 된다. 배열의 범위를 벗어나는 메모리 영역의 내용을 읽을 수 있거나 그곳에 값을 쓸 수도 있다. 범위를 벗어난 주소가 프로그램 내에서 유효하지 않다면 프로그램은 단순히 종료될 것이다.

스트립된 바이너리를 디스어셈블한다면 위의 **main** 함수는 다음과 같은 코드를 포함하게 될 것이다.

```
          ...
00100657  CALL    atoi
0010065c  MOV     dword ptr [RBP + local_c],EAX
0010065f  MOV     dword ptr [DAT_00301018],10❶
00100669  MOV     dword ptr [DAT_0030101c],20❷
00100673  MOV     dword ptr [DAT_00301020],30❸
0010067d  MOV     EAX,dword ptr [RBP + local_c]
00100680  CDQE
00100682  LEA     RDX,[RAX*4]❹
0010068a  LEA     RAX,[DAT_00301018]❺
00100691  MOV     dword ptr [RDX + RAX*1]=>DAT_00301018,40❻
          ...
```

프로그램에서는 단지 하나의 전역 변수(전역으로 선언된 배열)만 선언했지만 디스어셈블리 코드❶❷❸에서는 각각 DAT_00301018, DAT_0030101c, DAT_00301020이라는 3개의 전역 변수를 처리하는 것처럼 보인다. 그리고 LEA 명령❸은 ❶에서 사용된 전역 변수의 주소를 로드한다. (RAX*4)❹로 오프셋을 계산해 메모리에 접근❻하는 것을 보면 DAT_00301018은 전역으로 선언된 배열의 기본 주소일 가능성이 매우 크다. 어노테이션인 =>DAT_00301018❻은 40이 기록될 배열의 기본 주소를 제공한다.

스트립된 바이너리

컴파일러가 오브젝트 파일을 생성할 때는 링커가 작업을 수행할 수 있게 그 안에 충분한 정보를 포함해야 한다. 링커가 수행하는 작업 중 하나는 컴파일러가 생성한 심볼 정보를 이용해서 다른 파일에 있는 함수에 대한 호출과 같은 오브젝트 파일 간의 참조를 확인하는 것이다. 대부분의 경우 링커는 오브젝트 파일의 모든 심볼 테이블 정보를 결합해 최종 실행 파일에 통합된 정보를 포함시킨다. 그렇게 만들어진 정보는 실행 파일이 실행되는 데에는 필요하지 않지만 리버스 엔지니어링 관점에서는 매우 유용한 정보가 된다. 즉, 기드라(또는 디버거와 같은 다른 툴들)는 심볼 테이블 정보를 이용해 함수 및 전역 변수의 이름과 크기를 알아낸다.

스트립된 바이너리는 바이너리가 실행될 때 필수적으로 필요하지 않은 정보를 제거한 바이너리를 의미한다. 스트립된 바이너리는 실행 파일이 만들어진 이후에 커맨드라인에서 strip

유틸리티를 이용하거나, 컴파일러나 링커의 빌드 옵션(gcc/ld의 경우 -s)으로 만들 수 있다. strip 유틸리티를 이용하면 심볼 테이블 정보뿐만 아니라 바이너리에 삽입돼 있는 지역 변수의 이름 및 타입 정보와 같은 디버깅 심볼 정보도 제거할 수 있다. 따라서 심볼 정보가 없는 바이너리인 경우 리버스 엔지니어링 툴은 함수와 데이터를 식별하고 이름을 부여하기 위한 알고리듬을 수행해야만 한다.

기드라가 부여한 이름을 기반으로 전역으로 할당된 배열은 주소 **00301018**에서 시작하는 12바이트라는 것을 알 수 있다. 컴파일이 수행되는 동안 컴파일러는 배열 요소의 실제 주소(00301018, 0030101c, 00301020)를 계산하고자 고정된 인덱스(0, 1, 2)를 사용해서 ❶, ❷, ❸과 같이 전역 변수를 참조하는 형태의 코드를 만든다. 각각의 전역 변수로 이동되는 값을 기반으로 배열의 요소에는 32비트 정수 값(dword)이 이동된다고 추측할 수 있다. 디스어셈블리 코드에서 해당 데이터 부분을 찾아보면 다음과 같다.

```
        DAT_00301018
00301018        ??        ??
00301019        ??        ??
0030101a        ??        ??
0030101b        ??        ??
        DAT_0030101c
0030101c        ??        ??
0030101d        ??        ??
0030101e        ??        ??
0030101f        ??        ??
        DAT_00301020
00301020        ??        ??
00301021        ??        ??
00301022        ??        ??
00301023        ??        ??
```

물음표(?)는 배열이 프로그램의 .bss 섹션에 할당됐을 수 있으며 파일 이미지 내에 초기화된 값이 없다는 것을 나타낸다.

가변 인덱스를 사용해 메모리에 접근한다면 디스어셈블리 코드에서는 그것이 배열에 대한 접근이라는 것을 쉽게 알아볼 수 있다. 그리고 전역으로 선언된 배열에 접근할 때 고정된 인덱스 값을 사용한다면 디스어셈블리 코드에서는 해당 배열 요소가 전역 변수로 표시된다. 위 코드에서는 가변 인덱스 값을 사용해 접근하고자 하는 배열 요소의 오프셋을 계산해야 하기 때문에 ❺에서 배열의 기본 주소를 그리고 ❹에서 배열 요소의 크기를 알 수 있다(이러한 스케일링 작업은 디스어셈블리 코드에서 C의 정수 배열 인덱스에 접근하고자 하는 배열 요소에 대한 바이트 오프셋 값으로 변환할 때 필요하다).

7장에서 설명한 배열 타입 지정(Data ▶ Create Array 메뉴) 방법을 이용해 DAT_000301018 의 타입을 3개의 요소로 구성된 정수형 배열로 지정하면 오프셋이 아닌 배열 인덱스를 이용한 배열 접근으로 어셈블리 코드를 변경할 수 있다.

```
00100660  MOV    dword ptr [INT_ARRAY_00301018],10
0010066a  MOV    dword ptr [INT_ARRAY_00301018[1]],20
00100674  MOV    dword ptr [INT_ARRAY_00301018[2]],30
```

배열 이름은 기드라가 배열의 타입과 그것의 시작 주소 정보를 포함하는 이름인 INT_ARRAY_00301018로 할당한다.

주석에서 심볼 정보 업데이트

데이터 타입 식별, 심볼 이름 변경 등의 작업을 한다면 어셈블리 코드에 추가한 주석의 내용을 항상 최신으로 유지하거나 주석 어노테이션을 이용해 자동으로 업데이트되게 할 필요가 있다. Symbol 어노테이션 옵션에 심볼 참조를 포함하면 심볼이 변경될 때 변경된 심볼 내용이 정확히 반영되게 만들 수 있다(7장의 '어노테이션' 절 참고).

Decompiler 창에서 배열 타입을 지정하기 전(그림 8-2)과 후(그림 8-3)를 비교해보기 바

란다. 그림 8-2의 라인 2에 있는 경고 문구는 배열이라는 것을 나타내는 또 다른 단서가 될 수 있으며, 정수 값이 할당되고 있기 때문에 배열 요소의 타입이 정수라고 판단할 수 있다.

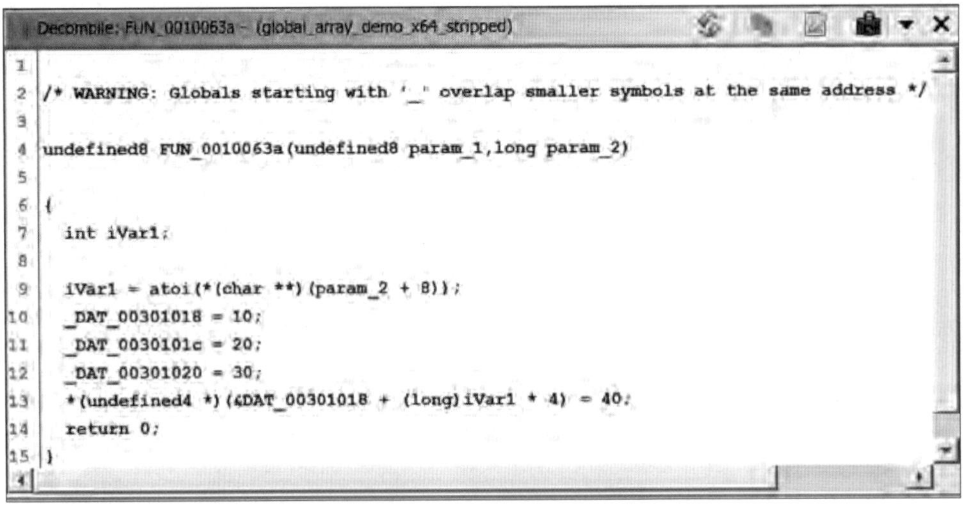

```
Decompile: FUN_0010063a - (global_array_demo_x64_stripped)

1
2  /* WARNING: Globals starting with '_' overlap smaller symbols at the same address */
3
4  undefined8 FUN_0010063a(undefined8 param_1,long param_2)
5
6  {
7    int iVar1;
8
9    iVar1 = atoi(*(char **)(param_2 + 8));
10   _DAT_00301018 = 10;
11   _DAT_0030101c = 20;
12   _DAT_00301020 = 30;
13   *(undefined4 *)(&DAT_00301018 + (long)iVar1 * 4) = 40;
14   return 0;
15 }
```

그림 8-2: 잠재적으로 배열이라는 것을 나타내는 Decompiler 창의 내용

배열 타입을 지정해 정수형 배열을 만들면 Decompiler 창은 그림 8-3과 같이 새로운 배열 변수를 표시해준다.

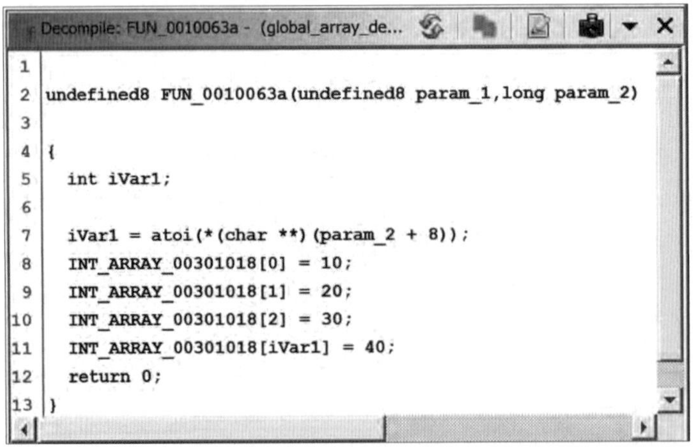

```
Decompile: FUN_0010063a - (global_array_de...

1
2  undefined8 FUN_0010063a(undefined8 param_1,long param_2)
3
4  {
5    int iVar1;
6
7    iVar1 = atoi(*(char **)(param_2 + 8));
8    INT_ARRAY_00301018[0] = 10;
9    INT_ARRAY_00301018[1] = 20;
10   INT_ARRAY_00301018[2] = 30;
11   INT_ARRAY_00301018[iVar1] = 40;
12   return 0;
13 }
```

그림 8-3: 배열 타입 지정 후의 Decompiler 창의 내용

스택에 할당된 배열

컴파일러는 컴파일을 수행하는 동안 함수에서 지역 변수로 스택^{stack}에 할당된 배열의 절대 주소를 알 수 없기 때문에 고정된 인덱스를 사용해 배열에 접근하는 경우에도 프로그램이 실행될 때 주소가 계산돼야 한다. 전역으로 할당되는 배열과 스택에 할당되는 배열은 차이가 있음에도 컴파일러는 종종 둘을 거의 동일하게 처리한다.

다음 프로그램은 앞서 살펴본 예제를 약간 변형한 것으로, 전역으로 할당된 배열 대신 스택에 할당된 배열을 사용하는 예제다.

```
int main(int argc, char **argv) {
  int stack_array[3];
  int idx = atoi(argv[1]);   // 예제를 단순화시키고자 배열의 경계를 체크하지 않음
  stack_array[0] = 10;
  stack_array[1] = 20;
  stack_array[2] = 30;
  stack_array[idx] = 40;
}
```

컴파일을 수행하는 동안에는 stack_array가 할당되는 주소를 모르기 때문에 컴파일러는 이전 예제의 global_array[3]의 경우처럼 stack_array[3]의 주소를 미리 계산할 수 없다. 하지만 컴파일러는 배열 안에 있는 요소에 대한 상대적인 위치는 계산할 수 있다. 예를 들면 배열 요소 stack_array[2]는 배열의 시작 주소로부터 2*sizeof(int)만큼 떨어져있다는 것을 컴파일러는 잘 안다. 컴파일러가 stack_array를 스택 프레임 안의 EBP-0x18 위치에 할당하기로 선택한다면 배열 요소 stack_array[2]의 위치는 EBP-0x18+2*sizeof(int)를 계산해 EBP-0x10이라고 알 수 있다. 따라서 실제 프로그램이 실행될 때는 배열 요소 stack_array[2]에 접근하기 위한 추가적인 산술 연산이 필요하지 않게 된다. 다음 코드를 보면 더 분명히 알 수 있을 것이다.

```
      undefined main()
          undefined       AL:1              <RETURN>
          undefined4      Stack[-0xc]:4     local_c❶
          undefined4      Stack[-0x10]:4    local_10
          undefined4      Stack[-0x14]:4    local_14
          undefined4      Stack[-0x18]:4    local_18
          undefined4      Stack[-0x1c]:4    local_1c
          undefined8      Stack[-0x28]:8    local_28
0010063a  PUSH    RBP
0010063b  MOV     RBP,RSP
0010063e  SUB     RSP,0x20
00100642  MOV❷    dword ptr [RBP + local_1c],EDI
00100645  MOV     qword ptr [RBP + local_28],RSI
00100649  MOV     RAX,qword ptr [RBP + local_28]
0010064d  ADD     RAX,0x8
00100651  MOV     RAX,qword ptr [RAX]
00100654  MOV     RDI,RAX
00100657  MOV     EAX,0x0
0010065c  CALL    atoi
00100661  MOV❸    dword ptr [RBP + local_c],EAX
00100664  MOV❹    dword ptr [RBP + local_18],10
0010066b  MOV     dword ptr [RBP + local_14],20
00100672  MOV     dword ptr [RBP + local_10],30
00100679  MOV     EAX,dword ptr [RBP + local_c]
0010067c  CDQE
0010067e  MOV     dword ptr [RBP + RAX*0x4 + -0x10],40❺
00100686  MOV     EAX,0x0
0010068b  LEAVE
0010068c  RET
```

스택에 할당되는 배열은 전역으로 할당되는 배열보다 알아내기 힘들다. 위 함수는 6개의 관련 없는 변수❶(local_c, local_10, local_14, local_18, local_1c, local_28)와 3개의 배열 요소로 이뤄진 정수형 배열과 정수형 인덱스 변수를 포함하는 것으로 보인다. 지역 변수 중 2개(local_1c, local_28)는 함수의 파라미터인 argc와 argv이며 나중에 사용

하고자 저장된다.❷

상수 인덱스 값을 사용하면 개별 지역 변수에 값을 할당하는 것❹만 표시되기 때문에 스택에 할당되는 배열의 존재를 숨기는 경향이 있다. 단지 곱하기 연산❺만이 배열의 요소 크기가 4바이트인 배열의 존재를 암시한다. 좀 더 자세히 분석해보면 RBP는 스택 프레임 베이스 포인터 주소를 갖고 있으며 RAX*4는 배열 인덱스(atoi로 정수로 변환돼 local_c에 저장❸)와 배열 요소의 크기를 곱하는 것이고 -0x10은 RBP에서 배열의 시작 위치까지의 오프셋이다.

지역 변수를 배열로 변환시키는 과정은 데이터 섹션에서 배열을 만드는 것과 약간 다르다. 스택 구조 정보는 함수의 첫 번째 주소와 연결돼 있기 때문에 스택 변수의 하위 집합을 선택할 수 없다. 따라서 배열의 시작 부분인 local_18 위에 마우스 커서를 위치시키고 마우스 오른쪽 버튼을 클릭해 Set Data Type ➤ Array를 선택하고 배열에 포함되는 배열 요소의 수를 입력하는 방법을 사용해야 한다. 그러면 기드라는 그림 8-4와 같이 배열 정의에 따른 로컬 변수와의 충돌에 대한 경고 메시지를 표시한다.

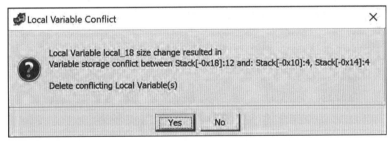

그림 8-4: 스택 배열 정의에 의한 잠재적인 충돌을 경고하는 메시지

잠재적인 충돌이 발생할 수 있다는 경고에도 계속 진행하면 Listing 창에 다음과 같이 배열이 표시될 것이다.

```
        ...
00100664 MOV     dword ptr [RBP + local_18[0]],10
```

```
0010066b  MOV      dword ptr [RBP + local_18[1]],20
00100672  MOV      dword ptr [RBP + local_18[2]],30
          ...
```

배열을 정의했음에도 그림 8-5의 디컴파일 내용은 원래의 소스코드와는 차이가 있다. 디컴파일러는 스택 배열의 요소에 값을 할당하는 부분을 생략했다. 그것은 함수의 실행 결과에 영향을 미치지 않는다고 컴파일러가 판단했기 때문이다. 기드라는 **atoi** 호출에 따른 영향을 판단할 수 없어 **atoi** 호출 부분과 **atoi** 호출에 따른 결과를 저장하는 부분은 남아있다. 그런데 기드라는 **atoi** 호출 결과로 저장된 것을 배열(디스어셈블리 코드에서는 local_c, 디컴파일 코드에서는 iVar1)의 네 번째 요소라고 잘못 판단하고 있다.

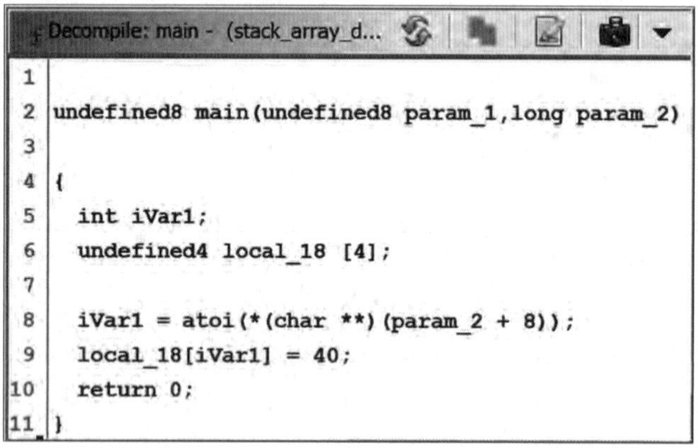

그림 8-5: 배열을 정의한 이후의 Decompiler 창 내용

힙에 할당된 배열

배열은 **malloc**(C)이나 **new**(C++)와 같은 동적 메모리 할당 함수를 이용해서 힙^{heap}에 할당될 수 있다. 컴파일러의 관점에서 봤을 때 힙에 할당된 배열을 처리할 때의 주요 차이점은 메모리 할당 함수로부터 반환되는 주소를 기반으로 배열에 대한 모든 참조를 만들어내야 한다는 것이다. 다음은 힙에 작은 배열을 할당하는 C 프로그램이다.

```c
int main(int argc, char **argv) {
    int *heap_array = (int*)malloc(3 * sizeof(int));
    int idx = atoi(argv[1]);    //예제를 단순화시키고자 배열의 경계를 체크하지 않음
    heap_array[0] = 10;
    heap_array[1] = 20;
    heap_array[2] = 30;
    heap_array[idx] = 40;
}
```

위 프로그램에 대한 디스어셈블리 코드는 앞선 2개의 예제에 비해 좀 더 복잡하다.

```
          undefined main()
              undefined    AL:1                    <RETURN>
              undefined8   Stack[-0x10]:8   heap_array
              undefined4   Stack[-0x14]:4   local_14
              undefined4   Stack[-0x1c]:4   local_1c
              undefined8   Stack[-0x28]:8   local_28
0010068a  PUSH     RBP
0010068b  MOV      RBP,RSP
0010068e  SUB      RSP,0x20
00100692  MOV      dword ptr [RBP + local_1c],EDI
00100695  MOV      qword ptr [RBP + local_28],RSI
00100699  MOV      EDI,0xc❶
0010069e  CALL     malloc
001006a3  MOV      qword ptr [RBP + heap_array],RAX❷
001006a7  MOV      RAX,qword ptr [RBP + local_28]
001006ab  ADD      RAX,0x8
001006af  MOV      RAX,qword ptr [RAX]
001006b2  MOV      RDI,RAX
001006b5  CALL     atoi
001006ba  MOV      dword ptr [RBP + local_14],EAX
001006bd  MOV      RAX,qword ptr [RBP + heap_array]
001006c1  MOV      dword ptr [RAX],10❸
001006c7  MOV      RAX,qword ptr [RBP + heap_array]
```

```
001006cb  ADD      RAX,0x4❹
001006cf  MOV      dword ptr [RAX],20
001006d5  MOV      RAX,qword ptr [RBP + heap_array]
001006d9  ADD      RAX,0x8❺
001006dd  MOV      dword ptr [RAX],30
001006e3  MOV      EAX,dword ptr [RBP + local_14]
001006e6  CDQE
001006e8  LEA      RDX,[RAX*0x4]❻
001006f0  MOV      RAX,qword ptr [RBP + heap_array]
001006f4  ADD❼     RAX,RDX
001006f7  MOV      dword ptr [RAX],40
001006fd  MOV      EAX,0x0
00100702  LEAVE
00100703  RET
```

배열의 시작 주소(malloc의 실행 결과가 RAX 레지스터로 반환된다)는 지역 변수인 **heap_array**에 저장❷된다. 앞선 예제와 달리 배열에 대한 모든 접근은 배열의 기본 주소를 구하고자 heap_array의 내용을 읽는 것으로 시작된다. **heap_array[0]**, **heap_array[1]**, **heap_array[2]**에 대한 참조는 각각 오프셋 0❸, 4❹, 8바이트❺를 필요로 한다. 가변 인덱스를 이용해 **heap_array[idx]**에 접근하는 것은 여러 개의 명령으로 구현된다. 즉, 배열 인덱스에 배열 요소의 크기를 곱해❻ 접근하고자 하는 배열 요소의 오프셋을 계산하고 그 결과를 다시 배열의 기본 주소❼에 더함으로써 접근하고자 하는 배열 요소의 주소를 계산한다.

힙에 할당된 배열은 한 가지 좋은 장점을 가진다. 그것은 할당된 배열의 크기와 배열 요소의 크기를 알면 해당 배열이 몇 개의 배열 요소로 이뤄진 것인지 알아낼 수 있다는 것이다. 메모리 할당 함수에 전달되는 파라미터(malloc에 12가 전달됨❶)는 배열의 크기를 나타낸다. 그리고 그것을 배열 요소의 크기(4씩 증가하는 오프셋 값❸❹❺이나 배율❻을 보면 이 예제에서는 4바이트라는 것을 알 수 있다)로 나누면 배열의 요소 수를 구할 수 있다. 즉, 3개의 요소로 이뤄진 배열이 할당된 것이다.

디컴파일러 또한 그림 8-6과 같이 배열을 식별해낸다(배열 포인터의 이름인 puVar2는 부호 없는

unsigned 정수에 대한 포인터를 나타내는 접두사 pu로 시작한다).

```
Decompile: main - (heap_array_d...

1
2   undefined8 main(undefined8 param_1,long param_2)
3
4   {
5     int iVar1;
6     undefined4 *puVar2;
7
8     puVar2 = (undefined4 *)malloc(0xc);
9     iVar1 = atoi(*(char **)(param_2 + 8));
10    *puVar2 = 10;
11    puVar2[1] = 20;
12    puVar2[2] = 30;
13    puVar2[iVar1] = 40;
14    return 0;
15  }
```

그림 8-6: 힙에 배열을 할당하는 함수에 대한 Decompiler 창의 내용

일반적으로 스택에 배열을 할당하는 예제처럼 배열 요소에 값을 할당하는 부분이 함수의 실행 결과에 영향을 미치지 않는다면 생략되지만 이 경우에는 디컴파일러가 그런 부분을 생략하지 않았다. 이 경우에는 값을 할당하는 것이 단순히 스택 변수를 조작하는 것이 아니기 때문이다. 이때 스택 변수는 실제로 malloc이 힙에 요청한 메모리에 대한 포인터다. 이 경우 스택 변수는 지역 스택 변수에 값을 쓰는 용도가 아니라 할당된 메모리에 값을 쓰기 위한 용도로 사용된다. 함수가 종료되면 프로그램은 할당된 메모리를 가리키는 포인터(힙에 할당된 배열의 시작 주소)를 읽게 되지만 메모리에 저장된 값은 그대로 유지된다(이 예제는 실제로 메모리 누수를 보여준다. 따라서 좋은 프로그래밍 예제는 아니만 단순히 힙에 배열을 할당하는 개념을 보여주고자 사용했다).

결론적으로 배열은 변수가 배열의 인덱스로 사용될 때 인식하기 가장 쉽다. 배열에 접근하고자 배열 요소의 크기에 따라 인덱스를 조정하고, 그것을 배열의 기본 주소에 더하는 작업이 디스어셈블리 코드에서 두드러지게 보이기 때문이다.

구조체 멤버에 대한 접근

여기서 일반적으로 구조체라고 언급하는 것은 C 스타일의 구조체를 의미하며, 구조체는 다양한 타입의 데이터를 그룹화하는 용도로 사용된다. 소스코드에서는 인덱스가 아닌 이름으로 구조체의 데이터 필드에 접근한다. 하지만 안타깝게도 그런 필드의 이름은 컴파일러에 의해 숫자 오프셋으로 변환되기 때문에 디스어셈블리 코드에서는 구조체의 필드에 접근하는 것이 상수 인덱스를 이용해 배열 요소에 접근하는 것과 매우 유사한 형태로 보인다.

다음에 정의된 구조체는 데이터 타입이 서로 다른 5개의 필드로 구성된 구조체다.

```
struct ch8_struct {    //크기   최소 오프셋   디폴트 오프셋
    int field1;        // 4        0              0
    short field2;      // 2        4              4
    char field3;       // 1        6              6
    int field4;        // 4        7              8
    double field5;     // 8       11             16
};                     //최소 크기: 19 디폴트 크기: 24
```

컴파일을 수행할 때 컴파일러가 구조체 정의를 보게 되면 구조체 내 각 필드의 오프셋을 결정하고자 구조체의 필드들이 총 몇 바이트를 차지하는지 계산한다. 구조체 내의 각 필드를 할당하는 데 필요한 공간의 합계는 해당 구조체가 필요로 하는 최소 공간이 된다. 하지만 컴파일러가 구조체를 할당할 때 해당 구조체가 필요로 하는 최소 공간으로 할당한다고 가정해서는 안 된다. 기본적으로 컴파일러는 구조체 내의 필드를 가장 효과적으로 읽거나 쓸 수 있게 구조체 필드의 메모리 주소를 정렬시킨다. 예를 들어 4바이트 정수 필드는 4로 나눠지는 오프셋으로 정렬될 것이고, 8바이트 double 타입은 8로 나눠지는 오프셋으로 정렬될 것이다. 구조체가 어떻게 구성되는지에 따라 컴파일러는 구조체 필드의 정렬을 위해 패딩 바이트를 추가할 수도 있다. 그렇게 되면 구조체의 실제 크기가 구조체를 구성하는 필드들의 크기를 합한 것보다 커지게 된다. 위의 구조체 정의에서 구조체 필드

의 디폴트 오프셋과 디폴트 크기는 주석을 통해 확인할 수 있다. 즉, 구조체의 최소 크기는 19바이트이지만 실제 할당되는 크기는 24바이트가 된다.

컴파일러 옵션을 사용하면 특정 구조체 필드의 크기로 정렬하게 만들 수 있어 구조체에 할당되는 공간을 줄일 수도 있다. 마이크로소프트 C/C++과 GNU gcc/g++에서는 모두 pack pragma로 구조체 필드의 정렬을 제어할 수 있다. GNU 컴파일러는 구조체별로 정렬을 제어할 수 있는 packed 속성을 추가로 지원한다. 구조체 필드를 1바이트로 정렬하게 설정하면 컴파일러는 구조체에 필요한 공간을 최소한으로 압축한다. 앞의 구조체 정의에서 주석으로 설명된 최소 오프셋과 최소 크기가 바로 구조체 필드의 최소 오프셋과 구조체의 최소 크기를 나타낸다(일부 프로세서에서는 데이터가 타입에 따라 정렬됐을 때 더 나은 성능을 발휘하는 반면 어떤 프로세서는 데이터가 특정 경계로 정렬되지 않으면 예외를 발생시키는 경우도 있다).

이와 같은 점을 염두에 두고 컴파일된 코드에서 구조체가 어떻게 처리되는지 살펴보자. 배열의 경우와 마찬가지로 구조체 필드에 대한 접근은 구조체의 기본 주소에 접근하고자 하는 구조체 필드의 오프셋을 더해 이뤄진다. 하지만, 배열의 경우에는 오프셋을 제공된 인덱스 값을 이용(배열의 각 요소의 크기가 동일하기 때문)해서 프로그램이 실행될 때 계산될 수 있지만 구조체 필드에 대한 오프셋은 컴파일 시 계산돼야하며, 컴파일된 코드에서는 고정된 오프셋으로 표현된다. 이는 상수 인덱스를 이용하는 배열 참조와 거의 동일한 형태를 갖는다.

기드라에서 구조체를 만드는 것은 배열의 경우보다 복잡하므로 다음 절에서 디스어셈블된 구조체와 디컴파일된 구조체의 예를 몇 가지 살펴보고 설명한다.

전역으로 할당된 구조체

전역으로 할당된 배열의 경우처럼 전역으로 할당된 구조체의 주소는 컴파일을 수행할 때 알 수 있다. 이를 통해 컴파일러는 구조체의 각 멤버 주소를 계산할 수 있어 프로그램이 실행될 때 추가적인 주소 계산이 필요 없어지게 된다. 전역으로 할당된 구조체에 접근하는 프로그램을 살펴보자.

```
struct ch8_struct global_struct;
int main() {
    global_struct.field1 = 10;
    global_struct.field2 = 20;
    global_struct.field3 = 30;
    global_struct.field4 = 40;
    global_struct.field5 = 50.0;
}
```

프로그램을 디폴트 정렬 옵션으로 컴파일하면 다음과 같은 형태의 디스어셈블리 코드를 보게 될 것이다.

```
        undefined main()
            undefined      AL:1              <RETURN>
001005fa PUSH    RBP
001005fb MOV     RBP,RSP
001005fe MOV     dword ptr [DAT_00301020],10
00100608 MOV     word ptr [DAT_00301024],20
00100611 MOV     byte ptr [DAT_00301026],30
00100618 MOV     dword ptr [DAT_00301028],40
00100622 MOVSD   XMM0,qword ptr [DAT_001006c8]
0010062a MOVSD   qword ptr [DAT_00301030],XMM0
00100632 MOV     EAX,0x0
00100637 POP     RBP
00100638 RET
```

이 디스어셈블리 코드에서는 구조체의 멤버에 접근하고자 어떤 수학적인 연산도 수행하지 않는다. 그리고 소스코드가 없다면 이 어셈블리 코드만으로는 구조체가 사용됐다고 확실히 말할 수 없다. 컴파일러가 컴파일을 수행하면서 모든 오프셋을 계산해놨기 때문에 하나의 구조체에 있는 5개의 필드를 참조하는 것이 아닌 5개의 전역 변수를 참조하는 것처럼 보인다. 따라서 전역으로 할당돼 상수 인덱스 값을 이용하는 앞의 배열 예제와 코드가 비슷하다는 것을 확인할 수 있어야 한다.

그림 8-2를 보면 균일한 오프셋에 값이 할당되는 것을 볼 수 있으며, 이를 기반으로 배열을 처리하고 있다고 (정확하게) 추측할 수 있다. 하지만 지금 살펴보는 예제에서는 배열의 크기가 균일하지 않기 때문에(각각 dword, word, byte, dword, qword) 배열이 아니라고 판단할 수 있지만, 그렇다고 구조체를 처리하고 있다고 확신활 수 있는 충분한 증거는 없다.

스택에 할당된 구조체

스택에 할당된 배열의 경우처럼 스택에 할당된 구조체는 스택 레이아웃만으로는 인식하기 어렵고 컴파일러 또한 추가적인 정보를 제공하지 않는다. 앞선 예제를 스택에 할당된 구조체를 이용하는 형태로 변경하면 다음과 같은 디스어셈블리 코드를 볼 수 있다.

```
    undefined main()
        undefined       AL:1              <RETURN>
        undefined8      Stack[-0x18]:8    local_18
        undefined4      Stack[-0x20]:4    local_20
        undefined1      Stack[-0x22]:1    local_22
        undefined2      Stack[-0x24]:2    local_24
        undefined4      Stack[-0x28]:4    local_28
001005fa PUSH    RBP
001005fb MOV     RBP,RSP
001005fe MOV     dword ptr [RBP + local_28],10
00100605 MOV     word ptr [RBP + local_24],20
0010060b MOV     byte ptr [RBP + local_22],30
0010060f MOV     dword ptr [RBP + local_20],40
00100616 MOVSD   XMM0,qword ptr [DAT_001006b8]
0010061e MOVSD   qword ptr [RBP + local_18],XMM0
00100623 MOV     EAX,0x0
00100628 POP     RBP
00100629 RET
```

이 경우에도 컴파일러는 컴파일러를 수행하는 동안 스택 프레임 내에 있는 각 구조체의 필드에 대한 상대적인 오프셋을 결정할 수 있기 때문에 구조체의 필드에 접근하기 위한 추가적인 연산을 수행할 필요가 없다. 하지만 5개의 개별 필드를 포함하는 단일 변수가 아닌 5개의 개별 변수를 사용하고 있다고 잘못된 그림을 그린다. 사실 local_28은 24바이트 구조체의 시작을 나타내고 다른 변수들은 구조체 내의 각 필드를 반영하도록 형식을 지정해야 한다.

힙에 할당된 구조체

힙에 할당된 구조체는 구조체의 크기와 그 안에 있는 필드의 구조에 대해 더 많은 것을 보여준다. 프로그램 힙에 구조체가 할당되면 컴파일러는 컴파일을 수행하는 동안에 구조체의 주소를 알 수 없기 때문에 구조체의 필드에 접근할 때마다 적절한 필드의 주소를 계산하는 코드를 생성할 수밖에 없다. 전역으로 할당된 구조체의 경우 컴파일러는 그것의 고정된 시작 주소를 계산할 수 있다. 스택에 할당된 구조체의 경우에 컴파일러는 구조체의 시작 주소와 스택 프레임 포인터 사이의 고정된 관계를 계산할 수 있다. 하지만 구조체가 힙에 할당되는 경우 컴파일러가 사용할 수 있는 것은 구조체의 시작 주소에 대한 포인터뿐이다.

힙에 할당된 구조체를 설명하고자 동일한 예제 프로그램의 main 함수 내에서 포인터를 선언하고 구조체를 담을 수 있는 충분한 메모리 공간을 할당하도록 수정했다.

```
int main() {
  struct ch8_struct *heap_struct;
  heap_struct = (struct ch8_struct*)malloc(sizeof(struct ch8_struct));
  heap_struct->field1 = 10;
  heap_struct->field2 = 20;
  heap_struct->field3 = 30;
  heap_struct->field4 = 40;
  heap_struct->field5 = 50.0;
}
```

다음은 수정한 코드에 대한 디스어셈블리 코드다.

```
     undefined main()
        undefined      AL:1              <RETURN>
        undefined8     Stack[-0x10]:8    heap_struct
0010064a PUSH    RBP
0010064b MOV     RBP,RSP
0010064e SUB     RSP,16
00100652 MOV     EDI,24❶
00100657 CALL    malloc
0010065c MOV     qword ptr [RBP + heap_struct],RAX
00100660 MOV     RAX,qword ptr [RBP + heap_struct]
00100664 MOV     dword ptr [RAX],10❷
0010066a MOV     RAX,qword ptr [RBP + heap_struct]
0010066e MOV     word ptr [RAX + 4],20❸
00100674 MOV     RAX,qword ptr [RBP + heap_struct]
00100678 MOV     byte ptr [RAX + 6],30❹
0010067c MOV     RAX,qword ptr [RBP + heap_struct]
00100680 MOV     dword ptr [RAX + 8],40❺
00100687 MOV     RAX,qword ptr [RBP + heap_struct]
0010068b MOVSD   XMM0,qword ptr [DAT_00100728]
00100693 MOVSD   qword ptr [RAX + 16],XMM0❻
00100698 MOV     EAX,0x0
0010069d LEAVE
0010069e RET
```

위 코드로 구조체의 정확한 크기와 레이아웃을 알 수 있다. 즉, 구조체의 크기는 malloc으로 전달된 메모리의 양을 근거로 24바이트❶라고 추론할 수 있다. 그리고 구조체는 다음과 같은 필드를 포함하고 있다.

- 오프셋 0에 4바이트(dword) 필드 ❷
- 오프셋 4에 2바이트(word) 필드 ❸
- 오프셋 6에 1바이트 필드 ❹
- 오프셋 8에 4바이트(dword) 필드 ❺

- 오프셋 16에 8바이트(qword) 필드 ❻

부동소수점 명령(MOVSD)의 사용을 기반으로 qword 필드가 실제로 double 타입이라고 추론할 수 있다.

1바이트 정렬로 구조체를 압축하도록 컴파일하면 다음과 같은 디스어셈블리 코드를 얻을 수 있다.

```
0010064a  PUSH   RBP
0010064e  SUB    RSP,16
00100652  MOV    EDI,19
00100657  CALL   malloc
0010065c  MOV    qword ptr [RBP + local_10],RAX
00100660  MOV    RAX,qword ptr [RBP + local_10]
00100664  MOV    dword ptr [RAX],10
0010066a  MOV    RAX,qword ptr [RBP + local_10]
0010066e  MOV    word ptr [RAX + 4],20
00100674  MOV    RAX,qword ptr [RBP + local_10]
00100678  MOV    byte ptr [RAX + 6],30
0010067c  MOV    RAX,qword ptr [RBP + local_10]
00100680  MOV    dword ptr [RAX + 7],40
00100687  MOV    RAX,qword ptr [RBP + local_10]
0010068b  MOVSD  XMM0,qword ptr [DAT_00100728] =
00100693  MOVSD  qword ptr [RAX + 11],XMM0
00100698  MOV    EAX,0x0
0010069d  LEAVE
0010069e  RET
```

유일한 변경 사항은 더 작은 구조체 크기(현재 19바이트)와 구조체의 각 필드가 재정렬됨으로써 그것을 고려해 조정된 오프셋이다.

프로그램을 컴파일할 때 사용된 구조체 필드의 정렬 방식과 상관없이 주어진 데이터 구조체의 크기와 레이아웃을 판단하는 가장 빠른 방법은 프로그램 힙에 할당돼 처리되는 구조체를 찾는 것이다. 하지만 많은 함수가 구조체의 레이아웃을 이해하는 데 도움이 되게 구조체의 모든 필드에 바로 접근해주지는 않는다. 따라서 구조체에 대한 포인터 사용을 따라가면서 포인터가 역참조될 때마다 그때 사용되는 오프셋을 기록해야 한다. 그리고 그렇게 모든 정보를 합쳐 구조체의 완벽한 레이아웃을 알아내야 한다. 19장에서는 디컴파일러가 이와 같은 작업을 어떻게 수행하는지 살펴본다.

구조체 배열

일부 프로그래머는 복합 데이터 구조체의 장점을 구조체 배열, 구조체 안의 구조체, 배열을 멤버로 갖는 구조체 등과 같이 더 큰 구조체 안에 작은 구조체를 중첩시킴으로써 임의의 복잡한 구조체를 만들 수 있다고 한다. 앞서 설명한 배열과 구조체에 대한 내용은 중첩된 데이터 타입에도 적용된다. 예를 들어 5개의 **ch8_struct** 구조체로 이뤄진 배열을 구성 요소로 갖는 **heap_struct**가 있다고 생각해보자.

```
int main() {
    int idx = 1;
    struct ch8_struct *heap_struct;
    heap_struct = (struct ch8_struct*)malloc(sizeof(struct ch8_struct) * 5);
    heap_struct[idx].field1 = 10;
}
```

field1에 액세스하려면 인덱스 값에 배열 요소의 크기(이 경우에는 구조체의 크기)를 곱한 다음 원하는 필드에 대한 오프셋을 더해야 한다. 위 코드에 대한 디스어셈블리 코드는 다음과 같다.

```
    undefined main()
        undefined      AL:1                 <RETURN>
        undefined4     Stack[-0xc]:4         idx
        undefined4     Stack[-0x18]:8        heap_struct
0010064a PUSH    RBP
```

```
0010064b  MOV      RBP,RSP
0010064e  SUB      RSP,16
00100652  MOV      dword ptr [RBP + idx],1
00100659  MOV❶     EDI,120
0010065e  CALL     malloc
00100663  MOV      qword ptr [RBP + heap_struct],RAX
00100667  MOV      EAX,dword ptr [RBP + idx]
0010066a  MOVSXD   RDX,EAX
0010066d  MOV❷     RAX,RDX
00100670  ADD      RAX,RAX
00100673  ADD      RAX,RDX
00100676  SHL❸     RAX,3
0010067a  MOV      RDX,RAX
0010067d  MOV      RAX,qword ptr [RBP + heap_struct]
00100681  ADD❹     RAX,RDX
00100684  MOV❺     dword ptr [RAX],10
0010068a  MOV      EAX,0
0010068f  LEAVE
00100690  RET
```

위 함수는 힙에 120바이트❶를 할당한다. RAX에 있는 배열 인덱스는 배열의 시작
주소에 더해지기❹ 전에 SHL RAX, 3❸으로 끝나는 일련의 연산❷에 의해 24가 곱해
진다(❷부터 시작하는 열련의 연산이 24를 곱하는 것이라고 쉽게 알아내지 못하더라도 걱정할 필요는 없다. 이런 형태의
코드는 20장에서 다룬다). field1은 구조체의 첫 번째 멤버이기 때문에 field1에 값을 할당
하기❺ 위한 최종 주소를 구하고자 추가적인 오프셋을 더하지 않아도 된다. 이러한
사실로부터 배열 요소의 크기(24)와 배열이 몇 개의 요소로 구성돼 있는지(120/24
= 5) 그리고 각 배열 요소의 오프셋 0에 있는 필드는 4바이트(dword)라는 것을 추론할
수 있다. 위의 짧은 코드만으로는 각 구조체의 나머지 20바이트가 어떤 필드로
구성되는지 알 수 있는 충분한 정보를 얻을 수 없다. 배열의 크기는 그림 8-7의
디컴파일 코드(16진수 0x18은 10진수로 24)에서 사용하는 식과 동일한 방식으로 쉽게 추론
할 수 있다.

```
Decompile: main - (heap_struct_array_demo_x64_stripped)

1
2   undefined8 main(void)
3
4   {
5     void *pvVar1;
6
7     pvVar1 = malloc(120);
8     *(undefined4 *)((long)pvVar1 + 0x18) = 10;
9     return 0;
10  }
```

그림 8-7: 힙에 할당된 구조체 배열을 갖고 있는 함수에 대한 Decompiler 창의 내용

기드라에서 구조체 만들기

7장에서는 긴 데이터 선언 목록을 배열로 나타냄으로써 배열을 하나의 디스어셈블리 라인으로 표현하는 방법을 살펴봤다. 이번에는 구조체를 처리하는 코드의 가독성을 개선하기 위한 기드라의 기능을 살펴볼 것이다. 여기서의 목표는 [EDX + 10h]와 같은 난해한 구조체 참조가 아닌 [EDX + ch8_struct.field_e]와 같은 읽기 쉬운 형태로 변경하는 것이다.

프로그램이 데이터 구조체를 처리하는 부분을 발견할 때마다 구조체 필드의 이름을 디스어셈블리 코드에 통합할지 여부를 결정하거나 코드 여기저기에 존재하는 오프셋 값을 이해할 수 있는지 판단해야 한다. 경우에 따라 기드라는 C 표준 라이브러리 또는 윈도우 API의 일부로 정의된 구조체를 사용하고 있다고 인식하면 해당 구조체의 정확한 레이아웃 정보를 이용해서 코드에 있는 오프셋 값을 심볼 필드 이름으로 변환해주기도 한다. 그런 경우는 딱히 추가적인 작업이 필요 없기 때문에 이상적인 경우라고 할 수 있다.

새로운 구조체 만들기

기드라가 구조체에 대한 레이아웃 정보를 갖고 있지 않다면 데이터를 직접 선택하고 마우스 오른쪽 버튼의 메뉴를 이용해서 구조체를 직접 만들 수 있다. Data ▶ Create Structure(단축키는 Shift + [) 메뉴를 선택하면 그림 8-8과 같은 Create Structure 창을 볼 수 있다. 구조체를 만들고자 데이터 블록(정의되거나 정의되지 않을 수 있음)을 지정했기 때문에 기드라는 기존에 정의된 구조체 중에서 동일한 구조나 동일한 크기를 가진 것이 있는지 찾아내려고 노력한다. Create Structure 창에서 기존에 정의된 구조체 중 하나를 선택하거나 새로운 구조체를 만들 수 있다. 여기서는 앞서 설명한 전역으로 할당된 구조체 예제 코드를 사용하고 있으므로 ch8_struct라는 새로운 구조체를 생성한다. OK 버튼을 클릭하면 새로 만든 구조체는 Data Type Manager 창의 공식적인 타입으로 지정되며, 관련 정보가 다른 CodeBrowser 창으로 전파된다.

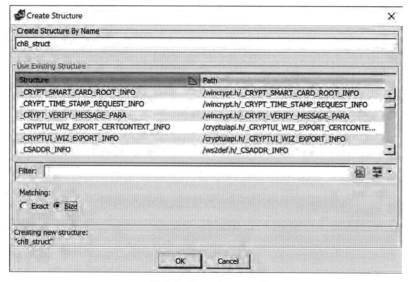

그림 8-8: Create Structure 창

구조체를 새로 만든 것이 연결된 CodeBrowser 창들에 어떤 영향을 미쳤는지 알아보자. 먼저 Listing 창부터 살펴보자. 앞에서도 봤듯이 디스어셈블리 코드를 보면 구조체 처리 코드는 관련이 없는 것처럼 보이는 일련의 전역 변수들을 처리하는 것처럼 보이기 때문에 어느 정도 힌트를 얻을 수 있다.

```
001005fa  PUSH   RBP
001005fb  MOV    RBP,RSP
001005fe  MOV    dword ptr [DAT_00301020],10
00100608  MOV    word ptr [DAT_00301024],20
00100611  MOV    byte ptr [DAT_00301026],30
00100618  MOV    dword ptr [DAT_00301028],40
00100622  MOVSD  XMM0,qword ptr [DAT_001006c8]
0010062a  MOVSD  qword ptr [DAT_00301030],XMM0
00100632  MOV    EAX,0
00100637  POP    RBP
00100638  RET
```

00301020 ~ 00301037 영역을 선택해서 관련 구조체를 생성하면 구조체 안의 개별
데이터 아이템이 ch8_struct_00301020이라는 이름의 구조체와 연결되는 것을 볼
수 있다. 그리고 구조체 안의 개별 필드들의 이름이 field_로 시작하며 첫 번째
필드로부터의 오프셋 값이 field_ 다음에 이어진다.

```
00401035  POP    EBP
001005fb  MOV    RBP,RSP
001005fe  MOV    dword ptr [ch8_struct_00301020],10
00100608  MOV    word ptr [ch8_struct_00301020.field_0x4],20
00100611  MOV    byte ptr [ch8_struct_00301020.field_0x6],30
00100618  MOV    dword ptr [ch8_struct_00301020.field_0x8],40
00100622  MOVSD  XMM0,qword ptr [DAT_001006c8]
0010062a  MOVSD  qword ptr [ch8_struct_00301020.field_0x10],XMM0
00100632  MOV    EAX,0
00100637  POP    RBP
00100638  RET
```

구조체 생성으로 디스어셈블리 코드가 변경된 것을 확인할 수 있다. Decompiler
창에서는 구조체나 배열로 변환할 수 있다는 경고를 제공해준다는 사실을 상기하

길 바란다. 구조체를 생성하고 나면 Decompiler 창에서는 그림 8-9처럼 경고가 사라지고 원래 C 코드와 좀 더 가까운 형태로 디컴파일된 것을 보여준다.

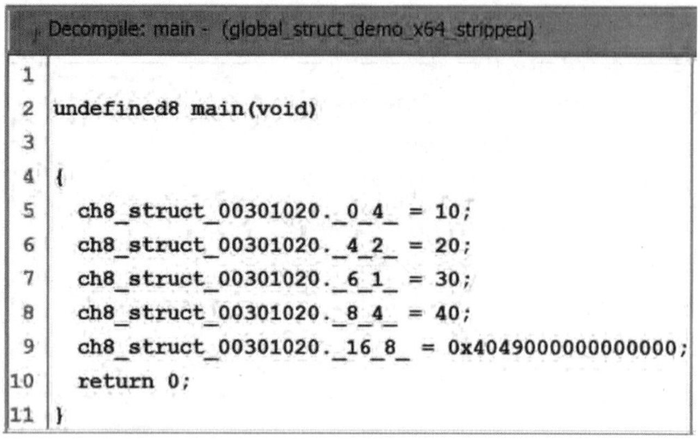

```
Decompile: main - (global_struct_demo_x64_stripped)
1
2    undefined8 main(void)
3
4    {
5      ch8_struct_00301020._0_4_ = 10;
6      ch8_struct_00301020._4_2_ = 20;
7      ch8_struct_00301020._6_1_ = 30;
8      ch8_struct_00301020._8_4_ = 40;
9      ch8_struct_00301020._16_8_ = 0x4049000000000000;
10     return 0;
11   }
```

그림 8-9: 구조체 생성 후의 Decompiler 창

공용체

공용체(union)는 구조체와 유사한 구조를 갖는다. 구조체와 공용체의 주요 차이점은, 구조체의 필드는 고유한 오프셋과 전용 메모리 공간을 갖는 반면 공용체의 필드는 모두 오프셋 0에서 시작해 서로 메모리 공간이 겹친다는 것이다. 즉, 공용체의 모든 필드는 동일한 메모리 공간을 공유한다. 기드라의 Union Editor 창은 Structure Editor 창과 유사하며 기능도 기본적으로 동일하다.

새로 만들어진 구조체는 CodeBrowser의 Data Type Manager 창에 새로운 타입으로 등록된다. 그림 8-10은 Data Type Manager 창에 새로 등록된 구조체인 **ch8_struct** 와 그것이 사용된 모든 코드 목록을 보여준다.

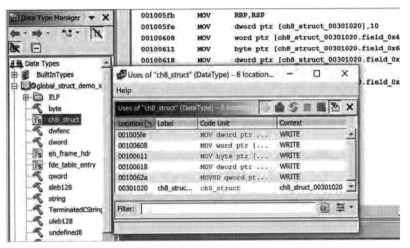

그림 8-10: 새로 선언된 구조체에 대한 Data Type Manager 창과 References 창의 내용

구조체 필드 수정

구조체를 새로 만들면 기드라는 새로 만든 구조체를 정의된 데이터 타입(데이터의 크기와 사용 방법을 바탕으로 식별한 데이터 타입)이 아닌 각각의 구조체 필드에 상호 참조를 가진 정의되지 바이트의 연속적인 집합으로 표시한다. 구조체 필드들의 타입을 정의하려면 구조체를 수정하면 된다. 구조체 필드의 타입을 수정하려면 Listing 창에서 마우스 오른쪽 버튼을 클릭하고 적절한 Data 옵션을 선택하면 된다. 또는 Data Type Manager 창에서 수정할 구조체를 더블클릭해 수정할 수도 있다.

Data Type Manager 창(그림 8-10)에서 새로 생성한 구조체를 더블클릭하면 Structure Editor 창(그림 8-11)이 나타나고 Structure Editor 창에서는 24개의 정의되지 않은 타입의 요소들(모두 길이가 1)을 보여준다. 구조체 안에 있는 필드의 개수와 필드 각각의 크기, 타입을 판단하려면 디스어셈블리 코드를 자세히 조사하거나 그림 8-9에서처럼 디컴파일러가 제공하는 코드를 살펴봐야 한다.

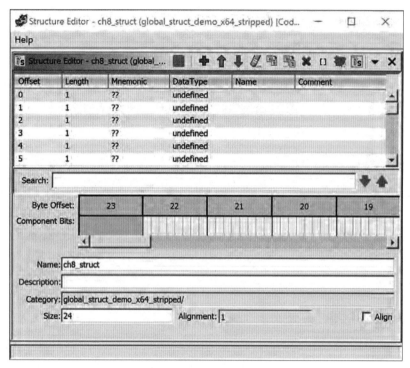

그림 8-11: Structure Editor 창

새로 생성한 구조체를 포함하는 원래의 디컴파일된 코드에서는 구조체 **ch8_struct_00301020** 내부의 5개 필드가 참조되는 것을 보여줬고 각 필드의 이름은 2개의 정수를 포함했다. 첫 번째 정수는 구조체의 베이스 주소로부터의 오프셋을 나타내고, 두 번째 정수는 해당 필드의 크기를 나타낸다. Structure Editor 창에서 이와 같은 정보를 이용해 각 필드의 이름과 크기 등을 변경할 수 있다. Structure Editor 창의 Byte Offset/Component Bits 스크롤바는 구조체를 시각적으로 표현해서 보여준다. 구조체의 필드를 수정하면 Decompiler 창(그림 8-12의 왼쪽 창)과 Listing 창 그리고 연관된 다른 창의 내용도 수정된 내용으로 업데이트된다.

field_c가 문자 타입이기 때문에 디컴파일러는 정수 30을 아스키 문자 타입(0x1e, 출력할 수 없는 제어문자(RS))으로 변환시켰다. Structure Editor 창에서는 적절한 필드 정렬을 위해 패딩 바이트(??로 표시된 니모닉)를 보여주며 각 필드의 오프셋과 구조체의 전체 크기(24바이트)를 보면 앞서 살펴본 구조체와 동일함을 알 수 있다.

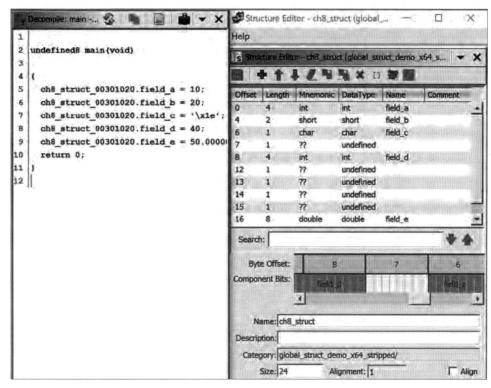

그림 8-12: 구조체 필드를 수행한 이후의 Decompiler와 Structure Editor 창

구조체의 레이아웃 적용

기존의 구조체를 특정 메모리 레이아웃과 연결해서 구조체를 새로 정의하는 방법을 살펴봤다. 그리고 구조체에 대한 정의를 변경함에 따라 CodeBrowser의 다른 창에 변경 내용이 어떻게 전파되는지도 살펴봤다. [EBX+8]과 같은 모호한 메모리 참조를 [EBX+ch8_struct.field_d]와 같이 구조체 필드의 오프셋 숫자를 심볼로 변경하면 의미 있는 이름으로 지정할 수가 있어 코드의 가독성을 높일 수 있다. 즉, 기드라의 계층적인 표기법을 사용하면 어떤 타입의 구조체에 접근하는지 그리고 해당 구조체의 어떤 필드에 접근하는 것인지 명확하게 보여줄 수 있다.

기드라는 공통 C 헤더 파일을 분석해 구조체의 레이아웃을 자신이 알고 있는 정보로 채운다. 구조체 레이아웃은 구조체의 전체 크기와 이름, 구조체 안에 있는 각 필드의 크기와 시작 오프셋을 정의한다. 데이터 섹션에 관련된 내용이 없더라도 구조체 레이아웃을 사용할 수 있으며, 이는 특히 구조체 포인터를 처리할 때 유용하다.

[reg+N]과 같은 형태(reg는 레지스터 이름이고 N은 작은 상수, 예를 들면 [RAX+0x12])의 메모리 참조를 발견한다면 reg는 구조체에 대한 포인터이고 N은 reg가 가리키는 메모리의 오프셋을 의미한다. 이는 구조체의 멤버에 접근하는 일반적인 패턴이다. 즉, reg는 구조체의 시작 부분을 가리키고 N은 구조체의 오프셋 N에 있는 필드를 의미한다. 경우에 따라 기드라는 여러분의 도움으로 메모리 참조 부분을 정리해 참조되는 구조체의 타입과 해당 구조체 안의 특정 필드에 내용을 반영할 수 있다.

앞서 살펴본 예제 중 서버에서 HTTP 페이지를 요청하는 예제의 32비트 버전을 살펴보자. HTTP 요청은 get_page라는 이름의 함수에서 수행된다. 이 함수에 대해서 기드라는 스택에 할당된 3개의 파라미터를 받는다고 분석한다. 함수에 전달되는 파라미터는 다음과 같다.

```
undefined get_page(undefined4 param_1, undefined param_2...
    undefined    AL:1            <RETURN>
    undefined4   Stack[0x4]:4    param_1
    undefined    Stack[0x8]:1    param_2
    undefined4   Stack[0xc]:4    param_3
```

Decompiler 창에서는 param_3이 connect를 호출할 때 어떤 오프셋 값으로 사용된다고 표현하고 있다.

```
iVar1=connect(local_14,*(sockaddr **)(param_3+20),*(socklen_t*)(param_3+16));
```

함수 호출 부분과 호출된 함수의 반환 값을 조사해보면 param_3이 addrinfo 구조체에 대한 포인터라고 판단할 수 있고, 따라서 param_3을 addrinfo*로 타입을 지정

(Listing 창이나 Decompiler 창에서 Ctrl + L 키 이용)할 수 있다. 그러면 디컴파일된 코드에서 param_3 부분이 좀 더 많은 정보를 나타내는 형태로 변경된다.

```
iVar1 = connect(local_14, param_3->ai_addr, param_3->ai_addrlen);
```

즉, 포인터를 이용한 산술 연산이 구조체 필드에 대한 참조 형태로 변경된다. 소스 코드에서 포인터에 대한 산술 연산은 직관적이지 않다. 프로그램 변수에 대한 데이터 타입을 업데이트하려고 노력하는 것은 그만한 가치가 있다. 또한 다른 동료가 param_3의 타입을 추론하는 데 필요한 시간을 절약시킬 수 있고, 해당 변수의 타입을 알아내고자 코드를 재분석할 필요가 없어지게 된다. 결국 동료는 해변에서 휴가를 마치고 돌아와 감사를 표할 것이다.

C++ 리버싱의 기본

C++의 클래스는 C 구조체를 객체지향으로 확장한 것이므로 컴파일된 C++ 코드를 분석해 데이터 구조를 살펴보는 것으로 구조체에 대한 설명을 마무리하는 것은 의미가 있다고 할 수 있다. 이 책에서는 C++ 자체에 대한 자세한 설명은 하지 않을 것이다. 여기에서는 마이크로소프트의 C++ 컴파일러와 GNU의 g++ 컴파일러에 대한 내용과 둘 간의 몇 가지 차이점을 설명한다.

C++ 언어를 잘 이해하고 있다면 컴파일된 C++ 바이너리를 이해하는 데 큰 도움이 된다. 상속과 다형성 같은 객체지향 개념은 소스코드 레벨에서 완벽히 이해하기에는 충분히 어려운 개념이다. 따라서 그런 개념들을 소스코드 레벨에서의 이해 없이 어셈블리 코드 레벨에서 이해하려고 한다면 좌절을 맛보게 될 것이다.

this 포인터

this 포인터는 모든 비정적 C++ 멤버 함수에서 사용할 수 있다. 멤버 함수가 호출되면 this 포인터는 해당 함수를 호출하는 데 사용된 객체를 가리키도록 초기화된다. 다음과 같은 C++의 함수 호출 부분을 살펴보자.

```
// object1와 object2 그리고 *p_obj는 모두 동일한 타입이다.
object1.member_func();
object2.member_func();
p_obj->member_func();
```

member_func 함수에 대한 3개의 호출은 각각 &object1, &object2, p_obj 값을 이용한다.

this 포인터를 모든 비정적 멤버 함수에 전달되는 숨겨진 첫 번째 파라미터라고 생각하는 것이 가장 쉽다. 6장에서도 설명했듯 마이크로소프트 C++ 컴파일러는 thiscall 호출 규약을 사용해서 this 포인터를 ECX 레지스터(x86)나 RCX 레지스터(x86-x64)로 전달한다. GNU g++ 컴파일러는 this 포인터를 비정적 멤버 함수에 전달되는 첫 번째(가장 왼쪽) 파라미터인 것처럼 처리한다. 32비트 리눅스 x86 시스템에서는 함수 호출을 위해 사용되는 객체의 주소를 함수를 호출하기 전에 스택의 최상단에 PUSH한다. 반면에 리눅스 x86-64 시스템에서는 this 포인터를 첫 번째 레지스터 파라미터인 RDI로 전달된다.

리버스 엔지니어의 관점에서 보면 함수를 호출하기 직전에 주소를 ECX 레지스터로 이동시키는 것은 2가지를 나타내는 표시가 될 수 있다. 첫 번째는 마이크로소프트의 C++ 컴파일러로 컴파일됐다고 생각할 수 있고, 두 번째는 호출되는 함수가 멤버 함수라고 가정할 수 있다는 것이다. 그리고 둘 이상의 함수에 동일한 주소가 전달된다면 그 함수들은 동일한 클래스 계층 구조에 속한 것이라고 판단할 수 있다.

함수 내에서 ECX를 초기화하기 전에 그것을 사용한다는 것은 함수 호출자가 ECX를 초기화(6장의 '레지스터 기반의 파라미터' 절을 참고)했다는 의미가 되며 그것은 해당 함수(단순히

_{fastcall 호출 규약을 사용하는 것일 수도 있지만)}가 멤버 함수라는 것을 가리킨다. 또한 멤버 함수가 **this** 포인터를 다른 함수에 전달한다면 해당 함수도 동일한 클래스의 멤버 함수라고 추론할 수 있다.

GNU **g++**로 컴파일된 코드의 경우에는 **this** 포인터가 함수에 전달되는 일반적인 첫 번째 파라미터로 보이기 때문에 멤버 함수를 호출하는 것이라고 쉽게 판단하기는 어렵다. 하지만 포인터가 첫 번째 파라미터로 전달되지 않는 함수의 경우에는 멤버 함수가 아니라고 확신할 수 있다.

가상 함수와 Vftable

가상 함수^{virtual function}는 C++ 프로그램에서 다형성을 가능하게 해준다. 가상 함수를 포함하고 있는 클래스를 위해 컴파일러는 클래스 안의 가상 함수에 대한 포인터를 갖고 있는 테이블인 **vftable**(또는 vtable)을 만든다. 가상 함수를 포함하고 있는 클래스의 모든 인스턴스에는 클래스의 **vftable**을 가리키는 추가적인 데이터 멤버가 주어진다. **vftable** 포인터는 클래스 인스턴스 내의 첫 번째 데이터 멤버로 할당되며, 프로그램이 실행돼 해당 객체가 생성될 때 객체의 생성자는 **vftable** 포인터가 적절한 **vftable**을 가리키게 **vftable** 포인터의 값을 설정한다. 객체가 가상 함수를 호출할 때는 해당 객체의 **vftable**에서 호출 대상 함수를 찾는다. 따라서 **vftable**은 런타임 시 가상 함수 호출이 제대로 수행되게 만들어주는 기본적인 메커니즘을 제공한다.

예제를 보면 **vftable**이 어떻게 사용되는지 명확해질 것이다. 다음과 같은 C++ 클래스 정의가 있다고 생각해보자.

```
class BaseClass {
  public:
    BaseClass();
  ❶ virtual void vfunc1() = 0❷;
```

```
      virtual void vfunc2();
      virtual void vfunc3();
      virtual void vfunc4();
    private:
      int x;
      int y;
  };
  class SubClass : public BaseClass❸{
    public:
      SubClass();
  ❹ virtual void vfunc1();
      virtual void vfunc3();
      virtual void vfunc5();
    private:
      int z;
  };
```

SubClass는 BaseClass❸를 상속한다. BaseClass는 4개의 가상 함수❶를 포함하고
있다. 반면에 SubClass는 5개❹(4개는 BaseClass의 상속하며 그중 2개는 오버라이드한 가상 함수 그리고
나머지 하나는 새로운 가상 함수인 vfunc5)의 가상 함수를 포함하고 있다. BaseClass에서 vfunc1
은 vfunc1 = 0❷으로 인해 순수 가상 함수라는 것을 알 수 있다. 순수 가상 함수는
그것을 선언한 클래스에서는 구현 내용을 갖지 않으며 클래스가 구체화되는 서브
클래스에서 오버라이드돼야 한다. 다시 말하면 BaseClass::vfunc1이라는 이름의
함수는 존재하지 않으며 서브클래스가 그것의 구현을 제공할 때까지는 객체를 인
스턴스화할 수 없다. SubClass는 구현을 제공하므로 SubClass 객체를 인스턴스화
할 수 있다. 객체지향 개념에서 BaseClass::vfunc1은 추상 함수abstract function이며, 이
로 인해 BaseClass는 추상 클래스(즉, 구현 부분이 없는 함수를 포함하고 있기 때문에 해당 클래스를 직접
인스턴스화할 수 없는 불완전한 클래스)가 된다.

언뜻 보기에 BaseClass는 2개의 데이터 멤버를 포함하고 있고 SubClass는 3개의
데이터 멤버를 포함하는 있는 것처럼 보인다. 하지만 명시적으로 또는 상속을 통

해 가상 함수를 포함하는 모든 클래스는 **vftable** 포인터를 포함한다는 사실을 기억하길 바란다. 결과적으로 컴파일된 **BaseClass**는 3개의 데이터 멤버를 포함하며 인스턴스화된 **SubClass** 객체는 4개의 데이터 멤버를 포함하게 된다. 어느 경우 첫 번째 데이터 멤버는 **vftable** 포인터가 된다. **SubClass** 내에서 **vftable** 포인터는 **SubClass**를 위해 특별히 만들어지지 않고 실제로는 **BaseClass**로부터 상속된다. 이는 하나의 **SubClass** 객체를 동적으로 생성한 상태를 단순화된 메모리 구조를 그린 그림 8-13에서 확인할 수 있다. 객체가 생성될 때 새로운 객체의 **vftable** 포인터는 올바른 **vftable**(SubClass의 vftable)을 가리키게 초기화된다.

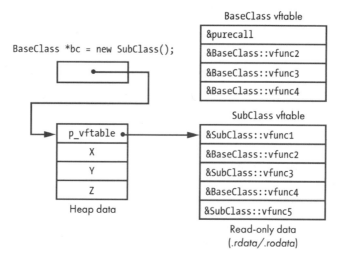

그림 8-13: 간단한 vftable 구조체

SubClass를 위한 **vftable**은 **BaseClass**에 속한 함수(BaseClass::vfunc2와 BaseClass::vfunc4)를 가리키는 2개의 포인터를 포함한다. **SubClass**는 두 함수를 오버라이드하지 않고 **BaseClass**에서 상속 받기 때문이다. **BaseClass**를 위한 **vftable**은 순수 가상 함수가 처리되는 방식을 보여준다. 순수 가상 함수인 BaseClass::vfunc1은 어떤 구현 코드도 갖고 있지 않기 때문에 **BaseClass**의 **vftable**에서 vfunc1 함수를 위한 부분에는 저장할 수 있는 주소가 없다. 그런 경우 컴파일러는 에러 처리 함수의 주소를 대신 저장한다(마이크로소프트 라이브러리에서는 purecall, GNU 라이브러리에서는 __cxa_pure_virtual). 이론적으로는 그런 함수가 호출돼서는 안 되지만 호출된다면 프로그램이 비정상적으로 종료된다.

기드라에서 클래스를 조작한다면 vftable 포인터를 고려해야만 한다. C++ 클래스는 C 구조체를 확장한 것이기 때문에 C++ 클래스의 레이아웃을 정의할 때 기드라의 구조체 정의 기능을 이용할 수 있다. 다형성 클래스에서는 vftable 포인터를 클래스 내의 첫 번째 필드로 포함해야 하며 객체의 전체 크기에서 vftable 포인터를 고려해야 한다. 이는 new 연산자를 사용해 객체를 동적으로 할당하는 것을 관찰해보면 명확히 알 수 있다. 즉, new 연산자에 전달되는 크기 값에는 클래스에서 명시적으로 선언된 필드들을 위해 필요한 공간과 vftable 포인터를 위한 공간이 포함된다.

다음 예에서 SubClass 객체가 동적으로 생성되고 그것의 주소가 BaseClass 포인터에 저장된다. 그리고 포인터는 call_vfunc 함수에 전달돼 vfunc3 함수를 호출하는데 사용된다.

```
void call_vfunc(BaseClass *bc) {
  bc->vfunc3();
}
int main() {
  BaseClass *bc = new Subclass();
  call_vfunc(bc);
}
```

vfunc3은 가상 함수이고 bc는 SubClass 객체를 가리키기 때문에 컴파일러는 SubClass::vfunc3가 호출되게 만들어야 한다. 마이크로소프트 C++ 버전의 call_vfunc 함수를 디스어셈블한 다음의 32비트 코드는 가상 함수 호출이 어떻게 이뤄지는지 보여준다.

```
     undefined __cdecl call_vfunc(int * bc)
```

```
        undefined       AL:1           <RETURN>
        int *           Stack[0x4]:4    bc
004010a0  PUSH   EBP
004010a1  MOV    EBP,ESP
004010a3  MOV    EAX,dword ptr [EBP + bc]
004010a6  MOV❶   EDX,dword ptr [EAX]
004010a8  MOV❷   ECX,dword ptr [EBP + bc]
004010ab  MOV❸   EAX,dword ptr [EDX + 8]
004010ae  CALL❹  EAX
004010b0  POP    EBP
004010b1  RET
```

vftable 포인터(SubClass의 vftable 주소)를 읽어 EDX에 저장❶한다. 그다음에는 this 포인터를 ECX로 이동❷시킨다. 그리고 vftable에서 세 번째 포인터(SubClass::vfunc3의 주소)를 읽어 EAX에 저장한다.❸ 마지막으로는 가상 함수를 호출❹한다.

vftable에서 원하는 함수의 주소를 찾는 것❸은 마치 구조체를 참조하는 작업과 매우 유사하다. 실제로 동일하며, 그렇기 때문에 클래스와 그것의 vftable을 새로운 구조체로 정의(Data Type Manager 창에서 마우스 오른쪽 버튼 클릭)할 수 있으며, 그렇게 정의된 구조체(그림 8-14)로 디스어셈블리 코드와 디컴파일된 코드를 좀 더 보기 쉽게 만들 수 있다.

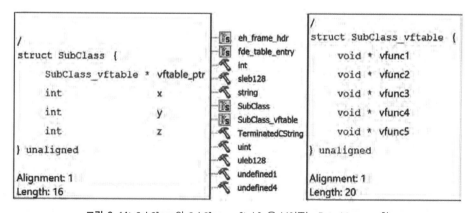

그림 8-14: SubClass와 SubClass_vftable을 보여주는 Data Manager 창

그림 8-15에서는 새로운 구조체에 대한 참조를 포함하고 있는 Decompiler 창의 내용을 보여준다.

```
 Decompile: call_vfunc - (call_vfunc.exe)

1
2  void __cdecl call_vfunc(SubClass *bc)
3
4  {
5    (*(code *)bc->vftable_ptr->vfunc3)();
6    return;
7  }
```

그림 8-15: SubClass 정의가 반영된 Decompiler 창

클래스의 **vftable**은 생성자와 소멸자 내에서만 직접 참조된다. 따라서 기드라의 데이터 상호 참조 기능(9장 참고)을 이용해 **vftable**을 찾으면 관련 클래스에 대한 모든 생성자와 소멸자를 빠르게 찾을 수 있다.

객체의 생명주기

객체가 생성되고 소멸되는 메커니즘을 이해하면 객체 계층 구조와 중첩된 객체 간의 관계를 알아낼 수 있고 클래스의 생성자와 소멸자 함수를 빠르게 식별할 수 있다.

생성자와 소멸자

클래스 생성자 함수는 클래스의 새로운 객체가 생성될 때 호출되는 초기화 함수다. 생성자는 클래스 내의 변수를 초기화할 수 있는 기회를 제공한다. 생성자의 반대는 소멸자다. 소멸자는 객체가 유효 범위를 벗어나거나 동적으로 할당된 객체가 명시적으로 삭제될 때 호출된다. 소멸자 함수는 오픈된 파일 관련 리소스나 동적으로 할당된 메모리를 해제하는 것과 같은 정리 작업을 수행한다. 따라서 소멸자를 제대로 작성하면 메모리 누수와 같은 것을 없앨 수 있다.

객체의 저장소 클래스^{storage class}는 언제 해당 객체의 생성자를 호출할 것인지 결정

한다.[1] 전역으로 할당되거나 정적으로 할당된 클래스static storage class의 생성자는 프로그램이 시작돼 main 함수가 실행되기 전에 호출된다. 스택에 자동 할당된 클래스automatic storage class의 생성자는 해당 객체가 선언된 함수 내에서 유효한 범위에 들어오면 호출된다.

---

new 연산자

new 연산자는 C에서 malloc으로 메모리를 동적으로 할당한 것처럼 C++에서 메모리를 동적으로 할당하고자 할 때 사용된다. 힙에 메모리를 할당하는 데 사용되며 프로그램이 실행 중에도 필요에 따라 new 연산자로 메모리 공간을 요청할 수 있다. malloc은 표준 라이브러리 함수이지만 new 연산자는 C++ 언어에 내장된 연산자다. C는 C++의 하위 집합이기 때문에 C++ 프로그램에서는 둘을 모두 사용할 수 있다. malloc과 new의 가장 큰 차이점은 객체를 대상으로 new를 호출하면 객체의 생성자가 암시적으로 호출되며 malloc이 반환한 메모리는 호출자가 사용할 수 있게 되기 전에 초기화되지 않는다는 것이다.

대부분의 경우 스택에 할당된 객체의 생성자는 해당 객체가 선언된 함수에 진입될 때 즉시 호출된다. 하지만 객체가 중첩된 블록 안에 선언돼 있다면 해당 블록의 코드가 실행되기 전까지는 객체의 생성자가 호출되지 않는다. 객체를 프로그램의 힙에 동적으로 할당하는 작업은 두 단계로 수행된다. 먼저 객체의 메모리를 할당하고자 new 연산자가 호출되고 그다음에는 해당 객체를 초기화하기 위한 생성자가 호출된다. 마이크로소프트 C++는 생성자를 호출하기 전에 new 연산자의 결과가 null인지 확인하지만 GNU g++는 그렇지 않다.

생성자가 실행되면 다음과 같은 일련의 작업이 수행된다.

1. 클래스가 부모 클래스를 갖고 있다면 부모 클래스의 생성자가 호출된다.
2. 클래스에 가상 함수가 포함돼 있다면 vftable 포인터가 해당 클래스의

---

1. 변수의 저장소 클래스는 프로그램이 실행되는 동안 변수의 수명을 대략적으로 정의한다. C에서 가장 일반적인 저장소 클래스로는 static과 auto가 있다. static 변수용 저장 공간은 프로그램이 실행되는 동안 유지된다. 반면 auto 변수는 함수 호출과 연관되며 호출된 함수가 수행되는 동안에만 유지된다.

vftable을 가리키게 초기화된다. 이로 인해 부모 클래스의 생성자에서 초기화된 **vftable** 포인터의 값이 변경될 수 있다.

3. 클래스가 객체 타입의 데이터 멤버를 포함하고 있으면 해당 데이터 멤버를 위한 개별적인 생성자가 호출된다.

4. 마지막으로 **new** 연산자로 생성하고자 하는 클래스의 생성자가 호출된다. 즉, 프로그래머가 해당 클래스를 위해 작성한 생성자 코드가 호출되는 것이다.

프로그램에서 생성자는 반환 타입을 지정하거나 어떤 값을 반환하지 않는다. 일부 컴파일러는 호출자가 이용할 수 있게 **this** 포인터를 반환하는 경우가 있다. 하지만 그것은 단지 컴파일러 구현의 구현 사항이며 C++ 프로그래머가 그것을 참조할 수는 없다.

소멸자는 소멸자라는 이름에서도 알 수 있듯이 어떤 객체의 수명이 다했을 때 호출된다. 전역이나 정적으로 선언된 객체의 경우에는 **main** 함수가 종료된 이후에 호출되는 정리 코드에서 소멸자가 호출된다. 스택에 할당된 객체의 경우에는 객체의 범위를 벗어날 때 소멸자가 호출된다. 힙에 할당된 객체의 경우에는 해당 객체에 할당된 메모리가 해제되기 직전에 **delete** 연산자에 의해 호출된다.

소멸자가 수행하는 작업은 생성자가 수행하는 작업을 반대로 수행한다는 점을 제외하고는 생성자의 작업과 유사하다.

1. 클래스에 가상 함수가 포함돼 있다면 해당 객체를 위한 **vftable** 포인터가 연관된 클래스를 위한 **vftable**을 가리키게 복원된다. 이는 서브클래스가 생성되는 과정에서 **vftable** 포인터를 덮어쓴 경우에 필요하다.

2. 소멸자를 위해 프로그래머가 작성한 코드가 실행된다.

3. 클래스에 객체 타입의 데이터 멤버가 포함돼 있는 경우에는 해당 데이터 멤버에 대한 소멸자가 실행된다.

4. 마지막으로 객체가 부모 클래스를 갖고 있다면 해당 부모 클래스의 소멸자가 호출된다.

부모 클래스의 생성자와 소멸자가 호출되는 시점을 이해하면 관련된 부모 클래스 함수에 대한 호출 체인을 통해 객체 상속의 계층 구조를 파악할 수 있다.

함수 오버로딩

오버로딩된 함수는 함수의 이름은 같고 파라미터가 다른 함수들이다. C++에서 오버로딩된 함수는 함수에 전달되는 파라미터의 타입과 순서 또는 파라미터의 수가 각기 달라야 한다. 다시 말하면 이름이 같은 함수가 여러 개 있다면 각 함수의 프로토타입은 모두 달라야한다. 그리고 오버로딩된 각 함수의 본문은 디스어셈블된 바이너리 내에서 고유하게 식별된다. 이는 함수에 전달되는 인자의 수가 가변이지만 함수의 본문이 하나인 printf와 같은 함수와 혼동해서는 안 된다.

네임 맹글링

이름 데코레이션^{name decoration} 또는 네임 맹글링^{name mangling}은 오버로딩된 버전의 함수를 구분하고자 C++ 컴파일러가 사용하는 메커니즘이다. 오버로딩된 함수에 대한 고유한 내부 이름을 생성하고자 컴파일러는 함수에 다양한 정보를 나타내는 문자들을 함수의 이름에 추가해 고유한 이름을 만든다. 즉, 함수(또는 그것을 소유하는 클래스)가 속한 네임스페이스나 함수가 속한 클래스 또는 함수에 전달되는 파라미터의 순서나 타입 등의 정보를 이용한다.

네임 맹글링은 C++ 프로그래밍 언어의 명세에 있는 것은 아니고 컴파일러가 구현하는 것이다. 따라서 컴파일러 제작사마다 자신의 고유한 네임 맹글링을 구현하고 그로 인해 종종 네임 맹글링 호환이 되지 않는 경우가 발생한다. 다행히 기드라는 마이크로소프트의 C++ 컴파일러와 GNU g++ v3과 그 이후 버전뿐만 아니라 일부 컴파일러가 사용하는 네임 맹글링 규약을 지원한다. 기드라는 네임 맹글링된 것 대신 FUN_address와 같은 형태의 이름을 제공한다. 네임 맹글링된 함수의 이름에는 함수의 시그니처에 대한 중요한 정보가 포함돼 있기 때문에 기드라는 그와 같은 정보를 Symbol Table 창에 포함시킬 뿐만 아니라 디스어셈블리 코드와 관련 창에도 적용한다(네임 맹글링된 함수의 이름 없이 함수의 시그니처를 판단하려면 함수로 전달되고 함수에서 반환되는 데이터를 많은 시간을 들여 분석해야 한다).

런타임 타입 식별

C++는 객체의 런타임 데이터 타입을 결정(typeid)하거나 확인(dynamic_cast)하기 위한 연산자를 제공한다. 그와 같은 연산자를 지원하고자 C++ 컴파일러는 프로그램 바이너리 안에 다형성 클래스를 위한 타입 정보를 포함시켜야 한다. typeid나 dynamic_cast 연산자가 런타임에 실행될 때 라이브러리 루틴은 참조되는 다형성 객체의 정확한 런타임 타입을 결정하고자 타입 관련 정보를 참조한다. 불행하게도 네임 맹글링과 마찬가지로 런타임 타입 식별^{RTTI, RunTime Type Identification} 또한 컴파일러의 구현 사항이기 때문에 RTTI 지원을 위한 구현 방법에 어떤 표준이 있는 것은 아니다.

마이크로소프트 C++ 컴파일러와 GNU g++의 RTTI에 대해 차이점과 유사점을 간단히 살펴볼 것이다. 특히 RTTI 정보를 찾는 방법과 RTTI 정보에서 클래스의 이름을 알아내는 방법을 살펴본다. 마이크로소프트의 RTTI 구현에 대해 좀 더 자세히 알고 싶다면 이 장의 끝부분에 제공하는 레퍼런스를 참고하길 바란다. 그것을 통해 다중 상속이 사용되는 경우 계층 구조를 따라가는 방법뿐만 아니라 클래스 상속에 대한 계층 구조를 탐색하는 방법을 알 수 있을 것이다.

다음은 다형성을 사용하는 간단한 프로그램이다.

```
class abstract_class {
  public:
    virtual int vfunc() = 0;
};
class concrete_class : public abstract_class {
  public:
    concrete_class(){};
    int vfunc();
```

```
  };
  int concrete_class::vfunc() {return 0;}
❶ void print_type(abstract_class *p) {
     cout << typeid(*p).name() << endl;
  }
  int main() {
     abstract_class *sc = new concrete_class();❷
     print_type(sc);
  }
```

print_type❶은 포인터 p가 가리키는 객체의 타입을 추력해주는 함수다. 위 코드의
경우에는 main 함수에서 concrete_class 객체❷가 만들어지기 때문에 print_type
함수는 "concrete_class"를 출력해야 한다. print_type 함수의 typeid는 p가 가리
키는 객체의 타입을 어떻게 알 수 있을까?

답은 놀랍게도 간단하다. 모든 다형성 객체는 vftable에 대한 포인터를 포함하고
있으므로 컴파일러는 클래스 타입 정보와 클래스의 vftable을 활용할 수 있다. 컴파
일러는 vftable을 소유한 클래스에 대한 정보를 포함하는 구조체를 가리키는 포인
터를 클래스 vftable 바로 앞에 위치시킨다. GNU g++ 코드에서 해당 포인터는 클래
스 이름에 대한 포인터를 갖고 있는 type_info 구조체를 가리키며 마이크로소프트
C++ 코드에서는 TypeDescriptor 구조체에 대한 포인터를 차례대로 포함하고 있는
마이크로소프트 RTTICompleteObjectLocator 구조체를 가리킨다. TypeDescriptor 구
조체는 다형성 클래스의 이름을 지정하는 문자 배열을 포함한다.

RTTI 정보는 typeid 또는 dynamic_cast 연산자를 사용하는 C++ 프로그램에서만
필요하다. 그리고 대부분의 컴파일러는 바이너리에서 RTTI가 필요하지 않는 경우
를 위해 RTTI 생성을 비활성화는 옵션을 제공한다. 따라서 vftable이 있음에도
컴파일된 바이너리에 RTTI 정보가 없다면 놀랄 필요가 없다.

마이크로소프트의 C++ 컴파일러로 빌드된 C++ 프로그램을 위해 기드라는 기본적
으로 활성화된 RTTI 분석기를 포함하고 있으며, 그것은 마이크로소프트 RTTI 구조

체를 식별해서 (있다면) 디스어셈블리 코드상에 해당 구조체에 대한 주석을 달아주고 Symbol Tree의 Classes 폴더에서는 RTTI 구조체에서 알아낸 클래스 이름을 활용한다. 기드라는 비윈도우 바이너리를 위한 RTTI 분석기는 제공하지 않는다. 기드라가 스트립되지 않은 비윈도우 바이너리를 분석할 때 해당 바이너리에서 사용된 네임 맹글링 방법을 이해한다면 사용 가능한 이름 정보를 이용해 Symbol Tree의 Classes 폴더를 채운다. 비윈도우 바이너리가 스트립됐다면 기드라는 클래스 이름을 자동으로 복구하거나 vftable이나 RTTI 정보를 식별할 수 없다.

상속 관계

컴파일러의 RTTI를 위한 구현을 이용해 상속 관계를 알아낼 수 있지만 프로그램이 typeid나 dynamic_cast 연산자를 사용하지 않는다면 RTTI가 존재하지 않을 수 있다. RTTI 정보가 없다면 C++ 클래스 간의 상속 관계를 어떤 방법으로 알아낼 수 있을까?

상속의 계층 구조를 알아내는 가장 간단한 방법은 객체가 생성될 때 호출되는 부모 클래스 생성자에 대한 호출 체인을 관찰하는 것이다. 이 방법의 가장 큰 장애물은 인라인 생성자를 이용하는 것이다. C/C++에서 인라인으로 선언된 함수는 일반적으로 컴파일러에서 매크로로 처리되며, 함수의 코드는 매크로로 확장돼 명시적인 함수 호출로 취급되지 않는다. 인라인 함수의 경우 함수를 호출하는 어셈블리 코드가 생성되지 않기 때문에 함수가 사용되고 있다는 사실을 숨기게 된다. 이로 인해 부모 클래스의 생성자가 실제로 호출됐다는 사실을 알아내기 어렵다.

vftable을 비교하고 분석해도 상속 관계를 알아낼 수 있다. 예를 들면 그림 8-13의 vftable을 비교하면 SubClass를 위한 vftable은 BaseClass를 위한 vftable에서 볼 수 있는 동일한 포인터 2개가 포함돼 있는 것을 알 수 있다. 그 사실로부터 BaseClass와 SubClass는 어떤 방식으로든 관련돼 있다고 결론 내릴 수 있다. 둘 중 어느 것이 베이스 클래스이고 서브클래스인지 알아내고자 다음과 같은 판단 방법을 조합해서 사용할 수 있다.

- 2개의 vftable이 같은 수의 항목을 포함하는 경우 vftable에 대응되는 두 클래스는 아마 상속 관계에 포함될 것이다.
- 클래스 X를 위한 vftable이 클래스 Y를 위한 vftable보다 더 많은 항목을 포함하고 있다면 클래스 X는 아마 클래스 Y의 부모 클래스일 것이다.
- 클래스 X를 위한 vftable이 클래스 Y를 위한 vftable에서도 발견되는 항목을 포함한다면 X가 Y의 서브클래스이거나 Y가 X의 서브클래스일 수 있으며, 또한 X와 Y가 모두 다른 클래스인 Z의 서브클래스일 수 있다.
- 클래스 X를 위한 vftable이 클래스 Y를 위한 vftable에서도 발견되는 항목을 포함하고 있고 클래스 X를 위한 vftable이 클래스 Y를 위한 vftable에는 없는 purecall을 최소한 하나 이상 포함하고 있다면 클래스 Y는 클래스 X의 서브클래스일 수 있다.

이는 모든 경우를 포함하고 있는 것은 아니지만 이를 이용하면 그림 8-14의 BaseClass와 SubClass 간의 관계를 추론할 수 있다. 그림 8-14의 경우 마지막 3가지 규칙이 모두 적용되며, 특히 마지막 규칙으로부터 SubClass가 BaseClass를 상속했다는 결론을 내릴 수 있다.

C++ 리버스 엔지니어링 참고 자료

컴파일된 C++ 바이너리의 리버스 엔지니어링을 위해 참고할 수 있는 훌륭한 참고 자료가 몇 가지 있다.[2] 소개한 각 참고 자료에서는 특별히 마이크로소프트 C++ 컴파일러로 컴파일된 프로그램에 대해 다루고 있지만 설명하는 대부분의 개념은 다른 C++ 컴파일러에서도 동일하게 적용되는 것들이다.

---

2. 이고르 스코친스키(Igor Skochinsky)의 「Reversing Microsoft Visual C++ Part II: Classes, Methods and RTTI」(http://www.openrce.org/articles/full_view/23)와 폴 빈센트 사바날(Paul Vincent Sabanal)과 마크 빈센트 야손(Mark Vincent Yason)의 「Reversing C++」(http://www.blackhat.com/presentations/bh-dc-07/Sabanal_Yason/Paper/bh-dc-07-Sabanal_Yason-WP.pdf)

요약

아주 사소한 프로그램이 아니라면 대부분의 프로그램에서 복잡한 데이터 타입을 만나게 된다. 구조체 안의 데이터에 접근하는 방법을 이해하고 그런 데이터 구조체의 레이아웃을 알아내기 위한 단서를 찾아내는 것은 필수적인 리버스 엔지니어링 기술이다. 기드라는 데이터 구조체를 처리하게 특별히 설계된 매우 다양한 기능을 제공한다. 그런 기능에 익숙해지면 자신이 어떤 데이터를 조작하고 있는지에 대한 이해력이 크게 향상될 것이고, 데이터를 조작하는 방법과 왜 조작하는지를 이해하는 데 더 많은 시간을 할애할 수 있다. 9장에서는 상호 참조에 대한 기드라의 기본 기능을 자세히 살펴본다.

9

상호 참조

바이너리를 리버스 엔지니어링할 때 자주 등장하는 2가지 질문은
"이 함수는 어디에서 호출하는 것일까?"와 "이 데이터에 접근하는 함
수는 무엇일까?"이다. 이런 질문과 기타 유사한 질문에 답하고자 프
로그램의 다양한 리소스에 접근하는 것이 무엇이고 어떤 부류에서 접근하는지 식
별하는 작업을 수행하게 된다. 다음의 2가지 예는 이와 같이 질문이 왜 필요한지를
보여준다.

예 1

특정 바이너리에 있는 많은 수의 아스키 문자열을 조사하는 동안 "72시간
내에 돈을 지불하지 않으면 복구키가 파괴되고 당신의 데이터는 영원히 암호
화된 상태로 남게 될 것이다."와 같은 문자열을 발견한다. 해당 문자열 자체
만으로는 정황 증거일 뿐이고 해당 바이너리가 크립토 랜섬웨어^{crypto ransomware}
공격을 수행할 능력이나 의도를 갖고 있다고 확인된 것은 아니다. "바이너리
내에서 해당 문자열을 어디에서 참조하고 있는가?"라는 질문에 대한 답을 얻
고자 프로그램의 어느 부분에서 해당 문자열을 사용하고 있는지 찾으면 빠르

게 원하는 답을 얻을 수 있을 것이다. 그러면 크립토 랜섬웨어 관련 코드를 찾거나 해당 문자열이 아무것도 아닌 무해한 것이라는 것을 입증할 수 있다.

예 2

어떤 함수가 스택에 할당된 버퍼를 포함하고 있고 해당 버퍼가 오버플로될 수 있어 프로그램이 공격 대상이 될 수 있는 가능성이 있다는 것을 알아냈다. 따라서 실제로 오버플로를 이용한 공격이 가능한지 판단하려고 한다. 공격 코드를 개발해서 시연하려고 한다면 해당 공격 코드가 실제로 실행되지 않는 한 무의미하다. 따라서 "어느 함수가 발견한 취약한 함수를 호출하는가?"에 대한 질문으로 이어지게 된다. 또한 어떤 데이터가 취약한 함수에 전달돼야 공격이 성공하는지에 대한 추가적인 질문도 이어진다. 오버플로가 악용될 수 있다는 것을 입증하려면 잠재적인 호출 체인을 찾아가며 추론을 진행해야 만 한다.

참조에 대한 기본 지식

기드라는 다양한 메커니즘을 통해 참조 정보를 표시해주고 참조 정보에 대한 접근을 가능하게 해준다. 이를 통해 앞서 설명한 두 사례뿐만 아니라 다양한 경우에 대한 분석을 수행할 수 있다. 9장에서는 기드라가 사용할 수 있는 참조의 유형과 참조 정보에 접근하기 위한 도구 및 참조 정보를 해석하는 방법을 설명한다. 그리고 10장에서는 기드라의 그래프 기능을 이용해 참조 관계를 시각적으로 표현해서 조사하는 방법을 알아본다.

모든 참조는 동일한 규칙을 따르며 참조는 방향의 개념을 갖고 있다. 모든 참조는 어느 한 주소에서 다른 주소를 가리킨다. 그래프 이론에 익숙하다면 방향을 갖고 있는 그래프에서 노드(또는 끝점)는 주소를 의미하고 두 노드를 연결하는 선은 참조라고 생각할 수 있다. 그림 9-1은 기본적인 그래프 용어를 간략히 보여준다. 그림에서 3개의 노드 A, B, C는 2개의 방향을 가진 선으로 연결돼 있다.

방향성이 있는 연결선은 화살표를 이용해 방향을 나타낸다. 그림 9-1을 보면 마치 일방 도로처럼 A에서 B로의 이동은 가능하지만 B에서 A로의 이동은 가능하지 않다. 화살표가 양방향이라면 양방향 이동이 가능하다.

기드라는 기본적으로 2가지 형태의 참조(순방향 참조와 역방향 참조(역참조))를 보여준다. 2가지 참조 중에서는 역참조가 그나마 복잡하지 않으며 리버스 엔지니어링에서 가장 자주 사용되는 형태다. 역참조를 상호 참조라고도 하며 디스어셈블리 코드와 데이터 사이를 탐색하는 수단을 제공한다.

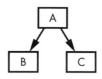

그림 9-1: 3개의 노드와 방향을 가진 2개의 연결선이 있는 그래프

상호 참조(역참조)

기드라에서는 역참조를 단순히 상호 참조라는 용어의 니모닉인 XREF라고 종종 언급한다. 이 책에서는 기드라의 디스어셈블리 코드와 메뉴 항목 또는 대화상자에서 특정 문자열을 참조할 때만 XREF라는 용어를 사용할 것이다. 그 외의 다른 경우에 역참조를 언급할 때는 좀 더 일반적인 용어인 상호 참조라는 용어를 사용할 것이다. 좀 더 포괄적인 예를 살펴보기 전에 XREF의 예를 먼저 살펴보자.

예 1: 기본적인 XREF

6장의 `demo_stackframe` 예에서 발견한 XREF를 조사해서 XREF와 관련된 형식과 의미를 먼저 알아보자.

```
*****************************************************************
* FUNCTION                                                     *
```

```
*****************************************************************
undefined demo_stackframe(undefined param_1, undefined4. . .
   undefined    AL:1            <RETURN>
   undefined    Stack[0x4]:4    param_1
   undefined4   Stack[0x8]:4    param_2    XREF[1]:❶❶0804847f❷(R)❸
   undefined4   Stack[0xc]:4    param_3    XREF[1]:  08048479(R)
   undefined4   Stack[-0x10]:4  local_10   XREF[1]:  0804847c(W)
   undefined4   Stack[-0x14]:4  local_14   XREF[2]:  08048482(W),
                                                     08048493(R)

   undefined4   Stack[-0x18]:4  local_18   XREF[2]:  08048485(W),
                                                     08048496(R)

   undefined1   Stack[-0x58]:1  local_58   XREF[1]:  0804848c(W)
   demo_stackframe                         XREF[4]:  Entry Point(*),
                                                     main:080484be(c)❹,
                                                     080485e4, 08048690(*)
```

기드라는 상호 참조를 나타내고자 XREF라고 표시❶할 뿐만 아니라 XREF 표시에 인덱스를 함께 표시해줌으로써 해당 상호 참조의 수도 알려준다. 이 부분(예를 들면 XREF[2]:)을 XREF 헤더라고 부른다. XREF 헤더들을 살펴보면 대부분의 상호 참조에는 참조 주소가 하나만 있지만 경우에 따라서는 여러 개인 것도 있다는 것을 알게 될 것이다.

XREF 헤더 다음에는 상호 참조와 관련된 주소❷가 표시되며 그것을 클릭하면 해당 주소로 이동할 수 있다. 그리고 참조 주소 다음에는 괄호 안에 타입 지시자❸가 위치한다. 데이터에 대한 상호 참조인 경우(위 코드 예)에는 타입 지시자가 R(해당 변수를 XREF 주소에서 읽는다는 의미)이거나 W(해당 변수를 XREF 주소에서 변경한다는 의미) 또는 *(주소가 포인터로 사용된다는 의미)가 될 수 있다. 요약하면 데이터 상호 참조는 데이터가 선언된 위치에서 식별되며 연관된 XREF 항목은 해당 데이터가 참조되는 위치에 대한 링크를 제공한다.

XREF의 형식 변경

Listing 창에서 볼 수 있는 대부분의 항목과 마찬가지로 상호 참조 표시와 관련된 속성 또한
제어할 수 있다. Edit ➤ Tool Options 메뉴를 선택하면 CodeBrowser의 옵션을 설정할 수
있는 창이 열린다. XREF는 Listing 창에서 표시되는 것이므로 Listing Fields 폴더에서 XREFs
Field를 찾을 수 있을 것이다. 그리고 XREFs Field를 선택하면 그림 9-2(그림의 내용은 디폴트
옵션)와 같은 화면이 보일 것이다. Maximum Number of XREFs to Display 옵션을 2로 변경하
면 상호 참조의 수가 2보다 큰 경우에서 XREF 헤더가 XREF[more]로 표시될 것이다. Display
Non-local Namespace 옵션을 선택하면 현재 함수의 본문에 없는 모든 상호 참조를 빠르게
식별할 수 있다. 그 외의 다른 옵션은 기드라 Help를 참고하길 바란다.

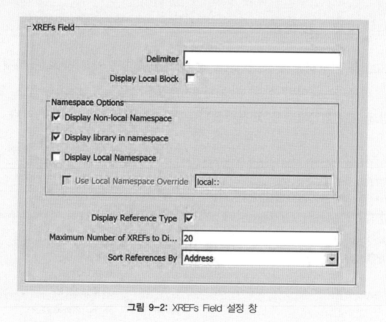

그림 9-2: XREFs Field 설정 창

앞 예제 코드에는 **코드 상호 참조❹**도 포함돼 있다. 코드 상호 참조는 매우 중요한
개념이다. 기드라는 코드 상호 참조를 이용해 10장에서 자세히 다룰 함수 그래프
와 함수 호출 그래프를 만들어낸다. 코드 상호 참조는 명령이 다른 명령으로 실행
권한을 전달하는 것을 나타내는 데 사용된다. 명령이 실행 권한을 전달하는 방식

을 **실행 흐름**이라고 한다. 실행 흐름은 기본적으로 3가지 유형이 있으며 순차적 흐름, 점프, 호출이다. 점프와 호출 흐름은 대상 주소가 근거리인지 원거리인지에 따라 더 세분화할 수 있다.

순차적 흐름은 가장 단순한 형태의 실행 흐름이며 한 명령에서 다음 명령으로 실행이 이어진다. ADD와 같이 모든 비분기 명령이 순차적 흐름으로 실행된다. 디스어셈블된 명령이 순서대로 나열된다는 것 외에는 순차적 흐름을 위한 특별한 표시는 제공하지 않는다. 즉, 순차적으로 명령 A에서 명령 B로 실행된다면 디스어셈블리 코드에서는 명령 A 다음에 명령 B가 바로 위치하게 된다.

예 2: 점프와 호출 XREF

점프와 호출을 설명하고자 코드 상호 참조를 포함하고 있는 새로운 예제 코드를 간단히 살펴보자. 데이터 상호 참조와 마찬가지로 코드 상호 참조인 경우에도 Listing 창에 관련된 XREF를 표시해준다. 다음은 **main** 함수의 내용이다.

```
    **************************************************************
    * FUNCTION                                                   *
    **************************************************************
    undefined4 __stdcall main(void)
      undefined4   EAX:4           <RETURN>
      undefined4   Stack[-0x8]:4 ptr        ❶XREF[3]:   00401014(W),
                                                        0040101b(R),
                                                        00401026(R)
    main                                    ❷XREF[1]:   entry:0040121e(c)
```

스택 변수와 연관된 3개의 XREF❶와 함수 자체와 연관된 XREF❷를 볼 수 있다. XREF, **entry:0040121e(c)**의 의미를 해석해보자. 콜론 앞의 주소(이 경우에는 식별자임)는 참조(또는 소스) 항목을 나타낸다. 이 경우에는 **entry**로부터 실행 권한이 전달된다. 콜론의 오른쪽에 있는 주소는 상호 참조의 출발지인 **entry** 내부에 있는 주소를 의미한다. (c)는 **main** 함수에 대한 호출(CALL)이라는 것을 나타낸다. 간단히 말하면 이 상호 참조가 의미하는 것은 "entry 내부에 있는 주소인 **0040121e**에서 **main** 함수를 호출한다."이다.

링크를 따라 가고자 상호 참조 주소를 더블클릭하면 호출을 확인할 수 있는 entry 내부의 지정된 주소로 이동한다. XREF는 단방향 링크이지만 함수 이름(main)을 더블클릭하거나 CodeBrowser 툴바의 뒤로 가기 화살표를 이용하면 빠르게 **main** 함수로 돌아갈 수 있다.

```
0040121e  CALL    main
```

아래 코드에서 XREF 부분의 (j)는 해당 위치가 점프(JUMP)의 목적지라는 것을 나타낸다.

```
004011fe  JZ      LAB_00401207❶
00401200  PUSH    EAX
00401201  CALL    __amsg_exit
00401206  POP     ECX
          LAB_00401207                XREF[1]: 004011fe(j)❷
00401207  MOV     EAX,[DAT_0040acf0]
```

앞선 예제와 유사하게 XREF 주소❷를 더블클릭하면 실행 흐름을 전달한 곳으로 이동할 수 있다. 그리고 라벨❷을 더블클릭하면 다시 해당 위치로 이동할 수 있다.

참조 예

다양한 유형의 상호 참조를 보여주고자 소스코드와 그에 대한 디스어셈블리 코드를 함께 살펴보자. 다음의 코드(simple_flows.c)는 기드라의 다양한 상호 참조 관련 기능을 설명하기 위한 것이다.

```
int read_it;        // main 함수에서 참조하는 정수형 변수
```

```
int write_it;          // main 함수에서 3번 값을 쓰는 정수형 변수
int ref_it;            // main 함수에서 주소를 참조하는 정수형 변수
void callflow() {}     // main 함수에서 2번 호출되는 함수

int main() {
  int *ptr = &ref_it; // "포인터" 스타일의 데이터 참조(*)
  *ptr = read_it;     // "읽기" 스타일의 데이터 참조(R)
  write_it = *ptr;    // "쓰기" 스타일의 데이터 참조(W)
  callflow();         // "호출" 스타일의 코드 참조(c)
  if (read_it == 3) { // "점프" 스타일의 코드 참조(j)
    write_it = 2;     // "쓰기" 스타일의 데이터 참조(W)
  }
  else {              // "점프" 스타일의 코드 참조(j)
    write_it = 1;     // "쓰기" 스타일의 데이터 참조(W)
  }
  callflow();         // "호출" 스타일의 코드 참조(c)
}
```

코드 상호 참조

리스트 9-1은 앞의 소스코드에 대한 디스어셈블리 코드다.

리스트 9-1: simple_flows.exe의 `main` 함수에 대한 디스어셈블리 코드

```
       undefined4 __stdcall main(void)
          undefined4    EAX:4          <RETURN>
          undefined4    Stack[-0x8]:4    ptr        XREF[3]:  00401014(W),
                                                              0040101b(R),
                                                              00401026(R)

       main                                         XREF[1]:  entry:0040121e(c)
  00401010 PUSH    EBP
  00401011 MOV     EBP,ESP
  00401013 PUSH    ECX
  00401014 MOV❶    dword ptr [EBP + ptr],ref_it
  0040101b MOV     EAX,dword ptr [EBP + ptr]
```

```
0040101e  MOV❷    ECX,dword ptr [read_it]
00401024  MOV     dword ptr [EAX]=>ref_it,ECX
00401026  MOV     EDX,dword ptr [EBP + ptr]
00401029  MOV     EAX=>ref_it,dword ptr [EDX]
0040102b  MOV     [write_it],EAX
00401030  CALL❸   callflow
00401035  CMP     dword ptr [read_it],3
0040103c  JNZ     LAB_0040104a
0040103e  MOV     dword ptr [write_it],2
00401048  JMP❹    LAB_00401054

        LAB_0040104a                    XREF[1]:❺0040103c(j)
0040104a  MOV     dword ptr [write_it],1

        LAB_00401054                    XREF[1]:  00401048(j)
00401054  CALL    callflow
00401059  XOR     EAX,EAX
0040105b  MOV     ESP,EBP
0040105d  POP     EBP
0040105e  RET❻
```

JMP❹와 RET❻를 제외한 모든 명령은 순차적으로 실행된다. x86 CALL 명령❸처럼 함수를 호출하는 데 사용되는 명령은 호출 대상 함수로 실행 권한을 전달하는 호출 흐름을 만든다. 호출 흐름인 경우에는 호출 대상 함수(실행 흐름의 목적지 주소)에서 XREF 를 표시한다. 리스트 9-2는 리스트 9-1에서 참조되는 callflow 함수에 대한 디스 어셈블리 코드다.

리스트 9-2: callflow 함수의 디스어셈블리 코드

```
    undefined __stdcall callflow(void)
      undefined AL:1 <RETURN>
    callflow                            XREF[4]:  0040010c(*),
                                                  004001e4(*),
                                                  main:00401030(c),
                                                  main:00401054(c)
```

```
00401000  PUSH  EBP
00401001  MOV   EBP,ESP
00401003  POP   EBP
00401004  RET
```

새로운 XREF인가?

가끔은 디스어셈블리 코드에서 비정상적으로 보이는 무엇인가를 보게 된다. 리스트 9-2에는 쉽게 설명하기 어려운 두 포인터 XREF(0040010c(*), 004001e4(*))가 보인다. 하지만 XREF 정보를 통해 main 함수에서 callflow 함수를 호출한다는 것을 알 수 있다. 그렇다면 이상한 2개의 XREF는 무엇일까? 위 프로그램은 윈도우용으로 컴파일됐기 때문이 실행 바이너리의 형식이 PE이며, 2개의 비정상적인 XREF는 디스어셈블리 코드의 Headers 섹션에 있는 PE 헤더로 연결된다. 두 참조 주소는 다음과 같다.

```
0040010c 00 10 00 00 ibo32 callflow BaseOfCode
. . .
004001e4 00 10 00 00 ibo32 callflow VirtualAddress
```

callflow 함수가 PE 헤더에서 참조되는 이유는 무엇일까? 구글에서 검색을 해보면 쉽게 이해할 수 있을 것이다. callflow는 텍스트 섹션의 가장 첫 번째 요소이고 2개의 PE 필드는 간접적으로 텍스트 섹션의 시작 부분을 참조하기 때문에 callflow 함수와 관련된 예상치 못한 XREF가 만들어진 것이다.

코드를 보면 callflow 함수가 main 함수에서 2번 호출된다는 것을 알 수 있다. 즉, 00401030 주소에서 한 번 호출되고 00401054 주소에서 다시 한 번 호출된다. 상호 참조는 함수 호출에 의해 만들어지며 (c)로 표시된다. 상호 참조를 표시하는 부분에는 호출이 이뤄지는 주소와 호출 대상이 포함돼 있는 함수 정보를 제공한다.

점프 흐름은 무조적 분기 명령과 조건 분기 명령에 의해 만들어진다.

조건 분기는 분기 조건이 만족되지 않아 실제로 분기가 이뤄지지 않는다면 순차적 흐름으로 수행된다. 무조건 분기는 항상 분기가 이뤄지기 때문에 순차적 흐름과는 연관성이 없다. 리스트 9-1에서 **JNZ** 명령의 목적지❺에서 표시된 점프 스타일의 상호 참조가 점프 흐름과 연관된 것이다. 호출 스타일의 상호 참조와 마찬가지로 점프 상호 참조는 참조 위치의 주소(점프 시작 위치)를 표시한다. 점프 상호 참조는 (j) 로 표시된다.

기본 블록

프로그램 분석에서 기본 블록(basic block)은 시작부터 끝까지 분기 없이 실행되는 명령의 최대 집합이다. 따라서 각 기본 블록에는 하나의 진입점(기본 블록의 첫 번째 명령)과 하나의 종료점(기본 블록의 마지막 명령)을 가진다. 기본 블록의 마지막 명령이 분기 명령인 경우에는 첫 번째 명령이 종종 분기 명령의 목적지가 되기도 한다. 또한 첫 번째 명령은 여러 코드 상호 참조의 대상이 되기도 한다. 기본 블록에서 첫 번째 명령이 아닌 코드는 다른 코드 상호 참조의 대상이 될 수 없다. 기본 블록의 마지막 명령은 조건부 점프와 같은 코드 상호 참조의 출발지가 되거나 다른 여러 코드 상호 참조의 목적지(기본 블록 정의에 따른 새로운 기본 블록)로 실행 흐름이 이어지기도 한다.

데이터 상호 참조

데이터 상호 참조는 바이너리 내에서 데이터가 어떻게 접근되는지 추적하는 데 사용된다. 가장 일반적인 3가지의 데이터 상호 참조 유형은 어떤 위치를 읽을 때, 어떤 위치에 데이터를 쓸 때, 어떤 위치의 주소를 가져올 때 접하게 된다. 리스트 9-3의 예제에 있는 전역 변수를 통해 데이터 상호 참조의 몇 가지 예를 볼 수 있다.

리스트 9-3: simple_flows.c에서 참조되는 전역 변수

```
          read_it                         XREF[2]:   main:0040101e(R),
                                                     main:00401035(R)

0040b720  undefined4     ??
          write_it                        XREF[3]:   main:0040102b(W),
                                                     main:0040103e(W),
```

```
                                                                    main:0040104a(W)
      0040b724  ??              ??
      0040b725  ??              ??
      0040b726  ??              ??
      0040b727  ??              ??
             ref_it                         XREF[3]:  main:00401014(*),
                                                      main:00401024(W),
                                                      main:00401029(R)

      0040b728  undefined4      ??
```

읽기 상호 참조는 특정 메모리 위치의 내용을 읽는 것을 의미한다. 읽기 상호 참조는
명령 주소를 통해서만 수행되지만 프로그램 내의 어떤 위치든 참조할 수 있다.
리스트 9-1에서는 전역 변수 read_it을 2번 읽는다. 위 코드에 있는 read_it에 대
한 상호 참조 주석은 main 함수의 어느 위치에서 read_it을 참조하는지 나타내주
며 읽기 상호 참조를 (R)로 표시한다. 리스트 9-1에서 수행된 read_it에 대한 읽기
참조❷는 ECX 레지스터로 32비트를 읽는 작업이며, 이로 인해 기드라는 read_it을
undefined4(타입이 지정되지 않은 4바이트 값)로 표시한다. 기드라는 바이너리 내에서 코드가
해당 데이터를 처리하는 방법을 기반으로 데이터의 크기를 추론하는 경우가 많다.

리스트 9-1에서 전역 변수 write_it은 3번 참조된다. 따라서 관련된 쓰기 상호
참조가 만들어지고 write_it 변수의 값을 어느 위치에서 수정하는지를 나타내는
주석을 표시해준다. 쓰기 상호 참조는 (W)로 표시된다. 이 경우 기드라는 관련된
충분한 정보가 있음에도 4바이트 변수로 표시하지 않는다. 읽기 상호 참조와 마찬
가지로 쓰기 상호 참조도 프로그램 명령에서만 발생할 수 있으며 프로그램 내의
모든 위치를 참조할 수 있다. 일반적으로 쓰기 상호 참조의 대상이 프로그램 명령
의 바이트인 경우에는 자체 수정 코드인 경우가 많으며 악성코드의 난독화 해제
루틴에서 자주 발견된다.

데이터 상호 참조의 세 번째 유형은 포인터 상호 참조이며 위치의 주소 값(특정 위치에
있는 내용이 아닌)이 사용되는 경우다. 리스트 9-1에서는 전역 변수 ref_it의 주소❶를

참조하기 때문에 리스트 9-3에서 **ref_it**에 대한 포인터 상호 참조를 (*)로 표시해 준다. 포인터 상호 참조는 일반적으로 코드나 데이터의 주소를 나타내고자 발생한 다. 8장에서도 봤듯이 배열에 대한 접근 작업은 일반적으로 배열의 시작 주소에 오프셋을 더하는 방식으로 구현되기 때문에 전역으로 할당된 배열의 첫 번째 주소 는 대부분 포인터 상호 참조가 존재하는 것으로 인식된다. 이러한 이유로 대부분 의 문자열(C/C++에서 문자 배열)은 포인터 상호 참조의 대상이 된다.

명령에 의해서만 발생할 수 있는 읽기 상호 참조나 쓰기 상호 참조와는 달리 포인 터 상호 참조는 명령이나 데이터에 의해서도 발생할 수 있다.

프로그램의 데이터 섹션에서 만들어지는 포인터 상호 참조의 예는 주소 테이블(각각 의 가상 함수를 가리키는 주소로 이뤄진 vftable은 포인터 상호 참조를 만들어낸다)이라고 할 수 있다. 8장의 **SubClass** 예제를 사용해 이를 살펴보자. **SubClass**를 위한 **vftable**에 대한 디스어셈 블리 코드는 다음과 같다.

```
        SubClass::vftable        XREF[1]: SubClass_Constructor:00401062(*)
  00408148  void * SubClass::vfunc1 vfunc1
❶ 0040814c  void * BaseClass::vfunc2 vfunc2
  00408150  void * SubClass::vfunc3 vfunc3
  00408154  void * BaseClass::vfunc4 vfunc4
  00408158  void * SubClass::vfunc5 vfunc5
```

0040814c❶ 주소에 있는 데이터는 BaseClass::vfunc2에 대한 포인터다. BaseClass:: vfunc2의 코드는 다음과 같다.

```
***********************************************************
* FUNCTION *
***********************************************************
undefined __stdcall vfunc2(void)
  undefined AL:1 <RETURN>
```

```
        undefined4 Stack[-0x8]:4 local_8        XREF[1]:   00401024(W)
        BaseClass::vfunc2                        XREF[2]:   00408138(*)❶,
                                                            0040814c(*)❷

   00401020  PUSH    EBP
   00401021  MOV     EBP,ESP
   00401023  PUSH    ECX
   00401024  MOV     dword ptr [EBP + local_8],ECX
   00401027  MOV     ESP,EBP
   00401029  POP     EBP
   0040102a  RET
```

다른 대부분의 함수와는 달리 이 함수에는 코드 상호 참조가 없다. 대신 이 함수가 두 위치에서 참조된다는 것을 나타내는 2개의 포인터 상호 참조를 볼 수 있다. 두 번째 XREF❷는 앞서 설명한 SubClass vftable 항목에서 참조된다는 것을 의미한다. 첫 번째 XREF❶를 따라가다 보면 BaseClass를 위한 vftable에 이 가상 함수에 대한 포인터가 있다는 것을 확인할 수 있다.

이 예제는 C++ 가상 함수가 직접 호출되는 경우가 거의 없으며, 일반적으로 직접적인 호출 대상이 되지 않는다는 것을 보여준다. vftable이 생성되는 방식 때문에 모든 C++ 가상 함수는 최소 하나 이상 vftable의 항목에 의해 참조되며 항상 하나 이상의 포인터 상호 참조의 대상이 된다(가상 함수를 오버라이드하는 것은 필수가 아니라는 점을 기억하길 바란다).

바이너리 안에 충분한 정보가 포함돼 있으면 기드라는 vftable을 찾을 수 있다. 기드라가 찾은 vftable은 Symbol Tree의 Classes 폴더에 해당 vftable에 대응되는 클래스 항목 아래에 나열된다. Symbol Tree 창에서 vftable을 클릭하면 프로그램의 데이터 섹션에 있는 해당 vftable 위치로 이동된다.

상호 참조 관리 창

이제는 Listing 창에서 XREF 주석이 매우 일반적인 것이라는 것을 알았을 것이다.

상호 참조에 의해 만들어진 링크가 프로그램을 하나로 묶는 접착제와 같은 것이기 때문에 당연하다고 할 수 있다. 함수 안에서의 종속성이나 함수 간의 종속성을 상호 참조로 알려주기 때문에 성공적인 리버스 엔지니어링을 위해서는 상호 참조의 동작을 포괄적으로 이해해야 한다. 다음 절에서는 상호 참조에 대한 기본적인 표현이나 탐색하는 방법 외에 기드라 내에서 상호 참조를 관리하기 위한 몇 가지 방법을 소개한다.

XRefs 창

XREF 헤더를 이용하면 특정 상호 참조에 대한 더 많을 정보를 얻을 수 있다.

```
undefined4 Stack[-0x10]:4 local_10      XREF[1]:  0804847c(W)
undefined4 Stack[-0x14]:4 local_14      XREF[2]:❶08048482(W),
                                                  08048493(R)
```

XREF[2] 헤더❶를 더블클릭하면 그림 9-3과 같이 관련된 XRefs 창이 나타나고 그곳에서 해당 상호 참조에 대한 좀 더 자세한 정보를 볼 수 있다. 기본적으로 XRefs 창에는 위치, 라벨(해당되는 경우), 참조하는 디스어셈블리 코드 및 상호 참조 유형이 표시된다.

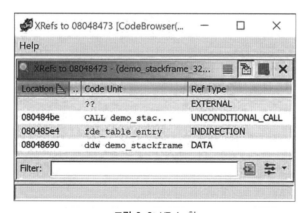

그림 9-3: XRefs 창

References To 창

프로그램의 실행 흐름을 이해하는 데 도움이 되는 또 다른 창으로는 References To 창이 있다. Listing 창에서 아무런 주소나 선택해서 마우스 오른쪽 버튼을 클릭하고 References ➤ Show Reference to Address를 선택하면 그림 9-4와 같이 Reference to 창이 나타난다.

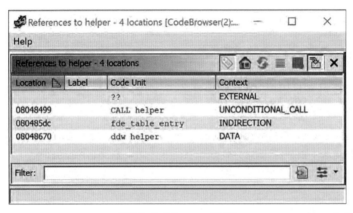

그림 9-4: References To 창

그림 9-4는 helper 함수의 시작 주소를 선택해서 References To 창을 띄운 것이다. References To 창에 있는 항목을 클릭하면 관련된 위치로 이동할 수 있다.

Symbol References 창

5장의 'Symbol Table 창과 Symbol References 창' 절에서는 Symbol Table 창과 Symbol Reference 창의 조합을 설명했다. Window ➤ Symbol References 메뉴를 선택하면 기본적으로 2개의 관련된 창이 나타난다. 하나의 창에서는 심볼 테이블에 있는 심볼 전체를 보여준다. 또 다른 창에서는 심볼에 관련된 참조 정보를 보여준다. Symbol Table 창에서 심볼(함수, vftable 등)을 하나 선택하면 그것과 관련된 참조 정보가 Symbol References 창에 표시된다.

참조 리스트를 이용하면 함수가 어느 특정 위치에서 호출됐는지 빠르게 확인할 수 있다. 예를 들면 C의 strcpy 함수는 null 종료 문자까지 포함하는 문자 배열을 복사할 때 복사되는 목적지 배열의 크기가 충분한지 확인하지 않기 때문에 위험하다고 많은 사람이 생각한다. 코드상에서 strcpy를 호출하는 부분을 찾고 앞에서 설명한 방법으로 References To 창을 띄워 어디에서 strcpy를 호출하고 있는지 알아낼 수 있지만 Symbol References 창을 이용하면 바이너리 내에서 strcpy 호출 부분을 찾지 않고도 어디에서 strcpy를 참조하는지 빠르게 찾을 수 있다.

참조 추가와 변경

이 창의 시작 부분에서 역방향 참조를 상호 참조와 동일한 것으로 설명했고 기드라에는 그 외에 2가지 형태의 순방향 참조도 있다. 순방향 참조 중 첫 번째 유형인 **추론된 순방향 참조**는 일반적으로 코드상에 자동으로 추가되며 역방향 참조와 반대 방향으로 이동한다. 즉, 역방향 참조는 목적지 주소에서 참조를 수행하는 주소로 이동하고 추론된 순방향 참조는 참조를 수행하는 주소에서 목적지 주소로 이동한다.

두 번째 유형은 **명시적 순방향 참조**다. 명시적 순방향 참조는 여러 유형이 있으며 상호 참조보다 관리하는 것이 훨씬 복잡하다. 명시적 순방향 참조의 유형에는 메모리 참조, 외부 참조, 스택 참조, 레지스터 참조가 포함된다. 기드라에서 참조를 보는 것 외에도 다양한 유형의 참조를 추가하고 편집하는 것도 가능하다.

기드라의 정적 분석이 런타임에 계산되는 점프나 호출 부분을 판단하지 못한 상태에서 다른 분석 방법으로 상호 참조를 알아낸 것이 있다면 그것을 직접 추가할 필요가 있을 것이다. 8장에서 이미 본 적 있는 다음 코드는 가상 함수를 호출하고 있다.

```
0001072e  PUSH    EBP
0001072f  MOV     EBP,ESP
00010731  SUB     ESP,8
00010734  MOV     EAX,dword ptr [EBP + param_1]❶
```

```
00010737  MOV      EAX,dword ptr [EAX]
00010739  ADD      EAX,8
0001073c  MOV      EAX,dword ptr [EAX]
0001073e  SUB      ESP,12
00010741  PUSH     dword ptr [EBP + param_1]
00010744  CALL❷    EAX
00010746  ADD      ESP,16
00010749  NOP
0001074a  LEAVE
0001074b  RET
```

EAX❷의 값은 param_1❶로 전달되는 포인터의 값에 의해 결정된다. 따라서 기드라
는 00010744(CALL 명령의 주소)를 호출 대상에 연결하는 상호 참조를 만들어내기에 충분
한 정보를 갖고 있지 않다. 상호 참조(예: SubClass::vfunc3)를 수동으로 추가하면 무엇보
다도 대상 함수가 호출 그래프에 추가돼 기드라의 프로그램 분석을 개선할 수 있
다. 호출 부분❷을 선택해 마우스 오른쪽 버튼을 누른 다음 References ➤ Add
Reference from을 선택하면 그림 9-5와 같은 대화상자가 나타난다. References ➤
Add/Edit 메뉴를 통해서도 Add Reference 대화상자를 열 수 있다.

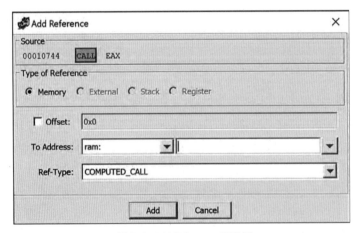

그림 9-5: Add Reference 대화상자

올바른 Ref-Type을 선택하고 호출 대상 함수의 주소를 To Address 부분에 기입하면

된다. Add 버튼을 누르고 대화상자를 닫으면 기드라는 목적지 주소에 새로운 상호 참조(c)를 만든다. 추가적인 순방향 참조의 여러 가지 유형과 변경 방법은 기드라 Help를 참고하길 바란다.

요약

참조는 바이너리를 이해하는 데 도움이 되는 매우 강력한 도구다. 9장에서는 상호 참조에 대해 자세히 알아봤고 이후의 장들에서 다시 살펴볼 참조와 관련된 다른 몇 가지 기능도 소개했다. 10장에서는 참조에 대한 시각적인 표현과 그것이 함수 내의 실행 흐름과 바이너리 내의 함수 사이 관계를 이해하는 데 어떻게 도움이 되는지 살펴본다.

10

그래프

9장에서도 봤듯이(그림 9-1 참고) 데이터를 시각적으로 표현하면 그래프 내에 있는 노드들 간의 연결을 간결하고 명확히 볼 수 있으며, 추상적인 데이터 타입으로 인해 발견하기 어려운 패턴을 인식하는 데 도움이 된다. 기드라의 그래프 뷰는 바이너리의 내용을 바라보는 새로운 (디스어셈블리 코드나 디컴파일된 코드뿐만 아니라) 관점을 제공한다. 함수나 다른 유형의 블록을 노드로 표현하고 실행 흐름과 상호 참조를 에지(노드를 연결하는 선)로 표현함으로써 파일 내에 있는 함수 간의 관계와 함수 내부의 실행 흐름을 빠르게 파악할 수 있게 해준다. 연습을 충분히 하면 switch 문이나 중첩된 if/else 구조와 같은 일반적인 제어 구조를 긴 코드 블록에서 찾는 것보다 그래프에서 찾는 것이 쉬워질 것이다. 5장에서는 Function Graph와 Function Call Graph 창을 간단히 살펴봤다. 10장에서는 기드라가 제공하는 그래프 기능을 좀 더 자세히 살펴본다.

상호 참조는 어느 한 주소가 다른 주소와 관련되는 것이기 때문에 그래프로 살펴보기에 적당한 출발점이라고 할 수 있다. 순차적 흐름과 특정 유형의 상호 참조로 제한하면 바이너리를 분석하는 데 유용한 여러 가지 그래프를 도출할 수 있다.

실행 흐름과 상호 참조는 그래프에서 에지 역할을 하지만 거기에 연결된 노드의 의미는 달라질 수 있다. 그래프의 유형에 따라 노드에는 하나나 그 이상의 명령이 포함되거나 함수 전체가 포함될 수도 있다. 먼저 기드라가 코드를 블록으로 처리하는 경우의 그래프를 살펴보고 이후에는 기드라가 제공하는 다양한 유형의 그래프를 살펴본다.

기본 블록

컴퓨터 프로그램에서 기본 블록은 블록의 시작 부분에 단일 진입점이 있고 블록의 끝부분에 단일 출구가 있는 하나 이상의 명령 그룹이다. 기본 블록 내의 마지막 명령을 제외한 모든 명령은 기본 블록 내의 다른 명령으로 실행 흐름이 전달된다. 비슷하게 기본 블록 내의 첫 번째 명령을 제외한 모든 명령은 기본 블록 내에 있는 다른 명령으로부터 실행 흐름을 전달받는다. 9장의 '상호 참조(역참조)' 절에서 상호 참조를 순차적 흐름으로 식별했다. 때로는 기본 블록 내에서 함수 호출이 수행되는 것을 발견할 수 있으며, "이는 점프 명령처럼 블록을 종료시켜야하는 유형의 명령 아니야?"라고 생각할 수 있다. 호출되는 함수가 정상적으로 반환되지 않는다고 판단되는 경우가 아니라면 함수 호출이 현재 블록의 외부로 실행 흐름을 전달한다고 생각할 필요는 없다.

기본 블록의 첫 번째 명령이 일단 실행되면 기본 블록의 나머지 부분은 기본 블록이 종료될 때까지 실행된다는 것이 보장된다. 기본 블록 내에서는 어떤 명령이 실행되는지 관찰하고자 모든 명령에 브레이크포인트를 설정하거나 명령을 하나씩 실행시켜볼 필요가 없기 때문에 프로그램 내의 명령 실행을 모니터링할 때 상당한 장점으로 작용한다. 즉, 각 기본 블록의 첫 번째 명령에 브레이크포인트를 설정하면 브레이크포인트가 활성화될 때마다 관련된 기본 블록의 모든 명령이 실행될 것이라고 생각해도 된다. 이제는 코드 블록에 대한 또 다른 관점을 제공해주는 기드라의 Function Graph 창을 살펴보자.

Function Graph 창

5장에서도 설명한 Function Graph 창은 하나의 함수를 그래프 형식으로 보여준다. 다음의 프로그램은 하나의 기본 블록으로 구성된 하나의 함수로 이뤄진 것이기 때문에 기드라의 Function Graph 창을 설명하는 데 유용한 시작점이 될 수 있다.

```
int global_array[3];

int main() {
   int idx = 2;
   global_array[0] = 10;
   global_array[1] = 20;
   global_array[2] = 30;
   global_array[idx] = 40;
}
```

main 함수를 선택하고 Function Graph 창을 열면(Window ➤ Function Graph) 그림 10-1과 같이 하나의 기본 블록만으로 이뤄진 함수 그래프를 볼 수 있다.

Function Graph 창과 Listing 창은 양방향 링크로 연결된다. 두 창을 나란히 놓고 보면 현재의 코드가 그래프로 표현되는 것을 볼 수 있어 함수의 제어 흐름을 이해하는 데 많은 도움이 된다.

Function Graph 창의 내용을 변경(예를 들면 함수, 변수 이름 변경 등)하면 변경 내용이 바로 Listing 창에 반영될 것이다. 반대로 Listing 창의 내용을 변경하면 Function Graph 창에도 반영되지만 변경 내용을 보려면 창을 새로 고침해줘야 한다.

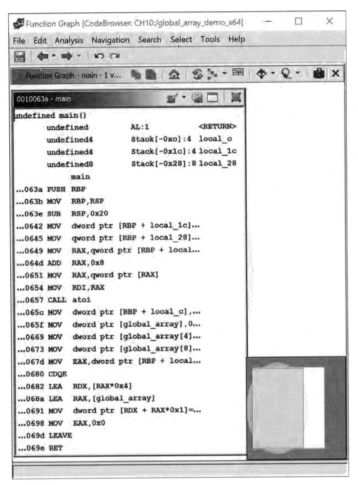

그림 10-1: 하나의 블록으로 이뤄진 Function Graph 창

에지 표현

함수가 복잡해질수록 함수 내의 블록 수도 함께 증가하게 될 것이다. 함수 그래프가 처음 생성되면 블록들을 연결하는 에지가 만들어진다. 즉, 블록을 연결하는 에지가 노드 뒤에 숨겨지지 않도록 90도 각도로 깔끔하게 구부러진 행태로 그려진다. 결과적으로 모든 에지의 모든 구성요소가 수평선이나 수직선의 깔끔한 바둑판 형태로 그려진다. 노드를 주변으로 드래그해서 그래프의 레이아웃을 변경하려고 한다면 노드를 연결하는 에지가 직선으로 바뀌어 다른 노드

뒤에 숨어버릴 수 있다. 그림 10-2는 바둑판 형태로 에지가 그려진 형태(왼쪽)와 그렇지 않은
형태(오른쪽)를 보여준다. Function Graph 창을 새로 고침해서 언제든지 원래의 레이아웃으로
되돌릴 수 있다.

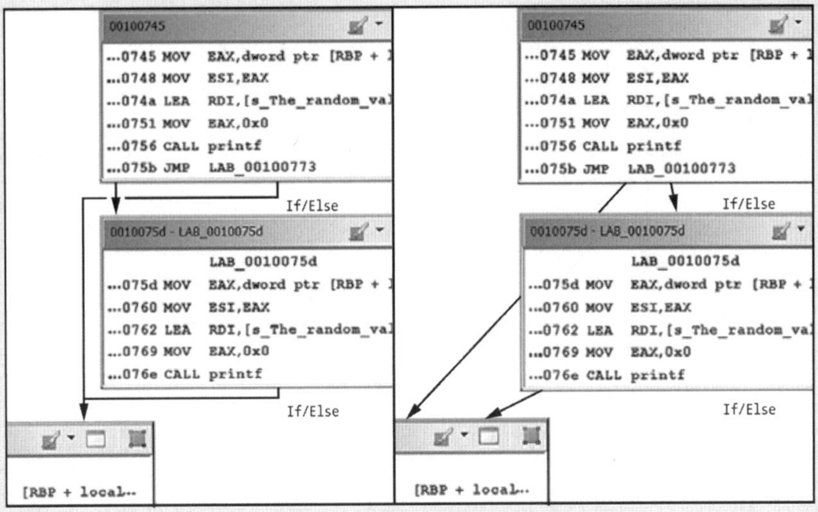

그림 10-2: 함수 그래프를 구성하는 에지의 2가지 형태

Function Graph 창에서 텍스트를 클릭하면 Listing 창의 커서는 해당 디스어셈블리
코드로 이동한다. 함수 그래프 안에 있는 데이터를 더블클릭하면 Listing 창은 데이
터 섹션에 있는 해당 데이터 부분으로 이동하게 될 것이다(기드라는 데이터나 데이터 구성
요소 간의 관계를 그래프 기반으로 시각화해주지는 않지만 Listing 창에서 해당 데이터를 볼 수 있고 관련 코드를 그래프상에
서 볼 수 있다).

Listing 창과 Function Graph 창 사이 관계를 간단히 살펴보자. 그림 10-1의 **global_
array** 변수의 타입을 알고 싶다고 가정해보자. 그래프상에서 해당 변수로 이동해서
더블클릭하면 기드라가 **global_array** 변수를 정의되지 않은(undefined1) 바이트 배열
로 분류했고, 네 번째와 여덟 번째 요소에 접근할 때 인덱스를 사용한다는 것을
볼 수 있다. Listing 창의 데이터 섹션에서 해당 배열의 정의를 undefined1[12]에서
int[3]으로 변경(각각 그림 10-3의 상단 및 하단에서 볼 수 있다)하면 Function Graph 창(Decompiler

창에서도 마찬가지)에서 변경에 따른 효과를 즉시 확인할 수 있다. 즉, 각 배열 요소의 크기를 4바이트로 인식해서 배열에 대한 인덱스 값이 1과 2로 변경된다.

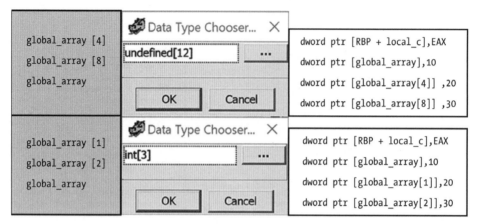

그림 10-3: Function Graph 창과 Listing 창에서 배열의 정의를 변경함에 따른 효과

다른 함수를 클릭하지 않는 한 Listing 창에서 탐색하는 것은 유연하다. 즉, Listing 창의 전체 내용을 스크롤하거나 데이터 섹션을 클릭해서 변경하거나 함수 안의 내용을 변경하는 작업 등을 수행할 수 있다. 다른 함수의 내부를 클릭한다면 그래프는 새로 선택된 함수를 그래프로 표시해줄 것이다.

상호작용 임곗값이란?

Function Graph 창을 볼 때, 특히 복잡한 함수를 그래프로 볼 때는 보고 싶은 것을 한 번에 볼 수 없기 때문에 그래프를 축소해서 보게 된다. 그래프 축소로 인해 개별 노드가 너무 작아져서 의미 있는 방식으로 상호작용할 수 없다면 상호작용 임곗값을 통과한 것이다. Function Graph에 있는 각 노드에 그림자가 보인다면 이와 같은 상태라는 것을 의미한다. 그러면 가상 주소는 최하위 값만 표시되거나 그래프 표현에서 모든 노드를 나타내기가 어려워질 수 있다. 또한 노드 안에 있는 내용을 선택하면 전체 블록이 선택된다. 함수가 너무 복잡해서 임곗값이 넘어가더라도 절망하지 말길 바란다. 노드를 클릭해 초점을 맞추거나 노드를 2번 클릭해 확대해서 볼 수 있기 때문이다.

그림 10-4는 Function Graph의 메뉴와 툴바를 보여준다.

그림 10-4: Function Graph 툴바

함수 그래프는 Listing 창에 단일 함수로 분리된 것을 단지 그래픽으로 표현한 것일 뿐이다. 따라서 CodeBrowser의 모든 메뉴❶(Window 메뉴는 제외)를 Function Graph 창에서도 사용할 수 있다는 것에 너무 놀랄 필요는 없다. Function Graph 창의 툴바❷에서는 파일의 현재 상태를 저장하거나 실행 취소, 다시 실행, 현재 수행 중인 탐색 체인에서 앞으로 가기나 뒤로 가기 기능을 사용할 수 있다. 기드라의 창들은 서로 연결돼 있기 때문에 현재 함수를 빠져 나가거나 다시 돌아오면 Function Graph 창의 내용도 연동돼 변경된다는 것을 기억해야 한다.

Function Graph 창의 툴바 아이콘❸과 그 기능은 그림 10-5에서 보여준다.

아이콘	기능명	설명
	기드라 클립보드로 복사	이 기능은 여러 기드라 창에서 사용할 수 있으며, 창의 용도와 그 안에서 선택된 내용에 따라 동작하는 기능이 달라질 수 있다. 지원하지 않는 형태의 내용에 대해 이 기능을 수행하면 에러 메시지가 표시될 것이다.
	기드라 클립보드로 붙여넣기	
	함수 진입점으로 이동	Function Graph 창에 있는 함수의 진입점 블록으로 이동한다.
	그래프 다시 로드	그래프를 다시 로드하면 모든 위치 및 그룹화 정보가 손실된다. 원래의 그래프 초기 상태로 돌아간다.
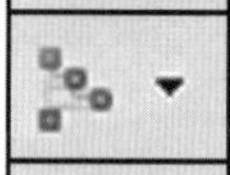	중첩된 코드 레이아웃	중첩된 코드 레이아웃을 사용하면 관련 레이아웃을 변경하더라도 그룹화 정보를 유지시킬 수 있다.
	코드 블록 필드 편집	Function Graph 창의 코드 블록 필드를 편집한다. Listing 창의 코드 블록 필드에는 영향을 주지 않는다.
	블록 호버 모드	함수의 실행 흐름을 탐색할 때 그래프의 표현을 제어하는 데 도움이 된다. 현재 선택된 블록이 포커스 블록이며, 마우스로 가리키는 블록이 호버 블록이 된다. 이 기능을 이용하면 블록 간의 관계를 면밀히 조사할 수 있다.
	블록 포커스 모드	
	스냅숏	이 버튼은 현재 Function Graph 창과 동일한 Function Graph 창을 새로 만든다. 새로운 Function Graph 창은 Listing 창과 연결이 끊긴 상태로 만들어진다.

그림 10-5: Function Graph 툴바

각 기본 블록 또한 블록을 수정하거나 여러 블록을 하나의 블록으로 결합해서 그룹화할 수 있는 툴바❹를 갖고 있다(툴바의 아이콘과 그것의 기본 동작은 그림 10-6 참고). 이 기능은 고도로 중첩된 함수로 인한 그래프의 복잡성을 줄이는 데 매우 유용하다. 예를 들면 루프의 동작을 이해한 다음 루프 내의 코드를 더 이상 볼 필요가 없다고 판단했다면 루프문 내의 중첩된 모든 블록을 하나의 그래프 노드로 축소해서 볼 수도 있다. 그룹화하는 중첩된 블록의 수에 따라 그래프의 가독성이 크게 향상될 수도 있다. 노드들을 그룹화하려면 Ctrl 키를 누른 상태에서 그룹화할 모든 노드를 선택한 다음 그룹화하려는 노드의 루트 노드의 Combine vertices 버튼을 클릭한다. Restore group은 그룹 안의 내용을 빠르게 살펴본 후 다시 원래대로 그룹화하는 데 유용한 버튼이다.

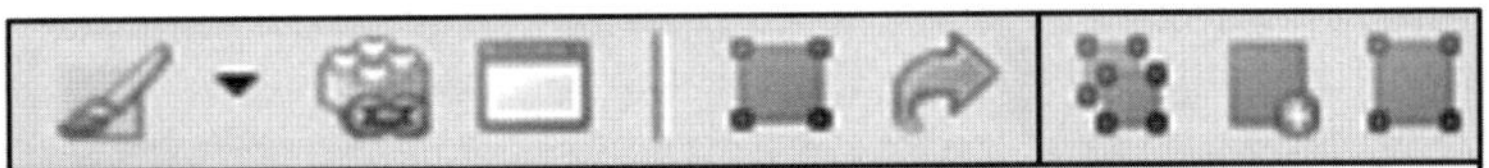

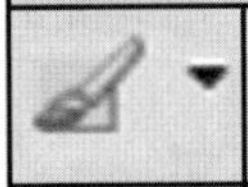	배경색	블록이나 그룹의 배경색을 선택한다. 배경색은 Function Graph 창뿐만 아니라 Listing 창에도 반영된다.
	XREF로 점프	함수의 진입점에 대한 상호 참조 목록을 보여준다.
	전체 화면/그래프 뷰	전체 창에서 그래프 블록을 보여주는 기능을 토글한다.
	그룹화	선택된 블록을 하나의 그룹으로 만든다.
	그룹 복원	그룹을 해제한 후에만 보이는 버튼이며 해제된 그룹을 다시 원래대로 그룹화한다.
	그룹 해제	그룹화를 수행한 이후에만 유효한 기능이며 그룹을 해제한다.
	그룹에 추가	그룹화를 수행한 이후에만 유효한 기능이며 기존 그룹에 추가할 때 사용한다.

그림 10-6: Function Graph 창 내부 기본 블록의 툴바

함수 그래프와 관련된 다른 기능을 알아보려면 2개 이상의 기본 블록이 있는 예제를 살펴봐야 한다. 이번에는 다음과 같은 예제를 살펴보자.

```
int do_random() {
  int r;
  srand(time(0));
  r = rand();
  if (r % 2 == 0) {
    printf("The random value %d is even\n", r);
  }
  else {
    printf("The random value %d is odd\n", r);
  }
```

```
    return r;
  }
  int main() {
    do_random();
  }
```

do_random 함수는 제어 구조(if/else)를 포함하고 있어 그림 10-8과 같이 4개의 기본 블록으로 구성된다. 하나 이상의 블록을 가진 함수 그래프를 보면 하나의 블록에서 다른 블록으로의 흐름을 나타내는 에지를 갖고 있는 제어 흐름이 존재하는 그래프라는 것을 명확히 알 수 있다. 함수 그래프를 위한 기드라의 레이아웃을 **중첩된 코드 레이아웃**^{nested code layout}이라고 부르며 C 코드의 흐름과 매우 유사하다. 이로 인해 큰 프로그램의 Listing 창과 Decompiler 창의 그래픽 표현을 쉽게 볼 수 있다. 이를 위해 그래프 옵션에서 Route Edges Around Vertices를 선택하길 권장한다(Edit ➤ Tool Options ➤ Function Graph ➤ Nested Code Layout ➤ Route Edges Around Vertices). 기본적으로 기드라는 안타깝게도 에지가 노드 뒤에 있을 때는 노드 간의 관계를 잘못 나타내는 경우가 종종 있기 때문이다.

비동기화된 그래프

기본적으로 디스어셈블리 코드를 변경하면 변경 내용이 Function Graph 창에 바로 반영되지만 그렇지 않은 경우(Linsting 창의 내용과 동기화되지 않는 경우)가 있다. 그런 경우 기드라는 그래프 창 하단에 그림 10-7과 같은 메시지를 보여준다.

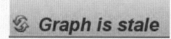

그림 10-7: 동기화되지 않은 그래프에 대한 경고 메시지

메시지 왼쪽의 아이콘을 사용하면 원래 레이아웃으로 되돌리지 않고 그래프를 갱신할 수 있다 (물론 새로 고침하고 다시 레이아웃하게 선택할 수도 있다).

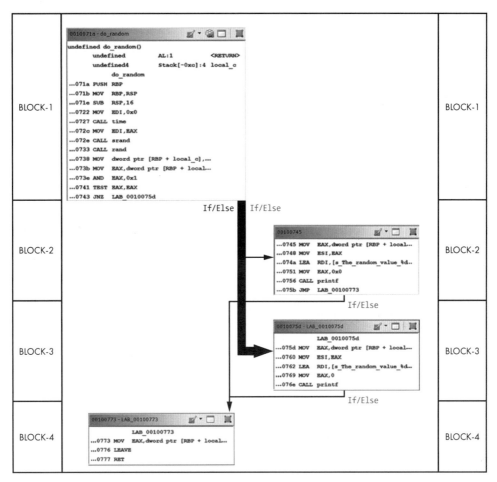

그림 10-8: 조건이 충족될 때의 실행 흐름을 표시하는 에지를 선택한 함수 그래프

그림 10-8의 그래프를 보면 BLOCK-1은 함수에 대한 단일 진입점이며, 다른 기본 블록과 마찬가지로 하나의 명령에서 다른 명령으로 이어지는 순차적인 실행 흐름을 보여준다. 블록 안에는 3개의 함수 호출(time, srand, rand)이 존재하지만 기드라는 그 함수들이 모두 반환돼 나머지 명령들이 순차적으로 실행된다고 가정하기 때문에 함수 호출로 인해 기본 블록이 깨지지는 않는다. BLOCK-1의 마지막에 있는 JNZ 조건이 false일 경우, 즉 앞서 산출한 임의의 값이 짝수인 경우 BLOCK-2로 진입한다. JNZ 조건이 true, 즉 앞서 산출한 임의의 값이 홀수인 경우에는 BLOCK-

3으로 진입한다. 그리고 BLOCK-2나 BLOCK-3 안의 명령이 모두 실행되면 마지막 블록인 BLOCK-4로 진입한다. 블록을 연결하는 에지를 클릭하면 다른 에지에 비해 두껍게 표시된다. 그림에서는 BLOCK-1과 BLOCK-3을 연결하는 에지를 클릭해서 활성화시킨 상태를 보여준다.

길이가 긴 기본 블록이 있고 그것을 작은 블록들로 나누거나 선택한 코드를 나중에 분석하고자 시각적으로 분리하길 원한다면 블록에 새로운 라벨을 추가해서 함수 그래프 내의 기본 블록을 분할할 수 있다. BLOCK-1에서 srand를 호출하기 바로 전인 0010072e에 단축키 L로 새로운 라벨을 삽입하면 그림 10-9처럼 함수 그래프에 다섯 번째 블록에 추가된다. 그리고 새로 추가된 블록에 대한 실행 흐름을 나타내고자 새로운 에지가 추가되며, 그것은 상호 참조와는 관련이 없다.

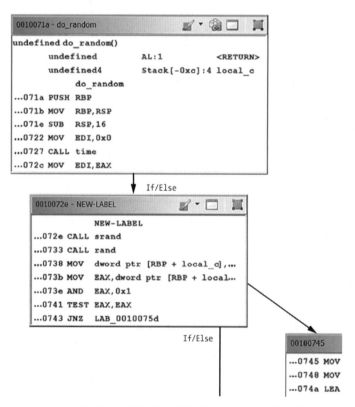

그림 10-9: 새로운 라벨로 함수 그래프에 새로운 기본 블록을 추가

함수 그래프와의 상호작용

책에서는 표현하기 힘든 부분이지만 Function Graph 창은 그래프상의 색상이나 애니메이션 또는 정보 팝업을 통해 그래프상의 다양한 구성 요소와 상호작용하게 된다.

에지

에지는 에지가 표현하고자 하는 의미에 따라 색상이 지정된다. 에지의 색상은 그림 10-10에서처럼 Edit ➤ Tool Options 창에서 설정할 수 있다. 기본적으로 녹색은 조건이 true일 때 수행되는 조건 점프를 나타내며 빨간색은 점프를 수행하지 않는 흐름을 나타내고 파란색은 무조건 점프를 나타낸다. 개별 에지나 에지 세트를 클릭하면 에지를 나타내는 선이 두꺼워지고 동일한 계열의 강조된 색상으로 변경된다.

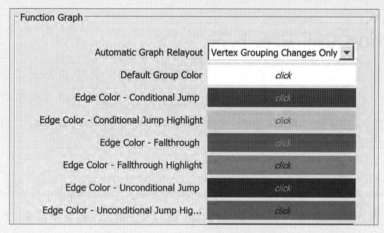

그림 10-10: Function Graph의 색상 설정 옵션

노드

각 노드의 내용은 해당 기본 블록의 디스어셈블리 코드로 이뤄진다. 노드 안의 코드와 상호작용하는 방법은 Listing 창에 있는 코드와 상호작용하는 방법과 동일하다. 예를 들면 어떤 이름에 마우스를 올리면 해당 이름 위치에 있는 디스어셈블리 코드를 보여주는 팝업이 나타난다. 노드 위로 마우스를 가져가면 기드라는 해당 노드와 관련된 실행 흐름을 경로 강조 애니메이션으로 보여준다. 이 기능은 Edit ➤ Tool Options에서 비활성화시킬 수 있다.

Function Call Graph 창

함수 호출 그래프는 프로그램 내에서 수행되는 함수 호출의 계층 구조를 빠르게 파악하는 데 유용하다. 함수 호출 그래프는 함수 그래프와 유사하지만 각 블록이 하나의 함수 전체를 의미하며, 각 에지는 하나의 함수에서 다른 함수로의 호출을 나타낸다.

함수 호출 그래프를 알아보기 위해 다음과 같이 간단한 함수 호출 계층 구조를 갖는 간단한 프로그램을 살펴보자.

```c
#include <stdio.h>
void depth_2_1() {
    printf("inside depth_2_1\n");
}
void depth_2_2() {
    fprintf(stderr, "inside depth_2_2\n");
}
void depth_1() {
    depth_2_1();
    depth_2_2();
```

```
   printf("inside depth_1\n");
}
int main() {
   depth_1();
}
```

GNU gcc를 이용해 이 프로그램의 동적 링크 버전을 컴파일하고 기드라로 컴파일한 바이너리를 로드한 다음 Window ➤ Function Call Graph 메뉴를 이용하면 함수호출 그래프를 만들 수 있다. 기본적으로 현재 선택된 함수를 중심으로 함수 호출그래프가 만들어진다. 그림 10-11은 main 함수를 선택해서 함수 호출 그래프를만든 것이다(그림에서는 위성뷰를 보이지 않게 만든 것이다. 위성뷰가 보이게 하려면 그림 10-11의 우측 하단에 있는 아이콘을 클릭하면 된다).

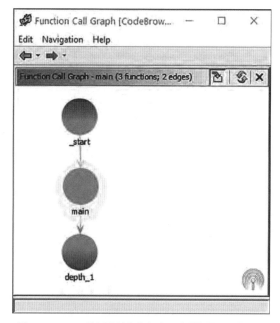

그림 10-11: main 함수를 선택해서 만든 간단한 함수 호출 그래프

Function Call Graph 창의 타이틀 바에 있는 문자열 main(3 functions; 2 edges)는어떤 함수를 선택한 것이고 그래프 안에 몇 개의 함수와 에지가 있는지를 나타낸

다. 그래프상의 노드에 마우스를 가져가면 노드의 상단이나 하단에 **+**나 − 아이콘이 그림 10-12처럼 표시된다.

그림 10-12: +/− 아이콘을 표시하고 있는 Function Call Graph의 노드

상단이나 하단에 표시되는 + 아이콘은 해당 함수를 호출하거나 해당 함수에서 호출하는 함수를 추가적으로 표시할 수 있다는 의미다. 반대로 − 아이콘은 해당 노드와 연결된 노드를 숨기는 역할을 한다. 예를 들어 **depth_1** 함수가 확장된 상태일 때 하단에 있는 − 아이콘을 클릭하면 함수 호출 그래프가 그림 10-13과 같은 형태에서 그림 10-11과 같은 형태로 변경된다.

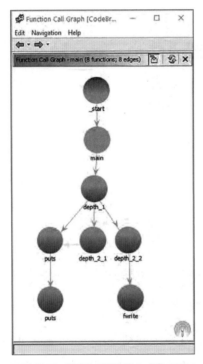

그림 10-13: 확장된 상태의 함수 호출 그래프

306

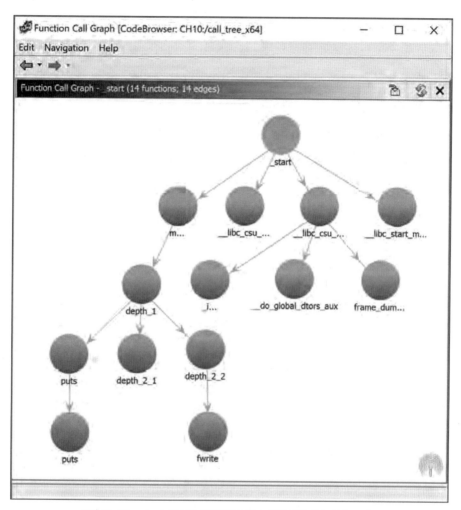

그림 10-14: _start 함수를 기준으로 모든 노르를 펼친 함수 호출 그래프

노드에서 마우스 오른쪽 버튼을 클릭해서 나오는 메뉴를 이용하면 동일한 수평 수준에서 노드에 연결된 에지를 모두 펼치거나 접게 만들 수 있다. 이는 노드에서 +나 – 아이콘을 클릭하는 것과 동일한 효과를 얻는다. 마지막으로 노드를 더블클릭하면 해당 노드를 중심으로 들어오는 모든 에지와 나가는 에지를 보여준다. 기본적으로 비활성화돼 있지만 많은 사람이 유용하다고 생각하는 옵션은 확대와 축소 기능이다. Edit ➤ Tool Options 메뉴의 Scroll Wheel Pans 옵션에서 확대/축소

기능을 활성화할 수 있다. 기드라는 그래프상의 포커스가 이동될 때 그래프의 상태를 유지하고자 그래프에 대한 짧은 히스토리를 캐시에 저장한다. 이를 통해 노드를 펼치거나 접을 수 있고 다른 곳으로 이동했다가 분석을 진행했던 상태의 그래프로 다시 돌아와 분석을 계속할 수도 있다.

그림 10-14는 main 함수가 아닌 _start 함수를 기준으로 관련된 모든 노드를 펼쳐 놓은 것이다. 따라서 main 함수나 main 내부에서 호출되는 함수뿐만 아니라 컴파일러가 삽입한 래퍼 코드들도 볼 수 있다. 그 코드들은 라이브러리 초기화 및 종료뿐만 아니라 실행 권한을 main 함수로 전달하기 전에 실행 환경을 적절하게 구성하는 역할을 수행한다(컴파일러나 printf와 fprintf 함수 대신 puts와 fwrite 함수로 대체했다는 것을 볼 수 있을 것이다. 그것은 정적 문자열을 출력할 때 좀 더 효율적이기 때문이다).

썽크 함수

그림 10-14의 그래프를 보면 puts가 여러 번 호출(명백하게 재귀적으로)된다는 것을 확인할 수 있다. 마법 같은 썽크(thunk) 함수의 세계에 온 것을 환영한다. 썽크 함수는 컴파일러가 주소를 알 수 없는 함수(동적으로 링크된 라이브러리 함수와 같은)에 대한 호출을 용이하게 만들어주는 컴파일러 장치다. 기드라는 주소를 알 수 없는 함수를 thunked 함수로 나타낸다. 컴파일러는 프로그램이 만들어내는 모든 thunked 함수에 대한 호출을 썽크 함수 스텁(thunk function stub)으로 대체한다. 그리고 썽크 함수 스텁은 컴파일러가 실행 파일에 삽입한다. 일반적으로 썽크 함수 스텁은 thunked 함수에 실행 권한을 넘기기 전에 thunked 함수의 실행 시점의 주소를 알아내기 위한 테이블 조회를 수행한다. 썽크 함수 스텁이 조회하는 테이블은 실행 시에 관련 thunked 함수 주소로 채워진다. 윈도우 실행 파일의 경우에는 해당 테이블을 임포트 테이블이라고 부르고, ELF 바이너리인 경우에는 전역 오프셋 테이블(GOT, Global Offset Table)이라고 부른다.

Listing 창의 depth_1 함수에서 puts 부분을 보면 다음과 같은 코드를 발견할 수 있을 것이다.

```
**********************************************************
* THUNK FUNCTION                                        *
**********************************************************
```

```
                thunk int puts(char * __s)
                Thunked-Function: <EXTERNAL>::puts
    int             EAX:4          <RETURN>
    char *          RDI:8          __s
                puts@@GLIBC_2.2.5
                puts XREF[2]:  puts:00100590(T),
                               puts:00100590(c), 00300fc8(*)
00302008        ??             ??
00302009        ??             ??
0030200a        ??             ??
```

이 썽크 함수 코드는 기드라가 EXTERNAL이라고 명명한 섹션에 위치한다. 이와 같은 썽크 함수
는 외부 라이브러리가 런타임에 동적으로 로드돼 프로세스에 링크되는 동작 방식으로 인해
만들어진 결과물이다. 따라서 정적 분석 중에는 일반적으로 동적 라이브러리를 사용할 수 없
다. 코드상으로는 호출되는 함수 및 라이브러리 정보를 제공하지만 해당 함수 코드에 직접적으
로 접근할 수는 없다(기드라가 임포트 과장을 수행하는 동안 옵션 페이지를 통해 쉽게 외부
라이브러리를 로드하게 만들 수 있으며 그런 경우에는 접근이 가능하다).

위 코드에서는 새로운 유형의 XREF를 볼 수 있다. 즉, (T)로 표시된 첫 번째 XREF는 thunked
함수에 대한 링크를 나타낸다.

이제는 call_tree 프로그램의 정적으로 링크된 버전을 살펴보자. main 함수에서
만들어진 초기 그래프는 그림 10-11의 동적 링크 버전과 동일하다. 하지만 정적으
로 링크된 바이너리의 그래프와 관련된 잠재적인 복잡성을 파악하고자 2가지의
확장 그래프를 살펴보자. 그림 10-15는 puts 함수에서 어떤 함수를 호출하는지를
보여주는 그래프다. 그래프 창의 타이틀 바에는 puts(9 functions; 11 edges)로
표시돼 있다. 주의할 점은 프로그램 분석이 완료되기 전에는 타이틀 바의 수치가
정확하지 않을 수 있다.

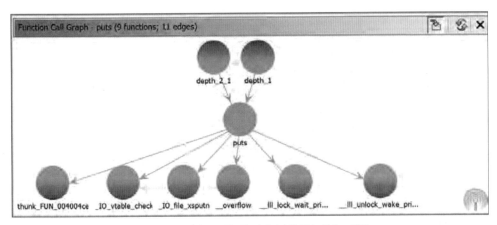

그림 10-15: 정적으로 링크된 바이너리의 함수 호출 그래프

포커스를 _lll_lock_wait_private로 옮기면 70개의 노드와 200개가 넘는 에지가 있는 압도적인 그래프가 표시된다. 그림 10-16은 그중 일부를 보여준다.

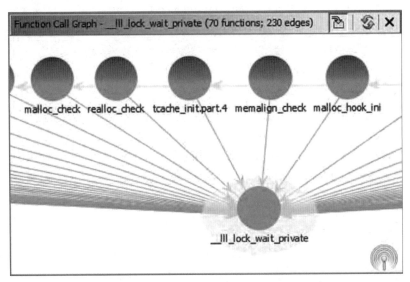

그림 10-16: 정적으로 링크된 바이너리의 확장된 함수 호출 그래프

정적으로 링크된 바이너리는 복잡하고 그래프로 작업하는 것이 어려울 수 있지만 2가지 기능이 이를 보완해준다. 첫째, 단축키 G를 이용하거나 프로그램의 entry

310

심볼을 이용하면 main 함수로 이동할 수 있다. 둘째, main 함수를 찾았다면 관련 함수 호출 그래프에 표시되는 내용을 열거나 쉽게 제어할 수 있게 된다.

트리 뷰

기드라는 특정 바이너리와 관련된 많은 계층적 개념을 트리와 같은 구조로 보여준다. 순수한 그래프 이론적 의미에서의 트리는 아니지만 노드를 확장하고 축소시키거나 다양한 유형의 노드 간의 계층적 관계를 볼 수 있는 기능을 제공한다. 5장에서 CodeBrowser 창을 설명할 때 (트리 형태로 정보를 제공해주는) Program Trees, Symbol Tree, Function Call Tree, Data Type Manager를 소개했다. 트리 형태의 뷰와 다른 형태의 뷰를 함께 사용해서 분석 중인 바이너리에 대한 추가적인 통찰력을 얻을 수 있다.

요약

그래프는 바이너리를 분석하는 데 사용할 수 있는 강력한 도구다. 순수 텍스트 형식으로 디스어셈블리 코드를 보는 데 익숙하다면 그래프 기반의 디스플레이를 이용하는 데 시간이 걸릴 수 있다. 기드라에서는 일반적으로 텍스트 형태로 볼 수 있는 모든 정보는 그래프에서도 유효하다. 하지만 표현되는 정보의 형식은 다를 수 있다. 예를 들어 상호 참조는 그래프에서 블록을 연결하는 에지로 표현된다.

바이너리에 대해 알고 싶은 것이 무엇인지에 따라 보게 되는 그래프가 달라진다. 특정 함수에 어떻게 도달하는지를 알고 싶다면 함수 호출 그래프에 관심이 있을 것이다. 또는 특정 명령에 어떻게 도달하는지 알고 싶다면 함수 그래프에 좀 더 관심을 갖게 될 것이다. 2가지 형태의 그래프 모두 프로그램이 동작하는 방식에 대한 의미 있는 통찰력을 제공할 수 있다.

지금까지 리버스 엔지니어로 기드라를 독립형 인스턴스로 실행할 때 사용할 수 있는 기본 기능을 확인했으므로 이제는 기드라를 협업 도구로 사용하기 위한 옵션을 알아보자. 11장에서는 리버스 엔지니어링 협업을 지원하기 위한 기드라 서버와 환경 구성에 대해 알아본다.

3부

자신을 위한 기드라 만들기

11

소프트웨어 리버스 엔지니어링 협업

이제는 기드라 프로젝트 환경과 기드라가 제공하는 다양한 도구와 창을 편안하게 이용할 수 있을 것이다. 프로젝트 생성과 파일을 임포트하는 방법, 디스어셈블리 코드를 탐색하고 수정하는 방법을 알고 있을 것이다. 그리고 기드라의 데이터 타입과 데이터 구조체, 상호 참조에 대해서도 이해하고 있을 것이다. 하지만 분석 대상 바이너리의 규모가 상당히 큰 경우에는 어떻게 해야 하는지 살펴보지 않았다. 분석 대상 바이너리의 크기가 200MB라면 수십만 개 이상의 함수와 수백만 줄 이상으로 구성된 디스어셈블리 코드가 만들어질 것이다. 그런 경우에는 세로 방향의 길이가 가장 큰 모니터를 사용한다고 하더라도 한 번에 몇 백 줄의 디스어셈블리 코드만 볼 수 있을 것이다.

이와 같은 엄청난 양의 분석을 수행하는 한 가지 방법은 팀으로 나눠 작업하는 것이지만 추가적인 문제가 발생한다. 즉, 모든 사람의 분석 작업을 동기화해서 다른 사람들이 이미 작업된 내용을 다시 수행하지 않게 만들어야 한다. 이제는 기드라를 이용해 프로젝트 분석을 어떻게 협업하는지 알아보자. 기드라는 리버스 엔지니어링 협업을 지원하며, 그것만으로도 다른 소프트웨어 분석 툴과의 차별성을 가진다고 할 수 있다. 11장에서는 표준 기드라 배포판에 포함돼 있는 기드라의 협업 서버를 소개한다. 즉, 협업 서버를 설치하고 설정하는 방법을 설명할 것이며 협업 서버를 이용해서 매우 까다로운 리버스 엔지니어링 문제에 집중할 수 있는 방법을 살펴본다.

팀워크

소프트웨어 리버스 엔지니어링은 복잡한 과정이며 그 복잡성에 대해 잘 알고 있는 전문가는 드물다. 다양한 기술 세트를 가진 분석가들이 하나의 바이너리를 동시에 분석하게 할 수 있다면 원하는 결과를 얻는 데 필요한 시간을 크게 줄일 수 있다. 락스타에게 복잡한 프로그램의 제어 흐름을 분석해서 관련 데이터 구조를 문서화 하라고 한다면 아마 두려움을 느낄 것이다. 악성코드 분석 전문가는 보안 취약점 발견 작업에 부적합할 수 있다. 함께 분석하면 나중에는 확실히 유용하겠지만 너 무 과다한 주석을 입력하는 작업에 시간을 소비함으로써 추가적인 코드 분석을 하지 못하는 것을 방지할 수 있다. 5명의 동료가 각자 동일한 바이너리를 개별적으 로 분석하더라도 분석 과정에서 각자 모두가 수행해야 하는 단계가 있다는 것을 깨닫게 된다. 각 개인은 전문가에게 의견을 받고자 또는 휴가 중에 동료에게 분석 작업을 전달해야 할 수도 있다. 경우에 따라 분석 내용의 정확성을 확인하고자 여러 사람이 동일한 내용을 봐야 할 수도 있다. 동기가 무엇이든 간에 기드라의 공유 프로젝트 기능은 다양한 형태의 소프트웨어 리버스 엔지니어링 협업을 지원 한다.

기드라 서버 설정

기드라에서의 협업은 공유된 기드라 서버에 의해 이뤄진다. 기드라 서버 설정을 담당하는 시스템 관리자라면 반복적인 설치와 마이그레이션을 쉽게 하고자 가상 환경에 서버를 설치할 것인지와 같은 다양한 선택을 직접 할 수 있다. 11장에서 기드라의 협업 기능을 보여주고자 사용한 서버 배포는 개발이나 실험 용도로만 적합한 것이다. 실제 분석 환경에서 기드라 서버를 구성하는 경우에는 기드라 서버 관련 문서를 주의 깊게 읽고 원하는 용도에 적합하게 설정해야만 한다(기드라 서버 설정과 모든 설치 옵션 및 관련 접근 방식을 설명하는 책을 따로 만들 수는 있지만 이 책의 목적과는 부합하지 않는다).

기드라 서버는 기드라를 지원하는 모든 플랫폼에 설정할 수는 있지만 여기서는 리눅스 환경에서 동작하는 기드라 서버에 대해 설명할 것이며 리눅스 명령과 리눅스 시스템 관리에 대해 어느 정도 익숙하다고 가정할 것이다. 그리고 이 장에서 설명하고자 하는 개념을 위해 기드라 서버의 설정 파일(server/server.conf)을 약간 수정할 것이다. 기드라 서버의 초기 설치와 설정 및 관리 그리고 접근 통제를 완료한 후에는 리눅스 커맨드라인 인터페이스 사용에 지나치게 의존하지 않을 것이다. 설정 파일 수정의 내용에는 기드라 서버의 문서에서 권장하는 대로 기본 기드라 저장소 디렉터리 변경과 사용자 관리 및 접근 통제 설정이 포함된다.

기드라 서버 설치 옵션

기드라 서버는 다음과 같은 설치 옵션을 제공한다.

플랫폼(Platforms): 베어 메탈 서버인지 가상머신인지 또는 컨테이너 등인지를 설정한다.

운영체제(Operating systems): 윈도우, 리눅스 또는 맥OS 등 취양에 맞는 OS를 설정한다.

인증 방법(Authentication methods): 동료가 서버에 접근하기 위한 인증 방법을 선택한다. '일반 공개' 또는 'PKI 전용' 등이 있다.

설치 준비(Preparation): 컨테이너, 스크립트, .bat 파일 또는 구체적인 명령을 이용해 설치하거나 자신만의 설치 방법을 만들어 설치할 수 있다.

이 설치 옵션만으로 만족하지 못한다면 걱정할 필요는 없다. 여기서 설명한 것은 설치 옵션의 일부분일 뿐이다. 기드라의 설치 옵션은 매우 까다로운 요구 사항이 있는 경우에도 그것을 충족시켜줄 수 있게 돼 있다. 좀 더 자세한 정보는 기드라 디렉터리에 있는 확장된 서버 메뉴 (server/svrREADME.html)를 참고하길 바란다.

다음은 스크립트를 이용해 우분투 호스트에 초기 기드라 사용자와 설치 환경을 만드는 과정을 설명한 것이다.

1. 설치할 기드라 버전과 같이 스크립트에서 사용되는 몇 가지 환경 변수를 정의한다.

```
#set some environment variables
OWNER=ghidrasrv
SVRROOT=/opt/${OWNER}
REPODIR=/opt/ghidra-repos
GHIDRA_URL=https://ghidra-sre.org/ghidra_version.zip
GHIDRA_ZIP=/tmp/ghidra.zip
```

2. 기드라 서버를 설치해서 실행시킬 때 필요한 2개의 패키지(unzip과 OpenJDK)를 설치한다.

```
sudo apt update && sudo apt install -y openjdk-version-jdk unzip
```

3. 서버를 실행시킬 비특권 사용자를 생성하고 기드라 서버가 설치되는 디렉터리에 외부에 공유되는 기드라 저장소용 디렉터리를 생성한다. 서버 설정 가이드에서는 별도의 디렉터리에 서버 실행 파일과 저장소를 위치시키라고 권장하고 있으며, 그렇게 하면 이후의 서버 업데이트가 용이해진다. 기드라 서버 관리자 툴(svrAdmin)은 서버 관리자의 홈 디렉터리를 이용한다.

```
sudo useradd -r -m -d /home/${OWNER} -s /usr/sbin/nologin -U ${OWNER}
sudo mkdir ${REPODIR}
sudo chown ${OWNER}.${OWNER} ${REPODIR}
```

4. 기드라를 다운로드해서 압축을 해제한 다음 서버의 루트 디렉터리로 옮긴다. 기드라를 다운로드할 때는 최신 버전인지 확인해야 한다(릴리스 날짜는 .zip

파일 이름에 있음).

```
wget ${GHIDRA_URL} -O ${GHIDRA_ZIP}
mkdir /tmp/ghidra && cd /tmp/ghidra && unzip ${GHIDRA_ZIP}
sudo mv ghidra_* ${SVRROOT}
cd /tmp && rm -f ${GHIDRA_ZIP} && rmdir ghidra
```

5. 원래의 서버 설정 파일을 백업하고 저장소가 저장될 위치를 변경한다.

```
cd ${SVRROOT}/server && cp server.conf server.conf.orig
REPOVAR=ghidra.repositories.dir
sed -i "s@^$REPOVAR=.*\$@$REPOVAR=$REPODIR@g" server.conf
```

6. 기드라가 서버 실행 파라미터에 -u 파라미터를 추가해서 서버에 연결할 때
로컬 사용자 이름이 아닌 특정 사용자 이름을 입력받을 수 있게 한다. -u
파라미터를 이용하면 하나의 컴퓨터에서 여러 다른 사용자로 로그인할 수
있으며 여러 컴퓨터에서 동일한 계정으로 로그인할 수 있다(일부 기드라 버전에서
는 마지막 커맨드라인 파라미터가 저장소의 경로라고 예상하기 때문에 parameter.2를 parameter.3으로 변경했고
그다음에는 parameter.2=-u를 추가했다).

```
PARM=wrapper.app.parameter.
sed -i "s/^${PARM}2=/${PARM}3=/" server.conf
sed -i "/^${PARM}3=/i ${PARM}2=-u" server.conf
```

7. 기드라 서버 프로세스의 소유자와 기드라 서버 디렉터리를 ghidrasvr 사용
자로 변경한다(이는 단지 데모 서버이기 때문에 다른 파라미터는 변경하지 않았다. 실제로 사용할 기드라
서버를 구성할 때는 server/svrREADME.html을 반드시 읽어보길 바란다).

```
ACCT=wrapper.app.account
sed -i "s/^.*$ACCT=.*/$ACCT=$OWNER/" server.conf
```

```
sudo chown -R ${OWNER}.${OWNER} ${SVRROOT}
```

8. 마지막으로 기드라 서버를 서비스로 설치하고 서버에 접속할 권한이 있는
사용자를 추가한다.

```
sudo ./svrInstall
sudo ${SVRROOT}/server/svrAdmin -add user1
sudo ${SVRROOT}/server/svrAdmin -add user2
sudo ${SVRROOT}/server/svrAdmin -add user3
```

서버에 대한 접근 제어는 이후에 자세히 설명하겠지만 사용자는 기드라 서버가
사용하는 인증 시스템에 존재해야 한다. 그리고 기본적으로 각 사용자는 디폴트
패스워드인 changeme(이는 처음 로그인할 때 변경해야 한다)를 이용해 24시간 이내에 기드라 클
라이언트에서 로그인해야 한다. 사용자가 자신의 계정을 24시간 이내에 활성화하
지 않는다면 해당 계정이 잠겨서 다시 설정해야만 한다. 기드라는 Ghidra Server
System Administrator에게 간단한 패스워드나 공개키 암호[PKI]와 같이 여러 가지 인
증 옵션을 제공한다. 여기서는 로컬 기드라 패스워드(디폴트)를 이용할 것이다.

자체 기드라 서버를 설치하고 싶거나 좀 더 다양한 설치 옵션을 깊게 알고 있다면
Ghidra 디렉터리에 있는 server/svrREADME.html을 참고하길 바란다.

프로젝트 저장소

하나의 팀으로 작업하는 것의 장점이자 동시에 단점 중 하나는 여러 사람이 동일한 바이너리를
동시에 분석할 수 있다는 것이다. 여러 사람이 동일한 내용으로 작업할 때는 경쟁 조건이 발생
할 가능성이 있다. 즉, 경쟁 조건하에서는 작업(예를 들면 업데이트된 파일의 저장)이 수행되는
순서가 최종 결과물에 영향을 미칠 수 있다. 기드라는 누가 언제 그리고 어떤 작업을 커밋했는
지 제어하고자 프로젝트 저장소와 버전 관리 시스템을 갖고 있다.

기드라 저장소는 파일을 체크인, 체크아웃하고 버전 이력을 추적하며 현재 체크아웃된 것이

무엇인지 볼 수 있게 해준다. 파일을 체크아웃하면 그것의 사본이 만들어진다. 파일에 대한 작업을 완료해서 해당 파일을 다시 체크인하면 새로운 버전의 사본이 만들어지고 기존 파일의 일부가 된다. 다른 사람도 해당 파일의 새로운 버전을 체크인했다면 저장소가 충돌 문제를 해결한다. 이 장의 후반부에서 저장소와의 상호작용을 설명한다.

공유 프로젝트

지금까지는 한 명의 분석가가 하나의 컴퓨터에서 작업하기 적합한 독립형 기드라 프로젝트만 만들어서 작업하는 것을 설명했다. 이제 기드라 서버를 구성하고 접근 권한을 설정했으므로 공유 프로젝트를 만드는 과정을 살펴보자. 공유 프로젝트는 기드라 서버에 대한 접근 권한이 있는 사용자라면 누구나 접근해서 협업할 수 있는 프로젝트다.

공유 프로젝트 생성

새로운 프로젝트를 만들 때(File ➤ New Project) 프로젝트 유형으로 Shared Project를 선택하면 그림 11-1의 왼쪽 화면과 같이 기드라 서버 정보를 입력해야 한다. 기드라 서버의 디폴트 포트 번호(13100)는 제공되지만 서버의 호스트 이름이나 IP 주소는 별도로 입력해야 하며 기드라 서버의 설정에 따른 사용자 인증을 해야 한다.

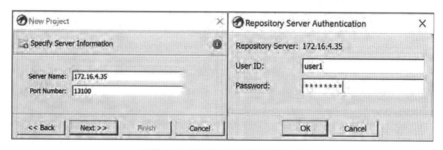

그림 11-1: 기드라 서버 저장소에 로그인

그림 11-1의 오른쪽은 기드라 서버 설치 스크립트에 의해 만들어진 사용자(user1) 정보로 로그인하는 화면이다. 해당 사용자로 처음 로그인하는 것이라면 앞에서도 설명했듯 패스워드를 changeme에서 다른 것으로 변경해야 한다.

그다음에는 기존 저장소를 선택하거나 저장소 이름을 입력해 그림 11-2처럼 새로운 저장소를 만든다. 그림에서는 CH11이라는 이름의 새로운 저장소를 만들고 있다.

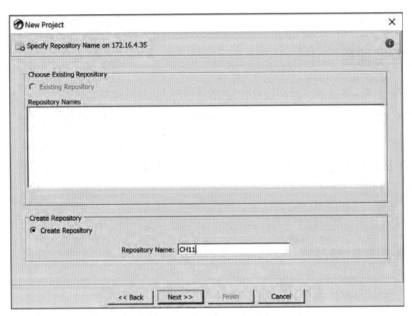

그림 11-2: New Project 대화상자

Next 버튼을 클릭해 새로운 저장소와 프로젝트를 만들면 익숙한 Project 창으로 이동한다(그림 11-3).

322

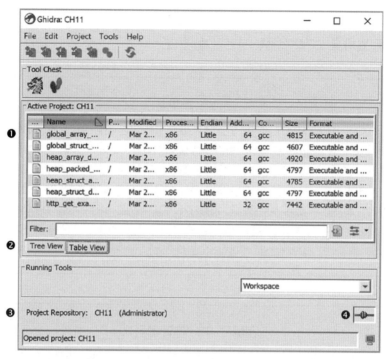

그림 11-3: Table View 탭을 보여주는 공유 프로젝트를 위한 Project 창

이미 여러 개의 파일❶을 임포트했으며 기본적인 트리 형태가 아닌 테이블 형태로 프로젝트 파일들을 보여준다. 탭으로 선택할 수 있는 Table View❷는 각 프로젝트 파일에 대한 좀 더 많은 정보를 제공해준다. Project 창은 프로젝트 저장소의 이름 (CH11)과 프로젝트에 대한 사용자의 역할(Administrator)을 보여주며❸ 오른쪽에는 아이콘으로 서버에 대한 연결 정보를 제공한다. 아이콘❹에 마우스를 올리면 "Connected as user1 to 172.16.4.35."라는 메시지가 표시된다. 서버에 연결된 상태가 아니라면 그림에서와 같이 링크가 연결된 형태의 아이콘이 아닌 링크가 끊어진 형태의 아이콘으로 표시될 것이다.

프로젝트 관리

일단 프로젝트가 생성되고 관리자가 있다면 인가된 사용자는 서버에 로그인해서 해당 프로젝트에 대한 작업을 수행할 수 있다. 로그인에 성공하면 기드라 Project 창을 통해 인가된 프로젝트에 접근하게 된다.

저장소 관리자

서버 관리자는 기드라 서버의 계정을 만들고 서버 연결을 위한 인증 프로토콜 설정을 담당한다. 서버 관리자는 본질적으로 커맨드라인 명령으로 작업을 수행하며 서버 관리자가 기드라 사용자가 될 필요는 없다. 클라이언트 측면에서 보면 인가된 사용자는 기드라 서버에 저장소를 만들고 사용자는 자동으로 자신이 만든 저장소의 관리자가 된다. 이를 통해 각 저장소 관리자는 저장소에 접근할 수 있는 사용자와 각 사용자가 가질 수 있는 접근 유형을 포함해 저장소를 완전히 제어할 수 있다. 저장소 생성 이후에 관리자는 기드라의 Project 창을 통해 인가된 사용자에 대한 추가적인 접근 권한을 부여할 수 있다.

비공유 프로젝트인 경우

비공유 프로젝트를 위해 기드라 서버를 설치하는 경우에도 장점이 있다. 앞선 기드라 소개에서는 하나의 컴퓨터에 기드라를 설치하고 해당 컴퓨터를 이용해서 프로젝트와 파일(해당 컴퓨터에 저장된 파일)에 접근하는 것에 더 중점을 뒀다. 이는 모든 분석 작업이 해당 컴퓨터에 의존한다는 것을 의미한다. 기드라 서버는 다양한 곳에서 파일에 대한 멀티포인트 접근을 용이하게 해준다. 파일에 접근하기 전에 인증을 요구할 수 있으며, 원한다면 프로젝트를 비공유 프로젝트에서 공유 프로젝트로 변환할 수 있다. 한 가지 제약이 있다면 파일을 체크아웃하거나 체크인하려면 기드라 서버에 연결해야 한다는 것이다.

Project 창 메뉴

이제 기드라 서버를 만들고 연결했으므로 이전에는 유효하지 않았던 일부 옵션을 사용할 수 있게 됐고 그로 인해 Project 창에서 사용할 수 있는 옵션이 좀 더 의미를 갖게 됐다. 11장과 12장에서는 개별 메뉴 구성과 분석 작업을 향상시키고자 각 메뉴를 어떻게 사용할 수 있는지 실펴본다.

File 메뉴

File 메뉴는 그림 11-4와 같다. File 메뉴의 처음 5개 옵션은 매우 표준적인 파일 형식 작업이며 메뉴 기반의 애플리케이션에서 기대하는 동작과 같다. 다음 표에서 번호로 표시한 옵션은 자세히 설명할 것이다.

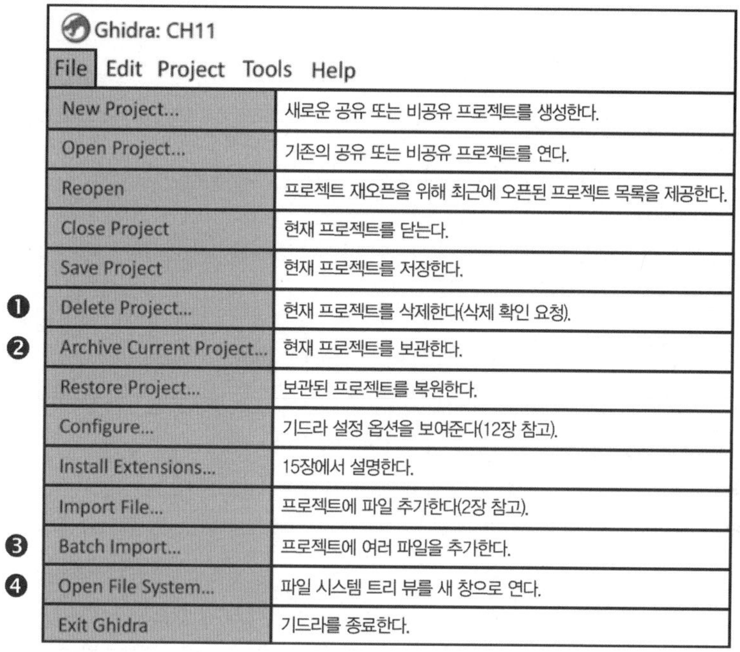

Ghidra: CH11	
File Edit Project Tools Help	
New Project...	새로운 공유 또는 비공유 프로젝트를 생성한다.
Open Project...	기존의 공유 또는 비공유 프로젝트를 연다.
Reopen	프로젝트 재오픈을 위해 최근에 오픈된 프로젝트 목록을 제공한다.
Close Project	현재 프로젝트를 닫는다.
Save Project	현재 프로젝트를 저장한다.
❶ Delete Project...	현재 프로젝트를 삭제한다(삭제 확인 요청).
❷ Archive Current Project...	현재 프로젝트를 보관한다.
Restore Project...	보관된 프로젝트를 복원한다.
Configure...	기드라 설정 옵션을 보여준다(12장 참고).
Install Extensions...	15장에서 설명한다.
Import File...	프로젝트에 파일 추가한다(2장 참고).
❸ Batch Import...	프로젝트에 여러 파일을 추가한다.
❹ Open File System...	파일 시스템 트리 뷰를 새 창으로 연다.
Exit Ghidra	기드라를 종료한다.

그림 11-4: File 메뉴

Deleting Projects 메뉴

프로젝트 삭제❶는 취소할 수 없는 작업이다. 다행히 프로젝트 삭제를 위해서는 추가적인 작업이 필요하며 삭제 작업이 이뤄지기 전에 확인 단계를 거친다. 먼저 활성화된 프로젝트는 삭제할 수 없다. 이를 통해 실수로 삭제하는 위험이 최소화된다. 프로젝트를 삭제하려면 다음의 3단계를 완료해야 한다.

1. File ➤ Delete Project 메뉴를 선택한다.
2. 삭제할 프로젝트를 선택하거나 삭제할 프로젝트의 이름을 입력한다.
3. 삭제 확인 창에서 프로젝트 삭제를 확인한다.

프로젝트를 삭제하면 관련된 모든 파일이 삭제된다. 따라서 먼저 Archive Current Project 옵션을 통해 프로젝트를 보관하는 것이 좋다. ❷

Archiving Projects 메뉴

프로젝트 보관은 프로젝트와 관련된 파일 그리고 관련된 툴 설정의 스냅숏을 저장하는 기능이다. 프로젝트 보관이 필요한 이유는 다음과 같다.

- 프로젝트를 삭제할 예정이지만 '만일의 경우를 위해' 사본을 저장해놓고 싶을 때
- 다른 서버로 프로젝트를 이전하고 싶을 때
- 다른 버전의 기드라에 쉽게 전송할 수 있는 버전을 원할 때
- 프로젝트의 백업본을 만들고 싶을 때

프로젝트를 보관하는 과정은 다음과 같다.

1. CodeBrowser 창과 관련된 모든 툴을 닫는다.
2. 메뉴에서 Choose File ➤ Archive Current Project를 선택한다.
3. 보관 파일은 저장할 로컬 컴퓨터상의 위치와 이름을 지정한다.

보관 파일 이름을 이미 존재하는 파일 이름으로 선택한다면 이름을 바꾸거나 기존 파일을 덮어쓸 것인지 선택해야 한다. 보관된 파일은 Restore Project 옵션으로 쉽게 복원할 수 있다.

Batch Import 메뉴

Batch Import 옵션(그림 11-4의 ❸)은 한 번에 여러 개의 파일을 프로젝트에 임포트시킬 수 있게 해준다. File ➤ Batch Import를 선택하면 기드라는 그림 11-5와 같은 파일 브라우저 창을 띄워준다. 파일 브라우저 창에서 프로젝트에 포함시키고 싶은 파일이 있는 디렉터리로 이동하면 된다.

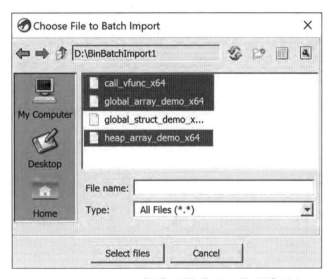

그림 11-5: Batch Import 옵션을 선택한 후 임포트할 파일을 선택

하나의 디렉터리에서 하나 이상의 파일을 선택하거나 디렉터리 전체를 선택할 수 있다. 임포트할 파일을 선택하고 Select files 버튼을 클릭하면 Batch Import 창에서 임포트를 위해 선택한 파일 목록을 보여준다. 그림 11-6을 보면 BinBatchImport1 디렉터리에서 선택한 파일들은 개별적으로 목록에 표시되고 BinBatchImport2 디렉터리는 그 안에 있는 5개의 파일은 디렉터리로 추가된 것을 알 수 있다. Add/Remove 버튼을 이용해 임포트 목록의 파일을 변경할 수 있으며 디렉터리에서 파일을 검색하기 위한 재귀 수준 등 여러 가지 옵션을 제어할 수 있다.

Batch Import 창에서 적절한 탐색 깊이를 결정하거나 단순히 파일 시스템을 탐색하려면 Open File System 옵션(그림 11-4의 ❹)을 사용하면 된다. Open File System 옵션은 선택하면 별도의 창으로 선택된 파일 시스템 컨테이너(.zip 파일, .tar 파일, 디렉터리 등)를 보여준다(2개의 창을 갖고 동시에 작업하려면 두 번째 기드라 인스턴스를 열어야 하므로 탐색 깊이를 미리 결정하는 것이 좋다. 하나의 기드라 인스턴스에서는 하나의 창에서 다른 창으로의 접근이 제한된다).

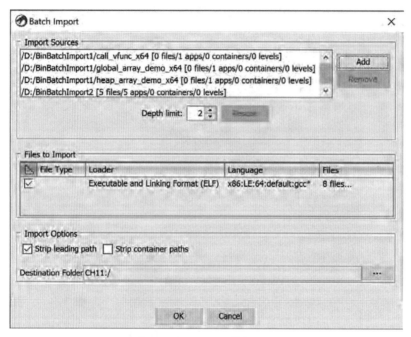

그림 11-6: Batch Import 확인 대화상자

Edit 메뉴

Edit 메뉴는 그림 11-7과 같다. Tool Options와 Plugin Path 옵션은 12장에서 설명하며 PKI 관련 옵션은 기드라 서버의 설정 및 기드라 서버의 장점과 관련이 있기 때문에 여기서 설명한다.

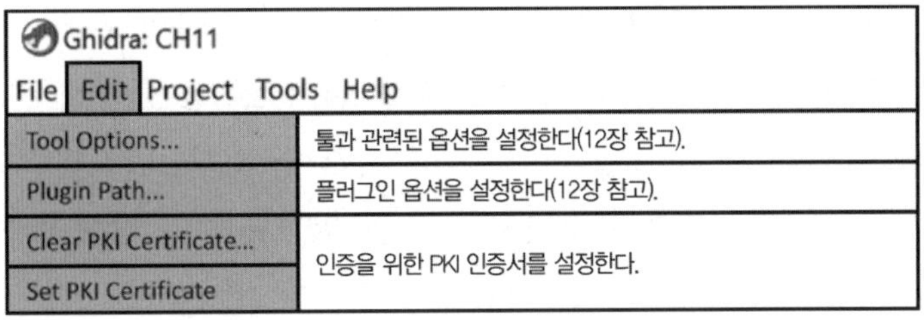

그림 11-7: Edit 메뉴

PKI 인증서

이 장의 시작 부분에서도 언급했듯 기드라 서버를 설정할 때 인증 방법을 선택한다. 여기서는 간단한 사용자 이름과 패스워드 인증 방법을 선택했다. PKI 인증서는 좀 더 복잡하다. 실제 PKI 구현이 다를 수는 있지만 다음은 기드라 서버에 대한 합리적인 PKI 클라이언트 인증 프로세스를 설명한다.

User1은 기드라 서버 프로젝트에 대한 작업을 하고자 기드라 서버로부터 인증 받길 원한다. 그는 사용자 이름과 공개키가 포함된 클라이언트 인증서를 갖고 있다. 또한 그는 인증서에 포함된 공개키에 대응되는 개인키를 안전하게 보관하고 있다. 그의 인증서는 기드라 서버에서 신뢰하는 인증기관[CA]에 의해 서명된 것이다.

User1은 서버가 사용자 이름과 공개키를 추출할 수 있는 자신의 인증서를 서버에 제공한다. 서버는 인증서가 유효한지 확인하고자 검사를 수행한다(예를 들면 인증서 해지 목록에 있는 것인지, 유효한 날짜 범위 내에 있으며 신뢰할 수 있는 CA나 여타 유효한 서명이 있는지를 체크한다). 모든 검사가 통과되면 서버는 유효한 인증서라고 확인하고 User1을 공개키에 바인딩한다. 이제 User1은 기드라 서버가 인증서에서 추출한 공개키에 대응되는 개인키를 검증할 수 있도록 해당 개인키를 갖고 있다는 것을 증명해야 한다. 개인키를 User1만 갖고 있다면 기드라 서버는 그의 인증서가 올바르다고 확인할 수 있으며 User1이 실제로 해당 개인키를 소유하고 있다고 확인할 수 있기 때문에 User1은 서버로부터 인증된다고 할 수 있다.

PKI 인증기관을 관리하는 과정은 기드라 서버의 readme 파일(server/svrREADME.html)에 설명돼 있다. Set PKI Certificate와 Clear PKI Certificate 옵션은 사용자와 사용자 자신의 키 파일(*.pfx, *.pks, *.p12)을 연결(또는 해제)시킬 수 있다. PKI 인증서를 설정할 때 사용자가 적절한 키 저장소를 식별하게 할 수 있도록 파일 탐색 창이 제공된다. 인증서는 Clear PKI Certificate 옵션을 사용해 언제든지 제거할 수 있다. PKI 인증을 사용하게 선택하면 자바의 **keytool** 유틸리티를 사용해 키, 인증서, 자바 키 저장소를 관리할 수 있다.

Project 메뉴

그림 11-8에 표시된 Project 메뉴는 프로젝트 수준의 활동을 관리하기 위한 기능을 제공한다. 즉, 다른 프로젝트를 보거나 복사하기, 패스워드 변경, 관리하고 있는 프로젝트에 대한 사용자 접근 관리와 같은 기능을 제공한다.

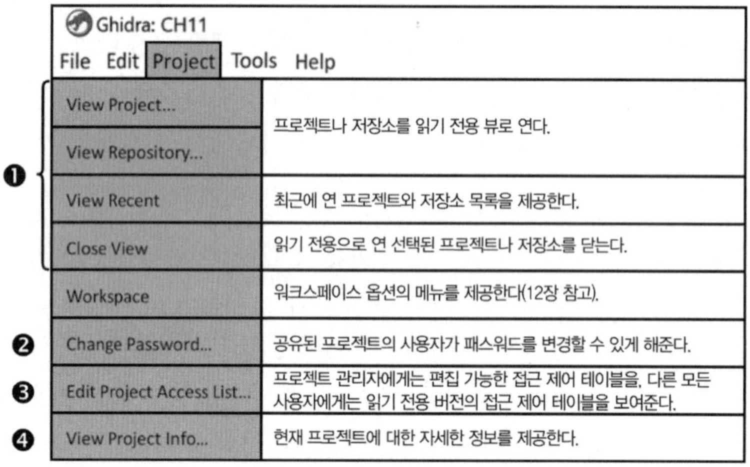

그림 11-8: Project 메뉴

프로젝트와 저장소 보기

처음 4개의 옵션❶은 프로젝트나 저장소를 보는 것과 관련된 것이다. View Project

와 View Repository 옵션은 Active Project 창에 인접한 새로운 창으로 프로젝트(로컬)
나 저장소(원격 서버)를 읽기 전용 버전으로 연다. 그림 11-9를 보면 로컬 프로젝트
ExtraFiles가 현재 활성화된 프로젝트 옆에 열려있다. 읽기 전용 프로젝트를 탐색
하거나 Read-Only Project Data 창에서 Active Project 창으로 파일이나 디렉터리를
끌어다 놓을 수 있다. 그림 11-9에서는 3개의 선택된 파일(확장자가 NEW)이 Read-Only
Project Data에서 Active Project(CH11) 창으로 복사된 것을 볼 수 있다.

View Recent 옵션은 최근에 연 프로젝트나 저장소의 목록을 제공하며, 이는 프로젝
트나 저장소를 빠르게 찾는 데 도움이 된다. Close View 옵션(일부 기드라 버전에서는 이
옵션이 비활성화된 것으로 보인다)은 읽기 전용으로 연 프로젝트나 저장소를 닫는다. 좀 더
간단하고 확실한 방법은 그림 11-9의 우측 하단에서 볼 수 있듯이 닫고자 하는
프로젝트 탭의 하단에 있는 X를 클릭하는 것이다.

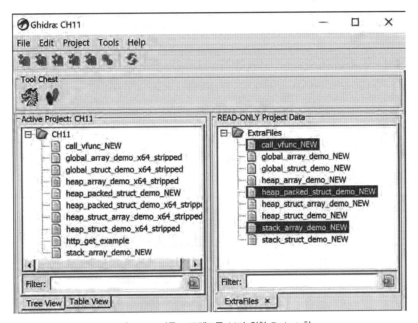

그림 11-9: 다른 프로젝트를 보기 위한 Project 창

패스워드 변경과 프로젝트 접근 제어

Change Password 옵션(그림 11-8의 ❷)은 기드라 서버가 패스워드 변경을 허용하는 인증 방법으로 설정된 경우 공유 프로젝트의 사용자에게만 유효하다. 패스워드 변경은 2단계로 이뤄진다. 먼저 그림 11-10과 같은 패스워드 변경을 확인하는 대화상자를 거쳐 초기의 패스워드 변경을 위한 것과 동일한 **패스워드 변경** 대화상자를 통해 변경을 하게 된다.

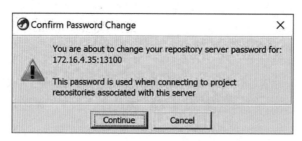

그림 11-10: 패스워드 변경 확인 대화상자

사용자는 각각 자신의 암호를 제어할 수 있지만 공유 프로젝트는 프로젝트에 접근할 수 있는 사용자와 각 사용자에게 부여되는 권한을 제어하는 기능도 제공한다. 앞에서도 언급했듯 기드라 서버 시스템 관리자는 일부 접근 제어를 수행할 수 있다. 특히 관리자는 관리자를 저장소에 할당하고 사용자 계정을 만들거나 삭제할 수 있다.

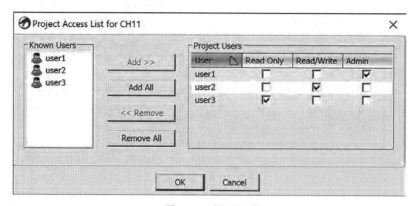

그림 11-11: 접근 제어 창

클라이언트 측면에서 봤을 때 관리자는 Project 메뉴의 Edit Project Access List 옵션
(그림 11-8의 ❸)을 통해 접근 제어를 수행할 수 있다. Edit Project Access List 옵션을
선택하면 그림 11-11과 같이 프로젝트에 사용자를 추가하거나 제거할 수 있고 각
사용자의 권한을 변경할 수 있는 대화상자를 보게 될 것이다. 각 사용자에게 최소
권한(왼쪽의 Read Only)을 부여하거나 최대 권한(오른쪽의 Admin)을 부여할 수 있다.

프로젝트 정보 보기

Project 메뉴의 마지막 옵션은 View Project Info(그림 11-8의 ❹)다. 이 옵션의 결과는 프로
젝트가 기드라 서버에서 호스팅되는지 여부에 따라 달라진다. 그림 11-12는 서버
기반의 프로젝트(오른쪽)와 그렇지 않은 프로젝트(왼쪽)의 정보를 보여준다. 표시되는
정보는 매우 직관적이지만 대화상자 하단의 버튼을 이용해 비공유 프로젝트를 공
유 프로젝트로 변환(Convert to Shared 버튼 이용)하거나 프로젝트 정보를 변경할 수 있다.

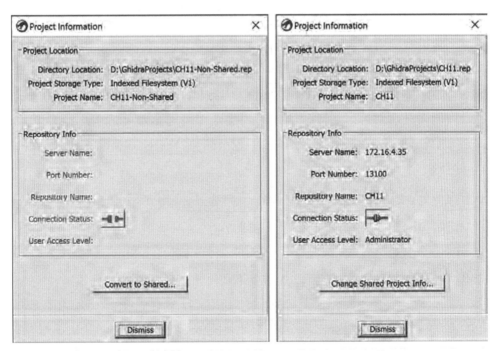

그림 11-12: 비공유 프로젝트와 공유 프로젝트의 프로젝트 정보 창

Convert to Shared 버튼을 클릭하면 서버 정보와 프로젝트 관리자를 위한 사용자 ID, 패스워드를 묻는 대화상자가 열린다. 그다음에는 저장소를 지정하고, 사용자를 추가하고, 사용자 권한을 설정하고, 프로젝트를 정말 변환할 것인지 여부를 확인하는 단계를 거치게 된다. 프로젝트를 변환하면 다시 되돌릴 수 없으며 기존 모든 로컬 버전의 이력이 제거된다.

프로젝트 저장소

이제는 프로젝트의 무결성을 유지하면서 프로젝트가 어떻게 공유되는지 궁금할 것이다. 이번 절에서는 하나의 팀이 동시에 작업을 수행하는 공유 프로젝트에서 모든 사람의 작업이 유지되게 하고자 기드라가 어떤 것을 제공하는지 알아볼 것이다. 자세한 내용을 살펴보기 전에 기드라의 공유 프로젝트와 관련된 파일 유형에 대해 살펴보자. 먼저 프로젝트와 저장소 간의 관계부터 살펴볼 것이다.

저장소는 버전 관리 프로세스를 가능하게 해주는 핵심이다. 새로운 비공유 프로젝트를 만들면 프로젝트 파일(.gpr 파일)과 버전 관리를 위한 저장소 디렉터리(확장자가 .rep인 디렉터리)가 만들어진다. 그 밖에 잠금이나 버전을 제어하기 위한 파일이 추가적으로 생성되지만 그런 파일들은 기드라 사용에 있어 중요하지 않지 않다. 비공유 프로젝트의 경우 모든 파일은 프로젝트를 생성할 때 지정한 디렉터리 내에 위치한다(4장 참고).

공유 프로젝트를 만들 때는 앞서 설명했듯(그림 11-2 참고) 새로운 저장소를 만들 것인지 기존 저장소를 이용할 것인지 선택하게 된다. 동시에 새로운 프로젝트와 새로운 저장소를 만든다면 프로젝트와 저장소가 일대일 관계가 되고 프로젝트 생성자는 프로젝트 관리자가 된다. 기존 저장소를 선택한다면 프로젝트 생성자(프로젝트 생성자가 해당 저장소의 소유자가 아니라면)는 프로젝트 관리자가 되지 않는다. 2가지 경우 모두 .gpr 파일과 .rep 디렉터리는 동일한 기본 이름을 공유한다. 즉, 저장소 이름을 RepoExample라고 했다면 프로젝트 파일의 이름은 RepoExample.gpr이 될 것이고 저장소 디렉터리의 이름은 RepoExample.rep가 될 것이다(저장소 디렉터리의 이름에 확장자가 있더라도 해당 저장소는 파일이 아닌 디렉터리다).

요약하면 저장소를 새로 만드는 경우에는 프로젝트 관리자가 되며 저장소에 접근할 수 있는 다른 사용자를 선택할 수 있다. 반면 기존 저장소를 이용한다면 프로젝트 생성자는 프로젝트 관리자가 할당한 권한을 가진 사용자가 된다. 그렇다면 여러 사용자가 동일한 프로젝트를 변경하려고 한다면 어떻게 될까? 이것이 버전 관리가 필요한 이유다.

버전 관리와 버전 추적

기드라는 2가지의 버전 관리 시스템을 갖고 있다. 이 장에서는 **버전 관리**에 대해 설명하고 있으며 그 개념은 곧 명확해질 것이다. 기드라는 버전 추적 기능도 제공한다. **버전 추적**은 두 바이너리 간의 차이점(또는 유사점)을 식별하는 데 사용된다. 소프트웨어 리버스 엔지니어링에서 이 과정을 **바이너리 차분**이라고 한다. 바이너리 차분은 서로 다른 버전의 바이너리 업데이트 식별, 동일 악성코드 계열에서 사용되는 함수 식별, 서명 식별 등을 위해 사용된다. 이는 관련 소스코드가 없어 소스코드 기반의 비교가 불가능할 때 중요하게 사용될 수 있다. 기드라의 버전 추적 기능은 23장에서 자세히 다룬다.

버전 관리

버전 관리는 여러 사용자가 변경을 수행할 수 있거나 변경 내역이 기록돼야 하는 시스템에서는 중요한 개념이다. 버전 관리를 통해 시스템 업데이트를 관리할 수 있고 경쟁 조건을 효과적으로 통제할 수 있다. Project 창에는 버전 관리를 위한 툴바가 있다(그림 11-13). 버전 관리 작업을 위해서는 해당 파일들을 먼저 닫아야 한다.

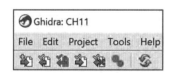

그림 11-13: Ghidra Project 창의 버전 관리 툴바

어떤 파일은 선택했느냐에 따라 유효한 버전 관리 아이콘이 활성화된다. 버전 관리를 구성하는 기본 작업은 그림 11-14와 같다(깃^{Git}에 익숙한 사람을 위해 각 버전 관리 동작과 그에 대응되는 깃 명령을 별도로 추가했다).

아이콘	동작	특별한 옵션	유사한 git 명령
	버전 관리에 파일을 추가	파일을 체크아웃 상태로 유지	git add git commit
	파일 체크아웃	없음	git clone (ish)
	체크아웃된 파일을 최신 버전으로 업데이트	파일을 체크아웃 상태로 유지	git pull
		.keep 파일 생성	
	파일 체크인	파일을 체크아웃 상태로 유지	git commit git push
		.keep 파일 생성	
	체크아웃 실행 취소	복사본을 .keep 확장자로 저장	git checkout
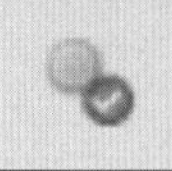	재귀적으로 체크아웃을 검색	없음	git status

그림 11-14: 기드라 버전 관리 툴바의 내용

툴바뿐만 아니라 마우스 오른쪽 버튼을 이용한 콘텍스트 메뉴를 통해서도 버전 관리를 수행할 수 있다.

파일 병합

협업 팀 구성원 중 한 명이 프로젝트에 대한 변경 사항을 체크인하기로 결정할 때는 다음 중 하나의 상황이 발생할 수 있다.

충돌 없음: 이는 사용자가 파일을 체크아웃한 이후에 파일의 새 버전이 체크인되지 않은 경우다. 잠재적인 충돌이 존재하지 않기 때문에 (사용자가 아직 인식하

지 못하는 커밋이나 충돌되는 변경 사항이 없음) 체크인되는 파일이 새로운 버전의 파일이 된다. 이전 버전의 파일은 보관 파일로 유지되며 버전 번호는 연속적인 버전 체인을 추적할 수 있게 증가된다.

잠재적 충돌: 이는 사용자가 파일을 체크아웃하는 동안 다른 사용자가 새로운 변경 사항을 커밋하는 경우다. 파일이 체크인되는 순서가 '현재 버전'에 영향을 미칠 수 있다. 이 경우에 기드라는 파일 병합 과정을 수행한다. 충돌이 발생하지 않는다면 기드라는 자동 병합 과정을 수행한다. 하지만 충돌이 감지된다면 사용자가 직접 충돌을 해결해야 한다.

충돌되는 경우를 예로 들어보자. user1과 user2가 모두 동일한 파일을 체크아웃했고 user2가 FUN_00123456의 이름을 hash_something으로 변경해서 변경 사항을 체크인했다. 한편 user1은 동일한 함수를 분석하고 함수의 이름을 compute_hash로 변경했다. user1이 마지막으로 (user2 이후) 변경 사항을 체크인하면 이름이 충돌한다는 알림을 받게 되고 체크인 작업이 완료되기 전에 hash_something과 compute_hash 중에서 함수의 올바른 이름을 선택하라는 메시지가 표시된다. 충돌에 대한 좀 더 자세한 정보는 기드라 Help를 참고하길 바란다.

버전 관리 주석

버전 관리 시스템에서 파일을 추가하거나 변경할 때는 해당 파일에 대한 작업 내용을 추가해야 한다. 각 버전 제어 작업은 주석 필드와 특수 옵션이 있는 대화상자를 표시한다. 그림 11-15는 Add File to Version Control 대화상자를 보여준다.

대화상자의 타이틀 바에는 수행 중인 작업이 표시되며 아랫부분에는 Comments 텍스트 박스에 입력해야 하는 내용에 대한 설명과 관련 아이콘을 보여준다. 하나 이상의 파일이 선택된 경우에 Apply to All 버튼을 클릭하지 않으면 입력된 설명이 첫 번째 파일에만 연결된다. Comments 텍스트 박스 아래에는 수행 중인 작업과 관련돼 선택할 수 있는 옵션이 위치한다. 그림 11-14의 세 번째 열에서는 수행하는 동작에 따라 선택할 수 있는 옵션을 보여준다.

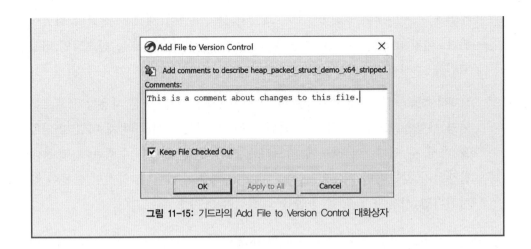

그림 11-15: 기드라의 Add File to Version Control 대화상자

예제 시나리오

공유 프로젝트와 관련해서는 복잡한 많은 옵션과 관련 용어들이 있다. 기드라 서버 및 공유 프로젝트와 관련된 몇 가지 개념을 명확히 하고자 프로젝트 개념부터 시작해서 지금까지 다룬 개념들을 보여주는 예제를 살펴보자.

프로젝트는 클라이언트 컴퓨터에 위치하는 로컬 개체(마치 로컬 깃 저장소와 같다)다. 공유 프로젝트는 기드라 서버의 저장소(마치 원격 깃 저장소와 같다)와 연결되며 해당 저장소에는 협업으로 수행된 모든 분석 작업 결과가 저장된다. 파일이 버전 관리 시스템에 추가돼 임포트된 이후에 해당 파일은 공유되며, 그 전에는 공유되지 않는다. 따라서 사용자는 비공개 상태의 파일을 프로젝트에 임포트한 다음 버전 관리 시스템에 추가하는 것을 선택할 수 있다. 그러면 해당 파일이 공유된다.

파일 하이재킹

기드라에는 공유 프로젝트 환경에서 자주 발생할 수 있는 상황에 대한 특별한 용어(Project Data Tree와 관련된)가 있다. 프로젝트에 개인 파일(가져왔지만 아직 버전 관리에 추가되지

않음)이 있고 다른 사용자가 동일한 이름의 파일을 저장소에 추가하면 파일이 하이재킹된다. 이와 같은 상황은 자주 발생하며 기드라는 이런 상황을 처리하고자 마우스 오른쪽 버튼의 콘텍스트 메뉴 옵션을 제공한다. 먼저 해당 파일을 닫고 콘텍스트 메뉴에서 Undo Hijack 옵션을 선택하면 된다. 그렇게 하면 저장소가 해당 파일을 받아들이고 필요하다면 사용자 자신의 파일 사본을 보관하게 할 수 있는 옵션이 제공된다. 이와 같은 상황을 해결하기 위한 다른 옵션은 파일의 이름을 변경하거나 해당 파일을 다른 프로젝트로 이동 또는 해당 파일을 삭제하는 것이다.

프로젝트 권한은 사실 저장소 권한이다. 기존에 존재하는 저장소를 이용해 프로젝트를 만든다면 "이 프로젝트는 서버의 원격 저장소를 로컬에 백업한다."(마치 깃 복제처럼)라고 말할 수 있다. 공유 프로젝트에서 수행되는 일련의 작업이 공유 프로젝트 환경에 어떤 영향을 미치는지 살펴보자.

1. user1은 CH11-Example이라는 새로운 공유 프로젝트(그리고 관련된 새로운 저장소)를 만들고 user2와 user3을 추가해 권한을 할당한다(그림 11-16).

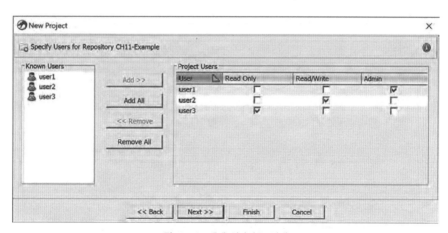

그림 11-16: 예제 시나리오, 단계 1

2. user2는 기존의 CH11-Example 저장소와 관련된 새로운 공유 프로젝트를 만든다(즉, user2가 CH11-Example을 복제). user1의 프로젝트와 프로젝트 이름이 동

일하지는 않지만 저장소(원격)는 동일하다. 해당 저장소에 대한 user2의 권한
은 그림 11-17의 하단부에 표시된다.

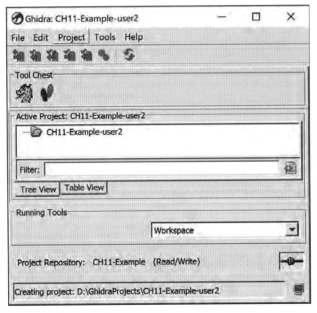

그림 11-17: 예제 시나리오, 단계 2

3. user1은 파일을 임포트해서 버전 관리 시스템에 추가한다. 그러면 user2도
   해당 파일을 볼 수 있다(대략적으로 git add/commit/push와 동일)(그림 11-18).

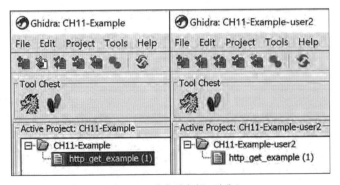

그림 11-18: 예제 시나리오, 단계 3

4. user1과 user2는 각각 자신의 프로젝트에 동일한 파일을 임포트한다. 아직은 버전 관리 시스템에 추가하지 않은 상태이기 때문에 공유 파일 상태는 아니다(그림 11-19).

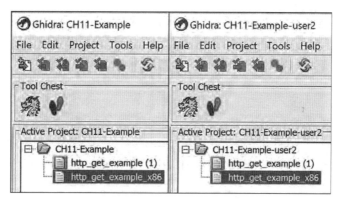

그림 11-19: 예제 시나리오, 단계 4

5. 결과적으로 해당 파일은 더 이상 비공유 파일이 아니다. 이제 user1에게는 해당 파일이 하이재킹된 것으로 표시한다(그림 11-20).

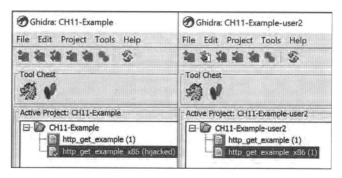

그림 11-20: 예제 시나리오, 단계 5

6. user1은 마우스 오른쪽 버튼의 콘텍스트 메뉴에서 Undo Hijack을 선택하고 자신의 파일을 저장소에 있는 파일로 교체할 것인지 결정한다. 이때 user1은 필요하다면 자신의 파일 사본을 보관한다. user1은 저장소에 있는 파일을 받아들이기로 선택하고 자신의 파일 사본은 보관(해당 파일을 다른 프로젝트로 이동

시켰기 때문에 .keep 확장자를 갖게 된다)한다. 이제는 모든 문제가 해결됐다. user1은 user2가 버전 관리 시스템에 파일을 추가했을 때와 동일한 상태로 두 번째 파일의 상태가 보이게 된다(그림 11-21).

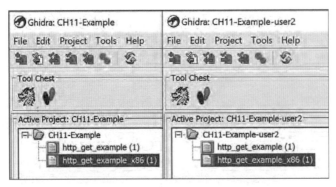

그림 11-21: 예제 시나리오, 단계 6

7. user1은 두 번째 파일을 체크아웃해서 분석을 수행하고 그것을 체크인한다. 이제 user1과 user2는 모두 그림 11-22와 같이 분석이 수행된 버전의 파일(버전 2)을 보게 된다.

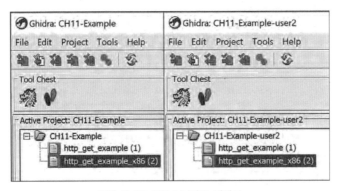

그림 11-22: 예제 시나리오, 단계 7

8. user3은 프로젝트를 만들고 그것을 동일한 저장소에 연결한다(그림 11-23). user3은 이제 모든 파일을 볼 수 있고 로컬에서 해당 파일들을 변경(비공유 파일 추가도 가능)할 수 있다. 하지만 저장소에 대한 쓰기 권한이 부여되지 않았

기 때문에 저장소에 커밋할 수는 없다(창의 하단부에 '읽기 전용'으로 표시된다).

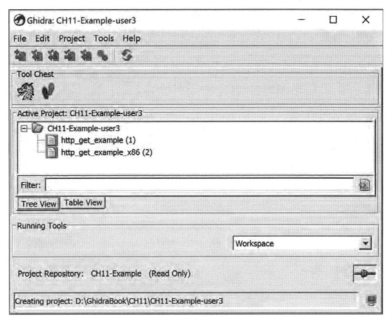

그림 11-23: 예제 시나리오, 단계 8

9. user2는 퇴근 전에 자신의 모든 파일을 체크인한다. 이는 그가 집에 있는 컴퓨터를 사용해서 프로젝트를 계속 진행할 것이기 때문에 중요하다. 집에 있는 컴퓨터에는 프로젝트가 존재하지 않기 때문에 기드라 서버에 로그인한 다음 기존 저장소를 이용해서 새로운 프로젝트를 만들어야 한다. 그러면 계속 작업할 수 있는 프로젝트가 자신의 컴퓨터에 생성된다(퇴근 전에 모든 파일을 체크인하지 않았다면 집에 있는 동안 자신의 최근 작업에 접근할 수 없었을 것이다).

10. 나머지 사용자들은 기드라 서버를 이용한 자신들의 협업 작업이 의도한 대로 작동한다고 확신한다.

요약

모든 사람이 리버스 엔지니어링 협업을 용이하게 하고자 기드라 서버나 공유 프로젝트가 필요한 것은 아니다. 비공유 프로젝트에도 기드라 서버의 관련 기능을 적용할 수 있다. 12장에서는 비공유 프로젝트에 초점을 맞춰 설명하며, 필요한 경우 공유 프로젝트와 기드라 서버를 언급할 것이다. 기드라 설치 구성과 상관없이 기드라의 기본 설정이나 툴 그리고 뷰가 리버스 엔지니어링 작업에 완벽하지 않을 수 있다. 12장에서는 기드라 설정, 툴, 워크스페이스 그리고 그런 것들이 더 잘 작동하게 만드는 방법을 살펴본다.

12

기드라 사용자 정의

기드라를 어느 정도 사용하다 보면 새로운 프로젝트를 열 때나 프로젝트에 있는 파일에 어떤 특정 설정이 기본적으로 공통 적용되는 방식을 선호할 수 있다. 그런데 설정 옵션을 변경하더라도 세션 간에 그대로 전달되는 옵션이 있는 반면 새로운 프로젝트나 파일을 로드할 때마다 다시 설정해야 하는 옵션이 있다. 12장에서는 좀 더 향상된 리버스 엔지니어링을 위해 기드라의 기본적인 모습이나 동작을 사용자 정의하는 방법을 살펴본다.

사용자 정의의 범위를 이해하려면 플러그인plugin과 툴tool이라는 용어의 차이점을 이해하는 것이 도움 된다. 플러그인과 툴의 차이점은 다음과 같다.

플러그인: 플러그인은 기드라에 기능을 추가하는 소프트웨어 구성 요소(예를 들면 Byte Viewer, Listing 창 등)다. 플러그인은 주로 창 형태로 표현되지만 많은 플러그인이 백그라운드로 작업을 수행한다(예를 들면 분석기).

툴: 툴은 단일 플러그인이거나 함께 동작하는 플러그인 세트일 수 있다. 일반적으로 사용자가 작업을 수행하는 데 도움이 되는 GUI 형태로 제공된다. 우

리가 광범위하게 사용해온 툴인 CodeBrowser는 GUI 프레임워크 역할을 수행한다. Function Graph 또한 툴이다.

이와 같은 플러그인과 툴의 정의가 엄격하게 유지되지 않더라도 당황할 필요는 없다. 대부분의 경우 둘을 구별하는 것은 그리 중요하지 않다. 예를 들면 12장의 뒷부분에서 설명할 Tool Options 메뉴와 같은 메뉴에는 Tool이라는 용어를 사용함에도 플러그인과 툴 모두에 적용할 수 있는 옵션이 포함돼 있다. 이처럼 다른 경우에도 둘을 동일하게 취급하는 경우가 많기 때문에 둘을 구별하는 것이 중요하지 않다. 따라서 해당 용어 사용이 엄격하지 않더라도 사용자 정의 과정을 성공적으로 로 수행할 수 있어야 한다.

기드라 사용자 정의 이외에도 기드라 워크스페이스^{workspace}에 대해서도 다룬다. 워크스페이스는 툴을 설정으로 묶을 수 있고 개인화된 가상 데스크톱을 설계하고 사용할 수 있는 기능을 제공한다.

CodeBrowser

4장과 5장에서 CodeBrowser뿐만 아니라 CodeBrowser와 관련된 여러 가지 창을 설명했다. 따라서 이미 기본적인 사용자 정의 옵션을 다룬 것이다. 우선 기드라 Project 창과 워크스페이스를 살펴보기 전에 CodeBrowser에서의 사용자 정의에 대해 좀 더 알아보자.

창 재정렬

다음의 6가지 기본 작업을 통해 CodeBrowser 창과 관련된 개별 창들의 표시되는 위치를 제어할 수 있다.

Open: 일반적으로 창은 CodeBrowser의 Window 메뉴를 이용해 열고 각 창에는 기본적으로 어느 위치에서 열릴 것인지에 대한 기본값이 있다.

Close: 창은 우측 상단의 X 버튼을 클릭해서 닫을 수 있다(닫은 창은 다시 열면 원래의 기본 위치가 아닌 닫혔을 때의 위치에 나타난다).

Move: 창을 끌어서 놓는 방식으로 이동한다.

Stack: 창을 끌어서 놓는 방식으로 쌓거나 쌓은 창을 내려놓는다.

Resize: 두 창 사이의 경계에 마우스를 올리면 창을 늘리거나 줄일 수 있는 화살표가 표시된다.

Undock: CodeBrowser 창에서 툴의 도킹을 해제할 수 있지만 창을 다시 도킹시키는 것은 그림 12-1에서 보여주는 것처럼 간단하지 않다.

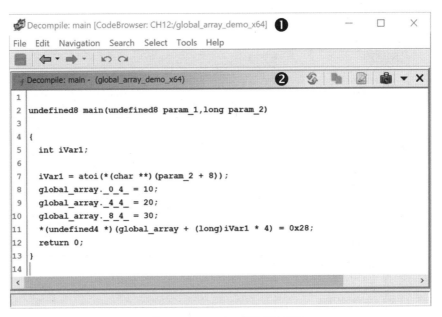

그림 12-1: Decompiler 창을 다시 도킹

창을 다시 도킹하려면 타이틀 바❶를 클릭하면 안 되고 창을 CodeBrowser 앞쪽으로 끌어다 놔야 한다. 그리고 내부 타이틀 바❷를 클릭한다. 그다음에는 해당 창을

재정렬할 수 있다. 이번에는 Edit ➤ Tool Options 메뉴로 창을 사용자 정의하는 것을 알아보자.

Edit의 Tool Options 메뉴

Edit ➤ Tool Options 메뉴를 선택하면 그림 12-2처럼 CodeBrowser의 옵션 창이 열린다. 옵션 창에서는 CodeBrowser의 개별 구성 요소와 관련된 옵션을 제어할 수 있다.

사용 가능한 옵션은 각 구성 요소의 개발자에 의해 결정되며 개별 툴의 특정한 특성에 따라 옵션 간의 차이가 발생한다. 모든 사용 가능한 툴 옵션을 설명하려면 책 한 권의 분량이 될 수 있기 때문에 이전 장들에서 살펴본 툴들과 그와 유사한 툴들에 적용되는 몇 가지 옵션만 살펴본다.

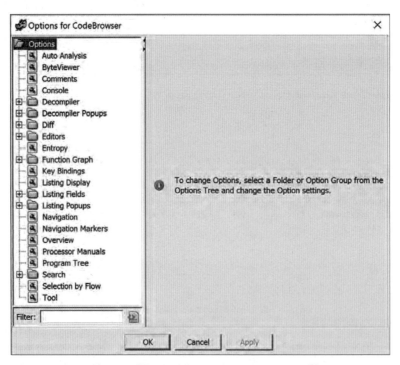

그림 12-2: 디폴트 CodeBrowser Edit ➤ Tool Options 창

흑백으로 표시하면 분명하지 않을 수 있기 때문에 대부분의 툴은 속성을 식별하고자 색을 사용하며, 설정 가능한 관련 색상 팔레트를 갖고 있다. Tool Options 창에서 디폴트 색상을 클릭하면 Color Editor 대화상자가 나타난다. 그림 12-3은 Byte Viewer 옵션의 Color Editor 대화상자를 보여준다. 이는 CodeBrowser 내에서 과도하게 사용되는 색상을 제어할 수 있게 해준다.

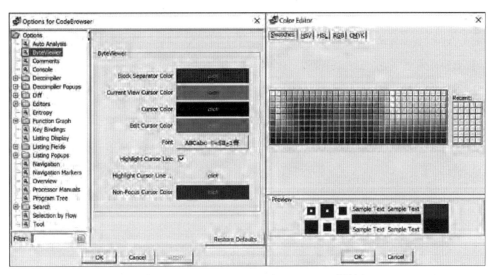

그림 12-3: Edit ➤ Tool Options의 Color Editor 대화상자

그림 12-3에서는 Byte Viewer 창에 있는 6개의 구성 요소(Block Separator, Current View Cursor, Cursor, Edit Cursor, Highlight Cursor Line, Non-Focus Cursor)에 대한 색상을 선택할 수 있다. Byte Viewer의 색상을 사용자 정의할 수 있을 뿐만 아니라 폰트를 선택할 수 있으며 커서가 위치한 부분의 강조 표시 여부를 선택할 수도 있다. 편리하게도 CodeBrowser 툴의 모든 옵션 패널에는 오른쪽 하단에 Restore Defaults 옵션이 포함돼 있다. 이를 통해 분석 단계에서 특정 색 구성을 사용한 다음 분석이 완료되면 툴의 기본 색 구성으로 되돌릴 수 있다.

겉으로 보이는 부분을 변경하는 것 외에도 많은 툴은 파라미터를 설정할 수 있는 기능을 제공한다. 이전 장들에서 자동 분석에 사용되는 분석기를 제어하는 것이

그 예라고 할 수 있다. 일반적으로 어떤 것이 디폴트 값을 갖고 있을 때는 그 값을 다른 것으로 변경시킬 수 있다.

일부 중요한 툴에 대한 설정도 Tool Options 창을 통해 수정할 수 있다. 예를 들면 키 바인딩은 기드라의 동작과 단축키 조합 간의 매핑을 지정할 때 사용되며, Tool Options 창을 이용해 만들거나 다시 설정할 수 있는 CodeBrowser 창의 기본 동작은 550개 이상이나 된다. 단축키 재설정은 단축키를 이용해 추가적인 명령을 만들거나, 기억하기 쉬운 단축키 조합으로 변경하거나, 운영체제나 터미널 애플리케이션에 사용하는 단축키 조합과 충돌할 수 있는 단축키 조합을 변경하는 등 다양한 경우에 유용하게 사용할 수 있다. 심지어 다른 디스어셈블러의 단축키와 동일하게 만들 수도 있다.

각각의 키 바인딩은 그림 12-4와 같이 3개의 필드로 구성된다. 첫 번째 필드는 Action Name이며 경우에 따라 Action Name이 메뉴의 이름과 동일하게 만들어지기도 한다(예를 들면 Analysis ➤ Auto Analyze). Action Name이 메뉴의 하위 메뉴 이름과 동일한 경우도 있다(예를 들면 Analysis Options의 Aggressive Instruction Finder).

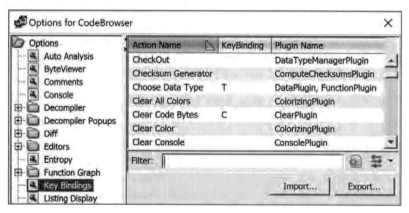

그림 12-4: Edit ➤ Tool Options의 Key Bindings 옵션

두 번째 필드는 동작과 관련된 실제 키 바인딩(단축키)이다. 마지막 필드는 해당 동작이 구현된 플러그인[1]의 이름이다. 모든 동작이 단축키를 갖고 있는 것은 아니며

---

1. 이는 구별이 중요하지 않을 때 같은 뜻을 가진 용어를 사용한 예다. Plugin Name 필드의 대부분은 플러그인 이름이지만 Configure와 같이 툴의 이름이 포함되기도 한다. 즉, 플러그인이나 툴 모두에 단축키를 설정할 수 있다.

그런 경우에는 단순히 동작 이름을 선택한 다음 원하는 키를 입력해서 쉽게 단축키를 만들 수 있다. 입력한 단축키가 이미 다른 동작에 연결돼 있다면 해당 단축키가 포함된 동작이 모두 목록으로 표시된다. 여러 개의 키 조합으로 단축키를 만들 때는 잠재적인 동작 목록이 제공되고 그중에서 적절한 것을 선택해야 한다.

Tool 옵션

Edit ➤ Tool Options 창의 맨 밑에는 Tool 옵션이 있다. Tool 옵션의 의미는 Tool Options 창에 도달하는 데 사용된 메뉴가 어느 툴에 속한 것이냐에 따라 달라진다. 일반적으로는 CodeBrowser나 Project 창의 메뉴를 통해 접근하게 된다. 그림 12-5 는 CodeBrowser의 Edit ➤ Tool Options로 접근했을 때의 내용이다. Options 대화상 자의 타이틀 바를 보면 CodeBrowser를 위한 창이라는 것을 쉽게 알 수 있다.

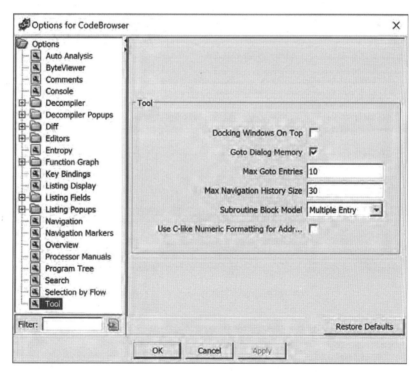

그림 12-5: CodeBrowser 옵션 편집을 위한 Edit ➤ Tool Options ➤ Tool 옵션

특별한 툴 편집 기능

일부 툴은 개별 창에 통합된 편집 기능이 있어 창의 내용을 통해 옵션의 효과를 즉시 확인할 수 있다. 가장 광범위한 편집 기능은 Listing 창에서 사용할 수 있다. Listing 창에는 디스어셈블리 텍스트 내용이 포함돼 있으며 7장의 '코드 표시 옵션 변경' 절에서 설명한 Browser Field Formatter를 사용해서 많은 설정을 할 수 있다. 그림 12-6은 Listing 창의 Browser Field Formatter를 보여준다.

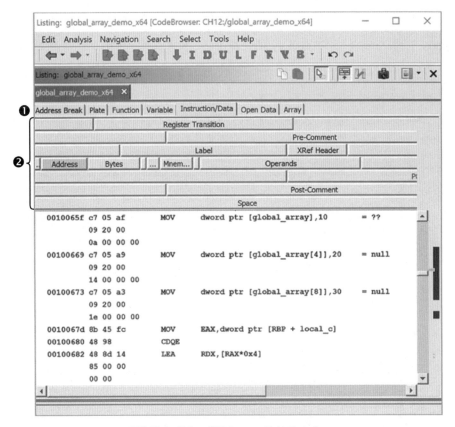

그림 12-6: Listing 창의 Browser Field Formatter

디스어셈블리 코드에 포함되는 다양한 필드 타입을 나타내는 탭❶들이 상단에 위치한다. 그림 12-6에서는 Instruction/Data 탭이 선택된 상태를 보여준다. 탭 하단❷

에는 Instruction/Data 섹션에 있는 주소와 연관된 개별 필드를 나타내는 막대가 표시된다. 그림 12-6에서는 Listing 창의 주소 부분에 커서가 위치하고 있고 따라서 Address 필드가 강조되고 있다.

Browser Field Formatter를 이용하면 디스어셈블리 코드의 형식을 변경할 수 있다. 제공되는 기능은 매우 다양하면 각 필드는 자신만의 고유한 옵션을 갖고 있다. 여기서는 CodeBrowser에 있는 창의 모습을 변경하는 것처럼 비교적 간단한 기능 일부만을 살펴볼 것이다. 각 필드를 마우스로 끌어 새로운 위치로 재배열시킬 수 있으며, 필드의 너비를 조절하거나 필드를 추가하거나 제거할 수 있다. 또한 각 필드를 활성화시키거나 비활성화시킬 수도 있다.

그림 12-7은 Bytes 필드를 제거한 이후의 디스어셈블리 코드를 보여준다. Listing 창의 내용을 축약시키고 그 안에 다른 콘텐츠를 표시하고자 이전 장들의 여러 Listing 창 이미지에서 Bytes 필드를 제거했다.

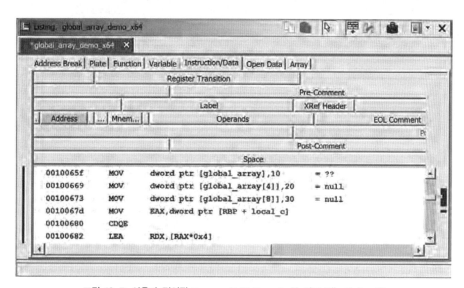

그림 12-7: 사용자 정의된 Browser Field Formatter를 갖고 있는 Listing 창

CodeBrowser 레이아웃 저장

CodeBrowser를 닫을 때 파일과 관련돼 변경된 레이아웃을 저장할 수 있다. 또한 레이아웃을 저장하지 않고 CodeBrowser를 닫을 수도 있으며, 그때는 경고 메시지가 출력된다. CodeBrowser 창의 File ➤ Save Tool 옵션을 사용하면 현재의 CodeBrowser 모습이 활성화된 프로젝트 안의 현재 파일과 연결된다. 그러면 이후에 파일을 열 때는 저장된 CodeBrowser 레이아웃이 사용될 것이다. 동시에 여러 개의 CodeBrowser 인스턴스를 열고 그중 일부(또는 모두)를 수정한 경우에는 툴 설정에 있어 충돌이 발생할 수 있다. 그런 경우에는 기드라가 그림 12-8과 같은 새로운 Save Tool 대화상자를 띄울 것이다.

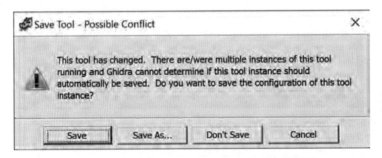

그림 12-8: 기드라의 Save Tool – Possible Conflict 대화상자

이 장의 뒷부분에서는 이와 유사한 사용자 정의 기능을 사용해서 사용자의 리버스 엔지니어링 작업 및 취향에 맞는 새롭고 강력한 툴을 만드는 방법을 보여준다.

기드라 Project 창

이제는 그림 12-9에서 보여주는 기드라 Project 창으로 주의를 돌려보자. Project 창의 주요 메뉴는 11장에서 설명했다. Project 창을 사용자 정의하는 것을 살펴보기 전에 아직 살펴보지 않은 Project 창의 두 영역을 살펴보자.

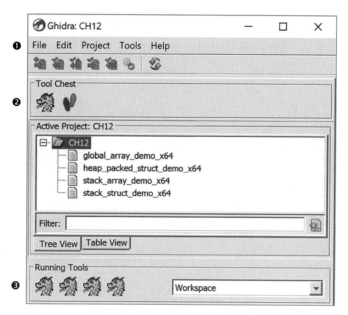

그림 12-9: Ghidra Project 창

Tool Chest❷는 프로젝트에 임포트한 바이너리를 대상으로 동작할 수 있는 모든 툴을 아이콘으로 표시한다. 기본적으로는 2개의 툴을 사용할 수 있다. 용 그림의 아이콘은 CodeBrowser를 나타내고 발자국 그림의 아이콘은 기드라의 버전 관리 툴을 나타낸다. 이 장의 조금 뒷부분에서는 툴을 수정하고 임포트하는 것뿐만 아니라 툴을 직접 빌드해서 Tool Chest를 보완하는 방법을 설명한다.

Running Tools❸ 영역에서는 현재 동작 중인 툴을 아이콘으로 보여준다. 그림 12-9에서는 프로젝트 파일을 각기 다른 CodeBrowser 창으로 연 상태를 보여준다. 즉, 4개의 CodeBrowser가 현재 동작 중임을 알 수 있다. Running Tools의 아이콘을 클릭하면 그것과 연결된 툴의 화면이 보인다.

Ghidra Project 창의 메뉴❶로 돌아가 창을 사용자 정의하기 위한 옵션을 살펴보자. 먼저 그림 12-10과 같은 Edit ➤ Tool Options의 4가지 옵션을 살펴본다. 그중 2개의 옵션(Key Bindings와 Tool)은 CodeBrowser와 같다.

그림 12-10은 Key Bindings 옵션이 선택된 상태를 보여준다. 기드라 Project 툴은

CodeBrowser 툴보다 훨씬 적은 수의 작업을 포함하므로 키 바인딩 옵션이 적다. Key Bindings를 보면 대부분의 동작이 FrontEndPlugin과 연관돼 있다는 것을 알 수 있다(기드라 Project 툴은 기드라 Frontend로도 불리며, 이러한 용어는 기드라 Help뿐만 아니라 기드라 환경 전체에서 같은 의미로 사용된다).

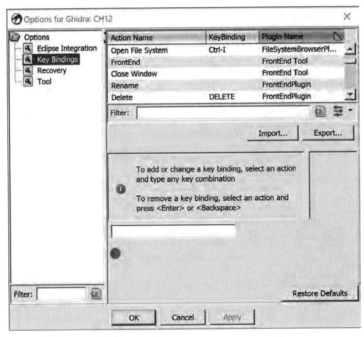

그림 12-10: 기드라 Project 창에서 Edit ➤ Tool Options로 연 Tool Options

Eclipse Integration 옵션은 15장에서 다루기 때문에 여기에서는 다루지 않을 것이다. Recovery 옵션은 단순히 스냅숏을 만드는 주기를 설정하는 것이다. 디폴트 값은 5분이며 0으로 설정하면 스냅숏이 비활성화된다.

마지막 옵션인 Tool은 매우 흥미로울 수 있다. 이 장의 앞에서도 언급했듯 여기서 Tool이라는 용어는 활성화된 툴을 의미한다. 따라서 기드라 Project 툴에 대한 옵션이 된다. 관련 옵션은 그림 12-11에 나와 있으며, 그중에서 기드라 창의 모습을 변경시키는 Swing Look And Feel과 Use Inverted Colors 옵션에 대해 살펴볼 것이다.

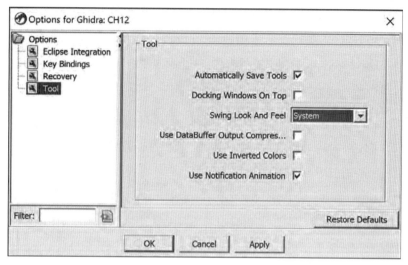

그림 12-11: 기드라 Project의 Tool 옵션

Use Inverted Colors 옵션을 선택하고 Swing Look And Feel 옵션에서 Metal을 선택하면 많은 리버스 엔지니어에게 인기 있는 어두운 테마가 적용된다. 변경된 옵션은 기드라를 재시작시키면 적용되며, 변경된 새로운 스타일은 CodeBrowser 및 Decompiler를 포함한 모든 기드라 창에 적용된다. 그림 12-12는 변경된 CodeBrowser 창의 모습을 보여준다.

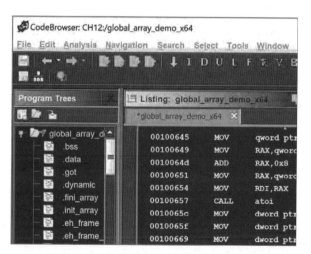

그림 12-12: 어두운 테마가 적용된 CodeBrowser 창

기드라가 보여주는 모습과 느낌을 자신의 개성에 맞게 변경하는 방법을 알았으니 이제는 File 메뉴의 각 콘텍스트가 어떤 의미를 갖는지 살펴보자. File ➤ Configue를 선택하면 그림 12-13과 같이 3가지의 기드라 플러그인 카테고리를 볼 수 있으며 각각은 그 목적이 서로 다르다.

기드라 Core에는 기본적인 기드라 구성에서 사용되는 플러그인 세트가 포함돼 있다. 즉, 리버스 엔지니어를 위한 필수적인 기본 기능들이 포함돼 있다. Developer 에는 새로운 플러그인을 개발하는 과정에 필요한 플러그인이 포함돼 있다. 기드라 개발에 대해 좀 더 많은 것을 배우고 싶다면 이를 이용하면 된다. 마지막은 Experimental이며 철저한 검증이 이뤄지지 않은 실험적인 플러그인이 포함돼 있어 기드라의 동작을 불안정하게 만들 수 있으므로 주의가 필요하다.

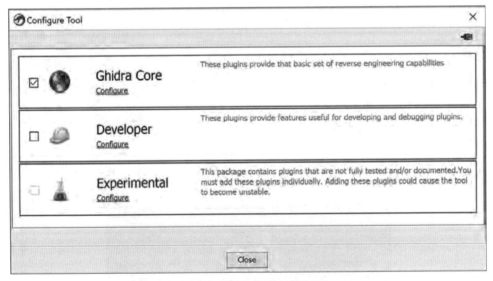

그림 12-13: 기드라 프로젝트 설정 옵션

기드라를 처음 설치하면 기본적으로 기드라 Core만 활성화되기 때문에 다른 것을 활성화하고 싶다면 이름 옆에 있는 체크박스를 선택하면 된다. 각 이름 아래에 있는 Configure 링크를 클릭하면 개별적인 플러그인 목록을 볼 수 있으며 그중에서 원하는 것을 선택하거나 선택 해제할 수 있다. 그림 12-14는 기드라 Core에 속하는 플러그인 목록과 각 플러그인에 대한 설명과 종류를 보여준다. 그리고 각 플러그인을 클릭하면 창의 하단 부분에 해당 플러그인에 대한 좀 더 자세한 정보를 보여준다.

기드라 Project 창에서 살펴볼 메뉴가 2가지 더 있는데, 그중 하나는 15장에서 설명할 File ➤ Install Extensions 메뉴이고 다른 하나는 Edit ➤ Plugin Path 메뉴다. Plugin Path 메뉴에서는 기드라에 기본적으로 설치된 자바 클래스가 아닌 새로운 플러그인 경로를 추가하거나 기존 플러그인 경로를 수정, 삭제할 수 있다. 즉, 이 메뉴를 통해 기드라에 플러그인과 클래스를 추가할 수 있다. 변경된 플러그인 경로가 적용되려면 기드라를 재시작시켜야 한다.

그림 12-14: 기드라 Core 설정 창에서 ImporterPlugin을 선택

이제 플러그인 옵션을 설정하는 방법을 알아봤으니 플러그인 사용을 확장시킬 수 있게 됐다. Tools 메뉴는 (기존의 툴 중에서 원하는 것이 없다면) 새로운 툴을 만드는 것을 포함해서 툴과 관련된 작업을 수행할 수 있게 해준다. 새로운 툴을 만들 때는 플러그인을 처음부터 코딩하기보다는 기존 플러그인들을 이용해 새로운 툴을 만들게 될 것이다.

Tools 메뉴

대부분의 툴 관련 옵션은 그림 12-15처럼 기드라 Project 창의 Tools 메뉴에서 제공한다. 지금까지는 CodeBrowser를 기본 분석 툴로 사용하고 수정해왔다. 이제는 기드라에서 툴을 만드는 방법을 살펴보자.

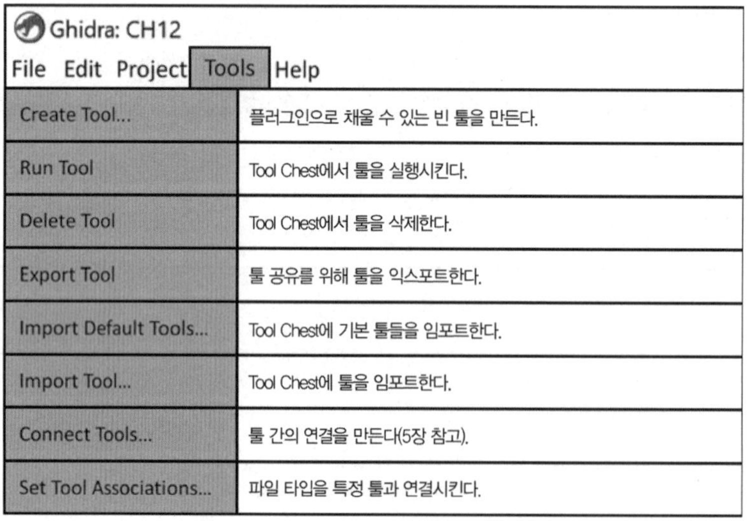

Ghidra: CH12	
File Edit Project **Tools** Help	
Create Tool...	플러그인으로 채울 수 있는 빈 툴을 만든다.
Run Tool	Tool Chest에서 툴을 실행시킨다.
Delete Tool	Tool Chest에서 툴을 삭제한다.
Export Tool	툴 공유를 위해 툴을 익스포트한다.
Import Default Tools...	Tool Chest에 기본 툴들을 임포트한다.
Import Tool...	Tool Chest에 툴을 임포트한다.
Connect Tools...	툴 간의 연결을 만든다(5장 참고).
Set Tool Associations...	파일 타입을 특정 툴과 연결시킨다.

그림 12-15: 기드라 Tools 메뉴 옵션

CodeBrowser 툴 변경을 실험해봤다면 이후에 여는 파일에 대한 기본 툴이 수정될 때 좌절감을 느꼈을 수도 있다. 탐색하기 복잡한 많은 함수 호출이 있는 파일을 분석하는 특별한 경우를 가정해서 생각해보자. 10에서 프로그램의 실행 흐름을 이해하고자 함수 호출 그래프와 함수 그래프를 이용하는 방법을 설명했다. 그 그래프들은 모두 개별적인 자체 창으로 열리기 때문에 많은 파일이 열려 있는 경우에는 어려움을 겪을 수 있다. 프로그램에서 실행 흐름을 분석하는 데 사용할 수 있는 ExamineControlFlow라는 특별한 툴을 만들어 그런 문제를 해결해보자.

Toopls ▶ Create Tool... 메뉴를 선택하면 2개의 창이 나타난다(그림 12-16). 그림에서 상단에 위치한 창은 그림 12-13에서 보여주는 것과 유사하지만 Function ID가 추가돼 있다. Function ID에 대해서는 13장에서 다룬다. 하단에 위치한 창은 창의 제목과 내용이 비어있는 툴 개발 창이며, 이 창을 이용해 ExamineControlFlow라는 툴을 만들 것이다.

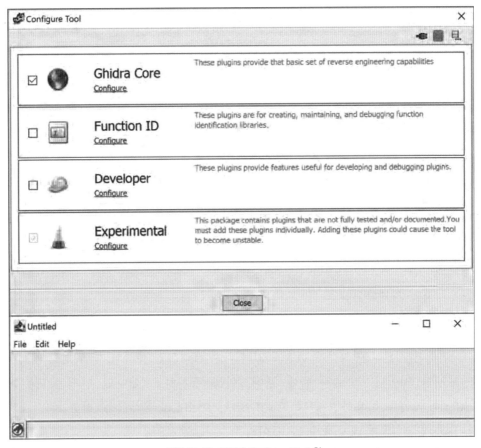

그림 12-16: 기드라 Configure Tool 창

기드라 Core에 있는 플러그인을 이용해 새로운 툴을 구성할 수 있다. 기드라 Core
를 선택하면 그림 12-17과 같이 툴 개발 창이 기드라 Core의 옵션으로 채워진다.
그렇게 변경된 툴 개발 창은 CodeBrowser와 많은 공통점을 갖고 있다. 결국
CodeBrowser도 기드라 Core를 기반으로 만들어졌다는 것을 알 수 있다.

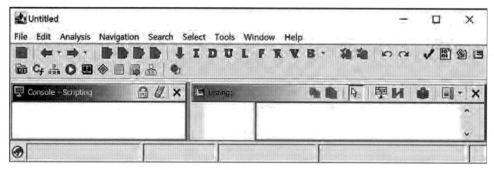

그림 12-17: 설정 전의 새로운 개발 툴 창

새로 만들 툴에서 필요하지 않은 플러그인을 제거할 필요가 있다. 이를 위해 기드
라 Core 이름 아래에 있는 Configure 옵션을 선택하고 플러그인 목록에서 필요하지
않은 플러그인을 선택 해제한다(다양한 플러그인을 제거할 수 있지만 간단한 예를 위해 몇 가지의 플러그인만
제거할 것이다).

- Console
- DataTypeManagerPlugin
- EclipseIntegrationPlugin
- ProgramTreePlugin

이 제거 대상 플러그인들은 각각 다른 플러그인들과 연결돼 있기 때문에 플러그인
을 제거하면 기드라는 그것과 연결돼 있는 다른 플러그인 목록과 함께 경고 메시지
를 표시할 것이다. 새로운 툴에 플러그인을 추가하고 싶다면 언제든 File ➤
Configure 메뉴를 이용하면 된다. DataTypeManagerPlugin을 제거하려고 하면 그림
12-18과 같은 경고 메시지가 뜰 것이다.

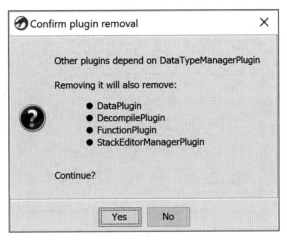

그림 12-18: DataTypeManagerPlugin에 대한 플러그인 의존성 경고

새로 만들 툴의 레이아웃도 설정할 수 있다. 새로운 툴에서는 Listing 창과 Function Call Graph 창, Function Graph 창을 하나의 툴에서 표시되게 만들 것이다. 이를 위해 Window 메뉴에서 새로운 툴에 사용하려고 하는 창을 선택한 다음 이전 장들에서 설명한 방법을 이용해 해당 창을 새로운 툴의 원하는 위치로 드래그하면 된다. 그러면 새로운 툴은 그림 12-19처럼 될 것이다.

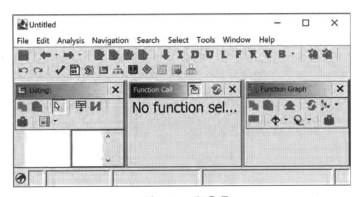

그림 12-19: 새로운 툴

새로운 툴을 자주 사용할 예정이고 다른 작업자와 공유할 계획이기 때문에 File ➤ Save Tool As 메뉴를 이용해 툴의 이름과 아이콘을 선택해서 저장해야 한다(그림

12-20). 아이콘은 기본적으로 제공하는 것 중에서 선택하거나 지원되는 파일 형식 (.jpg, .png, .gif 등)의 이미지 파일을 가져와 사용할 수도 있다.

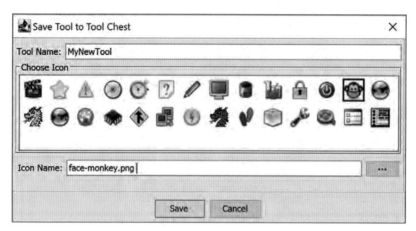

그림 12-20: 새로운 툴을 위한 아이콘

새로 만들어진 툴은 그림 12-21처럼 Tool Chest에 등록된다. 새로 만든 툴을 다른 사람과 공유하려면 Tools ➤ Export Tools 메뉴를 이용하면 된다. 그러면 기드라는 툴을 저장할 위치를 물어본 다음 툴의 내용을 .tool 파일로 저장한다. 툴을 임포트 하려면 Tools ➤ Import Tool 메뉴를 이용하면 된다.

그림 12-21: Tool Chest에 추가된 새로운 툴

기드라 Project 창에서 파일은 더블클릭하면 기본적으로 해당 파일은 CodeBrowser 로 열리게 된다. 하지만 파일을 마우스 오른쪽 버튼으로 선택하면 Tool Chest에

있는 툴 중에서 어떤 것으로 열지 선택할 수 있다. 또는 파일을 Tool Chest에 있는 툴로 드래그하는 방법도 있다.

기드라를 사용하면 할수록 모든 리버스 엔지니어링 작업에 필요한 툴을 정확히 제공하는 만능 기드라 인터페이스가 없다는 것을 깨닫게 될 것이다. 리버스 엔지니어로서 특정 파일을 분석하는 접근 방법은 파일 자체나 분석 목표, 해당 목표를 위해 진행하는 과정에 따라 크게 달라진다.

이번 장과 이전 장의 많은 부분을 기드라가 보여주는 모습을 변경하는 방법과 그것을 위해 필요한 툴을 설명하는 데 할애했다. 기드라를 사용자 정의하는 마지막 단계는 수행하는 분석 프로젝트마다 알맞은 기드라 설정을 선택할 수 있도록 사용자 정의한 것을 저장하는 것이다. 이를 위해서는 기드라 워크스페이스를 만들고 관리해야 한다.

워크스페이스

기드라 워크스페이스는 현재 구성된 툴과 관련된 파일들을 포함하는 가상 데스크톱이라고 볼 수 있다. 바이너리 파일을 분석한다고 가정해보자. 파일을 분석하는 동안 해당 파일이 지난 주에 분석한 다른 파일과 유사하다는 것을 발견했다. 그러면 두 파일 간의 유사성을 비교함과 동시에 해당 파일을 분석하고 싶을 것이다.

이 2가지 작업을 동시에 수행하는 한 가지 방법은 각 작업과 관련된 워크스페이스를 만드는 것이다. 기드라 Project 창에서 Project ➤ Workspace ➤ Add를 선택해 현재의 분석 작업을 보존하고 새로운 워크스페이스 이름을 지정한다. 이 경우에는 FileAnalysis라는 이름으로 워크스페이스를 지정하자. 그다음에는 Tool Chest에서 Diff View(23장 참고)를 이용하는 특별한 툴을 선택해 두 파일을 비교한다. 그리고 똑같은 방법으로 두 번째 워크스페이스(FileComparison)를 만든다. 이제는 그림 12-22처럼 원하는 워크스페이스를 선택하거나 Project ➤ Workspace 메뉴의 Switch 옵션을 이용해 워크스페이스 간 이동을 할 수 있게 된다.

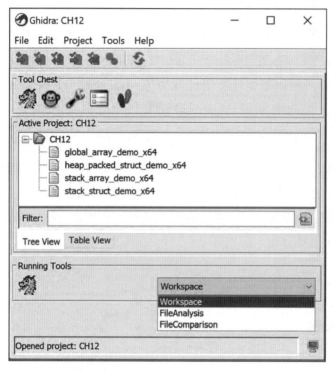

그림 12-22: 기드라 Project 창의 Workspace 옵션

요약

기드라를 처음 사용할 때는 기드라의 기본 동작과 기본적인 CodeBrowser 레이아웃에 완벽하게 만족하게 될 것이다. 하지만 기드라의 기본적인 기능에 익숙해질수록 자신의 리버스 엔지니어링 작업에 맞게 기드라를 사용자 정의하는 방법을 찾게 될 것이다. 기드라가 제공하는 모든 가능한 옵션을 하나의 장에서 완벽히 다룰수는 없지만 리버스 엔지니어링을 하다 기드라에 대한 사용자 정의가 필요하다고느끼게 될 때 필요한 기능을 예로 들어 설명했다. 추가적인 유용한 툴과 옵션을발견하는 것은 호기심 많은 독자를 위해 남겨두겠다.

13

기드라의 세계관 확장

고품질의 리버스 엔지니어링 툴에 바라는 것 중 하나는 완전히 자동으로 최대한 많은 바이너리를 식별하고 분석해주는 것이다. 이상적인 경우 명령이 100% 식별돼 바이너리를 구성하는 원래 함수로 100% 그룹화된다. 그리고 각 함수의 이름과 프로토타입이 만들어지고 프로그램에서 사용되는 모든 데이터의 타입을 완전히 이해할 수 있게 함수에서 처리되는 모든 데이터가 식별된다. 이는 분석 시작 시점에 바이너리를 임포트해서 지속적으로 자동 분석을 수행하는 기드라의 목표다. 기드라가 원하는 결과를 도출하지 못하는 시점이 되면 그때는 사용자가 직접 해야 한다.

13장에서는 기드라가 바이너리 내의 다양한 구조체를 식별하고자 사용하는 기술과 그것을 어떻게 향상시킬 수 있는지 살펴본다. 먼저 초기의 바이너리 로딩과 분석 과정부터 알아볼 것이다. 이 과정에서 어떤 선택을 하느냐에 따라 기드라가 분석 대상 파일에 대한 어떤 리소스를 이용할지 결정된다. 또한 이 단계에서는 기드라가 자동으로 탐지하지 못한 정보를 제공함으로써 기드라가 더 많은 정보에 입각한 결정을 내릴 수 있게 만들 수 있다. 다음 절에서는 기드라가 워드 모델과 데이터 타입 그리고 함수 식별 알고리듬을 이용하는 방법과 특정 리버스 엔지니어링을 위해 그러한 것들을 어떻게 향상시킬 수 있는지 살펴본다.

파일 임포트

파일을 임포트하는 동안 그림 13-1의 대화상자에서는 파일 로딩 과정에서 사용될 파일 식별에 대한 기드라의 초기 분석 내용을 보여준다. 대화상자의 필드 내용을 수정하거나 기드라가 분석한 내용 그대로 진행시킬 수 있다. Options... 버튼을 이용해서 설정하는 내용을 로드하는 파일의 형식에 따라 달라진다. 그림 13-1은 로딩하는 파일이 PE 파일인 경우의 옵션을 보여주며 그림 13-2는 ELF 파일인 경우의 옵션을 보여준다.

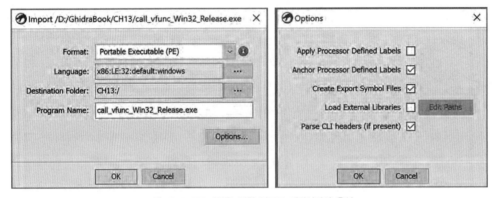

그림 13-1: PE 파일을 위한 임포트 대화상자와 옵션

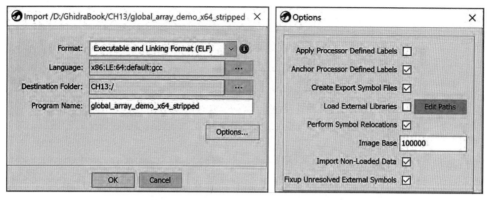

그림 13-2: ELF 파일에 대한 임포트 대화상자와 옵션

언어/컴파일러 사양

그림 13-1과 13-2의 Language 필드는 로딩하는 파일 내의 기계어 코드로 인식되는 바이트를 기드라가 어떻게 해석해야 되는지를 나타낸다. 언어/컴파일러 사양은 다음과 같이 콜론으로 구분된 3~5개의 하위 필드로 구성된다.

- 프로세서 이름 필드는 바이너리가 빌드된 프로세서의 타입을 나타낸다. 이는 Ghidra/Processors 폴더에 정의돼 있다.
- 엔디안(endian)은 바이너리가 리틀엔디안(LE, Little-Endian)인지 빅엔디안(BE, Big-Endian)인지를 나타낸다.
- 아키텍처 크기(비트 크기) 필드는 일반적으로 선택한 프로세서에서의 포인터 크기와 일치한다(16/32/64비트).
- 프로세서 타입/모드 필드는 선택한 프로세서의 특정 모델이나 특정 작동 모드를 식별하는 데 사용된다. 예를 들면 x86 프로세서가 선택됐을 때는 System Management Mode, Real Mode, Protected Mode 또는 default 모드 중 하나가 선택된다. 반면 ARM 프로세서인 경우에는 v4, v4T, v5, v5T, v6, Cortex, v7, v8 또는 v8T 모델 등을 선택할 수 있다.
- 컴파일러 필드는 바이너리를 컴파일하는 데 사용된 컴파일러 이름이나 경우에 따라서는 호출 규약 이름을 나타낸다. 사용될 수 있는 이름으로는 windows, gcc, borlandcpp, borlanddelphi, default가 있다.

그림 13-3은 ARM:LE:32:v7:default의 의미를 보여준다. 로더의 가장 중요한 작업 중 하나는 올바른 언어/컴파일러 사양을 추론하는 것이다.

언어				컴파일러
프로세서	엔디안	크기	타입	
ARM	LE	32	v7	Default

그림 13-3: 언어/컴파일러 사양 예

Format 옵션은 기드라가 파일을 임포트할 때 어떤 로드를 사용할지 지정한다. 기드라는 특정 파일 형식에 대한 로더의 자세한 정보를 바탕으로 파일의 특징을 식별하고 분석을 위해 사용할 적절한 플러그인을 선택한다. 잘 작성된 로더는 파일의 특정 내용이나 구조적 특징을 인식해서 파일의 형식과 아키텍처 그리고 더 나아가서는 사용된 컴파일러를 식별한다. 컴파일러에 대한 정보가 식별되면 함수 식별 기능이 향상된다. 어떤 컴파일러가 사용됐는지 알아내고자 로더는 바이너리의 구조를 조사해서 컴파일러 고유의 특성(프로그램 섹션의 번호, 이름, 위치 및 순서)을 찾거나 바이너리에서 컴파일러 고유의 바이트 시퀀스(코드나 문자열 블록)를 찾는다. 예를 들면 gcc로 컴파일된 바이너리에는 GCC: (Ubuntu 7.3.0-27ubuntu1~18.04) 7.3.0과 같은 버전 문자열을 찾을 수 있다.

기드라가 로딩 과정을 완료하면 그림 13-4와 같은 Import Results Summary가 나타난다.

Import Results Summary 창에서는 ELF Required Library가 lib.so.6❶이라고 명시하고 있다(파일이 정적으로 링크된 것이라면 이 라이브러리는 요구되는 라이브러리로 나열되지 않을 것이다). 실행 바이너리가 여러 개의 공유 라이브러리를 사용한다면 여러 개의 라이브러리 파일이 나열될 것이다. 프로그램이 어떤 라이브러리에 의존성을 갖는지 이해하면 프로그램을 분석하는 동안 어떤 리소스를 살펴봐야 하는지 파악하는 데 도움이 된다. 예를 들면 libssl.so나 libcrypto.so 라이브러리에 대한 의존성이 있다면 OpenSSL 문서와 소스코드를 찾아볼 수 있다. 기드라가 소스코드를 사용하는 방법은 이 장의 후반부에서 다룬다. 일단 파일이 성공적으로 임포트됐다면 해당 파일을 자동으로 분석할 수 있다.

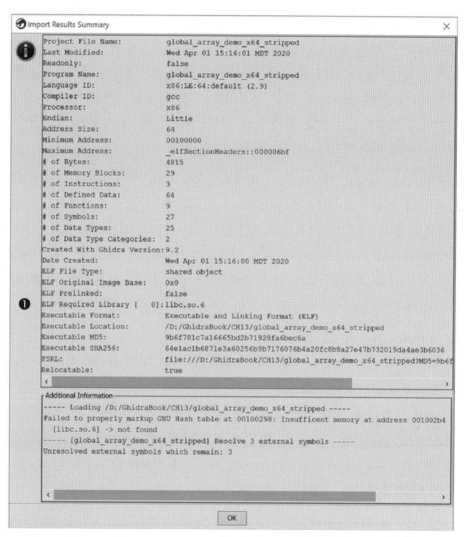

```
Import Results Summary                                                      ×

    Project File Name:        global_array_demo_x64_stripped
    Last Modified:            Wed Apr 01 15:16:01 MDT 2020
    Readonly:                 false
    Program Name:             global_array_demo_x64_stripped
    Language ID:              x86:LE:64:default (2.9)
    Compiler ID:              gcc
    Processor:                x86
    Endian:                   Little
    Address Size:             64
    Minimum Address:          00100000
    Maximum Address:          _elfSectionHeaders::000006bf
    # of Bytes:               4815
    # of Memory Blocks:       29
    # of Instructions:        3
    # of Defined Data:        64
    # of Functions:           9
    # of Symbols:             27
    # of Data Types:          25
    # of Data Type Categories: 2
    Created With Ghidra Version:9.2
    Date Created:             Wed Apr 01 15:16:00 MDT 2020
    ELF File Type:            shared object
    ELF Original Image Base:  0x0
    ELF Prelinked:            false
❶  ELF Required Library [   0]:libc.so.6
    Executable Format:        Executable and Linking Format (ELF)
    Executable Location:      /D:/GhidraBook/CH13/global_array_demo_x64_stripped
    Executable MD5:           9b6f781c7a16665bd2b71928fa6bec6a
    Executable SHA256:        64e1ac1b6871e3a60256b9b7176076b4a20fc8b8a27e47b732019da4ae3b6036
    FSRL:                     file:///D:/GhidraBook/CH13/global_array_demo_x64_stripped?MD5=9b6f
    Relocatable:              true
    <                                                                            >
   ┌Additional Information──────────────────────────────────────────────────────
    ----- Loading /D:/GhidraBook/CH13/global_array_demo_x64_stripped -----
    Failed to properly markup GNU Hash table at 00100298: Insufficent memory at address 001002b4
     [libc.so.6] -> not found
    ----- [global_array_demo_x64_stripped] Resolve 3 external symbols -----
    Unresolved external symbols which remain: 3

    <                                                                            >

                                    OK
```

그림 13-4: ELF 바이너리에 대한 Import Results Summary 창

분석기

자동 분석은 여러 가지 분석 툴(분석기) 조합에 의해 실행된다. 분석 툴 중에는 수동
으로 실행시키는 것(예를 들면 새로운 파일을 열 때 실행시키는 툴)이 있고 디스어셈블리 결과에

영향을 미칠 수 있는 변경 사항이 감지됐을 때 자동으로 동작하는 것이 있다. 어느한 분석기에 의한 변경 사항은 이후에 실행되는 분석기에 영향을 미칠 수 있기 때문에 분석기는 그 타입에 따라 우선순위가 정해진 순서대로 순차적으로 실행된다. 예를 들면 스택 분석기는 함수 분석기가 모든 호출을 조사해서 함수 정보를 만들어내기 전까지는 함수를 조사할 수 없다. 이와 같은 분석기의 계층 구조는 15장에서 분석기를 만들어보면서 자세히 설명한다.

CodeBrowser로 새로운 파일을 열어 자동으로 분석하게 선택하면 기드라는 해당 파일에 대해 실행될 수 있는 분석기 목록을 보여준다. 분석기 목록에서 보여주는 기본적으로 수행되는 분석기와 추가적인 분석기는 로더가 제공하는 정보(사용자에게는 그림 13-4와 같이 정보를 요약해서 보여준다)에 따라 달라진다. 예를 들면 윈도우 x86 PE RTTI Analyzer는 ELF나 ARM 바이너리를 분석하는 데 그다지 유용하지 않다. 기본 분석기는 Edit ➤ Tool Options 메뉴로 수정할 수 있다.

일부 분석기는 CodeBrowser의 Analysis ➤ One Shot 메뉴를 사용해 일회성(원샷)으로도 실행시킬 수 있다. 해당 메뉴를 선택하면 현재 분석 중인 파일의 형식을 지원하면서 일회성으로 실행시킬 수 있는 분석기 목록이 나타난다. 원샷 분석은 초기의 자동 분석 단계에서 선택하지 않은 분석기를 실행시키거나 새로운 정보를 찾은 후에 그것을 반영해 추가적인 분석을 수행하고자 할 때 유용하다. 예를 들면 초기 분석 단계에서는 PDB 파일이 없다는 에러 메시지를 받았지만 이후에 PDB 파일을 찾으면 PDB 분석기를 실행시킬 수 있다.

CodeBrowser ➤ Analysis 메뉴의 Analyze All Open 옵션은 Edit ➤ Tool Option으로 선택된 분석기들로 프로젝트에 열려있는 모든 파일을 한 번에 분석하게 만든다. 프로젝트에 열려 있는 파일 모두가 동일한 아키텍처(언어/컴파일러 사양)를 갖고 있다면 그 파일이 모두 분석될 것이다. 다른 아키텍처의 파일이 있다면 그것은 분석 대상에서 제외된다. 이렇게 함으로써 분석기가 분석 대상 파일 형식에 대한 일관성을 유지할 수 있다. 분석기를 포함해서 많은 CodeBrowser 툴은 파일에 있는 중요한 구성 내용을 식별하고자 다양한 기술에 의존한다. 다행스럽게도 그런 기술들을 확장해 기드라의 기능을 개선할 수 있다. 먼저 워드 모델 파일과 그것이 검색 결과 내에서 특정 문자열과 특정 타입의 문자열을 식별하는 데 어떻게 사용되는지부터 살펴볼 것이다.

워드 모델

워드 모델word model은 알려진 식별자, 이메일 주소, 디렉터리 경로명, 파일 확장자와 같이 검사하고자 하는 특별한 문자열이나 문자열 타입을 식별하는 방법을 제공한다. 문자열 검색이 워드 모델과 연결되면 String Search 결과 창에는 찾은 문자열이 워드 모델에 따라 단어인지 여부를 나타내는 IsWord라는 열이 포함된다. 관심 있는 문자열을 유효한 단어로 정의한 다음 그렇게 정의한 단어를 필터링함으로써 문자열의 우선순위를 정하는 것은 추가적인 분석을 위한 좋은 방법이다.

하이레벨에서 봤을 때 워드 모델은 유효한 문자열로 이뤄진 훈련 세트를 사용해 "트라이그램(3개의 문자 시퀀스) X가 길이가 Z인 시퀀스 Y에 나타난다면 Y가 단어일 확률은 P다."와 같은 판단을 하는 것이다. 그렇게 도출된 확률은 분석 수행 중에 특정 문자열을 유효한 단어로 봐야 하는지를 결정하기 위한 임곗값으로 간접적으로 사용된다.

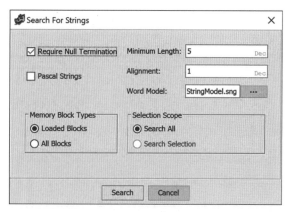

그림 13-5: Search for Strings 대화상자

그림 13-5의 StringModel.sng는 기드라에서 문자열 검색을 위해 기본적으로 사용하는 워드 모델 파일이다.

다음은 StringModel.sng 파일에서 발췌한 것으로, 유효한 워드 모델 파일의 형식을 보여준다.

```
❶ # Model Type: lowercase
❷ # Training file: contractions.txt
  # Training file: uniqueStrings_012615_minLen8.edited.txt
  # Training file: connectives
  # Training file: propernames
  # Training file: web2
  # Training file: web2a
  # Training file: words
❸ # [^] denotes beginning of string
  # [$] denotes end of string
  # [SP] denotes space
  # [HT] denotes horizontal tab
❹ [HT]   [HT]   [HT]   17
  [HT]   [HT]   [SP]   8
  [HT]   [HT]   (      1
  [HT]   [HT]   ;      1
  [HT]   [HT]   \      25
  [HT]   [HT]   a      2
  [HT]   [HT]   b      1
  [HT]   [HT]   c.     1
```

파일의 처음 12줄은 모델을 설명하는 메타데이터다. 즉, 모델 타입❶은 lowercase 이며, 이는 모델이 대소문자를 구분하지 않는다는 것을 의미한다. 그리고 이 모델을 위해 사용된 학습 파일의 이름 목록❷을 보여주며, 일반적으로 파일의 이름으로 그 내용을 유추할 수 있다. contractions.txt는 'can't'처럼 축약형 문자열을 갖고 있는 파일로 보인다. 그 아래의 4줄❸은 트라이그램에서 사용되는 인쇄되지 않는 ASCII 문자 일부에 대한 표기법을 설명한다. 실제 트라이그램 목록은 ❹부터 시작

된다. 각각의 행은 트라이그램의 세 문자와 트라이그램이 단어의 일부일 확률을 결정하는 데 사용되는 값을 포함한다.

StringModel.sng를 편집해 기존의 워드 모델 파일을 보완하거나 아예 새로운 워드 모델 파일을 만들어 그것을 Ghidra/Features/Base/data/stringngrams에 저장하면 Search for Strings 대화상자의 Word Model 필드에서 새로운 워드 모델 파일을 선택해 사용할 수 있다. 알려진 악성코드 계열에 있는 문자열을 포함시키기 위한 수정이나 영어 이외의 언어로 된 단어를 탐지하기 위한 수정 등 워드 모델을 수정하는 이유는 다양하다. 궁극적으로 워드 모델은 Strings 창에서 특정 단어를 태깅함으로써 기드라가 높은 우선순위로 해당 단어들을 인식하게 만들 수 있는 강력한 수단을 제공한다.

비슷한 방식으로 기드라가 인식하는 데이터 타입을 편집하고 확장할 수도 있다.

데이터 타입

Data Type Manager로 파일과 연관된 모든 데이터 타입을 관리할 수 있다. Ghidra에서는 데이터 타입을 데이터 타입 아카이브 파일에 저장함으로써 데이터 타입 정의를 재사용할 수 있다. Data Type Manager 창의 각 루트 노드가 데이터 타입 아카이브를 나타낸다. 그림 13-6은 기드라의 로더가 선택한 3개의 데이터 타입 아카이브가 있는 Data Type Manager 창을 보여준다.

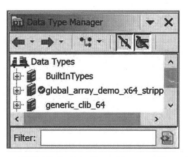

그림 13-6: Data Type Manager 창

BuiltInTypes 아카이브는 항상 포함된다. 이 아카이브에는 ghidra.program.model.data.BuiltInDataType 인터페이스를 구현하는 자바 클래스에 의해 기드라 내에서 모델링된 모든(그리고 유일한) 타입이 포함된다. 기드라는 이 아카이브를 채우고자 클래스 경로 내의 모든 클래스를 검색한다.

두 번째 아카이브는 분석 중인 파일을 위한 아카이브이며 파일의 이름과 동일한 이름을 갖는다. 그림을 보면 이 아카이브는 global_array_demo_x64 파일과 연결된 것이다. 아카이브 이름 옆에 있는 체크 표시는 아카이브가 활성화된 파일과 연결돼 있다는 것을 나타낸다. 처음에 기드라는 파일 형식(예: PE 또는 ELF 관련 데이터 타입)과 관련된 데이터 타입으로 이 아카이브를 채운다. 자동 분석을 수행하는 동안 기드라는 프로그램에서 사용 중인 것으로 인식된 추가적인 데이터 타입을 다른 아카이브에서 이 아카이브로 복사한다. 즉, 이 아카이브에는 현재 프로그램에서 사용 중인 것으로 알려진 모든 데이터 타입의 하위 집합이 포함된다. 이 아카이브는 또한 8장의 '기드라로 구조체 생성' 절에서 설명한 것처럼 기드라에서 생성하기로 선택한 모든 사용자 정의 데이터 타입도 포함한다.

세 번째 아카이브는 64비트 ANSI C 함수 프로토타입과 C 라이브러리 데이터 타입을 제공한다. 이 아카이브는 64비트 리눅스 시스템의 표준 C 라이브러리 헤더에서 추출한 정보를 포함하고 있으며 기드라를 설치하면 기본적으로 제공되는 여러 플랫폼별 아카이브 중 하나다. 그림 13-4에서 알 수 있듯이 분석 대상 바이너리가 libc.so.6에 대한 라이브러리 종속성을 갖고 있기 때문에 이 아카이브가 표시되는 것이다. 기드라를 설치하면 Ghidra/Features/Base/data/typeinfo 디렉터리의 하위 디렉터리에 플랫폼별 아카이브 4개(generic_clib.gdt, generic_clib_64.gdt, mac_osx.gdt, windows_vs12_32.gdt, windows_vs12_64.gdt)가 위치한다. 아카이브 파일명을 통해 해당되는 플랫폼을 알 수 있다(기드라 데이터 타입 아카이브 파일은 .gdt 확장자를 사용한다).

Data Type Manager 창에서는 기드라 로더가 자동으로 선택하는 아카이브 이외에도 여러분 자신의 데이터 타입 아카이브를 노드로 추가할 수 있다. 그림 13-7은 Data Types 목록에 모든 기본적인 .gdt 파일이 추가된 후의 Data Type Manager 창의 모습을 보여준다. 그림의 오른쪽 부분은 아카이브 및 데이터 타입을 조작하기 위한 메뉴를 보여준다. Open File Archive 메뉴로 추가하고 싶은 아카이브 파일을 선택해서 로드할 수 있다.

새로운 내장형 데이터 타입을 BuiltInTypes 아카이브에 추가하려면 해당 .class 파일을 기드라의 클래스 경로에 추가하면 된다. 기드라가 실행 중일 때 데이터 타입을 추가하면 Refresh BuiltInTypes(그림 13-7) 메뉴로 해당 데이터 타입이 보이게 만들어야 한다. Refresh BuiltInTypes 메뉴를 선택하면 기드라는 자신의 클래스 경로에 BuiltInDataType에 추가할 새로운 클래스 파일이 있는지 검색한다. 호기심 많은 독자라면 기드라 소스 배포판의 Ghidra/Framework/SoftwareModeling/src/main/java/ghidra/program/model/data에서 많은 내장형 데이터 타입의 예를 찾아볼 수 있을 것이다.

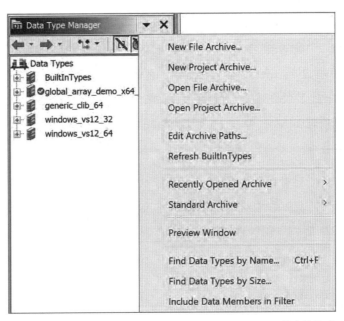

그림 13-7: 모든 표준 아카이브 파일이 로드된 Data Type Manager 창과 옵션 메뉴

새로운 데이터 타입 아카이브 생성

바이너리를 분석하는 동안 만날 수 있는 모든 데이터 타입을 예측하는 것은 불가능하다. 기드라 배포판에 포함된 아카이브에는 윈도우(윈도우 SDK) 및 유닉스(C 라이브러리) 시스템에서 가장 많이 사용되는 라이브러리에서 추출한 데이터 타입이 포함된다. 기드라에 분석 중인 프로그램에서 사용되는 데이터 타입 정보가 없다면 새로운 데이터 타입 아카이브를 만들어 다양한 방법으로 내용을 채우고 그것을 다른 사람과 공유할 수 있는 기능을 제공한다. 다음 절에서는 새로운 데이터 타입 아카이브를 만드는 3가지 방법을 살펴본다.

C 헤더 파일 파싱

C 헤더 파일에서 데이터 타입 정보를 얻는 것이 가장 일반적인 방법이다. 데이터 타입 정보를 추출할 헤더 파일이 있거나 그런 헤더 파일을 만들 시간이 있다면 C-Parser 플러그인을 이용해 C 헤더 파일에서 정보를 추출한 다음 고유한 데이터 타입 아카이브를 만들 수 있다. 예를 들어 OpenSSL 암호화 라이브러리를 링크한 바이너리를 자주 분석한다면 OpenSSL의 소스코드를 다운로드한 다음 기드라가 OpenSSL의 데이터 타입과 함수 시그니처에 대한 아카이브를 생성하도록 OpenSSL의 헤더 파일을 파싱하게 만들 수 있다.

이 과정은 그리 간단하지만은 않다. 헤더 파일에는 사용 중인 컴파일러와 운영체제, 아키텍처를 기반으로 컴파일러의 동작에 영향을 주도록 설계된 매크로가 흩어져 있는 경우가 많기 때문이다.

```
struct parse_demo {
  uint32_t int_member;
  char    *ptr_member;
};
```

예를 들어 이 구조체는 32비트 시스템에서 컴파일되면 크기가 8바이트이지만 64비트 시스템에서 컴파일되면 크기가 16바이트가 된다. 이와 같은 가변성은 범용적인 전처리기 역할을 하려는 기드라에게는 문제가 된다. 따라서 기드라가 유용한 아카이브를 만들 수 있게 가이드하는 것은 사용자에게 달려 있다. 기드라에서 아카이브를 사용할 때가 되면 분석 중인 바이너리와 호환되는 방식으로 아카이브가 만들어졌는지 확인해야 한다(즉, 32비트 파일을 분석하는 64비트 아카이브를 로드하면 안 된다).

하나 이상의 C 헤더 파일을 파싱하려면 CodeBrowser에서 File ➤ Parse C Source를 선택해서 그림 13-8과 같은 대화상자를 연다. 대화상자의 Source files to parse 부분에서는 플러그인인 파싱할 헤더 파일 목록을 정렬시켜 보여준다. 어느 한 파일에 있는 데이터 타입과 전처리기 지시문이 다음 파일에 사용될 수 있기 때문에 순서가 중요하다.

Parse Options 부분에서는 컴파일러의 커맨드라인 옵션과 유사한 C-Parse 플러그인을 위한 옵션 목록을 보여준다. 파서는 대부분의 컴파일러가 이해하는 -I(디렉터리 포함)와 -D(매크로 정의) 옵션만 인식한다. 기드라는 .prf 파일 형식으로 다양한 전처리기 설정을 제공하며, 그중에는 일반적인 운영체제와 컴파일러 조합에 대해 선택할 수 있는 기본 설정이 포함돼 있다. 또한 기존의 전처리기 설정을 수정하거나 처음부터 새로운 전처리기 설정을 .prf 파일로 만들어 사용할 수도 있다. 가장 일반적인 전처리기 설정 변경은 C-Parser가 대상으로 하는 아키텍처에 맞게 변경하는 것이다. 예를 들면 리틀엔디안 ARM 바이너리를 분석하고 있다면 리눅스 기반의 설정인 -D_X86_을 -D__ARMEL__로 변경하게 될 것이다.

Parse to Program 버튼으로 플러그인의 출력을 현재의 아카이브 파일에 병합할 수 있으며, Parse to File 버튼을 이용하면 플러그인 출력을 개별적인 기드라 데이터 타입 아카이브 파일(.gdt)로 저장할 수 있다. C-Parser에 대한 추가적인 정보는 기드라 Help에서 찾아볼 수 있다.

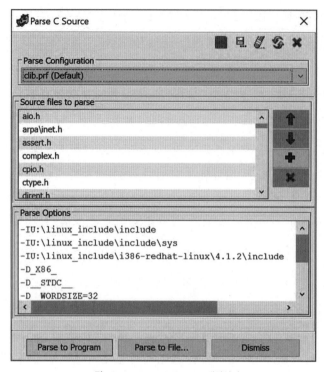

그림 13-8: Parse C Source 대화상자

새로운 파일 아카이브 생성

C 헤더 파일을 파싱하는 대신, 파일을 분석하는 과정에서 만든 데이터 타입들을 아카이브 파일에 저장해서 다른 사람과 공유하거나 다른 기드라 프로젝트에서 사용할 수도 있다. Data Type Manager 창의 New File Archive 메뉴(그림 13-7)를 이용해서 새로운 빈 아카이브 파일의 이름과 저장 위치를 지정할 수 있으며 새로 만든 아카이브 파일은 Data Type Manager 창의 아카이브 목록에 추가된다. 새로운 데이터 타입은 8장의 '기드라로 구조체 생성' 절에서 설명한 방법을 이용해 아카이브에 추가할 수 있다. 일단 아카이브가 만들어지면 그것을 다른 기드라 사용자에게 공유하거나 다른 기드라 프로젝트에서 사용할 수 있다.

새로운 프로젝트 아카이브 생성

프로젝트 데이터 아카이브는 그것이 생성된 프로젝트 내에만 존재한다. 이는 사용자 정의 데이터 타입이 프로젝트 내에 있는 하나 이상의 파일에서 사용될 것으로 예상하지만 프로젝트 외부에서는 사용되지 않을 것이라고 예상될 때 유용할 수 있다. Data Type Manager 창에서 New Project Archive 메뉴(그림 13-7)를 이용해 프로젝트 내의 폴더 중에서 새로운 빈 아카이브 파일이 저장될 곳을 지정할 수 있으며 새로 만든 아카이브 파일은 Data Type Manager 창의 아카이브 목록에 추가된다. 다른 데이터 타입 아카이브와 마찬가지로 필요에 따라 프로젝트 아카이브에 새로운 타입을 추가할 수 있다.

Function ID

바이너리를 리버스 엔지니어링하려고 할 때 필요한 것은, 리버스 엔지니어링 대상 라이브러리의 함수가 어떻게 동작하는지 좀 더 쉽게 알아내고자 해당 함수의 설명 페이지를 읽거나, 그것의 소스코드 일부를 보거나, 약간의 인터넷 조사를 하는 것이다. 하지만 불행하게도 정적으로 링크된 바이너리의 경우에는 애플리케이션의 코드와 라이브러리 코드의 구분이 명확하지 않다. 전체 라이브러리의 코드가 애플리케이션의 코드와 결합돼 하나의 실행 파일을 형성하기 때문이다. 그럼에도 기드라에는 라이브러리에서 가져온 코드인지 아니면 단순히 여러 바이너리에서 재사용되는 코드인지 인식하고 표시해주는 툴이 있기 때문에 애플리케이션 자체의 코드에 집중할 수 있다. Function ID 분석기는 기드라에 포함된 함수 시그니처를 이용해 많은 공통 라이브러리 함수를 인식해주며 Function ID 플러그인을 이용하면 그런 함수 시그니처 데이터베이스를 확장시킬 수 있다.

Function ID 분석기는 함수를 특정화하기 위한 계층적 구조의 해시 값을 갖는 Funciton ID 데이터베이스(FidDb)를 이용해 동작한다. 개별 함수마다 해시 값은 전체 해시 값(링커에 의해 발생할 수 있는 변경 사항에 대한 유연성을 위함)과 특정 해시 값(함수의 변형을 구현하기 위함)으로 구성된다. 두 해시 값의 주요 차이점은, 특정 해시 값에는 상수 피연산자의 특정 값(휴리스틱 기반)이 포함될 수 있지만 전체 해시 값에는 포함되지 않는다는 것이다. 연관된 부모와 자식 함수에 대한 정보와 결합된 두 해시 값의 조합은 FidDb에 기록되는 각 라이브러리 함수에 대한 지문을 형성한다. Function ID 분석기는 분석 중인 바이너리에 있는 각 함수에 대해 동일한 형태의 지문을 만들고 그것을 FidDb에 있는 지문과 비교한다. 일치하는 것이 발견되면 기드라는 해당 함수의 이름을 FidDb에 있는 원래 이름으로 복구해주고, 함수에 적절한 레이블을 적용하고, Symbol Tree 창에 해당 함수를 추가하고, 해당 함수의 플레이트 주석을 업데이트한다. 다음은 _malloc 함수에 대한 간단한 플레이트 주석의 예다.

```
****************************************************************
* Library Function - SingleMatch                              *
* Name: _malloc                                               *
* Library: Visual Studio 2005 Release                         *
****************************************************************
```

FidDb에 저장되는 함수 관련 정보가 계층적으로 저장되면 그 안에는 함수의 이름과 버전, 변형 정보가 포함된다. 변형 정보는 버전 번호의 일부는 아니지만 컴파일러 설정과 같은 정보를 인코딩하는 데 사용되며 해시 값에 영향을 준다.

Auto Analysis 대화상자에서 Function ID 분석기를 선택하면 그것의 동작을 제어할 수 있는 몇 가지 옵션을 설정할 수 있다(그림 13-9). Instruction count threshold는 작은 함수에 대한 무작위 비교로 발생할 수 있는 오탐을 줄이고자 설계된 임곗값이다. 오탐은 라이브러리 함수와의 매칭이 되면 안 되는데, 매칭이 돼서 발생한다. 미탐은 라이브 함수와의 매칭이 이뤄져야 하는데, 그렇지 못해 발생한다. 따라서 임곗값은 함수 매칭 대상의 함수와 그것의 부모 그리고 그것의 자식 함수가 포함(결합)해야 하는 최소 명령 수를 대략적으로 나타낸다. 좀 더 자세한 내용은 기드라 Help의 Scoring and Disambiguation 부분을 참고하길 바란다.

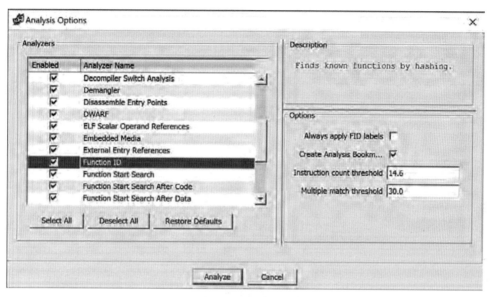

그림 13-9: 자동 분석 옵션

바이너리의 실제 기능은 일반적으로 함수에 의해 만들어지기 때문에 함수의 시그니처를 확장하는 것은 분석에 중복적으로 투입되는 노력을 최소화시키는 데 매우 중요하며 Function ID 플러그인에 의해 이뤄진다.

Function ID 플러그인

Function ID 플러그인(Function ID 분석기와 혼동하면 안 된다)을 이용하면 FidDb를 만들거나 수정할 수 있으며, FidDb를 제어할 수 있다. 기드라를 설치하면 기본적으로 Function ID 플러그인이 활성화돼 있지 않다. 활성화하려면 CodeBrowser 창에서 File ► Configue 메뉴를 선택한 다음 Fuction ID를 체크하면 된다. 그리고 Configue 링크를 클릭하면 나타나는 대화상자에서 FidPlugin을 클릭하면 그림 13-10과 같이 해당 플러그인에 대한 추가 정보를 볼 수 있다.

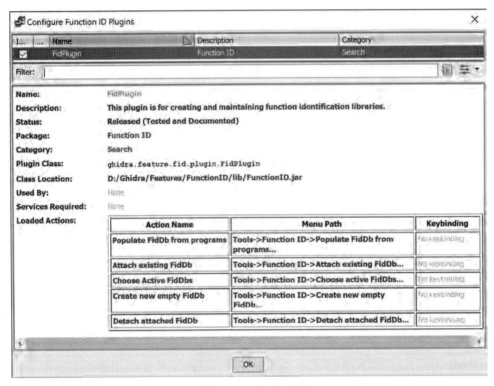

그림 13-10: FidPlugin 설명

일단 활성화시켰다면 그때부터는 그림 13-11과 같이 CodeBrowser의 Tools ➤ Function ID 메뉴를 통해 Function ID 플러그인을 제어할 수 있게 된다.

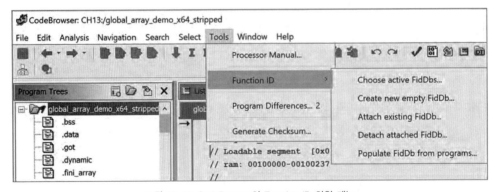

그림 13-11: CodeBrowser의 Function ID 하위 메뉴

기드라의 함수 시그니처 확장을 위해 Function ID 플러그인을 이용하는 예를 살펴보기 전에 Function ID 플러그인 관련 5가지 메뉴를 먼저 간단히 살펴보자.

Choose active FidDbs: 활성화된 Funciton ID 데이터베이스 목록을 보여준다. 목록 중에는 체크된 것도 있고 체크되지 않은 것도 있을 수 있다.

Create new empty FidDb: 새로운 Funciton ID 데이터베이스를 만든다. 새로 만들어진 FidDb는 Choose active FidDbs가 보여주는 목록에 추가된다.

Attach existing FidDb: 기존의 FidDb를 활성화된 FidDb 목록에 추가하고자 파일 선택 대화상자를 보여준다. FidDb를 추가하면 Choose active FidDbs가 보여주는 목록에서 볼 수 있다.

Detach existing FidDb: 직접 FidDb 목록에 추가한 FidDb에만 적용된다. 이 작업은 선택한 FidDb와 현재 기드라 인스턴스 간의 연결을 제거한다.

Populate FidDb from programs: 기존의 FidDb에 추가하기 위한 새로운 함수 지문을 만든다. 그림 13-12는 이 작업을 위한 대화상자이며 자세한 것은 곧 설명할 것이다.

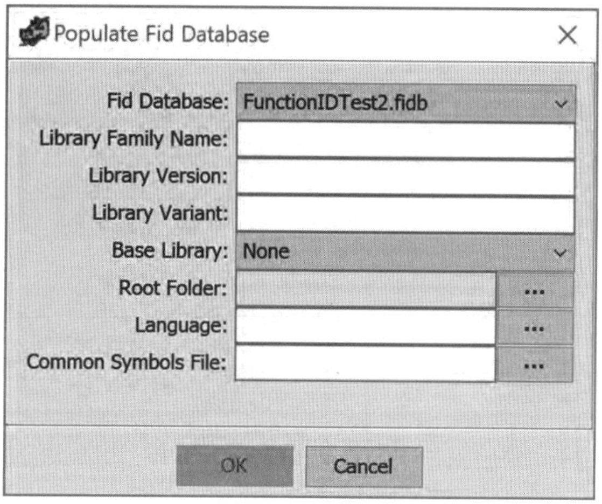

그림 13-12: Populate Fid Database 대화상자

Function ID 플러그인 예제: UPX

기드라가 인식하는 라이브러리 함수가 아닌 함수 사용이 매우 적은 바이너리를 자동 분석할 때는 리버스 엔지니어링 작업이 다소 단순화된다. 그러면 새롭고 흥미로운 기능이 포함된 곳으로 보이지만 기드라가 인식에 실패한 함수 집합에 집중할 수 있게 된다. 기드라가 어떤 함수도 식별해내지 못했을 때 분석 작업은 더 어려워진다. 해당 함수를 직접 분석한 다음 기드라가 이후에 그것을 인식할 수 있게 만든다면 미래에는 작업이 좀 더 수월해질 것이다. 그렇다면 이러한 종류의 확장이 얼마나 강력할 수 있는지 살펴보자.

기드라에 64비트 리눅스 ELF 라이브러리를 로드해 자동 분석한다고 가정해보자. 그 결과 Symbol Tree에서는 그림 13-13과 같이 보여준다. Symbol Tree를 통해 코드의 시작 지점으로 이동해서 코드를 분석한다. 초기 분석 결과, 해당 바이너리가 UPX^{Ultimate Packer for eXecutatbles}로 패킹돼 있고 함수들이 해당 바이너리를 실행 시점에 언패킹하고자 UPX 패커가 추가한 것이라고 예상했다. 코드 시작 지점에 있는 바이트를 보면 UPX로 패킹됐다는 것을 확인할 수 있다(또는 비교를 위해 자체 UPX 압축 바이너리를 만들어 확인해볼 수도 있다). 이제 이와 같은 정보를 FidDb에 추가해 UPX로 패킹된 다른 64비트 리눅스 바이너리를 만나더라도 금방 알아차릴 수 있게 만들 수 있다.

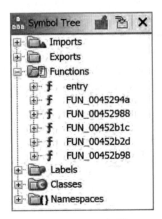

그림 13-13: UPX 패커 함수로 의심되는 함수가 있는 upx_demo1_x64_static.upx

FidDb에 추가되는 함수는 의미 있는 이름을 가져야 한다. 따라서 그림 13-14와 같이 UPX 패커의 일부분임을 나타내기 위한 이름으로 변경하고 기드라가 이후에 적절할 이름을 함수에 지정할 수 있게 함수들을 새로운 Function ID 데이터베이스에 추가해야 한다.

그림 13-14: UPX 패커 함수 이름이 지정된 upx_demo1_x64_static.upx

먼저 Tools ➤ Function ID ➤ Create new empty FidDb를 선택해 새로운 FidDb를 만들고 그것의 이름을 UPX.fidb로 지정한다. 그다음에는 Tools ➤ Function ID ➤ Populate FidDb를 선택해 업데이트된 바이너리에서 추출한 정보를 새로운 데이터베이스에 추가한다. 그림 13-15와 같이 대화상자에 FidDb 관련 정보를 입력한다.

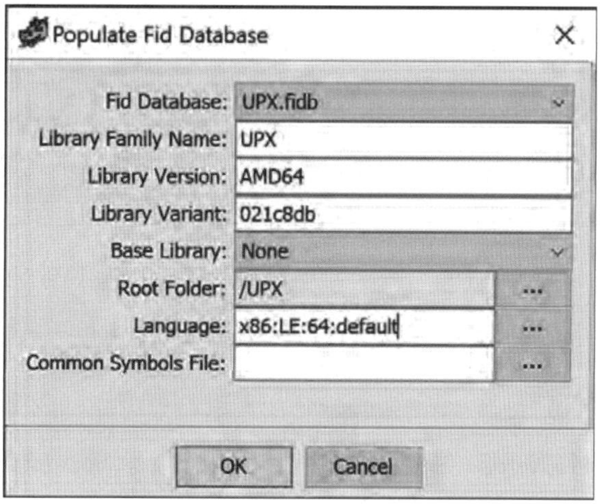

그림 13-15: Populate Fid Database 대화상자

Populate Fid Database 대화상자의 각 필드의 목적과 입력하는 값에 대한 설명은 다음과 같다.

> **Fid Database:** UPX.fidb는 새로운 FidDb의 이름이다. 스스로 만든 FidDb 목록 중에서 선택할 수도 있다.
>
> **Library Family Name:** 함수 데이터를 추출한 라이브러리를 설명하는 이름이다. 예제에서는 UPX를 입력했다.
>
> **Library Version:** 버전 번호나 플랫폼 이름 또는 그 둘의 조합을 입력한다. UPX 는 다양한 플랫폼을 지원하기 때문에 바이너리의 아키텍처를 기반으로 라이브 러리 버전을 입력했다.
>
> **Library Variant:** 동일한 이름의 버전을 갖고 있는 다른 라이브러리와 구별하기 위한 추가 정보다. 예제에서는 깃허브의 UPX 리포지터리(https://github.com/upx/) 에서 가져온 커밋 ID를 사용했다.
>
> **Base Library:** 기드라가 부모/자식 관계를 형성하고자 사용하는 다른 참조 FidDb다. UPX는 완전히 독립적인 라이브러리이므로 아무런 내용도 입력하지 않았다.
>
> **Root Folder:** 기드라 프로젝트 폴더의 이름이다. 이 폴더에 있는 모든 파일은 함수를 수집하는 과정에 처리된다. 예제에서는 /UPX를 선택했다.
>
> **Language:** FidDb와 관련된 기드라의 언어 식별자다. 루트 폴더부터 처리하려 면 파일의 언어 식별자가 이 값과 일치해야 한다. 이 값은 바이너리에 대한 Imports Results Summary 창으로 부터 채워지지만 오른쪽에 있는 버튼을 이용해 서 값을 수정할 수 있다.
>
> **Common Symbols File:** 함수 수집 과정에서 제외돼야 할 함수의 목록이 포함된 파일의 이름이다. 예제에서는 사용되지 않는다.

OK 버튼을 클릭하면 함수 수집 과정이 진행된다. 해당 과정이 완료되면 그림 13-16과 같은 결과 화면을 볼 수 있다.

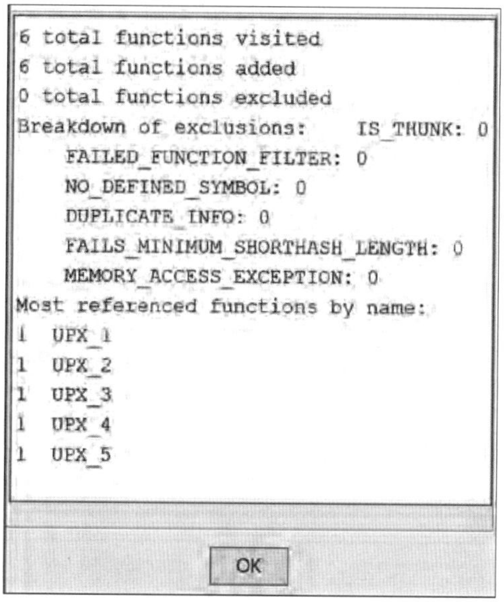

6 total functions visited
6 total functions added
0 total functions excluded
Breakdown of exclusions: IS_THUNK: 0
FAILED_FUNCTION_FILTER: 0
NO_DEFINED_SYMBOL: 0
DUPLICATE_INFO: 0
FAILS_MINIMUM_SHORTHASH_LENGTH: 0
MEMORY_ACCESS_EXCEPTION: 0
Most referenced functions by name:
1 UPX_1
1 UPX_2
1 UPX_3
1 UPX_4
1 UPX_5
OK

그림 13-16: UPX FidDb의 결과 창

새로운 FidDb가 만들어지면 기드라는 그것을 바이너리의 함수를 식별하는 데 사용하게 된다. 이를 보여주고자 UPX로 패킹된 새로운 64비트 리눅스 ELF 바이너리(upx_demo2_x64_static.upx)를 로드해서 Function ID 분석기 없이 자동 분석을 수행했다. 그 결과, 예상한 대로 식별하지 못한 5개의 함수를 포함하고 있는 Symbol Tree를 볼 수 있다(그림 13-17).

Symbol Tree
Imports
Exports
Functions
entry
FUN_00457b1a
FUN_00457b58
FUN_00457cec
FUN_00457cfd
FUN_00457d68
Labels

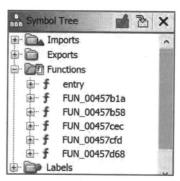

그림 13-17: Function ID 분석기를 사용하지 않은 upx_demo2_x64_static.upx에 대한 Symbol Tree

그림 13-18은 원샷 분석기로 Function ID를 실행(Analysis ➤ One Shot ➤ Function ID)한
결과 UPX 함수의 이름을 포함하고 있는 Symbol Tree를 보여준다.

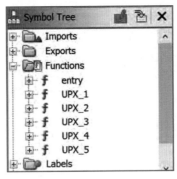

그림 13-18: Function ID 분석기를 사용한 upx_demo2_x64_static.upx에 대한 Symbol Tree

해당 분석기는 Listing 창의 내용을 새로운 함수의 이름과 플레이트 주석으로 업데
이트한다. 다음은 **UPX_1** 함수에 대한 플레이트 주석이다. 이 주석에는 FidDb를
만들 때 기입한 정보가 포함돼 있다.

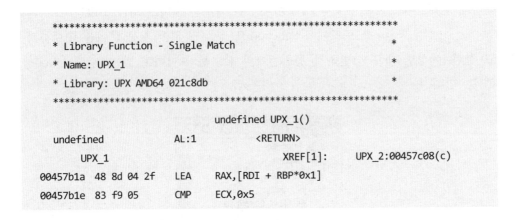

새로운 FidDb를 만드는 것은 기드라의 식별 기능 확장의 시작일 뿐이다. 함수와
관련된 파라미터를 분석해서 그것을 Data Type 아카이브에 저장할 수 있다. 그렇
게 한 다음, Function ID가 함수를 올바르게 식별하면 적절한 Data Type Manager
항목을 Listing 창에 있는 함수에 끌어다 놓으면 해당 함수의 프로토타입이 적절한

파라미터로 업데이트된다.

Function ID 플러그인 예제: 정적 라이브러리 프로파일링

정적으로 링크된 바이너리를 리버스 엔지니어링할 때 가장 먼저 원하는 것 중 하나는 해당 바이너리에 링크된 함수와 매칭되는 FidDb일 것이다. 그러면 기드라는 라이브러리 코드를 식별해서 여러분의 수고를 줄여줄 수 있기 때문이다. 다음 예제에서는 2가지 중요한 질문을 다룬다. (1) 원하는 FidDb가 있는지 어떻게 알 수 있을까? (2) 없다면 무엇을 할 수 있을까? 첫 번째 질문에 대한 대답은 간단하다. 기드라는 비주얼 스튜디오 라이브러리 코드와 관련된 최소 12개의 FidDb(.fidbf 파일 형식)를 제공한다. 분석 대상 바이너리가 윈도우용이 아니고 아직 어떤 FidDb도 만들거나 가져오지 않았다면(두 번째 질문을 해결하기 위해) 기드라 Function ID 플러그인으로 자신을 위한 FidDb를 만들어야 한다.

새로운 FidDb를 만들 때 이해해야 하는 것 중 가장 중요한 것은 FidDb를 적용하려는 바이너리와 일치할 가능성이 높은 입력 소스가 필요하다는 것이다. UPX 예제에서는 그런 조건을 만족하는 바이너리를 갖고 있었다. 일반적인 정적 링크의 경우 바이너리를 갖고 있으며 단순히 해당 바이너리에서 일치하는 코드를 최대한 많이 찾길 원한다. 정적으로 링크된 바이너리를 처리하고 있다는 것을 인지하는 방법은 다양하다. 기드라에서는 Symbol Tree 내의 Imports 폴더를 살펴보면 된다. 완전히 정적으로 링크된 바이너리의 경우에 이 폴더는 비어있을 것이다. 부분적으로 정적 링크된 바이너리인 경우에는 몇 개의 임포트가 있을 수 있기 때문에 Defined Strings 창에서 잘 알려진 라이브러리의 저작권이나 버전 문자열을 찾을 수 있다. 커맨드 라인에서 file과 strings와 같은 간단한 유틸리티를 이용해서 확인할 수 있다.

```
$ file upx_demo2_x64_static_stripped
  upx_demo2_x64_static_stripped: ELF 64-bit LSB executable, x86-64,
  version 1 (GNU/Linux), statically linked, for GNU/Linux 3.2.0,
```

```
   BuildID[sha1]=54e3569c298166521438938cc2b7a4dda7ab7f5c, stripped
$ strings upx_demo2_x64_static_stripped | grep GCC
   GCC: (Ubuntu 7.4.0-1ubuntu1~18.04.1) 7.4.0
```

file의 출력 결과를 보면 해당 바이너리가 정적으로 링크됐으며, 심볼이 제거됐고 리눅스 시스템용이라는 것을 알 수 있다(심볼이 제거된 바이너리에는 함수의 동작을 유추할 수 있는 친숙한 이름이 존재하지 않는다). strings의 출력 결과를 grep GCC로 필터링하면 컴파일러(GCC 7.4.0)를 식별할 수 있을 뿐만 아니라 해당 바이너리를 빌드하는 데 사용된 리눅스 배포판(Ubuntu 18.04.1)도 알 수 있다(CodeBrowser 창의 Search ➤ Program Text로 GCC를 검색해 봐도 동일한 정보를 찾을 수 있다). libc.a[1]가 링크돼 있을 가능성이 있으므로 우분투 18.04.1 시스템에서 libc.a의 복사본을 가져와 심볼이 제거된 바이너리에서 심볼을 복구하기 위한 출발점으로 사용한다(바이너리 내의 추가적인 문자열로부터 Function ID 분석을 위한 추가적인 정적 라이브러리를 선택할 수도 있지만 여기에서는 libc.a로 제한한다).

FidDb를 위해 libc.a를 이용하려면 기드라가 그 안에 포함돼 있는 명령과 함수들을 식별해야 한다. 아카이브 파일 형식(.a)은 컴파일러가 추출해서 실행 파일에 링크시킬 수 있는 파일(일반적으로 오브젝트 파일(.o))을 위한 컨테이너를 정의한다. 기드라의 컨테이너 파일 가져오기 과정은 단일 바이너리를 가져오는 과정과 다르기 때문에 일반적으로 단일 파일을 임포트할 때 사용하는 File ➤ Import로 libc.a를 임포트할 때는 그림 13-19와 같은 임포트 모드를 제공한다(이 옵션들은 File 메뉴에서도 사용할 수 있다).

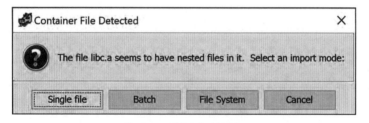

그림 13-19: 컨테이너 파일 임포트

---

1. C 표준 라이브러리 함수의 아카이브이다. libc.a는 유닉스 형태의 시스템에서 정적 링크 바이너리로 사용된다.

Single File 모드는 기드라에게 컨테이너를 단일 파일처럼 임포트하게 요청하는 모드다. 컨테이너는 실행 파일이 아니기 때문에 기드라는 임포트를 위한 Raw Binary 형식을 제안하며 최소한의 자동 분석을 수행한다. File System 모드에서 기드라는 파일 탐색 창(그림 13-20)을 열어 컨테이너 파일의 내용을 표시한다. 이 모드에서는 콘텍스트 메뉴를 사용해 기드라로 임포트할 파일 조합을 컨테이너에서 선택할 수 있다.

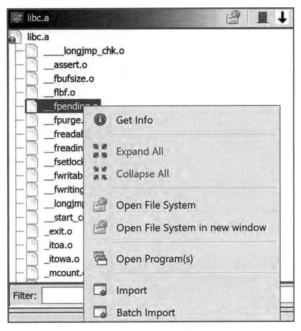

그림 13-20: File System 임포트 모드

Batch 모드에서 기드라는 개별 파일 정보를 표시하고자 일시 중지하지 않고 자동으로 컨테이너의 파일을 임포트한다. 처음에 컨테이너의 내용을 처리한 후 기드라는 그림 13-21과 같은 Batch Import 대화상자를 보여준다. Batch Import 대화상자에서는 임포트되는 각 파일 정보를 볼 수 있으며 배치 임포트할 파일을 추가할 수도 있고 임포트 옵션 설정과 기드라 프로젝트 내에서 대상 폴더를 선택할 수도 있다. 그림 13-21을 보면 libc.a 아카이브에서 CH13 프로젝트의 루트 디렉터리로 1690개

의 파일을 임포트하는 것을 알 수 있다.

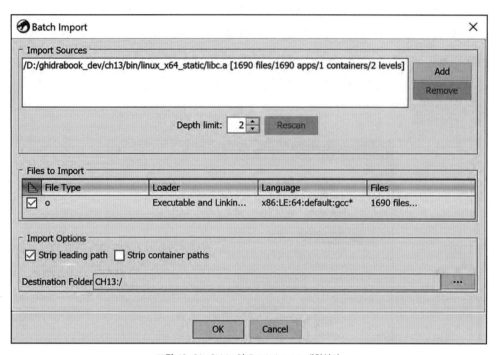

그림 13-21: Ghidra의 Batch Import 대화상자

OK 버튼을 클릭하면 임포트가 진행된다(약간의 시간이 소요된다). 임포트 과정이 완료되면 기드라 Project 창에서 새롭게 임포트된 파일을 볼 수 있다. libc.a는 컨테이너 파일이기 때문에 Project 창에서 폴더로 표시되며 그 폴더 안의 파일 내용을 보거나 분석을 수행할 수 있다.

이 시점에서 드디어 각 libc 함수의 지문을 FidDb로 캡처할 수 있고, 그렇게 만든 FidDb를 이용해 정적으로 링크된 바이너리에 대한 Function ID 분석을 수행할 수 있게 된다. 이 과정은 새로운 빈 FidDb를 만드는 것을 시작으로 그 내용을 채우는 앞선 UPX 예제와 유사하다. 이 예제의 경우 새로 임포트한 libc.a가 폴더의 내용 전체를 채울 것이다. 그런데 이때 중대한 도전에 직면하게 된다.

새로운 FidDb를 채울 파일을 선택할 때는 기드라가 모든 파일을 적절히 분석해서 함수와 그것의 명령(Function ID 해시 과정에 대한 입력)을 식별한 것인지 확인해야 한다. 지금까지 기드라는 CodeBrowser에서 프로그램을 열 때만 분석을 수행했지만 libc.a의 경우에는 libc.a 아카이브에 있는 1690개의 파일들을 분석하는 어려운 작업에 직면하게 된다. 파일을 한 번에 하나씩 열어 분석하는 것은 시간적인 측면에서 효과적이지 않다. 심지어 임포트할 때 모든 파일을 열게 선택하고 기드라의 Analyze All Open 옵션을 이용하더라도 1690개의 파일 모두를 처리하는 데는 여전히 시간이 걸린다(그리고 기드라 인스턴스 내에서 이와 같은 양의 작업을 수용하고자 툴 옵션과 리소스 할당을 조정하려면 수동적인 개입이 필요할 수 있다).

이와 같은 문제를 해결하기 힘든 것은 맞다. 이는 기드라 GUI를 통해 수동으로 해결할 수 있는 종류의 작업이 아니다. 즉, 사람의 개입을 필요로 하지 않는 잘 정의된 반복 작업이기 때문이다. 다행히 이어지는 3개의 장에서는 이와 같은 유형의 작업을 자동화하는 방법을 소개할 것이다. 16장의 '자동화된 FidDb 생성' 절에서는 이 예제의 배치 처리 작업을 기드라의 헤드리스 작동 모드를 이용해 얼마나 쉽게 수행할 수 있는지 보여줄 것이다.

libc.a를 어떤 방법으로 처리하든 관계없이 처리 작업이 완료되면 Function ID 플러그인으로 돌아가 새로운 FidDb를 만들어 내용을 채우면 다음과 같은 결과를 얻을 수 있다.

```
FidDb Populate Results

2905 total functions visited
2638 total functions added
267 total functions excluded
Breakdown of exclusions:        FAILS_MINIMUM_SHORTHASH_LENGTH: 234
    DUPLICATE_INFO: 9
    FAILED_FUNCTION_FILTER: 0
    IS_THUNK: 16
    NO_DEFINED_SYMBOL: 8
    MEMORY_ACCESS_EXCEPTION: 0
```

```
Most referenced functions by name:
749  __stack_chk_fail
431  free
304  malloc
...
```

새로운 FidDb를 사용하면 Function ID 분석기가 **upx_demo2_x64_static _stripped**에 포함돼 있는 많은 함수를 매칭해서 바이너리에 대한 리버스 엔지니어링 작업의 부하를 크게 줄여준다.

요약

13장에서는 C 소스 파일을 파싱해서 기드라의 기능을 확장하는 방법과 워드 모델을 확장하는 방법, Function ID 플러그인을 사용해 함수 지문을 추출하는 몇 가지 방법을 설명했다. 바이너리에 정적으로 연결된 코드나 이전에 분석된 바이너리의 코드가 재사용된 경우 기드라 FidDb를 이용해 해당 함수들을 매칭해서 식별한다면 수동으로 수많은 코드를 헤쳐나가야 하는 번거로움을 줄일 수 있다. 정적 링크 라이브러리가 너무 많다면 가능한 모든 사용 사례를 다루는 FidDb 파일을 기드라에 포함시키는 것은 불가능하다. 필요할 때마다 자신만의 FidDb를 만들어 사용하면 특정 요구에 맞는 FibDb들 구축할 수 있다. 14장과 15장에서는 기드라의 기능을 더욱 확장하기 위한 강력한 스크립트 기능을 살펴본다.

14

기드라 스크립트

모든 사용자의 요구를 충족시켜줄 수 있는 애플리케이션은 없다. 그리고 모든 잠재적인 사용 사례를 예측하는 것 또한 불가능하다. 기드라는 오픈소스 모델을 통해 기능에 대한 요청과 개발자의 혁신적인 기여를 촉진시킨다. 그러나 때로는 당면한 문제를 즉시 해결해야 하고 다른 사람이 새로운 기능을 구현하기를 기다릴 수 없는 경우가 있다. 미처 예상하지 못한 사용 사례와 기드라의 동작을 프로그램적으로 제어할 수 있게 기드라는 통합된 스크립트 기능을 제공한다.

스크립트의 용도는 무한하며 한 줄짜리의 단순한 스크립트부터 복잡한 분석 작업을 수행하거나 일반적인 작업을 자동화시킬 수 있는 프로그램에 이르기까지 매우 다양하게 만들 수 있다. 14장에서는 CodeBrowser 인터페이스를 통해 제공되는 기본적인 스크립트에 초점을 맞춰 설명한다. 내부 스크립트 환경에 대해 소개하고 자바와 파이썬을 이용한 스크립트 개발에 대해서도 알아본다. 그리고 15장에서는 통합 스크립트 옵션을 알아본다.

Script Manager 메뉴

그림 14-1과 같이 CodeBrowser의 Window ➤ Script Manager 메뉴를 통해 기드라의
Script Manager 창을 열 수 있다. CodeBrowser 툴바의 Script Manager 아이콘(내부에
화살표가 있는 녹색 원으로, 이 아이콘은 Script Manager 창의 왼쪽 상단에도 표시됨)을 이용해 Script Manager
창을 열 수도 있다.

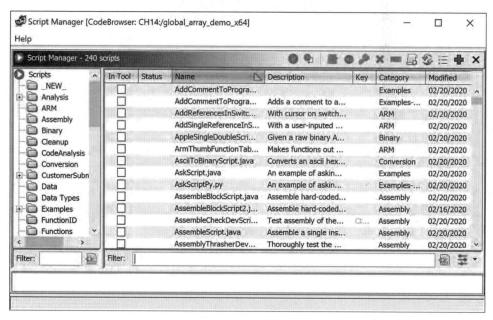

그림 14-1: Script Manager 창

Script Manager 창

기드라를 새로 설치하면 Script Manager는 그림 14-1과 같이 240개 이상의 스크립
트를 로드하며 창의 왼쪽 부분에 있는 폴더 목록으로 스크립트를 종류별로 관리할
수 있다. 폴더 중에는 스크립트를 좀 더 자세히 분류하고자 하위 폴더를 갖고 있는
것도 있다. 그리고 폴더를 펼치거나 접어서 스크립트의 구성을 확인할 수 있다.
특정 폴더나 하위 폴더를 선택하면 해당 폴더의 범주에 해당하는 스크립트 목록만

보여준다. 기드라는 이 창에 내용을 표시하고자 기드라가 설치된 폴더 내에 ghidra_scripts라는 이름의 하위 폴더 안에 있는 스크립트를 모두 찾아 색인을 만든다. 또한 기드라는 홈 디렉터리에서도 ghidra_scripts 폴더를 찾아 스크립트 색인을 수행한다.

기본적으로 제공되는 스크립트들은 다양한 기능을 수행한다. 그중 일부 스크립트는 기본적인 스크립트의 개념을 보여주기 위한 용도다. 스크립트 목록 테이블을 구성하는 각 열의 이름을 보면 각 스크립트의 목적에 대한 추가적인 정보를 얻을 수 있다. 다른 대부분의 기드라 테이블과 마찬가지로 표시되는 열을 설정할 수 있을 뿐만 아니라 각 열의 내용을 정렬시켜 볼 수도 있다. 기본적으로 Created와 Path 열을 제외한 모든 열을 보여준다. 기본적으로 보여주는 6개의 열에 대한 설명은 다음과 같다.

> **Status:** 스크립트의 상태를 나타낸다. 일반적으로는 비어 있지만 스크립트에 오류가 있으면 빨간색 아이콘이 표시된다. 스크립트와 툴바 아이콘을 연결시켰다면 해당 아이콘이 이 열에 표시된다.
> **Name:** 스크립트의 파일 이름과 확장자를 보여준다.
> **Description:** 스크립트 내의 메타데이터 주석에서 가져온 설명을 보여준다. 이 열의 내용이 상당히 길 수 있지만 마우스를 위로 가져가면 전체 내용을 볼 수 있다. 이 열에 대해서는 이후의 '스크립트 개발' 절에서 자세히 다룰 것이다.
> **Key:** 스크립트 실행을 위한 단축키가 설정돼 있는지를 보여준다.
> **Category:** 스크립트가 어떤 종류인지를 계층적으로 보여준다. 표시되는 계층은 논리적인 것이기 때문에 파일 시스템상의 디렉터리 계층을 의미하지는 않는다.
> **Modified:** 스크립트가 마지막으로 수정된 날짜를 보여준다. 기드라에 기본적으로 탑재된 스크립트의 경우에는 기드라를 설치한 날짜가 지정된다.

왼쪽 하단에 있는 Filter 필드는 스크립트의 종류를 필터링해서 볼 때 사용한다. 오른쪽 하단의 Filter 필드는 스크립트의 이름과 설명을 기준으로 필터링해서 볼 때 사용한다. 마지막으로 최하단의 추가적인 창의 내용은 기본적으로 비어있다.

이 창은 선택된 스크립트에 대한 메타데이터와 스크립트 내에서 추출한 메타데이터를 처리하기 쉬운 형식으로 보여준다. 메타데이터 필드의 형식과 의미는 '자바스크립트 작성(자바스크립트가 아님!)' 절에서 설명한다. Script Manager는 상당히 많은 정보를 제공하지만 이 창의 주요 기능은 툴바로 제공된다. 툴바에 대한 설명은 그림 14-2를 참고하길 바란다.

아이콘	이름	설명
▶	Run script	선택한 스크립트를 실행시킨다. 필요하다면 스크립트는 재컴파일될 것이다. 컴파일 시 오류가 발생하면 status 필드에 에러 아이콘이 표시되고 콘솔에 오류 메시지가 출력될 것이다.
	Rerun last script	가장 최근에 실행된 스크립트를 실행시킨다. 스크립트가 실행된 이후에는 CodeBrowser 창을 통해서도 가능하다.
	Edit script	선택한 스크립트 편집을 위한 창을 연다.
	Edit script with Eclipse	선택한 스크립트를 이클립스로 연다(15장 참고).
	Assign key binding	스크립트를 위한 단축키 설정을 가능하게 해준다.
✖	Delete script	사용자가 만든 스크립트를 영구적으로 삭제한다. 시스템이 제공한 스크립트는 이 방법으로 삭제할 수 없다.
	Rename script	사용자가 만든 스크립트의 이름을 변경한다. 시스템이 제공한 스크립트는 이 방법으로 이름을 변경할 수 없다.
	Create new script	빈 스크립트 템플릿을 기본 에디터 창으로 연다.
	Refresh script list	스크립트 디렉터리를 다시 검색해서 스크립트 목록을 갱신한다.
	Script directories	기존 스크립트 디렉터리 목록에서 특정 스크립트 디렉터리를 선택하거나 선택 해제할 수 있다. 새로운 스크립트 디렉터리를 추가할 수도 있다.
✚	Help	GhidraScript class를 위한 Javadoc 페이지를 연다. 기드라는 자동으로 Javadoc 내용을 빌드한다.

그림 14-2: Script Manager 툴바

Script Manager 툴바

Script Manager 창은 스크립트를 관리하기 위한 별도의 메뉴를 제공하지 않는다. 대신 Script Manager 툴바를 통해 모든 스크립트 관리 작업을 수행한다(그림 14-2).

대부분의 기능은 그림 14-2의 설명처럼 명확하지만 Edit의 경우에는 추가적인 설명이 필요하다. Editing with Eclipse는 고급 스크립트 기능을 위한 것으로, 15장에서 다룬다. Edit Script를 선택하면 그림 14-3과 같이 자체 툴바를 갖고 있는 기본적인 텍스트 에디터 창이 나타난다. 에디터에서 제공하는 툴바는 기본적인 파일 편집 기능을 제공한다. 텍스트 에디터를 열었으면 실제 스크립트 작성 업무에 착수할 수 있다.

	Refresh	스크립트의 내용을 갱신한다. 외부 에디터를 사용하는 경우에는 이 기능이 유용하다.
	Save	최근 변경 내용을 저장한다. 시스템 제공 스크립트는 변경 내용을 저장할 수 없다.
	Save as	스크립트를 새로운 스크립트 파일로 저장한다. 시스템 제공 스크립트의 경우에는 새로운 스크립트 파일로 저장할 수 없다.
	Undo/Redo	수정한 내용을 되돌리거나 그것을 다시 수행하게 만들 수 있다(최대 50개의 작업까지 가능하다).
	Run script	스크립트를 실행한다. 컴파일 시 오류가 발생하면 콘솔에 오류 메시지가 출력될 것이다.
	Select font	폰트 타입과 크기, 에디터의 스타일을 설정한다.

그림 14-3: Edit Script 툴바

스크립트 개발

기드라에서 스크립트를 개발하는 방법은 여러 가지가 있다. 이 장에서는 Script Manager 창에서 기본적으로 제공하는 스크립트의 기본 언어인 자바와 파이썬을 이용한 스크립트 작성에 초점을 맞출 것이다. 기본적으로 제공하는 240개 이상의 시스템 스크립트 대부분이 자바로 작성됐기 때문에 자바로 스크립트를 편집하고 개발하는 것부터 시작하자.

자바 스크립트 작성(JavaScript가 아님!)

기드라에서 자바로 작성된 스크립트는 매끄럽게 컴파일되고, 실행 중인 기드라 인스턴스에 동적으로 로드돼 호출되고 최종적으로 언로드되게 설계된 완벽한 클래스 정의다. 스크립트 클래스^{script class}는 Ghidra.app.script.GhidraScript 클래스를 상속해서 run() 메서드를 구현해야 하며, 스크립트에 대한 Javadoc 형식의 메타데이터를 주석으로 제공해야 한다. 우선 스크립트 파일의 구조와 메타데이터 요구 사항을 설명하고, 일부 시스템 스크립트를 살펴본 다음에는 기존 스크립트를 편집해서 자체적인 스크립트 작성 방법을 살펴보자.

그림 14-4는 새로운 자바 스크립트^{Java script}를 만들고자 New Script(그림 14-2)로 새로운 에디터를 연 모습이다. 그리고 새로운 스크립트의 이름을 CH14_NewScript로 할 것이다.

```
CH14_NewScript.java

//TODO write a description for this script
//@author
//@category _NEW_
//@keybinding
//@menupath
//@toolbar

import ghidra.app.script.GhidraScript;
import ghidra.program.model.util.*;
import ghidra.program.model.reloc.*;
import ghidra.program.model.data.*;
import ghidra.program.model.block.*;
import ghidra.program.model.symbol.*;
import ghidra.program.model.scalar.*;
import ghidra.program.model.mem.*;
import ghidra.program.model.listing.*;
import ghidra.program.model.lang.*;
import ghidra.program.model.pcode.*;
import ghidra.program.model.address.*;

public class CH14_NewScript extends GhidraScript {

    public void run() throws Exception {
//TODO Add User Code Here
    }
}
```

그림 14-4: 내용이 빈 새로운 스크립트

파일의 최상단은 Javadoc 정보를 만들기 위한 메타데이터 주석과 태그가 위치한다. 이 정보는 Script Manager 창의 내용(그림 14-1)을 채우는 데도 사용된다. 클래스, 필드 또는 메서드 선언 전에 //로 시작하는 모든 주석은 스크립트에 대한 Javadoc Description의 일부가 된다. 추가적인 주석을 스크립트 안에 추가할 수는 있지만 그것은 Javadoc Description에 포함되지는 않는다. 메타데이터 주석 내에는 다음과 같은 태그가 지원된다.

@author: 스크립트 작성자에 대한 정보를 제공한다. 제공하는 정보는 작성자가 자유롭게 선택할 수 있으며 적절한 세부 정보(예를 들면 이름, 연락처 정보, 작성 일자 등)를 포함하면 된다.

@category: 스크립트의 종류를 결정한다. 이는 기드라 스크립트에 필수적으로

작성해야 하는 유일한 태그다. 마침표(.) 문자는 스크립트 종류 이름의 경로 구분 기호 역할을 한다(예를 들면 @category Ghidrabook.CH14).

@keybinding: CodeBrowser 창에서 스크립트에 액세스하기 위한 바로 가기를 정의(예를 들면 @keybinding K)한다.

@menupath: 스크립트에 대해 마침표로 구분된 메뉴 경로를 정의하며 CodeBrowser 메뉴에서 스크립트를 실행하는 수단을 제공한다(예를 들면 @menupath File.Run.ThisScript).

@toolbar: 아이콘을 스크립트와 연결한다. 이 아이콘은 CodeBrowser 창에 있는 툴바에서 보여주며 스크립트를 실행시킬 때 사용할 수 있다. 기드라가 기드라 설치 폴더나 스크립트 디렉터리에서 아이콘 이미지를 찾지 못하면 디폴트 이미지가 사용된다(예를 들면 @toolbar myImage.png).

새로운 API(예: Ghidra API)를 사용해야 할 때 해당 API 문서를 지속적으로 참조하지 않고 스크립트를 작성하려면 시간이 오래 걸리게 된다. 특히 자바의 경우에는 클래스 경로와 필요한 패키지를 적절히 포함시키는 작업에 매우 민감하다. 따라서 시간과 정신을 절약하는 방법은 새로운 스크립트를 작성하기보다는 기존 스크립트를 편집하는 것이다. 여기서 간단한 스크립트 예를 설명할 때도 이 접근 방식을 채택할 것이다.

스크립트 편집 예제: 정규 표현 검색

정규식을 사용자 입력으로 받아 그것에 일치하는 문자열을 콘솔에 출력하는 스크립트를 개발한다고 가정하자. 또한 작성하는 스크립트가 특정 프로젝트의 Script Manager 목록에 표시돼야 한다. 기드라 자체가 이 작업을 수행할 수 있는 여러 가지 방법을 제공하지만 직접 스크립트를 작성해서 작업을 수행하도록 요청을 받은 상태다. 유사한 기능을 제공하는 기존 스크립트를 찾아보고자 Script Manager 창에서 스크립트의 종류가 Strings, Search인 것을 찾은 다음 strings로 필터링을 해보면 된다. 필터를 사용하면 더 포괄적인 문자열 관련 스크립트 목록을 얻을 수 있다. 이 예에서는 필터를 적용해 찾은 스크립트 목록 중에서 작성하려는 스크립트가 수행해야 하는 작업이 일부 포함돼 있는 첫 번째 스크립트(CountAndSaveStrings.java)를 편집할 것이다.

열고자 하는 스크립트를 마우스 오른쪽 버튼의 Edit with basic editor 메뉴로 연 다음 작성해야 할 새로운 기능을 위한 적당한 출발점인지 확인한다. 그다음에는 해당 스크립트는 Save As를 이용해 새로운 이름인 FindStringsByRegex.java로 저장한다. 기드라는 설치 시 기본적으로 제공하는 Script Manager 창의 시스템 스크립트를 직접 편집하는 것을 허용하지 않는다(이클립스나 여타 에디터에서는 가능하다). 기드라는 어차피 기존의 CountAndSaveStrings.java 스크립트에 대한 수정 내용을 저장하지 못하게 만들기 때문에 해당 스크립트를 다른 이름으로 저장하기 전에 파일을 편집해도 된다.

CountAndSaveStrings.java 파일의 원래 메타데이터는 다음과 같다.

```
❶ /* ###
   * IP: GHIDRA
   *
   * Licensed under the Apache License, Version 2.0 (the "License");
   * you may not use this file except in compliance with the License.
   * You may obtain a copy of the License at
   * http://www.apache.org/licenses/LICENSE-2.0
   * Unless required by applicable law or agreed to in writing, software
   * distributed under the License is distributed on an "AS IS" BASIS,
   * WITHOUT WARRANTIES OR CONDITIONS OF ANY KIND, either express or implied.
   * See the License for the specific language governing permissions and
   * limitations under the License.
   */
❷ //Counts the number of defined strings in the current selection,
   //or current program if no selection is made,
   //and saves the results to a file.
❸ //@category CustomerSubmission.Strings
```

라이선스 동의❶ 부분은 스크립트 실행이나 관련 Javadoc 실행에 영향을 주지 않기 때문에 그대로 두거나 수정하거나 삭제해도 된다. Javadoc과 Script Manager에 표시되는 정보가 스크립트를 정확하게 설명하도록 스크립트 설명 부분❷은 수정할 것이다. 스크립트 작성자는 스크립트 메타데이터에서 사용 가능한 5개의 태그 중 하나만 사용❸했기 때문에 다음과 같이 나머지 태그를 추가할 것이다.

```
// Counts the number of defined strings that match a regex in the current
// selection, or current program if no selection is made, and displays the
// number of matching strings to the console.
//
//@author Ghidrabook
//@category Ghidrabook.CH14
//@keybinding
//@menupath
//@toolbar
```

category 태그인 Ghidrabook.CH14는 그림 14-5와 같이 Script Manager의 스크립트 폴더 목록에 추가될 것이다.

스크립트의 메타데이터 부분 다음에는 자바의 import 문이 선언돼 있다. 그림 14-4와 같이 새로운 스크립트를 만들 때 기드라는 많은 import 문을 추가하지만 문자열 검색에는 다음과 같은 import 문만 필요하기 때문에 CountAndSaveStrings.java의 import 문을 그대로 사용할 것이다.

```
import ghidra.app.script.GhidraScript;
import ghidra.program.model.listing.*;
import ghidra.program.util.ProgramSelection;
import java.io.*;
```

스크립트를 새로운 이름으로 저장한 다음 Script Manager 창에서 새로 저장한 스크립트를 선택해서 내용을 보면 그림 14-5와 같이 보일 것이다. 새로운 스크립트의 종류가 폴더 목록에 추가됐고 스크립트의 메타데이터가 스크립트 테이블과 스크립트 정보 창에 표시된다. 새로 정의할 스크립트 종류에는 유일하게 Ghidrabook.CH14만 포함돼 있다.

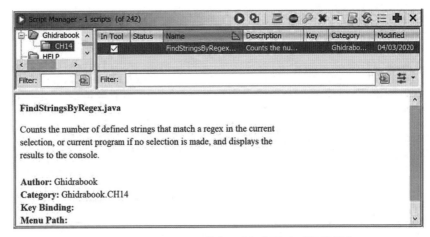

그림 14-5: Script Manager 창에 표시된 새로운 스크립트의 정보

이 책은 자바 프로그래밍을 설명할 목적으로 작성된 것이 아니기 때문에 수정한 자바 구문과 기능은 설명하지 않겠다. CountAndSaveStrings.java가 수행하는 기능은 다음과 같다.

1. 검색할 프로그램 목록 내용을 가져온다.
2. 수행 결과를 저장할 파일을 가져온다.
3. 해당 파일을 연다.
4. 프로그램 목록에 있는 각각에 대해 검색된 문자열의 수를 세고 그 내용을 파일에 쓴다.
5. 파일을 닫는다.
6. 찾아낸 문자열의 개수를 콘솔에 출력한다.

스크립트를 수정해서 얻고자 하는 기능은 다음과 같다.

1. 검색할 프로그램 목록을 가져온다.
2. 사용자에게 검색할 정규 표현(regex)을 요청한다.
3. 프로그램 목록에 있는 각각에 대해 검색된 문자열의 수를 세고 그 내용을 콘솔에 출력한다.
4. 찾아낸 문자열의 개수를 콘솔에 출력한다.

새로운 스크립트에서는 파일 시스템과 상호작용하거나 관련된 오류 검사를 수행하지 않아도 되기 때문에 원래 스크립트보다 내용이 훨씬 간단해질 것이다.

```java
public class FindStringsByRegex extends GhidraScript❶ {
  @Override
  public void run() throws Exception {
    String regex =
        askString("Please enter the regex",
        Please enter the regex you're looking to match:);
    Listing listing = currentProgram.getListing();
    DataIterator dataIt;
    if (currentSelection != null) {
      dataIt = listing.getDefinedData(currentSelection, true);
    }
    else {
      dataIt = listing.getDefinedData(true);
    }
    Data data;
    String type;
    int counter = 0;
    while (dataIt.hasNext() && !monitor.isCancelled()) {
      data = dataIt.next();
      type = data.getDataType().getName().toLowerCase();
      if (type.contains("unicode") || type.contains("string")) {
        String s = data.getDefaultValueRepresentation();
        if (s.matches(regex)) {
          counter++;
```

```
        println(s);
      }
    }
  }
  println(counter + " matching strings were found");
  }
}
```

기드라를 위해 작성하는 모든 자바 스크립트는 Ghidra.app.script.GhidraScript 클래스❶를 반드시 상속해야 한다. 스크립트를 수정해 저장한 다음에는 Script Manager 창에서 스크립트를 선택해 실행시킨다. 스크립트를 실행시키면 그림 14-6과 같은 대화상자를 볼 수 있다. 그림에는 스크립트를 테스트하고자 검색할 정규식이 포함돼 있다.

그림 14-6: 정규식 입력을 요청하는 대화상자

새로운 스크립트의 실행이 완료되면 CodeBrowser의 콘솔은 다음과 같은 내용을 표시한다.

```
FindStringsByRegex.java> Running...
FindStringsByRegex.java> "Fatal error: glibc detected an invalid stdio handle\n"
FindStringsByRegex.java> "Unknown error "
FindStringsByRegex.java> "internal error"
FindStringsByRegex.java> "relocation error"
FindStringsByRegex.java> "symbol lookup error"
FindStringsByRegex.java> "Fatal error: length accounting in
_dl_exception_create_format\n"
```

```
FindStringsByRegex.java> "Fatal error: invalid format in exception string\n"
FindStringsByRegex.java> "error while loading shared libraries"
FindStringsByRegex.java> "Unknown error"
FindStringsByRegex.java> "version lookup error"
FindStringsByRegex.java> "sdlerror.o"
FindStringsByRegex.java> "dl-error.o"
FindStringsByRegex.java> "fatal_error"
FindStringsByRegex.java> "strerror.o"
FindStringsByRegex.java> "strerror"
FindStringsByRegex.java> "__strerror_r"
FindStringsByRegex.java> "_dl_signal_error"
FindStringsByRegex.java> "__dlerror"
FindStringsByRegex.java> "_dlerror_run"
FindStringsByRegex.java> "_dl_catch_error"
FindStringsByRegex.java> 20 matching strings were found
FindStringsByRegex.java> Finished!
```

이 간단한 예를 통해 기드라의 광범위한 자바 스크립트 기능에 대한 진입 장벽이 낮다는 것을 알 수 있다. 기존 스크립트를 쉽게 수정해서 사용하거나 Script Manager를 이용해 처음부터 새로운 스크립트를 작성할 수도 있다. 15장과 16장에서는 좀 더 복잡한 자바 스크립트 기능을 설명한다. 하지만 기드라 스크립트 작성에 자바만 사용되는 것은 아니다. 기드라 스크립트는 파이썬으로도 작성할 수 있다.

파이썬 스크립트

Script Manager에 있는 240개 이상의 스크립트 중에서 파이썬으로 작성된 스크립트는 소수에 불과하다. Script Manager에서 .py 파일 확장자로 필터링해보면 파이썬으로 작성된 스크립트를 쉽게 찾을 수 있다. 대부분의 파이썬 스크립트는 Examples. Python 폴더에서 찾을 수 있으며 그림 14-7과 같은 고지 사항이 포함돼 있다.

410

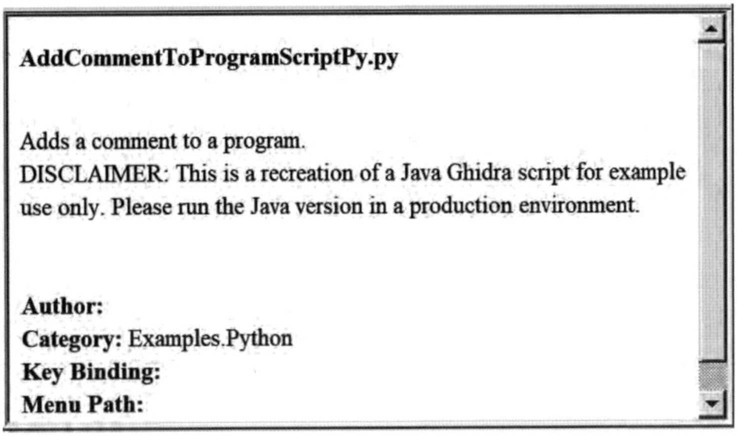

```
AddCommentToProgramScriptPy.py

Adds a comment to a program.
DISCLAIMER: This is a recreation of a Java Ghidra script for example
use only. Please run the Java version in a production environment.


Author:
Category: Examples.Python
Key Binding:
Menu Path:
```

그림 14-7: 고지 사항을 포함하고 있는 파이썬 스크립트

파이썬을 이용하려고 스크립트를 작성한다면 다음 3개의 스크립트가 좋은 출발점
이 될 것이다.

ghidra_basic.py: 이 스크립트에는 기드라와 관련된 기본적인 파이썬 스크립트
예제가 포함돼 있다.

python_basics.py: 사용할 수 있는 많은 파이썬 명령에 대한 아주 기본적인 내
용을 포함하고 있다.

jython_basic.py: 기본적인 파이썬 명령을 확장해 Jython과 관련된 내용을 설명
한다.

이 파이썬 스크립트들에서는 Ghidra API를 거의 사용하지 않는다. 파이썬 스크립
트에서 기드라의 전체적인 자바 API에 접근할 준비가 되기 전에 시간을 들여 기드
라의 자바 예제 라이브러리를 먼저 읽어볼 필요가 있다. 파이썬 스크립트를 실행
하는 것 외에도 기드라는 파이썬 인터프리터를 제공해 그림 14-8과 같이 파이썬/
Jython을 사용해 기드라와 관련된 자바 객체에 직접 액세스할 수 있다.

기드라에서 파이썬의 미래

파이썬은 단순하고 사용할 수 있는 라이브러리가 많기 때문에 스크립트 작성에 많이 사용된다. 기드라가 제공하는 대부분의 스크립트는 자바로 작성됐지만 오픈소스 리버스 엔지니어링 커뮤니티에서는 파이썬 스크립트를 기드라의 기본 스크립트 언어로 더 선호한다. 기드라는 파이썬 지원을 위해 (기드라의 자바 객체에 직접 액세스할 수 있는 이점을 제공하는) Jython에 의존한다. Jython은 파이썬 2(특히 2.7.1)와 호환되지만 파이썬 3과는 호환되지 않는다. 파이썬 2는 2020년 1월에 지원이 종료됐지만 파이썬 2 스크립트는 기드라 내에서 계속 작동할 것이며 새로운 기드라 파이썬 2 스크립트는 가능한 한 파이썬 3에 이식할 수 있는 방식으로 작성돼야 한다.

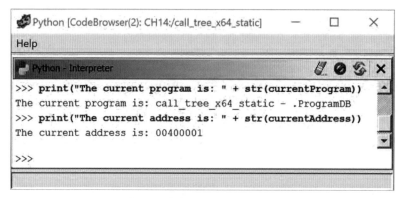

그림 14-8: 파이썬 인터프리터의 print 예

파이썬 인터프리터는 CodeBrowser 창의 Window ▶ Python 메뉴로 사용할 수 있다. 파이썬 인터프리터에 대한 좀 더 자세한 정보는 기드라 Help를 참고하길 바란다. 파이썬과 파이썬 인터프리터를 사용할 때 Ghidra API 정보를 얻고자 인터프리터 창(그림 14-8) 좌측 상단에 있는 Help ▶ Ghidra API Help 메뉴를 이용하면 GhidraScript 클래스에 대한 Javadoc 페이지가 열린다. 또 다른 방법으로는 파이썬 내장 함수인 help()를 이용하는 것이다. help() 함수는 기드라의 Javadoc에 직접 접근할 수 있게 수정된 것이다. 이용하는 방법은 인터프리터에서 그림 14-9와 같이 help(object) 형식으로 입력하면 된다. 예를 들어 help(currentProgram)은 Ghidra API 클래스인

ProgramDB에 대한 Javadoc 페이지 내용을 출력해준다.

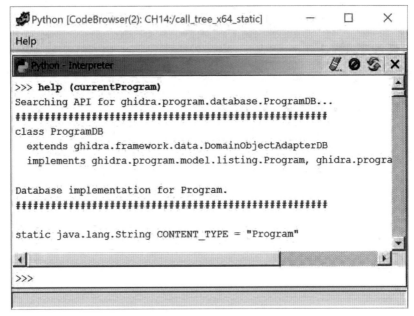

그림 14-9: 파이썬 인터프리터의 `help` 함수의 예

다른 언어 지원

마지막으로 기드라는 자바 및 파이썬이 아닌 다른 언어의 스크립트도 지원할 수 있기 때문에 여러분의 리버스 엔지니어링 툴킷에 있는 기존 스크립트를 기드라 워크플로로 가져올 수 있다. 이는 기드라 Help를 참고하길 바란다.

Ghidra API 소개

지금까지 기드라 스크립트를 편집하고 실행하는 데 필요한 모든 정보를 설명했다. 이제는 Ghidra API를 이용해서 스크립트의 기능을 확장하고 기드라와 직접적으로 상호작용할 수 있게 만들 차례다. 기드라는 API를 2가지 스타일로 제공한다.

Program API는 **Program** 클래스를 최상위로 하는 여러 수준의 객체 계층 구조를 정의한다. 이 API는 기드라의 버전이 변경되면서 함께 변경될 수 있다. Flat API는 **FlatProgramAPI**라는 단일 클래스에서 API의 모든 수준을 노출해 Program API를 단일 레벨로 정의한다. Flat API는 수많은 기드라 구조에 편리하게 접근할 수 있게 해준다. 또한 기드라의 버전이 변경될 때마다 함께 변경될 가능성이 적다.

이 장의 나머지 부분에서는 유용한 Flat API를 살펴본다. 필요하다면 Program API 에서 특정 클래스에 대한 세부 정보도 제공할 것이다. 그리고 기드라의 기본적인 언어인 자바를 기준으로 API를 설명한다.

Ghidra API에는 많은 패키지와 클래스 그리고 기드라 프로젝트 및 관련 파일과 상호작용하기 위한 함수들이 포함돼 있으며, Script Manager 창의 빨간 십자가 아이콘을 클릭하면 기드라는 관련된 모든 자세한 정보를 Javadoc 스타일의 문서로 제공한다. 문서는 기드라가 제공하는 샘플 스크립트와 함께 API 및 API 사용 방법에 대한 기본적인 참고 자료가 된다. 어떤 작업을 수행하는 방법을 알아내는 가장 일반적인 방법은 기드라 클래스들의 이름을 보고 원하는 작업을 수행하는 것으로 짐작되는 클래스를 찾는 것이다. 기드라 사용 경험이 늘어남에 따라 기드라의 명명 규칙과 파일 구성에 대한 이해도가 높아지면 적절한 클래스를 빨리 찾는 데 도움이 된다.

기드라는 데이터의 값과 특성이 모델 객체에 저장되고 트리나 리스트, 테이블 뷰와 같은 사용자 인터페이스 위임 객체를 통해 표시되는 **자바 스윙 모델 위임**[Java Swing model-delegate] 아키텍처를 준수한다. 이벤트 처리를 위임받은 객체는 마우스 클릭과 같은 이벤트를 처리해 데이터를 갱신해서 보여준다. 대부분의 경우 스크립트는 다양한 프로그램과 리버스 엔지니어링 구성을 나타내는 데 사용되는 모델 클래스에 캡슐화된 데이터에 초점을 맞출 것이다.

이 장의 나머지 부분에서는 일반적으로 사용되는 모델 클래스와 모델 클래스 간의 관계 그리고 모델 클래스와 상호작용하기 위한 API를 중점적으로 살펴본다. 여기서는 전체 Ghidra API를 설명하거나 더 많은 함수나 클래스를 설명하려고 노력하지는 않을 것이다. 전체 Ghidra API에 대한 확실한 문서는 기드라와 함께 제공되는 Javadoc이며 궁극적으로는 기드라가 빌드되는 자바 소스코드다.

Address 인터페이스

Address 인터페이스는 주소 공간 내의 주소를 위한 모델을 설명한다. 모든 주소는 최대 64비트의 오프셋으로 표현된다. 세그먼트 주소는 세그먼트 값에 의해 추가로 한정될 수 있다. 많은 경우 주소의 오프셋은 프로그램 내의 가상 주소와 같다. getOffset 메서드는 Address 인스턴스에서 오프셋을 구한다. 많은 Ghidra API가 Address 객체를 인자로 요구하거나 수행 결과로 Address 객체를 반환한다.

Symbol 인터페이스

Symbol 인터페이스는 모든 심볼에 공통적인 속성을 정의한다. 최소한 심볼은 이름과 주소로 구성된다. 심볼의 속성은 다음과 같은 멤버 함수를 인용해서 얻을 수 있다.

Address getAddress()

심볼의 주소를 반환한다.

String getName()

심볼의 이름을 반환한다.

Reference 인터페이스

Reference는 참조 유형에 따라 출발지 주소와 목적지 주소 사이의 상호 참조 관계(9장에서 설명)를 모델링한다. Reference 인터페이스는 다음과 같은 유용한 함수를 포함하고 있다.

public Address getFromAddress()

참조에 대한 출발지 주소를 반환한다.

public Address getToAddress()

참조에 대한 목적지 주소를 반환한다.

public RefType getReferenceType()

출발지 주소와 목적지 주소 간의 링크 특성을 설명하는 RefType 객체를 반환한다.

GhidraScript 클래스

GhidraScript 클래스는 바이너리의 특정 속성을 모델링하지는 않지만 작성하는 모든 스크립트는 GhidraScript의 서브클래스가 돼야 하고, GhidraScript 클래스는 FlatProgramAPI 클래스의 서브클래스다. 결과적으로 작성한 스크립트에서는 Flat API를 사용할 수 있으며 스크립트 작성자는 스크립트가 흥미로운 작업을 수행할 수 있게 구현하기만 하면 된다.

```
protected abstract void run() throws Exception;
```

GhidraScript 클래스 자체는 기드라 사용자와 분석 중인 프로그램 간의 상호작용을 위한 일반적인 리소스에 대한 접근을 제공한다. GhidraScript 클래스가 제공하는 유용한 함수와 멤버 데이터(FlatProgramAPI에서 상속한 멤버 데이터도 포함해서)는 다음과 같다.

유용한 멤버 데이터

GhidraScript 클래스는 스크립트에서 일반적으로 참조하는 여러 가지 객체에 접근할 수 있게 해준다.

protected Program currentProgram;

현재 열려진 프로그램을 의미하며, Program 클래스에 대해서는 이후에 설명한다. 이 멤버 데이터는 명령이나 심볼 목록과 같은 좀 더 흥미로운 정보를 검색하는 관문과 같은 역할을 한다.

protected Address currentAddress;

현재 커서가 위치한 주소를 나타낸다. Address 클래스에 대해서는 이후에 설명한다.

protected ProgramLocation currentLocation;

ProgramLocation 객체는 현재 커서의 위치와 주소, 커서의 행 및 열과 같은 정보를 설명한다.

protected ProgramSelection currentSelection;

ProgramSelection 객체는 기드라 GUI에서 선택한 주소 영역을 나타낸다.

protected TaskMonitor monitor;

TaskMonitor 클래스는 오래 수행되는 작업의 상태를 업데이트하며 사용자가 해당 작업을 취소했는지 확인한다(monitor.isCancelled()). 스크립트에서 오래 수행되는 작업은 사용자가 해당 작업을 취소하려고 하는지 인지하고자 monitor.isCancelled와 연동돼야 한다.

사용자 인터페이스 함수

GhidraScript 클래스는 간단한 메시지 출력에서부터 대화 내의 요소에 이르기까지 기본적인 사용자 인터페이스 작업을 위한 편리한 기능을 제공한다. 다음은 그중 일부에 대한 설명이다.

public void println(String message)

기드라의 콘솔 창에 메시지와 줄 바꿈 문자를 출력한다. 스크립트의 실행에 개입하지 않은 상태에서 스크립트의 상태 메시지나 결과를 출력할 때 유용하다.

public void printf(String message, Object... args)

자바 형식의 문자열을 메시지로 사용해서 입력된 형식을 수행한 결과를 기드라의 콘솔 창에 출력한다.

public void popup(final String message)

스크립트 실행을 계속하고자 사용자에게 OK 버튼 클릭을 요청하는 팝업 대화상자를 표시한다. 이는 스크립트 실행에 개입해서 상태 메시지를 출력하는 방법이다.

public String askString(String title, String message)

ask로 시작하는 함수 중 하나이며, askString 함수는 사용자에게 텍스트 입력을 요청하는 대화상자를 만들고 사용자가 입력한 텍스트를 반환한다.

public boolean askYesNo(String title, String question)

사용자에게 Yes/No를 물어보는 대화상자를 출력한다. 사용자가 Yes를 선택하면 true를 반환하고 No를 선택하면 false를 반환한다.

public Address askAddress(String title, String message)

사용자의 입력을 Address 객체로 반환하는 대화상자를 표시한다.

public int askInt(String title, String message)

사용자의 입력을 int로 반환하는 대화상자를 표시한다.

public File askFile(final String title, final String approveButtonText)

파일을 선택하는 대화상자를 표시하고, 사용자가 선택한 파일을 자바의 File 객체로 반환한다.

public File askDirectory(final String title, final String approveButtonText)

파일을 선택하는 대화상자를 표시하고, 사용자가 선택한 디렉터리를 자바의 File 객체로 반환한다.

public boolean goTo(Address address)

연결돼 있는 기드라의 디스어셈블리 창을 입력된 주소로 재배치한다. 이 함

418

수의 오버로드된 버전은 Symbol이나 Function을 인자로 받아들여 디스어셈
블리 창의 위치를 해당 위치로 재배치한다.

주소 관련 함수

프로세서 입장에서 주소는 일반적으로 메모리의 위치를 참조하는 숫자일 뿐이다.
기드라는 메모리 주소를 위해 Address 클래스를 사용한다. GhidraScript 클래스는
숫자를 쉽게 Address 객체로 변환할 수 있는 함수를 제공한다.

public Address toAddr(long offset)

디폴트 주소 영역에서 Address 객체를 생성해준다.

프로그램 메모리 읽기

Memory 클래스는 기드라에 로드된 실행 파일의 내용을 연속전인 바이트 값 영역으
로 나타내준다. Memory 객체 내에서 모든 바이트 값은 주소와 연결된다. 하지만
주소가 초기화되지 않은 것으로 태깅돼 검색할 값이 없을 수도 있다. Memory 객체
내의 잘못된 주소에 접근하려고 하면 기드라는 MemoryAccessException을 발생시킨
다. Memory 클래스에서 제공하는 API 함수에 대한 전체적인 설명은 해당 문서를
참고하길 바란다. 다음은 Flat API를 통해 Memory 클래스의 API를 이용하는 몇 가지
함수에 대한 설명이다.

public byte getByte(Address addr)

addr에서 추출한 단일 바이트 값을 반환한다. 자바에서 byte 타입은 부호 있
는 값으로 −128과 127 사이의 값을 갖는다.

public byte[] getBytes(Address addr, int length)

addr에서 시작해서 length 길이만큼의 메모리 영역에 있는 바이트 값들을
반환한다.

public int getInt(Address addr)

addr 위치에 있는 4바이트 값을 int 타입으로 반환한다. 이 함수는 함수가 실행되는 시스템의 엔디안과 바이너리 아키텍처를 고려해서 반환할 int 값을 만든다.

public long getLong(Address addr)

addr 위치에 있는 8바이트 값을 long 타입으로 반환한다. 이 함수는 함수가 실행되는 시스템의 엔디안과 바이너리 아키텍처를 고려해서 반환할 long 값을 만든다.

프로그램 검색 함수

기드라의 검색 기능은 검색하고자 하는 유형에 따라 각기 다른 Program API 클래스에서 제공한다. 바이트 값을 검색하는 것은 Memory 클래스에서 제공하며, 코드 구성 요소(Data 또는 Instruction)나 주석과 같은 것을 검색하는 기능은 Listing 클래스에서 제공한다. 또한 심볼/라벨과 관련된 것은 SymbolTable 클래스에서 제공한다. 다음은 Flat API로 여러 가지 검색을 수행할 수는 몇 가지 함수에 대한 설명이다.

public Data getFirstData()

프로그램에 있는 첫 번째 데이터 아이템을 반환한다.

public Data getDataAfter(Data data)

다음번 데이터 아이템을 반환한다. 없다면 null을 반환한다.

public Data getDataAt(Address address)

address 위치에 있는 데이터 아이템을 반환한다. 없다면 null을 반환한다.

public Instruction getFirstInstruction()

프로그램에 있는 첫 번째 명령을 반환한다.

public Instruction getInstructionAfter(Instruction instruction)

다음번 명령을 반환한다. 없다면 null을 반환한다.

public Instruction getInstructionAt(Address address)

address 위치에 있는 명령을 반환하다. 없다면 null을 반환한다.

public Address find(String text)

Listing 창에서 문자열을 검색하며, 다음과 같은 순서로 검색을 수행한다.

1. Plate 주석
2. Pre 주석
3. 라벨
4. 코드 유닛 니모닉과 연산자
5. EOL 주석
6. Repeatable 주석
7. Post 주석

검색에 성공하면 문자열을 찾은 주소를 반환한다. 문자열 검색 순서로 인해서 찾은 주소가 디스어셈블리 리스트에 있는 첫 번째 문자열이 아닐 수도 있다.

public Address find(Address start, byte[] values);

addr 위치를 시작 지점으로 해서 특정 바이트 시퀀스를 메모리에서 검색한다. addr이 null이라면 바이너리에서 유효한 메모리 영역의 시작 지점부터 검색을 수행한다. 검색을 성공하면 일치하는 바이트 시퀀스의 첫 번째 바이트 주소를 반환한다.

public Address findBytes(Address start, String byteString)

addr 위치를 시작 지점으로 해서 특정 byteString을 메모리에서 검색한다. 정규 표현식을 byteString으로 사용해서 검색하는 것도 가능하다. addr이 null이라면 바이너리에서 유효한 메모리 영역의 시작 지점부터 검색을 수행한다. 검색을 성공하면 일치하는 첫 번째 바이트 주소를 반환한다.

라벨과 심볼 조작

스크립트에서는 이름이 지정된 위치를 조작해야 하는 경우가 자주 발생한다. 다음은 기드라 데이터베이스에 있는 이름이 지정된 위치와 관련된 작업을 수행하는 함수들이다.

public Symbol getSymbolAt(Address address)

특정 주소와 관련된 Symbol을 반환한다. 관련된 Symbol이 없다면 null을 반환한다.

public Symbol createLabel(Address address, String name, boolean makePrimary)

특정 주소에 이름을 부여한다. 기드라에서는 하나의 주소에 여러 개의 이름을 부여할 수 있다. makePrimary가 true이면 새로 부여한 이름이 해당 주수의 기본 이름이 된다.

public List<Symbol> getSymbols(String name, Namespace namespace)

네임스페이스에 있는 특정 이름의 심볼들을 반환한다. namespace가 null이라면 전역 네임스페이스에서 검색을 수행한다. 검색 결과가 없다면 해당 이름이 부여된 심볼이 없다는 것을 의미하며, 검색 결과가 하나라면 해당 이름이 고유하다는 것을 의미한다.

함수 관련 작업

많은 스크립트가 프로그램 내에 있는 함수를 분석하는 용도로 작성된다. 다음은 프로그램 내의 함수에 관한 정보에 접근하는 데 사용할 수 있는 함수들이다.

public final Function getFirstFunction()

프로그램에 있는 첫 번째 Function 객체를 반환한다.

public Function getGlobalFunctions(String name)

특정 이름을 갖는 첫 번째 Function 객체를 반환한다. 없다면 null을 반환한다.

public Function getFunctionAt(Address entryPoint)

entryPoint 위치에 있는 Function 객체를 반환한다. 없다면 null을 반환한다.

public Function getFunctionAfter(Function function)

특정 함수 이후의 Function 객체를 반환한다. 없다면 null을 반환한다.

public Function getFunctionAfter(Address address)

address 위치 이후에 있는 Function 객체를 반환한다. 없다면 null을 반환한다.

상호 참조 관련 작업

상호 참조는 9장에서 설명했다. 기드라 Program API에서 최상위 Program 객체는 당연히 프로그램 내에서 참조를 관리하는 ReferenceManager를 포함하고 있다. 다른 많은 프로그램 구성과 마찬가지로 Flat API는 상호 참조에 접근할 수 있는 편의 기능을 제공하며 다음은 그중 일부에 대한 설명이다.

public Reference[] getReferencesFrom(Address address)

특정 주소에서 시작된 모든 Reference 객체를 배열로 반환한다.

public Reference[] getReferencesTo(Address address)

특정 주소에서 끝나는 모든 Reference 객체를 배열로 반환한다.

프로그램 관련 함수

분석 작업을 자동화할 때 프로그램에 새로운 정보를 추가하고 싶은 경우가 많을 것이다. Flat API는 프로그램의 내용을 조작하는 다양한 함수를 제공한다.

public final void clearListing(Address address)

특정 주소에 있는 명령이나 데이터를 제거한다.

public void removeFunctionAt(Address address)

특정 주소에 있는 함수를 제거한다.

public boolean disassemble(Address address)

특정 주소에서부터 디스어셈블리를 수행한다. 성공하면 true를 반환한다.

public Data createByte(Address address)

특정 주소에 있는 아이템을 바이트 데이터로 변환한다. createWord, createDword, createQword와 같은 함수를 사용해서 다른 형태의 데이터로 변환할 수도 있다.

public boolean setEOLComment(Address address, String comment)

특정 주소에 EOL 주석을 추가한다. 관련된 함수에는 setPlateComment, setPreComment, setPostComment도 있다.

public Function createFunction(Address entryPoint, String name)

entryPoint에 특정 이름의 함수를 만든다. 기드라는 함수의 반환 명령을 찾아 함수의 끝을 자동으로 식별한다.

public Data createAsciiString(Address address)

특정 주소에 null로 끝나는 아스키 문자열을 만든다.

public Data createAsciiString(Address address, int length)

특정 주소에 주어진 길이의 아스키 문자열을 만든다. length가 0 이하이면 기드라는 자동으로 null 문자를 위치시킨다.

public Data createUnicodeString(Address address)

특정 주소에 null로 끝나는 유니코드 문자열을 만든다.

Program 클래스

Program 클래스는 Program API 계층 구조의 최상단에 위치하며 바이너리 파일 데이터 모델의 가장 바깥쪽 계층을 나타낸다. 바이너리에 접근하고자 Program 객체 (currentProgram)를 자주 사용하게 될 것이다. 자주 사용되는 Program 클래스의 멤버 함수는 다음과 같다.

public Listing getListing()

현재 프로그램의 Listing 객체를 반환한다.

public FunctionManager getFunctionManager()

바이너리 내에서 식별된 모든 함수에 접근할 수 있는 FunctionManager를 반환한다. 이 클래스는 Address를 그것이 포함하고 있는 Function으로 매핑시키는 기능(Function getFunctionContaining(Address addr))을 제공한다. 또한 프로그램 내의 모든 함수를 처리하고자 할 때 유용한 FunctionIterator도 제공한다.

public SymbolTable getSymbolTable()

프로그램의 SymbolTable 객체를 반환한다. SymbolTable을 이용해서 개별적인 심볼을 처리하거나 프로그램의 모든 심볼을 처리할 수도 있다.

public Memory getMemory()

프로그램을 바이트 데이터로 처리할 수 있는 Memory 객체를 반환한다.

public ReferenceManager getReferenceManager()

프로그램의 ReferenceManager 객체를 반환한다. ReferenceManager는 참조를 추가하거나 제거할 때 사용하거나, 다양한 유형의 참조에 대해 반복적인 작업을 수행할 때 사용할 수 있다.

public Address getMinAddress()

프로그램의 유효한 최하위 주소를 반환한다. 이는 바이너리의 베이스 메모리 주소를 의미한다.

public Address getMaxAddress()

프로그램의 유효한 최상위 주소를 반환한다.

public LanguageID getLanguageID()

바이너리의 언어 사양에 대한 객체 표현을 반환한다. 언어 사양 자체는 getIdAsString() 함수를 사용해서 검색할 수 있다.

Function 인터페이스

Function 인터페이스는 Function 객체의 필수 Program API 동작을 정의한다. Function 인터페이스의 멤버 함수는 함수와 관련된 다양한 속성에 접근할 수 있게 해준다.

public String getPrototypeString(boolean formalSignature,
                              boolean includeCallingConvention)

Function 객체의 프로토타입을 문자열로 반환해준다. 전달되는 인자에 따라 반환되는 함수 프로토타입 문자열의 형식이 결정된다.

public AddressSetView getBody()

함수 코드를 포함하는 주소 세트를 반환한다. 함수의 코드가 여러 개의 비연속적인 메모리 영역에 분산돼 있는 경우가 있으므로 반환되는 주소 세트는 하나 이상의 주소 범위로 구성된다. AddressIterator를 구해 주소 세트에 있는 모든 주소에 접근하거나 AddressRangeIterator로 각각의 주소 영역에 접근할 수 있다. 함수 본문에 있는 명령을 구하려면 Listing 객체를 이용해야 한다(getInstructions 참고).

public StackFrame getStackFrame()

함수와 관련된 스택 프레임을 반환한다. 스택 프레임을 이용해 함수의 지역 변수와 스택 기반의 함수 인자의 구조에 대한 자세한 정보를 얻을 수 있다.

Instruction 인터페이스

Instruction 인터페이스는 Instruction 객체의 필수 Program API 동작을 정의한다. Instruction 인터페이스의 멤버 함수는 명령과 관련된 다양한 속성에 접근할수 있게 해준다.

public String getMnemonicString()

명령의 니모닉을 반환한다.

public String getComment(int commentType)

명령과 관련된 commentType 타입의 주석을 반환한다. 해당 타입의 주석이 없다면 null을 반환한다. commentType의 값은 EOL_COMMENT, PRE_COMMENT, POST_COMMENT, REPEATABLE_COMMENT 중 하나를 사용하면 된다.

public int getNumOperands()

명령과 관련된 연산자의 수를 반환한다.

public int getOperandType(int opIndex)

OperandType 클래스에 정의된 연산자 유형 플래그의 비트 마스크를 반환한다.

public String toString()

명령의 문자열 표현을 반환한다.

기드라 스크립트 예제

이 장의 나머지 부분에서는 스크립트로 프로그램에 관한 몇 가지 질문에 답할 수 있는 일반적인 상황을 예제로 제시한다. 간단한 설명을 위해 각 스크립트의 run 함수의 코드를 위주로 설명하겠다.

예제 1: 함수 나열

많은 스크립트가 개별 함수들에 대한 작업을 수행한다. 예를 들어 특정 함수에 뿌리를 둔 함수 호출 트리를 만들거나 함수의 제어 흐름 그래프를 만들거나 프로그램 내의 모든 함수에 대한 스택 프레임을 분석하는 작업 등을 수행한다. 리스트 14-1은 프로그램에 있는 모든 함수의 시작 주소와 마지막 주소, 함수 인자의 크기, 함수 내 지역 변수의 크기를 포함해 다양한 함수의 기본 정보를 출력해준다. 그리고 모든 출력 내용은 콘솔 창으로 전달된다.

리스트 14-1: 함수를 나열하는 스크립트

```java
// ch14_1_flat.java
void run() throws Exception {
    int ptrSize = currentProgram.getDefaultPointerSize();
❶  Function func = getFirstFunction();
    while (func != null && !monitor.isCancelled()) {
        String name = func.getName();
        long addr = func.getBody().getMinAddress().getOffset();
        long end = func.getBody().getMaxAddress().getOffset();
❷      StackFrame frame = func.getStackFrame();
❸      int locals = frame.getLocalSize();
❹      int args = frame.getParameterSize();
        printf("Function: %s, starts at %x, ends at %x\n", name, addr, end);
        printf("  Local variable area is %d bytes\n", locals);
        printf("  Arguments use %d bytes (%d args)\n", args, args / ptrSize);
❺      func = getFunctionAfter(func);
    }
}
```

위 스크립트는 기드라의 Flat API를 이용해 첫 번째 함수❶부터 시작해서 모든 함수 ❺를 나열한다. 각 함수의 스택 프레임에 대한 참조를 가져오고❷ 지역 변수와 스택 기반의 함수 인자❹의 크기를 구한다. 각 함수에 대한 정보는 다음 함수로 넘어가기 전에 출력한다.

428

예제 2: 명령 나열

어떤 함수가 주어지만 해당 함수에 있는 모든 명령을 나열하고 싶을 수도 있다. 리스트 14-2는 현재 커서가 위치한 특정 함수 내에 있는 명령의 수를 계산한다.

리스트 14-2: 명령을 나열하는 스크립트

```java
// ch14_2_flat.java
public void run() throws Exception {
  Listing plist = currentProgram.getListing();
❶ Function func = getFunctionContaining(currentAddress);
  if (func != null) {
❷   InstructionIterator iter = plist.getInstructions(func.getBody(), true);
    int count = 0;
    while (iter.hasNext() && !monitor.isCancelled()) {
      count++;
      Instruction ins = iter.next();
    }
❸   popup(String.format("%s contains %d instructions\n",
                         func.getName(), count));
  }
  else {
    popup(String.format("No function found at location %x",
                        currentAddress.getOffset()));
  }
}
```

위 함수는 커서가 위치한 함수❶에 대한 참조를 구하는 것으로 시작한다. 함수 참조를 구한 다음에는 프로그램의 Listing 객체를 이용해서 해당 함수에 대한 InstructionIterator❷를 구한다. 그리고 모든 명령의 수를 구해 팝업 대화상자❸로 출력한다.

예제 3: 상호 참조 나열

상호 참조를 탐색할 때는 상호 참조 데이터에 접근하고자 사용할 수 있는 함수의 수와 코드 상호 참조가 양방향이라는 사실 때문에 혼동을 가져올 수 있다. 원하는 데이터를 얻으려면 상황에 맞는 올바른 유형의 상호 참조에 접근해야 한다.

리스트 14-3에서는 명령이 다른 함수를 호출하는지 확인하고자 함수 내의 모든 명령을 조사해서 함수 호출이 이뤄지는지 판단한다. 이를 위한 방법 중 하나는 getMnemonicString 함수의 결과를 분석해서 함수 호출 명령인지 판단하는 것이다. 이 방법은 프로세서 유형에 따라 함수 호출 명령이 다르고 함수 호출 여부를 정확히 판단하고자 추가적인 구문 분석이 필요하기 때문에 이식성이 뛰어나거나 효과적이라고 할 수는 없다. 하지만 상호 참조는 프로세서가 무엇인지와 상관없이 이용할 수 있으며 상호 참조의 대상이 무엇인지 직접 알 수 있다.

리스트 14-3: 함수 호출을 나열하는 스크립트

```java
// ch14_3_flat.java
void run() throws Exception {
    Listing plist = currentProgram.getListing();
❶  Function func = getFunctionContaining(currentAddress);
    if (func != null) {
        String fname = func.getName();
        InstructionIterator iter = plist.getInstructions(func.getBody(), true);
❷      while (iter.hasNext() && !monitor.isCancelled()) {
            Instruction ins = iter.next();
            Address addr = ins.getMinAddress();
            Reference refs[] = ins.getReferencesFrom();
❸          for (int i = 0; i < refs.length; i++) {
❹              if (refs[i].getReferenceType().isCall()) {
                    Address tgt = refs[i].getToAddress();
                    Symbol sym = getSymbolAt(tgt);
                    String sname = sym.getName();
                    long offset = addr.getOffset();
                    printf("%s calls %s at 0x%x\n", fname, sname, offset);
```

```
            }
         }
       }
     }
 }
```

현재 커서가 위치한 곳의 함수 참조❶를 구하는 것으로 시작한다. 그다음에는 함수 내의 모든 명령❷을 반복적으로 검사하며, 각 명령에 대한 모든 상호 참조❸를 검사한다. 다른 함수를 호출하는 상호 참조만을 구하는 것이 목적이기 때문에 getReferenceType의 반환값❹을 조사해서 isCall이 true인지 여부를 판단해야 한다.

예제 4: 함수 호출 찾기

특정 위치를 참조하는 명령을 식별할 때도 상호 참조를 유용하도록 사용할 수 있다. 리스트 14-4는 특정 심볼에 대한 모든 상호 참조를 반복적으로 처리한다(앞의 예제와 반대).

리스트 14-4: 함수 호출 나열하기

```java
// ch14_4_flat.java
❶ public void list_calls(Function tgtfunc) {
    String fname = tgtfunc.getName();
    Address addr = tgtfunc.getEntryPoint();
    Reference refs[] = getReferencesTo(addr);
  ❷ for (int i = 0; i < refs.length; i++) {
    ❸ if (refs[i].getReferenceType().isCall()) {
        Address src = refs[i].getFromAddress();
      ❹ Function func = getFunctionContaining(src);
        if (func.isThunk()) {
          continue;
        }
        String caller = func.getName();
        long offset = src.getOffset();
      ❺ printf("%s is called from 0x%x in %s\n", fname, offset, caller);
      }
    }
  }

❻ public void getFunctions(String name, List<Function> list) {
    SymbolTable symtab = currentProgram.getSymbolTable();
    SymbolIterator si = symtab.getSymbolIterator();
    while (si.hasNext()) {
      Symbol s = si.next();
      if (s.getSymbolType() != SymbolType.FUNCTION || s.isExternal()) {
        continue;
      }
      if (s.getName().equals(name)) {
        list.add(getFunctionAt(s.getAddress()));
      }
    }
```

```
  }
  public void run() throws Exception {
    List<Function> funcs = new ArrayList<Function>();
    getFunctions("strcpy", funcs);
    getFunctions("sprintf", funcs);
    funcs.forEach((f) -> list_calls(f));
  }
```

위 스크립트에서는 관심의 대상이 되는 함수에 대한 Function 객체를 얻고자 getFunctions❻라는 헬퍼 함수를 만들었다. 그리고 각 함수에 대해 함수에 대한 모든 상호 참조❷를 처리하고자 list_calls❶라는 두 번째 헬퍼 함수를 호출한다. 상호 참조 유형❸이 함수 호출 유형이라면 호출 함수❹를 구해 그것의 이름을 사용자에게 출력❺한다. 무엇보다도 이와 같은 방법으로 strcpy 및 sprintf와 같은 함수에 대한 모든 호출을 강조 표시해서 간단한 보안 분석기를 만들 수도 있다.

예제 5: 어셈블리어 에뮬레이팅

분석 대상 프로그램의 동작을 에뮬레이트하는 스크립트를 작성해야 하는 데에는 여러 가지 이유가 있다. 예를 들면 분석 대상 프로그램이 다른 악성코드들처럼 자신의 코드를 스스로 수정하는 기능을 갖고 있거나 실행 시에 디코딩되는 인코딩 데이터를 포함하고 있는 경우가 있을 수 있다. 그런 경우에 실제로 해당 프로그램을 실행시켜 변경된 데이터를 프로세스의 메모리에서 확인하지 않는다면 프로그램의 동작을 이해하기 힘들 것이다.

프로그램 내에 있는 디코딩 과정이 복잡하지 않다면 프로그램이 실행되면서 동작하는 디코딩 작업을 똑같이 수행하는 스크립트를 빠르게 작성할 수 있을 것이다. 스크립트를 이용하면 프로그램 어떤 작업을 하는지 모르거나 프로그램을 실행할 수 있는 플랫폼에 접근할 수 없을 때 프로그램 실행 없이 디코딩을 수행할 수 있다. 예를 들어 MIPS 바이너리를 실행시킬 수 있는 환경이 없다면 MIPS 바이너리를 실행시킬 수 없어 데이터 디코딩 과정을 관찰할 수 없다. 하지만 MIPS 실행 환경이 없더라도 해당 바이너리의 동작을 모방해 기드라 프로젝트 내에서 동일한 작업을 수행해주는 기드라 스크립트를 작성할 수 있다. 다음의 x86 코드는 DEFCON Capture the Flag에서 제시된 바이너리의 일부분이다.[1]

```
08049ede  MOV    dword ptr [EBP + local_8],0x0
          LAB_08049ee5
08049ee5  CMP    dword ptr [EBP + local_8],0x3c1
08049eec  JA.    LAB_08049f0d
08049eee  MOV    EDX,dword ptr [EBP + local_8]
08049ef1  ADD    EDX,DAT_0804b880
08049ef7  MOV    EAX,dword ptr [EBP + local_8]
08049efa  ADD    EAX,DAT_0804b880
08049eff  MOV    AL,byte ptr [EAX]=>DAT_0804b880
08049f01  XOR    EAX,0x4b
08049f04  MOV    byte ptr [EDX],AL=>DAT_0804b880
08049f06  LEA    EAX=>local_8,[EBP + -0x4]
08049f09  INC    dword ptr [EAX]=>local_8
08049f0b  JMP    LAB_08049ee5
```

위 코드는 프로그램 바이너리에 삽입된 개인키를 디코딩한다. 리스트 14-5와 같은 스크립트를 사용해 프로그램 실행 없이도 개인키를 추출할 수 있다.

리스트 14-5: 기드라 스크립트로 어셈블리어 에뮬레이팅

```
// ch14_5_flat.java
public void run() throws Exception {
    int local_8 = 0;
    while (local_8 <= 0x3C1) {
        long edx = local_8;
        edx = edx + 0x804B880;
```

---

1. DEFCON 15에서 CTF를 주최한 Kenshoto가 제공. DEFCON Capture Flag는 DEFCON(http://www.defcon.org/)에서 매년 열리는 해킹 대회다.

```
    long eax = local_8;
    eax = eax + 0x804B880;
    int al = getByte(toAddr(eax));
    al = al ^ 0x4B;
    setByte(toAddr(edx), (byte)al);
    local_8++;
  }
}
```

리스트 14-5는 다음과 같은 규칙을 이용해서 어셈블리어를 문자 그대로 변환한
것이다.

- 어셈블리 코드에서 사용되는 스택 변수와 레지스터는 적절한 타입의 스크
  립트 변수로 선언한다.
- 각 어셈블리 명령에 대해서는 해당 동작과 동일한 동작을 수행하는 코드를
  작성한다.
- 스택 변수를 읽고 쓰는 작업은 스크립트에서 선언한 변수에 대한 읽기, 쓰
  기 작업으로 변환한다.
- 스택 이외의 값을 읽는 작업은 해당 데이터의 크기(1, 2, 4, 8바이트)에 따라
  getByte, getWord, getDword, getQword 함수를 이용한다.
- 스택이 아닌 곳에 값을 쓰는 것은 해당 데이터의 크기에 따라 setByte,
  setWord, setDword, setQword 함수를 이용한다.
- 코드에 종료 조건이 바로 명확하지 않은 반복문이 포함돼 있으면 while
  (true){...}과 같은 무한 반복문으로 시작하고, 반복문을 종료하게 하는
  명령문을 만나면 break문을 삽입한다.
- 어셈블리 코드가 함수를 호출하는 경우에는 상황이 복잡해진다. 어셈블리
  코드를 제대로 모방하려면 해당 코드의 문맥 내에서 의미 있는 반환값을
  제공하는 등 호출된 함수의 동작을 그대로 모방해야 한다.

어셈블리 코드가 복잡할수록 그것을 에뮬레이트하는 스크립트를 작성하는 것이 그만큼 어려워지지만 에뮬레이트하는 코드가 어떻게 동작하는지 완벽히 이해할 필요는 없다. 한 번에 1개 또는 2개의 어셈블리 명령을 변환하고, 각 명령이 올바르게 변환됐다면 스크립트는 원래의 어셈블리 코드의 기능과 완벽히 동일하게 동작해야만 한다. 스크립트 작성을 완료하면 해당 스크립트로 기존 어셈블리 코드를 좀 더 잘 이해할 수 있게 된다. 21장에서 난독화된 바이너리 분석을 설명할 때 이보다는 좀 더 일반적인 접근 방식을 보게 될 것이다.

예를 들면 일단 샘플 알고리듬을 스크립트로 변환해서 그것의 동작 방식을 이해한 다음에는 다음과 같이 스크립트를 간략하게 만들 수 있다.

```
public void run() throws Exception {
    for (int local_8 = 0; local_8 <= 0x3C1; local_8++) {
        Address addr = toAddr(0x804B880 + local_8);
        setByte(addr, (byte)(getByte(addr) ^ 0x4B));
    }
}
```

스크립트가 실행되면 0x804B880 주소에서 디코딩된 개인키를 볼 수 있다. 코드를 에뮬레이트할 때 기드라 데이터베이스의 수정을 원하지 않는다면 setByte 함수 호출을 printf에 대한 호출로 변경하면 된다. 그러면 CodeBrowser 콘솔에 출력되거나 바이너리 데이터를 위한 디스크 파일에 기록될 것이다. 기드라의 자바 API 외에도 모든 표준 자바 API 클래스와 시스템에 설치된 다른 자바 패키지도 이용할 수 있다는 사실을 기억하길 바란다.

요약

스크립트는 기드라의 기능을 확장하고 반복된 작업을 자동화해주는 강력한 방법을 제공해준다. 14장에서는 자바와 파이썬을 이용해 기드라 스크립트를 작성하는 것을 설명했다. 기드라 개발 환경에 대한 깊은 이해 없이도 CodeBrowser 환경에서 자바 기반의 스크립트를 빌드하고 컴파일해서 실행함으로써 기드라의 기능을 확장시킬 수 있다. 15장과 16장에서는 이클립스 통합과 헤드리스 모드에서 기드라를 실행하는 것을 설명한다.

15

이클립스와 기드라

기드라와 함께 배포되는 스크립트와 14장에서 만들어본 스크립트
는 비교적 간단한 것이다. 필요한 코딩이 최소화돼 있어 개발 및 테
스트 과정이 매우 간단하다. 기드라의 Script Manager가 제공하는 기
본 스크립트 편집기는 간단한 작업에는 적합하지만 복잡한 프로젝트를 관리하기
에는 부족한 점이 있다. 기드라는 좀 더 실질적인 작업을 위해 이클립스 개발 환경
으로 개발을 편리하게 할 수 있게 해주는 플러그인을 제공한다. 15장에서는 이클
립스를 살펴보고 좀 더 복잡한 기드라 스크립트 개발에 있어 이클립스가 어떤 역할
을 하는지 살펴본다. 또한 이클립스를 사용해 새로운 기드라 모듈을 생성하는 방
법을 설명한다. 그리고 기드라 로더의 인벤토리를 확장하고 기드라 프로세서 모듈
의 내부 동작을 살펴볼 때 이 주제를 다시 살펴본다.

이클립스

이클립스는 많은 자바 개발자가 이용하며 기드라 개발에 적합한 **통합 개발 환경**IDE,

Integrated Development Environment이다. 하나의 컴퓨터에 이클립스와 기드라를 독립적으로 실행시켜 서로 아무런 상호 작업 없는 형태로 사용해도 되지만 둘을 통합시켜 사용하면 기드라 개발을 크게 단순화시킬 수 있다. 통합 없이 사용한다면 이클립스는 단지 기드라 환경 외부에 있는 또 다른 스크립트 에디터일 뿐이다. 기드라와 이클립스를 통합시키면 기드라 개발 과정을 편리하게 해주는 기드라 관련 기능과 리소스, 템플릿을 포함하는 풍부한 IDE를 갖게 된다. 기드라와 이클립스를 통합시키는 과정은 많은 노력을 필요로 하지 않는다. 단지 둘을 함께 사용할 수 있게 서로에 대한 정보를 제공하기만 하면 된다.

이클립스 통합

기드라가 이클립스와 함께 동작하게 만들려면 GhidraDev 플러그인을 설치해야 한다. 기드라나 이클립스 내에서 두 애플리케이션을 통합할 수 있다. 통합 방법은 기드라 설치 폴더의 Extensions/Eclipse/GhidraDev 폴더에 있는 GhidraDev_README.html 문서에 기술돼 있다.

자세한 방법은 문서에 기술돼 있지만 가장 쉬운 출발점은 Edit Script with Eclipse(그림 14-2)와 같은 이클립스를 필요로 하는 기드라 작업을 선택하는 것이다. 이클립스와 기드라를 통합시키지 않은 상태에서 Edit Script with Eclipse를 선택하면 둘을 연결시킬 때 필요한 디렉터리 정보를 요구할 것이다. 기드라와 이클립스의 설치 구성에 따라 다르겠지만 일반적으로는 이클립스의 설치 디렉터리 경로, 이클립스 워크스페이스 디렉터리 경로, 기드라 설치 디렉터리 경로, 이클립스 드롭인 디렉터리 경로 그리고 스크립트 편집을 위해 이클립스와 통신하는 데 사용하는 포트 번호를 제공해야 한다.

기드라가 제공하는 문서를 보면 통합 과정에서 직면하는 모든 문제를 해결하는 데 도움이 될 것이다. 호기심이 많다면 기드라의 소스 저장소에 있는 Ghidra/Features/Base/src/main/java/ghidra/app/plugin/core/디렉터리에서 통합 플러그인의 소스코드를 보기 바란다.

이클립스 시작

일단 기드라와 이클립스를 성공적으로 통합시켰다면 기드라 스크립트와 플러그인 작성을 하는 데 둘을 이용할 수 있게 된다. 기드라에 이클립스를 통합시킨 이후에 이클립스를 처음 실행시키면 그림 15-1과 같이 기드라 인스턴스와 이클립스 GhidraDev 인스턴스 간의 통신 경로 설정을 요구하는 대화상자를 볼 수 있다.

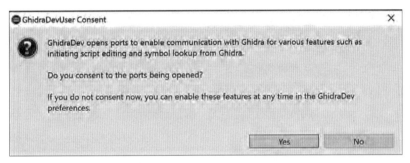

그림 15-1: GhidraDevUser Consent 대화상자

계속 진행하면 그림 15-2와 같이 이클립스의 IDE 시작 화면을 볼 수 있다. 그리고 이클립스 인스턴스에는 GhidraDev라는 새로운 메뉴가 추가될 것이다. 이 메뉴를 통해 좀 더 복잡한 스크립트와 기드라 툴을 만들게 된다.

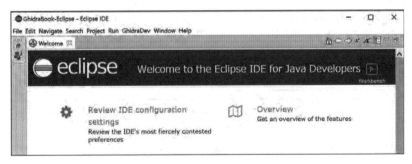

그림 15-2: 이클립스 IDE 초기 화면

기드라 이클립스 초기 페이지는 Welcome to the Eclipse IDE for Java Developers workbench라는 문구와 이클립스 초보자나 유경험자가 참고할 수 있는 이클립스 IDE 및 자바에 대한 다양한 자습서와 문서 그리고 정보에 대한 링크를 제공한다.

이후에는 GhidraDev 메뉴를 이용해 Gidra 의 기존 기능을 강화하거나 새로운 기능을 만들고 리버스 엔지니어링 작업을 개선하는 방법을 알아본다.

이클립스를 이용한 스크립트 편집

이클립스에 GhidraDev 플러그인을 설치하면 이클립스 IDE를 이용해 새로운 스크립트를 만들거나 기존 스크립트를 수정할 준비가 된 것이다. 기드라의 Script Manager를 이용해 스크립트를 만들고 편집하는 방식에서 이클립스를 이용하는 방식으로 바꾸더라도 Script Manager에서 이클립스를 시작시킬 수는 있지만 기존 스크립트를 편집하는 경우에만 가능하다는 점을 기억할 필요가 있다(그림 14-2 참고). 이클립스로 새로운 스크립트를 만들고자 한다면 먼저 이클립스를 실행시키고 GhidraDev 메뉴를 이용해 새로운 스크립트를 만들면 된다. 이클립스를 직접 실행하든 기드라의 Script Manager를 통해 이클립스를 실행하든 이 장의 나머지 부분에서는 Script Manager의 기본 편집기 대신 이클립스를 사용해 기드라용 스크립트와 모듈을 수정할 것이다.

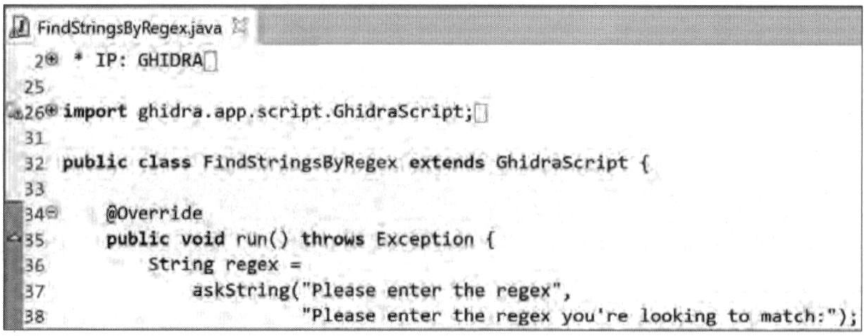

```
🔊 FindStringsByRegex.java ⊠
  2⊕  * IP: GHIDRA☐
 25
⊿26⊕ import ghidra.app.script.GhidraScript;☐
 31
 32  public class FindStringsByRegex extends GhidraScript {
 33
 34⊝      @Override
⊿35      public void run() throws Exception {
 36          String regex =
 37              askString("Please enter the regex",
 38                  "Please enter the regex you're looking to match:");
```

그림 15-3: 이클립스로 연 FindStringsByRegex.java 파일

14장의 '스크립트 편집 예제: 정규 표현 검색' 절에서 이미 만든 스크립트를 편집하고자 이클립스의 File ➤ Open File 메뉴를 선택해 FindStringByRegex.java 파일을 선택한다. 그러면 이클립스 IDE에 파일이 열리면서 이클립스의 다양한 편집 옵션을 사용할 수 있게 된다. 그림 15-3을 보면 주석과 import 문으로 구성된 스크립트

의 시작 부분의 라인을 접은 형태로 보여준다. 라인을 접는 것은 이클립스 IDE의 기본 기능이며, 기드라가 제공하는 기본 편집기와 이클립스를 서로 전환해서 작업할 때는 혼동을 일으킬 수도 있다.

기본적으로는 한 라인의 주석만을 보여준다. 라인에 있는 아이콘(라인 2의 왼쪽에 있는 + 아이콘)을 클릭해 내용을 확장하면 전체 주석 내용을 볼 수 있고, 반대로 아이콘(라인 34의 왼쪽에 있는 – 아이콘)으로 코드 라인을 접을 수도 있다. 라인 26에 있는 `import` 문의 경우도 동일하게 라인이 접힌 것이다. 라인이 접힌 부분에 있는 아이콘으로 마우스를 가져가면 숨겨진 내용이 팝업 창으로 표시된다.

기드라의 기능을 확장하는 예제를 살펴보기 전에 GhidraDev 메뉴와 이클립스 IDE에 대한 좀 더 많은 이해가 필요하다.

GhidraDev 메뉴로 관심을 돌려 그것을 이용한 다양한 옵션을 살펴보자.

GhidraDev 메뉴

GhidraDev 메뉴(그림 15-4)는 개발 환경을 제어하거나 파일 작업을 위한 5가지 옵션을 제공한다. 파이썬을 이용하는 것도 가능하지만 이 장에서는 자바를 이용한 개발에 초점을 맞출 것이다.

그림 15-4: GhidraDev 메뉴

GhidraDev ➤ New

GhidraDev ➤ New 메뉴는 그림 15-5와 같이 3개의 하위 메뉴를 제공한다. 3가지 메뉴 모두 스크립트를 만들기 위한 마법사를 실행한다. 가장 간단한 생성 옵션부터 살펴보자. 이는 14장에서 설명한 새로운 스크립트 생성 방법과 결과가 동일하다.

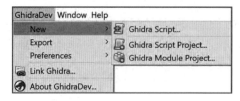

그림 15-5: GhidraDev ➤ New 메뉴

스크립트 생성

GhidraDev ➤ New ➤ Ghidra Script 메뉴를 선택하면 그림 15-6과 같이 새로운 스크립트에 대한 정보를 입력하는 대화상자가 나타난다. 대화상자는 디렉터리와 파일 정보뿐만 아니라 Script Manager의 기본 편집기에서 스크립트 파일에 직접 입력했던 것과 동일한 메타데이터도 수집한다.

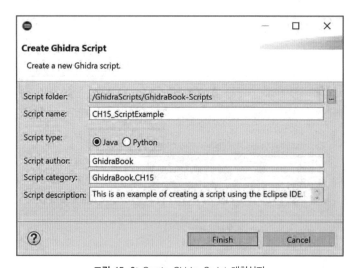

그림 15-6: Create Ghidra Script 대화상자

대화상자 하단의 Finish 버튼을 누르면 그림 15-7과 같이 스크립트 템플릿을 만들어 보여준다. 그림 15-6에서 입력한 메타데이터가 스크립트 상단의 주석 부분에 포함된 것을 볼 수 있다. 메타데이터 내용의 형식은 14장(그림 14-4의 상단 부분 참고)에서 본 메타데이터와 동일하다. 이클립스로 스크립트를 편집할 때 스크립트에 있는 각 TODO 항목과 연관된 작업 태그(그림 15-7의 라인 14의 왼쪽 부분에 있는 클립보드 아이콘)는 코드를 작성해야 할 위치를 알려준다. 작업 태그를 원하는 대로 삭제하거나 삽입할 수도 있다.

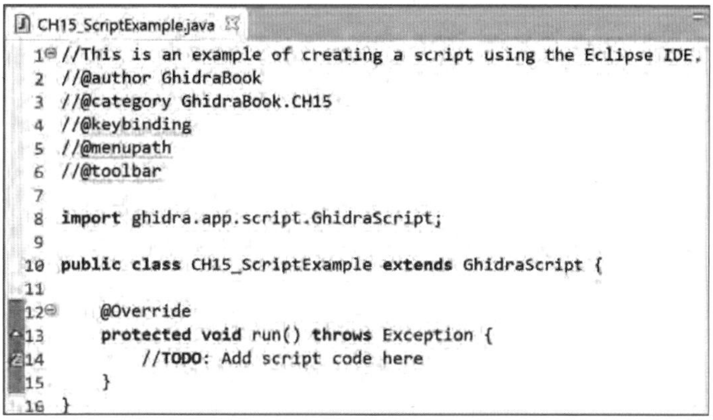

```
CH15_ScriptExample.java
  1 //This is an example of creating a script using the Eclipse IDE.
  2 //@author GhidraBook
  3 //@category GhidraBook.CH15
  4 //@keybinding
  5 //@menupath
  6 //@toolbar
  7
  8 import ghidra.app.script.GhidraScript;
  9
 10 public class CH15_ScriptExample extends GhidraScript {
 11
 12     @Override
 13     protected void run() throws Exception {
 14         //TODO: Add script code here
 15     }
 16 }
```

그림 15-7: GhidraDev ➤ New를 이용해 만든 스크립트

이클립스는 기드라의 기본 편집기처럼 import 문을 스크립트에 미리 추가하지 않는다(그림 14-4 참고). 그렇다고 걱정할 필요는 없다. 이클립스는 연관된 import 문을 필요로 하는 항목을 사용할 때 그것을 알려주기 때문에 import 문을 관리하는 데 도움이 된다. 예를 들면 그림 15-7에 있는 TODO 주석을 자바 ArrayList를 선언하는 코드로 바꾸면 이클립스는 해당 라인에 에러 태그를 추가하고 ArrayList에 빨간색으로 밑줄을 추가한다. 그리고 에러 태그나 ArrayList에 마우스를 가져가면 그림 15-8과 같이 문제를 해결하기 위한 수정 사항을 제안하는 팝업 창이 표시된다.

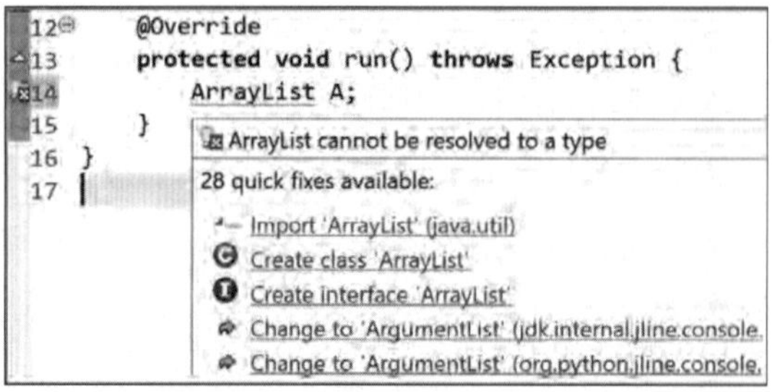

그림 15-8: 이클립스 Quick Fix 팝업 창

팝업 창의 목록 내용 중에서 첫 번째 것을 선택해서 그림 15-9와 같이 이클립스가 스크립트에 **import** 문을 추가하게 만들면 된다. CodeBrowser의 Script Manager에서 새 스크립트를 생성할 때는 잠재적인 **import** 문을 추가해서 그것이 도움이 됐지만 이클립스에서는 필요할 때마다 알려주기 때문에 필수적으로 필요한 기능은 하니다.

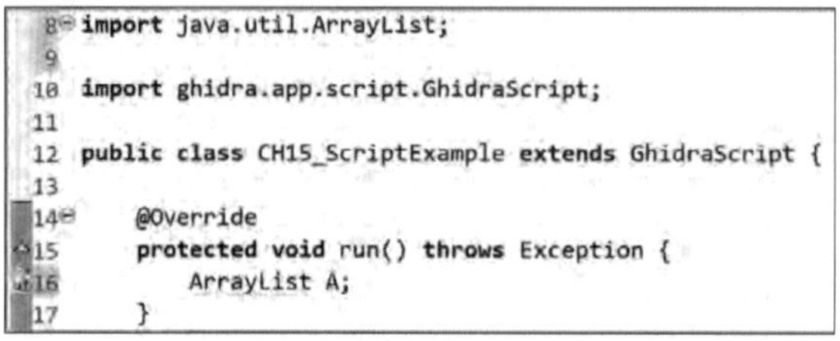

그림 15-9: Quick Fix로 import 문을 추가한 이후

스크립트 프로젝트 생성

GhidraDev ➤ New 메뉴의 두 번째 옵션은 그림 15-10처럼 새로운 스크립트 프로젝트를 만드는 것이다. 먼저 스크립트 프로젝트의 이름을 **CH15_ProjectExample_linked**로 하고 그것의 위치를 이클립스를 위해 설정한 기본 디렉터리로 지정한다. Create run configuration 체크박스를 이용하면 실행 구성을 만들 수 있다. 실행 구성을 이용하면 이클립스에 기드라를 실행시키는 데 필요한 정보를 제공하게 되며, 이클립스는 그것을 이용해 기드라가 스크립트를 실행하게 만들고 디버그할 수 있다. 체크박스는 기본 상태인 선택된 상태로 그대로 놔둔다. 그리고 Finish 버튼으로

스크립트 프로젝트를 홈 디렉터리에 연결하는 기본 상태로 스크립트 프로젝트 생성을 완료한다.

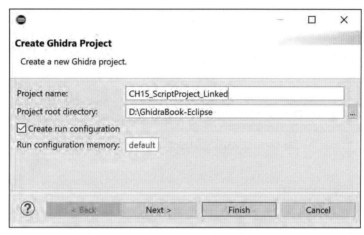

그림 15-10: 이클립스의 Ghidra 스크립트 프로젝트 대화상자

두 번째 스크립트 프로젝트인 **CH15_ProjectExample**을 만들고 이번에는 Next 버튼을 누른다. Next 버튼을 누르면 2개의 링크 옵션이 있는 대화상자가 표시된다(따라서 첫 번째 프로젝트 이름의 확장자가 _linked). 첫 번째 링크 옵션은 홈 스크립트 디렉터리와의 링크를 만든다. 두 번째 링크 옵션은 기드라 자체 스크립트 디렉터리와의 링크를 만든다. 선택한 링크, 즉 홈 스크립트 디렉터리와 기드라 자체 스크립트 디렉터리를 나타내는 폴더는 새로운 프로젝트에 추가돼 프로젝트 작업 중에 해당 디렉터리에 있는 스크립트에 쉽게 접근할 수 있게 해준다.

링크 옵션을 선택하거나 선택하지 않고 Finish 버튼을 눌렀을 때의 결과는 이 장의 뒷부분에서 설명하는 Eclipse Package Explorer를 살펴볼 때 명확해질 것이다. 두 번째 스크립트를 위해서는 그림 15-11처럼 첫 번째 링크 옵션은 선택하지 않고 두 번째 옵션만 선택한다.

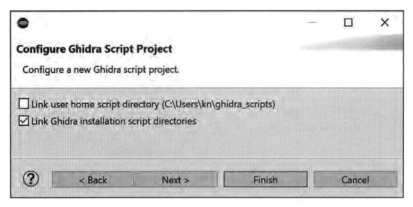

그림 15-11: 스크립트 프로젝트를 위한 이클립스 설정 옵션

모듈 프로젝트 생성

GhidraDev ➤ New 메뉴의 마지막 옵션은 기드라 모듈 프로젝트를 만드는 것이다.[1]
기드라 모듈(예를 들면 분석기, 로더 등)과 혼동하지 않게 기드라 모듈 프로젝트는 관련 도
움말 파일, 문서 및 기타 리소스(예를 들면 아이콘) 등 새로운 기드라 모듈을 위한 코드를
모은다. 또한 새 모듈이 기드라 내의 다른 모듈과 상호작용하는 방식을 일부 제어
할 수 있게 해준다. 이번 장과 이후의 장을 위해 기드라 모듈을 설명할 것이다.

New ➤ Ghidra Module Project를 선택하면 그림 15-12와 같이 스크립트 프로젝트를
만들 때 봤던 것과 동일한 대화상자를 볼 수 있다. 이후에 Package Explorer에서
식별하기 쉽게 새로운 프로젝트의 이름을 CH15_ModuleExample로 정하자.

---

1. 기드라 모듈은 패키지와 리소스를 캡슐화하고 패키지를 비공개로 유지시키거나 개별 패키지를 다른 모듈과 공유하도록 선택해
서 모듈이 효과적으로 서비스 공유를 제어할 수 있게 해주는 자바 9에 도입된 자바 모듈과는 다른 것이다. 자바 모듈이나
다른 자바 관련 주제에 대한 추가적인 정보는 https://www.oracle.com/technetwork/java/javase/java-tutorial-downloads-
2005894.html을 참고하길 바란다.

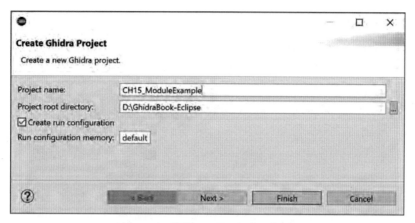

그림 15-12: 이클립스 모듈 프로젝트 대화상자

이때 Next 비튼을 누르면 그림 15-13과 같이 기존 기드라 모듈의 템플릿을 기반으로 모듈을 만들 수 있다. 기본적으로는 모든 옵션이 선택된 상태로 시작한다. 개발 목적에 따라 일부나 모든 것을 선택할 수도 있고 아무것도 선택하지 않을 수도 있다. 선택된 모든 옵션은 Package Explorer 내의 프로젝트에서 함께 그룹화된다. 예제에서는 아무것도 선택하지 않을 것이다.

대부분의 옵션은 그것을 선택하면 자동으로 그에 관련된 소스코드 템플릿을 작업 태그와 함께 만들지만 2가지 예외가 있다. 첫 번째는, 아무런 모듈 템플릿도 선택하지 않는다면 템플릿 파일이 생기지 않는다는 것이다. 두 번째는, 프로세서 모듈은 템플릿 파일을 생성하지 않지만 다른 지원 콘텐츠를 만든다(18장의 프로세서 모듈 참고).

이제는 기드라 스크립트와 스크립트 프로젝트, 모듈 프로젝트 생성 방법을 알게 됐으므로 이클립스 Package Explorer로 초점을 옮겨 좀 더 깊게 이해해보자.[2]

---

2. Package Explorer는 이미 사용돼 왔지만 모듈은 최근에 자바에 추가된 것이다. Package Explorer를 별다른 설정 없이 새로 만들거나 가져온 자바 프로젝트에 대한 프로젝트 탐색기로 생각할 수도 있다.

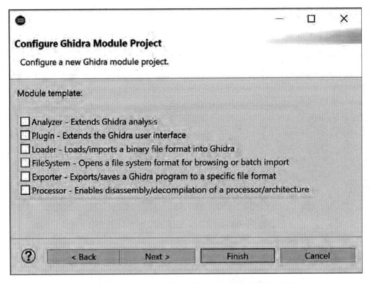

그림 15-13: 기드라 모듈 프로젝트를 위한 템플릿 옵션

Package Explorer 탐색

이클립스의 Package Explorer는 기드라 익스텐션을 완료하는 데 필요한 기드라 파일에 대한 관문이라고 할 수 있다. Package Explorer는 계층 구조로 GhidraDev 메뉴를 통해 생성된 기드라 프로젝트와 모듈을 살펴볼 수 있게 해준다. 그림 15-14는 이 장의 앞부분에서 만든 것뿐만 아니라 Package Explorer의 다양한 옵션 효과를 설명하고자 만든 것들을 포함하고 있는 이클립스 Package Explorer 창을 보여준다.

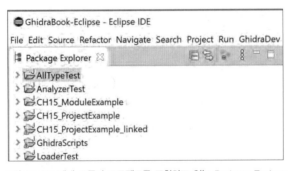

그림 15-14: 예제 모듈과 프로젝트를 포함하고 있는 Package Explorer

먼저 2개의 스크립트 프로젝트를 살펴보자. CH15_ProjectExample_linked는 2개의 링크 옵션(그림 15-11)을 모두 선택해서 만든 스크립트 프로젝트다. 반대로 CH15_ ProjectExample은 아무런 링크 옵션도 선택하지 않고 만든 스크립트 프로젝트다. Package Explorer에서 CH15_ProjectExample의 내용을 부분적으로 펼친 것이 그림 15-15다.

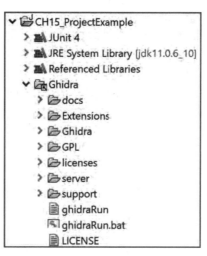

그림 15-15: 링크 옵션 없이 만든 스크립트 프로젝트에 대한 Package Explorer

스크립트 프로젝트에는 다음과 같은 4개의 구성 요소가 포함된다.

> **JUnit4:** 자바를 위한 오픈소스 유닛 테스트 프레임워크다. 좀 더 자세한 내용은 https://junit.org/junit4/index.html을 참고하길 바란다.
> **JRE System Library:** 자바 런타임 환경 시스템 라이브러리다.
> **Referenced Libraries:** JRE 시스템 라이브러리에는 속하지 않지만 기드라 설치 라이브러리에 포함돼 있는 참조 라이브러리다.
> **Ghidra:** 현재 기드라가 설치된 디렉터리를 나타낸다. 3장(그림 3-1 참고)에서 소개된 친숙한 파일 구조를 볼 수 있도록 이 디렉터리를 확장했다.

그림 15-15와 CH15_ProjectExample_linked에 대한 Package Explorer의 내용인 그림

15-16을 비교해보기 바란다. `CH15_ProjectExample_linked` 스크립트 프로젝트에서는 2개의 링크 옵션을 모두 선택했다. 사용자 홈 스크립트 디렉터리를 링크하면 Package Explorer의 계층 구조에 Home scripts 엔트리가 추가돼 이전에 작성한 스크립트를 수정하거나 예제로 사용할 때 쉽게 접근할 수 있게 해준다.

그림 15-16: 링크 옵션을 모두 선택한 스크립트 프로젝트에 대한 Package Explorer

기드라 설치 스크립트 디렉터리를 링크하면 그림 15-16과 같이 폴더의 이름이 Ghidra로 시작하고 scripts로 끝나는 모든 폴더가 Package Explorer에 추가된다. 해당 폴더들은 기드라가 설치된 디렉터리의 Ghidra/Features 디렉터리에 있는 스크립트 디렉터리들이다.[3] 따라서 어느 한 폴더를 선택해서 펼치면 해당 폴더에 있는 소스코드에 접근할 수 있으며, 사용자 홈 스크립트 디렉터리의 경우와 마찬가지로 새로운 스크립트를 작성하기 위한 예제로 사용하거나 그것을 수정해서 사용할 수도 있다. 기드라 Script Manager의 기본 편집기 내에서는 그런 스크립트를 수정할 수 없지만 이클립스나 기드라 프로젝트 환경 외부의 편집기에서는 가능하다. 새로

---

3. 이클립스 Package Explorer 내의 스크립트의 위치(Ghidra/Features 디렉터리)는 Script Manager 내의 스크립트 구조와 반드시 일치하지는 않는다. 이는 Ghidra/Features 디렉터리 내의 스크립트가 공통 기능을 공유하는 폴더로 구성되기 때문이다. 기드라의 Script Manager 내의 스크립트는 각 스크립트 내에 있는 메타데이터를 기반으로 구성된다.

운 스크립트를 만들어 편집을 마쳤다면 스크립트 프로젝트 내의 적절한 스크립트 디렉터리에 저장할 수 있으며, 이후에 기드라 Script Manager에서도 해당 스크립트를 사용할 수 있다.

이클립스의 Package Explorer에서 스크립트가 어떻게 표시되는지 살펴봤으므로 이제는 빌드한 기드라 모듈 프로젝트가 어떻게 표시되는지 살펴볼 차례다. 그림 15-17은 Package Explorer에서 모듈 프로젝트의 일부 내용을 펼쳐본 것이다.

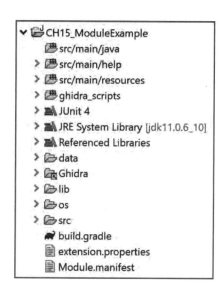

그림 15-17: CH15_ModuleExampleModule에 대한 Package Explorer 계층 구조

이클립스에서의 스크립트 수정과 실행

14장에서는 기드라 Script Manager 환경에서 기존의 CountAndSaveStrings 스크립트를 수정해 새로운 스크립트인 FindStringsByRegex를 만들어봤다. 이클립스 IDE에서도 다음과 같이 동일한 작업을 수행하게 된다.

1. 이클립스에서 CountAndSaveStrings.java 파일을 찾는다(ctrl-shift-R).

2. 파일을 더블클릭해 해당 파일을 이클립스에서 연다.

3. 기존 클래스와 주석은 새로운 클래스와 주석으로 교체한다.

4. 수정한 파일(EclipseFindStringByRegex.java)을 ghidra_scripts 디렉터리에 저장한다.

5. 기드라의 Script Manager 창에서 새로운 스크립트를 실행시킨다.

Script Manager 창을 열고자 기드라를 직접 실행시켜도 되지만 이클립스 IDE에서 Run As 옵션을 선택해 기드라를 실행시킬 수도 있다. Run As 옵션을 선택하면 그림 15-18과 같은 대화상자가 나타난다. 대화상자의 첫 번째 옵션은 기드라를 그대로 실행시키는 것이고 두 번째 는 GUI가 없는 버전의 기드라를 실행시키는 것이다. 이는 16장에서 살펴본다.

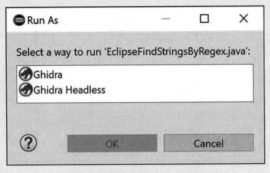

그림 15-18: 이클립스의 Run As 옵션

기드라가 일단 실행되면 Script Manager에서 해당 스크립트를 실행시키거나 이클립스로 스크립트를 수정할 수도 있다.

모듈 프로젝트는 다음과 같은 요소로 구성된다.

src/main/java: 소스코드의 위치다. 템플릿이 있는 모듈 프로젝트를 만들게 되면 관련된 .java 파일이 이 디렉터리에 위치하게 된다.

src/main/help: 콘텐츠를 만들거나 확장할 때 이 디렉터리의 파일과 정보를 사용해 기드라 Help에 유용한 정보를 추가할 수 있다.

src/main/resources src/main: 디렉터리의 다른 항목과 마찬가지로 내용을 확장하면 README.txt 파일로 디렉터리의 목적과 사용 방법에 대한 추가 정보를 제공할 수 있다. 예를 들면 src/main/resources/images/README.txt 파일은 모듈과 관련된 이미지나 아이콘 파일이 저장되는 디렉터리라는 것을 알려준다.

ghidra_scripts: 모듈의 스크립트가 저장되는 곳이다.

data: 모듈에서 사용되는 독립적인 데이터 파일이 저장되는 곳이다(다른 유형의 모듈에서 사용하는 것이 금지되지는 않지만 이 폴더는 주로 프로세서 모듈에서 사용되며 18장에서 설명한다).

lib: 모듈이 필요로 하는 .jar 파일이 저장되는 곳이다.

os: 이 폴더에는 linux64, oxs64, win64와 같은 하위 디렉터리가 있어 모듈이 사용하는 바이너리가 각각의 아키텍처에 맞는 디렉터리에 저장된다.

src: 유닛 테스트 케이스를 저장하는 디렉터리다.

build.gradle: 그래들Gradle은 오픈소스 빌드 시스템이다. 이 파일은 기드라 익스텐션을 빌드하고자 사용된다.

extension.properties: 이 파일은 기드라 익스텐션과 관련된 메타데이터를 저장한다.

Module.manifest: 이 파일에 모듈의 설정 정보와 같은 모듈 관련 정보를 입력할 수 있다.

그림 15-14에서 추가적인 Test 모듈(AnalyzerTest, AllTypeTest, LoaderTest)을 만들었다는 것을 눈치 챘을 것이다. 각각은 다른 조합의 모듈 템플릿 옵션(그림 15-13 참고)을 사용해 만든 것이며, 결과적으로 각각에 대해 다른 파일 집합이 만들어지게 된다. 템플릿을 프로젝트의 시작점으로 사용할 때는 이클립스와 기드라가 어떤 작업을 미리 수행해줬는지 그리고 프로젝트 완성을 위해 남은 작업은 무엇인지 아는 것은 유용하다.

먼저 분석기 템플릿을 보여주고자 만든 AnalyzerTest 디렉터리를 살펴보자. src/main/java 디렉터리를 펼쳐 AnalyzerTestAnalyzer.java 파일을 찾는다. 파일의 이름은 모듈 이름(AnalyzerTest)과 템플릿 유형(Analyzer)을 결합시킨 것이다. 해당 파일을 더블클릭해 편집기에서 열면 그림 15-19처럼 보일 것이다. 이 장의 앞부분에 나온 스크립트 템플릿과 마찬가지로 이클립스 IDE는 분석기를 만드는 과정을 안내하는 주석과 관련 작업 태그 등을 제공한다. **LoaderTest** 모듈은 로드를 만들기 위한 템플릿을 포함하고 있으며 이는 17장에서 설명한다. 나머지 모듈인 **AllTypeTest**는 모듈 템플릿 옵션을 선택하지 않았을 때 생기는 기본 모듈이다. 이는 그림 15-20과 같이 src/main/java 디렉터리를 모든 템플릿으로 채운다.

```
 2⊕  * IP: GHIDRA□
 16  package analyzertest;
 17
 18⊕ import ghidra.app.services.AbstractAnalyzer;□
 26
 27⊝ /**
☑28  * TODO: Provide class-level documentation that describes what this analyzer does.
 29  */
 30 public class AnalyzerTestAnalyzer extends AbstractAnalyzer {
 31
☑32⊕     public AnalyzerTestAnalyzer() {□
 38
☑40⊕     public boolean getDefaultEnablement(Program program) {□
 46
☑48⊕     public boolean canAnalyze(Program program) {□
 55
☑57⊕     public void registerOptions(Options options, Program program) {□
 64
☑66⊕     public boolean added(Program program, AddressSetView set, TaskMonitor monitor, MessageLog log)□
 74 }
```

그림 15-19: 모듈을 위한 기본 분석기 템플릿(주석, 임포트, 함수)

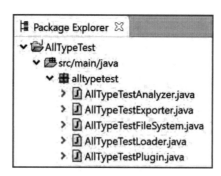

그림 15-20: 샘플 디폴트 모듈의 소스코드 파일

새로운 모듈을 만들 때 기드라와 이클립스가 어떻게 도움이 될 수 있는지 살펴봤으므로 이제는 그에 따라 새로운 분석기를 만들어보자.

예제: 기드라 분석기 모듈 프로젝트

이클립스 통합과 관련된 기본 정보를 바탕으로 코드에서 잠재적인 ROP 가젯을 식별하는 간단한 기드라 분석기를 만들어보자. 이는 간단한 데모 프로젝트이기 때문에 단순화된 소프트웨어 개발 과정을 따를 것이다. 개발 과정은 다음과 같다.

1. 문제 정의
2. 이클립스 모듈 생성
3. 분석기 빌드
4. 기드라에 분석기 추가
5. 기드라에서 분석기 테스트

ROP 가젯이 무엇이고 왜 그것에 관심을 가질까?

공격 코드 개발에 익숙하지 않은 사람을 위해 설명하자면 ROP는 Return-Oriented Programming을 나타낸다. 소프트웨어에 셸코드가 삽입되는 것을 막기 위한 방어책으로는 메모리 영역이 동시에 쓰기 가능하고 실행 가능하게 만들지 않는 것이다. 이와 같은 방법을 종종 NX(Non-eXecutable) 나 DEP(Data Execution Prevention)라고 한다. 셸코드를 메모리에 삽입(쓰기 가능해야 함)한 다음 해당 셸코드에게 실행 제어를 전달(실행 가능해야 함)하는 것이 불가능하기 때문이다.

ROP 기술은 프로그램의 스택을 가로채(종종 스택 기반의 버퍼 오버플로를 통해 이뤄짐) 정밀하게 조작된 반환 주소와 데이터를 스택에 배치하는 것을 목표로 한다. 오버플로가 발생한 후 어느 시점에 프로그램은 정상적인 프로그램 실행에 의해 스택에 배치된 반환 주소 대신 공격자가 배치한 반환 주소를 사용하기 시작한다. 그리고 공격자가 스택에 배치한 반환 주소는 일반적인 프로그램과 라이브러리 로딩 작업의 결과로 이미 로드된 코드의 메모리 위치를 가리킨다. 공격 대상 프로그램의 원래 개발자는 공격자의 작업을 그대로 수행하도록 프로그램을 설계하지 않았을 것이기 때문에 공격자는 프로그램 내의 기존 코드에서 필요한 코드가 있는 작은 부분들만 사용하게 되며 그 코드 조각들을 어떤 순서로 이용할 것인지 순서를 정해야 한다.

ROP 가젯은 공격자가 그렇게 이용하는 코드 조각 중 하나를 의미하며, 현재 공격자가 제어하는 스택에서 다음 가젯으로 제어를 전송하기 위한 반환 명령에 의존한다. 가젯은 종종 스택에서 레지스터를 로드하는 것과 같은 매우 간단한 작업을 수행하기도 한다. 다음 가젯은 x86-64 시스템에서 RAX 레지스터를 초기화하는 데 사용될 수 있다.

```
POP RAX    ; 공격자가 제어하는 스택의 첫 번째 데이터를 RAX 레지스터로 로드한다.
```

> RET   ; 스택에 있는 다음번 데이터가 가리키는 주소로 실행 제어를 전달한다.

모든 공격 코드가 각기 다르기 때문에 공격자는 주어진 바이너리에 있는 특정 가젯 세트에 의존할 수는 없다. 자동화된 가젯 찾기 도구는 공격자가 가젯으로 사용할 수 있는 명령 시퀀스를 바이너리에서 검색해주는 도구다. 그리고 공격자는 도구로 찾은 가젯 중에서 어떤 것을 공격에 사용할 것인지 결정해야 한다. 가장 정교한 가젯 찾기 도구는 기젯의 의미를 추론하고, 특정 작업을 수행하기 위한 가젯들을 순서대로 나열해 줌으로써 공격자가 스스로 수행해야 하는 작업 덜어준다.

단계 1: 문제 정의

목표는 바이너리에서 간단한 ROP 가젯을 찾는 명령 분석기를 설계하고 개발하는 것이다. 새로 만드는 분석기는 기드라에 추가돼야 하고 기드라 Analyzer 메뉴에서 선택해 사용할 수 있어야 한다.

단계 2: 이클립스 모듈 생성

GhidraDev ➤ New ➤ Ghidra Module Project 메뉴를 이용해 SimpleROP라는 이름의 모듈을 분석기 모듈 템플릿으로 만든다. 그러면 SimpleROP 모듈의 src/main/java 폴더에 SimpleROPAnalyzer.java 파일이 만들어진다. 결과를 Package Explorer로 보면 그림 15-21처럼 보일 것이다.

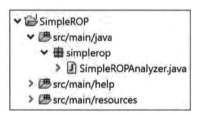

그림 15-21: SimpleROP 모듈에 대한 Package Explorer의 src/main 엔트리

단계 3: 분석기 빌드

그림 15-22는 SimpleROPAnalyzer.java 파일의 코드 일부분이다. 함수의 내용이 축소돼 보여 한 번에 분석기가 제공하는 모든 함수를 볼 수 있다. 이클립스는 코드를 개발하면서 필요한 패키지를 임포트하는 것을 권장하므로 수행해야 하는 작업을 먼저 코딩하고 이클립스가 패키지 임포트가 필요하다고 감지할 때 import 문을 추가하면 된다.

```
SimpleROPAnalyzer.java ☒
  2⊕ * IP: GHIDRA□
 16  package simplerop;
 17
 18⊕import ghidra.app.services.AbstractAnalyzer;□
 26
 27⊕/**
 28   * TODO: Provide class-level documentation that describes what thi
 29   */
 30  public class SimpleROPAnalyzer extends AbstractAnalyzer {
 31
 32⊕     public SimpleROPAnalyzer() {□
 38
 40⊕     public boolean getDefaultEnablement(Program program) {□
 46
 48⊕     public boolean canAnalyze(Program program) {□
 55
 57⊕     public void registerOptions(Options options, Program program)
 64
 66⊕     public boolean added(Program program, AddressSetView set, Task
 74  }
```

그림 15-22: SimpleROPAnalyzer 템플릿

그림 15-22에서 라인 번호 왼쪽에 있는 6개의 작업 태그는 개발을 시작해야 하는 위치를 나타낸다. 작업 태그가 가리키는 위치를 펼쳐 필요한 작업 내용을 각각 작성하면 된다(작업 내용을 알려주는 주석은 가독성을 위해 줄 바꿈되며 공간 절약을 위해 내용이 최소화된다). 다음과 같이 클래스 수준의 선언을 추가한다.

```
private int gadgetCount = 0;        // 가젯의 수
private BufferedWriter outFile;     // 출력 파일
// 가젯을 찾기 위한 명령들
```

```
    private List<String> usefulInstructions = Arrays.asList(
        "NOP", "POP", "PUSH", "MOV", "ADD", "SUB", "MUL", "DIV", "XOR");
// 가젯을 찾기 위한 명령 중에서 연산자가 없는 명령
    private List<String> require0Operands = Arrays.asList("NOP");
// 가젯을 찾기 위한 명령 중에서 연산자가 하나인 명령
    private List<String> require1RegOperand = Arrays.asList("POP", "PUSH");
// 가젯을 찾기 위한 명령 중에서 첫 번째 연산자가 레지스터인 명령
    private List<String> requireFirstRegOperand = Arrays.asList(
        "MOV", "ADD", "SUB", "MUL", "DIV", "XOR");
// 연산자가 없는 "시작" 명령
    private List<String> startInstr0Params = Arrays.asList("RET");
// 연산자가 레지스터 하나인 "시작" 명령
    private List<String> startInstr1RegParam = Arrays.asList("JMP", "CALL");
```

각 선언과 관련된 주석은 각 변수의 목적을 설명한다. 다양한 List 변수는 가젯을 구성하는 명령들을 포함하며 명령을 구성하는 데 필요한 연산자의 수와 종류 그리고 가젯을 시작시키는 명령인지 여부에 따라 분류된다. 가젯 구성 알고리듬은 메모리에서 역방향으로 동작하기 때문에 '시작' 명령은 실제로 알고리듬의 시작점을 의미한다. 런타임 시에 이와 같은 시작 명령은 실제로 가젯에서 실행되는 마지막 명령이 된다.

단계 3-1: 클래스 설명

첫 번째 작업 태그를 펼치면 다음과 같은 설명을 볼 수 있다.

```
/**
 * TODO: Provide class-level documentation that describes what this
 * analyzer does.
 */
```

기존의 TODO 주석을 만들고자 하는 분석기가 무엇인지를 설명하는 주석으로 교체한다.

```
/**
 * 이 분석기는 바이너리에서 ROP 가젯을 검색한다.
 * 각 가젯의 주소와 내용은 사용자의 홈 디렉터리에 있는
 * inputfilename_gadgets.txt 파일에 기록된다. */
```

단계 3-2: 분석기의 이름과 설명

다음 작업 태그를 펼치면 수정이 필요한 TODO 주석과 코드를 볼 수 있다. 이클립스 IDE에서 수정할 코드는 보라색 폰트로 표시되며 관련 작업을 나타내는 이름을 갖는다. 두 번째 작업은 다음과 같다.

```
// TODO: Name the analyzer and give it a description.
public SimpleROPAnalyzer() {
  super("My Analyzer",
        "Analyzer description goes here",
        AnalyzerType.BYTE_ANALYZER);
}
```

2개의 문자열을 의미 있는 내용으로 교체해줄 필요가 있다. 또한 분석기의 타입도 지정해줘야 한다. 분석기 간의 종속성 문제 해결을 용이하게 하고자 기드라는 분석기를 바이트, 데이터, 함수, 함수 수정자, 함수 서명, 명령과 같은 범주로 그룹화한다. 이 경우에는 명령 분석기이기 때문에 다음과 같이 분석기 타입을 지정한다.

```
public SimpleROPAnalyzer() {
  super("SimpleROP",
        "Search a binary for ROP gadgets",
        AnalyzerType.INSTRUCTION_ANALYZER);
}
```

단계 3-3: 기본 분석기로 동작할지 여부를 결정

세 번째 작업은 분석기가 기본 분석기로 동작해야 한다면 **true**를 반환하게 만든다.

```
public boolean getDefaultEnablement(Program program) {
    // TODO: Return true if analyzer should be enabled by default
    return false;
}
```

기본 분석기로 동작하는 것을 원하지 않기 때문에 코드를 수정하지 않고 그대로 둔다.

단계 3-4: 입력 파일이 적절한지 결정

네 번째 작업은 분석기가 프로그램의 내용과 호환되는지 여부를 결정한다.

```
public boolean canAnalyze(Program program) {
    // TODO: Examine 'program' to determine of this analyzer
    // should analyze it.
    // Return true if it can.
    return false;
}
```

여기서 만드는 분석기는 단지 데모용이기 때문에 입력 파일이 분석기와 호환된다고 가정해서 단순히 **true**를 반환하게 만든다. 실제로는 분석을 수행하기에 앞서 분석 대상 파일의 호환성을 검증하는 코드를 추가해야 한다. 예를 들면 입력 파일이 x86 바이너리라고 판단되는 경우에만 **true**를 반환하게 만들 수 있다. 검증 작업 예제는 이클립스의 모듈 디렉터리를 통해 접근할 수 있으며 기드라에 포함된 대부분의 분석기(Ghidra/Features/Base/lib/Base-src/Ghidra/app/analyzers)에서 찾아볼 수 있다.

```
public boolean canAnalyze(Program program) {
```

```
    return true;
  }
```

단계 3-5: 분석기 옵션 등록

다섯 번째 작업은 사용자가 분석기에 전달할 수 있는 특별한 옵션을 지정하는 것이다.

```
public void registerOptions(Options options, Program program) {
  // TODO: If this analyzer has custom options, register them here
  options.registerOption("Option name goes here", false, null,
                         "Option description goes here");
}
```

여기서 만드는 분석기는 단지 데모용이기 때문에 어떤 옵션도 추가하지 않을 것이다. 추가하는 옵션에는 사용자 제어할 수 있는 선택 사항이 포함될 수 있다(예를 들면 출력 파일 선택, 선택적으로 코드에 주석 달기 등). 분석기 창에서 개별 분석기를 선택하면 해당 분석기에 대한 옵션을 볼 수 있다.

```
public void registerOptions(Options options, Program program) {
  }
```

단계 3-6: 분석 수행

여섯 번째 작업은 분석기가 호출될 때 호출되는 함수를 강조 표시하는 것이다.

```
public boolean added(Program program, AddressSetView set, TaskMonitor
                     monitor, MessageLog log) throws CancelledException {
  // TODO: Perform analysis when things get added to the 'program'.
  // Return true if the analysis succeeded.
```

```
        return false;
    }
```

이는 작업을 수행하는 모듈의 일부분이며 이 모듈에서는 4가지 방법을 사용한다. 각 방법에 대한 설명은 다음과 같다.

```
//***********************************************************************
// 이 메서드는 분석기가 호출될 때 호출된다.
//***********************************************************************
❶ public boolean added(Program program, AddressSetView set, TaskMonitor
                    monitor, MessageLog log) throws CancelledException {
    gadgetCount = 0;
    String outFileName = System.getProperty("user.home") + "/" +
                        program.getName() + "_gadgets.txt";
    monitor.setMessage("Searching for ROP Gadgets");
    try {
        outFile = new BufferedWriter(new FileWriter(outFileName));
    } catch (IOException e) {/* pass */}
    // 바이너리에 있는 각 명령에 대해서 반복 수행
    Listing code = program.getListing();
    InstructionIterator instructions = code.getInstructions(set, true);
❷   while (instructions.hasNext() && !monitor.isCancelled()) {
        Instruction inst = instructions.next();
❸      if (isStartInstruction(inst)) {
        // "시작" 명령을 찾았다.
        // 이는 잠재적인 ROP 가젯에서 마지막 명령이 될 것이기 때문에
        // 여기서부터 가젯을 만든다.
        ArrayList<Instruction> gadgetInstructions = new ArrayList<Instruction>();
        gadgetInstructions.add(inst);
        Instruction prevInstr = inst.getPrevious();
❹      buildGadget(program, monitor, prevInstr, gadgetInstructions); }
        }
    try {
        outFile.close();
```

```
  } catch (IOException e) {/* pass */}
  return true;
}
//*************************************************************************
// 이 메서드는 ROP 가젯에서 원하지 않는 명령을
// 찾을 때까지 재귀적으로 호출된다.
//*************************************************************************
private void buildGadget(Program program, TaskMonitor monitor,
                         Instruction inst,
                         ArrayList<Instruction> gadgetInstructions) {
  if (inst == null || !isUsefulInstruction(inst)❺ || monitor.isCancelled()) {
    return;
  }
  gadgetInstructions.add(inst);
❻ buildGadget(program, monitor, inst.getPrevious()❼, gadgetInstructions);
  gadgetCount += 1;
❽ for (int ii = gadgetInstructions.size() - 1; ii >= 0; ii--) {
    try {
      Instruction insn = gadgetInstructions.get(ii);
      if (ii == gadgetInstructions.size() - 1) {
        outFile.write(insn.getMinAddress() + ";");
      }
      outFile.write(insn.toString() + ";");
    } catch (IOException e) {/* pass */}
  }
  try {
    outFile.write("\n");
  } catch (IOException e) {/* pass */}
  // 매 100번째 가젯마다 카운트를 출력
  if (gadgetCount % 100 == 0) {
    monitor.setMessage("Found " + gadgetCount + " ROP Gadgets");
  }
  gadgetInstructions.remove(gadgetInstructions.size() - 1);
}
//*************************************************************************
```

```java
// 이 메서드는 명령이 ROP 가젯의 문맥에서
// 사용되는지 여부를 판단한다.
//***********************************************************************
private boolean isUsefulInstruction(Instruction inst) {
    if (!usefulInstructions.contains(inst.getMnemonicString())) {
        return false;
    }
    if (require0Operands.contains(inst.getMnemonicString())) {
        return true;
    }
    if (require1RegOperand.contains(inst.getMnemonicString()) &&
            inst.getNumOperands() == 1) {
        Object[] opObjects0 = inst.getOpObjects(0);
        for (int ii = 0; ii < opObjects0.length; ii++) {
            if (opObjects0[ii] instanceof Register) {
                return true;
            }
        }
    }
    if (requireFirstRegOperand.contains(inst.getMnemonicString()) &&
            inst.getNumOperands() >= 1) {
        Object[] opObjects0 = inst.getOpObjects(0);
        for (int ii = 0; ii < opObjects0.length; ii++) {
            if (opObjects0[ii] instanceof Register) {
                return true;
            }
        }
    }
    return false;
}
//***********************************************************************
// 이 메서드는 명령이 잠재적인 ROP 가젯의
// "시작" 명령인지 여부를 판단한다.
//***********************************************************************
private boolean isStartInstruction(Instruction inst) {
```

```
    if (startInstr0Params.contains(inst.getMnemonicString())) {
      return true;
    }
    if (startInstr1RegParam.contains(inst.getMnemonicString()) &&
        inst.getNumOperands() >= 1) {
      Object[] opObjects0 = inst.getOpObjects(0);
      for (int ii = 0; ii < opObjects0.length; ii++) {
        if (opObjects0[ii] instanceof Register) {
          return true;
        }
      }
    }
    return false;
}
```

기드라는 분석기의 **added** 메서드❶를 호출해 분석을 초기화한다. 분석기의 알고리듬은 바이너리에 있는 모든 명령❷이 가젯을 만들기 위한 유효한 '시작' 지점❸인지 여부를 판단한다. 유효한 시작 명령을 찾을 때마다 가젯 생성 함수인 **buildGadget**❹이 호출된다. 가제트 생성은 명령이 유용한 것으로 판단❺되는 한 명령 목록을 재귀적❻으로 역행❼하는 방향으로 수행된다. 마지막으로 각 가젯이 완성될 때마다 그것을 구성하는 명령들❽을 출력해준다.

단계 4: 이클립스에서 분석기 테스트

개발 과정 중에 코드를 수정하고 테스트하는 것은 일상적인 것이다. 분석기를 개발할 때도 이클립스에서 Run As 메뉴로 기드라를 실행시켜 분석기의 기능을 테스트할 수 있다. 이클립스에서 기드라를 실행시키면 현재 개발 버전의 모듈이 임시로 설치된 기드라가 실행된다. 모듈을 테스트할 때 원하는 결과가 나오지 않으면 이클립스에서 코드를 수정해 다시 테스트하면 된다. 만족스러운 결과가 나온다면 단계 5로 넘어가면 된다. 이처럼 이클립스에서 작성 중인 코드를 바로 테스트하면 개발에 소요되는 시간을 많이 줄일 수 있다.

단계 5: 기드라에 분석기 추가

기드라에 작성한 분석기를 추가하려면 이클립스에서 해당 모듈을 익스포트해서 그것을 기드라에 설치해야 한다. 모듈을 익스포트하려면 GhidraDev ➤ Export ➤ Ghidra Module Extension 메뉴를 선택한 다음 개발한 모듈을 선택하고 Next를 클릭하면 된다. 다음에는 로컬에 그래들을 설치하지 않았다면 그림 15-23과 같이 Gradle Wrapper 옵션(gradle.org에 접속할 수 있는 인터넷 연결이 필요하다)을 선택한다. 마지막으로 Finish 버튼을 누르면 익스포트 과정이 완료된다. 모듈 익스포트가 처음이라면 이 클립스 안의 모듈에 dist 디렉터리가 추가되고 익스포트되는 내용이 .zip 파일로 압축돼 그곳에 저장될 것이다.

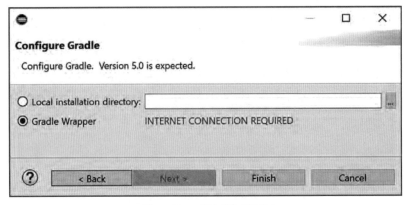

그림 15-23: 그래들 설정 대화상자

기드라 Project 창에서 File ➤ Install Extensions 메뉴로 새로운 분석기를 추가할 차례다. 그림 15-24와 같은 창이 뜨고 현재 설치되지 않은 모든 모듈 목록을 볼 수 있다.

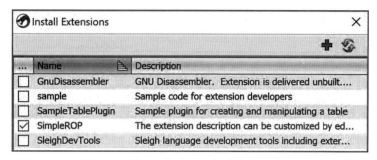

그림 15-24: Install Extensions 창

우측 상단의 + 아이콘을 클릭해 dist 디렉터리에서 새로 익스포트한 .zip 파일을 선택하면 새로 만든 분석기인 SimpleROP가 목록에 추가된다. 목록에서 새로 추가한 분석기를 선택하고 OK를 클릭한다. 그리고 기드라를 재시작시키면 Analysis 메뉴에서 새로운 분석기를 실행시킬 수 있게 된다.

단계 6: 기드라에서 분석기 테스트

데모용이기 때문에 새로운 분석기에 대한 개발을 단순화시킨 것과 마찬가지로 제한된 영역에 대한 테스트만을 수행했다. SimpleROP는 아래의 기준으로 테스트를 수행했고 그 결과 테스트를 통과했다.

1. (통과) CodeBrowser ➤ Analysis 메뉴의 Analysis Options에서 SimpleROP를 볼 수 있어야 한다.

2. (통과) SimpleROP를 선택했을 때 Analysis Options의 설명 창에 설명이 출력돼야 한다.

   SimpleROP는 그림 15-25에서처럼 테스트 케이스 1과 2를 통과했다(단계 3-5에서 관련 옵션을 등록하고 프로그래밍하기로 선택했다면 창 오른쪽에 있는 Options 패널에 그것이 표시됐을 것이다).

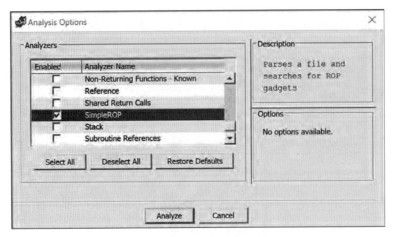

그림 15-25: Analysis Options 창

3. (통과) SimpleROP를 선택해 실행시킬 수 있어야 한다.

이 테스트를 위해 자동 분석 과정의 일부로 SimpleROP가 분석 대상 파일을 분석하도록 실행시켰다. INSTRUCTION_ANALYZER 익스텐션 모듈은 전 단계에서 식별된 명령들(자동 분석의 기본 부분)이 필요하기 때문에 분석되지 않은 파일에 대해 SimpleROP를 실행하면 결과가 나오지 않는다. 자동 분석 과정의 일부로 SimpleROP를 실행시키면 단계 3-2에서 지정한 분석기 유형에 맞는 적절한 우선순위가 결정된다. 그림 15-26은 SimpleROP 분석기가 실행된 기드라 Log를 보여준다.

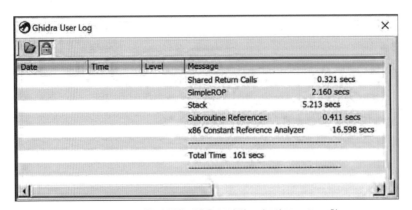

그림 15-26: 분석을 수행한 내용을 보여주는 기드라 User Log 창

4. (통과) SimpleROP가 **fileZZZ**에 대한 분석을 수행했다면 결과를 fileZZZ_gadgets.txt라는 이름의 파일에 기록해야 한다.

다음은 call_tree_x64_static_gadgets.txt 파일의 일부 내용이며 그림 15-27의 **call_tree_x64_static**에서 많은 가젯을 찾았다는 것을 알 수 있다.

```
00400412;ADD RSP,0x8;RET;
004004ce;NOP;RET;
00400679;ADD RSP,0x8;POP RBX;POP RBP;POP R12;POP R13;POP R14;POP R15;RET;
0040067d;POP RBX;POP RBP;POP R12;POP R13;POP R14;POP R15;RET;
0040067e;POP RBP;POP R12;POP R13;POP R14;POP R15;RET;
0040067f;POP R12;POP R13;POP R14;POP R15;RET;
00400681;POP R13;POP R14;POP R15;RET;
00400683;POP R14;POP R15;RET;
00400685;POP R15;RET;
00400a8b;POP RBP;MOV EDI,0x6babd0;JMP RAX;
00400a8c;MOV EDI,0x6babd0;JMP RAX;
00400a98;POP RBP;RET;
```

LAB_00400672		
00400672	MOV	qword ptr
00400679	ADD	RSP,0x8
0040067d	POP	RBX
0040067e	POP	RBP
0040067f	POP	R12
00400681	POP	R13
00400683	POP	R14
00400685	POP	R15
00400687	RET	

그림 15-27: call_tree_x64_static에 대한 CodeBrowser상의 코드

요약

14장에서는 기드라의 기능 확장 수단으로 스크립트를 소개했고, 15장에서는 기드라와 이클립스의 통합 기능과 함께 기드라 익스텐션 모듈을 소개했다. 기드라 익스텐션 모듈 개발에 있어 이클립스가 유일한 옵션은 아니지만 기드라와 이클립스 IDE를 통합하면 기드라의 기능을 확장하기 위한 매우 강력한 개발 환경을 제공한다. 개발 마법사와 템플릿은 기존 내용을 수정하고 새로운 기능을 개발하는 방법을 프로그래머에게 안내하기 때문에 익스텐션 모듈을 좀 더 쉽게 만들 수 있게 해준다. 16장에서는 그림 15-18의 옵션에서 본 헤드리스 기드라를 살펴본다. 그리고 이어지는 장에서는 기드라와 이클립스 IDE 통합을 기반으로 기드라의 기능을 더욱 확장하고 기드라를 리버스 엔지니어링 워크플로를 위한 최적의 도구로 만들기 위한 단단한 기반을 제공할 것이다.

16

기드라 헤드리스 모드

지금까지는 하나의 프로젝트에 하나의 파일만 있는 경우의 기드라 GUI 사용법에 초점을 맞춰 설명했다. 기드라는 GUI뿐만 아니라 기드라 헤드리스 분석기^{Ghidra headless analyzer}라고 하는 커맨드라인도 제공한다. 헤드리스 분석기는 프로젝트 및 파일 관련 작업과 같이 기드라 GUI가 제공하는 기능 중 일부 기능을 동일하게 제공하지만 기드라의 배치 처리와 스크립트 제어에 더 적합하다. 16장에서는 기드라의 헤드리스 모드를 설명하고 많은 파일을 반복적으로 처리할 때 어떻게 사용하면 되는지 설명한다. 처음에는 친숙한 예제로 시작해서 좀 더 복잡한 것으로 넘어갈 것이다.

시작

4장에서 기드라를 처음 사용했던 것을 상기하면서 시작해보자. 기본적인 단계는 다음과 같다.

1. 기드라 실행
2. 새로운 기드라 프로젝트 생성
3. 프로젝트의 위치 지정
4. 프로젝트에 파일 임포트
5. 파일을 자동 분석
6. 저장하고 종료

이번에는 기드라 헤드리스 분석기의 커맨드라인 인터페이스를 사용해 동일한 작업을 수행해보자. 헤드리스 분석기(analyzeHeadless 또는 analyzeHead less.bat)뿐만 아니라 도움말 파일인 analyzeHeadlessREADME.html을 기드라가 설치된 곳의 support 디렉터리에서 찾아볼 수 있다. 경로를 단순화시키고자 임시적으로 global_array_demo_x64 파일을 동일한 디렉터리로 옮겨놨다. 먼저 각 개별 작업에 필요한 명령과 파라미터를 식별한 다음 목표를 달성하고자 이들을 모두 통합할 것이다. 지금까지는 세 기드라 플랫폼 간의 차이가 많지 않았지만 커맨드라인에서 기드라를 이용할 때는 차이점이 많아진다. 16장에서의 윈도우상에서 다른 플랫폼과의 중요한 차이점을 알아본다.

슬래시와 백슬래시

기드라를 지원하는 운영체제 간의 주요 차이점은 파일 시스템 경로를 식별하는 방법이다. 일관된 구문을 사용하지만 운영체제마다 서로 다른 디렉터리 구분 기호를 사용한다. 윈도우의 경우에는 백슬래시 문자로 디렉터리를 구분하고 리눅스와 맥OS는 슬래시 문자를 사용한다. 윈도우에서 경로는 다음과 같다.

D:\GhidraProjects\ch16\demo_stackframe_32

반면 리눅스와 맥OS에서 경로는 다음과 같다.

/GhidraProjects/ch16/demo_stackframe_32

슬래시 문자가 URL과 기드라의 커맨드라인 스위치에 사용되기 때문에 윈도우 사용자의 경우에는 혼란스러울 수 있다. 운영체제는 이런 문제를 인식하고 2가지 방법 중 하나를 지원하려고 노력하지만 항상 예측 가능한 방향으로 결과가 나오는 것은 아니다. 이 장에서는 DOS 환경에 친숙한 독자를 위해 윈도우의 방식을 사용할 것이다.

단계 1: 기드라 실행

이 단계에서는 analyzeHeadless 명령을 이용한다. 그리고 이후의 모든 단계에서도 이 명령에 대한 파라미터와 옵션을 이용하게 될 것이다. 아무런 파라미터없이 analyzeHeadless 명령을 실행하면 그림 16-1과 같이 명령을 위한 구문과 옵션을 설명하는 메시지가 표시된다. 기드라를 실행시키고자 몇 가지 파라미터를 함께 사용해야 한다.

```
Headless Analyzer Usage: analyzeHeadless
        <project_location> <project_name>[/<folder_path>]
        | ghidra://<server>[:<port>]/<repository_name>[/<folder_path>]
        [[-import [<directory>|<file>]+] | [-process [<project_file>]]]
        [-preScript <ScriptName>]
        [-postScript <ScriptName>]
        [-scriptPath "<path1>[;<path2>...]"]
        [-propertiesPath "<path1>[;<path2>,...]"]
        [-scriptlog <path to script log file>]
        [-log <path to log file>]
        [-overwrite]
        [-recursive]
        [-readOnly]
        [-deleteProject]
        [-noanalysis]
        [-processor <languageID>]
        [-cspec <compilerSpecID>]
        [-analysisTimeoutPerFile <timeout in seconds>]
        [-keystore <KeystorePath>]
        [-connect <userID>]
        [-p]
        [-commit ["<comment>"]]
        [-okToDelete]
        [-max-cpu <max cpu cores to use>]
        [-loader <desired loader name>]

Please refer to 'analyzeHeadlessREADME.html' for detailed usage examples and notes.
```

그림 16-1: Headless 분석기 구문

단계 2와 3: 새로운 기드라 프로젝트를 특정 위치에 생성

헤드리스 모드에서 기드라는 프로젝트가 아직 존재하지 않은 상태라면 프로젝트를 새로 만든다. 지정된 위치에 이미 프로젝트가 있다면 기드라는 기존 프로젝트를 연다. 결과적으로 이 단계에서는 2개의 파라미터가 필요하다. 그것은 프로젝트의 위치와 프로젝트의 이름이다. 다음 명령은 CH16이라는 이름의 프로젝트를 D:\GhidraProjects 디렉터리에 만든다.

```
analyzeHeadless D:\GhidraProjects CH16
```

이는 프로젝트를 열기 위한 헤드리스 기드라에서 최소한의 실행 명령이며 프로젝트를 여는 것 외에는 아무런 작업도 수행하지 않는다. 명령에 대한 기드라의 응답 메시지는 정확히 다음과 같다.

```
Nothing to do...must specify -import, -process, or prescript and/or postscript.
```

단계 4: 프로젝트에 파일 임포트

파일을 임포트하고자 기드라는 **-import** 옵션과 임포트할 파일의 이름을 요구한다. 이전에 사용했던 global_array_demo_x64 파일을 임포트해보자. 앞서 언급했듯 예제를 단순화시키고자 해당 파일을 support 디렉터리에 미리 위치시켰다. 또는 임포트할 파일의 전체 경로를 지정해도 된다. **-import** 옵션으로 global_array_demo_x64 파일을 임포트하기 위한 명령은 다음과 같다.

```
analyzeHeadless D:\GhidraProjects CH16 -import global_array_demo_x64
```

단계 5와 6: 파일을 자동 분석, 저장, 종료

헤드리스 모드에서는 기본적으로 자동 분석과 분석 결과 저장이 수행되기 때문에 단계 4의 명령으로 충분하다. 파일에 대한 자동 분석을 원하지 않는다면 -noanalysis 옵션을 사용하면 되고 프로젝트 및 관련 파일을 저장하는 방법을 설정할 수 있는 옵션이 있다.

단계 6까지의 요구 사항을 만족하는 명령은 다음과 같다.

```
analyzeHeadless D:\GhidraProjects CH16 -import global_array_demo_x64
```

다른 많은 콘솔 명령과 마찬가지로 "원하는 작업이 수행됐는지 어떻게 확인할 수 있을까?" 가장 먼저 명령한 작업의 성공(또는 실패) 여부는 콘솔에 출력되는 메시지를 통해 가능하다. INFO라는 단어로 시작하는 메시지는 헤드리스 분석기가 시작되는 것과 진행 상황을 제공한다. 에러 메시지는 ERROR로 시작한다. 리스트 16-1은 에러 메시지를 포함한 콘솔 출력 내용의 일부분이다.

리스트 16-1: 에러 메시지를 포함하고 있는 헤드리스 분석기의 출력 내용

```
❶ INFO HEADLESS Script Paths: C:\Users\Ghidrabook\ghidra_scripts
  ❷ D:\ghidra_PUBLIC\Ghidra\Extensions\SimpleROP\ghidra_scripts.
    D:\ghidra_PUBLIC\Ghidra\Features\Base\ghidra_scripts
    D:\ghidra_PUBLIC\Ghidra\Features\BytePatterns\ghidra_scripts
    D:\ghidra_PUBLIC\Ghidra\Features\Decompiler\ghidra_scripts
    D:\ghidra_PUBLIC\Ghidra\Features\FileFormats\ghidra_scripts
    D:\ghidra_PUBLIC\Ghidra\Features\FunctionID\ghidra_scripts
    D:\ghidra_PUBLIC\Ghidra\Features\GnuDemangler\ghidra_scripts
    D:\ghidra_PUBLIC\Ghidra\Features\Python\ghidra_scripts
    D:\ghidra_PUBLIC\Ghidra\Features\VersionTracking\ghidra_scripts
    D:\ghidra_PUBLIC\Ghidra\Processors\8051\ghidra_scripts
    D:\ghidra_PUBLIC\Ghidra\Processors\DATA\ghidra_scripts
    D:\ghidra_PUBLIC\Ghidra\Processors\PIC\ghidra_scripts(HeadlessAnalyzer)
  INFO HEADLESS: execution starts (HeadlessAnalyzer)
```

```
    INFO Opening existing project: D:\GhidraProjects\CH16 (HeadlessAnalyzer)
❸ ERROR Abort due to Headless analyzer error:
    ghidra.framework.store.LockException:
    Unable to lock project! D:\GhidraProjects\CH16 (HeadlessAnalyzer)
    java.io.IOException: ghidra.framework.store.LockException:
    Unable to lock project! D:\GhidraProjects\CH16
    ...
```

먼저 헤드리스 모드에서 사용된 스크립트의 경로❶가 출력된다. 헤드리스 명령에서 추가적인 스크립트를 사용하는 방법은 이후에 설명할 것이다. 스크립트 경로에는 새로 만든 스크립트도 추가되기 때문에 이전에 만들었던 스크립트인 SimpleROP❷가 포함돼 있는 것을 볼 수 있다. LockException❸은 아마도 헤드리스 분석기에서 볼 수 있는 가장 흔한 에러일 것이다. 헤드리스 분석기는 이미 다른 기드라 인스턴스에서 열려 있는 프로젝트에 대해서는 작업을 실패한다. 그런 경우 헤드리스 분석기는 해당 프로젝트를 단독으로 사용할 수 있게 잠글 수 없기 때문에 실패하는 것이다.

에러를 해결하려면 CH16 프로젝트를 연 다른 기드라 인스턴스를 종료하고 다시 헤드리스 명령을 실행시키면 된다. 그림 16-2는 명령이 성공적으로 수행됐을 때 출력된 내용의 끝부분을 보여준다. 이는 기드라 GUI에서 파일을 분석한 다음에 표시되는 팝업 창의 내용과 유사하다.

기드라 GUI에서 결과를 확인하려면 그림 16-3과 같이 프로젝트를 열고 분석 대상 파일이 로드됐는지 확인한 다음 CodeBrowser에서 해당 파일을 열어 분석 내용을 보면 된다.

```
INFO  -------------------------------------------------------
        ASCII Strings                          0.883 secs
        Apply Data Archives                    0.590 secs
        Call Convention Identification         0.137 secs
        Call-Fixup Installer                   0.004 secs
        Create Address Tables                  0.012 secs
        Create Function                        0.005 secs
        DWARF                                  0.020 secs
        Data Reference                         0.010 secs
        Decompiler Switch Analysis             0.473 secs
        Demangler GNU                          0.050 secs
        Disassemble Entry Points               0.105 secs
        ELF Scalar Operand References          0.010 secs
        Embedded Media                         0.014 secs
        External Entry References              0.001 secs
        Function ID                            0.051 secs
        Function Start Search                  0.043 secs
        Function Start Search After Code       0.002 secs
        Function Start Search After Data       0.001 secs
        GCC Exception Handlers                 0.076 secs
        Non-Returning Functions - Discovered   0.013 secs
        Non-Returning Functions - Known        0.004 secs
        Reference                              0.025 secs
        Shared Return Calls                    0.005 secs
        Stack                                  0.054 secs
        Subroutine References                  0.007 secs
        Subroutine References - One Time       0.000 secs
        x86 Constant Reference Analyzer        0.093 secs
       -------------------------------------------------------
        Total Time    2 secs
```

그림 16-2: 콘솔에 출력된 헤드리스 분석기의 수행 결과

그림 16-3: 프로젝트가 생성됐고 분석 대상 파일이 로드됐는지 기드라 GUI에서 확인

지금까지 기드라로 파일을 분석하는 과정을 헤드리스 모드로 수행해봤다. 이제는 헤드리스 모드가 기드라 GUI 모드보다 유리한 몇 가지 상황에 대해 알아보자. 기드라 GUI에서 프로젝트를 만들고 그림 16-4에 있는 모든 파일을 로드해서 분석하려면 프로젝트를 만들고 분석 대상 파일을 개별적으로 로드하거나 11장의 'Batch Import 메뉴' 절에서 설명한 것처럼 일괄적으로 파일을 로드해야 한다. 하지만 헤드리스 모드에서는 분석 대상 파일들이 포함돼 있는 디렉터리를 지정해주면 된다.

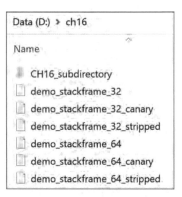

그림 16-4: 헤드리스 기드라 예제를 위한 입력 디렉터리

다음은 헤드리스 분석기에게 D:\GhidraProjects 디렉터리에 있는 **CH16** 프로젝트를 열거나 만들어서 D:\ch16에 있는 모든 파일을 임포트해 분석하라는 명령이다.

```
analyzeHeadless D:\GhidraProjects CH16 -import D:\ch16
```

명령이 실행된 이후에는 그 결과를 기드라 GUI에 새로운 프로젝트로 로드하면 그림 16-5와 같이 관련 파일을 볼 수 있다. 프로젝트에서는 D:\ch16\CH16_ subdirectory가 표시되지 않으며 그 안의 파일들도 표시되지 않는다. 다음 절에서는 헤드리스 기드라에서 사용할 수 있는 추가적인 옵션과 파라미터를 설명할 때 이에 대해 다시 설명할 것이다.

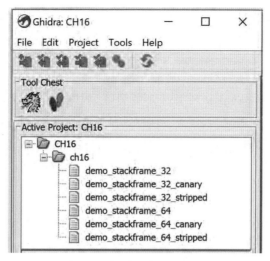

그림 16-5: 헤드리스 기드라의 프로젝트

옵션과 파라미터

헤드리스 기드라를 이용해 프로젝트를 만들고 단일 파일을 로드해서 분석하거나 디렉터리 전체를 임포트해서 일괄적으로 처리하는 간단한 예제는 시작점일 뿐이다. 헤드리스 기드라로 할 수 있는 모든 것을 설명할 수는 없지만 사용 가능한 옵션을 간단히 살펴보자.

일반 옵션

다음은 간단한 예제에서 추가적인 설정을 하는 데 사용할 수 있는 옵션에 대한 간단한 설명이다. 명령 실행 중 발생하는 에러는 기드라 Help를 참고하길 바란다.

-log logfilepath

커맨드라인으로 실행시킬 때는 많은 일이 잘못될 수 있다. 다행히 기드라 플러그인은 기드라가 실행되는 동안 무슨 일이 일어나고 있는지에 대한 지속적인 피드백을 제공한다. GUI로 실행된 기드라에서는 그런 피드백이 상대적으로 덜 중요하지만(무슨 일이 일어나고 있는지 시각적으로 보여주기 때문에) 헤드리스 모드로 실행되는 기드라에서는 중요하다.

기본적으로 로그 내용은 사용자의 홈 디렉터리의 .ghidra/.ghidra_<VER>_PUBLIC /application.log 파일에 기록된다. 커맨드라인에서 **-log** 옵션을 이용하면 로그가 저장되는 로그 파일의 위치를 지정할 수 있다. 다음 명령은 CH16-logs 디렉터리를 만들고 로그를 CH16-logfile 파일에 기록하게 만드는 명령이다.

```
analyzeHeadless D:\GhidraProjects CH16 -import global_array_demo_x64
    -log D:\GhidraProjects\CH16-logs\CH16-Logfile
```

-noanalysis

이 옵션은 커맨드라인으로 임포트한 파일을 기드라가 분석하지 않게 만든다. 다음 명령을 실행시키고 기드라 GUI에서 global_array_demo_x64 파일을 열면 분석이 수행되지 않은 버전으로 해당 파일이 **CH16** 프로젝트에 로드돼 있는 것을 볼 수 있다.

```
analyzeHeadless D:\GhidraProjects CH16 -import global_array_demo_x64
    -noanalysis
```

-overwrite

리스트 16-1은 이미 열려있는 프로젝트를 기드라가 열려고 할 때 에러가 발생한다는 것을 보여준다. 자주 발생하는 또 다른 에러로는 이미 임포트된 파일을 기드라가 임포트하려고 할 때 발생하는 것이다. 파일의 새로운 버전을 임포트하거나 파일의 내용과 관련 없이 기존 파일을 덮어쓰려면 -overwrite 옵션을 사용하면 된다. -overwrite 옵션 없이 다음의 명령을 2번 실행시키면 두 번째 실행 시 에러가 발생할 것이다. 반대로 -overwrite 옵션을 사용하면 다음과 같은 명령을 몇 번이고 반복해서 실행시킬 수 있다.

```
analyzeHeadless D:\GhidraProjects CH16 -import global_array_demo_x64
    -overwrite
```

-readOnly

프로젝트에 파일을 저장하지 않고 파일을 임포트하려면 -readOnly 옵션을
사용하면 된다. -readOnly 옵션을 사용했을 때 -overwrite도 함께 사용된다
면 -overwrite 옵션은 무시된다. -readOnly 옵션은 -import 옵션이 아닌
-process 옵션과 함께 사용할 때도 의미가 있다. -process 옵션은 이후에 설
명할 것이다.

```
analyzeHeadless D:\GhidraProjects CH16 -import global_array_demo_x64
    -readOnly
```

-deleteProject

이 옵션은 -import 옵션으로 만들어지는 어떤 프로젝트도 저장하지 않게 만든
다. 다른 모든 옵션과 함께 사용할 수 있으며 -readOnly 옵션이 사용될 때는
-deleteProject 옵션이 없어도 그것이 사용된 것으로 간주된다. -deleteProject
옵션을 사용하면 분석 작업이 완료된 이후에 새로 만들어진 프로젝트는 삭제
된다. 하지만 기존 프로젝트는 삭제하지 않는다.

```
analyzeHeadless D:\GhidraProjects CH16 -import global_array_demo_x64
    -deleteProject
```

-recursive

기본적으로 기드라는 전체 디렉터리를 처리하라는 요청을 받았을 때 하위
디렉터리까지 처리하지는 않는다. 하위 디렉터리에 있는 파일까지 처리하게
만들고 싶다면 이 옵션을 사용하면 된다. -recursive 옵션을 사용해 ch16 디
렉터리에 대한 분석을 수행하는 명령은 다음과 같다.

```
analyzeHeadless D:\GhidraProjects CH16 -import D:\ch16 -recursive
```

위 명령을 실행하고 **CH16** 프로젝트를 열어보면 그림 16-6과 같이 보일 것이다. 그림 16-5와 달리 프로젝트에 CH16_subdirectory와 그 안의 파일이 포함돼 있고 디렉터리 계층 구조가 프로젝트의 계층 구조에 그대로 유지된다.

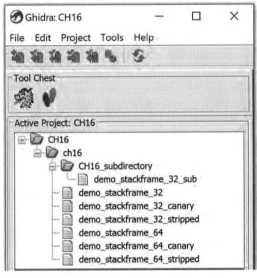

그림 16-6: -recursive 옵션을 사용한 헤드리스 기드라 프로젝트

와일드카드

헤드리스 기드라 커맨드라인 명령에서 와일드카드를 사용하면 각 파일을 별도로 나열하지 않아도 된다. 간단히 말해 별표(*)는 모든 문자 조합을 나타내며 물음표(?)는 하나의 문자를 나타낸다. 그림 16-7의 32비트 파일들만 로드해서 분석하게 만들려면 다음과 같이 와일드카드 문자를 사용하면 된다.

```
analyzeHeadless D:\GhidraProjects CH16 -import D:\ch16\demo_stackframe_32*
```

명령을 실행하면 CH16 프로젝트를 만들고 ch16 디렉터리에 있는 모든 32비트 파일들을 로드해서 분석한다. 명령 실행 결과는 그림 16-7을 통해 볼 수 있다. 와일드카드를 이용해 임포트하고 처리할 파일을 지정하는 자세한 방법은 analyzeHeadlessREADME.html을 참고하길 바란다. 이후의 헤드리스 기드라 스크립트 예제에서도 와일드카드가 사용되는 것을 볼 수 있을 것이다.

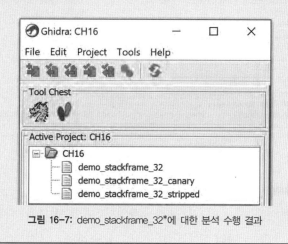

그림 16-7: demo_stackframe_32*에 대한 분석 수행 결과

-analysisTimeoutPerFile seconds

파일을 분석하다 보면(또는 기드라가 분석을 수행하는 것을 관찰해보면) 파일의 크기, 정적으로 링크됐는지 여부, 디컴파일의 분석 옵션 등이 분석 시간에 영향을 미친다는 것을 알게 된다. 파일의 내용이나 분석 옵션에 관계없이 파일을 분석하는 데 걸리는 시간은 미리 알 수 없다.

헤드리스 기드라에서 많은 수의 파일을 처리할 때는 -analysisTimeoutPerFile 옵션을 사용해 작업이 합리적인 시간 내에 종료되게 만들 수 있다. 이 옵션을 사용하면 시간제한을 초 단위로 지정할 수 있고 지정된 시간이 만료되면 분석이 중단된다. 예를 들어 기존 헤드리스 기드라 명령은 분석을 수행하는 데 1초가 조금 넘게 걸린다(그림 16-2 참고). 다음과 같이 실행 시간을 제한한다면 1초 후에 분석 작업이 종료될 것이다.

```
analyzeHeadless D:\GhidraProjects CH16 -import global_array_demo_x64
   -analysisTimeoutPerFile 1
```

그 결과 콘솔에는 그림 16-8과 같은 내용이 출력될 것이다.

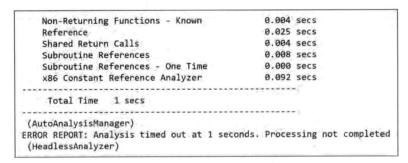

```
   Non-Returning Functions - Known        0.004 secs
   Reference                              0.025 secs
   Shared Return Calls                    0.004 secs
   Subroutine References                  0.008 secs
   Subroutine References - One Time       0.000 secs
   x86 Constant Reference Analyzer        0.092 secs
-----------------------------------------------------
   Total Time   1 secs
-----------------------------------------------------
(AutoAnalysisManager)
ERROR REPORT: Analysis timed out at 1 seconds. Processing not completed
(HeadlessAnalyzer)
```

그림 16-8: 분석 시간 초과에 대한 콘솔 내용

-processor languageID와 -cspec compilerSpecID

앞선 예제에서도 봤듯이 기드라는 파일에 대한 정보를 식별하고 임포트에
대한 권장 사항을 미리 만들어내는 데 능숙하다. 그림 16-9는 프로젝트에
파일을 임포트하려고 할 때마다 나타나는 대화상자이며, 대화상자의 내용을
보면 특정 파일에 대한 권장 사항을 미리 만들어 보여준다.

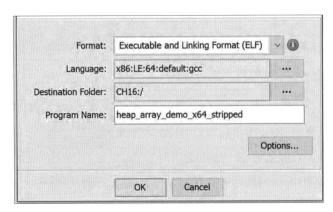

그림 16-9: 기드라 GUI의 임포트 확인 대화상자

적절한 언어나 컴파일러에 대한 정보를 미리 알고 있어 바꾸고 싶다면 오른쪽에 있는 버튼을 클릭하면 된다. 그러면 그림 16-10과 같은 창이 나타나고 그 곳에서 언어와 컴파일러를 선택하면 된다.

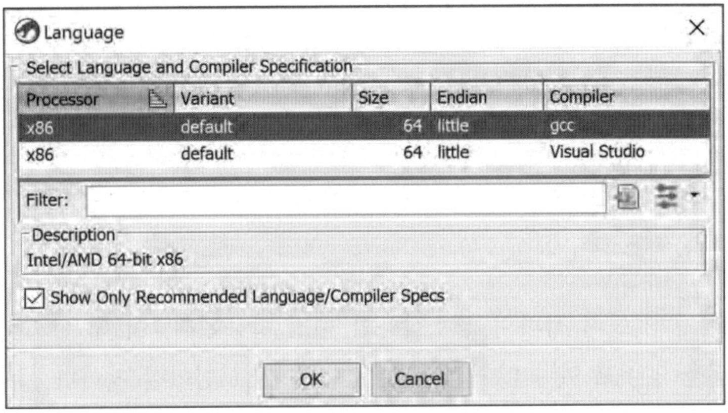

그림 16-10: 기드라 언어/컴파일러 선택 창

헤드리스 기드라에서는 -cspec과 -processor 옵션을 사용해 동일한 설정을 할 수 있다. -processor 옵션 없이 -cspec 옵션만 사용할 수도 있다. 반대로 -cspec 옵션 없이 -processor 옵션만을 사용할 수도 있는데, 그런 경우에는 입력된 프로세서와 연관된 디폴트 컴파일러가 선택된다.

```
analyzeHeadless D:\GhidraProjects CH16 -import global_array_demo_x64
    -processor "x86:LE:64:default" -cspec "gcc"
```

-loader loadername

-loader는 헤드리스 기드라 옵션 중에서 가장 복잡한 옵션이다. loadername은 프로젝트에 새로운 파일을 임포트할 때 사용될 기드라의 로더 모듈(17장에서 참고)의 이름을 나타낸다. 로더 모듈의 이름으로는 PeLoader, ElfLoader, MachoLoader 등이 있다. 각 로더 모듈에는 자신에 맞는 개별적인 커맨드라인 인자가 사용되며 자세한 내용은 support/analyzeHeadlessREADME.html 파일을 참고하길 바란다.

-max-cpu number

이 옵션을 사용하면 헤드리스 기드라가 사용하는 프로세서(CPU) 코어 수의 상한선을 설정할 수 있다. 인자로는 정수를 입력한다. 값이 1보다 작으면 이용할 수 있는 코드의 최대수가 1로 설정된다.

```
analyzeHeadless D:\GhidraProjects CH16 -import global_array_demo_x64
    -max-cpu 5
```

서버 옵션

몇 가지 명령은 기드라 서버와 상호작용할 때만 사용된다. 이 책은 서버와의 상호작용에 초점을 맞추고 있지 않기 때문에 간단히 짚고 넘어갈 것이다. 좀 더 자세한 내용은 analyzeheadlessREADME.html 파일을 참고하길 바란다.

ghidra://server[:port]/repository_name[/folder_path]

앞서 살펴본 예제는 모두 프로젝트의 위치나 프로젝트의 이름을 지정했다. 이 옵션을 이용하면 기드라 서버 저장소나 폴더의 경로를 지정할 수 있다.

-p

이 옵션을 이용해 기드라 서버에 연결하기 위한 패스워드를 콘솔에 입력할 수 있다.

-connect [userID]

이 옵션을 이용하면 기드라 서버에 연결할 때 디폴트 userID를 재정의할 수 있다.

-keystore path

이 옵션은 PKI나 SSH 인증을 위한 개인키 키스토어 파일을 지정할 때 사용한다.

-commit ["comment"]

    commit은 기본적으로 활성화돼 있지만 이 옵션을 사용하면 commit에 대한 주석을 입력할 수 있다.

스크립트 옵션

헤드리스 기드라를 위한 가장 강력한 애플리케이션은 아마도 기드라 스크립트 관련 기능일 것이다. 14장과 15장에서는 스크립트를 작성하는 방법과 스크립트를 기드라 GUI에서 사용하는 방법을 설명했다. 여기서는 스크립트 옵션을 설명하고 스크립트에 의해 헤드리스 기드라가 얼마나 강력하게 사용될 수 있는지 보여줄 것이다.

-process [project_file]

    이 옵션은 선택한 파일을 처리한다(파일을 임포트하는 것과 반대). 파일을 지정하지 않으면 기드라는 프로젝트 폴더에 있는 모든 파일을 처리할 것이다. 또한 -noanalysis 옵션을 사용하지 않는 한 지정된 모든 파일을 분석할 것이다. -process 옵션을 위해 2개의 와일드카드 문자(* 또는 ?)로 여러 개의 파일을 선택할 수 있다. 이 옵션은 -import 옵션과 달리 로컬 파일 시스템 파일이 아닌 기드라에서 임포트한 프로젝트 파일의 이름을 지정하기 때문에 와일드카드가 포함된 파일 이름은 인용부호로 묶어줘야 한다.

-scriptPath "path1[;path2...]"

    기본적으로 헤드리스 기드라는 리스트 16-1에서 본 것처럼 많은 기본 스크립트 경로와 임포트되는 확장 스크립트의 경로를 포함하고 있다. -scriptPath 옵션을 사용하면 기드라가 스크립트를 찾을 때 참조하는 경로를 확장시킬 수 있으며 추가되는 경로의 리스트는 인용부호로 묶어줘야 한다. 또한 인용부호 안에 포함되는 경로들은 세미클론으로 구분돼야 한다. 경로에는 미리 정의된 2개의 특별한 변수($GHIDRA_HOME, $USER_HOME)가 사용될 수 있다. $GHIDRA_HOME은 기드라가 설치된 디렉터리를 의미하며 $USER_HOME은 사용자의 홈 디렉터리를 의미한다. 이는 환경 변수가 아니며 커맨드 셸에서 기드라에 전달하려면 $ 문자를 이스케이프 처리해야 할 수도 있다. 다음 명령은 스크립트 경우에 D:\GhidraScripts를 추가한다.

```
analyzeHeadless D:\GhidraProjects CH16 -import global_array_demo_x64
   -scriptPath "D:\GhidraScripts"
```

명령을 실행하면 새로운 스크립트 디렉터리인 D:\GhidraScripts가 스크립트 경로에 추가된다.

```
INFO HEADLESS Script Paths:
  D:\GhidraScripts
  C:\Users\Ghidrabook\ghidra_scripts
  D:\ghidra_PUBLIC\Ghidra\Extensions\SimpleROP\ghidra_scripts
  D:\ghidra_PUBLIC\Ghidra\Features\Base\ghidra_scripts
  D:\ghidra_PUBLIC\Ghidra\Features\BytePatterns\ghidra_scripts
  D:\ghidra_PUBLIC\Ghidra\Features\Decompiler\ghidra_scripts
  D:\ghidra_PUBLIC\Ghidra\Features\FileFormats\ghidra_scripts
  D:\ghidra_PUBLIC\Ghidra\Features\FunctionID\ghidra_scripts
  D:\ghidra_PUBLIC\Ghidra\Features\GnuDemangler\ghidra_scripts
  D:\ghidra_PUBLIC\Ghidra\Features\Python\ghidra_scripts
  D:\ghidra_PUBLIC\Ghidra\Features\VersionTracking\ghidra_scripts
  D:\ghidra_PUBLIC\Ghidra\Processors\8051\ghidra_scripts
  D:\ghidra_PUBLIC\Ghidra\Processors\DATA\ghidra_scripts
  D:\ghidra_PUBLIC\Ghidra\Processors\PIC\ghidra_scripts (HeadlessAnalyzer)
INFO HEADLESS: execution starts (HeadlessAnalyzer)
```

-preScript

분석을 수행하기 전에 실행될 스크립트를 지정한다. 해당 스크립트는 아마도 추가적인 인자가 필요할 수 있다.

-postScript

분석을 수행한 후에 실행될 스크립트를 지정한다. 해당 스크립트는 아마도 추가적인 인자가 필요할 수 있다.

-propertiesPath

이 옵션은 스크립트와 연관된 속성 파일의 경로를 지정한다. 속성 파일은 헤드리스 모드에서 실행되는 스크립트에 입력을 제공한다. 스크립트 및 그에 연관된 속성 파일의 예는 헤드리스 분석기 문서에 포함돼 있다.

-okToDelete

스크립트는 작성자가 의도하는 모든 작업을 수행할 수 있기 때문에 스크립트가 기드라 프로젝트 내에 있는 파일을 삭제(또는 삭제를 시도)하는 것도 가능하다. 그와 같이 의도치 않은 부작용을 방지하고자 헤드리스 기드라는 스크립트를 실행시킬 때 -okToDelete 옵션을 사용하지 않는 한 스크립트가 파일을 삭제하는 것을 허용하지 않는다. 참고: **-import** 모드를 실행할 때는 이 옵션이 필요 없다.

스크립트 작성

지금까지 헤드리스 기드라의 커맨드라인 옵션에 대한 기본적인 것을 살펴봤으니 이제는 커맨드라인에서 실행시킬 스크립트를 작성해보자.

HeadlessSimpleROP

15장에서 작성했던 SimpleROP 분석기를 상기해보자. 이클립스 IDE를 이용해서 작성한 다음 기드라에 스크립트 확장으로 임포트함으로써 기드라가 임포트한 파일을 분석할 수 있었다. 이제 SimpleROP가 특정 디렉터리 안의 모든 파일(또는 선택된 파일)에서 ROP 가젯을 식별하게 만들어보자. 각 바이너리 파일에서 찾은 ROP 가젯에 대한 SimpleROP 출력 파일뿐만 아니라 각 파일의 목록과 각 파일에서 찾은 ROP 가젯의 수를 정리한 요약 파일도 필요하다.

이를 위해 기드라 GUI에서 SimpleROP를 실행시키면 각 파일을 Listing 창에서 표시하고자 CodeBrowser를 열고 닫는 것과 같은 시간적인 소모가 발생한다. 새로 설정한 작업 목표를 달성하고자 CodeBrowser 창에서 각 파일을 볼 필요는 없다. 그렇다면 GUI와 완전히 독립적으로 동작하면서 가젯을 찾는 스크립트를 작성하면 어떨까? 그것이 바로 헤드리스 기드라에 적합한 스크립트 사용 사례다.

새로 설정한 목표를 달성하고자 SimpleROP의 기능을 수정할 수는 있지만 다른 사용자가 유용하다고 생각할 수 있는 원래의 기능을 잃고 싶지는 않다(원래 기능에 대한 입소문이 났을 수도 있다). 따라서 SimpleROP의 일부 코드를 기반으로 <filename>에 있는 모든 ROP 가젯을 찾아 <filename>_gadgets.txt 파일에 기록하고 각 파일 경로(⟨path⟩/⟨filename⟩)와 그 안에서 찾은 ROP 가젯의 개수를 기록하는 요약 파일(gadget_summary.txt)을 만드는 **HeadlessSimpleROP**를 새로 만들 것이다. 필요한 다른 기능(디렉터리 파싱, 파일 등)은 모두 앞서 설명한 헤드리스 기드라의 옵션을 이용해서 제공할 것이다.

개발 과정을 단순화시키고자 15장에서 설명한 Eclipse ➤ GhidraDev 메뉴로 새로운 스크립트를 만들고 SimpleROPAnalyzer.java의 소스코드를 새로운 스크립트 템플릿에 복사한 후 필요에 따라 수정하면 된다. 마지막으로 **-postScript** 옵션을 이용해 각 파일에 대한 분석 과정이 종료된 이후에 새로 만든 스크립트가 실행되게 만들 것이다.

HeadlessSimpleROP 스크립트 템플릿 작성

스크립트 템플릿을 만드는 것으로 시작한다. GhidraDev 메뉴에서 New ➤ GhidraScript를 선택한 다음 그림 16-11과 같이 정보를 입력한다. 스크립트의 위치를 어디로 하든 상관없지만 이클립스에 있는 기존 SimpleROP 모듈 내의 ghidra_scripts 폴더에 위치시킬 것이다.

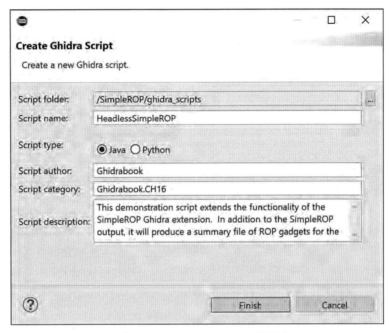

그림 16-11: Create Ghidra Script 대화상자

필요한 정보를 입력하고 Finish 버튼을 클릭하면 그림 16-12와 같이 새로운 스크립트 템플릿의 내용을 볼 수 있다. 라인 14에 있는 작업 태그는 작업을 시작할 위치를 나타낸다.

```
1 //This demonstration script extends the functionality of
2 //@author Ghidrabook
3 //@category Ghidrabook.CH16
4 //@keybinding
5 //@menupath
6 //@toolbar
7
8 import ghidra.app.script.GhidraScript;
9
10 public class HeadlessSimpleROP extends GhidraScript {
11
12     @Override
13     protected void run() throws Exception {
14         //TODO: Add script code here
15     }
16 }
```

그림 16-12: 새로운 HeadlessSimpleROP 스크립트 템플릿

SimpleROP 분석기를 HeadlessSimpleROP 스크립트로 변환하려면 다음과 같은 작업을 수행해야 한다.

1. 필요 없는 import 문을 제거한다.
2. analyzer public 메서드를 제거한다.
3. HeadlessSimpleROP 스크립트가 실행될 때 run 메서드에 의해 호출되는 SimpleROPAnalyzer의 added 메서드 기능을 복제한다.
4. 요약 파일인 gadget_summary.txt에 파일 이름과 찾은 가젯의 수를 기록하는 기능을 추가한다.

HeadlessSimpleROP 스크립트를 D:\GhidraScripts에 위치시켜 실행시킬 것이다. 다음 절에서는 그림 16-6의 디렉터리 구조에 있는 파일에 대해 HeadlessSimpleROP 스크립트를 다양한 방법으로 테스트할 것이다. 테스트를 수행하는 과정에 헤드리스 기드라와 관련된 몇 가지 옵션도 볼 수 있다.

테스트 시나리오 1: 로드, 분석, 단일 파일 처리

다음 명령은 단일 파일에 대한 가젯 검색 리포트를 만들고자 파일을 임포트하고 분석하고 스크립트를 실행시킨다(^ 문자는 윈도우 커맨드 셸에서 이어진 라인이라는 것을 나타낸다).

```
analyzeHeadless D:\GhidraProjects CH16_ROP ^
    -import D:\ch16\demo_stackframe_32 ^
    -scriptPath D:\GhidraScripts ^
    -postScript HeadlessSimpleROP.java
```

명령이 실행되면 기드라 헤드리스 분석기는 GhidraProjects 디렉터리에 CH16_ROP라는 이름의 프로젝트를 만들고 demo_stack frame_32 파일을 임포트해서 로드하고 분석 작업을 수행한다. -scriptPath 옵션으로 실행될 스크립트가 있는 디렉터리를 설정한다. 마지막으로 분석이 끝나면 스크립트가 실행된다.

명령이 종료되면 gadget_summary.txt와 demo_stackframe_32_gadgets.txt 파일의 내용을 보고 스크립트가 올바르게 동작했는지 확인한다. demo_stackframe_32_gadgets.txt 파일을 보면 스크립트가 16개의 잠재적인 ROP 가젯을 찾았다는 것을 알 수 있다.

```
080482c6;ADD ESP,0x8;POP EBX;RET;
080482c9;POP EBX;RET;
08048343;MOV EBX,dword ptr [ESP];RET;
08048360;MOV EBX,dword ptr [ESP];RET;
08048518;SUB ESP,0x4;PUSH EBP;PUSH dword ptr [ESP + 0x2c];PUSH dword ptr [ESP + 0x2c];
        CALL dword ptr [EBX + EDI*0x4 + 0xfffffff0c];
0804851b;PUSH EBP;PUSH dword ptr [ESP + 0x2c];PUSH dword ptr [ESP + 0x2c];
        CALL dword ptr [EBX + EDI*0x4 + 0xfffffff0c];
0804851c;PUSH dword ptr [ESP + 0x2c];PUSH dword ptr [ESP + 0x2c];
        CALL dword ptr [EBX + EDI*0x4 + 0xfffffff0c];
08048520;PUSH dword ptr [ESP + 0x2c];CALL dword ptr [EBX + EDI*0x4 + 0xfffffff0c];
08048535;ADD ESP,0xc;POP EBX;POP ESI;POP EDI;POP EBP;RET;
08048538;POP EBX;POP ESI;POP EDI;POP EBP;RET;
08048539;POP ESI;POP EDI;POP EBP;RET;
0804853a;POP EDI;POP EBP;RET;
0804853b;POP EBP;RET;
0804854d;ADD EBX,0x1ab3;ADD ESP,0x8;POP EBX;RET;
08048553;ADD ESP,0x8;POP EBX;RET;
08048556;POP EBX;RET;
```

다음은 gadget_summary.txt 파일의 내용이다.

```
demo_stackframe_32: Found 16 potential gadgets
```

테스트 시나리오 2: 로드, 분석, 디렉터리에 있는 모든 파일 처리

이번 테스트에서는 디렉터리에 있는 모든 파일을 임포트하고자 -import 옵션의 인자를 파일이 아닌 디렉터리로 지정했다.

```
analyzeHeadless D:\GhidraProjects CH16_ROP ^
  -import D:\ch16 ^
  -scriptPath D:\GhidraScripts ^
  -postScript HeadlessSimpleROP.java
```

헤드리스 분석기가 작업을 완료한 이후의 gadget_summary.txt 파일 내용은 다음과 같다.

```
demo_stackframe_32: Found 16 potential gadgets
demo_stackframe_32_canary: Found 16 potential gadgets
demo_stackframe_32_stripped: Found 16 potential gadgets
demo_stackframe_64: Found 24 potential gadgets
demo_stackframe_64_canary: Found 24 potential gadgets
demo_stackframe_64_stripped: Found 24 potential gadgets
```

그림 16-6을 보면 디렉터리 최상단에는 파일이 6개 있다. 요약 파일 외에도 각 파일에서 발견한 잠재적인 ROP 가젯을 기록한 개별적인 가젯 파일도 생성된다. 남은 테스트 시나리오에서는 가젯 요약 파일의 내용만을 살펴볼 것이다.

테스트 시나리오 3: 로드, 분석, 하위 디렉터리를 포함한 디렉터리에 있는 모든 파일 처리

이번 테스트에서는 -recursive 옵션을 사용해 ch16 디렉터리에 있는 하위 디렉터리를 포함한 모든 파일을 임포트한다.

```
analyzeHeadless D:\GhidraProjects CH16_ROP ^
  -import D:\ch16 ^
  -scriptPath D:\GhidraScripts ^
  -postScript HeadlessSimpleROP.java ^
  -recursive
```

헤드리스 분석기가 작업을 완료한 이후의 gadget_summary.txt 파일 내용은 다음과 같으며 하위 디렉터리에 있는 파일에 대한 내용도 포함돼 있다.

```
demo_stackframe_32_sub: Found 16 potential gadgets
demo_stackframe_32: Found 16 potential gadgets
demo_stackframe_32_canary: Found 16 potential gadgets
demo_stackframe_32_stripped: Found 16 potential gadgets
demo_stackframe_64: Found 24 potential gadgets
demo_stackframe_64_canary: Found 24 potential gadgets
demo_stackframe_64_stripped: Found 24 potential gadgets
```

테스트 시나리오 4: 로드, 분석, 디렉터리에 있는 모든 32비트 파일 처리

이번 테스트에서는 와일드카드 문자 *를 사용해 32비트 파일만을 임포트한다.

```
analyzeHeadless D:\GhidraProjects CH16ROP ^
  -import D:\ch16\demo_stackframe_32* ^
  -recursive ^
  -postScript HeadlessSimpleROP.java ^
  -scriptPath D:\GhidraScripts
```

gadget_summary.txt 파일의 내용은 다음과 같다.

```
demo_stackframe_32: Found 16 potential gadgets
demo_stackframe_32_canary: Found 16 potential gadgets
demo_stackframe_32_stripped: Found 16 potential gadgets
```

생성된 가젯 파일에만 관심이 있다면 -readOnly 옵션을 사용하면 된다. -readOnly 옵션을 사용하면 임포트한 파일을 프로젝트에 저장하지 않으며, 많은 파일을 일괄 처리할 때 프로젝트의 내용이 복잡해지는 것을 방지할 수 있다.

자동화된 FidDb 작성

13장에서는 정적 링크 버전의 libc에서 가져온 함수의 지문으로 Function ID 데이터베이스(FidDb)를 만들기 시작했다. 기드라 GUI와 기드라의 배치 파일 임포트 모드를 사용해 libc.a 아카이브에서 1,690개의 오브젝트 파일을 임포트했다. 그러나 GUI가 최소한의 배치 분석만을 지원하기 때문에 파일을 분석할 때 장애물에 부딪쳤다. 이제는 헤드리스 기드라에 친숙해졌기 때문에 헤드리스 기드라로 새로운 FidDb를 만들 수 있다.

배치 임포트와 분석

아카이브에서 1,690개 파일을 임포트해서 분석하는 것은 한때 어려운 작업처럼 보였지만 앞의 예제를 통해 해당 작업을 간단히 수행할 때 알아야 할 모든 것을 보여줬다. 여기서는 2가지 경우를 고려하고 각각에 대한 커맨드라인 명령을 제공할 것이다.

libc.a가 아직 기드라 프로젝트에 임포트된 상태가 아니라면 libc.a의 내용을 디렉터리로 추출한 다음 헤드리스 기드라를 이용해 해당 디렉터리 전체를 처리하면 된다.

```
$ mkdir libc.a && cd libc.a
$ ar x path\to\archive && cd ..
$ analyzeHeadless D:\GhidraProjects CH16 -import libc.a ^
      -processor x86:LE:64:default -cspec gcc -loader ElfLoader ^
      -recursive
```

위 명령은 기드라가 1,690개의 파일을 처리하면서 그에 따른 수천 줄의 출력 내용을 만들어내지만 명령이 일단 완료되면 프로젝트에는 1,690개의 분석된 파일이 포함된 libc.a 폴더가 만들어질 것이다.

기드라 GUI를 사용해 libc.a를 일괄적으로 임포트한 상태지만 1,690개의 임포트할 파일을 아직 처리하지 않은 상태라면 다음과 같은 명령으로 분석을 수행하면 된다.

```
$ analyzeHeadless D:\GhidraProjects CH16\libc.a -process
```

전체적인 정적 아카이브를 효율적으로 임포트해서 분석했으므로 이제는 13장에 설명한 대로 Function ID 플러그인의 기능을 사용해 FidDb를 만들어 내용을 채울 수 있게 됐다.

요약

기드라 GUI는 가장 간단하고 완전한 기능을 갖춘 버전이지만 헤드리스 모드로 기드라를 실행하면 기드라의 자동화된 분석을 기반으로 구축된 복잡한 도구를 만드는 데 엄청난 유연성을 제공한다. 지금까지 기드라의 일반적인 기능과 사용법을 모두 다뤘다. 이제는 기드라의 고급 기능으로 넘어갈 차례가 됐다.

이후 몇 개의 장에서는 알려지지 않은 파일 형식과 프로세서 아키텍처를 처리하는 것과 같이 바이너리 리버스 엔지니어링을 수행하는 동안 만나게 되는 좀 더 도전적인 문제를 정교한 기드라 확장으로 접근하는 방법을 살펴본다. 또한 기드라의 디컴파일러와 컴파일러가 코드 생성을 다르게 해서 디스어셈블리 코드의 가독성을 향상시킬 수 있는 몇 가지 방법을 설명한다.

4부

심층 분석

17

기드라 로더

4장의 원시 바이너리 로더를 보여주는 간단한 예를 제외하고, 기드라는 우리가 던져준 모든 파일의 형식을 식별해서 로드하고 분석해 줬다. 하지만 항상 그렇게 동작하는 것은 아니다. 경우에 따라 그림 17-1과 같은 대화상자에 직면하게 된다(그림 17-1의 파일은 정의된 구조체나 의미있는 파일 확장자 또는 매직 넘버를 갖고 있지 않은 셸코드이기 때문에 기드라가 인식하지 못한다).

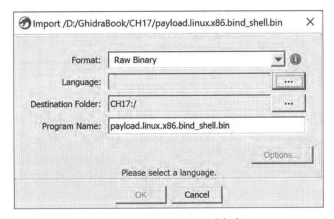

그림 17-1: Raw Binary 로더의 예

기드라가 제대로 인식하지 못하는 파일을 임포트하게 되면 어떻게 될까? 기드라가 파일을 로드하는 과정을 살펴보자.

1. 기드라 Project 창에서 사용자는 프로젝트에 로드할 파일을 지정한다.
2. 임포터는 모든 기드라 로더를 동원해서 사용자가 지정한 파일에 대한 식별을 시도한다. 파일 식별이 가능해서 해당 파일을 로드할 수 있다면 각 로더는 Import 대화상자의 내용을 채울 정보를 전달한다(대화상자의 내용이 비어있다는 것은 해당 파일을 로드할 수 없다는 것을 의미한다).
3. 임포터는 모든 로더에서 전달된 내용을 수집하고 로드할 파일을 인식할 수 있는 로더 목록을 작성한다. 그리고 Import 대화상자에 내용을 채워 사용자에게 보여준다.
4. 사용자는 파일을 로더하기 위한 로더와 파일 로드를 위한 관련 정보를 선택한다.
5. 임포터는 사용자가 선택한 로드를 이용해 파일을 로드한다.

그림 17-1에 있는 파일의 경우에는 어떤 로더도 파일을 식별하지 못한 경우다. 결과적으로 로드 작업은 어떤 파일 형식이든 상관없이 파일을 로드하는 Raw Binary 로더에게 전달됐다. Raw Binary 로더는 거의 작업을 수행하지 않기 때문에 파일 분석에 대한 부담이 리버스 엔지니어에게 전가된다. 따라서 Raw Binary 로더가 선택된 경우에는 로드 과정의 일부나 전체를 도와줄 수 있는 특별한 로더를 만들어야 할 경우가 생길 수 있다. 기드라가 새로운 형식의 파일을 로드할 수 있게 새로운 로더를 만들려면 몇 가지 작업을 수행해야 한다.

17장에서는 기드라가 파일 형식을 제대로 인식하지 못하는 경우의 파일 분석 과정을 먼저 살펴본다. 그러면 알려지지 않은 파일 형식을 분석하는 과정을 이해하는 데 도움이 될 것이고, 또한 이 장의 후반부에서 설명하는 새로운 로더를 만드는 데에도 도움이 될 것이다.

알려지지 않은 파일 형식 분석

기드라에는 좀 더 일반적인 실행 파일 및 아카이브 파일 형식을 인식하는 로더 모듈이 포함돼 있지만 계속해서 증가하는 새로운 파일 형식들까지 모두 지원하지는 못한다. 바이너리 이미지가 특정 운영체제에서 사용하게 형식화된 실행 파일이나 임베디드 시스템에서 추출한 ROM 이미지, 플래시 업데이트에서 추출한 펌웨어 이미지, 단순히 네트워크 패킷을 캡처해서 만든 파일, 단순한 기계어 코드 블록일 수도 있다. 그런 바이너리 이미지의 파일 형식은 운영체제(실행 파일), 대상 프로세서 및 시스템 아키텍처(ROM 이미지)에 의해 결정되거나 전혀 영향을 받지 않을 수도 있다(애플리케이션 계층 데이터에 포함된 셸코드).

프로세서 모듈이 알려지지 않은 바이너리에 포함된 코드를 디스어셈블할 수 있다고 가정하면 바이너리의 어느 부분이 코드를 나타내고 바이너리의 어느 부분이 데이터를 나타내는지 기드라에게 알려주기 전에 기드라 내에서 해당 파일 이미지를 적절하게 배열하는 것이 여러분의 작업이 될 것이다. 대부분의 프로세서 유형에서 원시 바이너리 형식으로 파일을 로드하면 리스트 17-1과 같이 파일의 내용을 주소 0에서 시작하는 하나의 세그먼트로 보여줄 뿐이다.

리스트 17-1: Raw Binary 로더로 분석되지 않은 PE 파일을 로드한 결과의 시작 부분

```
00000000  4d       ??       4Dh    M
00000001  5a       ??       5Ah    Z
00000002  90       ??       90h
00000003  00       ??       00h
00000004  03       ??       03h
00000005  00       ??       00h
00000006  00       ??       00h
00000007  00       ??       00h
```

경우에 따라서는 선택한 프로세서 모듈에 따라 추가적인 디스어셈블 작업이 수행된다. 예를 들면 임베디드 마이크로컨트롤러용 프로세서를 선택하면 ROM 이미지의 메모리 레이아웃을 가정해서 작업이 이뤄지고, 특정 프로세서와 관련된 공통 코드

시퀀스에 대한 지식이 있는 분석기는 일치되는 모든 부분을 코드로 형식화한다.

기드라가 인식하지 못하는 파일을 만나면 해당 파일에 대한 정보를 최대한 많이 확보해야 한다. 유용한 리소스에는 파일을 얻은 방법과 위치, 프로세서 참조, 운영체제 참조, 시스템 설계 문서, 디버깅이나 하드웨어 분석(예를 들면 로직 분석기를 이용해서 분석)을 통해 얻은 메모리 레이아웃 정보 등이 있다.

다음 절에서는 기드라가 윈도우 PE 파일 형식을 인식하지 못한다고 가정해서 설명을 이어갈 것이다. PE 파일은 잘 알려진 친숙한 파일 형식이다. 더 중요한 점은 PE 파일의 구조를 자세히 설명하는 문서를 쉽게 참조할 수 있기 때문에 임의의 PE 파일을 분석하는 것이 비교적 간단한 작업이라는 것이다.

윈도우 PE 파일을 수동으로 로딩

특정 파일 형식에 대한 문서를 찾을 수 있다면 기드라를 사용해서 바이너리를 이해하는 과정이 훨씬 쉬워질 것이다. 리스트 17-1은 Raw Bianry 로더와 language/compiler 설정을 x86:LE:32:default:windows로 해서 기드라에 로드한 분석되지 않은 PE 파일의 처음 부분을 보여준다.[1] PE 파일 형식을 설명하는 문서를 보면 유효한 PE 파일은 MS-DOS 헤더 구조체로 시작하다. MS-DOS 헤더는 2바이트의 시그니처(4Dh 5Ah (MZ))로 시작하며 리스트 17-1에서 그것을 확인할 수 있다.[2] 파일 오프셋 0x3C에는 다음 헤더(PE 헤더)의 오프셋을 가리키는 4바이트 값이 위치한다.

MS-DOS 헤더를 분석하는 2가지 방법은 (1) MS-DOS 헤더의 각 필드를 적절한 크기의 데이터 값으로 정의하거나 (2) 기드라의 Data Type Manager를 이용해 PE 파일 명세에 의거한 IMAGE_DOS_HEADER 구조체를 정의해서 적용하는 것이다. (1)번 방법은 이후의 예제에서 설명할 것이며, 이번에는 좀 더 쉬운 방법인 (2)번 방법을

---

1. 비주얼 스튜디오로 컴파일하면 language/compiler에 windows가 추가된다. 대부분의 다른 컴파일러의 경우에는 컴파일러의 이름과 좀 더 유사한 이름이 language/compiler에 표시된다.
2. https://docs.microsoft.com/en-us/windows/win32/debug/pe-format 참고

사용할 것이다.

Raw Binary 로더를 이용할 때 기드라는 Windows 데이터 타입으로 Data Type Manager를 로드하지 않기 때문에 MS-DOS 타입을 포함하고 있는 아카이브인 windows_vs12_32.gdt를 직접 로드해야 한다.

아카이브 내에서 IMAGE_DOS_HEADER를 직접 찾거나 Data Type Manager 창에서 Ctrl + F 키로 IMAGE_DOS_HEADER를 찾아 파일의 시작 부분으로 끌어다 놓는다. 또는 리스트의 첫 번째 주소 부분에 커서를 놓고 마우스 오른쪽 버튼 메뉴의 Data ➤ Choose Data Type(단축키 T)을 선택해서 표시되는 Data Type Chooser 대화상자에서 해당 데이터 타입을 선택한다. 결과적으로 각 필드의 설명이 포함된 다음과 같은 리스트를 얻을 수 있다.

```
00000000  4d 5a      WORD      5A4Dh    e_magic
00000002  90 00      WORD      90h      e_cblp
00000004  03 00      WORD      3h       e_cp
00000006  00 00      WORD      0h       e_crlc
00000008  04 00      WORD      4h       e_cparhdr
0000000a  00 00      WORD      0h       e_minalloc
0000000c  ff ff      WORD      FFFFh    e_maxalloc
0000000e  00 00      WORD      0h       e_ss
00000010  b8 00      WORD      B8h      e_sp
00000012  00 00      WORD      0h       e_csum
00000014  00 00      WORD      0h       e_ip
00000016  00 00      WORD      0h       e_cs
00000018  40 00      WORD      40h      e_lfarlc
0000001a  00 00      WORD      0h       e_ovno
0000001c  00 00 00   WORD[4]            e_res
          00 00 00
          00 00
00000024  00 00      WORD      0h       e_oemid
00000026  00 00      WORD      0h       e_oeminfo
00000028  00 00 00   WORD[10]           e_res2
```

```
          00 00 00
          00 00 00
0000003c  d8 00 00     LONG       D8h       e_lfanew
```

이 리스트의 마지막 필드인 **e_lfanew**의 값은 **D8h**이며, 이는 PE 헤더가 바이너리에서 오프셋 **D8h**(216바이트) 위치에 있다는 것을 가리킨다. 오프셋 D8h의 내용을 조사해 보면 PE 헤더의 매직 넘버인 **50h 45h (PE)**가 있어야 하고 오프셋 D8h를 IMAGE_NT_ HEADERS 구조체의 시작 부분으로 적용해야 한다. 다음은 리스트를 좀 더 확장시킨 것이다.

```
000000d8     IMAGE_NT_HEADERS
   000000d8     DWORD                       4550h      Signature
   000000dc     IMAGE_FILE_HEADER                      FileHeader
      000000dc     WORD                     14Ch       Machine❶
      000000de     WORD                     5h         NumberOfSections❷
      000000e0     DWORD                    40FDFD     TimeDateStamp
      000000e4     DWORD                    0h         PointerToSymbolTable
      000000e8     DWORD                    0h         NumberOfSymbols
      000000ec     WORD                     E0h        SizeOfOptionalHeader
      000000ee     WORD                     10Fh       Characteristics
   000000f0     IMAGE_OPTIONAL_HEADER32                OptionalHeader
      000000f0     WORD                     10Bh       Magic
      000000f2     BYTE                     '\u0006'   MajorLinkerVersion
      000000f3     BYTE                     '\0'       MinorLinkerVersion
      000000f4     DWORD                    21000h     SizeOfCode
      000000f8     DWORD                    A000h      SizeOfInitializedData
      000000fc     DWORD                    h          SizeOfUninitializedData
      00000100     DWORD                    14E0h      AddressOfEntryPoint❸
      00000104     DWORD                    1000h      BaseOfCode
      00000108     DWORD                    1000h      BaseOfData
      0000010c     DWORD                    400000h    ImageBase❹
      00000110     DWORD                    1000h      SectionAlignment❺
      00000114     DWORD                    1000h      FileAlignment❻
```

508

이제는 바이너리의 레이아웃을 좀 더 구체화할 수 있는 여러 가지 흥미로운 정보들을 알아냈다. 첫째, PE 헤더의 **Machine** 필드❶는 바이너리가 어떤 프로세서 타입을 위해 빌드됐는지는 나타낸다. **14Ch**는 해당 파일이 x86 프로세서 타입을 위한 바이너리라는 것을 나타낸다. **Machine** 필드의 값이 **1C0h**(ARM)처럼 다른 값이라면 CodeBrowser를 닫고 Project 창에서 파일을 선택한 다음 마우스 오른쪽 버튼 메뉴에서 Set Language를 선택해 올바른 언어 설정을 선택해야 한다.

ImageBase 필드❹는 로드된 파일 이미지의 기본 가상 주소를 나타낸다. 이 정보는 CodeBrowser에 있는 가상 주소 정보와 결합시킬 수 있다. Windows ➤ Memory Map 메뉴를 이용하면 현재 프로그램을 구성하는 메모리 블록의 목록을 볼 수 있다(그림 17-2). 그림에서는 하나의 메모리 블록이 프로그램의 모든 내용을 포함하고 있다. Raw Binary 로더는 프로그램의 내용에 대한 적절한 메모리 주소를 결정하지 못하기 때문에 주소 0에서 시작하는 하나의 메모리 블록에 모든 내용이 포함돼 있다고 표시한다.

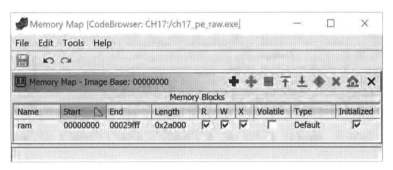

그림 17-2: Memory Map 창

Memory Map의 툴 버튼(그림 17-3)을 이용해 메모리 블록을 변경할 수 있다. 바이너리 이미지를 메모리에 적절하게 매핑하고자 가장 먼저 해야 할 일은 PE 헤더에 지정된 기본 주소를 설정하는 것이다.

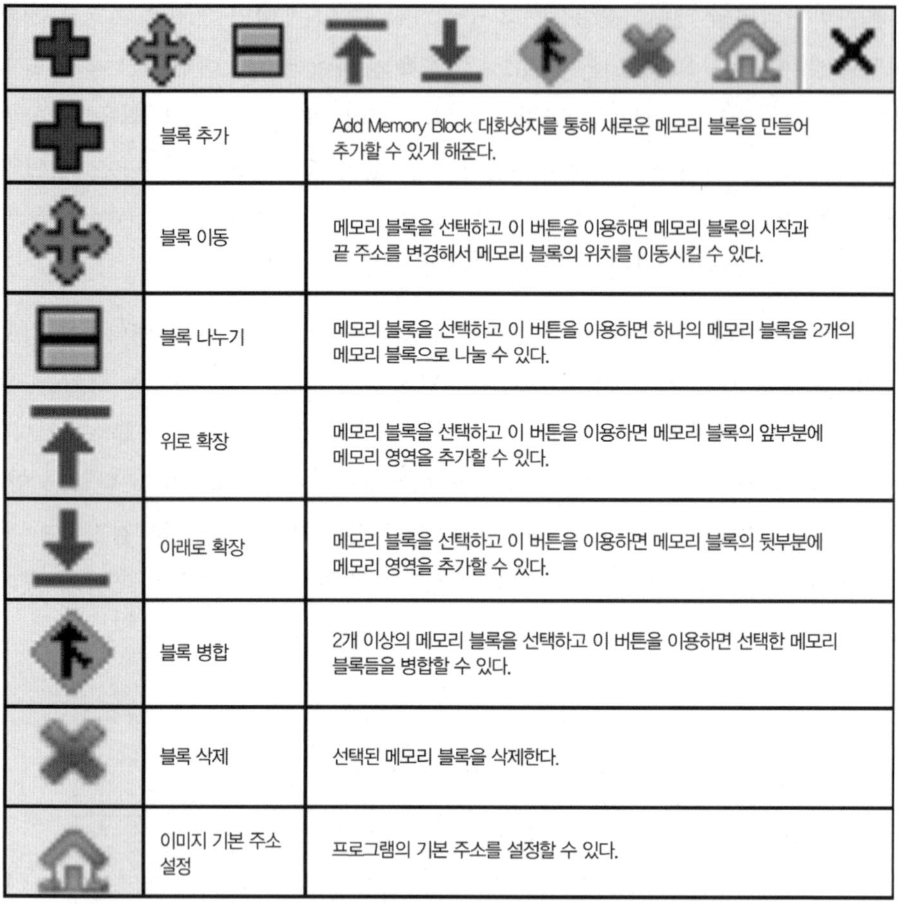

✚	블록 추가	Add Memory Block 대화상자를 통해 새로운 메모리 블록을 만들어 추가할 수 있게 해준다.
✛	블록 이동	메모리 블록을 선택하고 이 버튼을 이용하면 메모리 블록의 시작과 끝 주소를 변경해서 메모리 블록의 위치를 이동시킬 수 있다.
▭	블록 나누기	메모리 블록을 선택하고 이 버튼을 이용하면 하나의 메모리 블록을 2개의 메모리 블록으로 나눌 수 있다.
▲	위로 확장	메모리 블록을 선택하고 이 버튼을 이용하면 메모리 블록의 앞부분에 메모리 영역을 추가할 수 있다.
▼	아래로 확장	메모리 블록을 선택하고 이 버튼을 이용하면 메모리 블록의 뒷부분에 메모리 영역을 추가할 수 있다.
◆	블록 병합	2개 이상의 메모리 블록을 선택하고 이 버튼을 이용하면 선택한 메모리 블록들을 병합할 수 있다.
✖	블록 삭제	선택된 메모리 블록을 삭제한다.
🏠	이미지 기본 주소 설정	프로그램의 기본 주소를 설정할 수 있다.

그림 17-3: Memory Map 창의 툴바

ImageBase 필드❹의 값을 보면 바이너리의 기본 주소가 00400000라는 것을 알 수 있다. Set Image Base 버튼을 이용해 이미지의 기본 주소를 변경할 수 있다. 이미지의 기본 주소를 변경하고 OK 버튼을 클릭하면 기드라 창의 주소가 새로운 메모리 레이아웃(그림 17-4)이 적용돼 업데이트된다(이미 여러 개의 메모리 블록을 정의한 후에는 주의해야 한다. 모든 메모리 블록을 기본 주소만큼 이동시키기 때문이다).

510

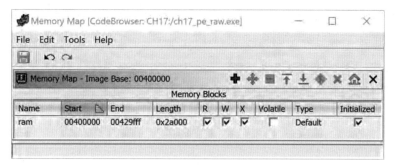

그림 17-4: 기본 주소를 설정한 이후의 Memory Map

AddressOfEntryPoint 필드❸는 프로그램 엔트리 포인트의 상대 가상 주소^{RVA, Relative}^{Virtual Address}를 나타낸다. PE 파일 명세를 보면 RVA는 프로그램의 기본 가상 주소에 대한 상대적인 오프셋 값을 의미하며, 프로그램 엔트리 포인트는 프로그램 파일에서 실행될 첫 번째 명령이 위치한 주소를 의미한다. 엔트리 포인트의 값이 **14E0h**라는 것은 프로그램 실행이 가상 주소 **4014E0h**(400000h + 14E0h)에서부터 시작한다는 것을 나타낸다. 이는 프로그램 내에서 코드를 찾기 시작해야 하는 첫 번째 위치라는 의미가 된다. 그 전에 프로그램의 나머지 부분을 적절한 가상 주소에 매핑해야 한다.

PE 타입은 파일의 내용을 메모리 영역에 매핑할 때 섹션을 사용한다. 파일의 각 섹션을 위한 섹션 헤더를 해석하면 프로그램의 기본적인 가상 메모리 레이아웃을 파악할 수 있다. NumberOfSections 필드❷를 통해 PE 파일에 몇 개의 섹션(이 경우에는 5개)이 있는지 알 수 있다. PE 명세에는 IMAGE_NT_HEADERS 구조체 바로 다음에 섹션 헤더 구조체의 배열이 위치한다고 돼 있다. IMAGE_NT_HEADERS 구조체 바로 다음 바이트를 IMAGE_SECTION_HEADER 구조체로 정의하면 된다(이 경우에는 5번을 연달아 정의해야 한다). 또는 IMAGE_NT_HEADERS 구조체 바로 다음 바이트를 IMAGE_SECTION_HEADER[n] 타입으로 설정(이 경우에 n은 5)하는 방법도 있다.

FileAlignment 필드❻는 각 섹션의 데이터가 파일에서 어떻게 정렬되는지를 나타내고 SectionAlignment 필드❺는 각 섹션의 데이터가 메모리에 매핑될 때 어떻게 정렬되는지를 나타낸다. 예제에서는 두 필드 모두 **1000h** 바이트 오프셋에 정렬되게 설정돼 있다.[3] PE 타입에서는 이 두 필드의 값이 똑같지 않아도 된다. 하지만 두 필드의 값이 동일하면 파일에 있는 내용에 대한 오프셋 값과 파일이 메모리에 로드됐을 때 해당 파일 내용에 대한 오프셋 값이 동일해지기 때문에 분석 작업이 쉬워진다. 섹션이 정렬되는 방식을 이해하면 프로그램을 위해 섹션을 직접 만들 때 실수하지 않을 수 있다.

각 섹션 헤더를 정의하면 프로그램의 추가적인 구조를 정의하는 데 충분한 정보를 갖게 된다. 다음은 IMAGE _NT_HEADERS 구조체 바로 다음에 위치한 바이트에 IMAGE_SECTION_HEADER 템플릿을 적용한 것이다.

```
004001d0       IMAGE_SECTION_HEADER
   004001d0       BYTE[8]          ".text"    Name❶
   004001d8       _union_226                  Misc
      004001d8    DWORD            20A80h      PhysicalAddress
      004001d8    DWORD            20A80h      VirtualSize
   004001dc       DWORD            1000h       VirtualAddress❷
   004001e0       DWORD            21000h      SizeOfRawData❸
   004001e4       DWORD            1000h       PointerToRawData❹
   004001e8       DWORD            0h          PointerToRelocations
   004001ec       DWORD            0h          PointerToLinenumbers
   004001f0       WORD             0h          NumberOfRelocations
   004001f2       WORD             0h          NumberOfLinenumbers
```

Name 필드❶로부터 이 헤더가 .text 섹션에 대한 헤더라는 것을 알 수 있다. 섹션 헤더의 모든 필드가 유용한 정보를 담고 있지만 여기서는 섹션의 레이아웃을 설명하는 3개의 필드만 살펴볼 것이다. PointerToRawData 필드❹(1000h)는 이 섹션의 내용이 파일의 어느 곳(오프셋)에 위치하고 있는지를 나타낸다. PointerToRawData 필드의 값은 파일 정렬 값인 1000h의 배수가 돼야 한다. PE 파일에서 섹션은 파일 오프셋(가상 주소)이 증가하는 순서로 정렬된다. 이 섹션은 파일 오프셋 1000h에서 시작하

---

3. 정렬 값은 데이터 블록의 시작 주소 또는 오프셋을 의미한다. 주소나 오프셋 값은 정렬 값의 배수가 돼야 한다. 예를 들면 데이터가 200h(512)바이트 경계로 정렬되게 설정돼 있다면 섹션의 주소(또는 오프셋)는 200h으로 나눠지는 값이 돼야 한다.

기 때문에 파일의 처음 1000h바이트에는 파일 헤더 데이터 등이 위치하게 된다(파일 헤더 데이터의 길이가 1000h바이트보다 작더라도 이 섹션의 시작은 1000h바이트 경계로 정렬돼야 한다). 엄밀히 말해 헤더 바이트가 섹션을 구성하지는 않지만 기드라에서는 메모리 블록으로 그룹화 해서 논리적으로 서로 관련돼 있다는 사실을 강조할 수도 있다.

기드라에서는 그림 17-2의 Memory Map 창에서 2가지 방법으로 새로운 메모리 블록을 만들 수 있다. Add Block 버튼(그림 17-3 참고)을 이용해 그림 17-5의 대화상자를 통해 기존의 메모리 블록과 영역이 겹치지 않는 새로운 메모리 블록을 추가할 수 있다. 대화상자를 이용해 새로운 메모리 블록의 이름과 시작 주소, 길이를 결정할 수 있다. 또한 해당 메모리 블록을 상수 값으로 초기화(예를 들면 0으로 채우기)하거나 현 재 파일의 특정 오프셋 위치에 있는 값으로 초기화하거나 초기화하지 않은 상태로 남겨둘 수도 있다.

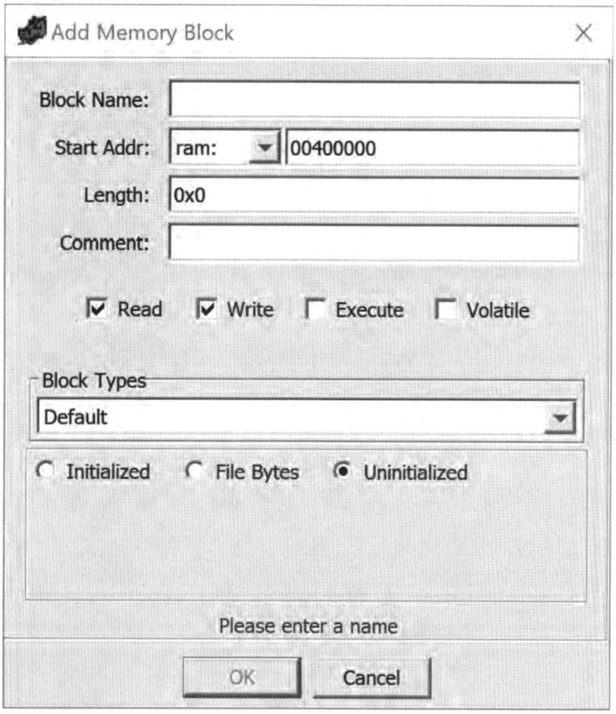

그림 17-5: Add Memory Block 대화상자

두 번째 방법은 기존 메모리 블록을 나눠서 새로운 메모리 블록을 만드는 것이다. 기드라에서 메모리 블록을 나누려면 먼저 Memory Map 창에서 나눌 메모리 블록을 선택하고 Split Block 버튼(그림 17-3 참고)을 선택해서 그림 17-6과 같은 대화상자를 열어야 한다. 이제 막 메모리 블록 설정을 시작했기 때문에 현재는 하나의 블록만 있을 뿐이다. 대화상자에서 기존 메모리 블록의 길이(1000h)를 입력하면 기드라는 자동으로 나머지 부분의 길이를 계산한다. 그리고 분할된 지점에서 생성되는 새로운 메모리 블록의 이름을 제공한다. 여기서는 첫 번째 섹션 헤더에 포함된 이름으로 .text가 사용된다.

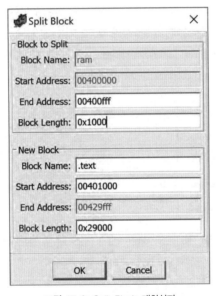

그림 17-6: Split Block 대화상자

이제 하나의 메모리 블록을 2개의 메모리 블록으로 나눴다. 첫 번째 블록은 올바른 크기의 프로그램 헤더가 포함돼 있다. 하지만 두 번째 블록의 경우 이름(.text 섹션)은 올바르지만 크기가 잘못돼 있다. 그림 17-7을 보면 .text 섹션의 크기가 0x29000바이트임을 알 수 있다.

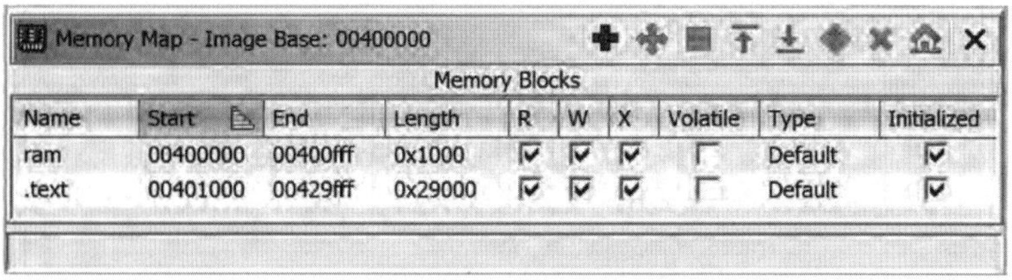

그림 17-7: 메모리 블록을 나눈 다음의 Memory Map 창

.text 섹션을 위한 헤더를 보면 VirtualAddress 필드❷의 값이 1000h이고 그것은 해당 섹션의 내용이 ImageBase로부터의 거리를 나타내는 RVA 값이다. 그리고 SizeOfRawData 필드❸(21000h)는 해당 섹션이 파일에서 몇 바이트의 데이터로 이뤄졌는지를 나타낸다. 다시 말하면 .text 섹션은 파일에서 1000h-21FFFh 영역에 해당하며 그것의 크기는 21000h다. 그리고 .text 섹션은 가상 주소 401000h-421FFFh에 로딩된다.

.text 섹션의 시작 부분을 원래의 메모리 블록에서 분리했기 때문에 분리된 두 번째 블록인 .text 섹션은 일시적으로 나머지 모든 섹션을 포함하게 돼 크기가 0x29000으로 표시된다. 이는 원래 메모리 블록의 크기인 0x21000보다 크기 때문에 올바른 값이 아니다. 따라서 나머지 섹션 헤더들에 대해서도 동일하게 메모리 블록을 분할해 나가면서 최종적으로 프로그램의 올바른 메모리 맵을 만들어가야 한다. 그런데 다음과 같은 형태의 섹션 헤더 쌍을 만나면 문제가 될 수 있다.

```
00400220      IMAGE_SECTION_HEADER
   00400220         BYTE[8]          ".data"    Name
   00400228         _union_226                  Misc
      00400228      DWORD            5624h      PhysicalAddress
      00400228      DWORD            5624h      VirtualSize❶
   0040022c         DWORD            24000h     VirtualAddress❷
   00400230         DWORD            4000h      SizeOfRawData❸
   00400234         DWORD            24000h     PointerToRawData
   00400238         DWORD            0h         PointerToRelocations
   0040023c         DWORD            0h         PointerToLinenumbers
```

00400240	WORD	0h	NumberOfRelocations
00400242	WORD	0h	NumberOfLinenumbers
00400244	DWORD	C0000040h	Characteristics
00400244	IMAGE_SECTION_HEADER		
00400248	BYTE[8] ".idata" Name		
00400250	_union_226 Misc		
00400250	DWORD	75Ch	PhysicalAddress
00400250	DWORD	75Ch	VirtualSize
00400254	DWORD	2A000h	VirtualAddress❹
00400258	DWORD	1000h	SizeOfRawData
0040025c	DWORD	28000h	PointerToRawData❺
00400260	DWORD	0h	PointerToRelocations
00400264	DWORD	0h	PointerToLinenumbers
00400268	WORD	0h	NumberOfRelocations
0040026a	WORD	0h	NumberOfLinenumbers
0040026c	DWORD	C0000040h	Characteristics

.data 섹션의 가상 메모리상에서의 크기❶가 파일 크기❸보다 크다. 이것이 의미하는 것은 무엇이고 메모리 맵에는 어떤 영향을 줄까? 컴파일러는 프로그램이 실행될 때 5624h바이트의 런타임 정적 데이터를 필요로 하지만 해당 데이터를 초기화하는 데에는 4000h바이트만 있으면 된다고 판단한 것이다. 나머지 1624h바이트는 실행 시에 실행 파일의 데이터로 초기화되지 않고 초기화되지 않은 전역 변수로 할당된다(이처럼 변수가 .bss라는 전용 프로그램 섹션에 할당되는 것은 드문 일이 아니다).

프로그램의 메모리 맵을 완성하려면 .data 섹션의 크기를 적절하게 선택하고 이어지는 섹션도 올바르게 매핑되도록 작업해야 한다. .data 섹션은 파일의 24000h오프셋에 있는 4000h바이트가 메모리 주소 424000h❷(ImageBase + VirtualAddress)에 매핑된다. 다음 섹션인 .idata 섹션은 파일의 28000h❺ 오프셋에 있는 1000h바이트가 메모리 주소 42A000h❹에 매핑된다. 주의를 기울여보면 .data 섹션이 6000h바이트 (42A000h - 424000h) 크기의 메모리를 차지하는 것으로 보이며 실제로도 그렇다. 엄밀히 말해 .data 섹션은 5624h바이트의 영역을 필요로 하지만 그것은 PE 헤더에 정의된

1000h의 배수가 아니기 때문에 6000h바이트를 사용하게 되고 그로 인해 .idata 섹션의 위치도 자연스럽게 1000h의 경계에 위치하게 된다. 메모리 맵 작업을 완료하려면 다음과 같은 과정을 수행해야 한다.

1. .data 섹션을 4000h 크기로 나눈다. 이때 .idata 섹션은 메모리 주소 428000h에 매핑될 것이다.

2. Move Block 아이콘(그림 17-3)을 클릭해 .idata 섹션의 위치를 42A000h로 이동시키고 시작 주소를 42A000h로 설정한다.

3. 이후의 섹션에 대해서도 필요하다면 섹션을 나누거나 이동하는 작업을 수행한다.

4. 섹션의 가상 메모리 크기가 파일에서의 크기보다 크다면 섹션의 크기를 증가시킨다. 앞의 예에서 .data 섹션의 가상 메모리 크기가 5624h여서 6000h 영역이 필요하지만 그 파일에서의 크기가 4000h인 경우가 이에 해당된다. 일단 .idata 섹션을 적절한 위치로 이동시켜 공간이 확보되면 .data 섹션의 크기를 4000h에서 6000h바이트로 확장시킬 수 있다.

.data 섹션을 확장시키고자 Memory Map 창에서 .data 섹션을 선택하고 Expand Down(그림 17-3)을 클릭하면 그림 17-8과 같은 Expand Block Down 대화상자가 나타나고 그곳에서 섹션의 마지막 주소(또는 길이)를 수정하면 된다(이 작업을 수행하면 섹션의 이름에 .exp가 추가된다).

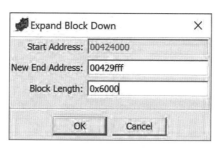

그림 17-8: Expand Block Down 대화상자

섹션을 나누거나 이동, 확장해서 최종적으로 만든 메모리 맵은 그림 17-9와 같다. 각 섹션에 대한 이름뿐만 아니라 시작 주소와 마지막 주소 그리고 길이와 각종 권한 정보(읽기(R), 쓰기(W), 실행(X)) 등을 볼 수 있다. PE 파일에서 이와 같은 정보는 각 섹션 헤더의 Characteristics 필드에서 비트 값으로 표현된다. 각 섹션의 권한 값을 올바르게 설정하려면 PE 파일의 명세를 통해 Characteristics 필드의 값을 해석하는 방법을 알아야 한다.

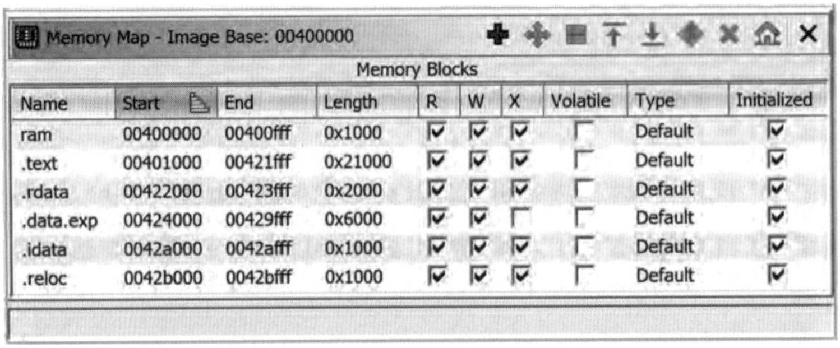

Memory Map - Image Base: 00400000

Memory Blocks

Name	Start	End	Length	R	W	X	Volatile	Type	Initialized
ram	00400000	00400fff	0x1000	☑	☑	☑	☐	Default	☑
.text	00401000	00421fff	0x21000	☑	☑	☑	☐	Default	☑
.rdata	00422000	00423fff	0x2000	☑	☑	☑	☐	Default	☑
.data.exp	00424000	00429fff	0x6000	☑	☑	☐	☐	Default	☑
.idata	0042a000	0042afff	0x1000	☑	☑	☑	☐	Default	☑
.reloc	0042b000	0042bfff	0x1000	☑	☑	☑	☐	Default	☑

그림 17-9: 최종적으로 모든 섹션을 만든 이후의 Memory Map 창

모든 프로그램 섹션이 제대로 매핑되면 코드에 해당하는 바이트들을 찾아야 한다. AddressOfEntryPoint(RVA 14E0h, 또는 가상 주소 4014E0h)를 통해 프로그램의 엔트리 포인트가 되는 코드의 위치를 알 수 있다. 다음은 엔트리 포인트 위치에 있는 바이트 리스트다.

```
004014e0    ??      55h     U
004014e1    ??      8Bh
004014e2    ??      ECh
...
```

콘텍스트 메뉴를 사용해 주소 004014e0에서 디스어셈블(단축키 D)하면 재귀적 하강 프로세스(Code Browser의 오른쪽 하단 모서리에서 디스어셈블의 진행 상황을 확인할 수 있음)가 수행돼 다음과 같은 어셈블리 코드로 변환된다.

```
    FUN_004014e0
004014e0  PUSH   EBP
004014e1  MOV    EBP, ESP
004014e3  PUSH   -0x1
004014e5  PUSH   DAT_004221b8
004014ea  PUSH   LAB_004065f0
004014ef  MOV    EAX,FS:[0x0]
004014f5  PUSH   EAX
```

이 시점이 되면 바이너리 분석을 수행할 수 있는 충분한 코드가 준비돼야 한다. 바이너리의 메모리 레이아웃이나 파일 내의 코드와 데이터를 분리할 수 있는 정보가 적다면 다른 정보 소스에 의존해야 한다. 다음은 메모리 레이아웃을 올바르게 판단하고 코드를 찾고자 시도할 수 있는 몇 가지 방법이다.

- 프로세서 매뉴얼을 참고해 리셋 벡터를 어디에서 찾을 수 있는지 이해한다.
- 바이너리의 아키텍처나 운영체제, 바이너리를 빌드하고자 사용된 컴파일에 해당될 수 있는 문자열을 바이너리에서 검색한다.
- 바이너리의 대상 프로세서에서 일반적으로 사용되는 함수 프롤로그에 해당하는 바이트를 검색한다.
- 이미 알고 있는 바이너리와 통계적으로 유사한 영역을 찾기 위한 통계 분석을 수행한다.
- 주소 테이블이 될 수 있는 반복적인 데이터 시퀀스를 찾는다(예를 들면 모두 동일한 상위 12비트가 동일한 32비트 정수들)[4] 해당 값들은 포인터일 수도 있고 바이너리의 메모리 레이아웃에 관한 단서를 제공할 수도 있다.

원시 바이너리 파일 로드에 대한 설명을 마무리하면서 언급할 사항은, 알려지지 않은 형식의 바이너리를 기드라로 열 때마다 이 절에서 설명한 작업을 반복적으로 수행해야 한다는 것이다. 그 과정에서 헤더를 파싱하거나 새로운 세그먼트를 만드

---

4. −1이나 0처럼 값이 크지 않은 정수 값들은 중요한 의미를 갖지 않는 경우가 많다. 의미가 있는 정수들은 아키텍처의 비트 크기 수만큼 유효한 값을 갖는 경향이 있어 그런 정수 값들이 검색 결과로 나올 가능성이 높다.

는 것과 같은 작업은 스크립트를 작성해서 일부분 자동화할 수도 있다. 기드라 로더 모듈의 목적이 바로 그것이다. 다음 절에서는 간단한 기드라 로더 모듈을 작성해보고자 기드라의 로더 모듈 아키텍처를 살펴본다. 그리고 구조화된 형식을 갖고 있는 파일을 로드하기 위한 몇 가지 일반적인 작업을 수행해주는 좀 더 복잡한 형태의 로더 모듈을 살펴본다.

예제 1: SimpleShellcode 로더 모듈

이 장의 시작 부분에서 셸코드 파일을 기드라에 로드하려고 했고 그때 Raw Binary 로더를 참조했다. 15장에서는 이클립스와 GhidraDev를 이용해 분석 모듈을 작성해서 기드라에 추가했다. 그때 기드라가 제공하는 모듈 옵션 중에는 로더 모듈이 있었다. 이번 장에서는 셸코드를 로드하기 위한 간단한 로더 모듈을 작성해서 기드라에 추가시켜볼 것이다. 15장에서와 마찬가지로 이번에도 간단한 데모 프로젝트이기 때문에 개발 과정은 간략하게 설명하겠다. 전체적인 개발 과정은 다음과 같다.

1. 문제를 정의
2. 이클립스 모듈을 생성
3. 로더를 빌드
4. 로더를 기드라에 추가
5. 기드라에서 해당 로더 모듈을 테스트

셸코드는 무엇이고 왜 관심을 가져야 할까?

현학적으로 말하면 셸코드는 유저 스페이스에 셸 프로세스(예를 들면 /bin/sh)를 생성하는 것이 유일한 목적인 원시 기계어 코드이며, 대부분 시스템 콜을 사용해 운영체제의 커널과 직접 통신한다. 시스템 콜을 사용하면 libc와 같은 유저 스페이스에 있는 라이브러리에 대한

종속성이 제거된다. 여기서 말하는 원시라는 단어를 기드라 Raw Binary 로더에 사용된 것과 혼동해서는 안 된다. 원시 기계어 코드는 파일 헤더와 같은 형태로 패키징되지 않으며 동일한 작업을 수행하는 컴파일된 실행 파일에 비해 매우 간단하다. x86-64 리눅스에서 동작하는 간단한 셸코드는 30바이트만큼 작을 수 있지만 셸 프로세스를 생성하는 다음과 같은 C 프로그램을 컴파일하면 최소한 6000바이트를 초과하게 된다.

```
#include <stdlib.h>
int main(int argc, char **argv, char **envp) {
    execve("/bin/sh", NULL, NULL);
}
```

셸코드의 단점은 커맨드라인에서 직접 실행할 수 없다는 것이다. 따라서 일반적으로는 기존 프로세스에 삽입돼 실행 권한이 셸코드에 전달되는 과정을 거치게 된다. 공격자는 프로세스에 전달되는 입력값을 조작해 셸코드를 프로세스의 메모리 공간에 삽입하려고 시도할 수 있다. 그다음에는 삽입된 셸코드로 실행 흐름이 이동되게 제어 흐름 하이재킹 취약점을 이용할 수 있다. 셸코드는 종종 프로세스를 위한 입력에 삽입되는 경우가 있기 때문에 취약한 서버 프로세스에 대한 네트워크 트래픽이나 취약한 애플리케이션이 오픈하는 파일 내에서 관찰될 수 있다.

시간이 지남에 따라 셸코드라는 용어는 공격 대상 시스템의 기계어 코드가 유저 스페이스에 셸 프로세스를 생성하는 것과 상관없이 공격 코드에 통합된 원시 기계어 코드를 설명하는 데 일반적으로 사용되고 있다.

단계 0: 한발 물러나기

문제를 정의하기 전에 (a) 기드라가 현재 셸코드 파일로 무엇을 할 수 있는지, (b) 기드라가 셸코드 파일로 무엇을 하기 원하는지를 이해해야 한다. 기본적으로 셸코드 파일을 원시 바이너리 파일로 로드하고 분석한 다음 발견한 정보를 이용해서 셸코드 로더(또는 잠재적인 분석기)를 개발해야 한다. 다행스럽게도 대부분의 셸코드는 PE 파일만큼 복잡하지 않다. 그렇다면 심호흡을 하고 셸코드의 세계로 뛰어들어 보자.

이 장의 시작 부분에서 로드하려고 했던 셸코드 파일을 분석하는 것부터 시작하자. 앞에서는 그림 17-1처럼 단지 Raw Binary 로더가 유일한 선택지였고 그것을 이용해 로드했다. 다른 로더는 맞지 않기 때문에 Raw Binary 로더 외에는 권장되는 어떤 로더가 없었다. 언어/컴파일 항목으로 그림 17-10과 같이 x86:LE:32:default:gcc 를 선택하자.

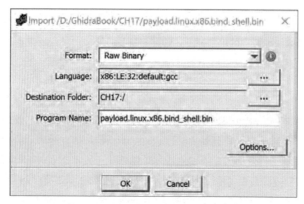

그림 17-10: 언어/컴파일 항목을 지정한 Import 대화상자

OK 버튼을 클릭하면 그림 17-11과 같은 Import Results Summary 창을 볼 수 있다.

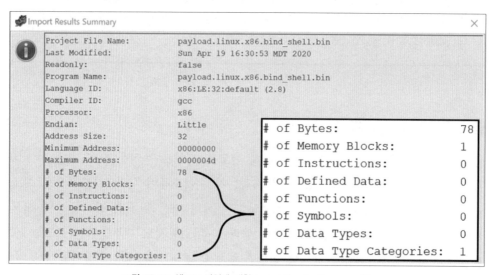

그림 17-11: 셸코드 파일에 대한 Import Results Summary 창

Import Results Summary 창에서 확대된 부분을 보면 하나의 메모리/데이터 블록은 파일에서 단지 78바이트만 해당된다는 것을 알 수 있으며 그것이 Raw Binary 로더를 통해 알 수 있는 전부다. 해당 파일을 CodeBrowser에서 열면 기드라는 파일을 자동으로 분석할 것을 제안할 것이다. 기드라가 해당 파일에 대한 자동 분석을 수행할지 여부와 상관없이 CodeBrowser 창에는 그림 17-12와 같은 내용을 표시하게 된다. Program Trees에는 단지 하나의 섹션만이 보이고 Symbol Tree는 비어있으며 Data Type Manager에는 해당 파일과 관련된 폴더가 없다. 또한 Decompiler는 파일에서 함수를 식별하지 못했기 때문에 내용이 비어있다.

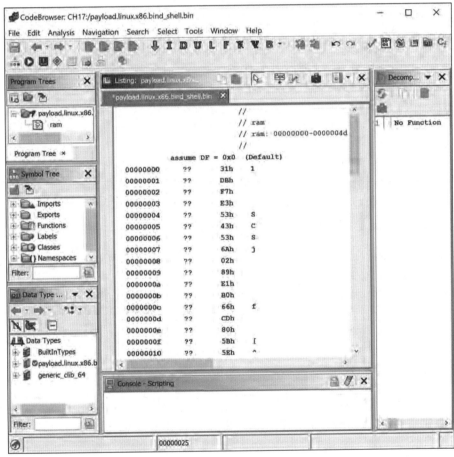

그림 17-12: 셸코드 파일을 로드(또는 분석)한 이후의 CodeBrowser 창

파일에서 첫 번째 주소를 선택해서 마우스 오른쪽 버튼을 눌러 Disassemble(단축키 D) 메뉴를 선택하면 Listing 창에 명령 목록을 볼 수 있다. 리스트 17-2는 디스어셈블을 수행하고 파일에 대한 분석 작업을 수행한 후의 명령들을 보여준다. 커맨드라인의 끝부분에 있는 주석은 분석 결과를 기록한 것이다.

리스트 17-2: 디스어셈블된 32비트 리눅스 셸코드

```
0000002b  INC    EBX
0000002c  MOV    AL,0x66        ; 0x66은 리눅스의 sys_socketcall을 의미한다.
0000002e  INT    0x80           ; 시스템 콜을 실행하고자
                                ; 커널로 실행 흐름을 전달한다.

00000030  XCHG   EAX,EBX
00000031  POP    ECX
          LAB_00000032          XREF[1]: 00000038(j)
00000032  PUSH   0x3f           ; 0x3f는 리눅스의 sys_dup2를 의미한다.
00000034  POP    EAX
00000035  INT    0x80           ; 시스템 콜을 실행하고자
                                ; 커널로 실행 흐름을 전달한다.

00000037  DEC    ECX
00000038  JNS    LAB_00000
0000003a  PUSH   0x68732f2f     ; 0x68732f2f는 "//sh"를 나타낸다.
0000003f  PUSH   0x6e69622f     ; 0x6e69622f는 "/bin"을 나타낸다.
00000044  MOV    EBX, ESP
00000046  PUSH   EAX
00000047  PUSH   EBX
00000048  MOV    ECX, ESP
0000004a  MOV    AL, 0xb        ; 0xb는 지정된 프로그램을 실행시키는
                                ; 리눅스의 sys_execve를 의미한다.
0000004c  INT    0x80           ; 시스템 콜을 실행하고자 커널로 실행 흐름을 전달한다.
```

분석 결과에 의하면 셸코드는 /bin/sh(0000003a와 000003f에서 스택에 푸시됨)를 실행시키고자 (0000004c에서) 리눅스의 **execve** 시스템 콜을 호출한다. 이와 같은 사실이 의미가 있다면 분석을 위한 적절한 언어와 디스어셈블리 시작점을 선택했을 가능성이 있다는 것을 나타낸다.

이제는 로더를 정의하기 위한 로딩 프로세스에 대해 충분히 알게 됐다(또한 간단한 셸코드 분석기를 만들기 위한 충분한 정보를 확보하게 됐지만 분석기를 실제로 만려면 또 다른 작업을 필요로 한다).

단계 1: 문제를 정의

우리의 작업은 Listing 창에 셸코드를 로드하고 자동 분석을 위한 엔트리 포인트를 설정하는 간단한 로더를 설계하고 개발하는 것이다. 개발된 로더는 기드라에 추가돼 기드라의 **Loader** 옵션에서 선택할 수 있어야 한다. 또한 Raw Binary 로더와 동일한 방식으로 기드라 임포터에 응답할 수 있어야 한다. 참고로 예제에서는 **FlatProgramAPI**를 사용할 것이다. **FlatProgramAPI**는 기드라 확장 프로그램을 만들 때는 일반적으로 사용되지 않지만, 이를 사용하면 자바로 기드라 스크립트를 개발할 때 14장에서 설명한 스크립팅 개념을 강화할 수 있다.

단계 2: 이클립스 모듈을 생성

Loader Module 템플릿을 이용하는 **SimpleShellcode**라는 이름의 모듈을 만들고자 15장에서 설명한 것처럼 GhidraDev ➤ New ➤ Ghidra Module Project 메뉴를 이용한다. 그러면 **SimpleShellcode** 모듈 내의 src/main/java 폴더에 SimpleShellcodeLoader. java 파일이 만들어진다. 폴더의 계층 구조는 그림 17-13과 같다.

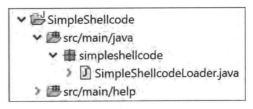

그림 17-13: SimpleShellcode의 계층 구조

단계 3: 로더를 빌드

그림 17-14는 로더 템플릿 파일인 SimpleShellcodeLoader.java의 일부분이다. 로더 템플릿에서 제공되는 모든 로더 메서드를 볼 수 있도록 함수의 코드를 접어놓은 상태다. 이클립스에서 코드를 작성할 때 임포트가 필요하다면 관련 코드를 바로 작성하면 된다. 그러면 이클립스는 임포트가 필요하다는 것을 감지해서 임포트 여부를 물어보며 그때 임포트를 수락하면 된다.

```
SimpleShellcodeLoader.java ⊠
 2⊕ * IP: GHIDRA
16 package simpleshellcode;
17
18⊕import java.io.IOException;
30
32⊕ * TODO: Provide class-level documentation that describes what this loader does.
34 public class SimpleShellcodeLoader extends AbstractLibrarySupportLoader {
35
37⊕     public String getName() {
44
46⊕     public Collection<LoadSpec> findSupportedLoadSpecs(ByteProvider provider) throws IOE:
54
56⊕     protected void load(ByteProvider provider, LoadSpec loadSpec, List<Option> options,
62
64⊕     public List<Option> getDefaultOptions(ByteProvider provider, LoadSpec loadSpec,
74
76⊕     public String validateOptions(ByteProvider provider, LoadSpec loadSpec, List<Option>
83 }
```

그림 17-14: SimpleShellcodeLoader 템플릿

그림 17-14의 로더 템플릿을 보면 개발을 시작해야 할 부분을 나타내는 작업 태그 6개가 라인 번호 오른쪽에 표시돼 있다. 특정 작업을 작성할 때 각 섹션을 펼쳐보면 템플릿 수정 방법을 이해할 수 있도록 각 작업과 관련된 작업 전후의 내용을 볼 수 있다(일부 내용은 가독성을 위해 형식을 달리하거나 공간을 절약하고자 내용을 최소화한다). 15장에서 작성한 분석기 모듈과 달리 여기서 작성하는 모듈은 어떤 클래스 멤버 변수도 필요로 하지 않기 때문에 즉시 작업으로 바로 코딩 작업을 수행하면 된다.

단계 3-1: 클래스에 대한 설명 변경

첫 번째 작업 태그를 펼치면 다음과 같은 작업 설명을 볼 수 있다.

```
/**
 * TODO: Provide class-level documentation that describes what this
 * loader does.
 */
```

기존의 TODO 주석을 로더가 수행하는 작업을 설명하는 주석으로 변경하면 된다.

```
/*
 * This loader loads shellcode binaries into Ghidra,
 * including setting an entry point.
 */
```

단계 3-2: 로더의 이름과 설명 변경

다음 작업 태그를 펼치면 TODO 주석과 편집해야 하는 문자열을 볼 수 있다. TODO 주석을 통해 어떤 작업을 수행해야 하는지 쉽게 알 수 있으며 두 번째 작업에 대한 TODO 주석은 다음과 같다.

```
public String getName() {
    // TODO: Name the loader. This name must match the name
    // of the loader in the .opinion files
    return "My loader"❶;
}
```

❶ 부분을 의미 있는 다른 것으로 변경해야 한다. .opinion 파일에 있는 이름과 일치하는 것에 대해서는 걱정할 필요가 없다. 어떤 파일이든 로드하는 로더에는 적용되지 않기 때문이다. .opinion 파일은 뒤의 세 번째 예제에서 다룰 것이다. 템플릿에 있는 .opinion 파일 관련 주석은 무시하고 다음과 같이 수정하면 된다.

```
public String getName() {
```

```
    return "Simple Shellcode Loader";
}
```

단계 3-3: 로더가 파일을 로드할 수 있는지 판단

이 장의 시작 부분에서 설명한 로딩 프로세스의 두 번째 단계는 임포터 로더 폴링에 대한 것이다. 이 작업을 수행하려면 로더가 파일을 로드할 수 있는지 판단하고 메서드의 반환값을 임포터에 대한 응답으로 제공해야 한다.

```
public Collection<LoadSpec> findSupportedLoadSpecs(ByteProvider provider)
                            throws IOException {
  List<LoadSpec> loadSpecs = new ArrayList<>();

  // TODO: Examine the bytes in 'provider' to determine if this loader
  // can load it. If it can load it, return the appropriate load
  // specifications.
  return loadSpecs;
}
```

대부분의 로더는 로드할 파일의 내용에서 매직 넘버를 찾거나 헤더의 구조체 내용을 바탕으로 로드할 수 있는 파일인지 여부를 판단한다. 입력 파라미터인 ByteProvider는 입력 파일 스트림에 대한 기드라가 제공하는 읽기 전용 래퍼다. 여기서는 Raw Binary 로더가 사용하는 LoadSpec 목록을 이용해 작업을 단순화시킬 것이다. 즉, 파일의 내용을 무시하고 단순히 가능한 모든 LoadSpec을 나열할 것이다. 그런 다음 로더에 Raw Binary 로더보다 낮은 우선순위를 부여해 좀 더 구체적인 로더가 존재하는 경우 기드라 Import 대화상자에서 자동으로 그것이 더 높은 우선순위를 갖게 만들 것이다.

```
public Collection<LoadSpec> findSupportedLoadSpecs(ByteProvider provider)
                            throws IOException {
```

528

```
// 이 로더가 지원하는 LoadSpec 목록
List<LoadSpec> loadSpecs = new ArrayList<>();
List<LanguageDescription> languageDescriptions =
    getLanguageService().getLanguageDescriptions(false);
for (LanguageDescription languageDescription : languageDescriptions) {
  Collection<CompilerSpecDescription> compilerSpecDescriptions =
      languageDescription.getCompatibleCompilerSpecDescriptions();

  for (CompilerSpecDescription compilerSpecDescription :
        compilerSpecDescriptions) {
    LanguageCompilerSpecPair lcs =
        new LanguageCompilerSpecPair(languageDescription.getLanguageID(),
        compilerSpecDescription.getCompilerSpecID());
    loadSpecs.add(new LoadSpec(this, 0, lcs, false));
  }
}
return loadSpecs;
}
```

모든 로더는 계층과 계층 우선순위를 갖는다. 기드라는 특정 파일을 위한 로더(계층 0)에서부터 파일의 형식에 구애받지 않는 로드(계층 3)에 이르는 4개의 로더 계층을 정의하고 있다. 파일을 로드할 수 있는 로더가 여러 개라면 기드라는 오름차순으로 로더 목록을 정렬해서 사용자에게 보여준다. 동일한 계층에 해당하는 로더가 여러 개라면 추가적으로 계층 우선순위로 정렬시킨다(즉, 계층 우선순위가 10인 것이 계층 우선순위가 20인 것보다 먼저 나열된다).

예를 들어 PE 로더와 Raw Binary 로더는 모두 PE 파일을 로드할 수 있지만 PE 로더가 PE 파일 형식(계층 1)에는 더 나은 선택이기 때문에 로더 목록에서 Raw Binary 로더(계층 3, 계층 우선순위 100)보다 상단에 위치한다. Simple Shellcode Loader의 계층을 3(LoaderTier.UNTARGETED_LOADER)으로 설정하고 우선순위를 101로 설정해 Import 창에 표시되는 로더 중에서 가장 우선순위가 낮게 만든다. 이를 위해 로더에 다음과 같은 2개의 메서드를 추가한다.

```
@Override
public LoaderTier getTier() {
    return LoaderTier.UNTARGETED_LOADER;
}
@Override
public int getTierPriority() {
    return 101;
}
```

단계 3-4: 파일의 바이트를 로드

다음의 메서드는 기드라 프로젝트에 임포트되는 파일의 내용을 로딩하는 작업을
수행한다(이 경우에는 셸코드를 로드한다).

```
protected void load(ByteProvider provider, LoadSpec loadSpec,
            List<Option> options, Program program, TaskMonitor monitor,
            MessageLog log) throws CancelledException, IOException {
    // TODO: Load the bytes from 'provider' into the 'program'.
}
```

```
protected void load(ByteProvider provider, LoadSpec loadSpec,
            List<Option> options, Program program, TaskMonitor monitor,
            MessageLog log) throws CancelledException, IOException {
❶ FlatProgramAPI flatAPI = new FlatProgramAPI(program);
  try {
    monitor.setMessage("Simple Shellcode: Starting loading");
    // 셸코드를 로드하기 위한 메모리 블록을 생성
    Address start_addr = flatAPI.toAddr(0x0);
❷ MemoryBlock block = flatAPI.createMemoryBlock("SHELLCODE", start_addr,
          provider.readBytes(0, provider.length()), false);
    // 메모리 블록을 쓰기가 아닌 읽기/실행 가능한 영역으로 설정
❸ block.setRead(true);
```

```
      block.setWrite(false);
      block.setExecute(true);
      // 셸코드의 엔트리 포인트를 start_addr로 설정
   ❹ flatAPI.addEntryPoint(start_addr);
      monitor.setMessage( "Simple Shellcode: Completed loading" );
   } catch (Exception e) {
      e.printStackTrace();
      throw new IOException("Failed to load shellcode");
   }
}
```

GhidraScript를 상속한 14장과 15장의 스크립트(궁극적으로 FlatProgramAPI)와는 달리 여기
서 작성하는 로더 클래스는 Flat API에 직접적으로 접근할 수 없다. 따라서 일반적으
로 사용되는 API 클래스에 대한 접근을 단순화시키고자 자체적인 FlatProgramAPI
객체❶를 인스턴스화한다. 그다음에는 주소 0에 SHELLCODE라는 이름의 MemoryBlock❷
을 만들고 입력 파일의 내용으로 채운다. 기드라가 디스어셈블을 시작해야 하는
위치를 알리는 엔트리 포인트❹를 추가하기 전에 새로운 메모리 블록에 적절한
권한❸을 설정한다.

로더에게 있어 엔트리 포인트를 추가하는 것은 매우 중요한 단계다. 엔트리 포인
트는 코드(데이터가 아닌)가 포함돼 있는 곳의 주소를 기드라가 찾을 수 있는 주요 수단
이다. 입력 파일을 분석할 때 엔트리 포인트를 발견해서 그것을 기드라에 알려주
는 것을 수행하는 것은 로더가 이상적이다.

단계 3-5: 사용자 지정 로더 옵션 등록

일부 로더는 로딩 과정과 관련된 다양한 파라미터를 수정할 수 있는 옵션을 제공한
다. getDefaultOptions 함수를 재정의해서 기드라에게 로더에 사용할 수 있는 사
용자 지정 옵션 목록을 제공할 수 있다.

```
public List<Option> getDefaultOptions(ByteProvider provider, LoadSpec
        loadSpec,DomainObject domainObject, boolean isLoadIntoProgram) {
    List<Option> list = super.getDefaultOptions(provider, loadSpec,
                        domainObject, isLoadIntoProgram);

    // TODO: If this loader has custom options, add them to 'list'
    list.add(new Option("Option name goes here",
                        Default option value goes here));
    return list;
}
```

여기서 작성하는 로더는 단순히 설명을 위한 것이기 때문에 어떤 옵션도 추가하지 않을 것이다. 로더에 추가할 수 있는 옵션으로는 로더가 읽기 시작하는 파일의 오프셋 설정이나 바이너리를 로드할 주소를 설정하는 것 등이 있을 수 있다. 로더와 관련된 옵션을 보려면 Import 대화상자의 우측 하단에 있는 Options... 버튼을 클릭하면 된다(그림 17-1 참고).

```
public List<Option> getDefaultOptions(ByteProvider provider, LoadSpec
        loadSpec,DomainObject domainObject, boolean isLoadIntoProgram) {
    // 어떤 옵션도 설정하지 않는다.
    List<Option> list = new ArrayList<Option>();
    return list;
}
```

단계 3-6: 옵션 확인

다음 작업은 옵션을 확인하는 것이다.

```
public String validateOptions(ByteProvider provider, LoadSpec loadSpec,
                        List<Option> options, Program program) {
    // TODO: If this loader has custom options, validate them here.
    // Not all options require validation.
```

```
    return super.validateOptions(provider, loadSpec, options, program);
}
```

옵션을 설정하지 않았기 때문에 단순히 null을 반환한다.

```
public String validateOptions(ByteProvider provider, LoadSpec loadSpec,
                              List<Option> options, Program program) {
    // 어떤 옵션도 설정하지 않았으므로 옵션을 확인할 필요가 없다.
    return null;
}
```

이클립스에서 모듈 테스트

한 번에 코드를 정확히 작성하지 못하는 프로그래머라면 '익스포트, 기드라 실행, 기드라 확장 임포트, 임포트 리스트에 기드라 확장 추가, 기드라 확장 선택, 기드라 재시작, 기드라 확장 테스트'와 같은 작업을 반복적으로 수행해야 할 것이다. 이클립스에서 Run ▶ Run As 메뉴를 선택하면 기드라(또는 기드라 헤드리스)로 실행시킬 수 있는 옵션을 사용할 수 있다. 해당 옵션을 사용하면 기드라를 실행시켜 파일을 현재 프로젝트에 임포트할 수 있다. 임포트 옵션은 새로 작성한 로더가 포함될 것이고 콘솔 출력은 이클립스 콘솔로 볼 수 있다. 다른 파일과 마찬가지로 기드라에서 파일을 처리할 수 있다. 그런 다음 파일을 저장하지 않고 기드라 프로젝트를 종료하고 (1) 코드를 수정하거나, (2) '익스포트, 기드라 실행, 기드라 확장 임포트, 임포트 목록에 기드라 확장 추가, 기드라 확장 선택, 기드라 재시작, 기드라 확장 테스트' 중 하나를 수행할 수 있다.

단계 4: 로더를 기드라에 추가

모듈이 정상적으로 동작하는 것을 확인한 후에는 15장의 SimpleROPAnalyzer에서 한 것처럼 이클립스에서 모듈을 기드라 모듈 익스텐션으로 익스포트해 기드라에 설치한다. GhidraDev ▶ Export ▶ Ghidra Module Extension 메뉴에서 SimpleShellcode 모듈을 선택하고 15장에서 수행한 것과 동일하게 진행한다.

기드라에 기드라 익스텐션 모듈을 임포트하려면 기드라 Project 창에서 File ➤ Install Extensions 메뉴를 선택해야 한다. 그리고 목록에 새로 작성한 로더를 추가한다. 기드라를 재시작시키면 옵션으로 새로운 로더를 사용할 수 있지만 확실한 테스트가 필요하다.

단계 5: 기드라에서 로더를 테스트

여기서는 설명이 목적이기 때문에 매우 단순하게 테스트 과장을 설명할 것이다. SimpleShellcode는 다음과 같은 기준으로 구성된 테스트를 통과했다.

1. (통과) SimpleShellcode는 Raw Binary보다 우선순위가 낮은 로더 옵션을 갖는다.
2. (통과) SimpleShellcode는 파일을 로드하고 엔트리 포인트를 설정한다.

그림 17-15를 보면 테스트 1을 통과한다. 분석할 파일이 PE 파일인 경우에도 그림 17-16처럼 Simple Shellcode Loader 옵션이 가장 낮은 우선순위를 갖는 것을 볼 수 있다. 이 두 경우를 통해 Simple Shellcode Loader 옵션이 가장 낮은 우선순위를 갖는 다른 것을 확인할 수 있다.

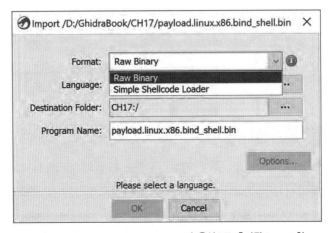

그림 17-15: Simple Shellcode Loader가 옵션으로 추가된 Import 창

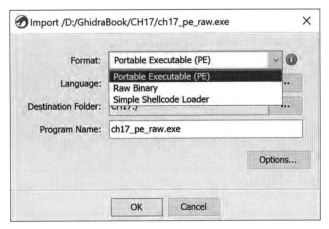

그림 17-16: PE 파일에 대해 Simple Shellcode Loader가 옵션으로 추가된 Import 창

분석 대상 바이너리에 대한 정보를 기반으로 언어 옵션을 선택한다. 분석할 셸코드가 x86 컴퓨터에 전달되는 패킷에서 캡처한 것이라고 가정해보자. 그런 경우에는 language/compiler 옵션으로 x86:LE:32:default:gcc를 선택하는 것이 좋은 출발점이 될 수 있다.

그림 17-15에서 언어 옵션을 선택하고 OK 버튼을 클릭하면 바이너리가 기드라 프로젝트에 임포트될 것이다. 그러면 CodeBrowser에서 바이너리를 열 수 있고 기드라는 해당 바이너리 파일을 분석하기 위한 옵션을 제공할 것이다. 기드라가 분석을 수행하게 하면 다음과 같은 코드를 볼 수 있다.

```
   undefined FUN_00000000()
     undefined AL:1 <RETURN>
     undefined4 Stack[-0x10]:4 local_10   XREF[1]: 00000022(W)
   FUN_00000000                         XREF[1]: Entry Point(*)❶
00000000 31 db          XOR    EBX,EBX
00000002 f7 e3          MUL    EBX
00000004 53             PUSH   EBX
00000005 43             INC    EBX
00000006 53             PUSH   EBX
00000007 6a 02          PUSH   0x2
```

```
00000009 89 e1            MOV    ECX,ESP
0000000b b0 66            MOV    AL,0x66
0000000d cd 80            INT    0x80
0000000f 5b               POP    EBX
00000010 5e               POP    ESI
00000011 52               PUSH   EDX
00000012 68 02 00 11 5c   PUSH   0x5c110002
```

엔트리 포인트❶가 식별돼 있어 어느 위치부터 디스어셈블리 코드를 분석해야 하는지 알 수 있다.

셸코드는 데이터 안에 포함돼 있는 경우가 많기 때문에 SimpleShellcodeLoader는 비교적 간단한 예라고 할 수 있다. 이 SimpleShellcodeLoader 모듈을 기반으로 C 소스 파일에서 셸코드를 추출한 다음 분석을 위해 셸코드를 로드하는 로더 모듈을 만들 것이다. 이를 통해 기드라가 다른 바이너리에서 인식할 수 있는 셸코드 시그니처를 구축할 수 있다. 기존 셸코드 로더의 기능을 확장하는 것이기 때문에 각 단계에 대해 깊이 있게 다루지는 않을 것이다.

예제 2: 간단한 셸코드 소스 로더

모듈은 코드를 구성하는 방법을 제공하며 앞서 작성한 SimpleShellcode 모듈에는 이번에 작성할 로더에 필요한 모든 것이 포함돼 있기 때문에 새로운 모듈을 만들 필요가 없다. 단순히 이클립스에서 File ➤ New ➤ File 메뉴를 선택해 새로운 파일 (SimpleShellcodeSourceLoader.java)을 SimpleShellcode의 src/main/java 폴더에 저장한다. 이렇게만 하면 새로운 로더의 모든 것이 기드라 확장 모듈로 포함된다.

작업을 간단히 만들려면 기존 SimpleShellcodeLoader.java 파일의 내용을 새로운 파일에 복사해 넣고 관련 주석의 내용을 업데이트하면 된다. 이후에는 새로운 로더가 원하는 기능을 수행하게 만들고자 기존 로더의 어떤 부분을 변경해야 하는지 설명할 것이다. 대부분의 경우 기존 코드에 코드를 추가하는 형식이 될 것이다.

업데이트 1: 임포터에 대한 응답을 수정

작성할 간단한 소스 로더는 파일의 확장자를 보고 로드할지 여부를 판단할 것이다. 파일 확장자가 .c가 아니라면 로더는 빈 loadSpecs 목록을 반환할 것이다. 파일 확장자가 .c라면 앞서 작성한 로더와 동일한 loadSpecs 목록을 반환할 것이다. 이를 위해 findSupportLoadSpecs 메서드에 다음과 같은 코드를 추가해야 한다.

```
// 이 로더가 지원하는 loadSpecs 목록
List loadSpecs = new ArrayList<>();
// 파일 이름이 .c 확장자로 끝나는 경우 로더 활성화
if (!provider.getName().endsWith(".c")) {
  return loadSpecs;
}
```

소스코드 로더는 Raw Binary 로더보다 높은 우선순위를 갖게 만들 것이다. 특정 유형의 파일만을 식별해서 로드할 것이고 해당 유형 파일의 경우에는 더 적합한 로더가 될 수 있기 때문이다. 이를 위해 getTierPriority 메서드에서 더 높은 우선순위 값(더 작은 값)을 반환하도록 수정한다.

```
public int getTierPriority() {
  // 이 로더의 우선순위
  return 99;
}
```

업데이트 2: 소스코드에서 셸코드 찾기

셸코드는 무언가 유용한 작업을 수행해주는 원시 기계어 코드라는 것을 상기하길 바란다. 셸코드의 개별 바이트는 0..255 범위의 값이며 그중 많은 값이 인쇄 가능

한 아스키 문자의 범위를 벗어날 것이다. 따라서 소스 파일에 셸코드가 삽입될 때는 \xFF와 같은 16진수 값으로 표현돼야 하는 경우가 많을 것이다. 16진수 값으로 표현되는 셸코드 문자열은 꽤 고유한 특성을 가지며 정규 표현식을 이용하면 로더가 그것을 식별하는 데 도움을 받을 수 있다. 다음은 C 파일에서 셸코드 바이트를 찾고자 로더의 여러 함수에서 사용할 인스턴스 변수다.

```
private String pattern = "\\\\x[0-9a-fA-F]{1,2}"; ㅁ
```

load 메서드 안에서 로더는 파일에서 정규 표현식과 일치하는 패턴을 찾는다. 그리고 그것을 바탕으로 피일을 기드라에 로딩할 때 필요한 메모리의 양을 계산한다. 셸코드는 연속적으로 위치하지 않는 경우가 많기 때문에 로더는 파일 전체 영역을 검색해 로드할 셸코드를 찾아야 한다.

```
// regex matcher 설정
CharSequence provider_char_seq =
    new String(provider.readBytes(0, provider.length())❶, "UTF-8");
Pattern p = Pattern.compile(pattern);
Matcher m = p.matcher(provider_char_seq)❷;
// 정규 표현식에 일치하는 패턴의 개수를 알아내면
// 필요한 메모리 영역의 크기를 판달할 수 있다. 그다음에는 regex matcher를 리셋한다.
int match_count = 0;
while (m.find()) {
❸ match_count++;
}
m.reset();
```

입력 파일의 전체 내용을 로딩❶한 이후에는 정규 표현식❷에 일치하는 패턴의 수 ❸를 판단한다.

업데이트 3: 셸코드를 바이트 값으로 변환

다음으로 load() 메서드는 16진수 이스케이프 표현을 바이트 값으로 변환하고 그것을 바이트 배열에 넣는다.

```java
byte[] shellcode = new byte[match_count];
// 소스코드에 있는 16진수 표현을 실제 바이트 값으로 변환한다.
int ii = 0;
while (m.find()) {
  // \x를 제거
  String hex_digits = m.group().replaceAll("[^0-9a-fA-F]+", "")❶;
  // 정수 값으로 변환한 다음 바이트로 형 변환한다.
  // 바이트 값은 바이트 배열에 넣는다.
  shellcode[ii++]❷ = (byte)Integer.parseInt(hex_digits, 16)❸;
}
```

정규 표현식으로 찾은 문자열에서 16진수 값을 추출❶하고 그것을 바이트 값으로 변환❸한 다음 shellcode 배열❷에 넣는다.

업데이트 4: 바이트 배열을 로드

셸코드가 바이트 배열에 있기 때문에 마지막으로 load() 메서드는 그것을 프로그램의 메모리로 복사한다. 이것이 셸코드를 로딩하는 실질적인 단계이며 셸코드 로더가 수행하는 마지막 작업이다.

```java
// 메모리 블록을 만들어서 그곳에 셸코드를 넣는다.
Address start_addr = flatAPI.toAddr(0x0);
MemoryBlock block =
    flatAPI.createMemoryBlock("SHELLCODE", start_addr, shellcode, false);
```

결과

새로운 로더를 테스트하고자 다음과 같은 x86 셸코드를 포함하고 있는 C 소스 파일을 만들었다.

```
unsigned char buf[] =
    "\x31\xdb\xf7\xe3\x53\x43\x53\x6a\x02\x89\xe1\xb0\x66\xcd\x80"
    "\x5b\x5e\x52\x68\x02\x00\x11\x5c\x6a\x10\x51\x50\x89\xe1\x6a"
    "\x66\x58\xcd\x80\x89\x41\x04\xb3\x04\xb0\x66\xcd\x80\x43\xb0"
    "\x66\xcd\x80\x93\x59\x6a\x3f\x58\xcd\x80\x49\x79\xf8\x68\x2f"
    "\x2f\x73\x68\x68\x2f\x62\x69\x6e\x89\xe3\x50\x53\x89\xe1\xb0"
    "\x0b\xcd\x80";
```

그림 17-17을 보면 소스 파일의 이름이 .c로 끝나기 때문에 로더 목록에서 Raw Binary나 Simple Shellcode Loder보다도 우선순위가 높게 표시되고 있다.

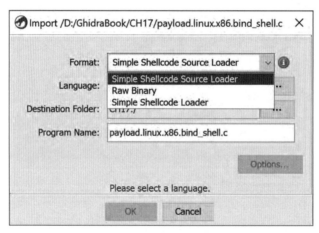

그림 17-17: 셸코드 소스 파일에 대한 Import 대화상자

Simple Shellcode Source Loder를 선택하고 compiler/language를 앞선 예제와 동일 (x86:LE:32:default:gcc)하게 선택해 기드라가 자동 분석을 수행하게 만들면 다음과 같은 디스어셈블리 코드를 얻을 수 있다.

```
**************************************************************
*                          FUNCTION                          *
**************************************************************
undefined FUN_00000000()
   undefined AL:1 <RETURN>
   undefined4 Stack[-0x10]:4 local_10
 FUN_00000000                             XREF[1]: Entry Point(*)
00000000 XOR      EBX,EBX
00000002 MUL      EBX
00000004 PUSH     EBX
00000005 INC      EBX
00000006 PUSH     EBX
```

아래쪽으로 스크롤해보면 친숙한 내용(리스트 17-2)을 볼 수 있다(내용을 명확히 하고자 주석을 추가).

```
    LAB_00000032
00000032 PUSH     0x3f
00000034 POP      EAX
00000035 INT      0x80
00000037 DEC      ECX
00000038 JNS      LAB_00000
0000003a PUSH     0x68732f2f          ; 0x68732f2f converts to "//sh"
0000003f PUSH     0x6e69622f          ; 0x6e69622f converts to "/bin"
```

대부분의 리버스 엔지니어링 바이너리를 분석하는 데 노력이 집중된다. 이 경우에는 C 소스 파일에서 셸코드를 추출해 그것을 기드라로 로드해서 분석을 수행했다. 이 장의 목적은 간단하고 유연하게 기드라용 로더를 만드는 방법을 설명하는 것이다. 이제는 구조화된 파일 형식을 위한 로더를 만들어보자.

이번에는 셸코드가 ELF 바이너리에 포함돼 있고 기드라는 ELF 바이너리를 인식하지 못한다고 가정해보자. 또한 우리들도 ELF 바이너리에 대해 들어본 적이 없다고 가정하자.

예제 3: 간단한 ELF 셸코드 로더

축하한다. 당신은 이제 셸코드 리버스 엔지니어링 전문가이고 동료들은 바이너리에 셸코드가 포함돼 있다고 의심하고 있으며 기드라의 Raw Binary 로더로 확인하고 있다. 이는 일회성 문제로 보이지 않으며 유사한 특성을 가진 바이너리들을 더 많이 분석하게 될 것으로 판단돼, 이와 같은 새로운 유형의 파일을 처리할 로더를 만들기로 결정했다. 13장에서도 설명했듯 기드라 내부나 외부의 여러 가지 툴을 이용해 파일에 대한 정보를 획득할 수 있다. 커맨드라인의 **file** 명령은 새로운 로더를 만드는 데 도움이 되는 정보를 제공한다.

```
$ file elf_shellcode_min
   elf_shellcode_min: ELF 32-bit LSB executable, Intel 80386, version 1 (SYSV),
   statically linked, corrupted section header size
$
```

file 명령을 통해 아직까지 들어보지 못한 ELF 파일 형식이라는 것을 알았다. 첫 번째 단계는 ELF 파일 형식에 대한 정보를 조사해보는 것이다. 구글을 통해 ELF 파일 형식과 새로운 로더를 만들기 위해 필요한 정보를 찾을 수 있다. 문제를 해결하려면 충분히 정확한 정보를 이용하면 된다.[5]

앞의 두 예제에 비해 이번 예제는 좀 더 도전적이며, 이클립스의 SimpleShellcode 모듈의 파일을 변경/삭제하거나 새로운 파일을 생성해서 결국 새로운 SimpleELF ShellcodeLoader를 만들 것이다.

준비 작업

첫 번째 단계는 이클립스에서 SimpleShellcode 모듈 안에 SimpleELFShellcodeLoader. java 파일을 만드는 것이다. 새로운 빈 파일에서 시작하기 싫다면 Save As 메뉴를

---

5. man 페이지는 일반적으로 원하는 정보를 제공하지만 이 경우는 위키피디아도 필요한 정보를 제공한다. 원하는 답을 얻고자 접근하기 편한 정보를 이용하면 된다.

이용해 기존의 SimpleShellcodeLoader.java 파일을 SimpleELFShellcodeLoader.java 라는 이름으로 저장하면 된다. 이 작업을 완료하고 나면 다음 단계로 넘어가기 전에 새로 만든 파일을 약간 수정해야 한다.

- 클래스 이름을 SimpleELFShellcodeLoader로 변경한다.
- getTier 메서드가 반환하는 값을 UNTARGETED_LOADER에서 GENERIC_TARGET_ LOADER로 변경한다.
- getTierPriority 메서드를 삭제한다.
- getName 메서드가 "Simple ELF Shellcode Loader"를 반환하게 변경한다.

준비 작업을 완료했다면 새로운 파일 형식의 헤더 형식에 대해 조사한 내용을 적용 시켜보자.

ELF 헤더 형식

ELF 파일 형식을 조사하는 동안 ELF 파일 형식에는 3가지의 헤더가 있다는 것을 알게 될 것이다. 그것은 파일 헤더(또는 ELF 헤더), 프로그램 헤더(들), 섹션 헤더(들)다. 먼저 ELF 헤더로 시작하자. ELF 헤더의 각 필드는 오프셋과 해당 필드에 대한 기타 정보가 연결돼 있다. 헤더에서 일부 필드에만 접근할 필요가 있고 오프셋은 수정 하지 않을 것이기 때문에 로더가 정확히 헤더의 형식을 분석할 수 있도록 로더 클래스 안에 다음과 같이 인스턴스 변수로 선언한다.

```
private final byte[] ELF_MAGIC          = {0x7f, 0x45, 0x4c, 0x46};
private final long EH_MAGIC_OFFSET      = 0x00;
private final long EH_MAGIC_LEN         = 4;
private final long EH_CLASS_OFFSET      = 0x04;
private final byte EH_CLASS_32BIT       = 0x01;
private final long EH_DATA_OFFSET       = 0x05;
private final byte EH_DATA_LITTLE_ENDIAN = 0x01;
private final long EH_ETYPE_OFFSET      = 0x10;
```

```
private final long  EH_ETYPE_LEN          = 0x02;
private final short EH_ETYPE_EXEC          = 0x02;
private final long  EH_EMACHINE_OFFSET     = 0x12;
private final long  EH_EMACHINE_LEN        = 0x02;
private final short EH_EMACHINE_X86        = 0x03;
private final long  EH_EFLAGS_OFFSET       = 0x24;
private final long  EN_EFLAGS_LEN          = 4;
private final long  EH_EEHSIZE_OFFSET      = 0x28;
private final long  EH_PHENTSIZE_OFFSET    = 0x2A;
private final long  EH_PHNUM_OFFSET        = 0x2C;
```

ELF 헤더를 해석하기 위한 변수를 직접 선언한 이후에는 새로운 ELF 로더가 ELF 형식만을 로드하게 만들어야 한다. 앞의 두 예에서는 셸코드 로더가 특정 파일을 로드할 수 있는지 확인하고자 파일의 내용을 살펴보지는 않았다. 그렇게 하면 코드가 매우 간단해지기 때문이다. 따라서 지금은 상황이 좀 더 복잡해졌다. 다행스럽게도 ELF 문서를 통해 적절한 로더의 명세를 결정하는 데 도움이 되는 정보를 얻을 수 있다.

로더의 바이너리 지원 명세 확인

로더는 올바른 형식이 아닌 파일이라면 해당 파일을 로드할 수 없으며 그런 경우에는 빈 loadSpecs 목록을 반환한다. findSupportedLoadSpecs() 메서드에서는 원하는 매직 넘버가 없는 바이너리인 경우에는 곧바로 빈 loadSpecs 목록을 반환한다.

```
byte[] magic = provider.readBytes(EH_MAGIC_OFFSET, EH_MAGIC_LEN);
if (!Arrays.equals(magic, ELF_MAGIC)) {
  // ELF 바이너리가 아니다.
  return loadSpecs;
}
```

ELF 바이너리인지 여부를 확인했다면 로더는 비트의 길이와 엔디안 방식을 확인해서 해당 아키텍처가 ELF 바이너리에 적합한지 확인한다. 예제에서는 로더가 32비트의 리틀엔디안 방식의 바이너리만을 허용하는 것으로 한정할 것이다.

```
byte ei_class = provider.readByte(EH_CLASS_OFFSET);
byte ei_data = provider.readByte(EH_DATA_OFFSET);
if ((ei_class != EH_CLASS_32BIT) || (ei_data != EH_DATA_LITTLE_ENDIAN)) {
    // 로더가 지원하는 ELF 바이너리가 아니다.
    return loadSpecs;
}
```

바이너리 확인 작업을 마무리하고자 다음 코드는 바이너리가 x86 아키텍처용 ELF 실행 파일(공유 라이브러리가 아닌)인지 확인한다.

```
byte[] etyp = provider.readBytes(EH_ETYPE_OFFSET, EH_ETYPE_LEN);
short e_type = ByteBuffer.wrap(etyp).order(ByteOrder.LITTLE_ENDIAN).getShort();
byte[] emach = provider.readBytes(EH_EMACHINE_OFFSET, EH_EMACHINE_LEN);
short e_machine =
    ByteBuffer.wrap(emach).order(ByteOrder.LITTLE_ENDIAN).getShort();
if ((e_type != EH_ETYPE_EXEC) || (e_machine != EH_EMACHINE_X86)) {
    // 로더가 지원하는 ELF 바이너리가 아니다.
    return loadSpecs;
}
```

지금까지 로더가 지원한 파일 형식을 제한했으므로 이제는 언어와 컴파일러 명세가 일치하는지 질의할 수 있다. 개념적으로는 로딩 대상 파일에서 추출한 값(예를 들면 ELF 헤더의 e_machine 필드 값)을 이용해 질의하면 로더가 수락하게 되는 language/compiler 명세 목록을 전달받는 방식이다(질의에 의해 내부적으로 수행되는 작업은 다음 절에서 자세히 설명한다).

```
byte[] eflag = provider.readBytes(EH_EFLAGS_OFFSET, EN_EFLAGS_LEN);
int e_flags = ByteBuffer.wrap(eflag).order(ByteOrder.LITTLE_ENDIAN).getInt();
```

```
List results = QueryOpinionService.query(getName(), Short.toString(e_machine),
                                          Integer.toString(e_flags));
```

질의 결과가 로더에서 처리하려는 것보다 더 많다고 가정해보자. 관련된 language/compiler 명세에 지정된 속성을 기반으로 결과를 목록과 비교할 수 있다. 다음 코드는 컴파일러와 프로세서를 필터링한다.

```
for (QueryResult result : results) {
    CompilerSpecID cspec = result.pair.getCompilerSpec().getCompilerSpecID();
    if (cspec.toString().equals("borlanddelphi❶")) {
        // 델파이로 만들어진 것은 무시한다.
        continue;
    }
    String variant = result.pair.getLanguageDescription().getVariant();
    if (variant.equals("System Management Mode❷")) {
        // "System Management Mode" 유형은 무시한다.
        continue;
    }
    // 유효한 로드 명세이기 때문에 목록에 추가한다.
❸   loadSpecs.add(new LoadSpec(this, 0, result));
}
return loadSpecs;
```

위 코드(이 부분을 로더에 포함시키지 않아도 된다)에서는 특별히 델파이 컴파일러❶와 x86 system management mode❷를 배제하고 있다. 원한다면 다른 것을 배제시켜도 된다. 배제하지 않은 것은 모두 loadSpecs 목록❸에 추가된다.

기드라에 파일 내용 로드

load() 메서드에서는 파일이 최소한의 ELF 헤더와 짧은 프로그램 헤더로 구성되고 text 섹션에 셸코드가 포함돼 있다고 가정한다. 올바른 공간을 할당하고자 헤더의 전체 길이를 판단해야 한다. 다음은 ELF 헤더에서 EH_EEHSIZE_OFFSET, EH_PHENTSIZE_OFFSET, EH_PHNUM_OFFSET 필드를 이용해 필요한 크기를 계산한다.

```
// 로드 과정에 필요한 몇 가지 값을 헤더에서 추출한다.
//
// ELF 헤더의 크기를 계산
byte[] ehsz = provider.readBytes(EH_EEHSIZE_OFFSET, 2);
e_ehsize = ByteBuffer.wrap(ehsz).order(ByteOrder.LITTLE_ENDIAN).getShort();

// 프로그램 헤더의 크기를 계산
byte[] phsz = provider.readBytes(EH_PHENTSIZE_OFFSET, 2);
e_phentsize = ByteBuffer.wrap(phsz).order(ByteOrder.LITTLE_ENDIAN).getShort();

// 프로그램 헤더의 개수를 계산
byte[] phnum = provider.readBytes(EH_PHNUM_OFFSET, 2);
e_phnum = ByteBuffer.wrap(phunm).order(ByteOrder.LITTLE_ENDIAN).getShort();

// 전체적인 헤더의 크기를 계산
// (This includes the ELF Header plus program headers.)
long hdr_size = e_ehsize + e_phentsize * e_phnum;
```

헤더의 크기를 계산했으니 이제는 ELF 헤더와 text 섹션을 위한 메모리 블록을 만들어 내용을 채운다.

```
// ELF 헤더를 위한 메모리 블록을 생성
long LOAD_BASE = 0x10000000;
Address hdr_start_adr = flatAPI.toAddr(LOAD_BASE);
MemoryBlock hdr_block = flatAPI.createMemoryBlock(".elf_header", hdr_start_adr,
    provider.readBytes(0, hdr_size), false);
// 메모리 블록을 읽기 전용으로 설정한다.
hdr_block.setRead(true);
hdr_block.setWrite(false);
hdr_block.setExecute(false);

// text 섹션을 위한 메모리 블록을 생성
Address txt_start_adr = flatAPI.toAddr(LOAD_BASE + hdr_size);
```

```
MemoryBlock txt_block = flatAPI.createMemoryBlock(".text", txt_start_adr,
        provider.readBytes(hdr_size, provider.length() - hdr_size), false);

// 메모리 블록을 읽기 & 실행 속성으로 설정
txt_block.setRead(true);
txt_block.setWrite(false);
txt_block.setExecute(true);
```

데이터 바이트 형식 지정 및 엔트리 포인트 추가

최종까지 몇 단계 남지 않았다. 로더는 종종 데이터 타입을 적용하고 파일 헤더에서 파생된 정보에 대한 상호 참조를 만든다. 바이너리에서 엔트리 포인트를 식별해내는 것도 로더의 일이다. 로드 시점에 엔트리 포인트 목록을 만들면 디스어셈블러가 코드로 간주할 수 있는 위치 목록이 제공된다.

```
   // ELF HEADER에 구조체 추가
❶ flatAPI.createData(hdr_start_adr, new ElfDataType());

   // 셸코드의 시작 지점에 라벨과 엔트리 포인트를 추가
❷ flatAPI.createLabel(txt_start_adr, "shellcode", true);
❸ latAPI.addEntryPoint(txt_start_adr);

   // ELF 헤더에서 엔트리 포인터로의 상호 참조 추가
   Data d = flatAPI.getDataAt(hdr_start_adr).getComponent(0).getComponent(9);
❹ flatAPI.createMemoryReference(d, txt_start_adr, RefType.DATA);
```

먼저 ELF 헤더의 시작 부분에 기드라 ELF 헤더❶ 데이터 타입이 적용된다.[6] 그다음에는 셸코드를 위한 라벨❷과 엔트리 포인트❸를 만든다. 마지막으로는 ELF 헤더에 있는 엔트리 포인트 필드와 셸코드의 시작 지점 간의 상호 참조를 만든다. ❹

축하한다. 로더를 위한 자바 코드 작성을 완료했다. 하지만 작성한 로더가 제대로

---

6. 이것이 기드라 내에 이미 정의돼 있는 구조체가 아니라면 이 구조체를 기드라에서 새로 정의해야 한다. 이 예에서는 기드라 Data Type Manager 창에 있는 것을 사용한다.

작동하려면 새로운 로더와 몇 가지 중요한 관련 파일 간의 종속성을 이해해야 하며, 그것과 관련된 문제를 해결해야 한다.

이 예제에서 작성한 로더는 기존의 프로세서 아키텍처(x86)를 활용하고 있으며 로더가 올바르게 작동하도록 몇 가지 작업이 내부적으로 뒤에서 수행됐다.

임포터가 로더를 조사해서 마치 마법처럼 허용 가능한 language/compiler 명세를 만들어낸 것을 기억하길 바란다. 이어서 설명하는 다음 두 파일은 로더에게 중요한 정보를 제공한다. 두 파일 중 첫 번째는 x86 언어 정의 파일인 x86.ldefs이며 x86 프로세서 모듈의 구성 요소다.

언어 정의 파일

모든 프로세서에는 관련된 언어 정의 파일이 있다. 해당 파일은 프로세서를 위한 언어/컴파일 명세를 만들어내는 데 필요한 모든 정보를 XML 형식으로 포함하고 있다. 32비트 ELF 바이너리에 대한 요구 사항을 충족하는 x86.ldefs 파일의 언어 정의는 다음과 같다.

```
<language processor="x86"
          endian="little"
          size="32"
          variant="default"
          version="2.8"
          slafile="x86.sla"
          processorspec="x86.pspec"
          manualindexfile="../manuals/x86.idx"
          id="x86:LE:32:default">
  <description>Intel/AMD 32-bit x86</description>
  <compiler name="Visual Studio" spec="x86win.cspec" id="windows"/>
  <compiler name= "gcc" spec="x86gcc.cspec" id="gcc"/>
  <compiler name= "Borland C++" spec="x86borland.cspec" id="borlandcpp"/>
❶ <compiler name= "Delphi" spec="x86delphi.cspec" id="borlanddelphi"/>
```

```
 </language>
 <language processor="x86"
          endian="little"
          size="32"
      ❷ variant="System Management Mode"
          version="2.8"
          slafile="x86.sla"
          processorspec="x86-16.pspec"
          manualindexfile="../manuals/x86.idx"
          id="x86:LE:32:System Management Mode">
   <description>Intel/AMD 32-bit x86 System Management Mode</description>
   <compiler name="default" spec=" x86-16.cspec" id="default"/>
 </language>
```

이 파일은 임포트 옵션으로 제공되는 language/compiler 명세 목록을 채우는 데 사용된다. ELF 바이너리와 관련된 정보를 기반으로 5가지(compiler 태그로 시작하는 것)를 제공하지만 작성한 로더에서는 compiler❶와 variant❷에서 각각 1개씩을 배제시켰다.

Opinion 파일

또 다른 파일로는 .opinion 파일이 있다. 이 파일은 XML 형식으로 로더와 관련된 제약 조건을 포함한다. opinion 질의 서비스가 로더를 식별하게 만들려면 opinion 파일에 해당 로더에 대한 엔트리가 포함돼 있어야 한다. 다음은 예제로 작성한 로더에 대한 엔트리가 포함돼 있는 opinion 파일이다.

```
 <opinions>
   <constraint loader="Simple ELF Shellcode Loader" compilerSpecID="gcc">
     <constraint❶ primary❷="3" processor="x86" endian="little" size="32" />
     <constraint primary="62" processor="x86" endian="little" size="64" />
   </constraint>
```

```
</opinions>
```

primary❷ 필드를 제외하면 다른 필드는 친숙할 것이다. 이는 ELF 헤더에 정의된 시스템을 식별하기 위한 검색에 사용되는 기본키다. ELF 헤더에서 e_machine 필드의 값이 0x03이면 x86을 의미하고 0x3E이면 amd64를 의미한다. <constraint> 태그 ❶는 기본키("3"/x86)와 태그의 나머지 속성 간의 연결을 정의한다. 이 정보는 질의 서비스가 언어 정의 파일에서 적절한 항목을 찾는 데 사용된다.

이제 남은 유일한 작업은 opinion 데이터를 기드라가 찾을 수 있는 적절한 곳에 두는 것이다. 기드라가 제공하는 유일한 opinion 파일은 기드라 프로세서 모듈의 data/languages 하위 디렉터리에 있다. 기존의 opinion 파일에 데이터를 삽입할 수 있지만 그렇게 하는 것은 좋은 방법이 아니다. 기드라를 업그레이드할 때마다 수정된 파일을 다시 적용해야 하기 때문이다.

대신에 필요한 새로운 opinion 파일을 만들어 그곳에 opinion 데이터를 입력하는 것이 좋다. 새로운 opinion 파일의 이름은 SimpleShellcode.opinion이 적당해 보인다. 이클립스 Loader Module 템플릿에는 자체적인 data 디렉터리가 포함돼 있다. 로더와 연결될 수 있게 새로운 opinion 파일을 그곳에 저장하면 된다. 그러면 기드라가 opinion 파일을 찾을 때마다 그것을 찾을 수 있고 기드라를 업그레이드하더라도 영향을 받지 않는다.

이제 내부적으로 수행되는 작업에 대해 알아봤으니 작성한 로더가 예상대로 작동하는지 테스트해볼 차례다.

결과

작성한 간단한 ELF 로더(하나의 프로그램 헤더와 그 외의 섹션이 없는)가 제대로 만들어졌는지 확인하고자 로딩 과정과 로더가 각 단계를 어떻게 수행하는지 관찰해보자. 기드라 Project 창에서 파일을 임포트하면 임포터는 로더를 조사해서 해당 파일을 로드할 수 있는지 확인한다. 예제로 작성한 코드는 다음과 같은 조건의 파일을 대상으로 한다.

- 파일의 시작 부분에 ELF 매직 넘버가 있어야 한다.
- 32비트 리틀엔디안이어야 한다.
- x86 아키텍처를 위한 ELF 실행 파일이어야 한다.
- 델파이로 컴파일된 파일은 배제한다.
- "System Management Mode"인 파일은 배제한다.

위 조건에 맞는 파일을 로드하면 Import 대화상자에 표시되는 로더의 우선순위 목록이 그림 17-18처럼 보여야 한다.

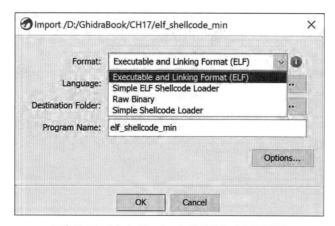

그림 17-18: elf_shellcode_min에 대한 Import 대화상자

가장 우선순위가 높은 로더는 기드라의 ELF 로더다. 예제로 작성한 로더의 language/compiler 명세(그림 17-19의 두 번째 그림)와 다른 로더의 language/compiler 명세(그림 17-19의 첫 번째 그림)를 비교해보자.

552

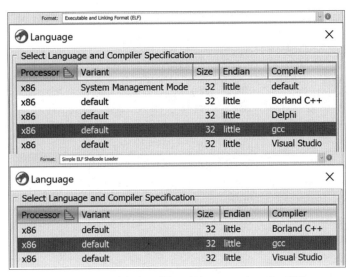

그림 17-19: 2개의 서로 다른 로더의 language/compiler 명세

기본적인 ELF 로더는 델파이 컴파일러와 System Management 모드를 지원하지만 예제로 작성한 로더는 그렇지 않다. 예제로 작성한 로더를 elf_shellcode_min 파일에 대한 로더로 선택하면 그림 17-20과 같은 요약 정보를 볼 수 있다.

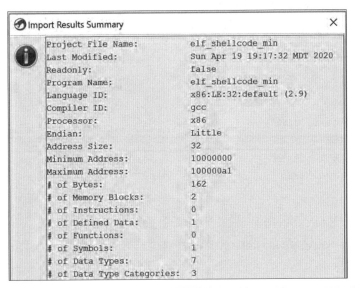

그림 17-20: 새로운 ELF Shellcode Loader를 선택했을 때의 Import Results Summary 창

CodeBrowser로 파일을 열고 기드라가 자동 분석을 수행하게 만들면 파일 상단에
다음과 같은 ELF 헤더 정의를 볼 수 있을 것이다.

```
10000000 7f                 db      7Fh           e_ident_magic_num
10000001 45 4c 46           ds      "ELF"         e_ident_magic_str
10000004 01                 db      1h            e_ident_class
10000005 01                 db      1h            e_ident_data
10000006 01                 db      1h            e_ident_version
10000007 00 00 00 00 00     db[9]                 e_ident_pad
00 00 00 00
10000010 02 00              dw      2h            e_type
10000012 03 00              dw      3h            e_machine
10000014 01 00 00 00        ddw     1h            e_version
10000018 54 00 00 10        ddw     shellcode❶    e_entry
1000001c 34 00 00 00        ddw     34h           e_phoff
10000020 00 00 00 00        ddw     0h            e_shoff
10000024 00 00 00 00        ddw     0h            e_flags
10000028 34 00              dw      34h           e_ehsize
```

위 목록에서 shellcode 라벨❶은 엔트리 포인트와 명확하게 연결된다. shellcode
라벨을 더블클릭하면 앞의 두 예제에서 봤던 셸코드 내용과 동일한 shellcode라는
이름의 함수로 이동하게 된다.

```
1000008c JNS      LAB_10000086
1000008e PUSH     "//sh"
10000093 PUSH     "/bin"
10000098 MOV      EBX,ESP
1000009a PUSH     EAX
```

이제 새로 만든 로더가 작동하는 것을 확인했으므로 기드라 확장으로 추가해서
이를 간절히 기다려온 동료와 공유하면 된다.

요약

17장에서는 인식할 수 없는 바이너리 파일을 처리하는 것과 관련된 문제에 중점을 뒀다. 이와 같이 도전적인 리버스 엔지니어링 시나리오를 지원하고자 기드라에서 사용할 수 있는 로딩과 분석 과정을 예로 들어 설명했다. 최종적으로 기드라 로더 모듈을 만드는 방법을 알아봤다.

17장에서 구현한 예제는 간단한 것이었지만 기드라에서 더 복잡한 로더 모듈을 작성하는 데 필요한 기반과 구성 요소를 모두 설명했다. 18장에서는 디스어셈블된 바이너리의 전체 형식을 가장 많이 담당하는 구성 요소인 프로세서 모듈을 소개함으로써 기드라 모듈에 대한 설명을 마칠 것이다.

18

기드라 프로세서

기드라의 모듈 유형 중에서 가장 복잡한 유형인 프로세서 모듈은 기드라 내에서 이뤄지는 모든 디스어셈블 작업을 담당한다. 기계어 오피코드opcode를 어셈블리어로 변환하는 것 외에도 프로세서 모듈은 함수, 상호 참조, 스택 프레임 생성도 지원한다.

기드라의 새로운 버전이 나올 때마다 기드라가 지원하는 프로세서가 추가되지만 경우에 따라서는 새로운 기드라 프로세서 모듈을 만들어야 하는 경우가 생긴다. 프로세서 모듈을 개발해야 하는 명확한 경우는 바이너리에 대한 리버스 엔지니어 링을 수행해야 할 때 그것을 지원하는 프로세서 모듈이 기드라에 없을 때다. 그중에서도 임베디드 마이크로컨트롤러의 펌웨어 이미지나 휴대용 장치나 사물인터넷 IoT, Internet of Things 장치에서 추출한 실행 가능한 이미지를 분석해야 할 때 새로운 프로세서 모듈이 필요할 수 있다. 때로는 난독화된 x86 실행 파일에 포함된 사용자 지정 가상머신의 명령을 분석할 때도 필요할 수 있다. 그런 경우에 기존 기드라 x86 프로세서 모듈은 가상머신의 기저에서 동작하는 바이트 코드가 아닌 가상머신 자체만을 이해하는 데 도움이 되기 때문이다.

그와 같이 매우 힘든 분석을 수행해야 한다면 그에 도움이 되는 강력한 발판을 만들기 원할 것이다. 이전까지 다뤘던 모듈 예제(분석기나 로더)는 하나의 자바 파일만을 수정하면 됐다. 이클립스의 GhidraDev 환경에서 모듈을 만들었을 때는 새로운 모듈을 만드는 데 도움이 되는 모듈 템플릿과 작업 태그가 제공됐다. 프로세서 모듈의 경우에는 좀 더 복잡하며 프로세서 모듈이 올바르게 동작하려면 서로 다른 파일 간의 관계를 유지시켜야 한다. 18장에서는 프로세서 모듈을 처음부터 만들지는 않겠지만 기드라 프로세서 모듈을 이해하는 데 도움이 되는 기초를 제공하고 프로세서 모듈 내에 필요한 구성 요소를 만들고 수정하는 방법을 설명한다.

누가 기드라의 기능을 개선하는가?

철저하게 비과학적인 연구를 바탕으로 다음과 같은 부류가 존재할 것이라고 강하게 믿는다.

부류 1: 기드라를 사용하는 사람 중 일부는 기드라와 관련된 일부 기능을 자동화하거나 사용자가 원하는 대로 기능을 바꾸기 위한 스크립트를 작성하거나 수정할 것이다.

부류 2: 부류 1에 속하는 사람 중 일부는 기드라와 관련된 일부 기능을 사용자가 원하는 대로 바꾸고자 플러그인을 수정하거나 개발할 것이다.

부류 3: 부류 2에 속하는 사람 중에서 극히 일부는 기드라의 분석 기능을 확장시키고자 분석기를 수정하거나 작성할 것이다.

부류 4: 부류 3에 속하는 사람 중 일부는 새로운 파일 형식을 위해 로더를 수정하거나 작성할 것이다.

부류 5: 부류 4에 속하는 사람 중에서 극히 일부만이 기드라 프로세서 모듈을 수정하거나 작성할 것이다. 해석이 필요한 명령 세트의 수가 해당 명령 세트를 사용하는 파일 형식의 수보다 훨씬 작기 때문이다. 따라서 새로운 프로세서 모듈에 대한 수요는 비교적 낮다.

기드라를 사용하는 부류에 대해 더 깊이 파고들수록 관련 작업의 특성에 따라 점점 더 전문화되는 경향이 있다. 하지만 현재 기드라 프로세서 모듈을 작성할 필요가 없다고 해서 프로세서 모듈을 만드는 방법을 배우는 것이 유용하지 않다는 의미는 아니다. 프로세서 모듈은 기드라의 디스어셈블리, 어셈블리, 디컴파일 기능의 근간을 제공하기 때문에 프로세서 모듈의 내부 동작에 대해 약간의 통찰력을 갖춰도 동료에게는 여러분이 기드라 전문가로 보일 수 있다.

기드라 프로세서 모듈 이해

실제 아키텍처를 위한 프로세서 모듈을 만드는 것은 고도로 전문화되고 시간이 많이 걸리는 작업이며 이 책의 범위를 벗어난다. 하지만 프로세서와 그에 관련된 명령 세트가 기드라에서 어떻게 표현되는지 기본적으로 이해하면 기드라 프로세서 모듈에 대한 정보가 필요할 때 어디에서 관련 정보를 찾아야 할지 판단하는 데 도움이 된다.

이클립스 프로세서 모듈

다소 친숙한 영역부터 시작해보자. Eclipse ➤ GhidraDev를 사용해 프로세서 모듈을 만들 때 생기는 폴더 구조는 다른 유형의 모듈을 만들 때와 기본적으로 동일하지만 프로세서 모듈은 그림 18-1의 src/main/java 폴더의 경우처럼 주석과 작업 태그, TODO 목록이 포함된 자바 소스 파일을 제공하지 않는다.

대신에 다른 유형의 모듈에서 data 폴더는 간단한 README.txt만 제공하지만 프로세서 모듈의 data 폴더(그림에서 펼쳐진 부분)에는 많은 파일이 포함돼 있다.

파일 확장자를 중심으로 data 폴더에 포함된 9개의 파일을 간략히 살펴보자(skel은 skeleton을 의미한다).

> skel.cspec: 컴파일러 명세를 XML 형식으로 담고 있는 파일이다.
> skel.ldefs: XML 형식의 언어 정의 파일이다. 언어를 정의하기 위한 주석 처리된 템플릿을 제공한다.
> skel.opinion: XML 형식의 임포터 opinion 파일이다. language/compiler 명세를 정의하기 위한 주석 처리된 텡플릿을 제공한다.
> skel.pspec: XML 형식의 프로세서 명세 파일이다.
> skel.sinc: 이는 일반적으로 명령을 위한 SLEIGH 파일이다.[1]

---

1. x86 명령 세트와 같은 대규모 명령 세트의 경우에는 .sinc 파일이 여러 개의 .sinc 파일로 분할된다. 그런 경우에 일부 파일은 정의와 include문이 포함된 헤더 파일로 사용되기도 한다.

그림 18-1: 프로세서 모듈의 내용

skel.slaspec: SLEIGH 명세 파일이다.

buildLanguage.xml: data/languages 디렉터리에 있는 파일을 위한 빌드 과정을 설명하는 XML 파일이다.

README.txt: 이 파일은 모든 모듈에서 동일하지만 프로세서 모듈의 data 디렉터리를 다루고 있기 때문에 의미를 갖게 됐다.

sleighArgs.txt: SLEIGH 컴파일러 옵션을 담고 있는 파일이다.

.ldefs와 .opinion 파일은 17장에서 ELF 셸코드 로더를 만들 때 사용했다. 다른 확장자의 파일은 예제를 다루면서 살펴볼 것이다. 이 파일들을 사용해서 프로세서 모듈을 수정하는 방법을 설명하겠지만 먼저 프로세서 모듈과 관련된 새로운 용어인 SLEIGH에 대해 알아보자.

SLEIGH

SLEIGH는 기드라 디스어셈블리 및 디컴파일 프로세스를 지원하는 마이크로프로세서 명령 세트를 설명하는 기드라 전용 언어다.[2] languages 디렉터리에 있는 파일(그림 18-1)들은 SLEIGH로 작성되거나 XML 포맷으로 작성된다. 따라서 프로세서 모듈을 만들거나 수정하려면 SLEIGH에 대해 어느 정도는 알아야 한다.

명령이 인코딩되는 방식과 프로세서가 명령을 해석하는 방식에 대한 정보는 .slaspec 파일(.c 파일의 역할과 유사)에 포함돼 있다. 각각의 프로세서 계열마다 여러 가지의 고유한 프로세서가 포함될 수 있고 각 프로세서마다 고유한 .slaspec 파일이 있을 수 있다. 또한 공통적인 동작은 별도의 .sinc 파일(.h 파일의 역할과 유사)로 관리될 수 있으며, 그것은 .slaspec 파일에 포함돼 사용된다. 예를 들면 기드라의 ARM 프로세서는 12개 이상의 .slaspec 파일로 구분되며, 각각은 1개에서 5개 이상의 .sinc 파일을 참조한다. 그 파일들은 프로세서 모듈을 위한 SLEIGH 소스코드를 구성하며 SLEIGH 컴파일러는 기드라에서 사용하기 적합한 .sla 파일로 컴파일한다.

이론적인 관점에서 SLEIGH에 대해 자세히 설명하기보다는 예제를 살펴보면서 SLEIGH 언어의 다양한 구성 요소를 설명할 것이다. 그에 앞서 SLEIGH 파일에 포함되는 명령에 대한 정보를 살펴보자.

CodeBrowser에서 보여주는 명령과 관련된 추가적인 정보를 보려면 마우스 오른쪽 버튼을 클릭해 Instruction Info 메뉴를 선택하면 된다. 선택된 명령에 대해 표시되는 정보는 SLEIGH 파일 명세에서 파생된 것이다. 그림 18-2는 x86-64 PUSH 명령에 대한 Instruction Info 창의 내용이다.

---

2. SLEIGH 언어에 대한 자세한 설명은 기드라가 제공하는 문서인 docs/languages/html/sleigh.html에서 확인할 수 있다.

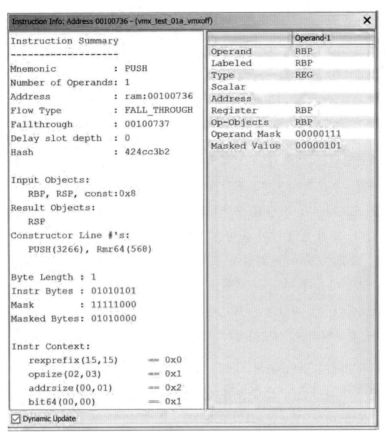

```
Instruction Info: Address 00100736 - (vmx_test_01a_vmxoff)                    ✕

Instruction Summary                              |          | Operand-1
-------------------                              | Operand  | RBP
                                                 | Labeled  | RBP
Mnemonic         : PUSH                           | Type     | REG
Number of Operands: 1                            | Scalar   |
Address          : ram:00100736                  | Address  |
Flow Type        : FALL_THROUGH                  | Register | RBP
Fallthrough      : 00100737                       | Op-Objects | RBP
Delay slot depth : 0                             | Operand Mask | 00000111
Hash             : 424cc3b2                       | Masked Value | 00000101

Input Objects:
   RBP, RSP, const:0x8
Result Objects:
   RSP
Constructor Line #'s:
   PUSH(3266), Rmr64(568)

Byte Length : 1
Instr Bytes : 01010101
Mask        : 11111000
Masked Bytes: 01010000

Instr Context:
   rexprefix(15,15)    == 0x0
   opsize(02,03)       == 0x1
   addrsize(00,01)     == 0x2
   bit64(00,00)        == 0x1

☑ Dynamic Update
```

그림 18-2: x86–64 PUSH 명령에 대한 Instruction Info 창

Instruction Info 창의 내용은 주소 00100736에서 사용되는 PUSH 명령에 대한 세부
정보와 SLEIGH 파일의 PUSH 명령에 대한 정보를 결합한 것이다. 이 장의 뒷부분에
서는 SLEIGH 파일 내의 명령 정의를 사용할 것이며 작업 중인 명령의 문맥을 살펴
보고자 Instruction Info 창을 다시 살펴볼 것이다.

프로세서 매뉴얼

프로세서 제조사가 제공하는 문서는 해당 프로세서 명령 세트에 대한 정보를 얻을
수 있는 중요한 리소스다. 그런 문서는 저작권이 있어 기드라 배포판에 포함시킬

수는 없지만 Listing 창에서 마우스 오른쪽 버튼을 클릭했을 때 나타나는 메뉴 옵션을 통해 쉽게 통합시킬 수 있다. 명령을 선택하고 마우스 오른쪽 버튼을 클릭해 Processor Manual을 선택하면 그림 18-3과 유사한 메시지를 볼 수 있다. 현재 프로세서에 대한 매뉴얼을 예상 위치에서 찾을 수 없다는 내용이다.

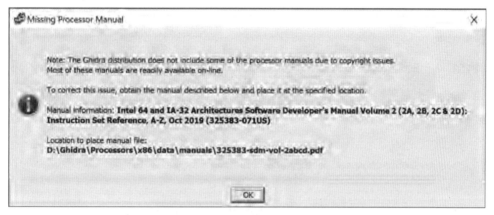

그림 18-3: Missing Processor Manual 대화상자

기드라는 매뉴얼을 찾을 수 없는 상황을 해결하기 위한 정보를 제공한다. 먼저 온라인에서 x86 매뉴얼을 찾은 다음 지정된 이름과 위치에 저장해야 한다.

> **참고** x86과 관련된 프로세서 매뉴얼은 많다. 따라서 매뉴얼 정보 끝에 제공된 식별자(325383-060US)를 이용해 온라인에서 정확한 매뉴얼을 찾아야 한다.

매뉴얼을 찾아 올바르게 저장하고 Processor Manual 메뉴를 선택하면 매뉴얼이 보일 것이다. 보통 프로세서 매뉴얼은 크기 때문에(x86 프로세서 매뉴얼은 2,200페이지에 달한다) 기드라는 명령을 특정 페이지에 매핑하기 위한 인덱스 파일을 처리하는 기능을 포함하고 있다. 다행스럽게도 x86 매뉴얼에 대한 인덱스 파일 처리는 이미 만들어져 있다.

프로세서 매뉴얼은 Ghidra/Processors/<proc>/data/manuals 디렉터리에 저장돼야 한다. 그리고 인덱스 파일은 해당 프로세스 매뉴얼과 동일한 디렉터리에 위치해야 한다. 인덱스 파일의 형식은 비교적 간단하다. 기드라의 x86.idx 파일의 처음 부분은 다음과 같다.

```
@Intel64_IA32_SoftwareDevelopersManual.pdf [Intel 64 and IA-32 Architectures
    Software Developer's Manual Volume 2 (2A, 2B, 2C & 2D): Instruction Set
    Reference, A-Z, Sep 2016 (325383-060US)]
AAA, 120
AAD, 122
BLENDPS, 123
AAM, 124
```

파일의 첫 번째 줄(3개의 줄로 표시됨)은 시스템에 매뉴얼이 없을 때 사용자에게 표시되는 설명 텍스트와 쌍을 이루는 매뉴얼의 로컬 파일 이름이며, 다음과 같은 형식으로 이뤄진다.

```
@FilenameInGhidraManualDirectory [Description of manual file]
```

그다음의 줄은 명령, 페이지 번호 형식이다. 명령은 대문자이고 페이지 번호는 .pdf 파일의 첫 번째 페이지부터 계산된다(이는 문서에서 나타나는 특정 페이지일 필요는 없다).

여러 개의 매뉴얼을 하나의 .idx 파일에서 참조할 수도 있다. 각각의 추가적인 매뉴얼의 명령 맵을 @ 지시문으로 설명하기만 하면 된다. 프로세서 매뉴얼의 인덱스 파일에 대한 추가적인 정보는 기드라의 docs/languages/manual_index.txt 파일에서 확인할 수 있다.

매뉴얼을 저장하고 인덱싱한 후 Listing 창에서 명령에 대한 Processor Manual 메뉴를 선택하면 매뉴얼 내의 해당 페이지로 이동해야 한다. 매뉴얼 페이지가 표시되지 않는다면 Edit ➤ Tools Options ➤ Processor Manuals 메뉴로 매뉴얼에 적합한 뷰어 애플리케이션을 설정해야 한다. 그림 18-4는 매뉴얼을 열기 위한 뷰어 애플리케이션으로 Firefox를 설정하는 예다.

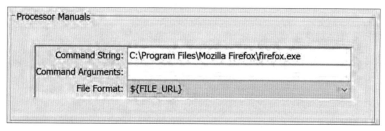

그림 18-4: Processor Manuals의 옵션

이제 몇 가지 기본적인 프로세서 모듈에 대한 용어를 살펴봤으므로 프로세서 모듈 구현에 대해 자세히 살펴볼 차례다.

기드라 프로세서 모듈 수정

프로세서 모듈을 처음부터 만드는 것을 상당한 작업이다. 따라서 처음부터 프로세서 모듈을 만들기보다는 이전 예제에서 그랬던 것처럼 기존 모듈을 수정하는 것부터 시작할 것이다. 실제로 접하게 되는 문제와 관련된 개념을 설명하고자 기드라의 x86 프로세서 모듈과 관련된 가상의 문제를 식별하는 것부터 시작하자. 문제를 해결하기 위한 몇 가지 예제를 살펴본 다음에는 배운 내용을 바탕으로 완전한 기드라 프로세서 모듈을 만들고자 다양한 구성 요소가 유기적으로 작동하는 큰 그림을 만들어볼 것이다.

> **기드라의 SLEIGH 편집기**
>
> 프로세서 모듈을 만들거나 수정하는 데 도움이 되도록 기드라는 이클립스 환경에 쉽게 통합시킬 수 있는 SLEIGH 편집기를 제공한다. SLEIGH 편집기를 설치하는 방법은 앞에서 설명한 SLEIGH 설명 파일에 포함돼 있으며 몇 단계만 거치면 설치할 수 있다. SLEIGH 편집기가 제공하는 특수 기능은 다음과 같다.
>
> **구문 강조(Syntax highlight)**: 특별한 의미가 있는 콘텐츠(예를 들면 주석, 토큰, 문자열, 변수

등)를 색깔로 강조해준다.

구문 검증(Validataion): 구문 오류를 표시하고 컴파일할 때까지 탐지되지 않은 상태로 남아 있을 수 있는 오류에 대한 경고를 생성한다.

QuickFix: SLEIGH 편집기가 탐지한 문제를 해결하기 위한 권고 사항을 제공한다(이는 15장에서 본 import 문에 대한 QuickFix 옵션과 유사하다).

Hover: 마우스를 구성 요소 위로 가져가면 많은 추가 정보를 제공한다.

탐색(Navigation): SLEIGH와 관련된 탐색 기능(예를 들면 하위 생성자, 토큰, 레지스터, pcodeops 등)을 제공한다.

참조 찾기(Find references): 변수가 사용되는 모든 곳을 빠르게 찾는다.

이름 바꾸기(Renaming): 전통적인 문자열 기반의 검색과 바꾸기 기능과는 달리 파일이나 관련 .sinc, .slaspec 파일에 있는 실제 변수의 이름을 바꾼다.

코드 서식 지정(Code formatting): SLEIGH 언어의 구조와 관련된 파일 형식을 바꾼다(예를 들면 키워드를 기반으로 생성자를 정렬하고, 첨부 내의 항목을 정렬하는 등). 이 기능은 전체 파일이나 선택한 섹션에 적용할 수 있다.

초기의 구문 검사에 도움이 되기 때문에 SLEIGH 편집기 사용을 권장하지만 이 장에서 설명하는 예제에서는 SLEIGH 편집기만 사용하는 것은 아니다.

문제 설명

Ghidra/Processors 디렉터리를 살펴보면 x86 프로세서 모듈은 많은 명령을 포함하고 있지만 IA32와 IA64 아키텍처를 위한 VMX[Virtual Machine eXtension] 명령이 빠져 있다는 것을 알 수 있다.[3] 그런 명령을 VMXPLODE라고 부른다. 그것의 동작은 기드라가 지원하는 VMXOFF 명령과 유사하다. 기존의 VMXOFF 명령은 프로세서가 VMX 작업을 종료하게 만들지만 VMXPLODE 명령은 그 반대다. 프로세서 모듈을 만들고 수정하는 것과 관련된 몇 가지 개념을 소개하고자 이 중요한 명령을 기존의 기드라 x86 프로

---

3. https://www.intel.com/content/dam/www/public/us/en/documents/manuals/64-ia-32-architectures-software-developer-vol-3c-part-3-manual.pdf의 30-1절을 보면 VMCS 명령에 대한 설명을 볼 수 있다.

세서 모듈에 추가하는 과정을 살펴볼 것이다.

예제 1: 프로세서 모듈에 명령 추가

첫 번째 목표는 VMXPLODE 명령을 지원하고자 수정해야 하는 파일을 찾는 것이다. Ghidra/Processors 디렉터리는 기드라가 지원하는 모든 프로세서에 대한 하위 디렉터리를 포함하고 있으며 그중 하나가 x86이다. 이클립스에서 File ➤ Open Projects from File System or Archive 메뉴를 선택해 프로세서 폴더의 경로(Ghidra/Processors/x86)를 제공해서 x86 프로세서 모듈(또는 다른 프로세서 모듈)을 직접 열 수 있다. 그러면 이클립스 인스턴스가 기드라의 x86 프로세서 모듈에 연결돼 이클립스 내에서 변경한 사항은 기드라의 프로세서 모듈에 직접 반영된다.

그림 18-5는 이클립스에서 x86 모듈의 디렉터리 내용 일부를 보여준다. 다운로드한 프로세서 매뉴얼과 x86 인덱스 파일이 있는 것을 볼 수 있다.

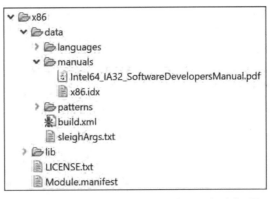

그림 18-5: 이클립스 Package Explorer의 x86 프로세서 모듈

Eclipse ➤ GhidraDev 메뉴를 이용해서 만든 프로세서 모듈의 경우와 마찬가지로 x86 폴더에는 data 폴더가 포함돼 있다. data 폴더에는 언어 명령을 정의하는 19개의 .sinc 파일을 포함해 총 40개 이상의 파일이 포함돼 있는 languages 폴더가 있다. x86 명령 세트는 다소 크기 때문에 유사한 명령들을 그룹화한 여러 개의 파일로

구성된다. 추가할 명령을 위해 새로운 .sinc 파일을 만들기보다는 기존의 x86 .sinc 파일에 내용을 추가할 것이다. 새로운 그룹의 명령(예를 들면 x86 SGX 명령 세트)를 기드라에 추가하는 경우라면 새로운 .sinc 파일을 만들어 그 명령들을 그룹화할 수도 있다(사실 SGX 명령은 많은 .sinc 파일 중 하나인 sgx.sinc라는 공통 파일에 그룹화돼 있다).

.sinc 파일 중에서 기존 VMX 명령 세트를 정의하고 있는 ia.sinc 파일을 찾는다. ia.sinc 파일의 VMXOFF에 대한 정의를 이용해 VMXPLODE를 정의할 것이다. ia.sinc 파일에서 VMXOFF는 두 곳에서 참조된다. 첫 번째로 참조되는 곳은 인텔 IA 하드웨어 지원 가상화 명령을 위한 정의다.

```
# MFL: definitions for Intel IA hardware assisted virtualization instructions
define pcodeop invept;  # Invalidate Translations Derived from extended page
                        # tables (EPT); opcode 66 0f 38 80
# -----CONTENT OMITTED HERE-----
define pcodeop vmread;  # Read field from virtual-machine control structure;
                        # opcode 0f 78
define pcodeop vmwrite; # Write field to virtual-machine control structure;
                        # opcode 0f 79
define pcodeop vmxoff;  # Leave VMX operation; opcode 0f 01 c4
define pcodeop vmxon;   # Enter VMX operation; opcode f3 0f C7 /6
```

각 항목은 x86 아키텍처의 새로운 마이크로코드 작업을 위한 pcodeop을 정의한다. 정의에는 이름과 오피코드 그리고 해당 오피코드에 대한 설명이 포함돼 있다. 따라서 명령을 새로 추가하려면 그에 대한 설명을 추가해야 한다. 웹을 검색해보면 VMXPLODE의 오피코드가 0f 01 c5라는 것을 확인할 수 있다. 이제 파일에 새로운 명령을 추가하는 데 필요한 정보를 확보했다. 다음은 새로운 명령을 추가한 결과다.

```
define pcodeop vmxoff;   # Leave VMX operation; opcode 0f 01 c4
define pcodeop vmxplode; # Explode (Fake) VMX operation; opcode 0f 01 c5
define pcodeop vmxon;    # Enter VMX operation; opcode f3 0f C7 /6
```

568

ia.sinc 파일에서 **VMXOFF**를 참조하고 있는 두 번째 장소(이곳에 새로운 명령을 추가할 것이다)는 오피코드 정의 부분이다(좀 더 명확한 가독성을 위해 일부 명령의 정의 부분을 래핑했다). ia.sinc 파일에 있는 8,000개 이상의 코드 라인을 완전히 분석하지는 않겠지만 다음과 같은 몇 가지 흥미로운 점이 발견할 수 있다.

```
# Intel hardware assisted virtualization opcodes
# -----CONTENT OMITTED HERE-----
# TODO: invokes a VM function specified in EAX❶
:VMFUNC EAX is vexMode=0 & byte=0x0f; byte=0x01; byte=0xd4 & EAX { vmfunc(EAX); }
# TODO: this launches the VM managed by the current VMCS. How is the
#          VMCS expressed for the emulator? For Ghidra analysis?
:VMLAUNCH is vexMode=0 & byte=0x0f; byte=0x01; byte=0xc2 { vmlaunch(); }
# TODO: this resumes the VM managed by the current VMCS. How is the
#          VMCS expressed for the emulator? For Ghidra analysis?
:VMRESUME is vexMode=0 & byte=0x0f; byte=0x01; byte=0xc3 { vmresume(); }
# -----CONTENT OMITTED HERE-----
:VMWRITE Reg32, rm32 is vexMode=0 & opsize=1 & byte=0x0f; byte=0x79;❷
          rm32 & Reg32 ... & check_Reg32_dest ... { vmwrite(rm32,Reg32); build
check_Reg32_dest; }
@ifdef IA64❸
:VMWRITE Reg64, rm64 is vexMode=0 & opsize=2 & byte=0x0f; byte=0x79;
          rm64 & Reg64 ... { vmwrite(rm64,Reg64); }
@endif
:VMXOFF is vexMode=0 & byte=0x0f; byte=0x01; byte=0xc4 { vmxoff(); }❹
:VMXPLODE is vexMode=0 & byte=0x0f; byte=0x01; byte=0xc5 { vmxplode(); }❺
# -----CONTENT OMITTED HERE-----
#END of changes for VMX opcodes
```

기드라에 있는 파일에서 발견되는 **TODO** 주석❶은 아직 완료되지 않은 작업이라는 것을 가리킨다. 이 오픈소스 프로젝트에 기여하고자 한다면 기드라 파일에서 **TODO** 작업을 검색해보면 된다.

그다음에는 32비트❷와 64비트 아키텍처를 위한 **VMWRITE** 명령을 볼 수 있다. 64비트 명령은 64비트 .sla 파일에만 포함되도록 조건문❸으로 둘러싸여 있다. 32비트 명령은 64비트에서 유효(예를 들면 EAX는 RAX의 최하위 32개 비트로 인식됨)하지만 그 반대는 허용되지 않는다. 따라서 64비트 레지스터에서 동작하는 명령은 64비트 빌드에만 포함되도록 조건문으로 묶은 것이다.

VMXOFF 명령❹은 레지스터를 직접 이용하지 않기 때문에 32비트 버전과 64비트 버전을 구분할 필요가 없다. 새로 추가한 명령인 VMXPLODE❺의 구조는 기존의 VMXOFF와 유사한 구조를 갖는다. 명령 정의를 구성하는 각 구성 요소를 살펴보자.

:VMXPLODE

이는 정의되는 명령을 나타내며 디스어셈블리 코드에서 표시된다.

is vexMode=0 & byte=0x0f; byte=0x01; byte=0xc5

명령과 관련된 비트 패턴이며 명령에 대한 제약을 제공한다. &는 논리적인 AND 연산을 의미한다. 세미콜론은 연결한다는 의미와 논리적인 AND 연산이라는 이중 목적으로 사용된다. 결국 "VEX 모드가 아니고 opcode가 이 순서대로 3바이트라면 제약 조건에 해당된다."라는 의미가 된다.[4]

{ vmxplode(); }

중괄호는 명령의 의미론적인 동작을 나타내고자 사용된다. SLEIGH 컴파일러는 이를 p-code(이 장의 뒷부분에서 설명)라고 하는 기드라 내부에서 사용하는 형태로 변환한다. 명령을 정의하려면 SLEIGH 연산자와 구문을 이해해야 한다. 명령과 관련된 실제 작업이 이 부분에서 수행되며 세미클론으로 구분해서 여러 개의 동작을 복잡하게 정의할 수도 있다. 이 경우 VMXPLODE를 새로운 p-code 연산으로 정의했기 때문에(define pcodeop vmxplode;) 여기에서 명령을 호출할 수 있다. 이후에 살펴볼 예제에서는 이 섹션에 추가적인 SLEIGH 액션을 추가할 것이다.

---

4. VEX 코딩 체계는 https://www.intel.com/content/dam/www/public/us/en/documents/manuals/64-ia-32-architectures-software-developer-instruction-set-reference-manual-325383.pdf의 2.3절에 설명돼 있다.

가장 큰 x86 .sinc 파일은 ia.sinc다. 이 파일에는 많은 명령(새로운 VMXPLODE 명령을 포함해서)가 정의돼 있고 x86 프로세서의 속성을 정의하기 위한 많은 내용(예를 들면 엔디안, 레지스터, 콘텍스트, 토큰, 변수 등)이 포함돼 있기 때문이다.

x86을 위한 2개의 .slaspec 파일인 x86.slaspec과 x86-64.slaspec 파일에는 필요로 하는 .sinc 파일을 위한 include문이 포함돼 있다(.sinc 파일을 사용하지 않고 .slaspec 파일에 내용을 직접 포함할 수도 있다. 이는 작은 명령 세트가 있는 프로세서에 적합할 수 있다). 다음은 x86-64.slaspec 파일의 내용이다.

```
  @define IA64 "IA64"
❷ @include "ia.sinc"                        # Only in x86-64.slaspec
  @include "avx.sinc"
  @include "avx_manual.sinc"
  @include "avx2.sinc"
  @include "avx2_manual.sinc"
  @include "rdrand.sinc"                     # Only in x86-64.slaspec
  @include "rdseed.sinc"                     # Only in x86-64.slaspec
  @include "sgx.sinc"                        # Only in x86-64.slaspec
  @include "adx.sinc"
  @include "clwb.sinc"
  @include "pclmulqdq.sinc"
  @include "mpx.sinc"
  @include "lzcnt.sinc"
  @include "bmi1.sinc"
  @include "bmi2.sinc"
  @include "sha.sinc"
  @include "smx.sinc"
  @include "cet.sinc"
  @include "fma.sinc"                        # Only in x86-64.slaspec
```

x86-64.slaspec 파일에서만 사용되는 .sinc 파일의 경우에는 주석을 추가했다(x86.slaspec 파일은 x86-64.slaspec 파일의 하위 집합이다). 포함된 파일 중에 VMXPLODE를 정의한 ia.sinc❶ 파일이 있기 때문에 추가적인 작업은 필요하지 않다. 새로운 .sinc 파일을

만든다면 그 안에 정의된 새로운 명령이 32비트와 64비트 바이너리에서 인식되도록 x86.slaspec과x86-64.slaspec 파일에 포함시켜야 한다.

새로운 명령이 바이너리에서 사용될 때 그것이 기드라에서 제대로 인식되는지 테스트하려면 테스트 파일을 만들어야 한다. 테스트 파일에서는 먼저 VMXOFF 명령을 여전히 인식하고 있는지 확인하고 추가된 VMXPLODE가 인식되는지 확인해야 한다. VMXOFF에 대한 테스트를 위한 C 소스 파일은 다음과 같다.

```c
#include <stdio.h>
// 다음 함수는 어셈블리 블록을 선언하고 컴파일러에게
// 코드를 이동하거나 변경하지 않고 실행해야 한다고 알려준다.

void do_vmx(int v) {
    asm volatile (
        "vmxon %0;"         // 하이퍼바이저 연산을 활성화
        "vmxoff;"           // 하이퍼바이저 연산을 비활성화
        "nop;"              // 예제를 위한 NOP 명령
        "nop;"
        "nop;"
        "nop;"
        "nop;"
        "nop;"
        "nop;"
        "vmxoff;"           // 하이퍼바이저 연산을 비활성화
        :
        :"m"(v)             // 입력 변수를 유지
    : );
}
int main() {
    int x;
    printf("Enter an int: ");
    scanf("%d", &x);
    printf("After input, x=%d\n", x);
    do_vmx(x);
    printf("After do_vmx, x=%d\n", x);
```

```
    return 0;
}
```

기드라에 컴파일된 바이너리를 로드하면 Listing 창에서 다음과 같은 **do_vmx** 함수를
볼 수 있다.

```
   0010071a  55            PUSH     RBP
   0010071b  48 89 e5      MOV      RBP,RSP
   0010071e  89 7d fc      MOV      dword ptr [RBP + local_c],EDI
   00100721  f3 0f c7      VMXON    qword ptr [RBP + local_c]
             75 fc
❶ 00100726  0f 01 C4      VMXOFF
   00100729  90            NOP
   0010072a  90            NOP
   0010072b  90            NOP
   0010072c  90            NOP
   0010072d  90            NOP
   0010072e  90            NOP
   0010072f  90            NOP
❷ 00100730  0f 01 00      VMXOFF
   00100733  90            NOP
   00100734  5d            POP RBP
   00100735  c3            RET
```

2개의 **VMXOFF**❶❷ 호출 부분에서 ia.sinc 파일에서 **VMXOFF**에 대해 정의한 오피코드
바이트(0f 01 c4)를 볼 수 있다. 위 코드를 Decompiler 창에서 보면 원래 소스코드의
내용과 일치하는 것을 알 수 있다.

```
void do_vmx(undefined4 param_1)
{
   undefined4 unaff_EBP;

   vmxon(CONCAT44(unaff_EBP,param_1));
```

```
    vmxoff();
    vmxoff();
    return;
}
```

기드라가 **VMXPLODE** 명령을 인식하는지 확인하고자 **do_vmx** 함수에서 첫 번째 **VMXOFF**를 **VMXPLODE**로 교체한다. 하지만 **VMXPLODE** 명령은 기드라의 프로세서 정의에서 뿐만 아니라 컴파일러의 지식 베이스에도 누락돼 있다. 따라서 명령 니모닉을 직접 이용하지 않고 해당 명령 바이트를 데이터로 선언해 어셈블러가 새로운 명령을 처리할 수 있게 만들었다.

```
//"vmxoff;"                  // 이 라인은 제거
".byte 0x0f, 0x01, 0xc5;"    // 명령 바이트를 직접 선언
```

수정한 바이너리를 기드라에 로드하면 Listing 창에서 다음과 같은 내용을 볼 수 있다.

```
    0010071a  55 PUSH RBP
    0010071b  48 89 e5 MOV RBP,RSP
    0010071e  89 7d fc MOV dword ptr [RBP + local_c],EDI
    00100721  f3 0f c7 VMXON qword ptr [RBP + local_c]
              75 fc
❶   00100726  0f 01 c5 VMXPLODE
    00100729  90 NOP
    0010072a  90 NOP
    0010072b  90 NOP
    0010072c  90 NOP
    0010072d  90 NOP
    0010072e  90 NOP
    0010072f  90 NOP
    00100730  0f 01 c4 VMXOFF
    00100733  90 NOP
```

```
00100734  5d POP RBP
00100735  c3 RET
```

새로 정의한 명령❶을 오피코드(0f 01 c5)와 함께 볼 수 있다. Decompiler 창에서도 새로운 명령을 볼 수 있다.

```
void do_vmx(undefined4 param_1)
{
  undefined4 unaff_EBP;

  vmxon(CONCAT44(unaff_EBP,param_1));
  vmxplode();
  vmxoff();
  return;
}
```

그렇다면 기드라는 x86 프로세서 명령 세트에 새로운 명령을 추가하고자 백그라운드에서 어떤 작업을 수행했을까? 기드라는 다시 시작되면(변경 사항을 적용해야 하기 때문에 필요하다) 기본적인 .sinc 파일이 변경됐다는 것을 감지하고 필요하다면 새로운 .sla 파일을 만든다.

이 예제에서 원래의 컴파일된 64비트 바이너리 파일을 로딩했을 때 기드라는 ia.sinc 파일이 변경됐다는 것을 감지해 ia.sinc 파일을 다시 컴파일하는 동안 그림 18-6과 같은 창을 보여준다(다시 시작될 경우 필요한 경우에만 컴파일을 다시 수행한다). 64비트 파일을 로드했기 때문에 x86-64.sla 파일만 업데이트되고 x86.sla 파일은 업데이트되지 않는다. 이후에 업데이트된 파일을 로드할 때는 이전에 로드한 이후의 SLEIGH 소스 파일이 변경되지 않았기 때문에 컴파일을 다시 수행하지는 않는다.

그림 18-6: 언어 파일을 다시 컴파일할 때 보여주는 기드라 창

다음은 새로운 명령을 프로세서 모듈에 추가하는 단계에 대한 요약이다.

1. 대상 프로세서를 위한 languages 디렉터리를 찾는다(예를 들면 Ghidra/Processor/ ⟨⟨targetprocessor⟩⟩/data/languages).

2. 대상 프로세서의 .sinc 파일에 명령을 추가하거나 새로운 .sinc 파일을 만든 다(예를 들면 Ghidra/Processor/⟨targetprocessor⟩/data/languages /⟨targetprocessor⟩.sinc).

3. 새로운 .sinc 파일을 만들었다면 그것이 해당 .slaspec 파일에 포함돼 있는 지 확인한다(예를 들면 Ghidra/Processor/⟨targetprocessor⟩/data/languages /⟨targetprocessor⟩. slaspec).

예제 2: 프로세서 모듈에 있는 명령 수정

이제 기드라 x86 프로세서 모듈에 명령을 성공적으로 추가할 수 있게 됐다. 하지만 **VMXPLODE** 명령을 흥미롭게 바꾸지는 못했다. 즉, 현재는 별 감흥 없이 명령일 뿐이다. 어셈블리어 명령이 무엇이든 수행하게 만드는 것은 어려운 일이지만 명령이 종료될 때 dab이 되게 만들 수는 있다.[5] 이 예제에서는 **VMXPLODE** dab을 만들기 위한 3가지 옵션을 단계별로 설명할 것이다. 첫 번째 옵션은 **EAX**를 하드코딩된 값인 **0xDAB**로 설정한 후 종료하는 것이다.

---

5. dab(또는 dabbing)은 2012년부터 어떤 것을 축하하거나 기념하고자 국제 스포츠계 인사들이 사용하는 춤 동작이었다. 이 예에서는 16진수만 사용해 철자를 구성할 수 있는 몇 안 되는 춤 관련 동작 용어 중 하나이기 때문에 dab을 선택했다.

옵션 1: EAX에 상수 값 설정

VMXPLODE 명령이 종료하기 전에 **EAX**의 값을 **0xDAB**로 설정하려면 예제 1에서 작업한 파일(ia.sinc)의 명령 하나만 수정하면 된다. 다음은 예제 1을 수행한 이후의 **VMXOFF**와 **VMXPLODE** 명령의 내용이다.

```
:VMXOFF      is vexMode=0 & byte=0x0f; byte=0x01; byte=0xc4  { vmxoff(); }
:VMXPLODE    is vexMode=0 & byte=0x0f; byte=0x01; byte=0xc5  { vmxplode(); }
```

vmxplode를 수행하기 전에 **EAX**에 값을 할당하도록 다음과 같이 명령의 내용을 변경한다.

```
:VMXOFF      is vexMode=0 & byte=0x0f; byte=0x01; byte=0xc4  { vmxoff(); }
:VMXPLODE    is vexMode=0 & byte=0x0f; byte=0x01; byte=0xc5  { EAX=0xDAB; vmxplode(); }
```

기드라를 다시 실행해서 테스트 파일을 로드하면 기드라는 언어 파일과 관련한 변경이 감지돼 x86-64.sla를 다시 만든다는 것을 나타내고자 그림 18-6과 같은 창을 다시 한 번 보여준다. 기드라가 파일에 대한 자동 분석 작업을 마친 후에 Listing 창에서는 어떤 변경 사항도 볼 수 없지만 Decompiler 창에서는 변경된 내용을 확인할 수 있다.

```
undefined4 do_vmx(undefined4 param_1)
{
  undefined4 unaff_EBP;

  vmxon(CONCAT44(unaff_EBP,param_1));
  vmxplode();
  vmxoff();
  return 0xdab;
}
```

Decompiler 창의 **return**문은 보면 이제는 **EAX**의 값(0xDAB)을 반환한다는 것을 알 수

있다. do_vmx는 void 함수이기 때문에 반환값이 없다는 것을 알고 있기 때문에 이는 매우 흥미롭다고 할 수 있다. 새로 정의한 명령을 Listing 창에서 보면 VMXPLODE가 어떤 식으로든 변경됐다는 것을 알 수 없다.

```
00100726  0f 01 c5        VMXPLODE
```

디컴파일러와 디스어셈블러의 중요한 차이점은, 디컴파일러는 각 명령을 전체적이고 의미론적으로 동작을 이해하고 통합하는 반면 디스어셈블러는 각 명령의 적절한 구문 표현에 중점을 둔다는 것이다. 이 예제에서 VMXPLODE는 어떤 피연산자도 사용하고 있지 않으며 디스어셈블러는 그것을 올바르게 표현해준다. 하지만 EAX가 변경됐다는 어떤 시각적인 표현을 제공하지는 않는다. 디스어셈블리 코드를 볼 때 각 명령의 의미론적 동작을 이해하는 것은 전적으로 분석가의 책임이다. 이 예제는 디컴파일러가 변경된 VMXPLODE의 전체적인 의미를 이해하고 그로 인해 EAX가 변경됐다는 것을 인식할 수 있다는 사실을 보여준다. 또한 디컴파일러는 EAX가 함수의 나머지 부분에서 사용되지 않는다는 것을 인식하고 값이 호출 함수에 반환되는 용도로 사용되고 있다고 가정한다.

기드라는 명령이 동작하는 방식에 대해 좀 더 깊이 파고들 수 있는 기회를 제공하고 이 예제의 경우와 같이 명령의 미묘한 차이를 감지하고 테스트할 수 있게 해준다. 먼저 VMXPLODE와 관련된 명령 정보를 살펴보자(그림 18-7).

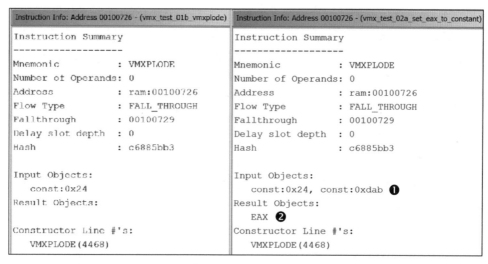

그림 18-7: VMXPLODE 명령 정보

왼쪽은 원래의 **VMXPLODE** 명령에 대한 정보이고 오른쪽은 수정된 버전에 대한 정보다. 수정된 버전의 내용을 보면 **Input Objects** 섹션❶에서 **0xdab**를 볼 수 있고 **Result Objects** 섹션❷에서는 **EAX**를 볼 수 있다. 앞서 살펴보지 않은 p-code라고 하는 기본 정보를 보면 모든 명령에 대한 추가적인 통찰력을 얻을 수 있다.[6] 명령과 관련된 p-code는 명령이 정확히 무엇을 수행하는지에 대한 매우 자세한 정보를 제공한다.

---

p-code

기드라 문서에서는 p-code를 '리버스 엔지니어링 애플리케이션을 위해 설계된 레지스터 전송 언어'라고 설명한다. 레지스터 전송 언어(RTL, Register Transfer Language)는 C와 같은 하이레벨 언어와 x86이나 ARM과 같은 어셈블리어 간의 중간 표현(IR(Intermediate Representation) 또는 IL(Intermediate Language))으로 종종 사용되는 아키텍처 독립적이며 어셈블리어와 유사한 언어다. 컴파일러는 종종 소스코드를 IR로 변환하는 언어별 프론트엔드

---

6. 기드라 Help에서는 p-code를 하이픈 없이 pcode라고 표현하지만 다른 대부분의 p-code 관련 문서에서는 하이픈을 사용한다. 따라서 기드라에서 p-code에 대한 정보를 찾는 데 어려움을 겪는다면 하이픈 없는 pcode를 이용해서 검색해보면 된다.

와 IR을 특정 어셈블리어로 변환하는 아키텍처별 백엔드로 구성된다. 컴파일러가 그렇게 모듈화돼 있으면 C 프론트엔드 모듈과 x86 백엔드 모듈을 결합시켜 x86 코드를 생성하는 C 컴파일러를 만들 수 있고 백엔드를 ARM 모듈로 교체하면 ARM 코드를 생성하는 C 컴파일러를 바로 만들 수 있는 유연성이 갖게 된다. C 프론트엔드 모듈을 FORTRAN을 위한 모듈로 변경하면 ARM을 위한 FORTRAN 컴파일도 만들 수 있다.

IR 수준에서 작업을 하게 되면 다른 언어나 아키텍처에서는 쓸모가 없을 수 있는 C 관련 툴이나 ARM 관련 툴을 유지 관리할 필요가 없어지고 대신 IR에서 동작하는 툴을 만들 수 있다. 예를 들면 IR에서 동작하는 최적화기가 있다면 적절한 프론트엔드/백엔드 조합으로 최적화기를 새로 작성할 필요 없이 재사용할 수 있다.

당연히 리버스 엔지니어링 툴체인은 전통적인 소프트웨어 빌드 체인과 반대 방향으로 동작한다. 리버스 엔지니어링 프론트엔드는 기계어 코드를 IR로 변환하고 리버스 엔지니어링 백엔드는 IR을 C와 같은 하이레벨 언어로 변환한다. 순수한 디스어셈블러는 기계어 코드를 어셈블리어로만 변환하기 때문에 프론트엔드로 적합하지 않다. 기드라의 디컴파일러는 IR을 C로 변환하는 백엔드이며 기드라 프로세서 모듈은 기계어 코드를 IR로 변환하는 프론트엔드 모듈이다.

SLEIGH에서 기드라 프로세서 모듈을 빌드하거나 수정할 때 가장 먼저 하는 일 중 하나는 SLEIGH 컴파일러에게 새로운 명령이나 수정된 명령의 의미론적 동작 내용을 설명하는 데 필요한 새로운 p-code 동작을 알리는 것이다. 예를 들어 다음의 정의를 ia.sinc 파일에 추가해보자.

```
define pcodeop vmxplode
```

SLEIGH 컴파일러는 vmxplode가 아키텍처에서 명령의 동작을 설명하는 데 사용할 수 있는 유효한 의미론적 동작이라는 것을 알 수 있다. 직면하게 될 가장 어려운 문제 중 하나는 구문적으로 올바른 SLEIGH문을 사용해 새로운 명령이나 수정된 명령을 설명하는 것이다. 그런 모든 정보는 프로세서 모듈을 구성하는 .slaspec과 .sinc 파일에 저장된다. 작업을 제대로 수행한다면 기드라에 새로운 디컴파일러 백엔드를 추가할 수도 있다.

Listing 창에서 p-code를 보려면 Browser Field Formatter를 열고 Instruction/Data 탭을 선택한 다음 P-code 바에서 마우스 오른쪽 버튼을 클릭해 해당 필드를 활성화한다. Listing 창에 각 명령과 관련된 p-code가 표시되면 이전의 두 코드를 비교해서 차이점을 관찰할 수 있다. 수정하기 전의 **VMXPLODE**에 대한 p-code는 다음과 같다.

```
0010071b 48 89 e5        MOV         RBP,RSP
                                         RBP = COPY RSP
                                         $U620:8 = INT_ADD RBP, -4:8
                                         $U1fd0:4 = COPY EDI
                                         STORE ram($U620), $U1fd0
00100721 f3 0f c7 75 fc VMXON       qword ptr [RBP + local_c]

                                         $U620:8 = INT_ADD RBP, -4:8
                                         $Ua50:8 = LOAD ram($U620)
                                         CALLOTHER "vmxon", $Ua50
00100726 0f 01 c5        VMXPLODE

                                         CALLOTHER "vmxplode"

00100729 90              NOP
```

그리고 수정한 **VMXPLODE**에 대한 p-code는 다음과 같다.

```
00100726 0f 01 c5        VMXPLODE
                                  ❶ EAX = COPY 0xdab:4
                                     CALLOTHER "vmxplode"
```

p-code를 보면 상수 값(0xdab)이 **EAX❶**에 설정되는 것을 볼 수 있다.

옵션 2: 레지스터에 상수 값 설정

명령 세트는 일반적으로 0개 이상의 피연산자를 이용하는 명령의 조합으로 구성된
다. 명령과 관련된 피연산자의 수와 타입이 증가되면 해당 명령의 의미론적 동작
내용을 설명하는 것도 복잡해진다. 이번 예제에서는 **VMXPLODE**의 동작을 dab 값으
로 설정되는 레지스터를 피연산자로 이용하도록 확장시킬 것이다. 이를 위해서는
앞에서 살펴보지 않은 ia.sinc 파일의 섹션을 이용해야 한다. 이번에는 수정된 명령
을 먼저 보고 거꾸로 거슬러 올라가볼 것이다. 다음은 명령이 최종적으로 0xDAB

값을 갖게 되는 레지스터를 피연산자로 받아들이게 만들고자 수정해야 할 내용을 보여준다.

```
:VMXPLODE    Reg32❶ is vexMode=0 & byte=0x0f; byte=0x01; byte=0xc5; Reg32❷
          { Reg32=0xDAB❸; vmxplode(); }
```

Reg32❶가 로컬 식별자로 선언되고 그 뒤에 명령에 대한 오피코드❷가 위치한다. 앞선 예제처럼 EAX에 0xDAB를 직접 할당하지 않고 Reg32❸에 값을 할당하고 있다. 목적을 달성하려면 Reg32의 값을 선택한 x86 레지스터와 연결하는 방법을 결정해야 한다. 피연산자를 특정 x86 범용 레지스터에 매핑하는 방법을 이해하는 데 도움이 되도록 ia.sinc 내의 다른 구성 요소를 조사해보자. ia.sinc 파일의 시작 부분에서 리스트 18-1과 같이 필요한 모든 정의를 볼 수 있다.

리스트 18-1: x86 레지스터에 대한 SLEIGH 정의(ia.sinc 파일의 내용)

```
# SLA specification file for Intel x86
@ifdef IA64❶
@define SIZE "8"
@define STACKPTR "RSP"
@else
@define SIZE "4"
@define STACKPTR "ESP"
@endif
define endian=little;❷
define space ram type=ram_space size=$(SIZE) default;
define space register type=register_space size=4;
# General purpose registers❸
@ifdef IA64
define register offset=0 size=8 [ RAX  RCX  RDX  RBX  RSP  RBP  RSI  RDI ]❹;
define register offset=0 size=4 [ EAX _ ECX _ EDX _ EBX _ ESP _ EBP _ ESI _ EDI ];
define register offset=0 size=2 [ AX _ _ _ CX _ _ _ DX _ _ _ BX];    #truncated
define register offset=0 size=1[ AL AH _ _ _ _ _ _ CL CH _ _ _ _ _ _ ];  #truncated y
define register offset=0x80 size=8 [ R8  R9  R10  R11  R12  R13  R24  R15]❺;
```

```
define register offset=0x80 size=4 [ R8D _ R9D _ R10D _ R11D _ R12D _ R13D _ R14D
 _ R15D ];
define register offset=0x80 size=2 [ R8W _ _ _ R9W _ _ _ R10W _ _ _ R11W ];  # truncated
define register offset=0x80 size=1 [ R8B _ _ _ _ _ _ _ R9B _ _ _ _ _ _ _ ];  # truncated
@else
define register offset=0 size=4  [ EAX ECX EDX EBX ESP EBP ESI EDI ];
define register offset=0 size=2  [ AX _ CX _ DX _ BX _ SP _ BP _ SI _ DI ];
define register offset=0 size=1  [ AL AH _ _ CL CH _ _ DL DH _ _ BL BH ];
@endif
```

파일 상단에서는 32비트 및 64비트 빌드❶를 위한 스택 포인터의 이름과 크기, x86
에 대한 엔디안 정보❷를 볼 수 있다. 그리고 주석❸을 통해 범용 레지스터에 대한
정의의 시작 지점을 알 수 있다. SLEIGH는 다른 구성 요소와 마찬가지로 레지스터
정의와 이름을 위한 특별한 규칙을 갖고 있다. 즉, 레지스터는 register라는 특수
한 주소 공간에 위치하며 모든 레지스터는 해당 주소 공간에서의 오프셋이 할당된
다. SLEIGH 레지스터 정의는 레지스터 주소 공간 내에서 레지스터들이 시작되는
오프셋을 가리킨다. 레지스터 목록에 있는 모든 레지스터는 연속적으로 위치하며
레지스터 사이에 공간이 있는 경우에는 밑줄로 표시된다. 64비트 RAX와 RCX 레지스
터❹의 주소 공간 레이아웃을 자세히 표현하면 그림 18-8과 같다.

size	offset															
	0	1	2	3	4	5	6	7	8	9	10	11	12	13	14	15
8	RAX								RCX							
4	EAX				_				ECX				_			
2	AX		_		_		_		CX		_		_		_	
1	AL	AH	_	_	_	_	_	_	CL	CH	_	_	_	_	_	_

그림 18-8: x86-64 RAX와 RCX 레지스터의 레이아웃

AL로 명명된 레지스터 RAX, EAX, AX의 최하위 바이트(x86은 리틀엔디안이기 때문임)와 정확히
같은 위치를 점유한다. 유사하게 EAX는 RAX의 하위 4바이트와 동일한 위치를 점유
한다. 아무런 이름이 없이 밑줄로 표시된 곳은 연결된 이름이 없다는 것을 나타낸

다. 예를 들어 오프셋 4~7인 4바이트 영역은 지정된 이름이 없지만 RAX 레지스터의 상위 4바이트와 동일한 공간을 차지한다. 리스트 18-1은 오프셋 0x80❺에서 R8로 시작하는 별도의 레지스터 블록을 정의하고 있다. 오프셋 0x80 위치의 1바이트 레지스터는 R8B이고 오프셋 0x88 위치의 1바이트 레지스터는 R9B가 된다. SLEIGH 파일의 레지스터 정의는 아키텍처의 레지스터 주소 공간에 대한 텍스트 표현에 불과하기 때문에 리스트 18-1의 레지스터에 대한 테스트 정의와 그림 18-8의 레지스터에 대한 테이블 표현 사이의 유사성은 명확하다.

기드라에서 완전히 지원하지 않는 아키텍처에 대한 SLEIGH 설명을 작성하는 경우 해당 아키텍처에 대한 레지스터 주소 공간을 배치해야 하며 해당 아키텍처가 레지스터들이 겹치는 것을 허용(x86-64 아키텍처의 RAX, EAX, AX, AH, AL처럼)하지 않는다면 레지스터들이 겹치지 않게 배치해야 한다.

이제 SLEIGH에서 레지스터가 어떻게 표시되는지 이해했으므로 dab할 레지스터를 선택하는 단계로 넘어가 보자. 명령이 원하는 대로 동작하게 하려면 식별자 Reg32를 범용 레지스터에 매핑해야 한다. 이를 위해 ia.sinc에 정의돼 있는 다음과 같은 내용을 이용해야 한다.

```
❶ define token modrm (8)
    mod           = (6,7)
    reg_opcode    = (3,5)
    reg_opcode_hb = (5,5)
    r_m           = (0, 2)
    row           = (4, 7)
    col           = (0, 2)
    page          = (3, 3)
    cond          = (0, 3)
    reg8          = (3, 5)
    reg16         = (3, 5)
 ❷ reg32         = (3, 5)
    reg64         = (3, 5)
    reg8_x0       = (3, 5)
```

define문❶은 modrm이라는 8비트 토큰을 선언하고 있다. SLEIGH 토큰은 모델링되는 명령을 구성하는 바이트 크기의 구성 요소를 나타내는 데 사용되는 구문 요소다.[7] SLEIGH를 사용하면 토큰 내에서 임의의 수의 비트 필드(하나 이상의 연속 비트 범위)를 정의할 수 있다. SLEIGH에서 명령을 정의할 때 이러한 비트 필드는 연관된 피연산자를 지정하는 편리하고 상징적인 수단을 제공한다. 위 정의에서 reg32❷라는 비트 필드는 modrm의 3에서 5비트까지 확장된다. 3비트 필드는 0에서 7까지의 값을 가질 수 있어 8개의 32비트 x86 레지스터 중 하나를 선택하는 데 사용될 수 있다.

파일에서 reg32를 참조하는 다른 부분으로 이동하면 다음과 같은 흥미로운 코드를 볼 수 있다.

```
# attach variables fieldlist registerlist;
  attach variables [ r32 reg32  base index ] [ EAX ECX EDX EBX ESP EBP ESI EDI ];
#                                              0   1   2   3   4   5   6   7
```

첫 번째 줄과 마지막 줄에는 SLEIGH 구문과 각 레지스터의 순서를 표시하는 주석이다. attach variables문은 필드를 목록(이 경우에는 x86의 범용 레지스터 목록)으로 연결한다. 앞의 modrm 정의를 고려해서 코드를 대략적으로 해석해보면 reg32의 값은 modrm 토큰의 3에서 5비트의 값에 의해 결정된다는 의미가 된다. 따라서 결괏값(0에서 7까지의 값)은 레지스터 목록에 있는 특정 레지스터를 선택하기 위한 인덱스로 사용된다.

이제는 0xDAB 값을 할당할 범용 레지스터를 식별하는 방법을 알았다. 파일에서 Reg32를 참조하는 다른 부분을 보면 32비트와 64비트 레지스터 모두에 대한 Reg32의 생성자를 포함하고 reg32와 Reg32 간의 연관성을 알 수 있는 코드를 볼 수 있다.[8]

```
Reg32:    reg32  is rexRprefix=0 & reg32    { export reg32; } #64-bit Reg32
Reg32:    reg32  is reg32                   { export reg32; } #32-bit Reg32
```

---

7. 이 개념은 SLEIGH 문서의 Tokens and Fields (6) 섹션에서 자세히 설명하고 있다.
8. 이 개념은 SLEIGH 문서의 Constructors (7) 섹션에서 자세히 설명하고 있다.

다시 이 예제를 시작할 때 살펴본 명령으로 돌아가 보자.

```
:VMXPLODE Reg32❶ is vexMode=0 & byte=0x0f; byte=0x01; byte=0xc5; Reg32❷
                                    { Reg32=0xDAB; vmxplode(); }
```

VMXPLODE를 호출하는 부분에 피연산자를 추가해서 어떤 레지스터가 0xDAB 값을
가져오는지 결정할 것이다. 첫 번째 NOP을 제거하고 직접 작성한 명령에 0x08 값을
추가해 테스트 바이너리를 업데이트할 것이다. 처음 3바이트는 오피코드(0f 01 c5)이
고 그 뒤에 이어지는 바이트(08)는 사용할 레지스터를 지정하는 피연산자가 된다.

```
".byte 0x0f, 0x01, 0xc5, 0x08;"              // 피연산자를 추가
```

그림 18-9는 피연산자로부터 ia.sinc 파일의 정보를 기반으로 레지스터를 결정하
는 과정을 단계별로 보여준다.

❶	Operand	08							
❷	Value	0	0	0	0	1	0	0	0
❸	modrm bits	7	6	5	4	3	2	1	0
❹	Reg32	001							
❺	Ordinals	0	1	2	3	4	5	6	7
❻	Registers	EAX	ECX	EDX	EBX	ESP	EBP	ESI	EDI

그림 18-9: 피연산자에서 레지스터 선택까지의 과정

피연산자의 값은 첫 번째 행에 있는 0x08❶이다. 0x08을 바이너리 형태❷로 해석하
고 modrm 토큰의 필드❸에 대입한다. 그러면 3번 비트에서 5번 비트의 값을 추출할
수 있고, 결국 Reg32의 값은 001❹이 된다. 그리고 001을 레지스터의 순서 값❺으로
사용하면 ECX 레지스터❻가 선택된다. 따라서 피연산자 0x08은 0xDAB 값이 할당되
는 레지스터가 ECX라는 의미가 된다.

수정된 ia.sinc 파일을 저장하고 기드라를 다시 시작해서 파일을 로드한 다음 분석

을 수행하면 다음과 같은 코드가 만들어진다. 다음 코드를 보면 새로 만든 명령의 내용을 볼 수 있다. 즉, 0xDAB가 ECX 레지스터에 할당되는 것을 볼 수 있다.

```
00100721 f3 0f c7 75 fc VMXON          qword ptr [RBP + local_c]

                                       $U620:8 = INT_ADD RBP, -4:8
                                       $Ua50:8 = LOAD ram($U620)
                                       CALLOTHER "vmxon", $Ua50
00100726 0f 01 c5 08    VMXPLODE ECX

                                       ECX = COPY 0xdab:4
                                       CALLOTHER "vmxplode"

0010072a 90 NOP
```

0xDAB 값은 Decompiler 창에서 더 이상 볼 수 없게 된다. 디컴파일러는 EAX 값이 반환된다고 가정하기 때문이다. 이번 예제에서는 ECX를 사용하고 있기 때문에 디컴파일러가 반환값을 식별하지 않는다.

지금까지 선택된 레지스터 dab을 만들어봤으므로 이제는 32비트 값을 두 번째 피연산자로 추가해보자.

옵션 3: 레지스터 피연산자와 값 피연산자

2개의 피연산자(대상 레지스터와 할당되는 상수 값)를 사용하도록 명령 구문을 확장하려면 다음과 같이 VMXPLODE 정의를 변경해야 한다.

```
:VMXPLODE Reg32,imm32 is vexMode=0 & byte=0x0f; byte=0x01; byte=0xc5;
        Reg32; imm32                          { Reg32=imm32; vmxplode(); }
```

명령에 32비트 상수 값을 추가하려면 4바이트가 추가로 필요하다. 따라서 4개의 NOP을 다음과 같이 리틀엔디안 순서로 imm32를 올바르게 인코딩할 수 있는 값으로 변경한다.

```
".byte 0x0f, 0x01, 0xc5, 0x08, 0xb8, 0xdb, 0xee, 0x0f;"
"nop;"
"nop;"
```

파일을 다시 로드하면 VMXPLODE가 원하는 동작을 수행하게 된다. 다음의 코드 (p-code가 표시됨)를 보면 이제 ECX에는 0xFEEDBB8 값이 할당되는 것을 알 수 있다.

```
00100726  0f 01 c5        VMXPLODE ECX,0xfeedbb8
          08 b8 db
          ee 0f

                                  ECX = COPY 0xfeedbb8:4
                                  CALLOTHER "vmxplode"
```

예제 3: 프로세서 모듈에 레지스터 추가

2개의 새로운 레지스터를 이용하도록 확장해서 프로세서 모듈 예제를 마무리할 것이다.[9] 앞에서 설명할 32비트 범용 레지스터에 대한 정의를 다시 상기하길 바란다.

```
define register offset=0  size=4   [EAX ECX EDX EBX ESP EBP ESI EDI];
```

레지스터 정의에는 오프셋과 크기 그리고 레지스터 목록이 필요하다. 현재 이미 할당된 오프셋을 확인하고 2개의 4바이트 레지스터가 필요로 하는 공간을 찾아 레지스트리 메모리 주소 공간에서 시작 오프셋을 선택한다. 이 정보를 바탕으로 ia.sinc 파일에 다음과 같이 2개의 새로운 32비트 레지스터(VMID와 VMVER)를 정의할 수 있다.

```
# Define VMID and VMVER
define register offset=0x1500 size=4 [ VMID VMVER ];
```

---

9. 이 개념은 SLEIGH 문서의 Naming Registers (4.4) 섹션에서 자세히 설명하고 있다.

새로 만들 명령에서는 새로운 레지스터(VMID와 VMVER)를 식별할 수 있는 방법이 필요하다. 앞선 예제에서는 8개의 레지스터 중에서 하나를 선택하고자 3비트 필드를 이용했다. 2개의 레지스터에서 하나를 선택하려면 하나의 비트만 있으면 된다. 다음은 modrm 토큰에서 1비트 필드를 정의하고 해당 필드를 vmreg와 연결하고 있다.

```
# Associate vmreg with a single bit in the modrm token.
vmreg = (3, 3)
```

다음은 vmreg를 2개의 레지스터를 포함하는 서수 세트에 연결하고 있다. 0은 VMID를 나타내고 1은 VMVER를 나타낸다.

```
attach variables [ vmreg ]    [ VMID VMVER ];
```

명령 정의는 연결된 레지스터 중 하나가 명령 내에서 유효할 때 vmreg를 참조할 수 있는 반면 어셈블리어 프로그래머는 vmreg 피연산자를 허용하는 모든 명령에서 피연산자로 VMID 및 VMER를 참조할 수 있다. 2개의 VMXPLODE 정의를 비교해보자. 첫 번째는 이전 예제에서 사용한 것으로, 범용 레지스터 중에서 하나를 선택하는 것이다. 두 번째는 범용 레지스터가 아닌 새로운 2개의 레지스터 중에서 하나를 선택하는 것이다.

```
:VMXPLODE Reg32,imm32 is vexMode=0 & byte=0x0f; byte=0x01; byte=0xc5;
        Reg32, imm32                    { Reg32=imm32; vmxplode(); }
:VMXPLODE vmreg,imm32 is vexMode=0 & byte=0x0f; byte=0x01; byte=0xc5;
        vmreg, imm32                    { vmreg=imm32; vmxplode(); }
```

첫 번째 정의에서는 Reg32가 사용됐지만 두 번째 정의에서는 그것이 vmreg로 교체됐다. 테스트 명령인 vmxplode 0x08,0xFEEDBB8을 갖고 있는 동일한 입력 파일을 이용한다면 VMVER에 0xFEEDBB8이 로드될 것이다. 0x08은 1로 매핑(그림 18-9에서 비트 3이 1이므로)돼 vmreg에서 VMVER 레지스터가 선택되기 때문이다. 테스트 파일을 로딩한 후(먼저 ia.sinc 파일을 저장하고 기드라를 재시작)에 Listing 창에서 p-code를 보면 다음과 같이
VMVER에 상수 값이 할당되는 것을 볼 수 있다.

```
00100726  0f 01 c5      VMXPLODE      VMVER,0xfeedbb8
          08 b8 db
          ee 0f

                                      VMVER = COPY 0xfeedbb8:4
                                      CALLOTHER "vmxplode"
```

그림 18-10은 관련된 명령 정보를 보여주며 변경된 내용을 확인할 수 있다.

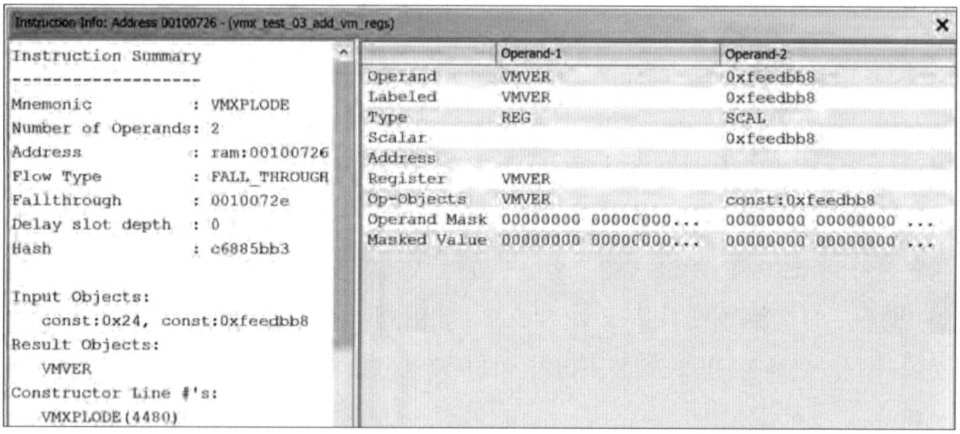

그림 18-10: 새로운 레지스터인 VMVER를 선택하는 VMXPLODE 명령 정보

요약

18장에서는 x86 프로세서 파일 내용의 일부분만 소개했지만 명령 정의, 레지스터
정의와 토큰뿐만 아니라 기드라 전용 언어인 SLEIGH를 사용해 기드라 프로세서
모듈을 빌드하고 수정하는 방법 등 프로세서 모듈의 주요 구성 요소를 살펴봤다.
기드라에 새로운 프로세서 모듈을 추가하고 싶다면(또는 필요하다면) 좀 더 최근에 기드
라에 추가된 프로세서 모듈을 참고하는 것을 추천한다(SuperH4.sinc 파일은 특히 문서화가

잘돼 있고 x86 프로세서 모듈보다 훨씬 간단하다).

프로세서 모듈을 개발할 때는 인내와 테스트가 무엇보다도 중요하다. 작성한 프로세서 모듈을 새로운 바이너리나 기드라 프로젝트에 재사용해서 리버스 엔지니어링에 도움이 된다면 어렵게 개발한 만큼의 가치를 얻을 수 있을 것이다.

19장에서는 기드라 디컴파일러와 관련한 기능을 자세히 살펴본다.

19

기드라 디컴파일러

지금까지는 Listing 창에서 리버스 엔지니어링 분석을 수행하는 것에 초점을 맞췄고 디스어셈블리 코드를 통해 기드라의 기능을 설명했다. 19장에서는 Dicompiler 창으로 초점을 바꿔 디컴파일러와 그것의 기능을 이용해 분석 작업(또는 새로운 작업)을 수행하는 방법을 살펴본다. Decompiler 창에서 수행할 수 있는 기능을 살펴보기 전에 먼저 디컴파일 과정을 간략히 설명한 다음 리버스 엔지니어링 과정을 개선하고자 Decompiler 창에서 할 수 있는 것을 몇 가지 예제를 통해 설명한다.

디컴파일러 분석

Decompiler 창의 내용이 Listing 창에서 파생됐다고 가정하는 것이 논리적이겠지만 놀랍게도 Listing 창과 Decompiler 창의 내용이 독립적으로 파생되기 때문에 때로는 둘의 내용이 일지하지 않을 수 있고 어떤 것이 올바른 것인지 판단하고자 할 때는 문맥을 통해 평가해야만 한다. 기드라 디컴파일러의 주요 기능은 기계어 명령을

p-code(18장 참고)로 변환한 다음 p-code를 다시 C 언어로 변환해서 Decompiler 창에 표시해주는 것이다.

단순하게 보면 디컴파일 과정은 3단계로 수행된다. 첫 번째 단계에서 디컴파일러는 SLEIGH 명세 파일을 사용해 p-code 초안을 만들고 관련된 기본 블록과 흐름을 알아낸다. 두 번째 단계는 단순화에 중점을 둔다. 즉, 수행되지 않는 코드나 필요 없는 내용을 제거하고 그에 따른 제어 흐름을 조정한다. 마지막 단계에서는 마무리 작업을 수행하고 몇 가지 최종 확인 작업을 수행한다. 그리고 최종 결과는 보기 좋은 출력 결과를 만들어내기 위한 알고리듬을 거쳐 Decompiler 창에 표시된다. 물론 이는 매우 복잡한 과정을 단순화해 설명한 것이며 요약하면 다음과 같다.[1]

- 디컴파일러는 분석기다.
- 바이너리를 p-code로 변환하는 작업부터 수행한다.
- p-code를 C 코드로 변환한다.
- C 코드 및 그것과 관련된 메시지는 Decompiler 창에 표시된다.

기드라의 디컴파일 기능을 확인해가면서 이 과정들을 좀 더 자세히 살펴볼 것이다. 먼저 분석 과정을 살펴보자.

분석 옵션

기드라의 자동 분석 과정에는 Decompiler 창과 관련된 몇 가지 분석기가 포함돼 있다. 디컴파일러 분석 옵션은 Edit ➤ Tool Options 메뉴를 통해 관리할 수 있다(그림 19-1).

디컴파일러 분석 옵션 중에서 Eliminate unreachable code와 Simplify predication은 바로 살펴볼 것이다. 다른 옵션들은 직접 테스트해보거나 기드라 Help를 참고하길 바란다.

---

1. 기드라의 디컴파일 과정은 하위 구성 요소를 포함하는 15단계로 나뉜다. 기드라 디컴파일러에 대한 자세한 내부 문서는 Doxygen으로 추출해서 볼 수 있다.

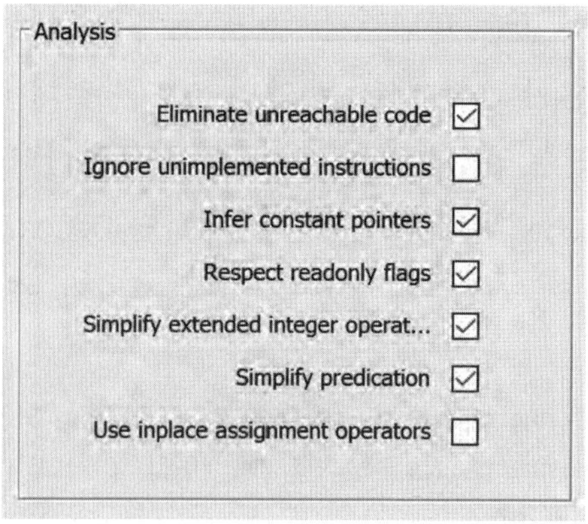

그림 19-1: 기드라의 디컴파일러 분석 옵션(디폴트 옵션)

Eliminate Unreachable Code 옵션

Eliminate unreachable code 옵션은 디컴파일되는 코드 중에서 실행되지 않는 코드를 제거한다. 예를 들어 다음의 C 함수는 절대 조건을 만족시킬 수 없는 2개의 조건문이 있기 때문에 해당 조건문 안의 내용은 실행되지 않는다.

```c
int demo_unreachable(volatile int a) {
  volatile int b = a ^ a;
❶ if (b) {
    printf("This is unreachable\n"); a += 1;
  }
❷ if (a - a > 0) {
    printf("This should be unreachable too\n");
    a += 1;
  } else {
    printf("We should always see this\n");
    a += 2;
  }
  printf("End of demo_unreachable()\n");
  return a;
}
```

변수 b는 별로 명확하지 않은 방법으로 0으로 초기화된다. b의 값을 체크할 때❶
b는 절대로 0이 될 수 없기 때문에 if 문 안의 코드는 절대 실행되지 않는다. 비슷
하게 a도 절대 0보다 클 수 없기 때문에 두 번째 if 문❷ 안의 코드로 절대 실행되지
않는다. Eliminate unreachable code 옵션을 선택하면 Decompiler 창에는 이와 같은
코드가 제거됐다는 것을 알려주기 위한 경고 메시지가 표시된다.

```
/* WARNING: Removing unreachable block (ram,0x00100777) */
/* WARNING: Removing unreachable block (ram,0x0010079a) */
ulong demo_unreachable(int param_1)
{
  puts("We should always see this");
  puts("End of demo_unreachable()");
  return (ulong)(param_1 + 2);
}
```

Simplify Predication 옵션

이 옵션은 동일한 조건의 코드를 병합해 if/else 블록을 최적화한다. 다음의 코드
에서 첫 번째 2개의 if 문 조건은 동일하다.

```
int demo_simppred(int a) {
  if (a > 0) {
    printf("A is > 0\n");
  }
  if (a > 0) {
    printf("Yes, A is definitely > 0!\n");
  }
  if (a > 2) {
    printf("A > 2\n");
  }
  return a * 10;
}
```

Simplify predication 옵션을 선택하면 Decompiler 창에서는 동일한 조건의 블록을 병합해서 다음과 같이 보여준다.

```
ulong demo_simppred(int param_1)
{
  if (0 < param_1) {
    puts("A is > 0");
    puts("Yes, A is definitely > 0!");
  }
  if (2 < param_1) {
    puts("A > 2");
  }
  return (ulong)(uint)(param_1 * 10);
}
```

Decompiler 창

디컴파일러 분석 엔진이 Decomiler 창에 내용을 추가하는 방식을 이해했으므로 이제는 Decomiler 창으로 분석을 용이하게 하는 방법을 살펴보자. Decompiler 창은 한 번에 하나의 함수만을 보여주기 때문에 창을 탐색하는 것은 비교적 쉽다. 함수 간의 이동이나 문맥에서 함수를 보려면 Listing 창과 연관시켜 보는 것이 도움이 된다. Decompiler 창과 Listing 창은 기본적으로 연결돼 있기 때문에 CodeBrowser 툴바에 있는 옵션을 사용해 두 창을 모두 탐색할 수 있다.

Decompiler 창에 표시되는 함수는 분석에 도움이 되지만 처음에는 그것을 읽는 것이 쉽지 않을 수 있다. 디컴파일하는 함수에서 사용되는 데이터 타입에 대한 정보가 없다면 기드라는 해당 데이터 타입을 유추해야만 한다. 결과적으로 디컴파일러는 다음의 샘플 코드의 경우와 같이 과도한 형 변환을 하게 된다.

```
printf("a=%d, b=%d, c=%d, d=%d, e=%d, f=%d, g=%d\n", (ulong)param_1,
       (ulong)param_2,(ulong)uVar1,(ulong)uVar2,(ulong)(uVar1 + param_1),
       (ulong)(uVar2 * 100),(ulong)uVar4);

uStack44 = *(undefined4 *)**(undefined4 **)(iStack24 + 0x10);
```

Decompiler 편집 옵션으로 좀 더 정확한 타입 정보를 제공한다면 디컴파일러는 형 변환에 대한 의존도를 줄일 수 있고 좀 더 읽기 쉬운 C 코드가 만들어지게 할 수 있다. 다음 예제에서는 생성된 소스코드를 정리하고자 Decompiler 창의 몇 가지 유용한 기능을 알아볼 것이다. 궁극적인 목표는 더 쉽게 이해할 수 있는 가독성 있는 소스코드를 만들어 코드의 동작을 이해하는 데 걸리는 시간을 줄이는 것이다.

예제 1: Decompiler 창 편집

사용자로부터 2개의 정수 값을 받아 다음과 같은 함수를 호출하는 프로그램이 있다고 생각해보자.

```c
int do_math(int a, int b) {
    int c, d, e, f, g;
    srand(time(0));

    c = rand();
    printf("c=%d\n", c);

    d = a + b + c;
    printf("d=%d\n", d);

    e = a + c;
    printf("e=%d\n", e);

    f = d * 100;
    printf("f=%d\n", f);

    g = rand() - e;
    printf("g=%d\n", g);
```

```
    printf("a=%d, b=%d, c=%d, d=%d, e=%d, f=%d, g=%d\n", a, b, c, d, e, f, g);
    return g;
}
```

함수는 파라미터로 전달받은 2개의 정수와 5개의 지역 변수를 이용해 출력값을 만든다. 파라미터와 지역 변수 간의 연산은 다음과 같이 요약할 수 있다.

- 변수 c는 rand() 반환값에 따라 달라지며 d와 e에 직접 영향을 미치고 f와 g에 간접적으로 영향을 준다.
- 변수 d는 a, b, c에 의해 결정되고 f에 직접적으로 영향을 미친다.
- 변수 e는 a와 c에 의해 결정되고 g에 직접적으로 영향을 미친다.
- 변수 f는 d에 의해 직접 결정되고 a, b, c에 의해 간접적으로 영향을 받으며 다른 어떤 변수에도 영향을 주지는 않는다.
- 변수 g는 e에 의해 직접 결정되고 a, c에 의해 간접적으로 영향을 받으며 다른 어떤 변수에도 영향을 주지는 않는다.

바이너리가 기드라에 로드돼 함수가 분석되면 다음과 같이 Decompiler 창에 do_math 함수가 표시된다.

```
ulong do_math(uint param_1,uint param_2)
{
  uint uVar1;
  uint uVar2;
  int iVar3;
  uint uVar4;
  time_t tVar5;

  tVar5 = time((time_t *)0x0);
  srand((uint)tVar5);
  uVar1 = rand();
  printf("c=%d\n");
  uVar2 = uVar1 + param_1 + param_2;
```

```
❶ printf("d=%d\n");
  printf("e=%d\n");
  printf("f=%d\n");
  iVar3 = rand();
  uVar4 = iVar3 - (uVar1 + param_1);
  printf("g=%d\n");
  printf("a=%d, b=%d, c=%d, d=%d, e=%d, f=%d, g=%d\n", (ulong)param_1,
         (ulong)param_2,(ulong)uVar1,(ulong)uVar2,(ulong)(uVar1 + param_1),
         (ulong)(uVar2 * 100),(ulong)uVar4);
  return (ulong)uVar4;
}
```

디컴파일러를 이용해 분석을 하고자 한다면 디컴파일러가 만든 코드가 올바른 것인지 확인하고 싶을 것이다. 일반적으로는 데이터 타입과 함수 프로토타입에 대한 가능한 한 많은 정보를 수집해 판단한다. printf와 같이 가변 인자를 허용하는 함수의 경우에는 디컴파일러가 전달된 인자의 개수를 추정할 때 필요한 인자의 의미를 완전히 이해해야 하기 때문에 디컴파일러에게는 매우 까다롭다.

함수 시그니처 오버라이딩

디컴파일된 코드에서 올바르지 않은 것으로 보이는 많은 printf 함수❶를 볼 수 있다. 각각의 printf 함수에는 형식 문자열이 있지만 그것을 위한 추가적인 인자가 빠져있다. printf는 다양한 수의 인자를 취하기 때문에 printf 함수를 호출하는 부분에서 해당 함수의 시그니처를 (형식 문자열을 기반으로) 하나의 정수 인자만 취하는 형태로 오버라이딩할 수 있다.[2] 이를 위해서는 printf 문에서 마우스 오른쪽 버튼을 클릭하고 Override Signature 메뉴를 선택해 그림 19-2와 같은 대화상자를 열면 된다.

---

2. 가변 인자를 취하지 않는 함수의 경우에는 함수를 호출하는 부분에서 오버라이딩하지 않고 해당 함수의 시그니처를 변경해야 한다.

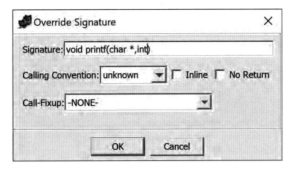

그림 19-2: Override Signature 대화상자

각각의 printf 문에 대해 그림과 같이 함수의 시그니처 부분에 int 타입을 두 번째 파라미터로 추가하면 다음과 같은 결과를 얻을 수 있다.

```
ulong do_math(uint param_1,uint param_2)
{
❶ uint uVar1;
  uint uVar2;
  uint uVar3;
  int iVar4;
  uint uVar5;
  time_t tVar6;

  tVar6 = time((time_t *)0x0);
  srand((uint)tVar6);
  uVar1 = rand();
  printf("c=%d\n",uVar1);
  uVar2 = uVar1 + param_1 + param_2;
  printf("d=%d\n",uVar2);
❷ uVar3 = uVar1 + param_1;
  printf("e=%d\n",uVar3);
  printf("f=%d\n",uVar2 * 100);
  iVar4 = rand();
❸ uVar5 = iVar4 - uVar3;
  printf("g=%d\n",uVar5);
❹ printf("a=%d, b=%d, c=%d, d=%d, e=%d, f=%d, g=%d\n", (ulong)param_1,
```

```
            (ulong)param_2,(ulong)uVar1,(ulong)uVar2,(ulong)(uVar1 + param_1),
            (ulong)(uVar2 * 100),(ulong)uVar4);
    return (ulong)uVar4;
  }
```

printf에 대한 호출 부분이 올바른 인자로 사용하게 업데이트됐을 뿐만 아니라
printf 함수를 오버라이딩한 결과로 2개의 새로운 코드 라인❷❸이 추가됐다. 함수
오버라이딩 전에 기드라는 결괏값이 사용되지 않는다고 판단했기 때문이다. 결괏
값이 각각의 printf에서 사용된다고 디컴파일러가 이해하게 되면 해당 명령문이
의미를 갖게 되고 결국 Decompiler 창에 표시된다.

변수 타입과 이름 편집

함수 호출 부분을 개선한 이후에는 printf 형식 문자열에서 볼 수 있는 파라미터와
변수❶의 타입을 변경(단축키 L)하고 이름을 변경(단축키 Ctrl + L)할 수 있다. 형식 문자열
을 통해 프로그램에서 사용되는 변수의 타입과 목적에 관한 가치 있는 정보를 얻을
수 있다.

타입과 이름 변경을 완료한 이후에도 printf 문❹은 여전히 복잡해 보인다.

```
printf("a=%d, b=%d, c=%d, d=%d, e=%d, f=%d, g=%d\n", (ulong)a,
      (ulong)(uint)b, (ulong)(uint)c, (ulong)(uint)d, (ulong)(uint)e,
      (ulong)(uint)(d * 100),(ulong)(uint)g);
```

마우스 오른쪽 버튼을 이용해 이 printf 함수의 시그니처를 오버라이드할 수 있다.
이 printf 문에서 첫 번째 인자는 형식 문자열이며 그것을 수정할 필요는 없다.
나머지 인자를 int 타입으로 변경하면 다음과 같이 좀 더 깔끔한 코드(그림 19-1)를
Decompiler 창에서 볼 수 있다.

리스트 19-1: 함수 시그니처를 변경한 이후의 디컴파일된 함수

```c
int do_math(int a, int b)
{
  int c;
  int d;
  int e;
  int g;
  time_t tVar1;

  tVar1 = time((time_t *)0x0);
  srand((uint)tVar1);
  c = rand();
  printf("c=%d\n",c);
  d = c + a + b;
  printf("d=%d\n",d);
  e = c + a;
  printf("e=%d\n",e);
  printf("f=%d\n",d * 100);
  g = rand();
  g = g - e;
  printf("g=%d\n",g);
  printf("a=%d, b=%d, c=%d, d=%d, e=%d, f=%d, g=%d\n",a,b,c,d,e,d * 100❶,g);
  return g;
}
```

이는 원래의 소스코드와 매우 유사하며 함수 인자 수정이 코드 전체에 영향을 미치기 때문에 처음 디컴파일된 코드보다도 읽기 쉬운 코드다. 원래 소스코드와 유일한 차이점은 변수 f가 동일한 표현식❶으로 대체됐다는 것이다.

슬라이스 강조

Decompiler 창에 대해 많은 부분을 이해했으므로 추가적인 분석을 시작할 수 있게 됐다. 개별 변수가 다른 변수에게 어떤 영향을 미치고 어떤 영향을 받는지 알고 싶다고 가정해보자. 프로그램 슬라이스는 변수의 값에 영향을 주거나(백워드 슬라이스)

변수에 의해 영향을 받는 명령문의 모음이다(포워드 슬라이스). 보안 취약점 분석 시나리오에서 이는 "이 변수를 제어할 수 있다. 그것의 값은 어디에서 사용되는가?"와 같은 질문으로 나타낼 수 있다. 기드라는 함수에 있는 변수와 명령 사이의 관계를 강조할 수 있는 5가지의 마우스 오른쪽 버튼 메뉴를 제공한다. Decompiler 창에서 변수를 선택하고 마우스 오른쪽 버튼을 클릭하면 다음과 같은 옵션을 선택할 수 있다.

Highlight Def-use: 이 옵션은 함수 내에서 해당 변수가 사용되는 것을 모두 강조 표시한다(마우스 가운데 버튼을 클릭해도 동일한 효과를 얻을 수 있다).

Highlight Forward Slice: 이 옵션은 선택한 변수의 값에 의해 영향을 받는 모든 것을 강조 표시한다. 예를 들면 리스트 19-1에서 변수 b를 선택해 이 옵션을 선택하면 변수 b와 d가 모두 강조 표시될 것이다. 변수 b의 값이 변경되면 변수 d의 값도 변경되기 때문이다.

Highlight Backward Slice: 이 옵션은 바로 앞 옵션과 반대의 기능을 수행하며 특정 값에 영향을 주는 모든 변수를 강조 표시한다. 리스트 19-1의 마지막 printf 문에 있는 변수 e를 선택하고 이 옵션을 선택하면 변수 e의 값에 영향을 주는 모든 변수(변수 e, a, c)가 강조 표시된다. 변수 a나 c의 값이 변경되면 변수 e의 값도 변경된다.

Highlight Forward Inst Slice: 이 옵션은 Highlight Forward Slice 옵션과 관련된 코드 전체를 강조 표시한다. 리스트 19-1에서 변수 b에 대해 이 옵션을 사용하면 변수 b, d가 포함돼 있는 모든 코드가 강조 표시된다.

Highlight Backward Inst Slice: 이 옵션은 Highlight Backward Slice 옵션과 관련된 코드 전체를 강조 표시한다. 리스트 19-1의 마지막 printf 문에 있는 변수 e에 대해 이 옵션을 사용하면 변수 a, c, e가 포함돼 있는 모든 코드가 강조 표시된다.

Decompiler 창으로 분석 작업을 수행하기 위한 몇 가지 일반적인 방법을 이해했으므로 이제는 좀 더 구체적인 예제를 살펴보자.

예제 2: 반환하지 않는 함수

일반적으로 기드라는 함수 호출이 반환된다고 가정해서 함수 호출이 기본 블록 내에서 순차적인 흐름을 나타내는 것처럼 처리한다. 하지만 소스코드에 noreturn 키워드로 표시되거나 악성코드에서 난독화된 점프 명령으로 끝나는 경우에는 함수가 반환되지 않으며 그런 경우 기드라는 부정확한 디스어셈블리 코드나 디컴파일 코드를 만들 수도 있다. 기드라는 이와 같이 반환하지 않는 함수를 처리하고자 3가지 접근 방법을 제공한다. 그것은 2개의 반환하지 않는 함수 분석기와 함수 시그니처를 수동으로 편집하는 기능이다.

기드라는 Non-Returning Functions-Known 분석기를 사용해 exit와 abort 같은 noreturn 목록을 기반으로 반환하지 않는 함수를 식별할 수 있다. 해당 분석기는 기드라가 자동 분석을 수행할 때 기본적으로 함께 동작하며 그것의 작업은 간단하다. 즉, 함수의 이름이 자신이 갖고 있는 목록에 있는 것이라면 반환하지 않는 함수라고 표시하고 관련된 문제를 해결하고자 최선을 다한다(예를 들면 관련된 호출을 반환하지 않는 함수로 설정하고 복구할 수 있는 실행 흐름을 찾는 작업 등을 수행한다).

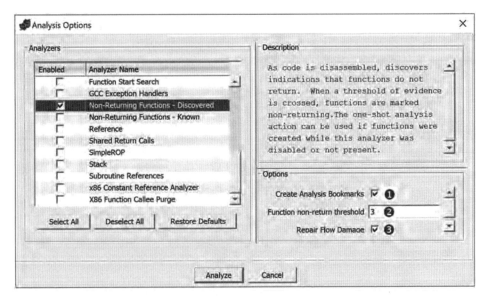

그림 19-3: Non-Returning Functions-Discovered 분석기를 위한 옵션

Non-Returning Functions-Discovered 분석기는 반환하지 않는 함수라고 판단할 수 있는 단서(예를 들면 함수 호출 직후에 데이터가 위치하거나 잘못된 명령이 위치)를 찾는다. 분석기의 작업은 그림 19-3에서 보여주는 분석기와 관련된 3가지 옵션에 의해 크게 좌우된다.

첫 번째 옵션❶을 사용하면 분석 북마크(Listing 창의 북마크 바에 표시)를 자동으로 만들어준다. 두 번째 옵션❷을 사용하면 반환하지 않는 함수일 가능성이 있는 특성에 대한 일련의 검사를 기반으로 함수를 반환하지 않는 함수로 판단할 것인지 결정하기 위한 임곗값을 지정할 수 있다. 마지막으로 세 번째 옵션❸은 실행 흐름 손상을 복구할 것인지를 결정하는 체크박스다.

기드라가 반환하지 않는 함수를 식별하지 못하는 경우에는 직접 해당 함수의 시그니처를 편집할 수 있다. 기드라의 분석이 완료된 이후에 잘못된 명령을 표시하는 데 사용되는 에러 북마크가 보인다면 기드라의 자체 분석 작업에 문제가 있음을 나타낸다. 다음과 같이 CALL 명령 뒤에 잘못된 명령이 위치한다고 가정하자.

```
00100839            CALL          noReturnA
0010083e            ??            FFh
```

다음과 같이 Decompiler 창에서 관련된 경고를 볼 수 있다.

```
noReturnA(1);
/* WARNING: Bad instruction - Truncating control flow here */
halt_baddata();
```

Decompiler 창에서 함수 이름(noReturnA)을 클릭하고 Edit Function Signature 메뉴를 선택하면 그림 19-4와 같이 해당 함수와 관련된 속성을 변경할 수 있다.

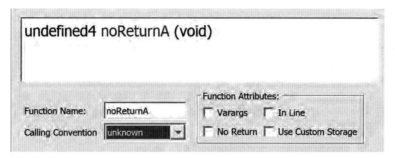

그림 19-4: 함수 속성 편집

함수가 반환하지 않는 함수라는 것을 나타내려면 No Return 체크박스를 선택하면 된다. 그러면 기드라는 Decompiler 창과 Listing 창에 다음과 같은 주석을 추가한다.

```
/* WARNING: Subroutine does not return */
noReturnA(1);
```

이 문제가 수정되면 다른 문제로 이동할 수 있다.

예제 3: 자동화된 구조체 생성

디컴파일된 C 소스코드를 분석할 때 구조체의 필드를 참조하는 것으로 보이는 코드를 볼 수 있다. 기드라는 디컴파일러가 감지한 구조체 관련 참조를 기반으로 구조체를 만들고 내용을 채우는 데 도움을 준다. 소스코드와 기드라 디컴파일러가 만들어낸 초기 코드를 살펴보자.

2개의 구조체 타입을 정의하고 그것을 전역 변수로 선언한 소스코드가 있다고 가정해보자.

```
❶ struct s1 {
    int a;
    int b;
    int c;
```

```
};
```

❷`typedef struct s2 {`
```
    int x;
    char y;
    float z;
} s2_type;

struct s1 GLOBAL_S1;
s2_type GLOBAL_S2;
```

첫 번째 구조체❶는 동일한 타입의 필드로 구성되고 두 번째 구조체❷는 서로 다른 타입의 필드로 구성된다. 소스코드에는 3개의 함수가 있으며 그중 하나(do_struct_demo)는 각 구조체 타입에 대한 지역 변수를 선언하고 있다.

```
void display_s1(struct s1* s) {
    printf("The fields in s1 = %d, %d, and %d\n", s->a, s->b, s->c);
}

void update_s2(s2_type* s, int v) {
    s->x = v;
    s->y = (char)('A' + v);
    s->z = v * 2.0;
}

void do_struct_demo() {
    s2_type local_s2;
    struct s1 local_s1;

    printf("Enter six ints: ");
    scanf("%d %d %d %d %d %d", (int *)&local_s1, &local_s1.b, &local_s1.c,
         &GLOBAL_S1.a, &GLOBAL_S1.b, &GLOBAL_S1.c);

    printf("You entered: %d and %d\n", local_s1.a, GLOBAL_S1.a);
    display_s1(&local_s1);
    display_s1(&GLOBAL_S1);

    update_s2(&local_s2, local_s1.a);
```

```
    }
```

리스트 19-2는 디컴파일된 **do_struct_demo** 함수의 코드다.

리스트 19-2: `do_struct_demo` 함수의 초기 디컴파일 버전

```
void do_struct_demo(void)
{
  undefined8 uVar1;
  uint local_20;
  undefined local_1c [4];
  undefined local_18 [4];
  undefined local_14 [12];

  uVar1 = 0x100735;
  printf("Enter six ints: ");
  __isoc99_scanf("%d %d %d %d %d %d", &local_20, local_1c, local_18,
                 GLOBAL_S1,0x30101c,0x301020,uVar1);
  printf("You entered: %d and %d\n",(ulong)local_20,(ulong)GLOBAL_S1._0_4_);
❶ display_s1(&local_20);
❷ display_s1(GLOBAL_S1);
  update_s2(local_14,(ulong)local_20,(ulong)local_20);
  return;
}
```

Decompiler 창에서 **display_s1** 함수 호출 부분❶❷을 더블클릭하면 **display_s1** 함수 부분으로 이동할 수 있다.

```
void display_s1(uint *param_1)
{
  printf("The fields in s1 = %d, %d, and %d\n", (ulong)*param_1,
      (ulong)param_1[1],(ulong)param_1[2]);
  return;
}
```

display_s1에 전달되는 인자가 구조체 포인터라고 생각된다면 함수의 인자 목록에서 param_1을 선택하고 마우스 오른쪽 버튼의 Auto Create Structure 메뉴를 선택해서 기드라에게 구조체를 자동으로 생성하도록 요청할 수 있다. 그러면 기드라는 param_1이 사용되는 모든 곳을 조사하고 해당 포인터에 수행된 모든 산술 연산을 구조체 필드를 참조하는 것으로 처리해서 참조된 오프셋을 필드로 포함하는 새로운 구조체 타입을 자동으로 생성한다. 이로 인해 Decompiler 창의 코드는 다음과 같이 변경된다.

```
void display_s1(astruct *param_1)
{
  printf("The fields in s1 = %d, %d, and %d\n",(ulong)param_1->field_0x0,
        (ulong)param_1->field_0x4,(ulong)param_1->field_0x8);
  return;
}
```

함수 파라미터의 타입이 astruct*로 변경됐고 printf 함수에서는 구조체의 필드를 참조하도록 변경됐다. 새로 만들어진 구조체 타입은 Data Type Manager에도 추가돼 해당 구조체 이름에 마우스를 위치시키면 그림 19-5처럼 구조체의 필드 정의를 볼 수 있다.

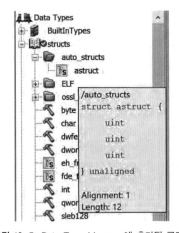

그림 19-5: Data Type Manager에 추가된 구조체

마우스 오른쪽 버튼 메뉴의 Retype Variable을 이용하면 local_20과 GLOBAL_S1의 타입을 astruct로 변경할 수 있다. 그 결과는 다음과 같다.

```
void do_struct_demo(void)
{
  undefined8 uVar1;
❶ astruct local_20;
  undefined local_14 [12];
  uVar1 = 0x100735;
  printf("Enter six ints: ");
  __isoc99_scanf("%d %d %d %d %d %d", &local_20, &local_20.field_0x4❷,
          ❸ &local_20.field_0x8, &GLOBAL_S1, 0x30101c, 0x301020, uVar1);
  printf("You entered: %d and %d\n", (ulong)local_20.field_0x0,
      ❹ (ulong)GLOBAL_S1.field_0x0);
  display_s1(&local_20);
  display_s1(&GLOBAL_S1);
  update_s2(local_14,(ulong)local_20.field_0x0,(ulong)local_20.field_0x0);
  return;
}
```

리스트 19-2와 비교해보면 local_20❶의 타입이 변경됐고 local_20❷❸과 GLOBAL_S1❹에 대한 필드 참조가 추가됐다. 세 번째 함수인 update_s2의 디컴파일 코드(리스트 19-3)로 초점을 옮겨보자.

리스트 19-3: update_s2 함수의 초기 디컴파일 버전

```
void update_s2(int *param_1,int param_2)
{
  *param_1 = param_2;
  *(char *)(param_1 + 1) = (char)param_2 + 'A';
  *(float *)(param_1 + 2) = (float)param_2 + (float)param_2;
  return;
}
```

앞에서 수행한 방법으로 param_1을 위한 구조체를 생성할 수 있다. 단순히 함수에 있는 param_1을 선택하고 마우스 오른쪽 버튼 메뉴 중에서 Auto Create Structure를 선택하면 된다.

```
void update_s2(astruct_1 *param_1,int param_2)
{
    param_1->field_0x0 = param_2;
    param_1->field_0x4 = (char)param_2 + 'A';
    param_1->field_0x8 = (float)param_2 + (float)param_2;
    return;
}
```

Data Type Manager에는 그림 19-6과 같이 두 번째 구조체 정의가 추가된다.

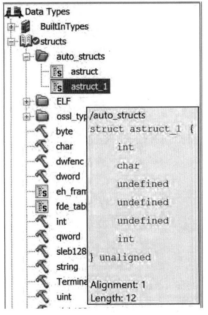

그림 19-6: Data Type Manager에 추가된 구조체

이 구조체는 int와 char 타입 하나와 3개의 undefined 바이트(컴파일러에 의해 패딩된 바이트

612

로 보임)와 하나의 float 타입으로 구성된다. 구조체를 수정하고자 astruct_1을 선택해 마우스 오른쪽 버튼 메뉴 중에서 Edit를 선택하면 Structure Editor 창이 열린다. int 타입 필드의 이름을 x, char 타입 필드의 이름을 y 그리고 float 타입 필드의 이름을 z로 설정하고 저장하면 그것이 Decompiler 창에 반영된다.

```
void update_s2(astruct_1 *param_1,int param_2)
{
  param_1->x = param_2;
  param_1->y = (char)param_2 + 'A';
  param_1->z = (float)param_2 + (float)param_2;
  return;
}
```

이제는 초기 디컴파일 버전의 코드(리스트 19-3)보다 더 읽기 쉽고 이해하기 쉬울 것이다.

요약

Listing 창처럼 Decompiler 창도 바이너리 뷰를 제공하며 각각 장단점을 갖고 있다. 디컴파일러는 디스어셈블리에서 보는 것보다(특히 디스어셈블리 코드에 대한 경험이 짧은 사용자의 경우) 단일 함수의 일반적인 구조와 기능을 더 빠르게 이해할 수 있게 하이레벨의 뷰를 제공한다. Listing 창은 사용 가능한 모든 세부 정보와 함께 전체 바이너리를 로우레벨에서 볼 수 있게 해주지만 전체적인 그림에 대한 통찰력을 얻기가 힘들 수 있다.

기드라의 디컴파일러를 Listing 창뿐만 아니라 이 책 전반에 걸쳐 설명하는 다른 툴들과 함께 효과적으로 사용하면 리버스 엔지니어링 작업에 많은 도움이 된다. 결국 문제를 해결하기 위한 최선의 접근 방식을 결정하는 것은 리버스 엔지니어의 역할이다.

19장에서는 Decompiler 창 및 디컴파일과 관련된 내용을 다뤘다. 다양한 컴파일러와 컴파일러 옵션은 빌드되는 바이너리에 직접적인 영향을 미치며 그것들을 조사하면 많은 문제가 해결될 수 있다. 20장에서는 바이너리를 좀 더 잘 이해하고자 몇 가지 컴파일러 관련 동작과 컴파일러 빌드 옵션을 살펴본다.

20

컴파일러

지금까지 잘 따라왔다면 기드라를 효과적이고 자신의 의지에 따라 사용할 수 있는 기술을 갖게 됐을 것이다. 다음 단계는 바이너리가 던져줄 도전에 대응하는 방법을 배울 차례다. 어셈블리어를 시작하게 된 동기가 무엇이냐에 따라 어셈블리 코드에 익숙할 수도 있고 또는 어떤 문제에 직면하게 될지 전혀 알지 못할 수도 있다. 리눅스 플랫폼에서 gcc로 컴파일된 코드를 분석하는 데 모든 시간을 보낸다면 그렇게 생성된 코드 스타일에 매우 익숙하겠지만 마이크로소프트 C/C++ 컴파일러로 만들어진 프로그램의 디버그 버전을 보게 된다면 당황할 수 있다. 악성코드 분석가라면 gcc나 clang, 마이크로소프트 C++ 컴파일러, 델파이 등으로 컴파일된 코드를 동시에 볼 수도 있다.

여러분과 마찬가지로 기드라도 특정 컴파일러의 결과물에 익숙하며, 어떤 한 컴파일러로 만들어진 코드에 익숙하다고 해서 완전히 다른 컴파일러(또는 동일한 컴파일러의 다른 버전)로 만들어진 코드도 제대로 인식할 수 있다는 보장은 없다. 기드라의 분석 기능에 전적으로 의존해 일반적으로 사용되는 코드와 데이터 구조를 인식하기보다는 항상 자기 자신의 기술을 활용할 준비가 돼 있어야 한다. 즉, 주어진 어셈블리어에 대한 익숙함과 컴파일러에 대한 지식 그리고 디스어셈블리를 적절히 해석하기 위한 기술 등을 갖추고 있어야 한다.

20장에서는 컴파일러의 차이점이 디스어셈블리 코드에 어떻게 나타나는지 살펴본다. C 컴파일러와 대상 플랫폼의 가변성은 다른 컴파일로 확장될 수 있는 기본 개념을 제공하기 때문에 여기서는 주로 컴파일된 C 코드를 예제로 사용하겠다.

하이레벨 구조

컴파일러 간의 차이점이 단지 외관상의 차이점을 만들기도 하지만 경우에 따라 더 많은 차이점이 만들어질 수 있다. 이번 절에서는 하이레벨 언어의 구조를 살펴보고 컴파일러의 옵션이 디스어셈블리 코드에 어떤 영향을 미치는지 알아본다. 그러려면 switch 문에서 특정 케이스를 선택하고자 사용되는 2가지 메커니즘을 먼저 살펴봐야 한다. 그다음에는 컴파일러의 옵션이 일반적인 표현식에 어떤 영향을 미치는지 살펴보고 각기 다른 컴파일러가 어떻게 C++의 특정 구조를 구현하고 어떻게 프로그램의 시작을 처리하는지 살펴본다.

switch 문

C의 switch 문은 컴파일러 최적화의 주요 대상이다. 최적화의 목표는 가장 효과적인 방법으로 switch 변수를 유효한 case 레이블에 매칭시키는 것이지만 switch 문의 case 레이블 분포에 따라 사용할 수 있는 검색 유형이 제한된다.

검색의 효율성은 원하는 것을 찾고자 수행되는 비교 작업의 수로 측정되기 때문에 컴파일러가 switch 테이블을 만드는 가장 좋은 방법을 결정하는 데 사용할 수 있는 논리를 추적해볼 수 있다. 테이블 조회와 같은 상수 시간 알고리듬이 가장 효율적이다.[1] 선형 검색은 최악의 경우 일치하는 것을 찾고자 switch 변수를 모든 case 레이블과 비교해야 하기 때문에 가장 효율적이지 않다.[2] 일반적으로 선형 검색보다 이진 검색이 좀 더 낫다. 하지만 정렬된 리스트를 사용해야 한다는 제약이 있다.[3]

어떤 특정 switch 문을 위한 가장 효율적인 구현 방법을 선택하고자 case 레이블 분포가 컴파일러의 의사 결정 과정에 어떤 영향을 미치는지 이해하면 도움이 된다. case 레이블이 리스트 20-1처럼 밀집돼 있다면 컴파일러는 점프 테이블과 같은 것을 사용해 switch 변수 비교 작업을 수행한다.

리스트 20-1: 연속적인 case 레이블이 있는 switch 문

```
switch (a) {
/** 참고: 각 case에 대한 코드는 설명을 위해 생략했음 **/
  case 1:   /*...*/ break;
  case 2:   /*...*/ break;
  case 3:   /*...*/ break;
  case 4:   /*...*/ break;
  case 5:   /*...*/ break;
  case 6:   /*...*/ break;
  case 7:   /*...*/ break;
  case 8:   /*...*/ break;
  case 9:   /*...*/ break;
  case 10:  /*...*/ break;
  case 11:  /*...*/ break;
  case 12:  /*...*/ break;
}
```

점프 테이블은 포인터의 배열이며 배열의 각 포인터는 점프할 위치를 가리킨다. 런타임 시에는 점프 테이블에 대한 동적 인덱스에 의해 테이블에 있는 여러 개의 점프 포인터 중 하나가 선택된다. swith문의 case 레이블이 밀집돼 있을 때 점프

---

1. 알고리듬 분석 팬을 위해 첨언한다면 테이블 조회를 사용하면 검색 공간의 크기에 관계없이 일정한 수의 작업을 통해 원하는 것을 찾을 수 있다. 알고리듬 수업에서 배웠던 것을 상기해본다면 이를 상수 시간 또는 O(1)이라고 한다.
2. 선형 시간 알고리듬은 O(n)이며 다행히 switch 문에서는 사용되지 않는다.
3. 이진 검색은 O(log n)이다.

테이블이 효과적이며 대부분의 case 레이블은 점프 테이블의 연속된 인덱스로 매핑된다. 컴파일러는 점프 테이블을 사용할지 여부를 결정할 때 이를 고려한다. 모든 switch 문에 대해 다음과 같이 점프 테이블에 포함될 최소 항목 수를 계산할 수 있다.

```
num_entries = max_case_value - min_case_value + 1
```

점프 테이블의 밀도^{density} 또는 활용률은 다음과 같이 계산할 수 있다.

```
density = num_cases / num_entries
```

모든 값을 포함하는 완전히 연속적인 목록의 밀도 값은 100%(1.0)다. 마지막으로 점프 테이블을 저장하는 데 필요한 총 공간은 다음과 같다.

```
table_size = num_entries * sizeof(void*)
```

100% 밀도의 switch 문은 점프 테이블로 구현된다. 밀도가 30%인 경우에는 점프 테이블을 이용해 구현되지 않을 수 있다. 점프 테이블의 70%가 존재하지 않는 case 변수를 위해 할당돼야 하기 때문이다. 예를 들어 num_entries가 30이면 점프 테이블에는 21개의 참조되지 않는 case 레이블을 위한 항목이 포함된다. 64비트 시스템일 경우 테이블을 위해 240바이트가 할당되고 그중에서 168바이트가 참조되지 않는 것이기 때문에 그렇게 큰 부담은 아니지만 num_entries가 300으로 커지면 90개의 case 레이블을 위해 1680바이트를 더 할당해야 하기 때문에 부담이 커지게 된다. 속도를 최적화하는 컴파일러라면 점프 테이블을 이용하는 것을 선호할 수 있지만 메모리 사용을 최적화하는 컴파일러의 경우에는 적은 메모리를 사용하는 이진 검색을 선호할 수 있다.

이진 검색은 리스트 20-2의 경우(밀도가 0.0008)처럼 case 레이블이 널리 퍼져있을 때

^(밀도가 낮을 때) 효율적이다.[4] 이진 검색은 정렬된 리스트에서만 동작하기 때문에 컴파일러는 이진 검색을 일한 중간값을 계산해 검색 작업을 수행하기 전에 해당 case 레이블이 정렬돼 있는지 확인해야 한다. 따라서 소스코드에서의 case 레이블 순서가 어셈블리 코드에서는 정렬된 형태로 변경될 수 있다.[5]

리스트 20-2: case 레이블이 연속적이지 않은 switch 문

```
switch (a) {
/** 참고: 각 case에 대한 코드는 설명을 위해서 생략했음 **/
  case 1:     /*...*/ break;
  case 211:   /*...*/ break;
  case 295:   /*...*/ break;
  case 462:   /*...*/ break;
  case 528:   /*...*/ break;
  case 719:   /*...*/ break;
  case 995:   /*...*/ break;
  case 1024:  /*...*/ break;
  case 8000:  /*...*/ break;
  case 13531: /*...*/ break;
  case 13532: /*...*/ break;
  case 15027: /*...*/ break;
}
```

리스트 20-3은 고정된 수의 상수 값을 통해 비반복적인 이진 검색을 수행하는 것을 보여준다. 즉, 리스트 20-2에 있는 switch 문을 이진 검색으로 구현하는 대략적인 방법을 보여준다.

리스트 20-3: 고정된 수의 상수 값을 통한 비반복적인 이진 검색

```
  if (value < median) {
```

---

4. 이는 원하는 switch 변수를 찾고자 최대 log2N번의 비교를 수행하게 된다. 여기서 N은 switch 문에 포함된 case 수다. 즉, O(log n))이다.

5. 중요한 점은, 검색 작업의 복잡도보다 정렬 작업의 복자도가 상대적으로 매우 높지만 정렬 작업은 컴파일 시 한 번만 수행하면 되지만 검색 작업은 switch 문이 실행될 때마다 수행된다는 것이다.

```
    // 0 <= value < 50인 경우
    if (value < lower_half_median) {
        // 0 <= value < 25인 경우
        // ... 원하는 case에 도달할 때까지 값을 반으로 줄여가면서 수행
    } else {
        // 25 <= value < 50인 경우
        // ... 원하는 case에 도달할 때까지 값을 반으로 줄여가면서 수행
    }
} else {
    // 50 <= value < 100인 경우
    if (value < upper_half_median) {
        // 50 <= value < 75인 경우
        // ... 원하는 case에 도달할 때까지 값을 반으로 줄여가면서 수행
    } else {
        // 75 <= value < 100인 경우
        // ... 원하는 case에 도달할 때까지 값을 반으로 줄여가면서 수행
    }
}
```

또한 컴파일러는 각 case 레이블 영역에 대해 좀 더 세분화된 최적화를 수행할 수도 있다. 예를 들면 공격적으로 최적화를 수행하지 않는 컴파일러라면 다음의 레이블 세트의 밀도가 0.0015이기 때문에 15개의 case 레이블 모두에 대해 이진 검색을 수행하는 코드를 만들 수 있다.

```
label_set = [1, 2, 3, 4, 5, 6, 7, 8, 50, 80, 200, 500, 1000, 5000, 10000]
```

최적화에 좀 더 공격적인 컴파일러라면 case 1에서 case 8까지는 점프 테이블을 이용하고 나머지에 대해서는 이진 검색을 수행하게 만들어 최적의 성능을 이끌어 낼 수도 있다. 리스트 20-1과 20-2의 디스어셈블된 버전을 보기 전에 각각에 대한 기드라 Function Graph 창의 내용을 살펴보자(그림 20-1).

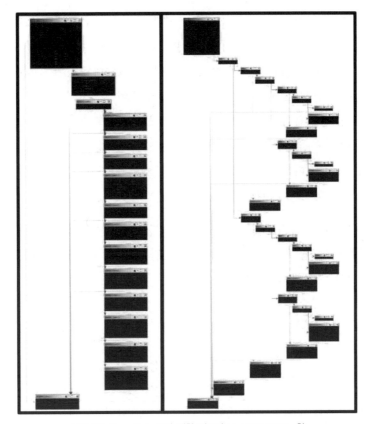

그림 20-1: switch 문에 대한 기드라 Function Graph 창

왼쪽은 리스트 20-1에 대한 그래프이고 보기 좋은 수직적인 스택 구조를 보여준다. 각 스택 코드 블록은 switch 문의 경우와 마찬가지로 동일한 깊이를 갖는다. 그리고 인덱스를 이용해 여러 블록 중에서 특정한 하나의 블록을 빠르게 선택(마치 배열 요소에 접근하듯이)할 수 있다. 이것이 점프 테이블을 통한 정확한 동작 방식이며, 굳이 디스어셈블리 코드를 보지 않고 그래프만 보더라도 switch 문이라는 것을 시각적으로 예상할 수 있다.

오른쪽 그래프는 리스트 20-2에 대한 그래프다. 점프 테이블을 이용하고 있지 않기 때문에 그래프만 보고서는 switch 문이라고 식별하기는 쉽지 않다. 그래프는 기드라의 Nested Code Layout을 이용해 switch 문을 시각적으로 표현한 것이다.

이는 기드라의 기본적인 함수 그래프의 레이아웃이며 프로그램의 흐름 구조를 표현하는 것이 목적이다. 그래프에서 수평 분기는 상호 배타적인 상황에 대한 조건부 실행(if/else) 분기를 나타낸다. 수직으로 대칭된 구조는 대칭된 영역 각각이 동일한 수의 블록이 배치되도록 신중한 방법으로 균형을 이루고 있다. 마지막으로 그래프에서 수평으로 가로지르는 거리는 검색에 의해 도달되는 깊이를 나타내며 switch 문에 있는 case 레이블의 수에 의해 결정된다. 이진 검색에서 검색의 깊이는 항상 $\log 2_{(num\_cases)}$다. 그래픽 표현의 들여쓰기와 리스트 20-3에 요약된 알고리듬 사이의 유사성은 쉽게 관찰할 수 있을 것이다.

Decompiler 창으로 돌아가 그림 20-2는 그림 20-1에 표시되는 함수를 디컴파일한 코드의 일부분이다. 왼쪽은 리스트 20-1을 디컴파일한 내용이다. 그래프의 경우와 마찬가지로 바이너리에 점프 테이블이 있으면 기드라가 switch 문을 식별하는 데 도움이 된다.

오른쪽은 리스트 20-2에 대한 디컴파일 결과다. 디컴파일러는 이진 검색과 일치하는 중첩된 if/else 구조로 switch 문을 표현하고 있으며 리스트 20-3의 구조와 유사하다. 가장 먼저 중간값인 719와 비교를 수행하고 있으며 이후에는 검색할 대상 공간을 지속적으로 나눠서 줄이는 것을 볼 수 있다. 그림 20-1과 리스트 20-3을 보면 Decompiler 창에서 관찰되는 들여쓰기 패턴이 함수에 대한 그래픽 표현과 일치한다는 것을 확인할 수 있다.

지금까지 하이레벨 관점에서 살펴봤으니 이제는 로우레벨 관점에서 바이너리 내부를 살펴보자. 이 장의 목적은 컴파일러 간의 차이점을 알아보는 것이기 때문에 gcc와 마이크로소프트 C/C++이라는 2개의 컴파일러에서 어떤 차이점이 있는지 살펴볼 것이다.[6]

---

6. <gcc>는 매우 많은 커맨드라인 인자를 지원하며 각각의 인자는 컴파일돼 만들어지는 코드에 영향을 미친다. 예제에서 사용한 gcc 커맨드라인 인자는 다음과 같다. <gcc switch_demo_1.c -m32 -fno-pie -fno-pic -fno-stack-protector -o switch_demo_1_x86> 마이크로소프트 C/C++ 예제는 수정되지 않은 x86 디버그 빌드다. 추가적인 옵션은 이어지는 예제에서 소개할 것이다.

```
Decompile: switch1 - (switch_demo_1_x86_gcc)        Decompile: switch4 - (switch_demo_1_x86_gcc)
1                                                    1
2   int switch1(int a,int b,int c,int d)             2   int switch4(int a,int b,int c,int d)
3                                                    3
4   [                                                4   {
5     int result;                                    5     int result;
6                                                    6
7     result = 0;                                    7     result = 0;
8     switch(a) {                                    8     if (a == 719) {
9     case 1:                                        9       result = d + c;
10      result = b + a;                              10    }
11      break;                                       11    else {
12    case 2:                                        12      if (a < 720) {
13      result = c + a;                              13        if (a == 295) {
14      break;                                       14          result = d + 0x127;
15    case 3:                                        15        }
16      result = d + a;                              16        else {
17      break;                                       17          if (a < 296) {
18    case 4:                                        18            if (a == 1) {
19      result = c + b;                              19              result = b + 1;
20      break;                                       20            }
21    case 5:                                        21            else {
22      result = d + b;                              22              if (a == 211) {
23      break;                                       23                result = c + 0xd3;
24    case 6:                                        24              }
```

그림 20-2: switch 문 예제를 디컴파일한 결과

예제: gcc와 마이크로소프트 C/C++ 컴파일러 비교

이번 예제에서는 리스트 20-1에 대해 32비트 x86 바이너리를 만드는 2개의 컴파일러를 비교해본다. 두 컴파일러가 만들어낸 바이너리에서 switch 문의 구성 요소를 식별하고 그것과 연결될 점프 테이블을 찾아 두 바이너리의 중요한 차이점을 설명할 것이다. gcc로 빌드된 바이너리에서 리스트 20-1에 대한 switch 관련 구성 요소를 먼저 살펴보자.

```
0001075a CMP❶   dword ptr [EBP + value],12
0001075e JA     switchD_00010771::caseD_0❷
```

```
00010764  MOV     EAX,dword ptr [EBP + a]
00010767  SHL     EAX,0x2
0001076a  ADD     EAX,switchD_00010771::switchdataD_00010ee0       = 00010805
0001076f  MOV     EAX,dword ptr [EAX]=>->switchD_00010771::caseD_0 = 00010805
     switchD_00010771::switchD
00010771  JMP     EAX
     switchD_00010771::caseD_1❸        XREF[2]:    00010771(j), 00010ee4(*)
00010773  MOV     EDX, dword ptr [EBP + a]
00010776  MOV     EDX, dword ptr [EBP + b]
00010779  ADD     EAX, EDX
0001077b  MOV     dword ptr [EBP + result], EAX
0001077e  JMP     switchD_00010771::caseD_0
;--나머지 case에 대한 코드는 생략--
     switchD_00010771::switchdataD_00010ee0❷❹ XREF[2]:
                                        switch_version_1:0001076a(*),
                                        switch_version_1:0001076f(R)
00010ee0  addr    switchD_00010771::caseD_0❺
00010ee4  addr    switchD_00010771::caseD_1
00010ee8  addr    switchD_00010771::caseD_2
00010eec  addr    switchD_00010771::caseD_3
00010ef0  addr    switchD_00010771::caseD_4
00010ef4  addr    switchD_00010771::caseD_5
00010ef8  addr    switchD_00010771::caseD_6
00010efc  addr    switchD_00010771::caseD_7
00010f00  addr    switchD_00010771::caseD_8
00010f04  addr    switchD_00010771::caseD_9
00010f08  addr    switchD_00010771::caseD_a
00010f0c  addr    switchD_00010771::caseD_b
00010f10  addr    switchD_00010771::caseD_c
```

기드라는 switch 문을 인식하고 점프 테이블❹을 이용해 switchD_00010771::caseD
_1❸에서와 같이 개별 case 값에 대한 경계 테스트❶를 수행한다. 리스트 20-1에는
12개의 case가 있지만 컴파일러는 13개의 요소로 구성된 점프 테이블을 만들었다.
12개의 case 외에 추가된 case 0(점프 테이블의 첫 번째 요소❺)은 1~12 사이의 값이 아닌

경우를 위한 것이다. 즉 case 0는 default case를 위한 것이다. default case에 음수가 해당되지 않는 것처럼 보이지만 CMP, JA 명령은 부호 없는 값에 대한 비교를 수행하기 때문에 음수도 해당된다. 따라서 −1(0xFFFFFFFF)은 4294967295으로 인식되고 그것은 12보다 크다고 판단돼 점프 테이블의 유효한 인덱스의 범위에서 제외된다. 결국 JA 명령은 모든 default case에 대해 switchD_00010771::caseD_0❷를 참조하게 만든다.

이제 gcc 컴파일러가 만들어낸 코드의 기본적인 구성 요소를 이해했으므로 디버그 모드에서 마이크로소프트 C/C++ 컴파일러가 만들어낸 코드를 살펴보자.

```
00411e88  MOV     ECX,dword ptr [EBP + local_d4]
00411e8e  SUB❶    ECX,0x1
00411e91  MOV     dword ptr [EBP + local_d4],ECX
00411e97  CMP❷    dword ptr [EBP + local_d4],11
00411e9e  JA      switchD_00411eaa::caseD_c
00411ea4  MOV     EDX,dword ptr [EBP + local_d4]
       switchD_00411eaa::switchD
00411eaa  JMP     dword ptr [EDX*0x4 + ->switchD_00411eaa::caseD  = 00411eb1
       switchD_00411eaa::caseD_1        XREF[2]:  00411eaa(j), 00411f4c(*)
00411eb1  MOV     EAX,dword ptr [EBP + param_1]
00411eb4  ADD     EAX,dword ptr [EBP + param_2]
00411eb7  MOV     dword ptr [EBP + local_c],EAX
00411eba  JMP     switchD_00411eaa::caseD_c
;-- 나머지 case에 대한 코드는 생략--
       switchD_00411eaa::switchdataD_00411f4c XREF[1]:
                                   switch_version_1:00411eaa(R)
00411f4c  addr    switchD_00411eaa::caseD_1❸
00411f50  addr    switchD_00411eaa::caseD_2
00411f54  addr    switchD_00411eaa::caseD_3
00411f58  addr    switchD_00411eaa::caseD_4
00411f5c  addr    switchD_00411eaa::caseD_5
00411f60  addr    switchD_00411eaa::caseD_6
00411f64  addr    switchD_00411eaa::caseD_7
```

```
00411f68   addr    switchD_00411eaa::caseD_8
00411f6c   addr    switchD_00411eaa::caseD_9
00411f70   addr    switchD_00411eaa::caseD_a
00411f74   addr    switchD_00411eaa::caseD_b
00411f78   addr    switchD_00411eaa::caseD_c
```

이번에는 0을 위한 추가적인 점프 테이블 요소를 만들지 않고자 switch 변수(local_d4)를 감소❶시키면서 그것이 0~11❷까지의 유효한 값의 범위를 이동하게 만든다. 결과적으로 점프 테이블❸의 첫 번째 요소(인덱스가 0인 요소)는 실제로 case 1에 대한 코드를 참조하게 된다.

두 컴파일러가 만들어낸 코드의 또 다른 차이점은 파일 내에서의 점프 테이블 위치다. gcc 컴파일러는 switch 점프 테이블을 바이너리의 읽기 전용 데이터 섹션(.rodata)에 위치시켜 switch 문과 관련된 코드와 점프 테이블 구현을 위해 필요한 데이터를 논리적으로 분리한다. 반면 마이크로소프트 C/C++ 컴파일러는 점프 테이블을 .text 섹션의 switch 문과 관련된 코드 바로 다음 위치에 삽입시킨다. 이런 식으로 점프 테이블을 배치하면 프로그램의 동작에 거의 영향을 주지 않는다. 이번 예에서 기드라는 두 컴파일러 모두에 대해 switch 문을 인식할 수 있었고 관련된 레이블 이름에 switch라는 용어를 사용했다.

여기서 중요한 점은 소스코드를 어셈블리로 컴파일하는 방법은 유일하지 않다는 것이다. 결과적으로 기드라가 switch 문을 나타내는 레이블을 사용하지 않더라도 그것이 반드시 switch 문이 아니라고 단정할 수는 없다. 컴파일러 구현에 영향을 미치는 switch 문의 특성을 이해하면 원래의 소스코드를 좀 더 정확하게 추론할 수 있다.

컴파일러 빌드 옵션

컴파일러는 어떤 특정한 문제를 해결하기 위한 하이레벨의 코드를 동일한 동작을 수행하는 로우레벨의 코드로 변환한다. 컴파일러마다 동일한 문제를 약간 다른 방식으로 해결할 수 있다. 또한 동일한 컴파일러라고 하더라도 컴파일러 옵션에 따라 상이한 방법으로 문제를 해결할 수도 있다. 이번 절에서는 서로 다른 컴파일러와 서로 다른 커맨드라인 옵션을 사용해 만들어낸 어셈블리어 코드를 살펴볼 것이다(일부 차이점은 명확한 설명이 가능하지만 그렇지 않은 경우도 있다).

마이크로소프트 비주얼 스튜디오는 디버그 버전의 프로그램 바이너리와 릴리스 버전의 프로그램 바이너리를 빌드할 수 있다.[7] 두 버전의 차이점을 보려면 각각에 지정된 빌드 옵션을 보면 된다. 일반적으로 디버그 버전은 추가적인 심볼 정보와 디버깅 버전의 런타임 라이브러리가 추가되지만 릴리스 버전은 최적화를 수행하기 때문에 그렇지 않다.[8] 디버거는 디버깅 관련 심볼을 이용해 어셈블리어를 해당 소스코드로 다시 매킹시키고 지역 변수의 이름(이와 같은 정보는 컴파일 과정에서 손실된다)을 결정한다. 마이크로소프트 런타임 라이브러리의 디버깅 버전은 디버깅 심볼이 포함돼 있다. 또한 최적화 옵션이 비활성화됐어도 일부 함수 파라미터가 유효한지 확인하기 위한 추가적인 검사가 활성화된 상태로 컴파일된다.

비주얼 스튜디오에서 디버깅 버전으로 빌드한 것을 기드라로 디스어셈블해보면 릴리스 버전과 매우 다르게 보인다. 그것은 산출되는 바이너리에 추가적인 코드를 포함시키는 /RTCx(Runtime Check)와 같은 컴파일러와 링커 옵션이 디버그 빌드에만 지정되기 때문이다.[9] 디스어셈블리 코드로 차이점을 살펴보자.

예제 1: 나머지 연산자

먼저 간단한 수학 연산자인 나머지 연산자부터 살펴보자. 다음은 사용자로부터 정수 값을 받아 나머지 연산을 수행하는 코드다.

---

7. gcc와 같은 다른 컴파일러도 컴파일 과정에서 디버그 심볼을 삽입할 수 있다.

8. 일반적으로 최적화는 더 빠르거나 더 작은 실행 파일을 만들고자 하는 개발자의 욕구를 충족시키기 위해 중복된 코드를 제거하거나 잠재적으로 코드가 커지더라도 더 빠른 코드를 선택한다. 최적화된 코드는 최적화되지 않은 코드에 비해 분석이 간단하지 않을 수 있기 때문에 프로그램 개발 시 디버깅하는 단계에서는 좋은 선택이 아닐 수 있다.

9. https://docs.microsoft.com/en-us/cpp/build/reference/rtc-run-time-error-checks를 참고하길 바란다.

```
int main(int argc, char **argv) {
    int x;
    printf("Enter an integer: ");
    scanf("%d", &x);
    printf("%d %% 10 = %d\n", x, x % 10);
}
```

나머지 연산에 대해 디스어셈블리 코드가 컴파일러마다 어떻게 다른지 살펴보자.

마이크로소프트 C/C++ Win x64 Debug에서의 나머지 연산

다음은 디버그 버전으로 바이너리를 빌드하게 설정했을 때 비주얼 스튜디오가 만들어낸 코드다.

```
1400119c6 MOV      EAX,dword ptr [RBP + local_f4]
1400119c9 CDQ
1400119ca MOV      ECX, oxa
1400119cf IDIV❶   ECX
1400119d1 MOV      EAX, EDX
1400119d3 MOV❷    R8D, EAX
1400119d6 MOV      EDX,dword ptr [RBP + local_f4]
1400119d9 LEA      RCX,[s_%d_%%_10_=_%d_140019d60]
1400119e0 CALL     printf
```

x86 IDIV❶ 명령을 이용해 나머지 연산의 몫은 EAX에, 나머지 값은 EDX에 저장한다. 그리고 결괏값을 printf의 세 번째 인자로 사용되는 R8(R8D)❷로 옮긴다.

마이크로소프트 C/C++ Win x64 Release에서의 나머지 연산

릴리스 빌드는 성능을 향상시키고 저장 공간을 최소화하고자 속도와 크기를 최적화한다. 속도 향상을 위해 일반적인 연산자를 최적화한 코드는 명확하지 않은 형태로 보일 수도 있다. 다음은 릴리스 바이너리를 위해 비주얼 스튜디오가 동일한 나머지 연산자에 대해 만들어낸 코드다.

```
140001136 MOV      ECX,dword ptr [RSP + local_18]
14000113a MOV      EAX,0x66666667
14000113f IMUL❶   ECX
140001141 MOV      R8D,ECX
140001144 SAR      EDX,0x2
140001147 MOV      EAX,EDX
140001149 SHR      EAX,0x1f
14000114c ADD      EDX,EAX
14000114e LEA      EAX,[RDX + RDX*0x4]
140001151 MOV      EDX,ECX
140001153 ADD      EAX,EAX
140001155 LEA      RCX,[s_%d_%%_10_=_%d_140002238]
14000115c SUB❷    R8D,EAX
14000115f CALL❸   printf
```

이 경우에는 나누기 대신 곱하기❶를 사용하고 있으며 긴 산술 연산 후에 나머지 연산의 결괏값이 돼야 하는 것을 R8D❷에 저장한다(R8D는 다시 printf❸ 호출의 세 번째 인자로 사용된다). 코드가 직관적이라고 생각하는가? 이 코드에 대한 설명은 다음 예제에서 확인할 것이다.

리눅스 x64용 gcc의 나머지 연산

단순히 컴파일 옵션을 바꾸는 것만으로도 동일한 컴파일러가 만들어내는 바이너리가 달라진다는 것을 확인했다. 따라서 완전히 관련이 없는 컴파일러라면 완전히 다른 코드를 만들어낼 것이라고 생각할 수 있다. 다음은 동일한 나머지 연산자에 대해 gcc가 만들어낸 코드이며 앞의 코드와 다소 유사해 보인다.

```
00100708  MOV      ECX,dword ptr [RBP + x]
0010070b  MOV      EDX,0x66666667
00100710  MOV      EAX,ECX
```

```
00100712  IMUL❶  EDX
00100714  SAR    EDX,0x2
00100717  MOV    EAX,ECX
00100719  SAR    EAX,0x1f
0010071c  SUB    EDX,EAX
0010071e  MOV    EAX,EDX
00100720  SHL    EAX,0x2
00100723  ADD    EAX,EDX
00100725  ADD    EAX,EAX
00100727  SUB    ECX,EAX
00100729  MOV❷   EDX,ECX
```

이 코드는 비주얼 스튜디오가 만들어낸 릴리스 버전의 어셈블리 코드와 유사하다. 이번에도 나누기 대신 곱하기❶를 사용하고 있으며 그 이후에 여러 개의 산술 연산을 수행해 결괏값을 EDX❷에 저장한다(EDX는 다시 printf 호출의 세 번째 인자로 사용된다).

하드웨어 곱셈이 하드웨어 나눗셈보다 빠르기 때문에 코드는 곱셈의 역을 이용해서 곱셈에 의한 나눗셈을 수행한다. 또한 일련의 덧셈과 산술 시프트 연산을 통해 곱하기를 구현한 것을 볼 수 있다. 이는 곱하기를 직접 수행하는 것보다 훨씬 빠른 속도를 얻을 수 있기 때문이다.

이 코드가 10으로 나머지 연산을 수행한 것이라고 인식하는 것은 순전히 경험과 인내, 창의성에 달려 있다. 과거에 이와 유사한 코드를 본 적이 있다면 나머지 연산이라는 것을 좀 더 잘 식별할 수 있을 것이다. 이전에 경험한 적이 없다면 샘플 값을 이용해 직접 코드를 조사해서 어떤 패턴인지 알아내야 한다. 어셈블리 코드를 추출해서 그것을 C 테스트 도구로 래핑해 어떤 코드인지 알아내기 위한 작업을 수행해야 할 수도 있다. 기드라의 디컴파일러는 복잡하거나 일반적이지 않은 코드를 좀 더 인식 가능한 C 코드로 만드는 데 도움이 될 수 있다.

최후의 수단 또는 최초의 수단(부끄러워할 필요가 없다)으로 인터넷에 답을 찾을 수도 있다. 그렇다면 무엇을 검색해야 할까? 일반적으로는 고유한 특정 정보를 검색하면 관련성이 높은 결과를 얻을 수 있으며, 위 코드에서 가장 고유한 특성을 나타내는 것은 상수 값 0x66666667이다. 상수 값을 이용해 검색했을 때 상위 3개의 결과 모두 도움이 되지만 그중에서도 가장 도움이 되는 것은 http://flaviojslab.blogspot.com /2008/02/integer-division.html이다. 고유한 상수 값은 암호화 알고리듬에서 자주 사용되며 간단한 인터넷 검색만으로도 현재 보고 있는 암호화 루틴이 정확히 무엇인지 식별할 수도 있다.

예제 2: 삼항 연산자

삼항 연산자는 표현식을 평가한 다음 해당 표현식의 불리언 값에 따라 2가지 가능한 결과 중 하나를 취하는 것이다. 개념적으로 삼항 연산자는 **if/else** 문으로 생각할 수 있다(심지어 if/else 문으로 대체할 수도 있다). 다음은 삼항 연산자의 사용을 보여주고자 의도적으로 최적화하지 않은 소스코드다.

```
int main() {
   volatile int x = 3;
   volatile int y = x * 13;
❶ volatile int z = y == 30 ? 0 : -1;
}
```

> **참고**   volatile 키워드는 volatile로 선언한 변수를 컴파일러가 최적화하지 않게 요청한다. volatile을 사용하지 않았다면 어떤 명령문도 함수의 결과에 영향을 주지 않기 때문에 컴파일러가 함수 전체를 최적화했을 것이다. 이는 자신이나 다른 사람을 위해 예제를 만들 때 문제가 될 수 있다.

코드에서 변수 z❶에 값을 할당하는 것은 코드의 의미를 변경하지 않고 다음과 같은 **if/else** 문으로 대체할 수 있다.

```
if (y == 30) {
   z = 0;
} else {
```

```
    z = -1;
  }
```

그러면 삼항 연산자가 서로 다른 컴파일러와 컴파일러 옵션에 따라 어떻게 처리되는지 살펴보자.

리눅스 x64용 gcc의 삼항 연산자

아무런 옵션을 사용하지 않고 gcc로 컴파일하면 다음과 같은 코드가 만들어진다.

```
00100616 MOV      EAX,dword ptr [RBP + y]
00100619 CMP❶     EAX,0x1e
0010061c JNZ      LAB_00100625
0010061e MOV      EAX,0x0
00100623 JMP      LAB_0010062a
        LAB_00100625
00100625 MOV      EAX,0xffffffff
        LAB_0010062a
0010062a MOV❷     dword ptr [RBP + z],EAX
```

이 코드는 if/else 문을 구현한 것이다. 지역 변수 y를 30❶과 비교해 EAX를 0으로 설정할지 0xffffffff로 설정할지 결정하고 결과를 z❷에 할당한다.

마이크로소프트 C/C++ Win x64 Release에서의 삼항 연산자

비주얼 스튜디오는 삼항 연산자를 매우 다른 방식으로 구현한다. 컴파일러는 앞에서 본 if/else 구조를 이용하지 않고 하나의 명령을 이용해서 조건에 따라 0이나 −1(다른 값은 불가능)의 값을 갖게 구현한다.

```
140001013 MOV      EAX,dword ptr [RSP + local_res8]
140001017 SUB❶     EAX,0x1e
```

```
14000101a NEG❷    EAX
14000101c SBB❸    EAX,EAX
14000101e MOV     dword ptr [RSP + local_res8],EAX
```

SBB 명령❸(subtract with borrow)은 첫 번째 피연산자에서 두 번째 피연산자를 뺀 다음 캐리 플래그인 CF(0 또는 1만 가능)를 뺀다. 즉, SBB EAX,EAX는 EAX - EAX - CF와 동일하면 결국 0 - CF가 된다. 결국, CF == 0일 때만 결괏값이 0이 되고 CF == 1인 경우에는 -1이 된다. 이 트릭이 작동하려면 SBB 명령이 실행되기 전에 컴파일러가 캐리를 적절하게 설정해야 한다. 이를 위해 EAX 값이 0x1e인 경우에만 EAX 값이 0이 되게 만드는 빼기 연산으로, EAX 값을 0x1e (30)❶과 비교한다. 그리고 NEG 명령❷은 뒤따르는 SBB 명령을 위한 캐리 플래그를 설정한다.[10]

리눅스 x64용 gcc의 삼항 연산자(최적화된 버전)

gcc가 최적화를 수행하도록 설정(-02)하면 결과는 이전의 비주얼 스튜디오가 만들어낸 코드와 크게 다르지 않다.

```
00100506  MOV    EAX,dword ptr [RSP + y]
0010050a  CMP    EAX,0x1e
0010050d  SETNZ❶ AL
00100510  MOVZX  EAX,AL
00100513  NEG❷   EAX
00100515  MOV❸   dword ptr [RSP + z],EAX
```

gcc는 SETNZ 명령❶을 사용해 바로 전의 비교 결과에서 제로 플래그의 상태를 기반으로 AL 레지스터의 값을 0이나 1로 설정한다. 그리고 그 결과는 NEG 명령❷에 사용돼 최종적으로 변수 z❸에 0이나 −1 값이 설정된다.

---

10. NEG 명령은 피연산자가 0일 경우에만 캐리 플래그(CF)를 0으로 만들고 그렇지 않은 경우에는 캐리 플래그를 1로 설정한다.

예제 3: 함수 인라인

프로그래머가 함수를 inline이라고 지정하면 컴파일러는 해당 함수 호출 부분을 inline으로 지정한 함수 본문으로 대체한다. 이는 함수에 전달되는 파라미터와 스택 프레임 설정 및 제거 작업을 없애 함수 호출 속도를 향상시키고자 사용된다. 반면 인라인 함수의 내용이 여러 번 복사되기 때문에 바이너리의 크기가 커지는 단점이 있다. 인라인 함수를 사용하면 call 명령이 제거되기 때문에 바이너리에서 인라인 함수인지 여부를 판단하는 것은 매우 어려울 수 있다. inline 키워드를 사용하지 않는 경우에도 컴파일러가 스스로 특정 함수를 인라인 함수로 처리하는 경우가 있다. 세 번째 예제에서는 다음과 같은 함수 호출 코드를 사용할 것이다.

```c
int maybe_inline() {
    return 0x12abcdef;
}
int main() {
    int v = maybe_inline();
    printf("after maybe_inline: v = %08x\n", v);
    return 0;
}
```

리눅스 x86용 gcc의 함수 호출

최적화 옵션 없이 gcc로 리눅스용 x86 바이너리를 빌드해 디스어셈블하면 다음과 같은 코드를 볼 수 있다.

```
00010775  PUSH    EBP
00010776  MOV     EBP,ESP
00010778  PUSH    ECX
00010779  SUB     ESP,0x14
0001077c  CALL❶   maybe_inline
00010781  MOV     dword ptr [EBP + local_14],EAX
```

```
00010784  SUB    ESP,0x8
00010787  PUSH   dword ptr [EBP + local_14]
0001078a  PUSH   s_after_maybe_inline:_v_=_%08x_000108e2
0001078f  CALL   printf
```

상수 값을 반환하는 한 줄짜리 코드일지라도 이 코드에서는 `may_inline` 함수에 대한 호출❶을 명확하게 볼 수 있다.

리눅스 x86용 gcc의 함수 호출(최적화 버전)

최적화(-02)를 적용한 버전은 다음과 같다.

```
0001058a  PUSH    EBP
0001058b  MOV     EBP,ESP
0001058d  PUSH    ECX
0001058e  SUB     ESP,0x8
00010591  PUSH❶   0x12abcdef
00010596  PUSH    s_after_maybe_inline:_v_=_%08x_000108c2
0001059b  PUSH    0x1
0001059d  CALL    __printf_chk
```

최적화되지 않은 코드와 비교해보면 maybe_inline에 대한 호출이 제거됐고 may_inline에 의해 반환되는 상수 값❶이 스택에 직접 PUSH돼 printf에 인자로 전달된다. 이 최적화된 버전은 함수를 명시적으로 인라인 함수라고 지정한 경우와 동일한 형태를 갖는다.

컴파일러가 만들어내는 코드에 최적화가 어떤 영향을 미치는지 알아봤다. 이번에는 컴파일러가 프로그래밍 언어 특유의 특징을 어떻게 구현하는지 살펴보자.

컴파일러의 C++ 구현

프로그래밍 언어는 프로그래머를 위해 프로그래머가 설계한다. 일단 새로운 프로그래밍 언어에 대한 설계가 완료되면 해당 언어를 의미적으로 동등한 기계어 프로그램으로 변환하는 도구를 만드는 것은 전적으로 컴파일러 제작자에게 달려있다. 프로그래머에게 프로그래밍 언어가 A, B, C와 같은 것을 지원한다면 그런 것을 가능하게 하는 방법을 찾는 것은 컴파일러 제작자의 몫이다.

C++는 언어가 요구하는 3가지의 동작 예를 제공하고 있지만 그것을 구현하기 위한 세부 사항은 컴파일러 제작자에게 남겨졌다.

- 클래스의 비정적 멤버 함수 내에서 프로그래머는 this라는 변수를 참조할 수 있으며, 그것은 어디에도 명시적으로 선언되지 않는다(컴파일러의 this에 대한 처리는 6장과 8장을 참고).
- 함수 오버로딩을 허용한다. 프로그래머는 함수에 전달되는 파라미터에 대한 제한 사항에 따라 원하는 만큼 함수 이름을 자유롭게 재사용할 수 있다.
- 타입 검사를 위한 dynamic_cast 및 typeid 연산자 사용이 가능하다.

함수 오버로딩

C++에서 함수 오버로딩을 사용하면 프로그래머는 동일한 이름의 함수를 사용할 수 있으며, 이름을 공유하는 두 함수는 서로 다른 파라미터 시퀀스를 가져야 한다. 8장에서 소개한 네임 맹글링은 함수 오버로딩을 하더라도 링커가 작업을 수행할 때 동일한 심볼이 존재하지 않게 만들어주는 내부 메커니즘을 제공한다.

맹글링된 이름이 존재한다면 종종 그것이 C++ 바이너리라고 판단할 수 있는 근거가 된다. 가장 많이 사용되는 네임 맹글링 체계는 마이크로소프트 ABI와 인텔 Itanium ABI다.[11] 인텔의 맹글링 표준은 g++ 및 clang과 같은 유닉스 컴파일러에서

---

11. 마이크로소프트: https://docs.microsoft.com/en-us/cpp/build/reference/decorated-names, 인텔: https://itanium-cxx-abi.github.io/cxx-abi/abi.html#mangling

널리 채택됐다. 다음은 마이크로소프트와 인텔의 맹글링 체계로 맹글링된 C++ 함수 이름이다.

함수: void SubClass::vfunc1()

마이크로소프트: ?vfunc1@SubClass@@UAEXXZ

인텔: _ZN8SubClass6vfunc1Ev

오브젝티브 C, Swift, Rust를 포함해 함수 오버리딩을 허용하는 대부분의 언어는 구현 레벨에서 네임 맹글링을 이용한다. 네임 맹글링 스타일을 보면 프로그램이 작성된 언어와 빌드에 사용된 컴파일러를 유추할 수 있는 단서를 얻을 수 있다.

RTTI 구현

8장에서 C++ RTTI$^{RunTime\ Type\ Identification}$와 컴파일러가 RTTI를 구현하는 데 있어 표준이 존재하지 않는다는 것을 살펴봤다. 사실 RTTI는 C++ 표준 어디에서도 언급돼 있지 않기 때문에 컴파일러마다 구현을 다르게 하는 것은 놀랄 일이 아니다. dynamic_cast 연산자를 지원하고자 RTTI 데이터 구조체는 클래스 이름뿐만 아니라 다중 상속을 포함한 전체적인 상속 관련 계층 구조를 기록한다. 따라서 RTTI 데이터 구조체를 찾는 것은 프로그램의 객체 모델을 해석하는 데 매우 유용할 수 있다. 바이너리 내에서 RTTI 관련 구조체를 자동으로 인식하는 것은 컴파일러에 따라 기드라의 기능이 달라지기 때문에 또 다른 영역이라고 할 수 있다.

마이크로소프트 C++ 프로그램에는 내장된 심볼 정보가 없지만 마이크로소프트의 RTTI 데이터 구조체는 잘 알려져 있기 때문에 기드라는 바이너리에서 그것을 찾는다. 기드라가 RTTI 분석기를 사용해 찾아낸 RTTI 관련 정보는 Symbol Tree의 Classes 폴더에 요약 정리되며 그곳에는 각 클래스에 대한 항목이 포함된다.

g++로 빌드된 프로그램은 일부러 제거하지 않는 한 심볼 테이블 정보를 포함한다. 심볼 정보가 제거된 g++ 바이너리인 경우에 기드라는 바이너리에서 찾은 맹글링될

이름에 전적으로 의존해서 RTTI 관련 데이터 구조체 및 그것과 관련된 클래스를 식별한다. 마이크로소프트의 바이너리와 마찬가지로 **g++**로 빌드된 바이너리인 경우에도 모든 RTTI 관련 정보가 Symbol Tree의 Classes 폴더에 포함된다.

특정 컴파일러가 C++ 클래스에 대한 타입 정보를 삽입하는 방법을 이해하기 위한 한 가지 전략은 가상 함수를 포함하는 클래스를 사용하는 간단한 프로그램을 작성해보는 것이다. 그렇게 작성해서 컴파일한 파일을 기드라로 로드해 작성한 클래스 이름을 포함하는 문자열을 검색해본다. 바이너리를 빌드하는 데 사용되는 컴파일러와 관계없이 RTTI 데이터 구조체가 갖게 되는 한 가지 공통점은 맹글린된 클래스 이름을 포함하는 문자열을 어떤 식으로든 참조한다는 것이다. 따라서 검색으로 찾아낸 문자열과 그에 대한 상호 참조를 이용해서 RTTI 관련 데이터 구조체라고 의심되는 것을 바이너리에서 찾을 수 있을 것이다. 마지막 단계는 RTTI 후보 구조체에서 거꾸로 함수 포인터 테이블(vftable)에 도달할 때까지 데이터 상호 참조를 따라가 보는 것이다. 그러면 이 방법을 사용하는 예제를 살펴보자.

예제: 리눅스 x86-64용 g++ 바이너리에서 RTTI 정보 찾기

이 개념을 설명하고자 BaseClass, SubClass, SubSubClass와 고유한 가상 함수를 포함하고 있는 작은 프로그램을 만들었다. 다음은 클래스와 함수를 참조하고 있는 프로그램의 일부분이다.

```
BaseClass *bc_ptr_2;
srand(time(0));
if (rand() % 2) {
   bc_ptr_2 = dynamic_cast<SubClass*>(new SubClass());
}
else {
   bc_ptr_2 = dynamic_cast<SubClass*>(new SubSubClass());
}
```

심볼을 포함하는 64비트 리눅스 바이너리를 빌드하고자 g++를 이용해 컴파일했다. 프로그램 분석 과정이 끝나면 Symbol Tree는 그림 20-3과 같은 정보를 제공한다.

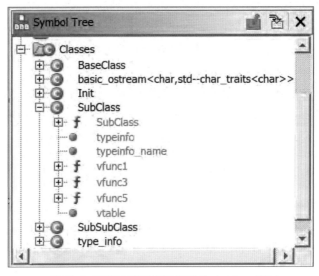

그림 20-3: 심볼이 포함된 바이너리의 Symbol Tree 클래스

Classes 폴더는 작성한 클래스 3개를 모두 포함하고 있다. SubClass 항목을 펼쳐보면 기드라가 찾아낸 추가적인 정보를 볼 수 있다. 심볼을 제거한 동일한 바이너리는 그림 20-4와 같이 훨씬 적은 정보를 제공한다.

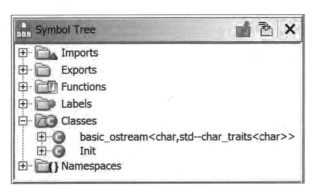

그림 20-4: 심볼이 제거된 바이너리의 Symbol Tree 클래스

이 경우 핵심적인 C++ 클래스(basic_ostream)를 참조한다는 것을 바탕으로 C++ 바이너리일 가능성이 높지만 자신이 찾고자 하는 클래스가 포함돼 있지 않더라도 C++ 바이너리가 아니라고 잘못된 가정을 할 수도 있다. 단순히 심볼 정보만 제거된 것이기 때문에 프로그램에 포함된 문자열에서 클래스 이름을 검색함으로써 여전히 RTTI 정보를 찾아낼 수도 있다. 그림 20-5는 문자열 검색 결과다.

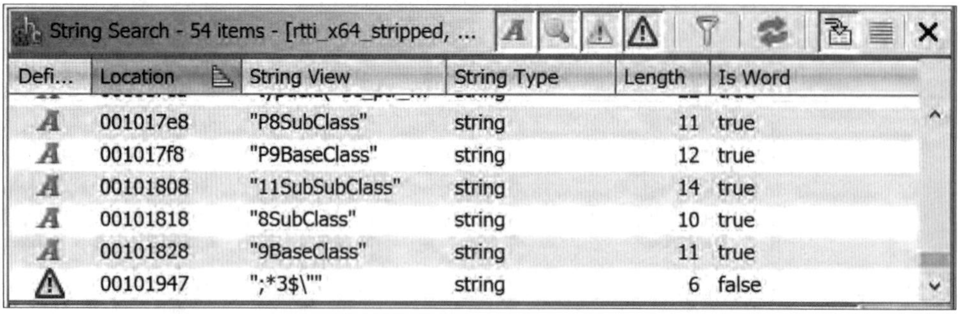
String Search - 54 items - [rtti_x64_stripped, ...

Defi...	Location	String View	String Type	Length	Is Word
A	001017e8	"P8SubClass"	string	11	true
A	001017f8	"P9BaseClass"	string	12	true
A	00101808	"11SubSubClass"	string	14	true
A	00101818	"8SubClass"	string	10	true
A	00101828	"9BaseClass"	string	11	true
⚠	00101947	";*3$\""	string	6	false

그림 20-5: 클래스 이름을 이용한 문자열 검색 결과

"8SubClass" 문자열을 클릭하면 Listing 창이 다음과 같은 위치로 이동한다.

```
        s_8SubClass_00101818                XREF[1]:    00301d20(*)
  00101818 ds "8SubClass"
```

g++ 바이너리에서 RTTI 관련 구조체는 클래스 이름 문자열에 대한 참조를 포함한다. 첫 번째 줄에 있는 상호 참조 주소를 따라가 보면 다음과 같은 곳에 도달하게 된다.

```
        PTR___gxx_personality_v0_00301d18 XREF[2]:  FUN_00101241:00101316(*)❶,
                                                    00301d10(*)❷
❸00301d18  addr    __gxx_personality_v0      = ??
❹00301d20  addr    s_8SubClass_00101818      = "8SubClass"
 00301d28  addr    PTR_time_00301d30         = 00303028
```

상호 참조의 소스❹는 주소 **00301d18**❸에서 시작하는 SubClass의 **typeinfo** 구조체의 두 번째 필드다. 불행하게도 **g++**의 소스코드를 자세히 살펴보지 않는다면 이와 같은 구조체의 레이아웃은 경험을 통해 배워야 한다. 마지막으로 남은 작업은 SubClass의 **vftable**을 찾는 것이다. 이 예에서는 데이터 영역❷에서 시작되는 **typeinfo** 구조체에 대한 유일한 상호 참조(다른 상호 참조❶는 함수에서 시작되며 그것은 vftable이 될 수 없다)를 따라가 보면 막다른 곳에 도달하게 된다. 간단한 계산(00301d18 - 8 = 00301d10)을 수행해보면 상호 참조가 **typeinfo** 구조체 바로 앞에서 시작됐음을 알 수 있다. 일반적인 경우라면 상호 참조는 **vftable**에서 **typeinfo** 구조체 방향으로 이뤄진다. 하지만 심볼이 제거됐기 때문에 기드라는 해당 참조를 만드는 데 실패한 것이다. 어딘가에는 **typeinfo** 구조체를 참조하는 포인터가 존재해야 하기 때문에 기드라를 이용하면 그것을 찾을 수 있다. **typeinfo** 구조체의 시작 부분❸에 커서를 위치시키고 Search ➤ For Direct References 메뉴를 이용하면 기드라가 메모리에서 현재 주소를 찾게 만들 수 있다. 그 결과는 그림 20-6과 같다.

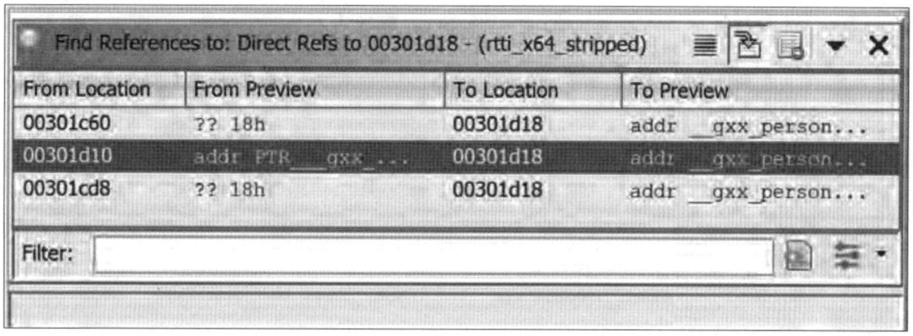

그림 20-6: 참조를 직접 검색한 결과

기드라는 **typeinfo** 구조체를 참조하는 위치 2개를 더 찾아냈다. 따라서 각각을 조사해보면 최종적으로 **vftable**을 찾을 수 있을 것이다.

```
❶ 00301c60      ??      18h              ?❷   -> 00301d18
  00301c61      ??      1Dh
  00301c62      ??      30h              0
  00301c63      ??      00h
```

```
00301c64        ??       00h
00301c65        ??       00h
00301c66        ??       00h
00301c67        ??       00h
        PTR_FUN_00301c68                    XREF[2]: FUN_00101098:001010b0(*),
                                                     FUN_00101098:001010bb(*)

❸ 00301c68  addr    FUN_001010ea
  00301c70  addr    FUN_00100ff0
  00301c78  addr    FUN_00101122
  00301c80  addr    FUN_00101060
  00301c88  addr    FUN_0010115a
```

기드라는 typeinfo를 상호 참조한다고 직접적으로 표시하지는 않지만❶(상호 참조라고 표시하지는 않음) 포인터❷라는 것을 암시하는 주석을 제공한다. vftable 자체는 8바이트 이후❸부터 시작되며 SubClass에 속하는 가상 함수 5개에 대한 포인터를 포함하고 있다. 심볼 정보가 제거된 바이너리이기 때문에 vftable에는 맹글링된 이름이 포함돼 있지 않다.

다음 절에서는 여러 개의 컴파일러가 만들어낸 C 바이너리에서 main 함수를 식별하는 데 도움이 되는 '빵 부스러기 추적'이라고 하는 분석 기술을 알아본다.

main 함수 찾기

프로그래머의 관점에서 보면 일반적으로 프로그램 실행은 main 함수에서 시작되기 때문에 바이너리 분석을 main 함수부터 시작하는 것은 나쁜 전략이 아니다. 하지만 컴파일러와 링커(라이브러리 사용)는 main 함수가 호출되기 전에 실행되는 코드를 추가한다. 따라서 프로그래머가 작성한 main 함수가 바이너리의 시작 지점이라고 가정하는 것은 틀린 경우가 많다. 사실 모든 프로그램이 main 함수를 갖는다는 것은 프로그램 작성의 고정된 규칙이라기보다는 C/C++ 컴파일러의 규칙이라고 할 수 있다. 윈도우 GUI 애플리케이션을 작성해봤다면 main 함수의 변형인 WinMain에 익숙할 것이다. C/C++ 언어와 상관없이 생각해보면 다른 언어들은 프로그램의 시작 함수 이름이 다르다는 것을 알 수 있다. 그런 시작 함수를 일반적으로 main 함수라고 부른다.

심볼 정보가 포함돼 있는 바이너리라면 단순히 기드라에게 그곳을 알려달라고 할 수 있지만 심볼 정보가 제거된 바이너리를 분석하는 경우에는 스스로 main 함수를 찾아야 할 것이다. 실행 파일이 동작하는 방식을 조금만 이해하거나 경험이 있다면 그것이 너무 어려운 작업이 아니라는 것을 알 수 있을 것이다.

모든 실행 파일은 메모리에 매핑된 이후에 실행될 첫 번째 명령에 대한 바이너리상의 주소를 지정해야 한다. 기드라는 그 주소를 파일 형식과 심볼 유무에 따라 entry 또는 _start로 부른다. 대부분의 실행 파일 형식은 그런 주소를 파일의 헤더 영역에 지정하며 기드라 로더는 해당 주소를 찾는 방법을 정확히 알고 있다. ELF 파일의 경우에는 시작 주소가 e_entry라는 이름의 필드에 지정되며, PE 파일의 경우에는 AddressOfEntryPoint라는 이름의 필드에 지정된다. 컴파일된 C 프로그램은 실행 파일이 실행되는 플랫폼과 상관없이 실행 시작 지점에 새로 생성된 프로세스가 C 프로그램으로 전환되도록 만드는 코드를 컴파일러가 삽입한다. 전환 작업에는 C 호출 규약을 사용해서 프로세스 생성 시 커널에 제공된 인자 및 환경 변수를 main 함수에 제공하는 과정이 포함돼 있다.

> **참고** 운영체제의 커널은 어떤 언어로 실행 파일이 작성됐는지 알지 못하거나 신경 쓰지 않는다. 커널은 한 가지 방법으로만 파라미터를 새로운 프로세스에게 전달하며 그 방법이 프로그램의 시작 함수에 호환되지 않을 수 있다. 따라서 그 간극을 메우는 것이 컴파일러의 역할이다.

프로그램의 실행은 지정된 실행 시작 지점에서 시작해 결국 main 함수에 도달한다는 것을 알았으므로 이제는 그런 전환 작업에 영향을 미치는 컴파일러별 코드를 몇 가지 살펴보자.

예제 1: 리눅스 x86-64에서 gcc로 _start에서 main 함수로 전환

심볼 정보가 제거되지 않은 실행 파일에서 시작 코드를 조사해보면 운영체제와 컴파일러에 따라 어떻게 main 함수로 실행 흐름이 전달되는지 정확히 알 수 있다. 리눅스 gcc는 좀 더 간단한 방법 중 하나를 사용한다.

```
_start
004003b0  XOR    EBP,EBP
004003b2  MOV    R9,RDX
004003b5  POP    RSI
004003b6  MOV    RDX,RSP
004003b9  AND    RSP,-0x10
004003bd  PUSH   RAX
004003be  PUSH   RSP=>local_10
004003bf  MOV    R8=>__libc_csu_fini,__libc_csu_fini
004003c6  MOV    RCX=>__libc_csu_init,__libc_csu_init
004003cd  MOV    RDI=>main,main❶
004003d4  CALL❷  qword ptr [->__libc_start_main]
```

main 함수의 주소를 RDI❶에 로드한 다음 바로 __libc_start_main이라는 이름의 라이브러리 함수를 호출❷한다. 이때 main 함수의 주소를 __libc_start_main에 첫 번째 인자로 전달한다. 심볼이 제거된 바이너리에서도 동작 방식에 대한 지식이 있으면 쉽게 main 함수를 찾을 수 있다. 다음은 심볼이 제거된 바이너리에서 __libc_start_main을 호출하는 부분이다.

```
004003bf  MOV    R8=>FUN_004008a0,FUN_004008a0
004003c6  MOV    RCX=>FUN_00400830,FUN_00400830
004003cd  MOV    RDI=>FUN_0040080a,FUN_0040080a❶
004003d4  CALL   qword ptr [->__libc_start_main]
```

위 코드에서는 3개의 일반적인 이름이 부여된 함수를 참조하고 있지만 main 함수의 주소가 __libc_start_main에 대한 첫 번째 인자❶로 전달되기 때문에 FUN_

0040080a가 main 함수라고 판단할 수 있다.

예제 2: FreeBSD x86-64에서 clang으로 _start에서 main 함수로 전환

FreeBSD의 현재 버전은 clang이 기본 C 컴파일러로 사용되며 _start 함수는 리눅스의 _start보다 좀 더 복잡하다. 간단한 설명을 위해 기드라의 디컴파일러를 이용해 _start의 마지막 부분을 살펴보자.

```
// 설명을 위해서 40여 개의 라인을 생략했다.
atexit((__func *)cleanup);
handle_static_init(argc,ap,env);
argc = main((ulong)pcVar2 & 0xffffffff,ap,env);
                /* WARNING: Subroutine does not return */
exit(argc);
}
```

main 함수는 _start에서 호출되는 끝에서 두 번째 함수이며 main에서 반환되는 값은 바로 exit 함수에 전달되고 프로그램이 종료된다. 심볼 정보가 제거된 동일한 바이너리를 기드라의 디컴파일러를 이용해 얻은 코드는 다음과 같다.

```
// 설명을 위해서 40여 개의 라인을 생략했다.
atexit(param_2);
FUN_00201120(uVar2 & 0xffffffff,ppcVar5,puVar4);
__status = FUN_00201a80(uVar2 & 0xffffffff,ppcVar5,puVar4)❶;
                /* WARNING: Subroutine does not return */
exit(__status);
}
```

바이너리에서 심볼 정보가 제거된 경우에도 main 함수❶를 찾아낼 수 있다. 그런데 함수 2개의 이름이 제거되지 않고 표시되고 있다. 특정 바이너리가 동적으로 링크돼 있기 때문이다. 즉, atexit와 exit는 해당 바이너리에 있는 심볼이 아니라는 의미(외부 종속성)가 된다. 심볼 정보를 제거하더라도 외부 종속성 심볼은 디컴파일된 코드에서 볼 수 있다. 다음은 심볼 정보가 제거됐고 정적으로 링크된 버전에 대한 코드다.

```
  FUN_0021cc70();
  FUN_0021c120(uVar2 & 0xffffffff,ppcVar13,puVar11);
  uVar7 = FUN_0021caa0(uVar2 & 0xffffffff,ppcVar13,puVar11);
                    /* WARNING: Subroutine does not return */
  FUN_00266d30((ulong)uVar7);
}
```

예제 3: 마이크로소프트 C/C++ 컴파일러로 _start에서 main 함수로 전환

마이크로소프트 C/C++ 컴파일러가 만들어내는 시작 코드는 C 라이브러리 함수를 제공하지 않는 kernel32.dll(대부분의 유닉스 시스템에서는 libc)이 윈도우 커널과의 인터페이스를 제공하기 때문에 좀 더 복잡하다. 따라서 컴파일러는 많은 C 라이브러리 함수를 실행 파일에 직접 정적으로 연결하는 경우가 많다. 시작 코드는 C 프로그램의 런타임 환경을 설정하고자 그렇게 연결된 함수들을 이용해 커널과 통신한다.

하지만 시작 코드는 결국 main 함수를 호출해야 하고 그것이 반환되면 종료하게 된다. 시작 코드에서 main 함수를 식별하는 방법은 3개의 인자를 받아들이고(main) 그것이 반환하는 값을 하나의 인자를 받아들이는 함수(exit)에 전달하는 함수를 찾는 것이다. 다음 코드에는 찾고자 하는 2가지 유형의 함수에 대한 호출이 포함돼 있다.

```
140001272 CALL   _amsg_exit❶
140001277 MOV    R8,qword ptr [DAT_14000d310]
14000127e MOV    qword ptr [DAT_14000d318],R8
140001285 MOV    RDX,qword ptr [DAT_14000d300]
14000128c MOV    ECX,dword ptr [DAT_14000d2fc]
```

```
140001292 CALL❷  FUN_140001060
140001297 MOV     EDI,EAX
140001299 MOV     dword ptr [RSP + Stack[-0x18]],EAX
14000129d TEST    EBX,EBX
14000129f JNZ     LAB_1400012a8
1400012a1 MOV     ECX,EAX
1400012a3 CALL❸  FUN_140002b30
```

FUN_140001060❷에 3개의 인자가 전달되기 때문에 main 함수이고 FUN_140002b30❸
은 1개의 인자가 전달되므로 exit 함수라는 것을 알 수 있다. 시작 코드에서 호출
하는 함수 중에는 FidDb 항목과 일치하는 정적으로 링크된 것이 있어 그 이름❶을
복원해 보여준다. 그렇게 식별되는 심볼이 있다면 main 함수를 찾는 데 드는 시간
을 절약할 수 있다.

요약

컴파일러의 동작 관련 내용은 하나의 장이나 심지어 한 권의 책으로 다루기에 부족
할 수 있다. 컴파일러마다 다양한 하이레벨의 구조와 생성된 코드 최적화를 위해
선택하는 알고리듬이 다르다. 컴파일러의 동작은 빌드를 수행하는 과정에 전달되
는 인자에 의해 크게 영향을 받기 때문에 동일한 소스코드라고 하더라도 빌드 옵션
이 다르면 생성되는 바이너리가 완전히 다를 수 있다.

불행하게도 그런 다양한 변형에 대처하는 것은 경험이 있어야만 가능하며 특정
어셈블리어에 대한 도움말 검색도 어려운 경우가 많다. 또한 결과를 얻어내기 위
한 특정한 경우에 적용하고자 하는 검색 표현식을 만드는 것도 어려운 경우가 많
다. 그런 경우에 사용할 수 있는 가장 좋은 리소스는 분석하고자 하는 코드를 게시
해서 유사한 경험이 있는 다른 사람들의 지식을 활용할 수 있는 리버스 엔지니어링
전용 포럼이다.

5부

실제 분석에 적용

21

난독화된 코드 분석

이상적인 상황에서도 디스어셈블리 코드를 이해하는 것은 어려운 작업이다. 품질이 좋은 디스어셈블리 코드는 바이너리의 내부 동작을 이해하려는 사람에게는 필수적이며, 이 때문에 이전의 20개 장에서 기드라 및 기드라 관련 기능을 살펴본 것이다. 기드라가 매우 효과적이어서 바이너리 분석 분야에 대한 진입 장벽을 낮췄다고 주장할 수도 있다. 확실히 기드라만으로 인한 것은 아니지만 최근 바이너리 리버스 엔지니어링의 발전으로 인해 자신의 소프트웨어가 분석되길 원하지 않는 사람에게는 위협이 되고 있다. 따라서 최근 몇 년 동안에 코드를 비밀로 유지하고 싶어 하는 프로그래머와 리버스 엔지니어 간의 군비 경쟁이 벌어졌다.

21장에서는 그런 군비 경쟁에서 기드라의 역할을 살펴보고 코드를 보호하기 위한 방법과 그런 코드 보호를 무력화하기 위한 접근 방법을 살펴본다. 먼저 기드라의 Emulator 클래스를 소개하고 에뮬레이션 스크립트가 어떻게 군비 경쟁에서 우위를 점할 수 있는지에 대한 예제를 제공한다.

안티리버스 엔지니어링

안티리버스 엔지니어링은 소프트웨어 개발자가 자신의 소프트웨어에 대한 리버스 엔지니어링을 어렵게 만들고자 사용할 수 있는 기술에 대한 포괄적인 개념이다. 안티리버싱을 위해 개발자가 사용할 수 있는 도구나 기술은 많으며 매일 새로운 것들이 나타나고 있다. 리버스 엔지니어링/안티리버스 엔지니어링 생태계는 마치 악성코드 작성자와 안티바이너리 제조사 간에 전개되는 역학적인 관계와 유사하다.

리버스 엔지니어는 사소한 문제부터 시작해 해결하기 불가능한 것까지 다양한 안티리버싱 기술을 접하게 된다. 사용되는 안티리버싱 기술의 특성에 따라 접근 방식이 다양해질 수 있고 정적 및 동적 분석 기술 모두에 익숙할 필요가 있다. 다음 절에서는 좀 더 일반적인 안티리버싱 기술을 설명하고 그런 기술이 사용되는 이유와 대응 방법도 살펴본다.

난독화

다양한 사전 정의에 따르면 난독화^{obfuscation}란 난독화된 항목을 다른 사람이 이해하지 못하게 하고자 무언가를 모호하게 하거나, 당황하게 하거나, 혼란스럽게 하는 행위라고 할 수 있다. 이 책과 기드라를 사용하는 맥락에서 난독화의 대상은 (소스코드나 실리콘 칩이 아닌) 바이너리 실행 파일이다.

난독화 자체를 안티리버스 엔지니어링 기술로 간주하기에는 너무 광범위하다. 또한 그것 자체가 알려진 모든 안티리버스 엔지니어링 기술을 포함하지는 않는다. 특정 개별 기술을 난독화나 비난독화 기술이라고 분류할 수 있으며 다음 절에서 설명한다. 일반적으로 기술들의 설명이 겹치는 경우가 빈번하기 때문에 기술을 한 가지 방법으로 분류하는 것은 적절하지 않다. 또한 새로운 안티리버스 엔지니어링 기술들이 계속 개발되고 있기 때문에 그것들을 모두 포함하는 목록을 제공하는 것은 불가능하다.

기드라는 기본적으로 정적 분석 도구이기 때문에 안티리버스 엔지니어링 기술을 크게 2가지로 나눌 수 있다. 그것은 정적 분석 방지 기술과 동적 분석 방지 기술이다. 2가지 모두 난독화 기술을 포함할 수 있으며, 전자는 정적 분석을 어렵게 만들고 후자는 디버거나 런타임 분석을 어렵게 만든다.

정적 분석 방지 기술

정적 분석 방지 기술anti-static analysis techniques은 분석가가 실제로 프로그램을 실행하지 않고 프로그램의 특성을 이해하기 어렵게 만드는 것을 목표로 한다. 정적 분석 방지 기술은 정확이 기드라와 같은 디스어셈블러를 대상으로 하는 기술이기 때문에 기드라를 이용해 바이너리를 분석할 때 문제가 된다. 여기서는 몇 가지 유형의 정적 분석 방지 기술을 살펴본다.

디스어셈블리 비동기화

디스어셈블리 과정을 방해하도록 설계된 오래된 기술 중 하나는 디스어셈블러가 하나 이상의 명령에 대한 올바른 시작 주소를 찾지 못하도록 명령과 데이터를 창의적으로 사용하는 것이다. 디스어셈블러가 자신을 추적하지 못하게 만들면 디스어셈블리 코드 생성을 실패하거나 잘못된 코드를 생성하게 된다. 리스트 21-1은 Shiva 안티리버스 엔지니어링 도구의 일부를 디스어셈블한 코드다.[1]

리스트 21-1: 초기 Shiva 디스어셈블리 샘플

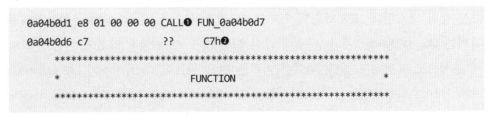

```
0a04b0d1 e8 01 00 00 00 CALL❶ FUN_0a04b0d7
0a04b0d6 c7              ??      C7h❷
         *********************************************************
         *                      FUNCTION                        *
         *********************************************************
```

---

1. Shiva와 관련된 여러 프레젠테이션은 이 프레젠테이션(http://cansecwest.com/core03/shiva.ppt)을 시작으로 수년에 걸쳐 만들어졌다.

```
        undefined FUN_0a04b0d7()
           undefined AL:1 <RETURN>
        FUN_0a04b0d7                              XREF[1]: FUN_0a04b0c4:0a04b0d1(c)
     0a04b0d7 58              POP❸    EAX
     0a04b0d8 8d 40 0a        LEA❹    EAX,[EAX + 0xa]
            LAB_0a04b0db+1                          XREF[0,1]: 0a04b0db(j)
  ❺ 0a04b0db eb ff            JMP      LAB_0a04b0db+1
     0a04b0dd e0              ??❻      E0h
```

위 코드는 **CALL❶**을 수행하고 이어서 바로 **POP 명령❸**을 실행한다. 이는 자기 수정을 수행하는 코드에서 자주 사용되는 방식이며 코드로 현재 실행 중인 메모리의 위치를 알아내고자 사용된다. **CALL 명령**에 대한 반환 주소❷는 **0a04b0d6**이며 **POP** 명령이 실행되는 시점에 스택의 꼭대기에 위치하게 된다. 따라서 해당 반환 주소는 **POP** 명령에 의해 스택에서 제거돼 **EAX**에 저장된다. 그리고 이어지는 **LEA 명령❹**에 의해 **0xa**(10)가 **EAX**에 더해져 **EAX**는 **0a04b0e0**가 된다(이 값은 잠시 후에 사용할 것이기 때문이 기억해둬야 한다).

원래의 반환 주소가 더 이상 스택에 존재하지 않기 때문에(원래 반환되는 위치로 반환하려면 수정이 필요하다) 호출된 함수는 원래 호출된 위치로 반환되지 않는다. 그리고 **C7h**는 명령의 유효한 시작 바이트가 아니기 때문에 기드라는 반환 주소 위치❷에 올바른 명령을 만들어 넣을 수 없다.

지금까지는 코드가 약간 이상하거나 따라가기 힘들 수 있지만 기드라는 나름대로 올바르게 디스어셈블리 코드를 만들어내고 있다. 하지만 **JMP 명령❺**에 이르러서는 모든 것이 변경된다. **JMP** 명령의 길이는 2바이트이고 주소는 **0a04b0db**이며 점프할 위치는 **LAB_0a04b0db+1**이다. 라벨에 **+1**이 붙은 것도 생소하다. 라벨의 이름도 동일한 방식으로 표현되고 있다. **+1**이 의미하는 것은 점프할 대상 주소가 **LAB_0a04b0db**보다 1바이트 큰 곳이라는 것이다. 즉, 점프 대상지가 점프 명령 2바이트의 가운데 위치라는 의미가 된다. 프로세서는 이와 같은 비정상적인 상황에 대해 신경 쓰지 않지만(명령 포인터가 어디를 가리키든 상관하지 않는다) 기드라는 이를 제대로 처리할 수 없다.

기드라는 0a04b0db에 있는 바이트(ff)를 점프 명령의 두 번째 바이트인 동시에 다른 명령의 첫 번째 바이트로 표시할 방법이 없다. 결과적으로 0a04b0dd❻에 정의되지 않은 데이터 값이 보이는 것처럼 기드라는 갑자기 디스어셈블 작업을 수행하지 못하게 된다(이는 기드라에만 국한되는 것은 아니다. 디스어셈블러가 재귀 하강 알고리듬을 사용하든 리니어 스윕 알고리듬을 사용하든 거의 모든 디스어셈블러는 이 기술의 희생자가 된다).

기드라는 디스어셈블을 수행하는 과정에서 발생하는 모든 문제를 에러 북마크로 표시한다. 그림 21-1은 Listing 창의 왼쪽 부분에 2개의 북마크(문제가 되는 주소의 왼쪽에 있는 X 아이콘)가 있는 것을 보여준다. 에러 북마크로 마우스를 가져가면 관련된 세부 정보가 표시된다. 또한 Window ▶ Bookmarks 메뉴를 통해 현재 바이너리에 대한 모든 북마크 목록을 볼 수 있다.

첫 번째 에러에 대한 기드라의 메시지는 "(0a04b0d1 다음에 실행되는) 0a04b0d6에 명령을 만들 수 없다."이며, 이는 "0a04b0d6에 명령이 와야 하지만 해당 명령을 만들 수 없다."라는 의미가 된다. 두 번째 에러에 대한 기드라의 메시지는 "0a04b0db에 있는 명령과 충돌하기 때문에 0a04b0dc에 대한 디스어셈블을 수행할 수 없다."이며, 이는 "기존 명령 안에 위치하는 명령은 디스어셈블할 수 없다."라는 의미가 된다.

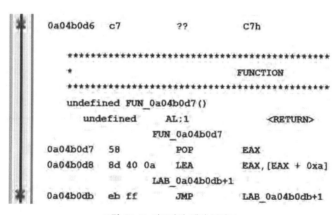

그림 21-1: 기드라의 에러 북마크

첫 번째 에러에 대해서는 해결책이 없다. 바이트 값은 유효한 명령이 되거나 그렇지 않을 수도 있기 때문이다. 하지만 두 번째 에러는 약간의 노력을 들이면 처리할 수 있다. 호출 대상인 바이트를 포함하는 명령의 정의를 해제시키고 호출 대상 주소에 있는 명령을 정의해 디스어셈블리를 재동기화시키는 것이다. 그렇게 하면 원래의 명령을 잃게 되지만 해당 위치에 원래의 명령이 무엇이었는지 기억할 수 있도록 주석을 달 수 있다. 다음은 앞의 코드에서 명령 중복 에러를 포함하는 부분 이다.

```
             LAB_0a04b0db+1                    XREF[0,1]:  0a04b0db(j)
❶ 0a04b0db eb ff     JMP     LAB_0a04b0db+1
  0a04b0dd e0         ??     E0h
```

JMP 명령❶에서 마우스 오른쪽 버튼을 클릭해 Clear Code Bytes 메뉴(단축키 C)를 선택 하면 다음과 같이 정의되지 않은 바이트로 표시된다.

```
  0a04b0db eb         ??     EBh
❶ 0a04b0dc ff         ??     FFh
  0a04b0dd e0         ??     E0h
```

이제는 JMP 명령의 대상❶이 되는 바이트에 접근할 수 있게 됐다. 명령의 시작 바이 트를 마우스 오른쪽 버튼으로 클릭하고 Disassemble(단축키 D)을 선택하면 코드로 변 경된다. 그러면 다음과 같은 코드로 변경된다.

```
❶ 0a04b0dc ff e0     JMP     EAX
  0a04b0de 90         ??     90h
  0a04b0df c7         ??     C7h
```

이전 점프 명령의 대상이 또 다른 점프 명령❶이라는 것을 알 수 있다. 하지만 이번 에는 점프의 대상이 레지스터(EAX)에 저장돼 있고 그 값은 런타임에 계산되기 때문 에 디스어셈블러(분석가가 직접 분석하더라도 어려울 수 있다)가 점프 대상을 따라가는 것은 불가 능하다. 이는 다음 절인 '동적으로 계산된 대상 주소'에서 설명하는 또 다른 형태의 정적 분석 방지 기술의 예라고 할 수 있다. 앞에서 EAX의 값이 0a04b0e0이라는 것을 알아냈다. 거기서부터 디스어셈블 과정을 다시 시작해야 한다.

리스트 21-1을 참고해서 수동으로 디스어셈블을 수행해 0a04b0e0까지 이동하기보
다는 마우스 오른쪽 버튼의 Set Register Values 메뉴를 이용해 EAX의 값을 원하는
값으로 설정할 수 있다. 그러면 기드라는 JMP 명령의 대상인 EAX의 값을 나타내고
자 레지스터 변환이라 하는 특별한 형태의 마크업을 해당 명령 주위에 추가한다.
그리고 해당 위치에서 바이트로 변환 작업(단축키 C)과 디스어셈블리 코드로 변환(단축
키 D)을 수행하면 JMP 명령부터 그 대상지인 0a04b0e0과 그 이후(코드 블록 간의 XREF 생성도
포함)를 재귀 하강 기법으로 디스어셈블 과정이 수행된다.

이 방법의 장점은 다른 분석가가 효과적으로 코드의 제어 흐름을 쉽게 파악할 수
있도록 JMP 명령의 대상을 코드에 주석으로 추가할 수 있다는 것이다(이는 리스트 21-1
의 0a04b0d8에 있는 LEA 명령을 재정의하면 더욱 명확해진다). 변환된 코드 결과는 다음과 같다.

```
0a04b0d7 58          POP     EAX
0a04b0d8 8d 40 0a    LEA     EAX,[EAX + 0xa]
                         -- Fallthrough Override: 0a04b0dc
0a04b0db eb          ??      EBh
         assume EAX = 0xa04b0e0
      LAB_0a04b0dc                             XREF[1]:    0a04b0d8
0a04b0dc ff e0       JMP     EAX=>LAB_0a04b0e0
         assume EAX = <UNKNOWN>
0a04b0de 90          ??      90h
0a04b0df c7          ??      C7h
      LAB_0a04b0e0                             XREF[1]:    0a04b0dc(j)
0a04b0e0 58          POP     EAX 0a04b0e0 POP EAX
```

프로세서 플래그를 사용해 조건 점프를 무조건 점프로 바꾸는 또 다른 비동기화
기술을 다른 바이너리 예를 통해 살펴보자. 다음의 디스어셈블리 코드는 x86 Z
플래그를 사용해 비동기화 기술을 구현한 예다.

```
  00401000  XOR❶     EAX,EAX
  00401002  JZ❷      LAB_00401009+1
  00401004  MOV      EBX,dword ptr [EAX]
  00401006  MOV      dword ptr [param_1 + -0x4],EBX
      ❸ LAB_00401009+1                         XREF[0,1]: 00401002(j)
❹ 00401009  CALL     SUB_adfeffc6
  0040100e  FICOM    word ptr [EAX + 0x59]
```

XOR 명령❶은 EAX 레지스터의 값을 0으로 만들고 x86 Z 플래그의 값을 설정하고자 사용됐다. Z 플래그가 설정돼 있다는 것을 프로그래머가 안다면 항상 무조건 점프가 수행되는 효과를 얻고자 JZ(Jump-on-Zero) 명령❷을 사용할 수 있다. 결과적으로 점프 명령❷과 점프 대상❸ 사이에 있는 코드는 절대 실행되지 않게 되며 그 사실을 깨닫지 못한 분석가를 혼란스럽게 할 뿐이다. 또한 00401009❹에 있는 CALL 명령의 중간 부분으로 점프하기 때문에 실제 점프 대상을 가려준다. 제대로 디스어셈블된 코드는 다음과 같을 것이다.

```
  00401000  XOR      EAX,EAX
  00401002  JZ       LAB_0040100a
  00401004  MOV      EBX,dword ptr [EAX]
  00401006  MOV      dword ptr [param_1 + -0x4],EBX
❶ 00401009  ??       E8h
        LAB_0040100a                          XREF[1]: 00401002(j)
❷ 0040100a  MOV      EAX,0xdeadbeef
  0040100f  PUSH     EAX
  00401010  POP      param_1
```

점프 명령의 실제 대상❷이 표시되고 비동기화를 야기하는 바이트❶가 추가로 표시된다. 조건 점프를 실행하기 전에 좀 더 복잡하게 플래그를 설정하고 테스트하는 방법 또한 가능하다. 이와 같은 코드를 분석하기 위한 난이도는 값을 테스트하기 전에 프로세서 플래그 비트에 영향을 줄 수 있는 작업이 많을수록 증가한다.

동적으로 계산된 대상 주소

동적으로 계산된다는 말은 단순히 실행되는 주소가 런타임에 계산된다는 의미다. 이번 절에서는 동적으로 주소를 만들 수 있는 몇 가지 방법을 설명할 것이다. 이번에 설명하는 기술의 목적은 정적 분석 과정에서 실제 제어 흐름을 숨기는 것이다.

기술 중 하나는 앞 절에서 이미 살펴봤다. 해당 예제에서는 스택에 반환 주소를 배치시키고자 CALL 명령을 사용했다. 반환 주소는 스택에서 레지스터로 직접 POP되고 상수 값을 레지스터의 값에 더해 최종적인 대상 주소를 만들었다. 그리고 최종 대상 주소는 레지스터의 내용에 의해 지정된 위치로 점프를 수행해 도달된다.

대상 주소를 유도하고 해당 주소로 제어를 전달하기 위한 유사한 코드는 무한대로 만들어낼 수 있다. 다음 코드도 Shiva에서 사용되는 코드이며 동적으로 대상 주소를 결정하는 또 다른 방법을 보여준다.

```
  0a04b3be  MOV    ECX,0x7f131760            ; ECX = 7F131760
  0a04b3c3  XOR    EDI,EDI                   ; EDI = 00000000
  0a04b3c5  MOV    DI,0x1156                 ; EDI = 00001156
  0a04b3c9  ADD    EDI,0x133ac000            ; EDI = 133AD156
  0a04b3cf  XOR    ECX,EDI                   ; ECX = 6C29C636
  0a04b3d1  SUB    ECX,0x622545ce            ; ECX = 0A048068
  0a04b3d7  MOV    EDI,ECX                   ; EDI = 0A048068
  0a04b3d9  POP    EAX
  0a04b3da  POP    ESI
  0a04b3db  POP    EBX
  0a04b3dc  POP    EDX
  0a04b3dd  POP    ECX
❶ 0a04b3de  XCHG   dword ptr [ESP],EDI       ; TOS = 0A048068
  0a04b3e1  RET                              ; 0A048068로 반환
```

세미콜론 오른쪽에 있는 주석은 각 명령에 의해 변경되는 레지스터의 값을 표시해준다. 최종적으로 만들어진 값은 스택의 꼭대기(TOS)❶로 이동되며 결국에는 RET 명령에 의해 해당 값의 위치(0A048068)로 제어가 넘어가게 된다. 따라서 분석가는 프로

그램 내에서 실제로 어느 위치로 제어 흐름이 넘어가는지 판단하고자 코드를 실행 시켜봐야 한다.

난독화된 제어 흐름

제어 흐름을 숨기는 훨씬 더 복잡한 방법이 최근 몇 년 동안 개발돼 활용되고 있다. 가장 복잡한 경우 프로그램은 다중 스레드나 자식 프로세스를 이용해 제어 흐름 정보를 계산하고 (자식 프로세스와의) 프로세스 간 통신이나 동기화(다중 스레드인 경우)를 통해 해당 정보를 전달받는다.

그런 경우에는 여러 실행 엔티티의 동작뿐만 아니라 해당 엔티티가 정보를 교환하는 정확한 방법을 이해해야 하기 때문에 정적 분석이 매우 어려워질 수 있다. 예를 들면 첫 번째 스레드가 공유 세마포어semaphore[2] 객체를 기다리는 동안 두 번째 스레드가 값을 계산하거나, 두 번째 스레드가 세마포어로 완료 신호를 보내면 첫 번째 스레드가 사용할 코드를 수정할 수 있다.

윈도우 악성코드에서 자주 사용되는 기술 중에는 예외 핸들러를 조작하는 경우도 있다.[3] 의도적으로 예외를 발생시켜 해당 예외가 처리되는 동안 프로세스의 레지스터 상태를 조작하는 방법이다. 다음은 프로그램의 실질적인 제어 흐름을 이해하기 어렵게 만들고자 tElock 안티리버스 엔지니어링 툴이 사용하는 코드다.

```
❶ 0041d07a  CALL    LAB_0041d07f

        LAB_0041d07f                       XREF[1]: 0041d07a(j)
❷ 0041d07f  POP     EBP
❸ 0041d080  LEA     EAX,[EBP + 0x46]
❹ 0041d083  PUSH    EAX
```

---

2. 세마포어는 어떤 행동을 수행하고자 방에 들어가기 전에 반드시 소지하고 있어야 하는 토큰이라고 할 수 있다. 자신이 토큰을 소지하고 있는 동안에는 어느 누구도 방에 들어올 수 없다. 방에서 수행해야 하는 작업을 마쳤다면 토큰을 다른 누군가에게 줄 수 있다. 그러면 다른 사람이 방에 들어가서 이전에 들어간 사람이 수행한 작업을 이용해 다른 작업을 수행할 수 있다. 세마포어는 종종 프로그램의 코드나 데이터 주위에 상호 배제를 위한 자물쇠 역할로 사용되기도 한다.

3. 윈도우의 SEH(Structured Exception Handling)에 대해서는 http://bytepointer.com/resources/pietrek_crash_course_depths_of_win32_seh.htm을 참고하길 바란다.

```
   0041d084  XOR      EAX,EAX
❺ 0041d086  PUSH     dword ptr FS:[EAX]
❻ 0041d089  MOV      dword ptr FS:[EAX],ESP
❼ 0041d08c  INT      3
   0041d08d  NOP
   0041d08e  MOV      EAX,EAX
   0041d090  STC
   0041d091  NOP
   0041d092  LEA      EAX,[EBX*0x2 + 0x1234]
   0041d099  CLC
   0041d09a  NOP
   0041d09b  SHR      EBX,0x5
   0041d09e  CLD
   0041d09f  NOP
   0041d0a0  ROL      EAX,0x7
   0041d0a3  NOP
   0041d0a4  NOP
❽ 0041d0a5  XOR      EBX,EBX
❾ 0041d0a7  DIV      EBX
   0041d0a9  POP      dword ptr FS:[0x0]
```

위 코드는 다음 명령❷을 CALL❶하는 명령으로 시작한다. CALL 명령은 0041d07f를 반환 주소로 스택에 PUSH한다. 그것은 바로 EBP 레지스터❷로 POP된다. 그다음에 EAX 레지스터❸에는 EBP에 46h를 더한 값, 즉 0041d0c5가 저장되며, 그것은 바로 예외 핸들러 함수의 주소로 스택에 PUSH❹된다. 예외 핸들러 설정의 나머지 부분은 ❺와 ❻에서 수행된다. 즉, FS:[0]로 참조되는 기존 예외 핸들러 체인에 새로운 예외 핸들러를 연결하는 작업을 수행한다.[4]

다음 단계는 디버거에 대한 소프트웨어 트랩(인터럽트)인 INT 3을 이용해 의도적으로 예외❼를 발생시킨다(x86 프로그램에서 INT 3 명령은 소프트웨어 브레이크포인트를 구현하고자 디버거에 의해 사용된다). 그러면 일반적으로 디버거가 제어권을 갖게 되고 해당 예외를 처리할 첫

---

4. 윈도우는 현재 스레드의 환경 블록(TEB)의 기본 주소를 가리키도록 FS 레지스터를 구성한다. TEB의 첫 번째 필드는 프로세스에서 예외가 발생할 때 호출되는 예외 핸들러 함수를 가리키는 포인터의 링크드 리스트다.

번째 기회가 디버거에게 주어진다.

프로그램은 예외가 처리되도록 프로그램에 연결된 모든 디버거에 예외가 전달된
다. 프로그램이 예외를 처리하게 허용하지 않으면 프로그램이 비정상으로 동작하
거나 충돌이 발생할 수 있다. INT 3 예외가 처리되는 방식을 이해하지 못한다면
프로그램에서 다음에 무슨 일이 일어날지 알 수 없다. 실행이 단순히 INT 3 다음에
다시 시작된다고 가정하면 0으로 나누기 예외가 결국 명령 ❽과 ❾에 의해 발생할
것이다.

위 코드와 연결된 예외 핸들러는 0041d0c5에 있으며 다음은 그것을 디컴파일한
내용의 시작 부분이다.

```
int FUN_0041d0c5(EXCEPTION_RECORD *param_1,void *frame, ❶CONTEXT *ctx) {
  DWORD code;
❷ ctx->Eip = ctx->Eip + 1;
❸ code = param_1->ExceptionCode;
❹ if (code == EXCEPTION_INT_DIVIDE_BY_ZERO) {
    ctx->Eip = ctx->Eip + 1;
  ❺ ctx->Dr0 = 0;
    ctx->Dr1 = 0;
    ctx->Dr2 = 0;
    ctx->Dr3 = 0;
    ctx->Dr6 = ctx->Dr6 & 0xffff0ff0;
    ctx->Dr7 = ctx->Dr7 & 0xdc00;
}
```

예외 핸들러 함수에 전달되는 세 번째 인자는 윈도우 CONTEXT 구조체(윈도우 API 헤더
파일인 winnt.h에 정의돼 있다)에 대한 포인터❶다. CONTEXT 구조체는 예외가 발생한 시점의
모든 프로세서 레지스터의 내용으로 초기화된다. 따라서 예외 핸들러는 CONTEXT의
내용을 조사해서 원한다면 내용을 변경할 수 있다. 예외 핸들러가 예외를 발생시
킨 문제를 올바르게 수정했다고 판단하면 예외가 발생한 스레드가 계속 실행되게
허용해야 한다고 운영체제에 알릴 수 있다. 그러면 운영체제는 예외 핸들러에 제

공된 **CONTEXT** 구조체에서 해당 스레드에 대한 프로세서 레지스터를 다시 로드해 아무 일도 없었던 것처럼 스레드가 다시 실행되게 만든다.

앞의 예에서 예외 핸들러는 해당 스레드의 **CONTEXT**에 접근해서 예외를 발생시킨 명령 다음에 있는 명령에서 실행이 재개되도록 명령 포인터❷의 값을 증가시킨다. 그다음에는 발생한 예외의 유형❸(인자로 전달되는 EXCEPTION_RECORD의 필드)이 무엇인지 판단한다. 예외 핸들러는 앞선 예제에서 발생시킨 0으로 나누기 에러❹를 처리하고자 모든 x86 하드웨어 디버그 레지스터의 값을 0으로 만들고❺ 하드웨어 브레이크포인트를 비활성화시킨다.[5] tElock의 나머지 코드를 살펴보지 않고는 디버그 레지스터를 초기화하는 이유를 알기는 힘들다. 이유는 앞서 본 **INT 3**을 포함한 4개의 브레이크포인트가 이미 설정돼 있고 바로 그 브레이크포인트를 해제하기 위함이다. 프로그램의 실행 흐름을 난독화하기 위한 용도 외에도 x86 디버그 레지스터의 내용을 지우거나 변경하면 OllyDbg나 GDB 같은 소프트웨어 디버거가 제대로 동작하지 못하게 만들 수 있다. 그와 같은 안티디버깅 기술은 이후의 '동적 분석 방지 기술' 절에서 설명한다.

오피코드 난독화

지금까지 설명한 기술은 프로그램의 제어 흐름을 이해하기 어렵게 만들 수는 있지만 제대로 디스어셈블된 코드를 분석하지 못하게 만드는 기술은 실제로 없다. 비동기화 트릭이 디스어셈블 과정에 영향을 미칠 수는 있었지만 디스어셈블리 코드를 재구성해 올바른 실행 흐름이 반영되게 만들면 쉽게 대응할 수 있었다.

올바르게 디스어셈블되도록 하기 위한 좀 더 효과적인 기술은 실행 파일이 만들어질 때 실제 명령을 인코딩하거나 암호화하는 것이다. 난독화된 명령은 프로세서가 실행시키고자 명령을 가져오기 전에 난독화가 해제돼야 한다. 따라서 난독화된 프로그램에서 최소한 일부분은 암호화되지 않은 상태로 유지돼야 하며, 주로 프로

---

5. x86 아키텍처에서 디버그 레지스터 0 ~ 7(DR0 ~ DR7)은 하드웨어 브레이크포인트의 사용을 제어하는 데 사용된다. DR0 ~ DR3는 브레이크포인트 주소를 지정하는 데 사용되고 DR6과 DR7은 특정 하드웨어 브레이크포인트를 활성화하거나 비활성화 하는 데 사용된다.

그램의 나머지 부분은 난독화를 해제하는 역할을 한다. 일반적인 난독화 과정을 표현하면 그림 21-2와 같다.

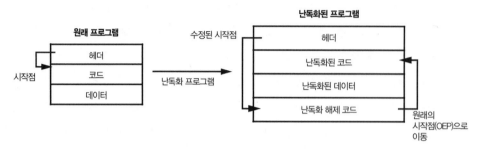

그림 21-2: 일반적인 난독화 과정

난독화 과정의 입력은 난독화 대상 프로그램이다. 대부분의 경우 입력되는 프로그램은 일반적인 프로그래밍 언어와 빌드 도구(편집기, 컴파일러 등)로 작성되며, 난독화는 거의 고려하지 않는다. 그렇게 만들어진 실행 파일은 난독화 유틸리티에 입력돼 동일한 기능을 수행하지만 분석하기 어려운 바이너리로 변환된다. 그림에서와 같이 난독화 유틸리티는 원래 프로그램의 코드와 데이터 섹션을 난독화하고 런타임에 원래의 기능이 호출되기 전에 난독화한 코드와 데이터에 대한 난독화 해제 작업을 수행하는 코드를 추가한다. 또한 난독화 유틸리티는 프로그램 헤더를 수정해서 프로그램의 시작점이 난독화 해제 코드가 되게 만들고 결국에는 난독화가 해제된 코드가 실행되게 만든다. 즉, 난독화 해제 후에는 프로그램의 원래 시작점으로 실행 흐름이 넘어가서 난독화되지 않은 상태로 실행된다.

지금까지 설명한 난독화 과정은 지나치게 단순화시켜 설명한 것이고 난독화 유틸리티에 따라 그 과정이 천차만별일 수 있다. 그리고 난독화를 수행하는 데 사용할 수 있는 유틸리티의 수는 지속적으로 증가하고 있다. 그런 난독화 유틸리티들은 실행 압축과 안티디스어셈블리, 안티디버깅 등 다양한 기능을 제공한다. 윈도우 PE 파일용 유틸리티를 예로 들면 UPX(실행 압축, ELF 파일 지원, https://upx.github.io/), ASPack(실행 압축, http://www.aspack .com/), ASProtect(ASPack 개발자에 의한 안티리버스 엔지니어링), tElock(실행 압축과 안티리버스 엔지니어링, http://www.softpedia.com/get/Programming/Packers-Crypters-

664

Protectors/Telock.shtml) 등이 있다. 난독화 유틸리티는 프로그램의 전체적인 빌드 과정에 통합돼 개발의 모든 단계에서 프로그래머가 안티리버스 엔지니어링 기능을 소스코드나 컴파일된 바이너리 파일에 적용할 수 있게 진보하고 있다. VMProtect (https://vmpsoft.com/)가 그런 난독화 유틸리티라고 할 수 있다.

샌드박스 환경

리버스 엔지니어링을 위한 샌드박스 환경(sandbox environment)의 목적은 리버스 엔지니어링 플랫폼의 중요한 구성 요소나 그것과 연결된 어떤 것에 부정적인 영향을 주지 않으면서 프로그램의 동작을 관찰할 수 있도록 프로그램의 실행 환경을 제공하는 것이다. 샌드박스 환경은 일반적으로 플랫폼 가상화 소프트웨어를 사용해 구성되지만 악성코드 실행 후 정상적인 상태로 복원될 수 있는 전용 시스템으로 구성될 수도 있다.

일반적으로 샌드박스 시스템은 샌드박스 내에서 실행되는 프로그램의 동작을 관찰하고 정보를 수집하고자 많이 사용된다. 그렇게 수집되는 데이터에는 프로그램의 파일 시스템 관련 작업, (윈도우) 프로그램의 레지스트리 관련 작업, 프로그램이 만들어내는 네트워크 관련 작업 등의 정보가 포함될 수 있다. 대표적인 샌드박스 환경으로는 오픈소스며 악성코드 분석에 특화된 Cuckoo(https://cuckoosandbox.org/)가 있다.

공격 기술에 대한 방어 기술이 개발되듯 많은 안티리버스 엔지니어링 도구에 대응하기 위한 도구 또한 개발돼 왔다. 대부분의 경우 그런 도구들의 목표는 보호되지 않은 원래의 실행 파일을 복원하는 것이며, 그렇게 하면 디스어셈블러나 디버거와 같은 전통적인 도구로 분석을 수행할 수 있게 된다.

그중 하나가 윈도우 실행 파일의 난독화를 해제하는 QuickUnpack(http://qunpack. ahteam.org/?p=458)이다. 다른 많은 자동화된 언패커와 마찬가지로 QuickUnpack은 디버거로 작동하며, 난독화된 바이너리가 난독화 해제 단계를 거쳐 실행되게 한 다음 메모리에서 프로세스의 이미지를 캡처한다. 그런 유형의 도구들은 실제로 잠재적인 악성 프로그램을 실행시켜 프로그램 스스로가 언패킹을 수행하거나 난독화를 해제하게 만든 후 악의적인 작업을 수행하기 전에 해당 프로그램의 실행을 제대로 가로챌 수 있어야 한다. 따라서 만일을 위해 항상 샌드박스와 같은 환경에서 프로그램을 실행시켜야 한다.

순전히 정적 분석 환경에서 난독화된 코드를 분석하는 것은 매우 어려운 작업이다. 프로그램 내부의 난독화 해제 코드를 실행시킬 수 없다면 디스어셈블을 수행하기 전에 바이너리의 난독화된 부분을 반드시 언패킹하거나 복호화해야만 한다. 그림 21-3의 오른쪽에 있는 기드라 Address Type 개요 표시줄은 UPX 패커로 패킹된 실행 파일의 레이아웃을 보여준다. 기드라는 바이너리에 있는 특정 부분의 콘텐츠가 어떤 것인지 색상으로 구분해서 보여준다. 일반적으로 구분해서 보여주는 종류는 다음과 같다.

- 함수
- 초기화돼 있지 않음
- 외부 참조
- 명령
- 데이터
- 정의돼 있지 않음

그림에서 개요 표시줄을 보면 기드라는 사전에 바이너리의 다양한 부분에 대해 판단하고 있다는 것을 알 수 있다. 개요 표시줄 위로 마우스를 가져가면 바이너리의 해당 영역에 대한 추가 정보를 볼 수 있다. 그림에서와 같이 비정상적인 형태를 볼 수 있다면 해당 바이너리가 어떤 방식으로든 난독화돼 있다는 것을 나타낸다. 개요 표시줄이 구분하고 있는 몇 가지 섹션을 살펴보자.

기드라는 파일의 시작 부분을 데이터 섹션❶으로 식별했다. 해당 부분을 조사하면 파일을 위한 헤더와 파일에 적용된 난독화 유형을 나타내는 정보를 알아낼 수 있다.

```
This file is packed with the UPX executable packer http://upx.tsx.org
UPX 1.07 Copyright (C) 1996-2001 the UPX Team. All Rights Reserved.
```

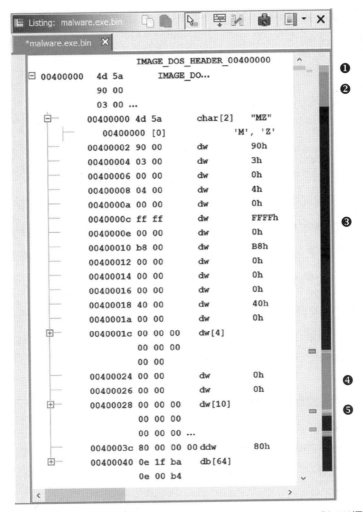

그림 21-3: UPX를 패킹된 바이너에 대한 기드라 Listing 창과 Address Type 개요 표시줄

그리고 바로 이어서 정의되지 않은 콘텐츠❷가 위치하며 Listing 창에는 다음과 같은 형태로 보인다.

```
004008a3 72          ??          72h    r
004008a4 85          ??          85h
004008a5 6c          ??          6Ch    l
```

가장 큰 섹션❸은 초기화되지 않은 데이터로 이뤄져 있으며 Listing 창에는 다음과 같은 형태로 보인다.

```
004034e3  ??          ??
004034e4  ??          ??
```

이후에 기드라가 정의되지 않은 콘텐츠❹로 식별한 블록이 하나 더 있다. 그리고 해당 데이터 끝에는 기드라가 함수로 식별한 영역❺이 있다. 해당 함수는 기드라가 UPX 실행 압축 해제 코드로 쉽게 인식할 수 있는 바이너리의 시작점이다. 정의되지 않은 영역인 ❷와 ❹는 UPX 실행 압축으로 만들어진 부분이다. 실행 압축 해제 코드의 역할은 최종적으로 실행 압축이 해제된 코드로 제어를 전달하기 전에 초기화되지 않은 영역❸에 압축을 해제하는 것이다.

Address Type 개요 표시줄에 표시되는 정보는 바이너리에 있는 각 세그먼트의 속성을 바탕으로 해당 정보가 일관성을 갖는지 판단할 수 있다. 바이너리의 메모리 맵은 그림 21-4와 같다.

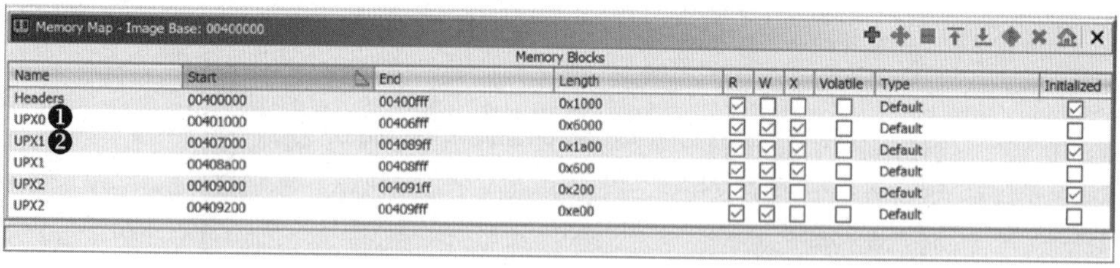

그림 21-4: UPX로 실행 압축된 바이너리의 메모리 맵

세그먼트 **UPX0**❶과 세그먼트 **UPX1**❷ 영역(00401000-00408fff)은 실행 가능(X 플래그 값이 설정돼 있다)한 것으로 표시돼 있다. 이를 감안해서 생각해보면 Address Type 개요 표시줄 전체가 함수를 나타내는 색으로 표시돼야 한다. UPX0 영역 전체가 초기화돼 있지 않고 쓰기가 가능하게 돼 있다는 사실은 바이너리 자체와 해당 바이너리 분석 방법에 대한 단서를 제공한다.

이와 같은 바이너리에 대해 정적 분석 방법으로 실행 압축을 해제하는 방법은 이후의 '기드라를 이용해 정적으로 바이너리의 난독화 해제' 절에서 다룬다.

임포트 함수 난독화

정적 분석 방지 기술은 바이너리가 수행하는 잠재적인 행위에 대한 정보 노출을 방지하고자 바이너리가 사용하는 공유 라이브러리와 라이브러리의 기능을 숨길 수도 있다. 대부분의 경우 라이브러리의 종속성을 나열하기 위한 dumpbin, ldd, objdump와 같은 툴들이 효과적으로 동작하지 못하게 만든다.

그와 같은 난독화가 적용되면 기드라에서는 Symbol Tree가 가장 많은 영향을 받는다. 앞서 살펴본 tElock 예제에 대한 Symbol Tree는 그림 21-5와 같다.

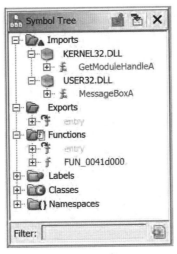

그림 21-5: 난독화된 바이너리에 대한 Symbol Tree

Symbol Tree에는 2개의 임포트된 함수만 표시된다. 즉, GetModulehandleA (kernel32. dll)와 MessageBoxA(user32.dll)만 표시된다. 결국 Symbol Tree에서 표시되는 정보가 너무 적어 프로그램의 동작을 거의 아무것도 추론할 수 없다. 변함없는 사실은 프로그램 자체가 의존하는 추가 라이브러리가 로드돼야 하고, 필요한 라이브러리가 로드되면 프로그램은 해당 라이브러리에서 필요한 함수를 찾아야 한다는 것이다.

대부분의 경우 그와 같은 작업은 난독화 해제 코드에 의해 수행되며 그다음에 난독화가 해제된 프로그램에 제어가 넘어간다. 최종 목표는 마치 운영체제가 자체 로더로 프로세스를 실행시킨 것처럼 프로그램의 임포트 테이블이 올바르게 초기화되도록 만드는 것이다.

윈도우 바이너리의 경우 LoadLibrary 함수를 이용해 필요한 라이브러리를 이름으로 로드한 다음 GetProcAddress 함수로 해당 라이브러리에서 함수의 주소를 찾는 간단한 방법을 사용할 수 있다. 프로그램이 라이브러리의 함수를 이용하려면 함수가 명시적으로 링크되거나 함수의 주소를 찾을 수 있는 수단이 있어야 한다. tElock 예제의 Symbol Tree와는 다르게 그림 21-6의 UPX 예제에서 Symbol Tree에는 필요한 두 함수가 모두 포함돼 있다.

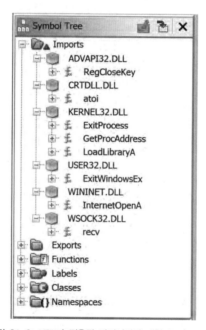

그림 21-6: UPX가 적용된 바이너리에 대한 Symbol Tree

리스트 21-2는 임포트 테이블을 재구성하는 역할을 하는 실제 UPX 코드다.

리스트 21-2: UPX에서 임포트 테이블 재구성

```
        LAB_0040886c                    XREF[1]: 0040888e(j)
0040886c  MOV    EAX,dword ptr [EDI]
0040886e  OR     EAX,EAX
00408870  JZ     LAB_004088ae
00408872  MOV    EBX,dword ptr [EDI + 0x4]
00408875  LEA    EAX,[EAX + ESI*0x1 + 0x8000]
0040887c  ADD    EBX,ESI
0040887e  PUSH   EAX
0040887f  ADD    EDI,0x8
00408882  CALL❶  dword ptr [ESI + 0x808c]=>KERNEL32.DLL::LoadLibraryA
00408888  XCHG EAX,EBP
        LAB_00408889                    XREF[1]: 004088a6(j)
00408889  MOV    AL,byte ptr [EDI]
0040888b  INC    EDI
0040888c  OR     AL,AL
0040888e  JZ     LAB_0040886c
00408890  MOV    ECX,EDI
00408892  PUSH   EDI
00408893  DEC    EAX
00408894  SCASB.REPNE ES:EDI
00408896  PUSH   EBP
00408897  CALL❷  dword ptr [ESI + 0x8090]=>KERNEL32.DLL::GetProcAddress
0040889d  OR     EAX,EAX
0040889f  JZ     LAB_004088a8
004088a1  MOV❸   dword ptr [EBX],EAX ; 임포트 테이블에 저장
004088a3  ADD    EBX,0x4
004088a6  JMP    LAB_00408889
```

위 코드는 LoadLibrary 호출❶을 담당하는 외부 루프와 GetProcAddress 호출❷을
담당하는 내부 루프로 이뤄져 있다. GetProcAddress 호출이 성공할 때마다 새로
검색된 함수 주소를 재구성되는 임포트 테이블❸에 저장한다.

임포트 테이블을 재구성하는 작업은 UPX의 난독화 해제 코드의 마지막 부분에서

이뤄진다. 함수의 주소를 찾으려면 라이브러리 이름이나 함수 이름을 가리키는 문자열 포인터가 파라미터로 전달돼야 하는데, strings 유틸리티와 같은 툴로 문자열이 감지되는 것을 피하고자 난독화된 형태로 데이터 영역에 유지되기 때문이다. 결과적으로 필요한 문자열이 압축 해제될 때까지 UPX에서 라이브러리 로딩 작업이 수행될 수 없다.

tElock 예제로 돌아가 보면 또 다른 문제가 있다. 즉, LoadLibrary나 GetProcAddress가 아닌 다른 2개의 함수만을 임포트하고 있다. 그렇다면 tElock은 UPX에서 수행하는 함수 주소의 재구성 작업을 어떻게 수행하는 것일까? 모든 윈도우 프로세스는 kernel32.dll을 이용하다. 이 말은 모든 프로세스의 메모리에는 kernel32.dll가 존재한다는 의미가 된다. 프로그램이 kernel32.dll의 위치를 찾을 수 있다면 LoadLibrary와 GetProcAddress를 포함해 DLL 내에 있는 모든 함수의 위치를 비교적 간단한 방법으로 찾을 수 있다. 앞서 설명한 것처럼 두 함수의 주소만 알아내면 프로세스에 필요한 라이브러리를 로드하고 해당 라이브러리에서 필요한 함수를 모두 찾아낼 수 있다.

스케이프^{Skape} 가 작성한 「Understanding Windows Shellcode」 문서에서는 이 기술을 정확히 설명하고 있다.[6] tElock은 스케이프가 작성한 문서에서 설명하는 기술을 사용하지는 않지만 많은 유사점이 있으며, 최종적으로는 로딩과 링크 과정의 세부 사항을 모호하게 만들어준다. 프로그램의 명령을 주의 깊게 살펴보지 않으면 라이브러리 로드나 함수 주소를 찾는 과정을 간과하기 쉽다. 다음은 tElock이 LoadLibrary의 주소를 찾는 코드다.

```
0041d1e4 CMP     dword ptr [EAX],0x64616f4c
0041d1ea JNZ     LAB_0041d226
0041d1ec CMP     dword ptr [EAX + 0x4],0x7262694c
0041d1f3 JNZ     LAB_0041d226
```

6. http://www.hick.org/code/skape/papers/win32-shellcode.pdf의 3장 'Shellcode Basics'과 3.3절 'Resolving Symbol Addresses' 참고

```
0041d1f5  CMP     dword ptr [EAX + 0x8],0x41797261
0041d1fc  JNZ     LAB_0041d226
```

위 코드에서는 여러 가지 비교 작업이 수행되고 있다. 비교 작업을 통해 코드의 내용을 명확히 바로 파악하지 못하게 하고 있다. 다음의 코드와 같이 비교에 사용되는 피연산자의 형식을 변환(마우스 오른쪽 버튼 클릭해서 Conver ➤ Char Sequence)함으로써 좀 더 내용 파악이 쉬워진다.

```
0041d1e4  CMP     dword ptr [EAX],"Load"
0041d1ea  JNZ     LAB_0041d226
0041d1ec  CMP     dword ptr [EAX + 0x4],"Libr"
0041d1f3  JNZ     LAB_0041d226
0041d1f5  CMP     dword ptr [EAX + 0x8],"aryA"
0041d1fc  JNZ     LAB_0041d226
```

각 16진수 상수는 실제로는 4개의 아스키 문자열이며 모두 합치면 LoadLibraryA가 된다.[7] 3번의 비교 작업이 성공하면 tElock은 LoadLibraryA에 대한 익스포트 테이블 항목을 찾고, 추가적인 라이브러리를 로드하고자 LoadLibraryA 함수의 주소를 얻기 위한 몇 가지 작업을 수행한다. 4바이트의 문자열 상수 값이 프로그램의 명령에 직접 포함되는 것은 일반적이지 않고 NULL로 끝나는 문자열 행태가 아니기 때문에 기드라의 설정을 변경(예를 들면 문자열 검색에 대한 Require Null Termination 옵션을 해제)하지 않는 한 기드라가 찾은 문자열 목록에 기본적으로 포함되지 않는다.

프로그램의 코드를 주의 깊게 분석해서 프로그램의 임포트 테이블을 직접 재구성하면 어떤 라이브러리의 어떤 함수를 참조하는지 정확히 판단할 수 있는 아스키 문자 데이터가 포함되기 때문에 UPX나 tElock이 적용된 프로그램 분석에 많은 도움이 된다. 스케이프의 문서에서는 코드 내에 문자열이 전혀 노출되지 않는 경우 어떤 함수가 사용되는지 알아내기 위한 절차를 자세히 설명하고 있다. 해당 문서

---

7. 많은 윈도우 함수는 자신에게 전달되는 문자열 형식으로 아스키 문자열과 유니코드 문자열을 지원하는 2가지 버전으로 제공된다. 아스키 문자열을 지원하는 함수의 이름은 A로 끝나고 유니코드 문자열을 지원하는 함수의 이름은 W로 끝난다.

에서 제시하는 기본적인 아이디어는 각 함수의 이름에 대한 고유한 해시 값을 미리 계산하는 것이다.[8] 그리고 라이브러리의 익스포트 네임 테이블을 검색한다. 해당 테이블은 익스포트되는 함수 이름에 대한 해시 값을 갖고 있기 때문에 사전에 계산한 해시 값들과 비교하는 작업을 수행하면 된다. 그렇게 해서 일치되는 것을 찾는다면 해당 함수가 무엇인지 알 수 있고 라이브러리의 익스포트 주소 테이블에서 해당 함수의 주소를 쉽게 알아낼 수 있다.

이와 같은 방식으로 난독화된 바이너리를 정적 분석하려면 각 함수 이름에 적용된 해시 알고리듬을 이해해야 하고 라이브러리에 의해 익스포트된 모든 이름에 대해 해당 알고리듬을 적용해야 한다. 따라서 완전한 해시 테이블을 직접 만들면 프로그램에서 발견한 해시 값을 해시 테이블에서 찾아보기만 하면 된다. 다음은 kernel32.dll을 위한 해시 테이블의 일부다.

```
❶ GetProcAddress : 8A0FB5E2
  GetProcessAffinityMask : B9756EFE
  GetProcessHandleCount : B50EB87C
  GetProcessHeap : C246DA44
  GetProcessHeaps : A18AAB23
  GetProcessId : BE05ED07
```

해시 값은 특정 바이너리 내에서 사용되는 해시 함수에 따라 다를 수 있으며, 따라서 바이너리마다 해시 값이 다를 수 있다. 프로그램 내에서 8A0FB5E2❶라는 해시 값을 발견했다면 그것은 GetProcAddress 함수의 해시 값이라는 것을 쉽게 알 수 있을 것이다.

함수의 이름을 찾기 위한 스케이프의 문서에서 설명한 방법은 원래 윈도우 취약점에 대한 익스플로잇 페이로드에서 사용하고자 고안된 것이었으나 난독화된 프로그램 분석을 위해서도 사용돼 오고 있다.

---

8. 해시 함수는 임의의 크기를 갖는 데이터(예를 들면 문자열)가 입력되면 수학적인 절차를 거쳐 고정된 크기의 결괏값(예를 들면 4바이트)을 산출해낸다.

동적 분석 방지 기술

앞서 설명한 정적 분석 방지 기술은 프로그램이 실행되는 것에는 영향을 주지 않는다. 사실 정적 분석 방지 기술은 정적 분석 기술만으로 프로그램의 실제 동작을 이해하려고 하는 것을 어렵게 만들 수는 있다. 그러나 프로그램이 실행되는 것을 막을 수는 없거나 프로그램이 실행되면서 프로그램 분석을 전혀 할 수 없게 만들 수는 없다.

프로그램은 자신의 원하는 작업을 위해서는 실행돼야 한다는 점에서 볼 때 동적 분석은 정지된 프로그램을 관찰(프로그램이 실행되지 않은 상태에서 정적 분석)하기보다는 동작 중인 프로그램의 행위를 관찰하는 것을 목표로 한다. 이번 절에서는 일반적인 동적 분석 방지 기술에 대해 간단히 설명할 것이다. 대부분의 경우에는 동적 분석 방지 기술이 정적 분석 도구에는 영향을 미치지 않지만 예외적인 경우에는 별도로 언급할 것이다.

가상화 탐지

샌드박스 환경은 일반적으로 VMware와 같은 가상화 소프트웨어를 사용해 악성코드(또는 기타 관심 소프트웨어) 분석을 위한 실행 환경을 제공한다. 샌드박스 환경의 장점은 깨끗한 상태로 빠르게 복원할 수 있는 체크포인트와 롤백 기능을 제공한다는 것이다. 단점은 악성코드가 샌드박스를 탐지할 수 있다는 것이다. 가상화 환경의 목적이 분석을 위한 것이라는 생각에 많은 프로그램은 자신이 가상화 환경에서 실행 중이라고 판단되면 단순히 실행을 종료해버린다. 프로그램 개발에 가상화가 널리 사용된다는 점을 감안하면 이와 같은 가정은 요즘에는 과거 대비해서 별로 유효하지 않다고 할 수 있다.

다음은 가상화된 환경에서 실행되는 프로그램이 네이티브 하드웨어가 아닌 가상 머신에서 실행되고 있는지 확인하고자 사용하는 몇 가지 기술에 대한 설명이다.

가상화 관련 소프트웨어 탐지

사용자는 가상머신과 그것의 호스트 운영체제 간의 통신을 용이하게 하거나 가상머신 내에서의 성능을 향상시키고자 가상머신 유틸리티 프로그램을 설치하는 경우가 많다. VMware Tools가 그런 소프트웨어 중 하나다. 가상머신 내에서 실행되는 프로그램은 그런 소프트웨어의 존재 여부를 쉽게 알아낼 수 있다. 예를 들면 VMware Tools가 마이크로소프트 윈도우 가상머신에 설치되면 윈도우 레지스트리에 해당 정보가 만들어지고 다른 프로그램은 그것을 쉽게 확인할 수 있다. 악성코드라면 그런 키가 존재한다고 판단되면 자신의 중요한 동작을 실행하기 전에 스스로 동작을 종료할 수도 있다. 요즘에는 가상화가 널리 사용되고 있기 때문에 VMware Tools가 설치되지 않은 상태의 VMware 이미지의 경우에도 악성코드 입장에서는 똑같이 의심스러운 환경으로 판단될 수 있다.

가상화 관련 하드웨어 탐지

가상머신은 하드웨어 추상화 계층을 이용해 가상머신과 호스트 컴퓨터 하드웨어 간의 인터페이스를 제공한다. 가상머신 내에서 실행되는 소프트웨어는 가상머신 관련 하드웨어의 특성을 쉽게 탐지할 수 있다. 예를 들면 VMware는 가상화된 네트워크 어댑터에 고유한 OUI^Organizationally Unique Identifier를 할당한다.[9] 따라서 VMware OUI는 자신이 가상머신 내에서 실행되고 있는지를 나타내는 좋은 지표가 된다. VMware OUI 탐지를 기반으로 자신의 실행 여부를 판단하는 소프트웨어인 경우에는 가상머신과 연결된 가상 네트워크 어댑터에 할당된 MAC 주소를 수정해서 실행이 종료되는 것을 막을 수도 있다.

프로세서 관련 동작 변경 탐지

완벽한 가상화를 달성하기는 어렵다. 이상적으로는 프로그램이 가상화된 환경에서 동작하는지 기본적인 하드웨어 환경에서 동작하는지의 차이를 감지할 수 없어야 한다. 하지만 그런 경우는 거의 없다. 조안나 루트코브스카[Joanna]

---

9. OUI는 네트워크 어댑터가 공장에서 출하될 때 할당된 MAC 주소의 처음 3바이트로 구성된다.

Rutkowska는 x86 **sidt** 명령이 기본 하드웨어에서 동작할 때와 가상머신 환경 내에서 동작할 때의 차이를 관찰한 후 Red Pill VMware 탐지 기술을 개발했다.[10]

모니터링 소프트웨어 탐지

샌드박스 환경을 만든 후 관찰하려는 프로그램을 실행하기 전에 분석 중인 프로그램의 동작에 대한 정보를 적절하게 수집하고 기록할 수 있는 도구가 준비돼야 한다. 프로그램의 동작을 모니터링하기 위한 도구는 다양하다. 그중 많이 사용되는 것이 마이크로소프트의 Sysinternals 그룹에서 만든 Process Monitor와 와이어샤크 Wireshark다.[11] Process Monitor는 윈도우의 레지스트리와 파일 시스템 관련 동작을 포함해 윈도우 프로세스와 관련된 특정 동작을 모니터링할 수 있는 유틸리티다. 와이어샤크는 악성코드가 만들어내는 네트워크 트래픽을 분석하기 위한 네트워크 패킷 캡처 및 분석 툴이다.

수준 있는 악성코드 제작자라면 그런 모니터링 프로그램이 실행 중인지를 확인하는 코드를 작성할 수 있을 것이다. 확인하는 방법으로는 실행 중인 프로세스 목록에서 모니터링 소프트웨어와 관련된 프로세스가 있는지 확인하거나 활성화된 모든 윈도우 애플리케이션의 타이틀 바에 특정 문자열이 포함돼 있는지 검사하는 등 다양하다. 경우에 따라서는 특정 모니터링 소프트웨어에서 사용되는 윈도우 GUI 구성 요소의 특징을 파악해 그것을 검사하는 것보다 심층적인 방법을 사용할 수도 있다.

디버거 탐지

단순히 프로그램을 관찰하는 수준을 넘어 디버거를 사용하면 분석가는 분석 대상 프로그램의 실행을 완전히 제어할 수 있다. 일반적으로 디버거는 난독화된 프로그

---

10. https://web.archive.org/web/20041130172213/http://invisiblethings.org/papers/redpill.html 참고
11. Process Monitor는 https://docs.microsoft.com/en-us/sysinternals/downloads/procmon 참고, 와이어샤크는 http://www.wireshark.org/ 참고

램의 압축 해제나 복호화 작업이 완료될 때까지 실행하게 만들고 디버거의 메모리 액세스 기능을 이용해 메모리에서 난독화가 해제된 프로세스의 이미지를 추출하는 데 사용된다. 그러면 일반적인 정적 분석 툴과 기술을 이용해 추출된 프로세스 이미지를 분석할 수 있게 된다.

난독화 유틸리티 작성자는 디버거를 이용한 난독화 해제 기술을 무력화시키고자 디버거 탐지 방법을 개발해냈다. 디버거의 존재를 탐지하는 프로그램은 디버거가 탐지됐을 때 분석가가 프로그램의 동작을 분석할 수 있게 프로그램을 계속 실행시키기보다는 프로그램 분석을 하지 못하게 하고자 프로그램을 종료시킨다.

디버거의 존재를 탐지하는 기술은 윈도우의 IsDebuggerPresent 함수와 같은 잘 알려진 API로 운영체제에게 단순히 질의하는 방법뿐만 아니라 디버거 사용으로 인한 메모리나 프로세스의 변화를 로우레벨 수준으로 검사하는 방법 등 다양하다. 후자의 방법 중 하나는 프로세서의 트레이스(단일 스텝) 플래그가 설정돼 있는지 여부를 확인하는 것이다.

어떤 것을 체크해야 하는지 알고 있는 한 디버거를 탐지하는 것은 크게 어려운 일이 아니며 (정적 분석 방지 기술이 동시에 사용되지 않는다면) 정적 분석을 통해 그런 시도를 쉽게 관찰할 수 있다. 디버거 탐지에 대한 추가 정보는 윈도우 안티디버깅 기술에 대한 포괄적인 개요를 제공하고 있는 「Anti Debugging Detection Techniques with Examples」[12]를 참고하길 바란다.

디버깅 방지

탐지하지 못하는 디버거를 사용하더라도 가짜 브레이크포인트를 만들거나 하드웨어 브레이크포인트를 제거하거나 적절한 브레이크포인트 주소를 선택하기 어렵게 하거나 처음부터 디버거가 프로세스에 연결되는 것을 방지하는 등의 추가적인 기술을 사용하면 디버깅을 방지할 수 있다. 앞서 언급한 안티디버깅 관련 참고 문서

---

12. https://www.apriorit.com/dev-blog/367-anti-reverse-engineering-protection-techniques-to-use-before-releasing-software

에서는 디버거가 제대로 동작하지 못하게 만드는 데 중점을 두고 있다.

의도적으로 예외를 발생시키는 것은 프로그램이 디버깅을 방해하기 위한 방법 중하나다. 대부분의 경우 프로그램에 연결된 디버거는 그렇게 발생한 예외를 포착하게 된다. 그러면 디버거 사용자는 예외가 발생한 원인을 분석해야 하고 해당 예외를 디버깅 대상 프로그램에 전달할지 여부를 분석해야 한다. x86 INT 3과 같은 소프트웨어 브레이크포인트인 경우에는 그것이 디버거의 실제 브레이크포인트 설정에 의해 발생한 것인지 디버깅 대상 프로그램에 의해 발생한 것인지 여부를 구별하기 어려울 수 있다. 난독화 프로그램 작성자가 원하는 것이 바로 그런 상황이다. 그런 경우에는 어렵더라도 디스어셈블리 코드를 주의깊게 분석하면 실질적인 프로그램의 흐름이 무엇인지 이해하는 것이 가능하다.

프로그램의 일부를 인코딩하면 디스어셈블이 불가능해 정적 분석을 방해할 수 있고 브레이크포인트를 설정하기 어려워 디버깅을 방해할 수 있는 이중 효과를 얻을 수 있다. 각 명령의 시작점을 알더라도 해당 명령들이 실제로 디코딩되기 전에는 소프트웨어 브레이크포인트를 설정할 수 없다. 그럼에도 소프트웨어 브레이크포인트를 삽입하면 그로 인해 명령이 변경돼 난독화된 코드의 복호화가 실패하게 되고 결국 실행이 해당 브레이크포인트에 도달하게 되면 프로그램이 종료돼 버린다.

리눅스용 Shiva ELF 난독화 툴은 Shiva의 동작을 분석할 때 디버거가 사용되는 것을 방지하고자 mutual ptrace라는 기술을 사용한다.

프로세스 추적

ptrace 또는 프로세스 트레이싱은 많은 유닉스 계열의 시스템에서 제공하는 API이며, 한 프로세스가 다른 프로세스의 실행을 모니터링하고 제어할 수 있는 메커니즘을 제공한다. GNU 디버거(gdb)는 ptrace API를 사용하는 대표적인 애플리케이션 중 하나다. ptrace API를 사용하면 ptrace 상위 프로세스는 ptrace 하위 프로세스에 연결해 실행을 제어할 수 있다. 프로세스 제어를 시작하려면 상위 프로세스가 먼저 제어하려는 하위 프로세스에 연결해야 한다. 연결된 이후에 하위 프로세스는 시그널을 수신하면 언제든 실행이 중지되고 상위 프로세스는 POSIX wait 함수를 통해 해당 사실을 전달받는다. 이때 상위 프로세스는 하위 프로세스가 실행을 계속하게 명령하기 전에 하위 프로세스의 상태를 변경하거나 검사할 수 있다. 일단 상위 프로세스가 하위 프로세스에 연결되면 상위 프로세스가 연결을 해제하지 않는 한 다른 프로세스는 동일한 하위 프로세스에 연결할 수 없다.

Shiva는 주어진 시간에 하나의 다른 프로세스만 연결될 수 있다는 것을 이용한다. 실행 초기에 Shiva 프로세스는 자신의 복사본을 만들고자 분기한다. 새로 생성된 Shiva 프로세스는 새로 분기된 자식 프로세스에 대해 ptrace 연결 작업을 즉시 수행한다. 그리고 새로 분기된 자식 프로세스는 반대로 부모 프로세스에 대한 ptrace 연결을 수행한다. 자식 프로세스에 대한 연결이 실패한다면 Shiva 프로세스를 모니터링하고자 디버거가 사용되고 있다는 가정하에 Shiva는 종료된다. 두 연결이 성공하면 어떤 디버거도 실행 중인 2개의 Shiva 프로세스에 연결할 수 없고 Shiva는 디버깅 걱정 없이 계속해서 실행될 수 있다. 이런 식으로 동작하는 동안 Shiva 프로세스 중 하나가 다른 프로세스의 상태를 변경해 Shiva 바이너리에 대한 정적 분석을 통한 정확한 제어 흐름을 판단하기 어렵게 만든다.

기드라를 이용한 바이너리의 정적 난독화 해제

이제는 사용 가능한 모든 안티리버스 엔지니어링 기술이 적용된 소프트웨어를 어떻게 하면 분석할 수 있는지 궁금할 것이다. 정적 분석 도구와 동적 분석 도구 모두에 대한 안티리버싱 기술이 적용됐다면 분석을 위한 가장 좋은 접근 방식은 무엇일까? 불행하게도 모든 경우를 만족시키는 단일 솔루션은 없다.

대부분의 경우 분석가의 역량과 사용 가능한 도구에 의존적이다. 선택한 분석 도구가 디버거라면 디버거 탐지 및 방지 기술을 우회하기 위한 전략을 개발해야 한다. 선호하는 분석 도구가 디스어셈블러라면 정확한 디스어셈블리를 얻기 위한 전략을 개발해야 하고 분석 대상 코드가 자체 코드 수정 로직을 갖고 있다면 적절히 디스어셈블된 코드를 업데이트하고자 해당 코드를 흉내 내기 위한 전략을 개발해야 한다.

이번 절에서는 정적 분석 환경(즉, 코드를 실행하지 않는 환경)에서 자체 코드 수정 로직을 갖고 있는 프로그램에 대한 2가지 기술을 살펴본다. 정적 분석은 디버거로 프로그램을 제어하면서 분석하는 것을 꺼리거나(적대적인 코드가 포함돼 있어서) 그렇게 분석하는 것이 불가능한(하드웨어 부족으로 인해) 경우에 유일한 대안이다. 분석하기 어려운 상황이라고 해서 낙담할 필요는 없다. 기드라는 난독화 해제에 도움이 되는 비밀스런(그다지 비밀은 아니다) 무기를 갖고 있다.

스크립트 기반의 난독화 해제

기드라는 지속적으로 새로운 프로세서에 대한 바이너리 분석을 지원하고 있기 때문에 기드라가 실행되는 플랫폼과 완전히 다른 플랫폼을 위한 바이너리를 분석하는 것은 드문 경우가 아니다. 예를 들면 기드라를 맥OS에서 실행시키더라도 리눅스 x86 바이너리 분석을 할 수 있으며 x86에서 기드라를 실행시키더라도 MIPS나 ARM 바이너리를 분석할 수 있다.

하지만 그런 경우에는 디버거처럼 바이너리를 동적으로 분석하기 위한 도구를 사용할 수는 없을 것이다. 그런 환경에서 분석을 수행해야 하고 분석 대상 바이너리가 프로그램의 일부를 인코딩해 난독화를 수행했다면 해당 프로그램을 적절히 디코딩하고, 디코딩된 명령과 데이터를 디스어셈블할 수 있게 만들려면 프로그램에 있는 난독화 해제 단계를 흉내 내는 기드라 스크립트를 만드는 것이 유일한 대안이다.

그것은 어려운 작업처럼 보일 수 있다. 하지만 많은 경우 난독화된 프로그램의 디코딩 단계는 프로세서 명령 세트 중에서 일부분만 사용하기 때문에 대상 프로세서의 전체 명령 세트를 모두 이해할 필요가 없고 난독화에 사용되는 일부 명령에만 익숙해지면 된다.

14장에서는 프로그램의 일부 동작을 에뮬레이트하는 스크립트 개발을 설명했다.

다음 예제에서는 14장에서 설명한 방법을 활용해 Burneye ELF 암호화 도구로 암호화된 프로그램을 디코딩하기 위한 간단한 기드라 스크립트를 만들어본다. 리스트 21-3은 예제에서 사용할 샘플 프로그램의 시작 부분을 보여준다.

리스트 21-3: Burneye의 시작 코드와 난독화된 코드

```
❶ 05371035  PUSH    dword ptr [DAT_05371008]
❷ 0537103b  PUSHFD
❸ 0537103c  PUSHAD
❹ 0537103d  MOV     ECX,dword ptr [DAT_05371000]
  05371043  JMP     LAB_05371082

  ...

          LAB_05371082                    XREF[1]:    05371043(j)
❺ 05371082  CALL    FUN_05371048
  05371087  SHL     byte ptr [EBX + -0x2b],1
  0537108a  PUSHFD
  0537108b  XCHG    byte ptr [EDX + -0x11],AL
  0537108e  POP     SS
  0537108f  XCHG    EAX,ESP
  05371090  CWDE
  05371091  AAD     0x83
  05371093  PUSH    ECX
❻ 05371094  OUT     DX,EAX
  05371095  ADD     byte ptr [EDX + 0xa81bee60],BH
  0537109b  PUSH    SS
  0537109c  RCR     dword ptr [ESI + 0xc],CL
  0537109f  PUSH    CS
  053710a0  SUB     AL,0x70
  053710a2  CMP     CH,byte ptr [EAX + 0x6e]
  053710a5  CMP     dword ptr [DAT_cbd35372],0x9c38a8bc
  053710af  AND     AL,0xf4
  053710b1  SBB     EBP,ESP
  053710b4  POP     DS
❼ 053710b5  ??      C6h
```

682

이 코드는 메모리 주소 **05371008h**를 스택에 넣는 작업❶으로 시작한다. 이후에 프로세서 플래그❷와 모든 프로세서 레지스터❸를 스택에 넣는다. 이 작업 목적은 나중에 알게 될 것이다. 다음에는 **ECX** 레지스터에 메모리 주소 **05371000h**❹를 담는다. 14장에서 설명한 알고리듬에 따르면 이 시점에서 **ECX**라는 변수를 선언하고 다음과 같이 기드라의 **getInt** 함수를 사용해 메모리 주소로 초기화해야 한다.

```
int ECX = getInt(toAddr(0x5371000));    // 0537103d 주소에 있는 명령으로 부터
```

그리고 점프를 수행해 함수 **FUN_05371048**❺을 호출한다. 그러면 해당 함수의 반환 주소인 **05371087h**가 스택에 PUSH된다. CALL 명령 이후의 디스어셈블된 명령들은 점점 의미가 없어지기 시작한다. OUT 명령❻은 일반적으로 사용자 공간에서 실행되는 것이 아니며 기드라는 **053710B5h**❼에 있는 명령을 디스어셈블조차 하지 못하고 있다. 이는 바이너리가 뭔가 잘못됐다는 표시라고 할 수 있다(Symbol Tree 목록에서도 단지 2개의 심볼(entry와 FUN_05371048)만을 인식한다).

따라서 리스트 21-4에서 보여주는 **FUN_05371048** 함수에 대한 분석을 수행해야 한다.

리스트 21-4: Burneye의 메인 디코딩 함수

```
    FUN_05371048                            XREF[1]:    entry:05371082(c)
❶ 05371048 POP      ESI
❷ 05371049 MOV      EDI,ESI
❸ 0537104b MOV      EBX,dword ptr [DAT_05371004] = C09657B0h
  05371051 OR       EBX,EBX
❹ 05371053 JZ       LAB_0537107f
❺ 05371059 XOR      EDX,EDX
     ❻ LAB_0537105b                         XREF[1]:    0537107d(j)
  0537105b MOV EAX,0x8
     ❼ LAB_05371060                         XREF[1]:    05371073(j)
  05371060 SHRD     EDX,EBX,0x1
  05371064 SHR      EBX,1
```

```
05371066  JNC     LAB_05371072
0537106c  XOR     EBX,0xc0000057
        LAB_05371072                      XREF[1]:      05371066(j)
05371072  DEC     EAX
05371073  JNZ     LAB_05371060
05371075  SHR     EDX,0x18
05371078  LODSB   ESI
05371079  XOR     AL,DL
0537107b  STOSB   ES:EDI
0537107c  DEC     ECX
0537107d  JNZ     LAB_0537105b
        LAB_0537107f                      XREF[1]:      05371053(j)
0537107f  POPAD
05371080  POPFD
05371081  RET
```

이는 일반적인 함수가 아니다. 즉, 함수의 반환 주소를 ESI 레지스터에 POP하는 명령❶부터 시작한다. ESI 레지스터에 저장된 반환 주소는 05371087h이며, EDI❷, EBX❸, EDX❺ 레지스터를 초기화하는 코드까지 고려한 스크립트는 다음과 같다.

```
int ECX = getInt(toAddr(0x5371000));   // 0537103D 주소에 있는 명령으로부터
int ESI = 0x05371087;                  // 05371048 주소에 있는 명령으로부터
int EDI = ESI;                         // 05371049 주소에 있는 명령으로부터
int EBX = getInt(toAddr(0x5371004));   // 0537104B 주소에 있는 명령으로부터
int EDX = 0;                           // 05371059 주소에 있는 명령으로부터
```

초기화 후에 함수는 외부 루프❻와 내부 루프❼에 진입하기 전에 EBX 레지스터❹에 있는 값을 검사한다. 함수의 나머지 로직까지 스크립트로 작성하면 다음과 같은 스크립트가 된다. 스크립트 안에 표시된 주석은 스크립트 코드에 대응되는 디스어셈블리 코드에 대한 설명이다.

```
public void run() throws Exception {
```

```
int ECX = getInt(toAddr(0x5371000));    // 0537103D 주소에 있는 명령으로부터
int ESI = 0x05371087;                   // 05371048 주소에 있는 명령으로부터
int EDI = ESI;                          // 05371049 주소에 있는 명령으로부터
int EBX = getInt(toAddr(0x5371004));    // 0537104B 주소에 있는 명령으로부터

if (EBX != 0) {              // 05371051, 05371053 주소에 있는 명령으로부터
  int EDX = 0;                           // 05371059 주소에 있는 명령으로부터
  do {
    int EAX = 8;                         // 0537105B 주소에 있는 명령으로부터
    do {
                                         // 여러 개의 연산으로 x86 shrd 명령 모방
      EDX = EDX >>> 1;                   // 부호 없는 1비트 오른쪽 시프트
      Int CF = EBX & 1;                  // EBX의 하위 1비트를 저장
      If (CF == 1) {                     // CF는 x86의 캐리 플래그를 의미한다.
        EDX = EDX | 0x80000000;          // CF가 1이면 EBX의 하위 비트를 시프트
      }
      EBX = EBX >>> 1;                   // 부호 없는 1비트 오른쪽 시프트
      If (CF == 1) {                     // 05371066 주소에 있는 명령으로부터
        EBX = EBX ^ 0xC0000057;          // 0537106C 주소에 있는 명령으로부터
      }
      EAX--;                             // 05371072 주소에 있는 명령으로부터
    } while (EAX != 0);                  // 05371073 주소에 있는 명령으로부터
    EDX = EDX >>> 24;                    // 부호 없는 24비트 오른쪽 시프트
❶ EAX = getByte(toAddr(ESI));           // 05371078 주소에 있는 명령으로부터
    ESI++;
    EAX = EAX ^ EDX;                     // 05371079 주소에 있는 명령으로부터
    clearListing(toAddr(EDI));          // 값을 초기화
❷ setByte(toAddr(EDI), (byte)EAX);      // 0537107B 주소에 있는 명령으로부터
    EDI++;
    ECX--;                              // 0537107C 주소에 있는 명령으로부터
  } while (ECX != 0)                    // 0537107D 주소에 있는 명령으로부터
  }
}
```

명령을 에뮬레이트하려고 할 때는 데이터의 크기와 레지스터 이름에 특히 주의해야 한다. 이 예제에서는 x86 LODSB(문자열 바이트 로드)와 STOSB(문자열 바이트 저장) 명령을 적절

히 구현하고자 알맞은 데이터 크기와 변수를 선택해야 한다. LODSB는 EAX 레지스터의 하위 8비트(EAX 레지스터의 하위 8비트를 AL 레지스터라고도 한다)를 읽고 STOSB는 EAX 레지스터의 하위 8비트를 쓰며 나머지 24비트는 변경되지 않는다. 자바에서는 변수의 일부를 마스킹하고 재결합하고자 다양한 비트 연산을 사용하지만 변수를 특정 비트 크기로 분할하지는 못한다. 특히 LODSB 명령❶의 경우에는 다음과 같은 형태로 에뮬레이트해야 한다.

```
EAX = (EAX & 0xFFFFFF00) | (getByte(toAddr(ESI)) & 0xFF);
```

먼저 EAX 레지스터 변수의 하위 8비트를 초기화하고 OR 연산자를 이용해 새로운 하위 8비트 값을 병합한다. Burneye 디코딩 예제에서는 외부 루프의 시작 부분에서 EAX 레지스터의 값을 8로 설정해 EAX 레지스터의 상위 24비트를 0으로 만드는 효과를 얻는다. 결과적으로 EAX 레지스터의 상위 24비트에 대한 할당 작업을 무시함으로써 LODSB❶의 구현을 단순화시킬 수 있다. setByte 함수는 두 번째 인자 값을 바이트로 변환하기 때문에 STOSB❷ 구현에 대해 생각할 필요가 없다.

Burneye 디코딩 스크립트가 실행된 후에는 난독화된 프로그램이 리눅스 시스템에서 실행되기 전에는 일반적으로 관찰할 수 없는 모든 변경 사항이 디스어셈블러에 의해 반영된다. 난독화 해제 작업이 제대로 수행되면 기드라의 Search ➤ "For Strings... option" 메뉴로 더 많은 문자열을 검색할 수 있게 된다. 이를 위해서는 String Search 창에 있는 Refresh 아이콘을 선택해야 할 수도 있다.

남은 작업은 (1) 함수의 처음 명령에서 POP한 반환 주소를 이용해 디코딩 함수가 반환될 위치를 결정하고, (2) 디코딩된 바이트를 적절한 명령이나 데이터로 표시되도록 기드라를 유도하는 것이다. Burneye 디코딩 함수는 다음과 같은 3개의 명령으로 끝난다.

```
0537107f  POPAD
05371080  POPFD
```

```
  05371081  RET
```

함수가 자신의 반환 주소를 POP하는 것으로 시작했다는 것을 상기하길 바란다. 그러면 함수 호출자가 설정한 값들만 스택에 남게 된다. POPAD와 POPFD 명령은 Burneye의 시작 부분에서 사용된 PUSHAD와 PUSHFD 명령에 대응되는 코드다.

```
    entry
❶ 05371035  PUSH    dword ptr [DAT_05371008]
  0537103b  PUSHFD
  0537103c  PUSHAD
```

결국 최종적으로 스택에 남는 값은 entry의 첫 번째 줄에서 PUSH❶된 값이 된다. 그것은 Burneye 디코딩 루틴이 반환되는 위치이며 Burneye로 보호된 바이너리에 대한 추가적인 분석을 계속해야 하는 지점이다.

앞의 예에서 보면 난독화된 바이너리를 디코딩하거나 압축을 해제하는 스크립트 작성이 비교적 쉽다고 느낄 수 있다. Burneye의 경우에는 매우 정교한 초기 난독화 알고리듬을 사용하고 있지 않기 때문에 그럴 수 있다. ASPack이나 tElock과 같이 좀 더 정교한 난독화 해제 알고리듬을 사용하는 경우에는 기드라로 난독화 해제를 위한 스크립트를 작성하려면 많은 노력이 필요하다.

스크립트 기반으로 난독화를 해제하는 것의 장점은 분석 대상 바이너리를 실행시킬 필요가 없고 바이너리 난독화에 사용된 알고리듬에 대한 정확한 이해 없이도 난독화 해제를 수행하는 스크립트를 만드는 것이 가능하다는 것이다. 하지만 스크립트를 작성해 난독화 해제 알고리듬을 에뮬레이트하려면 해당 알고리듬을 완전히 이해할 필요가 있기 때문에 난독화 해제 알고리듬을 정확히 이해하지 않고도 스크립트 작성이 가능하다는 것은 역설적으로 들릴 수 있다. 그리고 14장과 여기에서 설명한 스크립트 개발 과정을 사용하면 난독화 해제 과정에 사용된 각 프로세서 명령을 완전히 이해할 필요가 있다. 하지만 기드라를 이용해 각 프로세서 명령을 충실히 구현하고 디스어셈블리 코드가 수행하는 작업의 순서를 적절히 지정하면 난독화에 대한 하이레벨의 알고리듬을 완전히 이해하지 못하더라도 난독화 과정을 모방하는 스크립트를 작성할 수 있다.

스크립트 기반으로 난독화를 해제하는 것의 단점은 스크립트가 견고하지 않을 수 있다는 것이다. 난독화 툴이 업그레이드되거나 난독화 툴이 제공하는 커맨드라인으로 인해 난독화 해제 알고리듬이 변경되는 경우에는 이전에는 효과적으로 동작하던 스크립트도 그에 따른 수정이 필요해진다. 예를 들면 UPX로 압축된 바이너리에 대한 일반적인 압축 해제 스크립트를 작성할 수는 있지만 UPX가 진화함에 따라해당 스크립트도 지속적으로 변경돼야 한다.

마지막으로 스크립트 기반의 난독화 해제는 어떤 형태로든 만능 솔루션을 만들기 어렵다. 모든 난독화된 바이너리를 난독화 해제할 수 있는 스크립트는 없다. 스크립트 기반의 난독화 해제는 어떤 의미에서는 시그니처 기반의 침입 탐지 시스템이나 안티바이러스 시스템과 동일한 단점을 갖게 된다. 새로운 난독화 툴이 나올때마다 새로운 스크립트를 작성해야 하고 기존 난독화 툴의 미묘한 변경으로 인해기존 난독화 해제 스크립트가 영향을 받을 수 있다. 이제는 난독화에 대한 좀 더일반적인 접근 방식을 살펴보자.

에뮬레이션 기반의 난독화 해제

난독화 해제 작업을 수행하기 위한 스크립트를 작성할 때 반복적으로 마주하게되는 것은 난독화되는 프로그램과 동일하게 동작하고자 프로세서 명령 세트를 에뮬레이트해야 한다는 것이다. 명령 에뮬레이터를 사용하면 스크립트가 수행해야하는 일부 또는 전체 작업을 에뮬레이터로 옮길 수 있고 기드라가 난독화를 수행하고자 필요한 시간을 크게 줄일 수 있다. 에뮬레이터는 스크립트와 디버거 사이의공백을 메울 수 있으며 디버거보다 유연할 수 있다. 예를 들어 에뮬레이터는 x86플랫폼에서 MIPS 바이너리를 에뮬레이트하거나 윈도우 플랫폼에서 리눅스 ELF 바이너리 명령을 에뮬레이트할 수 있다.

에뮬레이터는 다양한 기능을 제공한다. 최소한 에뮬레이터는 스택 작업이나 프로세서 레지스터를 위한 명령 바이트 스트림과 충분한 메모리를 필요로 한다. 좀 더 정교한 에뮬레이터는 에뮬레이트되는 하드웨어 장치와 운영체제 서비스에 대한 접근을 제공하기도 한다.

기드라의 Emulator 클래스

다행스럽게도 기드라는 하이레벨의 일반적인 에뮬레이터 기능을 제공하고 에뮬레이션 스크립트를 빠르고 쉽게 만들 수 있게 해주는 EmulatorHelper 클래스와 다양한 Emulator 클래스를 제공한다. 18장에서 어셈블리어에 대한 중간 표현으로 p-code라는 것이 있고 디컴파일러는 다양한 아키텍처를 지원하고자 그것을 사용한다고 설명했다. p-code는 에뮬레이터 기능도 제공하며 기드라의 ghidra.pcode. emulate.Emulate 클래스는 단일 p-code 명령에 대한 에뮬레이트 기능을 제공한다.

따라서 기드라의 에뮬레이터 관련 클래스를 사용하면 다양한 프로세서를 에뮬레이트할 수 있는 에뮬레이터를 구현할 수 있다. 기드라의 다른 패키지나 클래스와 마찬가지로 에뮬레이터 클래스는 Javadoc으로 문서화돼 제공되며 Script Manager 창에 있는 빨간색의 더하기 툴을 이용해서도 참조할 수 있다. 에뮬레이터 작성에 관심이 있다면 다음 예제에서 사용되는 에뮬레이터 메서드에 대한 Javadoc를 참고하길 바란다.

---

crackme

crackme는 리버스 엔지니어를 위해 리버스 엔지니어가 만든 퍼즐이다. crackme라는 이름은 리버스 엔지니어링 기술의 악의적인 사용 예 중 하나인 소프트웨어의 복제나 사용 제한을 우회하기 위한 크래킹에서 유래됐다. crackme는 그런 기술을 연습할 수 있는 법적 수단을 제공할 뿐만 아니라 crackme 작성자와 crackme를 분석하는 사람 모두에게 자신의 재능을 뽐낼 수 있는 기회를 제공한다.

crackme의 일반적인 행태는 사용자의 입력을 받아 그것을 어떤 식으로든 변환한 다음 변환된

결과를 미리 계산된 출력 결과와 비교하는 것이다. crackme가 제공하는 문제를 풀려고 하면 컴파일된 실행 파일만 제공된다. 그 실행 파일에는 알 수 없는 입력에 대한 변환을 수행하는 코드와 그것의 결과를 출력하는 코드가 포함돼 있다. 바이너리에 포함된 결과를 만들어내는 입력을 알아내면 crackme 문제가 해결되는 것이다. 그러려면 입력에 대한 변환 과정을 잘 이해해 역변환 함수를 유도해야 한다.

예제: SimpleEmulator

다음과 같은 crackme 문제를 위한 바이너리가 있다고 가정해보자. 바이너리의 시작 부분은 인코딩돼 있고 그것은 결국 함수의 본문으로 사용된다. 이번 예제에서는 crackme 문제를 해결하고자 필요한 정보를 자동으로 디코딩해주는 에뮬레이터 스크립트를 작성할 것이다.

```
❶ unsigned char check_access[] = {
    0xf0, 0xed, 0x2c, 0x40, 0x2c, 0xd8, 0x59, 0x26, 0xd8,
    0x59, 0xc1, 0xaa, 0x31, 0x65, 0xaa, 0x13, 0x65, 0xf8, 0x66
};
unsigned char key = 0xa5;
void unpack() {
   for (int ii = 0; ii < sizeof(check_access); ii++) {
   ❷ check_access[ii] ^= key;
   }
}
void do_challenge() {
   int guess;
   int access_allowed;
   int (*check_access_func)(int);
❸ unpack();
   printf("Enter the correct integer: ");
   scanf("%d", &guess);
   check_access_func = (int (*)(int))check_access;
```

```
    access_allowed = check_access_func(guess)❹;
    if (access_allowed) {
      printf("Access granted!\n");
    } else {
      printf("Access denied!\n");
    }
  }
}
int main() {
  do_challenge();
  return 0;
}
```

이 crackme 문제는 소스코드 안에 인코딩된 내용❶이 포함돼 있어 해결하려면 약간의 노력이 필요하다. 기드라의 디컴파일러는 crackme 문제를 풀 때 유용하게 사용된다. 하지만 문제 해결 절차를 복잡하게 만드는 흥미로운 특성을 갖고 있다. 따라서 문제를 해결하기 전에 먼저 함수의 실제 목적을 파악해야 한다. unpack 함수❸를 호출하면 check_access가 호출❹되기 전에 check_access가 디코딩❷된다. 이 crackme 문제의 답이 난독화돼 있기 때문에 에뮬레이터 스크립트를 작성해서 문제를 해결해야 한다. 이전 예제와는 달리 이번에 작성하는 에뮬레이터는 특정 문제 해결 뿐만 아니라 임의의 코드를 에뮬레이트하는 것도 가능하도록 작성될 것이다.

단계 1: 문제 정의

디스어셈블할 영역을 선택해 그 영역에 있는 명령을 에뮬레이트할 수 있는 간단한 에뮬레이터를 설계하고 개발해야 한다. 그리고 작성된 에뮬레이터를 기드라에 추가해 스크립트로 사용할 수 있게 만들어야 한다. 예를 들어 unpack 함수를 선택해서 스크립트를 실행시키면 에뮬레이터가 키 값을 이용해 check_access 배열을 디코딩한 다음, 문제의 답을 알려줘야 한다. 스크립트는 디코딩한 코드 바이트를 기드라의 프로그램 메모리에 저장한다.

단계 2: 이클립스 스크립트 프로젝트 생성

GhidraDev ➤ New ➤ Ghidra Script Project 메뉴를 통해 SimpleEmulator라는 이름의 프로젝트를 생성한다. 그러면 이클립스 안에 SimpleEmulator라는 폴더가 만들어진다(그림 15-16 참고). 그다음에는 실제 스크립트를 만들고 그것이 문서화 및 목록화될 수 있게 그 안에 관련 메타데이터를 입력해야 한다. 스크립트 생성 과정에서 수집된 메타데이터는 그림 21-7과 같이 파일에 추가되며 나머지 할 일은 스크립트 코드를 추가하는 것이다.

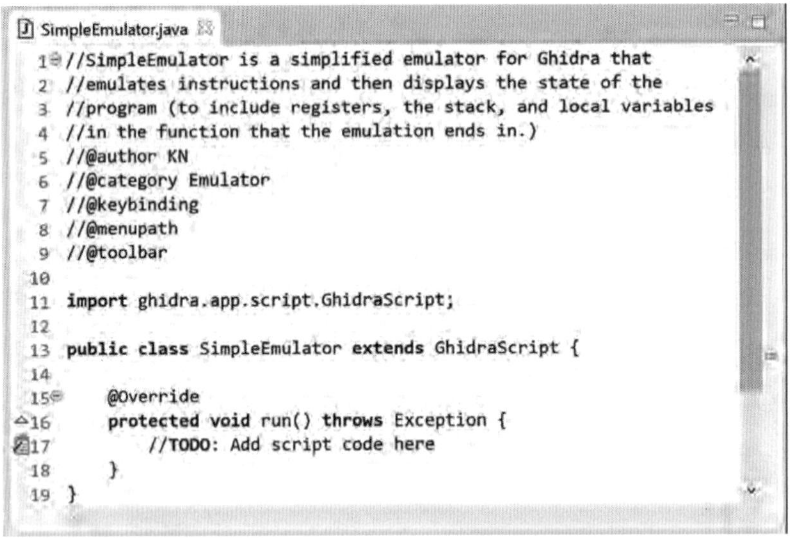

```java
//SimpleEmulator is a simplified emulator for Ghidra that
//emulates instructions and then displays the state of the
//program (to include registers, the stack, and local variables
//in the function that the emulation ends in.)
//@author KN
//@category Emulator
//@keybinding
//@menupath
//@toolbar

import ghidra.app.script.GhidraScript;

public class SimpleEmulator extends GhidraScript {

    @Override
    protected void run() throws Exception {
        //TODO: Add script code here
    }
}
```

그림 21-7: SimpleEmulator를 위한 스크립트 템플릿

단계 3: 에뮬레이터 구현

이클립스는 코드를 작성하는 동안에 임포트가 필요한 경우 임포트를 수행할 수 있게 해주기 때문에 바로 코딩 작업을 수행한다. 그리고 임포트가 필요하다고 이클립스가 감시하면 그때 임포트 명령을 추가하면 된다. SimpleEmulator 클래스 전반에 걸쳐 다음과 같은 인스턴스 변수를 사용할 것이다.

```
private EmulatorHelper emuHelper;      // EmulatorHelper 멤버 변수 객체
private Address executionAddress;      // 선택된 영역의 시작
private Address endAddress;            // 선택된 영역의 끝
```

변수 옆의 주석은 각 변수의 목적을 설명하고 있다. executionAddress는 처음에는
선택된 영역의 시작 위치가 설정되지만 스크립트가 실행됨에 따라 변경되는 영역
의 현재 위치를 나타내는 데 사용되기도 한다.

단계 3-1: 에뮬레이터 설정

스크립트의 run 메서드에서 가장 먼저 할 일은 에뮬레이터 헬퍼 객체를 인스턴스
화하고 에뮬레이터에 기록되는 메모리의 추적을 활성화해 업데이트된 값이 현재
프로그램에 다시 써질 수 있게 설정하는 것이다. 인스턴스화는 CodeBrowser가 바
이너리에 대한 잠금을 수행하는 것과 유사한 잠금 역할을 하게 된다.

```
emuHelper = new EmulatorHelper(currentProgram);
emuHelper.enableMemoryWriteTracking(true);
```

단계 3-2: 에뮬레이트될 주소 영역 선택

사용자가 에뮬레이트될 코드 영역을 선택하게 만들 것이기 때문에 사용자가
Listing 창에서 무엇을 선택했는지 확인해야 한다. 선택된 영역이 없다면 에러 메시
지를 출력한다.

```
if (currentSelection != null) {
    executionAddress = currentSelection.getMinAddress();
    endAddress = currentSelection.getMaxAddress().next();
} else {
    println("Nothing selected");
```

```
    return;
  }
```

단계 3-3: 에뮬레이트 준비

선택 영역 명령이 존재하는지 확인한 다음 포인터를 초기화해 초기 프로세서 콘텍스트를 설정하고 선택한 영역의 끝에 브레이크포인트를 설정한다. continuing 플래그는 에뮬레이터를 시작하는 것인지 에뮬레이터 수행이 완료된 것인지를 나타내며 단계 3-4에서 어떤 버전의 emuHelper.run을 호출할 것인지를 결정한다.

```
Instruction executionInstr = getInstructionAt(executionAddress);
if (executionInstr == null) {
  printerr("Instruction not found at: " + executionAddress);
  return;
}
long stackOffset = (executionInstr.getAddress().getAddressSpace().
                    getMaxAddress().getOffset() >>> 1) - 0x7fff;
emuHelper.writeRegister(emuHelper.getStackPointerRegister(), stackOffset);
// 선택 영역 끝에 브레이크포인트를 설정
emuHelper.setBreakpoint(endAddress);
// 에뮬레이트를 시작할 것이기 때문에 값을 false로 설정
boolean continuing = false;;
```

단계 3-4: 에뮬레이트 수행

이 단계에서는 14장에서 설명한 몇 개의 기드라 API(monitor.isCancelled과 같은)가 사용된다. 정의한 종료 조건에 도달할 때까지 에뮬레이트를 수행하는 루프가 필요하다.

```
❶ while (!monitor.isCancelled() &&
        !emuHelper.getExecutionAddress().equals(endAddress)) {
```

```
    if (continuing) {
      emuHelper.run(monitor);
    } else {
      emuHelper.run(executionAddress, executionInstr, monitor);
    }
❷ executionAddress = emuHelper.getExecutionAddress();
    // 에뮬레이터가 왜 중지됐는지 판단해서 해당 상황에 맞는 처리를 수행한다.
❸ if (emuHelper.getEmulateExecutionState() ==
      EmulateExecutionState.BREAKPOINT) {
      continuing = true;
    } else if (monitor.isCancelled()) {
      println("Emulation cancelled at 0x" + executionAddress);
      continuing = false;
    } else {
      println("Emulation Error at 0x" + executionAddress +
            ": " + emuHelper.getLastError());
      continuing = false;
    }
❹ writeBackMemory();
    if (!continuing) {
      break;
    }
  }
}
```

사용자가 에뮬레이트를 취소했거나 선택된 영역의 끝에 도달했거나 에러가 발생
했다고 monitor가 판단하기 전까지는 에뮬레이트가 계속 실행된다❶. 에뮬레이터
가 중지되면 현재 실행 주소를 업데이트❷하고 에뮬레이터가 중지된 원인에 따라
적절한 처리를 수행한다❸. 에뮬레이터의 마지막 작업은 writeBackMemory() 메서
드를 호출❹하는 것이다.

단계 3-5: 메모리 내용을 프로그램에 쓰기

writeBackMemory()❹의 구현은 다음과 같다. 에뮬레이터는 메모리의 바이트를 변

경하는 루틴에서 테스트된다. 에뮬레이터가 수행한 메모리 변경 내용은 에뮬레이터의 작업 메모리에만 존재한다. 따라서 사용자에게 보이는 코드에 에뮬레이터가 작업한 메모리 내용이 정확히 반영될 수 있도록 해당 내용을 바이너리에 써 넣어야 한다. 기드라는 이 과정을 용이하게 수행할 수 있도록 emulatorHelper를 제공한다.

```java
private void writeBackMemory() {
  AddressSetView memWrites = emuHelper.getTrackedMemoryWriteSet();
  AddressIterator aIter = memWrites.getAddresses(true);
  Memory mem = currentProgram.getMemory();
  while (aIter.hasNext()) {
    Address a = aIter.next();
    MemoryBlock mb = getMemoryBlock(a);
    if (mb == null) {
      continue;
    } if (!mb.isInitialized()) {
      // 메모리 초기화
      try {
        mem.convertToInitialized(mb, (byte)0x00);
      } catch (Exception e) {
        println(e.toString());
      }
    }
    try {
      mem.setByte(a, emuHelper.readMemoryByte(a));
    } catch (Exception e) {
      println(e.toString());
    }
  }
}
```

단계 3-6: 리소스 정리

이 단계에서는 리소스를 정리하고 프로그램에 대한 잠금을 해제하며 다음과 같은

696

코드로 간단히 수행할 수 있다.

```
emuHelper.dispose();
```

이 에뮬레이터는 데모용이기 때문에 스크립트의 내용 중 일부는 자유도를 높여 작성했다. 즉, 공간 절약을 위해 일반적인 스크립트에서는 포함돼야 할 주석과 함수, 에러 검사, 에러 처리하는 부분을 최소화했다. 남은 일은 작성한 에뮬레이터 스크립트가 원하는 대로 동작하는지 확인하는 것뿐이다.

단계 4: 기드라에 스크립트 추가

기드라에 스크립트를 추가하려면 기드라가 찾을 수 있는 위치에 놓기만 하면 된다. 스크립트 프로젝트를 연결된 프로젝트로 설정하면 기드라는 이미 찾을 위치를 알고 있을 것이다. 스크립트 프로젝트를 연결하지 않은 경우(또는 다른 편집기에서 에뮬레이터 스크립트를 작성한 경우)에는 14장에서 설명한 대로 기드라의 스크립트 디렉터리 중 하나에 저장하면 된다.

단계 5: 기드라에서 스크립트 테스트

스크립트를 테스트하려면 앞의 crackme 문제에 해당하는 바이너리를 로드해야 한다. 바이너리를 로드한 다음 unpack 함수로 이동하면 check_access 레이블에 대한 참조를 포함하고 있는 것을 볼 수 있을 것이다.

```
0010077d 48 8d 05 8c 08 20 00   LEA      RAX,[check_access]
```

Decompiler 창에서는 다음과 같은 형태로 코드를 포함하고 있어 crackme 문제 해결에 도움이 되지 않는다.

```
check_access[(int)local_c] = check_access[(int)local_c] ^ key;
```

Listing 창에서 check_access를 더블클릭하면 00301010 주소로 연결되며 그곳의 내용은 함수 안에 있는 명령처럼 보이지는 않을 것이다.

```
00301010  f0 ed 2c 40 2c d8 59   undefined1[19]
          26 d8 59 c1 aa 31 65
          aa 13 65 f8 66
```

위 내용을 그대로 디스어셈블하면 기드라는 잘못된 데이터라는 에러를 출력할 것이며, Decompiler 창의 내용 또한 도움이 되지 않을 것이다. 이때 unpack 함수를 에뮬레이트하고자 스크립트를 실행시켜보자. unpack 함수를 구성하는 명령들을 선택하고 Script Manager를 열어 작성한 스크립트를 실행하면 된다. unpack 함수나 Decompiler 창에서는 어떤 변경 사항도 발견하지 못할 것이다. 하지만 check_access(00301010) 부분으로 가보면 내용이 변경돼 있는 것을 확인할 수 있을 것이다.

```
00301010  55 48 89 e5 89 7d      undefined1[19]
          fc 83 7d fc 64 0f
          94 c0 0f b6 c0 5d c3
```

이 코드 바이트를 정리(단축키 C)한 다음 디스어셈블(단축키 D)하면 다음과 같은 결과를 얻을 수 있다.

```
        check_access
00301010  55              PUSH    RBP
00301011  48 89 e5        MOV     RBP,RSP
00301014  89 7d fc        MOV     dword ptr [RBP + -0x4],EDI
00301017  83 7d fc 64     CMP     dword ptr [RBP + -0x4],100
0030101b  0f 94 c0        SETZ    AL
0030101e  0f b6 c0        MOVZX   EAX,AL
```

698

```
00301021  5d              POP    RBP
00301022  c3              RET
```

디스어셈블리 코드에 대한 Decompiler 창의 내용은 다음과 같다.

```
ulong UndefinedFunction_00301010(int param_1)
{
  return (ulong)(param_1 == 100);
}
```

지금까지 작성한 스크립트는 에뮬레이터를 이용해 난독화를 해제하는 것을 설명하기 위한 개념 증명 성격의 스크립트였지만, 에뮬레이터를 지원하는 클래스를 이용하면 기드라에서 비교적 범용으로 사용할 수 있는 에뮬레이터를 만들 수 있다는 것을 보여줬다. 난독화 해제가 아닌 다른 상황에서도 에뮬레이트를 만들어 이용할 수 있다. 디버깅에 비해 에뮬레이터가 갖는 장점은 잠재적인 악성코드가 에뮬레이터에 의해 실제로 실행되지 않는다는 것이다. 반면 디버거를 이용한 난독화 해제는 난독화가 해제된 버전을 얻으려면 최소한 악성코드의 일부분이 실행되도록 허용해야 한다.

요약

요즘의 악성코드에는 대부분 난독화가 적용되고 있다. 따라서 악성코드 샘플을 내부적으로 연구하려면 난독화 해제가 필요하다. 난독화 해제를 위해 디버거를 이용하거나 동적 분석 방법을 수행하거나 악성코드가 실행되지 않게 스크립트나 에뮬레이터를 이용하든 궁극적인 목표는 완전히 디스어셈블되고 적절히 분석할 수 있는 바이너리를 얻는 것이다.

대부분의 경우 최종적인 분석인 기드라와 같은 툴을 이용해 수행하게 된다. 따라서 최종적으로 기드라를 이용해 분석할 예정이라면 기드라를 이용해 처음부터 끝까지 분석 작업을 수행하는 것이 합리적이다. 21장에서는 기드라가 단순히 디스어셈블리 코드를 만들어내는 것 이상을 보여줬으며, 22장에서는 기드라를 이용해 디스어셈블리 코드를 패치하는 방법을 살펴본다.

22

바이너리 패치

바이너리를 리버스 엔지니어링할 때 바이너리의 원래 동작을 수정하고 싶어질 때가 있다. 바이너리의 동작을 수정하는 것은 일반적으로 기존 명령을 변경하거나 제거 또는 새로운 명령을 삽입하는 바이너리 패치를 통해 이뤄진다. 바이너리 패치의 목적은 다음에 나열된 것 이외에도 다양하게 있을 수 있다.

- 악성코드 샘플을 수정해 분석을 방지하는 안티디버깅 기술을 제거
- 소스코드가 없는 소프트웨어의 보안 취약점을 패치
- 애플리케이션의 스플래시 화면이나 문자열 내용을 수정
- 게임 치팅을 위해 게임의 로직을 수정
- 숨겨진 기능에 대한 잠금 해제
- 라이선스 확인이나 기타 불법 복제 방지 보호를 우회

22장에서 비윤리적인 일을 하는 방법을 가르칠 의도는 없다. 하지만 바이너리를 수정해 기드라에 반영하는 방법을 설명하는 것이 이번 장의 목표다. 14장에서는

setByte API에 대해 설명했고 21장에서는 다양한 형태의 에뮬레이터 스크립트를 이용해 프로그램의 내용을 변경하고 그것을 기드라에서 로드하는 방법을 살펴봤다. 14장과 21장에서 설명한 기술은 기드라에 로드된 내용을 수정하지만 원본 바이너리에는 아무런 영향을 미치지 않는다. 따라서 22장에서는 완벽한 패치를 위해 기드라가 변경된 내용을 실제 원본 바이너리에 반영하게 만드는 방법을 살펴본다. 또한 다양한 유형의 패치도 설명한다.

패치 계획

일반적으로 패치 과정은 다음과 같은 과정을 거친다.

1. 수행할 패치의 유형을 결정한다. 이는 앞서 설명한 패치를 수행하는 목적에 따라 결정되는 경우가 많다.

2. 패치가 필요한 프로그램 내의 정확한 위치를 식별한다. 이는 일반적으로 패치 대상 프로그램에 대한 어느 정도의 연구와 분석을 필요로 한다.

3. 패치할 내용을 계획한다. 패치할 내용에는 새로운 데이터나 새로운 명령이 포함될 수 있다. 어떤 경우에도 프로그램이 의도하지 않은 동작을 하지 않도록 변경 사항을 잘 고려해야 한다.

4. 기드라를 이용해 기존 프로그램의 내용(데이터 또는 코드)을 변경한다.

5. 기드라를 이용해 변경 사항이 올바르게 구현됐는지 확인한다.

6. 기드라를 이용해 변경 사항이 적용된 새로운 바이너리 파일을 익스포트한다.

7. 새로운 바이너리 파일이 의도한 대로 동작하는지 확인한다. 필요하다면 2단계부터 다시 수행한다.

패치 시나리오에 따라 위 단계 중 많은 부분이 쉬울 수도 있고 그렇지 않을 수도 있다. 다음 절에서는 기드라가 패치 과정에서 어떤 도움을 줄 수 있고 무엇을 할 수 있는지 설명한다. 기드라를 이용해 패치 대상을 찾는 2단계부터 살펴보자.

변경 대상 찾기

무엇을 패치할 것인지에 따라 패치 대상이 결정된다. 프로그램의 시작 화면이나 문자열을 변경하려면 해당 데이터를 찾아야 한다. 프로그램의 로직을 변경하려면 코드를 수정하거나 삽입해야 한다. 그런 경우 패치해야 할 위치를 찾고자 상당한 양의 리버스 엔지니어링이 필요할 수 있다. 패치할 위치를 찾는 데 필요한 기드라 사용법은 이미 이전 장들에서 많이 다뤘다. 그러면 패치를 수행할 때 필요한 기술들을 살펴보자.

메모리 검색

수행할 패치 작업에 프로그램 내의 데이터를 변경하는 것이 포함돼 있다면 패치를 적용할 위치를 식별하는 주요 방법은 메모리를 검색하는 것이다. 가장 일반적인 메모리 검색은 그림 22-1처럼 CodeBrowser의 Search ➤ Memory 메뉴를 이용하는 것이다. Search Memory 대화상자는 6장에서 설명했다.

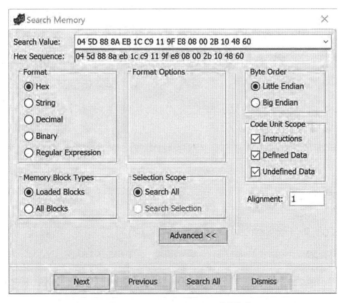

그림 22-1: Search Memory 대화상자

Search Memory 대화상자는 문자열이나 16진수 시퀀스와 같은 특정 데이터를 바이너리 내에서 검색할 때 가장 유용하다. 검색이 성공하면 일치하는 바이트가 있는 위치로 연결된 모든 표현이 이동하며, Search All을 선택하면 일치하는 바이트가 있는 모든 주소 목록을 새로운 대화상자에서 보여준다. 검색 대상 바이너리가 매우 큰 경우에는 검색할 데이터가 포함되지 않을 것 같은 영역을 선택 해제해서 검색 범위(Instructions, Defined Data, Undefined Data)를 제한하는 것이 유용하다.

참고 Search ➤ Memory는 설정 가능한 범용 검색 기능을 제공하지만 원시 바이트 콘텐츠에서 검색하는 것이기 때문에 검색하고자 하는 유형에 따라 다른 형태의 검색이 더 적절할 수도 있다. 예를 들어 프로그램에 입력한 주석에서 어떤 것을 검색하고자 한다면 Search ➤ Memory는 잘못된 선택이다. 디스어셈블리 코드 자체에서 검색하는 것에 대한 자세한 정보는 6장의 'Search Program Text 대화상자' 절을 참고하길 바란다.

직접 참조 검색

20장에서는 프로그램의 바이너리에서 특정 주소가 발견되는 모든 곳을 검색할 때 Search ➤ For Direct References를 이용했다. 이는 기드라가 데이터에 대한 상호 참조를 생성하는 데 실패했을 때 흥미로운 데이터에 대한 포인터를 찾을 때 일반적으로 사용된다. 패치를 수행할 때 패치되는 바이너리에 있는 코드와 데이터 간의 올바른 관계를 유지시키고자 패치 대상 데이터나 코드를 참조하는 모든 부분을 완전히 이해하고 업데이트해야 하기 때문에 이는 가장 많이 사용되는 검색 기능이다.

명령 패턴 검색

기드라의 Search ➤ For Instruction Patterns는 일치되는 명령 패턴을 찾아준다. 명령 패턴을 정의할 때는 너무 구체적이어도 안 되고 너무 일반적이어도 안 되기 때문에 둘 간의 균형이 필요하다. 예를 들어 살펴보자. 프로그램을 종료하는 cleanup_and_exit 함수가 포함된 다음과 같은 코드가 있다고 가정해보자.

```c
   int test_even(int v) {
      return (v % 2 == 0);
   }
   int test_multiple_10(int v) {
      return (v % 10 == 0);
   }
   int test_lt_100(int v) {
      return v < 100;
   }
   int test_gte_20(int v) {
      return v >= 20;
   }
❶ void cleanup_and_exit(int rv, char* s) {
      printf("Result: %s\n", s);
      exit(rv);
   }
   void do_testing() {
      int v;
      srand(time(0));
      v = rand() % 150;
      printf("Testing %d\n", v);
    ❷ if (!test_even(v)) {
         cleanup_and_exit(-1, "failed even test");
      }
      if (test_multiple_10(v)) {
         cleanup_and_exit(-2, "failed not multiple of 10 test");
      }
      if (!test_lt_100(v)) {
         cleanup_and_exit(-3, "failed <100 test");
      }
      if (!test_gte_20(v)) {
         cleanup_and_exit(-4, "failed > 20 test");
      }
      // 모든 테스트를 통과했으므로 여기서 흥미로운 작업을 수행
    ❸ system("/bin/sh");
```

```
    cleanup_and_exit(0, "success!");
}
int main() {
    do_testing();
    return 0;
}
```

do_testing 함수는 여러 가지 테스트❷를 순차적으로 수행한다. 하나의 테스트라도 통과하지 못하면 cleanup_and_exit 함수가 호출❶되고 종료된다. 모든 테스트를 통과하면 흥미로운 코드❸가 실행된다. 목표는 모든 테스트를 통과해서 흥미로운 코드가 실행되게 만들고자 어느 위치를 패치해야 하는지 판단하는 것이다.

기드라에 바이너리를 로드한 다음에는 수행되는 테스트의 수에 상관없이 모든 테스트를 통과하게 만들고자 무엇을 패치해야 하는지 판단해야 하며, 그러려면 cleanup_and_exit를 호출하는 부분을 검색해야 한다. 패치하는 방법은 다음과 같이 몇 가지가 있을 수 있다.

- cleanup_and_exit 함수로 이동해서 테스트가 실패하더라도 프로그램이 종료되지 않게 패치할 수 있다. 이 함수는 정상적으로 작업이 완료돼 프로그램이 종료되는 경우에도 사용되기 때문에 이 함수를 패치하는 것은 최적의 솔루션이 아니다.
- 검색을 수행해 cleanup_and_exit에 대한 XREF를 패치할 수도 있다. 이렇게 하면 모든 호출에 적용되지만 일부만 패치할 필요가 있다.
- Search ➤ For Instruction Patterns를 이용해 실패한 경우에 호출되는 명령 패턴을 검색해서 패치가 필요한 호출 부분을 찾아낼 수 있다.

검색 기능을 이용하려면 검색에 필요한 적절한 패턴을 알아내야 한다. 테스트를 호출하는 부분은 Listing 창에서 다음과 같은 형태를 갖는다.

```
001008af CALL    test_even
```

```
001008b4   TEST   EAX,EAX
001008b6   JNZ    LAB_001008c9
001008b8   LEA    RSI,[s_failed_even_test_00100a00]
001008bf   MOV    EDI,0xffffffff
001008c4   CALL   cleanup_and_exit
```

검색할 명령 시퀀스를 선택해서 Search ➤ For Instruction Patterns로 검색을 수행해
보자. 그러면 그림 22-2와 같은 Instruction Pattern Search 대화상자가 열린다.

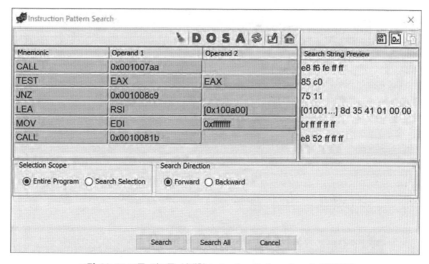

그림 22-2: 모든 필드를 선택한 Instruction Pattern Search 대화상자

Search All을 클릭하면 그림 22-3과 같이 하나의 결과만 얻게 된다.

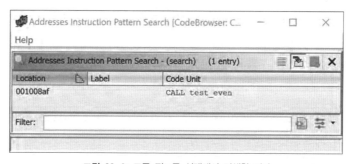

그림 22-3: 모든 필드를 선택해서 검색한 결과

원인은 각각의 테스트들은 일정하지 않은 피연산자를 포함하기 때문이다. 예를 들면 첫 번째 호출에 대한 피연산자는 특정 테스트 함수의 주소가 된다. 그림 22-4 와 같이 명령의 개별 구성 요소(니모닉 및 피연산자)를 선택 해제하면 좀 더 일반적인 명령 패턴을 만들 수 있다. 선택 해제된 항목은 검색에서 와일드카드로 처리된다.

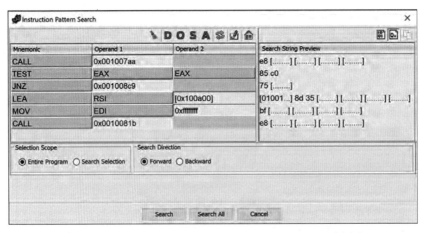

그림 22-4: 일부 필드를 선택 해제한 Instruction Pattern Search 대화상자

일부 필드를 선택 해제한 검색 결과는 그림 22-5와 같다.

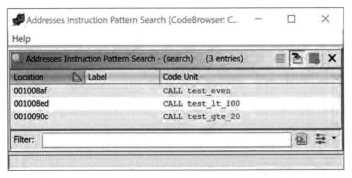

그림 22-5: 일부 필드를 선택 해제해서 검색한 결과

검색 결과에 test_multiple_10이 포함돼 있지 않다. test_multiple_10은 JNZ 대신 JZ를 사용하기 때문이다. JNZ 명령을 위한 니모닉을 선택 해제해서 검색하면 그림 22-6과 같이 패치하고자 하는 4개의 호출 부분이 검색되며 패치 대상이 아닌

cleanup_and_exit에 대한 호출은 포함되지 않는다.

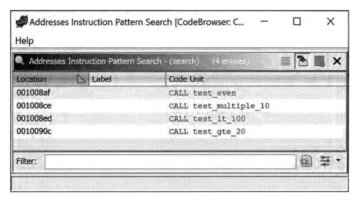

그림 22-6: JNZ와 일부 필드를 선택 해제해 검색한 결과

이와 같은 검색 기능은 패치를 위한 대상 명령을 찾는 것 외에도 다양한 용도로 사용된다. 즉, 취약점 분석, 특정 기능 찾기 또는 리버스 엔지니어에게 중요한 명령 패턴을 찾는 등의 검색에 사용될 수 있다.

특정 동작 찾기

프로그램의 동작은 프로그램 동작에 사용되는 데이터와 결합된 명령에 의해 정의된다. 프로그램의 동작을 수정하기 위한 정확한 위치를 찾는 것은 수정할 데이터를 찾는 것보다 훨씬 어렵다. 컴파일러가 소스코드에 대해 정확히 어떤 명령을 만들어내는지 예측하는 것이 불가능하기 때문에 기드라의 자동화된 검색 기능을 이용해 수정할 코드의 위치를 찾아내는 것은 쉽지 않다. 특정 동작의 위치를 찾으려면 이 책에서 설명하는 기술을 이용해 프로그램의 기능을 분석해야만 한다.

main과 같은 함수에 대한 분석을 시작으로 바이너리에 있는 모든 함수를 주의 깊게 분석하고 호출 트리를 신중하게 탐색하는 것 외에도 관심 있는 함수를 찾는 가장 일반적인 2가지 방법은 함수의 이름(바이너리가 심볼을 갖고 있다면)을 이용하는 것과 '흥미로운' 데이터로부터 함수에 대한 상호 참조를 살펴보는 것이다. 예를 들어 바이너리 내에서 인증 관련 기능을 찾고자 한다면 "Please enter your password:" 또는 "Authentication failed"와 같은 인증과 관련된 문자열을 검색할 수 있다. 그러면 인증과 관련된 문자열을 참조하는 함수를 찾을 수 있고 결국 인증 관련 함수를 찾기 위한 검색 공간을 크게 줄일 수 있다.

물론 패치하고자 하는 시나리오에 따라 검색에 사용되는 데이터의 특성이 달라진다. 패치 후보가 될 함수를 찾는 방법과 상관없이 해당 함수가 실제로 패치하려는 기능을 구현하고 있는지 확인해야 한다. 특히 프로그래머가 함수에 할당하는 이름에 항상 주의해야 한다. 함수의 동작이 항상 이름과 일치할 필요가 없기 때문이다.

패치 적용

마침내 노력과 인내의 결과로 패치하고자 하는 코드나 데이터를 찾았다. 그렇다면 다음에는 무엇을 해야 할까? 바이너리 안에서 패치하고자 하는 내용을 이미 개발했고 바이너리의 어느 위치에 패치할지도 정확히 알고 있다고 가정한다면 기드라를 이용해서 어떻게 패치를 수행할지 살펴볼 차례다.

가장 먼저 고려해야 할 사항은 패치 대상 내용의 크기와 새로운 패치 내용의 크기다. 새로운 패치 내용의 크기가 패치 대상 내용의 크기보다 작거나 같다면 기존 메모리 공간에 들어갈 수 있기 때문에 문제가 되지 않는다. 하지만 반대의 경우라면 상황이 약간 복잡해지며 이후에 이 경우를 살펴볼 것이다.

간단한 패치

직접 작성한 명령 바이트든 어셈블리의 도움으로 만든 것이든 결국에는 그것을 기드라로 가져와야 한다. 명령 바이트의 길이가 짧은 경우에는 기드라가 제공하는 편집기나 어셈블러를 이용하는 것이 편할 것이다. 또한 이후를 위해 자동화를 하고 싶을 수도 있다. 다음 절에서는 기드라를 이용해서 바이트 수준의 편집을 수행하는 방법을 설명할 것이다.

바이트 뷰어

그림 22-7은 기드라의 바이트 뷰어^{Byte Viewer}(Window ➤ Bytes)이며 다른 모든 창과 동기화된 코드 영역을 16진수로 보여준다.

Bytes: patch_demo	❶ 🗂 🖿 🖿 ❷ 🔧 🖿 ✕
Addresses	Hex
08048000	7f 45 4c 46 01 01 01 00 00 00 00 00 00 00 00 00
08048010	02 00 03 00 01 00 00 00 d0 83 04 08 34 00 00 00
08048020	e0 17 00 00 00 00 00 00 34 00 20 00 09 00 28 00
08048030	1e 00 1d 00 06 00 00 00 34 00 00 00 34 80 04 08
08048040	34 80 04 08 20 01 00 00 20 01 00 00 04 00 00 00
08048050	04 00 00 00 03 00 00 00 54 01 00 00 54 81 04 08
08048060	54 81 04 08 13 00 00 00 13 00 00 00 04 00 00 00
08048070	01 00 00 00 01 00 00 00 00 00 00 00 00 80 04 08
08048080	00 80 04 08 9c 07 00 00 9c 07 00 00 05 00 00 00
08048090	00 10 00 00 01 00 00 00 0c 0f 00 00 0c 9f 04 08
080480a0	0c 9f 04 08 20 01 00 00 24 01 00 00 06 00 00 00

| Start: 08048000 | End: _elfSectionHeaders::000004af | Offset: 00000000 | Insertion: 08048173 |

그림 22-7: 기드라의 바이트 뷰어

Edit Mode❶를 이용하면 바이트 뷰어를 16진수 편집기로 사용할 수 있으며 한 번에 여러 바이트를 수정해야 할 때 편리하다. 하지만 기드라는 기존 명령의 일부분을 차지하는 바이트는 편집을 허용하지 않는다. 이 제한을 해결하기 위한 방법은 Listing 창에서 해당 명령을 지우는 것이다(마우스 오른쪽 메뉴의 Clear Code Bytes 또는 단축키 C). Byte Viewer Options 도구❷를 선택하면 그림 22-8과 같은 대화상자가 열리고 그곳에서 바이트 뷰어의 표현 방식을 변경할 수 있다.

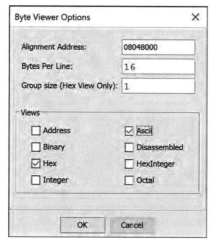

그림 22-8: Byte Viewer Options 대화상자

Ascii 옵션을 선택하면 그림 22-9와 같이 바이트 뷰어에 아스키 표현이 추가된다.

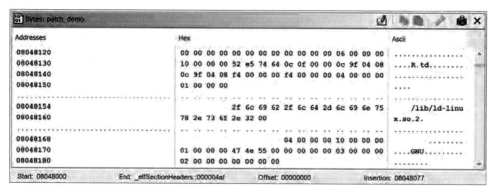

그림 22-9: 아스키 표현이 추가된 바이트 뷰어

Edit Mode에서 바이트를 수정했다면 Edit Mode를 종료하고 Listing 창으로 돌아가 올바르게 변경됐는지 확인해야 한다.

스크립트를 이용한 변경

간단한 패치가 아니라면 기드라에서 원본 바이트를 수정하는 가장 효과적인 방법은 스크립트를 작성해 수행하는 것이다. 다음 함수는 배열 형태로 패치할 바이트를 설정하고 패치 대상 시작 주소를 지정하면 패치가 수행된다.

```
public void patchBytes(Address start, byte[] patch) throws Exception {
  Address end = start.add(patch.length);
❶ clearListing(start, end);
  setBytes(start, patch);
}
```

패치할 바이트 배열을 만들고 패치 대상 파일을 로드하는 스크립트에 위 함수를 추가해 사용할 수 있다. 기드라는 기존 명령을 구성하는 바이트나 데이터에 대한 수정을 허용하지 않기 때문에 clearListing 호출❶이 필요하다. 스크립트 수행이 완료되면 패치된 바이트 형식을 직접 코드나 데이터로 지정해 패치가 올바르게 수행됐는지 확인해야 한다.

어셈블러 이용

바이너리의 코드를 패치하고자 한다면 하나의 어셈블리어 명령을 다른 명령으로 교체(예를 들면 CALL _exit를 NOP으로 교체)한다고 생각할 수 있다. 이는 완전히 틀린 말은 아니지만 패치되는 코드와 관련된 복잡성을 간과한 경향이 있다. 실제로 프로그램에 대한 패치를 수행할 때는 어셈블리어 표현을 그대로 사용할 수 없고 그에 대응되는 기계어 코드 바이트를 사용해야 한다. 즉, 어셈블러를 이용해 패치할 어셈블리어를 기계어 코드로 만들어야 한다.

한 가지 방법은 외부 편집기를 이용해 패치할 어셈블리문을 작성하고 nasm이나 as와 같은 어셈블러를 이용해 원시 기계어 코드[1]를 만들고 그것을 이용해 프로그램 패치를 수행하는 것이다. 이때 앞서 설명한 스크립트를 이용할 수도 있다. 또다른 방법은 기드라에 내장돼 있는 어셈블러를 이용하는 것이다. 명령을 선택하고

---

1. nasm을 이용할 때 -f bin 옵션을 사용하면 파일 헤더가 없는 원시 기계어 코드를 만들어낼 수 있다. as를 이용할 때는 산출된 오브젝트 파일에서 기계어 코드 바이트를 추출하고자 objcopy와 같은 유틸리티가 추가로 필요하다.

마우스 오른쪽 버튼 메뉴의 Patch Instruction을 선택하면 된다.

SLEIGH 명세를 통해 기드라가 기계어 코드를 어셈블리어로 변환할 수 있는 것처럼 기드라는 어셈블러처럼 어셈블리어를 기계어 코드로도 변환할 수 있다. 특정 아키텍처에 대해 Patch Instruction 메뉴를 처음 선택하면 기드라는 해당 아키텍처의 SLEIGH 명세를 기반으로 어셈블러를 빌드한다. 처음에는 그림 22-10과 유사한 메시지가 표시된다.

그림 22-10: Assembler Rating 대화상자

기드라가 만들어내는 어셈블러에 대한 정확도는 기드라 개발자에 의해 테스트됐다. 기드라가 만들어내는 어셈블러는 테스트 수행 후 등급이 platinum, gold, silver, bronze, poor 중 하나로 지정되며 가장 정확도가 높은 어셈블러는 platinum이다. 테스트가 수행되지 않은 어셈블러는 unrated로 지정된다. 사용 가능한 모든 어셈블러에 대한 현재 등급과 함께 기드라 어셈블러의 등급에 대한 좀 더 자세한 정보는 기드라 Help를 참고하길 바란다.

Assembler Rating 대화상자를 닫으면 기드라는 현재 프로세서의 SLEIGH 명세를 기반으로 필요한 어셈블러 기능을 빌드한다. 어셈블러가 빌드되는 동안 기드라는 그림 22-11과 같은 대화상자를 보여준다.

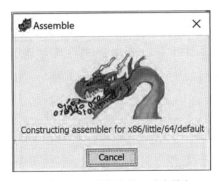

그림 22-11: 어셈블러 빌드 대기 화면

일단 어셈블러가 빌드되면 기드라는 Listing 창에서 선택된 명령을 명령의 니모닉과 해당 명령의 연산자를 편집할 수 있는 2개의 텍스트 입력 상자(그림 22-12)로 변경한다. Esc 키는 어셈블이 수행되기 전에 변경된 내용을 취소시키고, 엔터 키는 새로운 명령에 대한 어셈블을 수행하고 이전 명령의 기계어 코드 바이트를 새로운 것으로 교체시킨다.

004006ae	MOV	RAX,qword ptr [RBP + local_10]
004006b2	MOV	RDI,RAX
004006b5	CALL	0x004004d0
004006ba	MOV	EAX,0x0
004006bf	LEAVE	
004006c0	RET	

그림 22-12: 새로운 명령 어셈블리

기드라의 어셈블러는 디스어셈블러와 동일한 명세로 동작하기 때문에 Listing 창에 사용되는 어셈블리 구문을 인식할 수 있다. 기드라의 어셈블러는 대소문자를 구분하며 새로운 명령을 입력할 때 자동 완성 옵션을 제공한다. 명령 입력을 완료하면 기드라는 Listing 창을 보여주며 추가적으로 변경이 필요한 명령이 있다면 Patch Instruction을 다시 선택하면 된다. 간단한 명령 패치 수행을 위해 기드라의 어셈블러를 이용하면 간단하고 편리하게 프로그램을 수정할 수 있다.

명령 변경의 함정

기드라의 어셈블러를 이용하면 단일 명령을 빠르게 변경할 수 있지만 새로 대체되는 명령의 크기가 이전 명령의 크기보다 작거나 또는 크거나 같을 수 있다. 이전 명령의 크기가 같은 경우에는 문제될 것이 없다(명령 크기가 달라지는 경우는 x86과 같이 명령의 크기가 일정하지 않은 아키텍처에서만 발생할 수 있다).

새로운 명령의 크기가 원래 명령의 크기보다 작은 경우를 살펴보자.

```
;변경 전:
0804851b  83 45 f4 01    ADD❶  dword ptr [EBP + local_10],0x1
0804851f  83 45 f0 01    ADD   dword ptr [EBP + local_14],0x1

;변경 후:
0804851b  66❷  90        NOP❸
0804851d  f4             ??❹   F4h
0804851e  01             ??    01h
0804851f  83 45 f0 01    ADD   dword ptr [EBP + local_14],0x1

;문제 해결:
0804851b  66 90          NOP
0804851d  90             NOP❺
0804851e  90             NOP
0804851f  83 45 f0 01    ADD   dword ptr [EBP + local_14],0x1
```

4바이트 크기의 ADD 명령❶이 2바이트 크기의 NOP 명령❸으로 교체됐다. 기드라의 어셈블러는 x86 NOP(90) 명령에 접두사 바이트(66)❷를 삽입해 사용 가능한 공간을 채우고자 최선을 다했다. 하지만 그럼에도 원래 명령이 차지했던 바이트 중 2바이트❹가 남는다. 나머지 2바이트 중 하나는 HLT(단축키 D를 이용해 디스어셈블해서 확인)로 해석됐고 다른 하나는 기드라가 디스어셈블할 수 없는 값이다. 이렇게 패치된 상태로 바이너리를 실행하면 패치된 위치에서 프로그램이 종료될 것이다.

기드라는 이해하지 못하는 코드는 ?? 문자로 표현하며, 기드라 스스로 패치 목적을 이해하지 못하기 때문에 '올바른' 해결책은 직접 해결하는 것이다. 바이너리를 익

716

스포트할 의도 없이 단순히 코드를 수정하고자 하는 경우에는 마우스 오른쪽 버튼 메뉴에서 재정의 옵션을 선택해 불필요한 바이트를 우회할 수 있다.[2] 또는 정의되지 않은 바이트를 기드라가 디스어셈블하게 만들 수 있지만 유효한 명령으로 디스어셈블될 가능성은 거의 없다. 이와 같은 상황에서 가장 일반적인 해결책은 남은 바이트들을 모두 NOP 명령❺으로 대체하는 것이다.

새로 대체할 명령의 크기가 원래 명령의 크기보다 크다면 새로운 문제에 직면하게 된다.

```
;변경 전:
08048502  6a 01           PUSH❶  0x1
08048504  ff 75 f0        PUSH❷  dword ptr [EBP + local_14]
08048507  ff 75 08        PUSH   dword ptr [EBP + param_1]
0804850a  e8 51 fe ff ff  CALL   read

;변경 후:
08048502  68 00 01 00 00  PUSH❸  0x100
08048507  ff 75 08        PUSH   dword ptr [EBP + param_1]
0804850a  e8 51 fe ff ff  CALL   read
```

이 경우 패치의 목적은 1바이트가 아닌 $256_{(0x100)}$바이트를 읽게 만드는 것이다. read 함수에 스택을 이용해 세 번째 인자를 전달하는 역할을 하는 2바이트 크기의 PUSH 명령❶이 5바이트 크기의 PUSH 명령❸으로 교체됐다. 문제는 5바이트 명령으로 교체돼 read 함수에 두 번째 인자를 전달하기 위한 명령❷이 완전히 덮어써졌다는 것이다.

결국 수정된 코드는 read 함수에 충분한 인자를 제공하지 못할 뿐만 아니라 포인터로 전달돼야 하는 부분이 정수를 전달하게 됐다. 이렇게 패치를 수행하면 프로그램은 확실히 종료될 것이다. 이 문제에 대한 해결책은 간단하지 않으며 다음 절에서 설명한다.

---

2. 재정의 옵션에는 우회할 시작 주소와 끝 주소를 이용해 특정 부분을 우회할 수 있는 옵션도 있다.

좀 더 복잡한 패치

패치하는 크기가 패치 대상 명령이나 데이터보다 큰 경우에는 어려움에 직면하게 될 것이다. 그런 경우에는 패치가 불가능하다기보다는 패치를 올바르게 구현하려면 훨씬 더 많은 생각과 노력이 필요하다. 이번 절에서는 패치에 코드나 데이터가 포함돼 있는지 여부에 따라 '패치의 크기가 너무 큰' 경우를 해결하기 위한 몇 가지 접근 방법을 설명한다.

큰 코드 패치

기존 명령의 크기보다 패치할 코드의 크기가 크다면 충분한 크기의 사용되지 않는 영역을 찾거나 만들어 그곳에 패치할 코드를 위치시키고 점프 명령(일종의 훅)을 삽입해 원래의 패치 대상 위치로 실행 흐름이 전달되게 만들어야 한다. 또한 훅 함수로 실행 흐름을 변경하려면 패치 대상 코드에 점프 명령을 추가해야 한다.

그림 22-23은 점프 훅을 설치해 패치하는 경우에 대한 개념적인 흐름을 보여준다.

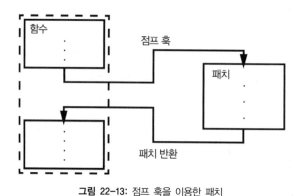

그림 22-13: 점프 훅을 이용한 패치

패치 코드가 위치하게 될 사용하지 않는 공간은 다음과 같은 조건을 만족시켜야 한다.

- 최소한 패치 코드만큼 공간이 커야 한다.

718

- 런타임에 실행할 수 있는 주소여야 한다.
- 파일 내용으로부터 초기화돼야 한다. 그렇지 않으면 패치가 런타임에 로드되지 않을 것이다.

충분히 크고 사용되지 않으면서 실행될 수 있는 바이트 블록 영역을 찾기 위한 가장 쉬운 위치는 바이너리의 코드 카브^{code cave} 영역이다. 코드 카브는 .text와 같은 바이너리의 실행 섹션이 실행 파일 형식에서 요구하는 섹션 정렬 요구 사항을 만족시키고자 바이트가 패딩될 때 만들어진다. 윈도우 PE 바이너리에서 모든 섹션은 512바이트의 배수여야 하는 경우가 많기 때문에 코드 카브는 매우 흔하게 발견할 수 있다.

코드 카브를 찾고자 가장 먼저 살펴봐야 할 곳은 .text 섹션의 끝부분이다. CodeBrowser의 Program Trees 창에서 .text 섹션 이름(또는 다른 섹션 이름)을 더블클릭해 해당 섹션으로 이동하고 Listing 창에서 스크롤해 섹션의 끝부분으로 이동하면 된다.

다음은 샘플 PE 바이너리의 .text 섹션 끝부분을 Listing 창으로 본 것이다.

```
140012df8 ??        00h
140012df9 ??        00h
140012dfa ??        00h
140012dfb ??        00h
140012dfc ??        00h
140012dfd ??        00h
140012dfe ??        00h
140012dff ??        00h
```

.text 섹션의 끝부분을 통해 다음과 같은 사실을 알아낼 수 있다.

- 기드라에 의해 분류되지 않은 바이트(??)가 위치하고 있다.
- 바이트의 값은 00h로 초기화돼 있다.
- .text 섹션의 끝은 140012dff이며 섹션의 크기가 512바이트의 배수여야 한다는 조건을 만족한다(140012e00은 0x200의 배수).

위로 스크롤(또는 검색 방향이 Up으로 설정된 CodeBrowser에서 I 툴 선택)해 이전 명령이 있는 곳으로
이동하면 다음과 같은 명령을 찾게 된다.

```
140012cbd POP    RBP
140012cbe RET❶
140012cbf ??     CCh
140012cc0 ??     00h
```

섹션에서 의미를 갖는 마지막 명령은 RET 명령❶이고 코드 카브의 크기는
0x140012e00 - 0x140012cbf = 0x141(321바이트)이다. 즉, 이 바이너리에 최대 321바이
트의 새로운 코드를 삽입해 패치할 수 있다는 의미가 된다. 주소 0x140012cbf에
새 코드를 패치했다고 가정하면 실행 흐름이 패치 코드에 도달하게 만들려면 바이
너리의 기존 코드 어딘가에서 0x140012cbf로 점프하게 만들어야 한다.

코드 카브를 찾지 못했거나 찾은 코드 카브 영역의 크기가 충분하지 않다면 충분한
공간을 찾고자 좀 더 창의적인 방법을 사용해야 한다. 바이너리를 빌드할 때 사용
하는 컴파일러 옵션에 따라 함수 간 정렬을 위해 존재하는 공간에 패치 코드를
분산시킬 수도 있다. 즉, 컴파일러가 모든 함수의 시작 주소를 2의 배수(또는 16)인
곳에 정렬하게 선택할 때 함수 간의 공간이 존재하게 된다. 그런 경우에는 평균적
으로 align/2바이트의 공간이 존재하게 되고 함수 사이의 공간에 정렬을 위해 패
딩 바이트가 삽입됐다면 그 크기는 align − 1바이트가 된다. 다음은 함수의 정렬
이 16일 때 두 인접 함수 사이의 공간이 (패치를 수행하는 관점에서 봤을 때) 최적인 상태를
보여준다.

```
  1400010a0 RET
❶ 1400010a1 ??     CCh
  1400010a2 ??     CCh
  1400010a3 ??     CCh
  1400010a4 ??     CCh
  1400010a5 ??     CCh
```

```
      1400010a6 ??        CCh
      1400010a7 ??        CCh
      1400010a8 ??        CCh
      1400010a9 ??        CCh
      1400010aa ??        CCh
      1400010ab ??        CCh
      1400010ac ??        CCh
      1400010ad ??        CCh
      1400010ae ??        CCh
    ❷ 1400010af ??        CCh
       *******************************************************
       *                        FUNCTION                     *
       *******************************************************
```

1400010a1❶에서 1400010af❷ 사이의 모든 바이트는 패치 코드로 안전하게 덮어쓸 수 있다.

또 다른 방법으로는 패치 코드를 압축해 삽입하는 것이다. 경우에 따라 기존 프로그램 섹션을 확장하거나 아예 새로운 섹션을 추가하는 경우도 있다. 섹션 자체를 어떤 식으로든 조작한다면 수정 사항이 제대로 반영되도록 바이너리의 섹션 헤더를 업데이트해야 한다. 따라서 파일 형식에 따라 섹션 조작 방법이 달라질 수 있고 파일 헤더의 데이터 구조에 대한 자세한 이해를 필요로 한다.

큰 데이터 패치

데이터를 패치하는 것은 코드를 패치하는 것보다 어떤 면에서는 좀 더 쉽거나 어떤 면에서는 좀 더 어렵다고 할 수 있다. 구조체 데이터를 패치하는 경우에는 주 관심사가 구조체 각 멤버의 올바른 크기와 바이트 순서이며 구조체 자체의 크기는 컴파일 시 결정되기 때문에 패치하는 데이터의 크기에 대해 걱정할 필요가 없다. 문자열 데이터를 패치할 때는 새로운 데이터가 기존 문자열 공간에 완전히 들어가는 것이 좋다. 새로운 문자열이 기존 문자열보다 큰 경우 다행스럽게 문자열 사이에 몇 바이트의 패딩 바이트를 찾을 수도 있지만 프로그램이 의존하는 데이터가 손상되지 않게 주의할 필요가 있다. 새로운 데이터를 위한 메모리 공간이 부족한 경우 새로운 위치를 찾아야만 하지만 데이터를 적절히 이동시키는 것은 어려울 수 있다.

전역 데이터의 경우에는 모두 프로그램의 코드나 데이터 섹션으로부터의 오프셋 값으로 참조된다. 데이터를 다른 곳으로 재배치하려면 사용되지 않는 충분한 크기의 공간을 찾아야 할 뿐만 아니라 원래 데이터를 참조하고 있는 모든 곳이 새로운 위치를 참조하게 변경시켜줘야 한다. 기드라의 상호 참조는 전역 데이터에 대한 모든 참조를 찾는 데 도움이 되지만 파생된 포인터(포인터 산술 연산으로 만들어진 포인터)를 식별하지는 못한다.

기드라에서 모든 패치 작업이 수행됐고 그 결과 코드 또한 만족스럽다면 해당 패치 내용을 원래의 바이너리에 적용해 제대로 작동하는지 확인하고 싶을 것이다.

파일 익스포트

패치에 의한 변경 사항이 바이너리의 동작에 제대로 반영됐는지 확인하려면 원래의 바이너리에 변경 사항을 업데이트해야 한다. 이번 절에서는 패치와 관련된 기드라의 익스포트 기능을 살펴본다.

기드라의 File ➤ Export Program 메뉴를 선택하면 프로그램의 정보를 여러 가지 형식으로 익스포트할 수 있다. 그림 22-14는 Export 대화상자를 보여준다.

Project Manager에서 익스포트할 파일을 선택하고 마우스 오른쪽 버튼 메뉴의 Export를 통해서도 Export 대화상자를 띄울 수 있다. Export 대화상자에서는 익스포트 파일 형식과 위치를 지정할 수 있으며 익스포트 범위를 CodeBrowser에서 선택한 영역으로 제한할 수도 있다. 익스포트 형식에 따라 익스포트 과정을 좀 더 자세히 제어할 수 있는 추가 옵션이 제공되기도 한다.

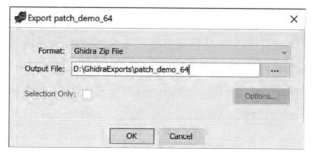

그림 22-14: 기드라의 Export 대화상자

익스포트 형식

기드라는 다음과 같은 익스포트 형식을 지원하면 바이너리 패치인 경우에는 Binary 포맷을 사용하면 된다.

Ascii: Ascii 익스포트 형식은 Listing 창에 출력되는 것과 같은 프로그램의 텍스트 표현을 저장하는 데 유용하며, 어떤 필드가 익스포트 파일에 포함돼야 하는지 선택할 수 있는 옵션이 제공된다.

Binary: Binary 익스포트 형식은 바이너리 파일을 만들어내며 이번 장에서 설명한 바이너리 패치의 경우에 가장 유용하게 사용된다.

C/C++: C/C++ 익스포트 형식은 디컴파일러가 만들어낸 소스코드 표현과 Data Type Manager에서 식별된 모든 타입 선언을 저장하는 데 사용된다. Decompiler 창에서도 이 기능을 사용할 수 있다.

Ghidra Zip File: Ghidra Zip File 익스포트 형식은 기드라 인스턴스에 임포트하는 데 유용하게 자바 객체를 직렬화해서 저장한다.

HTML: HTML 익스포트 형식은 프로그램 코드를 HTML 형식으로 저장한다. Ascii 익스포트 형식의 경우처럼 익스포트 파일에 포함시킬 필드를 선택할 수 있다. 라벨과 상호 참조는 익스포트 파일 내에서 기본적인 탐색이 가능하게 하이퍼링크로 표시된다.

Intel Hex: Intel Hex 익스포트 형식은 바이너리 데이터를 아스키 표현으로 저장하며 EEPROM 프로그래밍에 주로 사용된다.

XML: XML 익스포트 형식은 프로그램의 내용을 구조화된 XML 형식으로 저장하며, 어떤 프로그램의 구성 요소를 포함시킬지 선택할 수 있다. 또한 디버깅 함수에 대한 디컴파일이 용이하게 Decompiler 창에서 개별 함수에 대해서도 사용할 수 있다. 기드라에는 XML 익스포트 형식을 위한 로더가 포함돼 있지만 이 형식을 선택하면 다음과 같은 경고를 보게 될 것이다. "경고: XML에 손실된 내용이 있으며 외부 도구로 데이터를 전송하기 위한 용도로만 사용된다. GZF 가 프로그램의 데이터 저장 및 공유에 권장되는 형식이다."

바이너리 익스포트 형식

기드라의 Binary 익스포트는 프로그램의 바이너리 내용을 파일에 저장할 때 사용된다. 프로그램의 초기화된 모든 메모리 블록(Window ➤ Memory Map 참고)은 연결된 형태로 출력 파일에 저장된다. 출력 파일이 기드라에 임포트된 원래 파일처럼 로드될지 여부는 임포트할 때 사용되는 로더 모듈에 따라 결정된다. Raw Binary는 원래 파일의 모든 바이트를 하나의 메모리 블록에 로드하기 때문에 원본 입력 파일을 다시 생성할 수 있다. 하지만 다른 로더는 그렇지 않을 수 있다(예를 들면 PE 로더는 파일의 모든 바이트를 로드하지만 ELF 로더는 그렇지 않다).

기드라로 변경한 사항을 적용할 때가 되면 생성된 파일에 패치된 내용이 포함돼 있고 문제없이 실행되는지 확인해야 한다. PE 파일을 패치해 Binary 익스포트 파일을 만들었다면 패치된 바이너리를 만들 수 있을 것이다. 즉, 프로그램을 Raw Binary 로더로 임포트했다면 Binary 익스포트는 패치가 적용된 원본 바이너리를 만들어낼 수 있을 것이다. 물론 17장에서 설명한 것처럼 Raw Binary 로더를 사용할 때는 프로그램에 대한 대부분의 메모리 레이아웃을 수동으로 설정해야 할 수도 있기 때문에 장단점이 있다. 어떤 로드든지 패치된 바이너리가 제대로 로드되게 스크립트를 작성해 적용할 수도 있다.

스크립트 지원 익스포트

로더에 의해 만들어진 메모리 블록이 전체 파일 바이트 영역을 차지하는지 여부를 이해하고자 모든 기드라 로더에 대한 철저한 테스트를 수행하는 대신 프로그램의 패치된 버전을 저장할 기드라 스크립트를 만들 수도 있다. 스크립트는 로더의 종류에 상관없이 기드라로 패치된 파일을 만들 수 있으며, 기드라가 현재 인식하고 있는 메모리 맵 레이아웃과 상관없이 항상 원본 파일 바이트의 전체 영역을 처리할 수 있다.

```
public void run() throws Exception {
  Memory mem = currentProgram.getMemory();
❶ java.util.List<FileBytes> fbytes = mem.getAllFileBytes();
  if (fbytes.size() != 1) {
    return;
  }
❷ FileBytes fb = fbytes.get(0);
❸ File of = askFile("Choose output file", "Save");
  FileOutputStream fos = new FileOutputStream(of, false);
  writePatchFile(fb, fos);
  fos.close();
}
```

스크립트는 프로그램의 FileBytes❶를 구하는 것으로 시작한다. FileBytes 객체는 임포트된 프로그램 파일의 모든 바이트를 캡슐화하고 파일에 있는 각 바이트의 원래 값과 변경된 값을 모두 추적한다. 기드라에서는 여러 개의 파일을 하나의 프로그램으로 임포트할 수 있으며, 이 스크립트에서는 프로그램에 임포트된 첫 번째 파일의 바이트(파일 바이트의 첫 번째 영역)❷만 처리한다.

출력 파일 정보를 입력하면❸ FileBytes 객체와 OutputStream이 writePatchFile 함수에 전달돼 패치된 실행 파일 생성을 위한 세부 정보가 처리된다.

프로그램의 매핑된 메모리를 표현하고자 기드라 로더는 런타임 로더와 유사한 방식으로 프로그램의 재배치 테이블 항목을 처리한다. 그 결과, 수정을 위해 표시된 프로그램 위치(재배치 테이블 항목이 있는 위치)가 기드라에 의해 적절히 재배치된 값으로 변경된다. 패치된 버전의 바이너리를 만들 때는 기드라가 재배치 목적으로 수정한 바이트는 포함하고 싶지 않을 것이다.

이어지는 writePatchFile 함수는 프로그램의 재배치 테이블에 근거해 런타임에 (기드라에 의해) 패치되는 주소 집합을 만드는 작업을 시작한다.

```
  public void writePatchFile(FileBytes fb, OutputStream os) throws Exception {
    Memory mem = currentProgram.getMemory();
    Iterator<Relocation> relocs;
❶ relocs = currentProgram.getRelocationTable().getRelocations();
    HashSet<Long> exclusions = new HashSet<Long>();
    while (relocs.hasNext()) {
      Relocation r = relocs.next();
❷   AddressSourceInfo info = mem.getAddressSourceInfo(r.getAddress());
      for (long offset = 0; offset < r.getBytes().length; offset++){
❸     exclusions.add(info.getFileOffset() + offset);
      }
    }
❹ saveBytes(fb, os, exclusions);
  }
```

프로그램의 재배치 테이블에 대한 반복자를 얻은 후❶ 각 재배치 항목에 대한 AddressSourceInfo를 구한다.❷

AddressSourceInfo 객체는 디스크 파일에 매핑된 프로그램 주소와 로드된 프로그램 바이트에 대한 파일에서의 오프셋을 제공한다. 각 재배치 바이트의 파일 오프셋은 offset 값이 더해지며❸ 최종적으로 패치된 파일을 만들 때는 무시된다. 그리고 함수는 현재 프로그램 파일의 최종적인 패치된 버전을 만들고자 saveBytes 함수를 호출❹하고 종료된다. saveBytes 함수는 다음과 같다.

```java
public void saveBytes(FileBytes fb, OutputStream os, Set<Long> exclusions)
                       throws Exception {
    long begin = fb.getFileOffset();
    long end = begin + fb.getSize();
❶  for (long offset = begin; offset < end; offset++) {
    ❷  int orig = fb.getOriginalByte(offset) & 0xff;
    ❸  int mod = fb.getModifiedByte(offset) & 0xff;
        if (!exclusions.contains(offset) && orig != mod) {
        ❹  os.write(mod);
        }
        else {
        ❺  os.write(orig);
        }
    }
}
```

saveBytes 함수는 전체 파일 바이트를 대상으로 루프를 돌면서❶ 원래의 바이트 값을 출력 파일에 쓸 것인지 수정된 바이트 값을 쓸 것인지 결정한다.

각각의 파일 오프셋에 대해 **FileBytes** 클래스의 메서드를 이용해 임포트된 파일의 원래 바이트 값❷과 기드라나 기드라 사용자에 의해 수정된 현재의 바이트 값❸을 구한다. 그리고 원래 바이트 값이 현재의 바이트 값과 다르고 재배치 항목과 연관 돼 있지 않다면 수정된 현재의 값을 파일에 쓰고❹ 그렇지 않다면 원래의 값을 파일에 쓴다.❺

지금까지 설명한 내용을 정리하고자 예제를 통해 바이너리를 패치하고 패치된 바이너리가 정상적으로 동작하는지 살펴보자.

예제: 바이너리 패치

바이너리 패치를 수행하는 예제를 살펴보자. 디버거의 존재를 확인해서 있다면 동작을 종료하는 악성코드가 있다고 가정해보자. 다음은 간단한 악성코드의 소스 코드다.

```
int is_debugger_present() {
    return ptrace(PTRACE_TRACEME, 0, 0, 0) == -1;
}
void do_work() {
❶ if (is_debugger_present()) {
        printf("No debugging allowed - exiting!\n\n");
        exit(-1);
    }
    // 여기서 흥미로운 작업을 수행
    printf("Confirmed that there is no debugger, so do\n"
            "interesting things here that we don't want\n"
            "analysts to see!\n\n");
    }
    int main() {
        do_work();
        return 0;
}
```

먼저 디버거가 존재하는지 확인❶하고 존재한다면 종료한다. 그리고 디버거가 존재하지 않으면 불법적인 작업을 시작한다. 다음은 디버거가 연결되지 않은 상태에서 실행된 출력 내용이다.

```
# ./debug_check_x64
Confirmed that there is no debugger, so do
interesting things here that we don't want
analysts to see!
```

디버거가 연결된 상태에서 프로그램이 실행되면 다른 출력 결과를 볼 수 있다.

```
# gdb ./debug_check_x64
    Reading symbols from ./debug_check_x64...(no debugging symbols found)...done.
    (gdb) run
    Starting program: /ghidrabook/CH22/debug_check_x64
    No debugging allowed - exiting!
    [Inferior 1 (process 434) exited with code 0377]
    (gdb)
```

기드라로 해당 바이너리를 로드하면 Listing 창에 다음과 같은 코드를 볼 수 있을 것이다.

```
        undefined do_work()
            undefined AL:1 <RETURN>
001006f8  PUSH    RBP
001006f9  MOV     RBP,RSP
001006fc  MOV     EAX,0x0
00100701  CALL    is_debugger_present
00100706  TEST    EAX,EAX
00100708  JZ      LAB_00100720
0010070a  LEA     RDI,[s_No_debugging_allowed_-_exiting!_001007d8]
00100711  CALL    puts
00100716  MOV     EDI,0xffffffff
0010071b  CALL    exit
        -- Flow Override: CALL_RETURN (CALL_TERMINATOR)
            LAB_00100720
00100720  LEA     RDI,[s_Confirmed_that_there_is_no_debug_001008
00100727  CALL    puts
0010072c  NOP
0010072d  POP     RBP
0010072e  RET
```

위 코드에 대한 Decompiler 창의 내용은 다음과 같다.

```
void do_work(void)
{
  int iVar1;

  iVar1 = is_debugger_present();
  if (iVar1 != 0) {
    puts("No debugging allowed - exiting!\n");
                  /* WARNING: Subroutine does not return */
    exit(-1);
  }
  puts("Confirmed that there is no debugger, so do\n"
      "interesting things here that we don't want\n"
      "analysts to see!\n"
  );
  return;
}
```

디버거를 체크하는 부분을 우회하도록 바이너리를 패치하려면 is_debugger_present 함수 호출 부분과 함수의 결과를 체크하는 부분을 NOP으로 변경하거나 is_debugger_present 함수의 내용을 변경해야 한다. 마우스 오른쪽 버튼 메뉴의 Patch Instruction을 이용하면 그림 22-15처럼 쉽게 JZ를 JNZ로 변경(디버거가 존재하는 경우에만 실행되게 변경됨)할 수 있다.

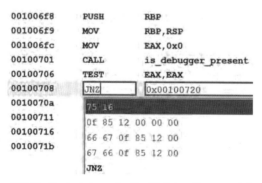

그림 22-15: Patch Instruction을 이용해서 JZ를 JNZ로 변경

변경한 후의 Decompiler 창의 내용은 다음과 같다.

```c
void do_work(void)
{
  int iVar1;

  iVar1 = is_debugger_present();
  if (iVar1 == 0) {
    puts("No debugging allowed - exiting!\n");
                      /* WARNING: Subroutine does not return */
    exit(-1);
  }
  puts("Confirmed that there is no debugger, so do\n"
       "interesting things here that we don't want\n"
       "analysts to see!\n"
  );
  return;
}
```

익스포트 스크립트를 이용해서 바이너리를 익스포트한 다음 다시 실행시키면 디버거가 없는 경우와 디버거가 있는 경우의 출력 결과는 다음과 같이 변경되며 원하는 대로 패치된 것을 확인할 수 있다.

```
# ./debug_check_x64.patched
  No debugging allowed - exiting!

# gdb ./debug_check_x64.patched
  Reading symbols from ./debug_check_x64.patched...(no debugging symbols
found)...done.
  (gdb) run
  Starting program: /ghidrabook/CH22/debug_check_x64.patched
  Confirmed that there is no debugger, so do
  interesting things here that we don't want
  analysts to see!
```

```
[Inferior 1 (process 445) exited normally]
(gdb)
```

이 예제의 경우에는 파일 내에서 1바이트만 변경됐다. 파일의 변경 내용을 확인할
수 있는 외부 도구(예를 들면 VBinDiff)는 많으며 기드라 내부에서 제공하는 도구를 이용
해서도 확인할 수 있다. 23장에서는 이에 대해 알아본다.

요약

바이너리 패치의 동기와 상관없이 패치를 위해서는 신중한 계획과 배포가 필요하
다. 기드라는 패치를 계획하고자 필요한 모든 것을 제공한다. 즉, 16진수 편집 기
능과 기드라에 내장된 어셈블러, 스크립트 기능을 제공하고 변경 사항을 효과적으
로 볼 수 있게 해주며 패치된 바이너리를 만들기 전에 Undo 기능을 이용해 변경
사항을 되돌릴 수도 있다. 23장에서는 기드라를 사용해 패치되지 않은 바이너리와
패치된 바이너리를 비교하는 방법을 설명하고 바이너리 간의 차이와 버전을 추적
하기 위한 기드라의 기능을 살펴본다.

23

바이너리 비교와 버전 추적

22장에서는 기드라가 리버스 엔지니어링 분석 작업에 어떤 도움이 될 수 있는지 설명했다. 즉, 기드라를 이용해 바이너리를 이해하고 바이너리 변환과 분석 작업을 문서화하기 위한 여러 가지 방법을 다뤘다.

23장에서는 바이너리 파일 간의 유사도와 차이점을 파악하고 이전 분석 결과를 새로운 파일에 쉽게 적용하기 위한 바이너리 비교와 기드라의 Version Tracking 툴에 대해 설명한다. 또한 바이너리 비교, 함수 비교 그리고 버전 추적이라는 3가지 관점에서 파일 차이점을 살펴본다.

바이너리 비교

22장에서 exit() 함수가 호출되는 것을 우회하도록 단일 명령의 1바이트를 변경 (JZ(74)를 JNZ(75)로 변경)하는 패치를 수행했다. 변경 사항을 확인하고 변경된 것을 정확히 문서화하고자 VBinDiff나 WinDiff와 같은 외부 툴을 이용해 바이트 수준에서 두 파일을 비교할 수 있다. 하지만 명령 수준에서 파일을 비교하려면 좀 더 정교한 툴이 필요하다. 그것은 바로 기드라의 Listing 창에서 사용할 수 있는 Program Diff 다. 비교 작업이 수행된 후에는 발견된 차이점을 보여줄 뿐만 아니라 차이 유형에 따라 조치를 취할 수 있는 기회를 제공해준다.

기드라 프로젝트에 임포트된 동일한 상태(예를 들면 두 파일 모두 분석이 수행된 상태이거나 두 파일 모두 분석이 수행되지 않은 상태)의 두 파일을 비교하려면 CodeBrowser에서 둘 중 하나의 파일을 열고 Tools ➤ Program Differences를 선택해 비교할 또 다른 파일을 선택하면 된다. 또는 Listing 창의 툴(그림 23-1)을 이용할 수도 있다. 해당 툴 아이콘은 Program Diff를 열거나 닫는 토글 역할을 한다.

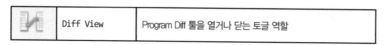

| | Diff View | Program Diff 툴을 열거나 닫는 토글 역할 |

그림 23-1: CodeBrowser Diff View 아이콘

패치되지 않은 원본 파일을 열고 Diff View 아이콘을 이용해 패치된 파일을 선택해보 자. 그러면 그림 23-2와 같이 Determine Program Differences 대화상자가 나타난다.

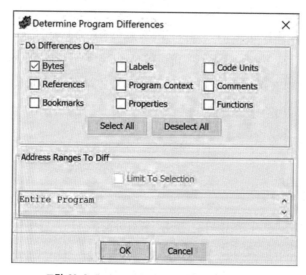

그림 23-2: Determine Program Differences 대화상자

기본적으로 비교 가능한 모든 필드가 선택된 상태로 Determine Program Differences 대화상자가 나타나지만 Bytes 필드만 선택해 패치가 제대로 수행됐는지 확인해보자. OK 버튼을 클릭하면 Listing 창에 2개의 바이너리 내용이 분할돼 표시된다. Listing 창의 분할된 두 영역은 기본적으로 동기화되기 때문에 한 곳의 위치를 이동하면 다른 곳의 위치도 함께 변경된다. 발견된 차이점을 탐색하는 방법은 여러 가지기 있으며 그에 대해서는 23장의 뒷부분에서 설명한다.

비교를 위해 2개의 파일을 열면 기드라는 각 파일의 시작 부분을 Listing 창에 표시한다. Listing 창의 툴바에서 아래쪽 화살표(또는 Ctrl + Alt + N)를 사용하면 두 파일에서 첫 번째로 다른 부분으로 이동할 수 있다. 두 파일 간의 다른 부분은 강조를 위해 Listing 창에서 색으로 강조된 디스어셈블리 코드로 표시되며, 함수 안의 내용이 다른 경우에는 Decompiler 창에서도 색으로 강조된다(Decompiler 창은 두 파일 중에서 첫 번째 파일과 동기화된다). 두 파일의 내용이 다른 첫 번째 위치로 이동하면 첫 번째 코드에서는 JZ(74)를 볼 수 있고 두 번째 코드에서는 JNZ(75)를 볼 수 있다.

좀 더 자세한 정보를 원한다면 Window ➤ Diff ➤ Diff Details 메뉴를 이용하면 된다. 그러면 CodeBrowser 창의 하단 부분에 위치한 Diff Details 창에서 다음과 같은 세부 내용을 볼 수 있다.

```
Diff address range 1 of 1.
Difference details for address range: [ 00100708 - 00100709 ]

Byte Diffs :
  Address    Program1  Program2
  00100708   0x74      0x75

Code Unit Diffs :
  Program1 CH23:/DiffDemo/debug_check_x64 :
    00100708 - 00100709   JZ 0x00100720
                          Instruction Prototype hash = 16af243b
  Program2 CH23:/DiffDemo/debug_check_x64.patched :
    00100708 - 00100709   JNZ 0x00100720
```

첫 번째 줄에서 두 파일 간의 차이가 발견된 주소 영역을 보여주고 있으며 단지 한 곳에서 1바이트만 다르다는 것을 알 수 있다. 위 경우에는 기드라의 Program Diff 툴의 가장 기본적인 부분만을 살펴본 것이기 때문에 시간을 들여 좀 더 자세히 살펴보자.

Program Diff 툴

그림 23-2 상단에 있는 9개의 선택 옵션에 의해 비교 작업이 어떻게 수행되는지 결정되며 일부 옵션만 선택할 수도 있고 모두를 선택할 수도 있다. 기본적으로 Program Diff 툴은 파일의 전체 영역을 비교한다. 하지만 특정 주소 영역만을 비교하고 싶다면 Program Diff 툴을 실행시키기 전에 첫 번째 파일에서 해당 영역을 선택해야 한다. 일단 옵션을 선택하고 OK 버튼을 클릭하면 Listing 창이 분할된다.

Program Diff

Program Diff View를 통해 두 비교 대상 파일을 동시에 볼 수 있다. 즉, Listing 창이 2개로 분할돼 왼쪽과 오른쪽에 각 파일이 표시된다. Diff Details 창을 열면 CodeBrowser 창 하단에 표시된다. Diff Details 창에서 Program1은 왼쪽에 표시되는 파일(원본 파일)을 의미하고 Program2는 오른쪽에 표시되는 파일(Program1과 비교할 파일)을 의미한다. Decompiler 창에는 Program1의 내용이 표시된다. 두 파일의 비교 작업은 양방향으로 수행될 수 있다. Program Diff 툴을 사용할 때 각 파일이 어떤 파일인지 기억하는 것은 사용자의 몫이다.

일반적으로는 파일 분석 작업이 이뤄지고 그로 인한 코드 일부 또는 전체가 친숙해 지면 분석이 수행된 파일을 열어 비교 작업을 수행하게 된다. Program Diff는 필요하다면 빈 줄을 삽입해 두 파일 간의 정렬을 유지시킨다. 차이나는 부분이 발견되면 그 부분을 강조 표시하며, Program Diff 툴바를 통해 탐색을 수행하거나 발견된 차이를 어떻게 처리할 것인지 결정할 수 있게 해준다.

Program Diff 툴바

그림 23-3은 Program Diff 툴바에 대한 설명이며 Listing 창의 툴바를 확장시킨다.

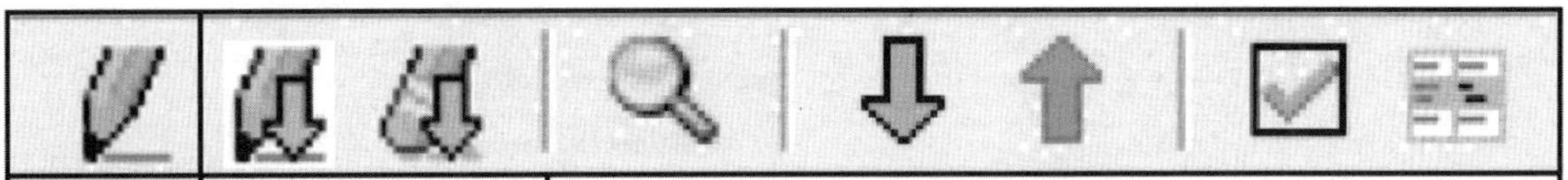

	차이점 적용	선택한 설정을 적용하고 위치를 동일하게 유지
	차이점 적용 및 이동	선택한 설정을 적용하고 강조 표시된 다음 차이점으로 이동
	차이점을 무시하고 이동	선택한 설정을 무시하고 강조 표시된 다음 차이점으로 이동
	세부 정보 표시	Diff Details 창을 열어 차이점에 대한 세부 정보를 제공
	다음 차이점으로 이동	강조 표시된 다음 차이점으로 이동
	이전 차이점으로 이동	강조 표시된 이전 차이점으로 이동
	Diff Apply Settings 표시	Diff Apply Settings 창을 열어 설정을 수정할 수 있게 해줌
	Determine Program Differences	Determine Program Differences 대화상자를 열어 비교 옵션과 비교 영역을 수정할 수 있게 해줌

그림 23-3: Program Diff 툴바

Diff Apply Settings 창

Diff Apply Settings는 두 파일 간에 다른 부분이 있을 때 수행하는 작업을 정의한다. 그림 23-4는 Diff Apply Settings 창을 보여준다.

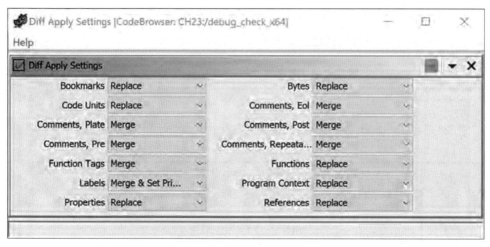

그림 23-4: Diff Apply Settings 창

각각의 설정은 두 번째 파일에서 첫 번째 파일로 적용할 기본적인 작업을 정의한다. 적용할 작업은 다음 4가지 중 하나가 될 수 있다.

무시Ignore: 첫 번째 파일을 수정하지 않는다(모든 경우에 사용 가능).

교체Replace: 첫 번째 파일의 내용을 두 번째 파일의 내용과 일치하도록 변경한다(모든 경우에 사용 가능).

병합Merge: 두 번째 파일의 차이점을 첫 번째 파일에 추가한다. 라벨에 적용하는 경우에는 Primary로 설정된 라벨은 변경되지 않는다(주석 및 라벨에서 사용 가능).

병합 및 Primary 설정 Merge & Set Primary: 이는 병합과 동일하지만 Primary로 설정된 라벨이 두 번째 파일의 라벨로 설정된다(라벨에만 사용 가능).

그림 23-4 상단에는 2개의 툴바 아이콘이 있다. Save as Default 아이콘은 현재의 Diff Apply Settings 내용을 저장한다. 화살표 아이콘은 그림 23-5와 같은 메뉴를 제공해서 한 번에 모든 설정을 변경할 수 있게 해준다.

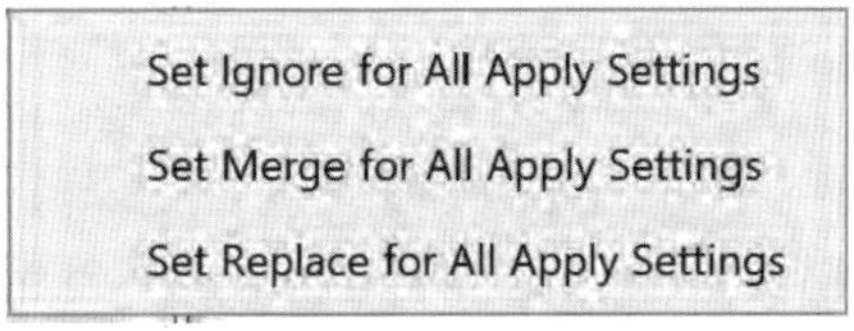

그림 23-5: Diff Apply Settings 창의 메뉴

Merge 작업을 적용할 수 없는 설정에 Merge를 선택하면 Replace 작업으로 변경된
다. 라벨의 경우에는 Replace 대신 Merge & Set Primary로 변경된다. Diff Apply
Settings 창에서 변경한 설정을 모두 파일에 적용하려면 툴바에서 '차이점 적용'을
선택하면 된다. Program Diff 툴을 이용한 작업이 끝나 Listing 창의 Diff View 아이콘
을 토글하면 그림 23-6과 같은 대화상자를 볼 수 있다.

그림 23-6: Close Diff Session 대화상자

현재의 Diff 작업 세션을 닫으면 Listing 창의 두 번째 파일이 닫히고 Listing 창에는
첫 번째 파일만 표시(Diff 작업에서 선택한 모든 변경 사항이 반영)되는 일반적인 모습으로 돌아가
게 된다.

Program Diff 툴은 2가지 경우를 위해 설계됐다. 첫 번째는 기드라 Server 인스턴스
를 공유하지 않는 2명의 다른 사용자가 각기 분석한 파일을 비교하는 경우이고,
두 번째는 동일한 소스코드 기반의 서로 다른 버전(예를 들면 어느 한 공유 라이브러리의 패치된
버전과 패치되지 않은 버전)의 바이너리를 비교하는 경우다. 다음 예제에서는 Program Diff
툴을 이용한 각기 독립적으로 분석된 동일한 바이너리의 두 복사본에 대한 작업을
살펴본다.

예제: 분석된 두 파일의 병합

암호화 루틴을 포함하고 있는 바이너리를 분석하고 있다고 가정해보자. 그리고 동료가 말하길 해당 바이너리에는 암호화 루틴이 있는 것으로 보이며 그것과 동일한 악성코드 계열에 속할 가능이 있는 바이너리를 분석 중이라고 한다. 따라서 두 파일을 비교할 수 있게 분석 중인 자신의 프로젝트를 공유하기로 했다. 그리고 Diff View를 통해 두 사람이 동일한 바이너리를 분석하고 있는 것처럼 보인다는 것을 즉시 알 수 있었다.

문제는 분석을 수행하는 과정에서 각기 나름대로 진전이 있었으며 그 과정에서 해당 파일의 내용을 수정했다는 것이다. 따라서 진전된 각 분석 내용을 통합하려면 두 파일의 병합이 필요하다. 두 사람은 파일 병합에 동의했고 CodeBrowser에서 자신의 바이너리를 열고 비교를 위한 동료의 바이너리를 추가해 Program Diff 세션을 시작했다.

Program Diff 툴바에서 아래쪽 화살표를 선택하면 두 파일의 첫 번째 차이점이 있는 위치로 이동하게 된다. 그리고 Program Diff 툴바를 이용(단축키 F5)해 Diff Details 창을 연다. 그러면 다음과 같은 세부 내용을 볼 수 있다(비교를 위해 두 부분으로 나눠 표시된다). Diff Details 창의 상단에 있는 내용은 다음과 같다.

```
Diff address range 1 of 4. ❶
Difference details for address: 0010075a ❷

Function Diffs : ❸
  Program1 CH23:/Crypto/diff_sample1 :
    Signature: void encrypt_rot13(char * inbuffer, char * outbuffer) ❹
    Thunk? : no
    Stack Frame:
      Parameters: ❺
        DataType    Storage    FirstUse  Name      Size Source
        /char *     RDI:8      0x0       inbuffer  8    USER_DEFINED
        /char *     RSI:8      0x0       outbuffer 8    USER_DEFINED
```

```
        Local Variables: ❻
          DataType    Storage           FirstUse  Name      Size   Source
          /int        EAX:4             0xc0      length    4      USER_DEFINED
          /int        Stack[-0x1c]:4    0x0       idx       4      USER_DEFINED
          /char       Stack[-0x1d]:1    0x0       curr_char 1      USER_DEFINDE
Program2 CH23:/Crypto/diff_sample1a : ❼
    Signature: void encrypt(char * param_1, long param_2)
    Thunk? : no
    Stack Frame:
      Parameters:
          DataType    Storage           FirstUse  Name      Size   Source
          /char *     RDI:8             0x0       param_1   8      DEFAULT
          /long       RSI:8             0x0       param_2   8      DEFAULT
      Local Variables:
          DataType    Storage           FirstUse  Name      Size   Source
          /undefined4 Stack[-0x1c]:4    0x0       local_1c  4      DEFAULT
          /undefined1 Stack[-0x1d]:1    0x0       local_1d  1      DEFAULT
```

두 파일에서 4개의 다른 점이 발견됐고 그중에서 첫 번째 차이점❶이 발견된 주소가 0010075a❷이다. 세부적인 비교 내용은 두 바이너리의 함수 헤더에 있는 차이점을 알려주는 것으로 시작한다.❸ 분석을 위해 분석가는 해당 함수의 이름을 의미 있는 것으로 변경했으며 해당 함수의 시그니처와 파라미터❹를 볼 수 있다. 파라미터 타입❹ 또한 적절히 정의됐다. 지역 변수의 경우 또한 의미 있는 이름과 타입❻으로 정의됐다. 두 번째 파일❼을 분석한 분석가는 해당 함수에 대한 기드라 헤더의 내용을 변경하지 않았다.

분석의 용이성을 위해 해당 함수에 대한 정의와 지역 변수에 대한 변경 사항을 유지하길 원할 것이다. 툴바의 아이콘을 이용해 변경 사항을 거부할 수 있지만 그렇게 하면 해당 주소에 대한 내용이 원래대로 돌아가 차이점이 없어지게 된다. 아직은 두 파일 간의 모든 차이점을 검토하지 않았기 때문에 Diff Details 창에서 다음 차이점이 있는 위치로 이동해보자.

주소 0010075a에서 발견된 두 번째 차이점은 라벨과 주석이다.

```
❶ Label Diffs :
    Program1 CH23:/Crypto/diff_sample1 at 0010075a :
    0010075a is an External Entry Point.
        Name         Type        Primary   Source         Namespace
    ❷ encrypt_rot13 Function     yes       USER_DEFINED   Global

    Program2 CH23:/Crypto/diff_sample1a at 0010075a :
    0010075a is an External Entry Point.
        Name         Type        Primary   Source         Namespace
    ❸ encrypt       Function     yes       USER_DEFINED   Global


❹ Plate-Comment Diffs :
  ❺ Program1 CH23:/Crypto/diff_sample1 at 0010075a :
     ***************************************************************
     *                       FUNCTION                             *
     * This is a crypto function originally named cryptor. Renamed *
     * to use our standard format encrypt_rot13. Changed the      *
     * function parameters to char *. Added meaningful variable   *
     * Function first seen in fileC13d by Ken H                   *
     ***************************************************************
    Program2 CH23:/Crypto/diff_sample1a at 0010075a :
    No Plate-Comment.

❻ EOL-Comment Diffs :
    Program1 CH23:/Crypto/diff_sample1 at 0010075a :
    No EOL-Comment.
      ❼ Program2 CH23:/Crypto/diff_sample1a at 0010075a :
        This looks like an encryption routine. TODO: Analyze to get more information.
```

라벨과 관련된 유일한 차이점❶은 함수의 이름❷❸이고, 이는 이미 살펴본 것이다.
Plate-Comment 섹션❹에서 하나는 자세한 주석❺이 있지만 다른 하나에는 주석이
없다. EOL-Comment 섹션❻의 경우에는 반대로 다른 분석가의 간단한 주석❼이 존재
한다. 주석의 내용을 검토해보면 이미 분석을 마친 함수에 대해 다른 분석가는

TODO 작업으로 분류해 놓았다는 것을 알 수 있다.

지금까지 두 파일 간의 차이점을 검토한 후의 결정 사항은 자신의 분석 내용을 그대로 유지하고 다른 분석가의 내용은 배제하는 것이다. 이를 위해 Ignore Differences and Move 아이콘을 선택하면 된다. 그러면 다음 차이점으로 이동하게 된다. 이미 Diff Details 창이 열려 있기 때문에 창의 내용이 업데이트되고 곧바로 다음 차이점에 대한 세부 내용을 볼 수 있을 것이다.

```
Diff address range 1 of 3. ❶
Difference details for address range: [ 0010081a - 0010081e ]

Reference Diffs :
  Program1 CH23:/Crypto/diff_sample1 at 0010081a :
    Reference Type: WRITE  From: 0010081a  Mnemonic  To: register:
      RAX  USER_DEFINED  Primary

  Program2 CH23:/Crypto/diff_sample1a at 0010081a :
    No unmatched references.
```

이전 차이점을 무시했기 때문에 차이점의 수❶가 감소됐다. 이번에도 다른 분석가의 내용은 추가적인 것이 없는 것처럼 보인다. 아래쪽 화살표를 클릭해 다음번 차이점으로 이동하자.

```
Diff address range 2 of 3. ❶
Difference details for address: 00100830

Function Diffs :
  Program1 CH23:/Crypto/diff_sample1 :
    Signature: undefined display_message()
    Thunk? : no
    Calling Convention: unknown
    Return Value :
        DataType     Storage          FirstUse  Name       Size Source
        /undefined   AL:1             0x0       <RETURN>   1    IMPORTED
```

```
       Parameters:
            No parameters.
   Program2 CH23:/Crypto/diff_sample1a :
       Signature: void display_message(char * message) ❷
       Thunk? : no
       Calling Convention: __stdcall
       Return Value :
            DataType      Storage        FirstUse   Name         Size Source
            /void         <VOID>         0x0        <RETURN>     0    IMPORTED
         Parameters:
            DataType      Storage        FirstUse   Name         Size Source
            /char *       RDI:8          0x0        message      8    USER_DEFINED
```

차이점의 수❶는 변경되지 않았다. 이전 차이점에 보고 그대로 다음 차이점으로
이동했기 때문이다. 이번 차이점의 경우에는 다른 분석가가 제공한 파일에 좀 더
많은 정보가 포함돼 있다는 것을 알 수 있다. 즉, 함수의 시그니처❷에 반환 타입과
파라미터가 포함돼 있다. 이 정보를 첫 번째 바이너리에 포함시키려면 오른쪽
Listing 창에서 해당 차이점을 오른쪽 마우스 클릭하고 Apply Selection을 선택(단축키
F3)하거나 툴바에서 Apply Differences 아이콘을 클릭하면 된다.

다음 차이점으로 이동하자.

```
❶ Diff address range 2 of 2.
  Difference details for address range: [ 00100848 - 0010084c ]

  Pre-Comment Diffs :
    Program1 CH23:/Crypto/diff_sample1 at 00100848 :
      No Pre-Comment.

    Program2 CH23:/Crypto/diff_sample1a at 00100848 :
    ❷ This is a potential vulnerability. The parameter is being passed
      in to printf as the first/only parameter which may result in a format
      string vulnerability.
```

바로 전 단계에서 차이점을 적용했기 때문에 차이점의 수가 감소❶됐다. 다른 분석가 파일의 Pre-Comment 부분❷이 흥미롭다. 즉, 다른 분석가는 잠재적인 취약점을 찾아낸 것이다. 이 정보를 포함시키려면 이번에도 Apply Differences를 선택하면 된다.

이제 두 파일의 비교를 완료했으므로 Diff View 아이콘을 클릭해 현재의 Program Diff 세션을 닫으면 된다. 그러면 Listing 창에는 두 바이너리의 병합된 분석 내용이 반영되고 해당 파일을 저장하고 닫을 수 있다.

기드라 Program Diff 툴은 동일한 파일의 서로 다른 두 버전 간의 차이점을 조사할 수 있는 기능을 제공한다. 반면 관련이 없는 두 파일을 비교하려고 시도한다면 두 파일 간의 우연한 유사성만을 발견하게 될 것이다. 이번에는 동일한 프로그램 또는 서로 다른 프로그램 내에 있는 함수를 비교하기 위한 툴에 대해 알아보자.

함수 비교

현재의 분석 대상 함수가 과거에 분석했던 함수를 연상시킨다면 두 함수를 직접 비교해서 과거에 분석한 내용을 현재의 함수 분석에 반영한다면 도움이 될 것이다. 기드라는 그림 23-7과 같은 Function Comparison 창을 통해 동시에 2개의 함수를 비교할 수 있게 해준다.

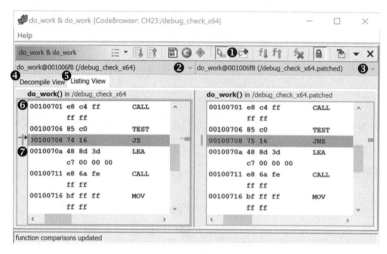

그림 23-7: Function Comparison 창

Function Comparison 창

Function Comparison 창을 사용하려면 CodeBrowser에서 대상 함수를 포함하고 있는 하나 이상의 바이너리를 열고 활성화된 CodeBrowser 탭에서 비교할 함수를 선택한 다음 마우스 오른쪽 버튼의 Compare Selected Functions 메뉴(단축키 Shift + C)를 선택하면 된다. 그러면 그림 23-7과 같이 Function Comparison 창에 두 함수를 나란히 보여주며 서로 다른 부분을 강조해서 표시해준다(하나의 함수만 선택했다면 더 많은 함수를 로드할 때까지 두 창 모두 해당 함수가 표시될 것이다).

비교할 함수를 추가하려면 Add Functions 아이콘❶을 선택한다. 그러면 CodeBrowser 상의 활성화된 프로그램에 있는 모든 함수 목록이 나열된다. 함수 목록에서 특정 함수를 선택하거나 CodeBrowser 창으로 전환해 Listing 창의 또 다른 프로그램 탭을 선택해 활성화된 프로그램을 변경할 수 있다.

활성화된 함수❻의 내용 왼쪽에는 화살표❼가 위치한다. 함수가 서로 일치하면 화살표는 다른 창의 동일한 위치에서 표시된다. 그림 23-7에서는 첫 번째 창의 명령과 두 번째 창의 명령이 일치하지 않기 때문에 화살표가 두 창 모두에 표시되지 않았다.

Function Comparison 창에서는 2개 이상의 바이너리에서 2개 이상의 함수를 로드할 수 있다. 필요하다면 각 패널에서 함수를 추가하거나 제거할 수도 있다. 풀다운 메뉴❷❸를 이용하면 어느 창에 어느 함수를 표시할지 선택할 수 있다.

또한 Decompile View❹와 Listing View❺ 사이를 쉽게 전환할 수 있고 두 창에 표시되는 함수를 변경할 수 있다. 그림 23-8은 비교할 함수의 내용을 Decompile View로 본 것이다.

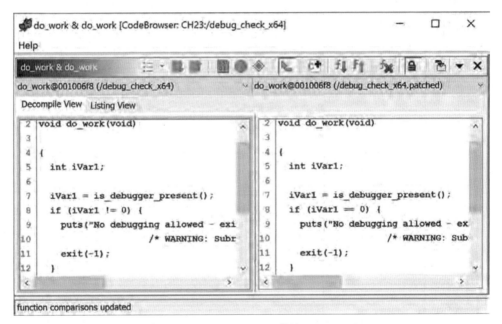

그림 23-8: Function Comparison 창의 Decompile View

Function Comparison 창의 탐색 기능은 한 번에 두 함수만 비교할 수 있고 Decompile View와 Listing View 사이를 쉽게 전환할 수 있다는 것 외에는 Program Diff 툴과 크게 다르지 않다. Function Comparison 창의 툴바는 그림 23-9와 같다.

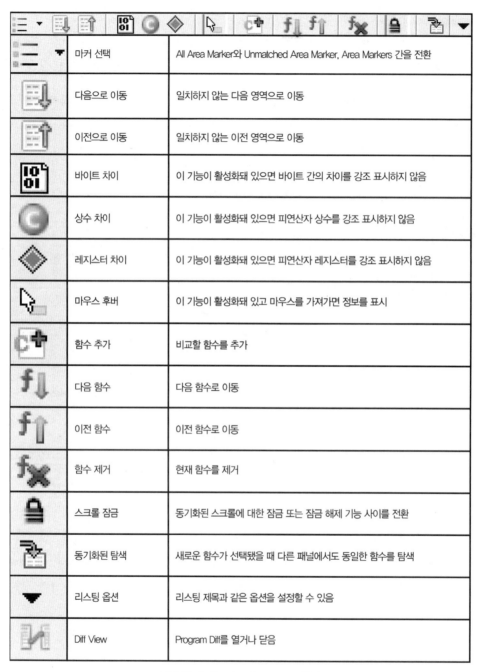

	마커 선택	All Area Marker와 Unmatched Area Marker, Area Markers 간을 전환
	다음으로 이동	일치하지 않는 다음 영역으로 이동
	이전으로 이동	일치하지 않는 이전 영역으로 이동
	바이트 차이	이 기능이 활성화돼 있으면 바이트 간의 차이를 강조 표시하지 않음
	상수 차이	이 기능이 활성화돼 있으면 피연산자 상수를 강조 표시하지 않음
	레지스터 차이	이 기능이 활성화돼 있으면 피연산자 레지스터를 강조 표시하지 않음
	마우스 후버	이 기능이 활성화돼 있고 마우스를 가져가면 정보를 표시
	함수 추가	비교할 함수를 추가
	다음 함수	다음 함수로 이동
	이전 함수	이전 함수로 이동
	함수 제거	현재 함수를 제거
	스크롤 잠금	동기화된 스크롤에 대한 잠금 또는 잠금 해제 기능 사이를 전환
	동기화된 탐색	새로운 함수가 선택됐을 때 다른 패널에서도 동일한 함수를 탐색
	리스팅 옵션	리스팅 제목과 같은 옵션을 설정할 수 있음
	Diff View	Program Diff를 열거나 닫음

그림 23-9: Function Comparison 툴바

예제를 통해 Function Comparison 툴의 몇 가지 기능을 살펴보자.

예제: 암호화 루틴 비교

Program Diff 툴을 이용해 암호화 루틴을 성공적으로 분석했다면 암호화 전문가라고 여겨질 수도 있다. 그러면 암호화 루틴이 있다고 의심될 때마다 동료로부터 암호화 루틴 분석 요청을 받게 될 것이다.

동료가 분석 요청을 위해 파일을 전달해줬다면 해당 파일에 사용된 암호화 루틴이 새로운 것인지 아니면 과거에 분석한 루틴인지 확인해봐야 한다. 새로운 함수와 비교하고자 과거에 분석한 암호화 루틴들을 각각 로드해서 비교하는 방법보다는 과거에 분석하고 문서화한 모든 암호화 루틴을 포함하는 특별한 기드라 프로젝트를 만들 수 있다. 그리고 그렇게 만든 프로젝트의 모든 암호화 루틴을 Function Comparison 창의 한쪽에 로드하고 반대쪽에는 비교할 암호화 루틴이 있는 새로운 파일을 임포트한다(예제를 단순화시키고자 이전에 분석한 암호화 루틴은 앞서 예로 든 ROT13 루틴 하나라고 가정할 것이다).

이전에 분석한 암호화 루틴 파일들을 CodeBrowser에 모두 로드하고 Function Comparison 창에 encrypt_rot13 함수를 로드한 후에는 동일한 CodeBrowser 인스턴스에 비교할 새로운 파일을 로드(File ▶ Open)해서 그것을 활성화시켜야 한다. 이때 새로운 파일의 내용을 살펴볼 수도 있다. 필요한 함수를 찾지 못한다면 언제든지 CodeBrowser 창으로 다시 전환할 수 있다. Function Comparison 툴바에서 Add Functions를 선택하면 새로운 바이너리 파일에 있는 함수 목록을 볼 수 있으며, 그림 23-10과 같이 목록 중간에서 encrypt라는 흥미로운 이름을 가진 함수를 발견했다고 가정하자.

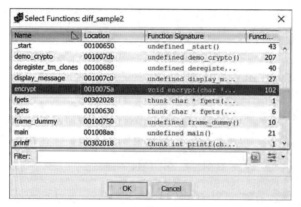

그림 23-10: encrypt라는 이름의 함수가 선택된 Select Functions 창

그림 23-11과 같이 Decompile View에 로드된 파일들을 얼핏 보면 두 함수가 상당히
다르다는 것을 알 수 있다.

그림 23-11: 두 암호화 루틴의 Decompile View

그림 23-12와 같이 Listing View로 보더라도 두 함수는 상당한 차이를 갖고 있다는 것을 확인할 수 있다.

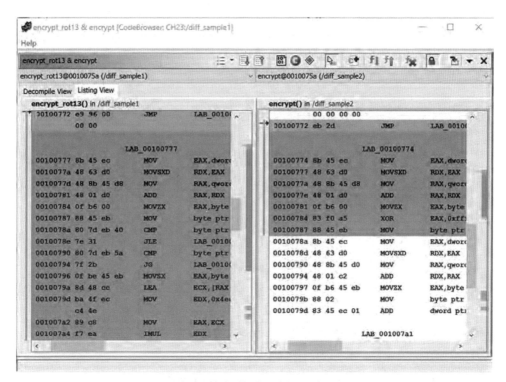

그림 23-12: 두 암호화 루틴의 Listing View

좀 더 자세히 보면 새로운 암호화 루틴은 상수 값 0xa5로 각 바이트를 XOR 연산하는 것을 발견할 수 있다. 이로써 새로운 암호화 루틴은 기존에 알고 있는 암호화 루틴과 확실히 다르다고 판단할 수 있으며, 새로운 암호화 루틴의 이름을 지정하고 기존 암호화 루틴 목록에 추가한다(그러면 기존 암호화 루틴이 2개가 된다). CodeBrowser로 돌아가서 새로운 함수의 시그니처를 업데이트하고 주석을 추가해 새 암호화 루틴을 문서화한다. 그러면 변경 내용이 Function Comparison 창에도 반영된다.

새로운 함수에 대한 문서화를 진행하는 동안 새로운 바이너리에 display_message라는 함수가 있어 그것과 비교할 대상 바이너리가 있다는 것을 인지하게 된다.

즉, 기존 바이너리에도 display_message라는 함수가 있고 해당 함수는 보안 취약점을 갖고 있다고 판단했기 때문에 두 함수를 비교하기로 결정한 것이다. 두 함수를 Function Comparison 창에 로드해 함수 이름뿐만 아니라 내용의 유사성을 갖고 있는지 판단한다. 그림 23-13을 보면 Decompile View와 Listing View 모두에서 두 함수는 서로 다른 것으로 판단된다.

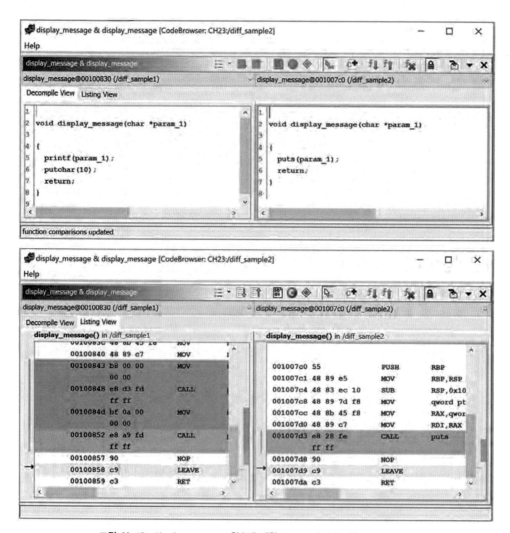

그림 23-13: display_message 함수에 대한 Decompile View와 Listing View

두 번째 display_message 함수에서는 출력을 위해 param_1이 puts 함수에 전달돼 보안 취약점이 해결됐다.

지금까지의 과정을 통해 동료로부터 전달받은 바이너리가 완전히 다른 것이라는 것을 알 수 있다. 이제 Function Comparison 툴바의 아이콘을 이용해 display_message 함수를 제거하면 암호화 루틴 목록에 2개의 암호화 루틴(encrypt_rot13과 encrypt_XOR_a5)만 남게 된다.

새로운 바이너리를 살펴보면 그 안에는 암호화와 관련된 함수가 3개(encrypt, encrypt_strong, encrypt_super_strong) 있는 것으로 보인다. Function Comparison 창에 3개의 함수를 로드하면 기존 암호화 루틴과 비교할 수 있다. encrypt_rot13과 3개의 함수를 비교한 결과는 다음과 같다.

> encrypt_rot13과 encrypt는 거의 완전히 다르다. encrypt 함수는 다른 두 암호화 루틴 중 하나를 테스트하고자 호출한 것뿐이다.
>
> encrypt_rot13과 encrypt_strong은 거의 같다.
>
> encrypt_rot13과 encrypt_super_strong은 많이 다르다. 두 함수를 자세히 살펴보면 같은 함수가 아니라는 것을 알 수 있다.

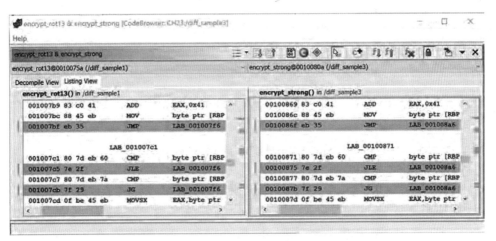

그림 23-14: 주소 라벨 부분만 다른 Function Comparison 창

encrypt_rot13과 encrypt_strong을 비교한 그림 23-14를 자세히 보면 주소 라벨만
서로 다른 동일한 함수라는 것을 알 수 있다.

서로 다른 바이너리에서 함수의 위치는 다를 수 있기 때문에 주소 라벨까지 완벽하
게 일치하기는 힘들다. 그리고 현재 주소에 대해 라벨이 가리키는 상대 주소가
일관성이 있기 때문에 동일한 함수라고 처리할 수 있다. 유일한 차이점은 그림
23-15에서 볼 수 있듯 strlen을 호출하기 위한 코드의 1바이트다. 이는 각 바이너
리의 strlen 함수와 해당 암호화 함수 사이의 상대적 위치 차이 때문이다.

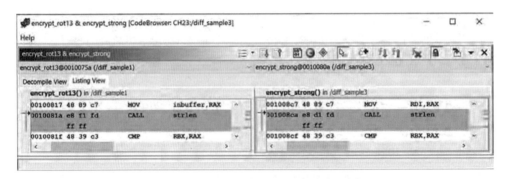

그림 23-15: strlen 호출 코드에서의 1바이트 차이

두 함수가 동일한 것이라고 판단됐다면 먼저 분석된 함수를 선택해 마우스 오른쪽
버튼의 Apply Function Signature To Other Side 메뉴를 선택한다. 그러면 Listing 창과
Symbol Tree 창뿐만 아니라 필요한 모든 곳에서 해당 함수의 시그니처가 업데이트
된다. Function Comparison 창은 Diff View에서 제공하는 모든 기능을 제공하지는
않는다. 추가적인 정보(해당 함수와 관련된 자세한 주석 등)를 복사하려면 Program Diff 툴을 사
용해야 한다. encrypt_rot13 함수와의 비교 작업 후에는 3개의 함수를 encrypt_
XOR_a5 함수와 비교하면 된다. 비교 결과는 다음과 같다.

encrypt_XOR_a5와 encrypt는 거의 완전히 다르다.

encrypt_XOR_a5와 encrypt_strong은 많이 다르다. 두 함수를 자세히 살펴보면
같은 함수가 아니라는 것을 알 수 있다.

encrypt_XOR_a5와 encrypt_super_strong은 거의 같다.

754

encrypt_XOR_a5와 encrypt_super_strong은 주소 라벨과 strlen 호출을 위한 일부 바이트를 제외하고는 동일하다. 따라서 앞서 동일한 함수에 대해 처리한 작업을 똑같이 수행하면 된다.

지금까지 설명한 예제는 간단한 것(즉, 실제 현업에서 마주하게 되는 암호화 루틴과 다를 수 있다)이지만 새로운 바이너리에서 친숙한 루틴을 만났을 때 분석에 들어가는 노력을 최소화하기 위한 함수 비교 작업 방법을 알 필요가 있다.

마지막으로 두 파일을 조사하고자 살펴볼 툴은 가장 복잡한 Version Tracking 툴이다.

버전 추적(트래킹)

매우 큰 바이너리를 분석하는 데 몇 개월이 걸렸다고 가정해보자. 해당 바이너리는 심볼 정보가 포함돼 있지 않고 수백에서 수천 개의 함수를 포함하고 있다. 분석 작업의 일환으로 대부분의 함수와 데이터, 지역 변수, 함수 파라미터에 의미 있는 이름을 부여했고, 며칠 이상이 걸리는 수많은 주석을 추가했다.

그런데 해당 바이너리의 새로운 버전이 나왔고 이미 분석을 많이 진행한 바이너리를 더 이상 사용하지 않는다고 상상해보라. 그럼에도 새로운 버전이 기존 버전과 유사하게 동작할 것이라는 가정하에 기존 바이너리를 계속 분석할 수는 있지만, 그렇게 되면 새로운 바이너리의 새로운 기능이나 업데이트된 동작을 알아낼 수는 없다. 반대로 새로운 버전의 바이너리를 분석하기로 결정했더라도 새로운 바이너리를 분석하는 데 도움이 되도록 이전 바이너리의 분석 내용을 읽는 데 상당히 많은 시간이 필요하다는 것을 금방 알게 될 것이다.

비교를 위해 2개의 CodeBrowser 창 사이를 왔다 갔다하는 시간을 줄여주지 못한다. 이제는 기드라가 Project Tool Chest에서 제공하는 다를 툴(그림 23-16)로 전환해볼 때가 됐다.

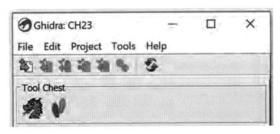

그림 23-16: Project Tool Chest의 Version Tracking 툴(footprints)

기드라의 Version Tracking 툴은 바로 이러한 상황을 지원하도록 설계됐다. 기드라는 다양한 상관관계를 이용해 기존 바이너리의 함수나 데이터와 같은 항목이 대상 바이너리의 해당 버전과 일치하는지 확인한다. 두 바이너리의 함수가 일치하면 기드라는 라벨과 주석을 포함한 정보를 기존 바이너리에서 새로운 버전의 바이너리로 자동으로 마이그레이션할 수 있다. 기존 분석 내용을 마이그레이션해주는 것 외에도 Version Tracking 툴을 사용하면 변경되지 않은 항목, 사소한 변경만 있는 항목, 완전히 새로운 항목을 쉽게 식별할 수 있다.

Version Tracking 툴을 기드라가 제공하는 툴 중에서도 다양한 설정을 할 수 있는 툴 중 하나이기 때문에 특정 상황에 맞게 설정하는 것이 가능하다. 따라서 기능 전체를 설명하는 것은 쉬운 일이 아니다. 다음 절에서는 하이레벨에서 버전을 추적하는 과정을 설명하고 Version Tracking 툴을 사용해 두 파일 간의 관계를 알아내는 데 도움이 되는 설정 방법과 구성 요소를 설명한다.

버전 추적 개념

Function Comparison과 Program Diff 툴은 두 파일 또는 두 함수 간의 차이가 무엇인가라는 특정 질문에 해답을 제시한다면 Version Tracking 툴은 좀 더 전체적인 측면의 질문에 대답할 수 있는 기능을 제공한다. 즉, 두 바이너리가 얼마나 유사한지 알 수 있고, 두 바이너리 간의 유사성에 대한 통찰력을 제공해준다. Version Tracking 툴의 기본적인 작업 단위를 세션이라고 하며, 각 세션은 두 파일 간의 상관관계를 식별하고 처리하도록 구성된다.

상관기

하이레벨에서 Version Tracking 툴은 두 파일 간의 상관관계를 찾는다. 두 파일 간의 상관관계를 찾기 위한 7가지 유형의 상관기correlator가 있다.

- Data Match 상관기
- Function Match 상관기
- Legacy Import 상관기
- Implied 상관기
- Manual Match 상관기
- Symbol Name Match 상관기
- Reference 상관기

Version Tracking 툴은 단순히 각 유형에서의 특정한 차이점을 찾아내고 목록화하는 대신 다양한 수준의 정확도로 일치되는 항목을 식별하고자 두 파일 간의 상관관계를 확장한다.

정확한 일치 Exact matches: 이는 두 파일 간의 데이터, 함수 바이트, 함수 명령 또는 함수 니모닉이 일대일로 일치하는 것을 의미한다(예: 두 바이너리에 정확히 동일한 함수가 포함돼 있는 경우).

중복 데이터 일치 Duplicate data match: 이는 두 파일 간에 동일한 구성 요소가 있지만 일대일 일치를 의미하지는 않는다(예: 어떤 특정 문자열에 한 파일에서는 1번 존재하지만 다른 파일에서는 7번 존재하는 경우).

유사 일치 Similar matches: 사용자가 지정한 유사도 임곗값을 통과하는 일치를 의미한다. 이는 13장에서 설명한 단어 모델에 사용된 접근 방식과 유사하지만 4-grams과 trigram을 이용한다.

Version Tracking 툴은 임곗값을 지원하고 일치 항목을 수락 및 거부할 수 있는 기능을 제공함으로써 기존 분석 내용을 새로운 버전의 바이너리로 마이그레이션할 수 있다. 또한 각 세션과 관련된 정보를 통해 바이너리의 변경 내용이나 특정 계열의 악성코드 진화 형태를 효과적으로 캡처해 분석을 수행할 수 있다.

세션

버전 추적을 위한 전체 세션을 자세히 살펴보는 것은 상당한 시간이 걸리지만 기본적인 버전 추적 세션은 다음과 같은 절차를 거친다.

1. 기드라의 Version Tracking 툴을 연다.
2. 기존 파일과 대상 파일을 선택해 새로운 세션을 만든다.
3. 세션에서 사용할 상관기를 선택하고, 모든 일치되는 결과 항목을 선택해 수락하고, 마크업 항목을 적용한다.
4. 세션을 저장한다.
5. 세션을 닫는다.

위에서 설명한 절차는 매우 일반적인 것이며 상관기와 관련된 조합은 매우 다양할 수 있다. 하나의 장에 Version Tracking 툴의 잠재력과 기능을 설명하는 것은 불가능하다. 기드라 팀은 기드라 Help에 Version Tracking 툴에 대한 자세한 문서와 워크플로 예제를 제공하고 있다. 리버스 엔지니어링 과정에서 이 툴의 기능을 잘 사용하는 것은 사용자의 몫이다.

요약

23장에서는 Program Diff, Function Comparison, Version Tracking 툴을 이용해 하나의 바이너리가 아닌 두 바이너리 간의 차이점과 유사점을 식별하는 방법을 설명했다. 해당 툴들은 기존 작업 내용을 새로운 바이너리에 이식하거나 동료가 작성한 주석 내용을 병합하거나 동일한 프로그램의 두 버전 간에 변경된 사항을 정확히 알아내는 데 귀중한 시간을 절약해준다.

지금까지 기드라의 방대한 기능을 전반적으로 살펴봤지만 그것은 단지 기드라가 제공하는 기능의 표면만을 살펴본 것뿐이다. 이제는 기드라를 더 깊이 이해하고 직면하게 되는 리버스 엔지니어링 문제에 기드라를 적용하는 방법을 알아야 한다. 기드라 관련 질문이 있다면 GitHub, Stack Exchange, Reddit, YouTube 등 다양한 기드라 커뮤니티에서 도움을 받을 수 있다.

더 중요한 것은 이제는 질문에 답을 해주고 다른 사람들에게 도움을 제공함으로써 자신이 기여할 수 있는 위치에 있어야 한다는 것이다. 기드라는 커뮤니티에서 지원하는 소프트웨어이며 지속적으로 발전하고 있다. 기드라에 대한 튜토리얼을 작성하거나 기드라 스크립트와 모듈을 작성해 공유하거나 기드라 관련 문제를 찾아내 해결하거나 기드라 자체의 새로운 기능 개발에 참여하길 바란다. 기드라의 미래는 커뮤니티에 의해 결정되며 이제부터는 여러분도 포함된다. 여러분을 환영하며 행복한 리버싱이 되길 바란다.

부록

IDA 사용자를 위한 기드라

기드라에 대한 호기심을 갖고 있거나 기드라로 전환을 고려하고 있는 IDA Pro 사용자라면 이 책에서 설명하고 있는 많은 개념에 익숙할 것이다. 이 부록의 목적은 기드라의 기능을 설명하는 것이 아니라 IDA에서 사용하는 용어나 사용법을 기드라의 기능에 매핑시키는 것이다. 여기서 설명하는 기드라의 특정 기능은 이 책에서 해당 기능을 더욱 자세히 설명하고 있는 장을 참고하길 바란다.

여기서는 두 툴의 성능을 비교하지 않고 둘 중 어느 하나가 상대적으로 우월하다고 주장하지도 않을 것이다. 어느 툴을 사용할지는 가격이나 어떤 특정 기능을 제공하는지 여부에 따라 결정될 수 있다. 다음은 IDA 사용자의 관점에서 이 책의 주제를 간단히 살펴본 것이다.

기본 지식

새로운 툴을 배울 때는 기능에 대한 단축키를 요약한 안내서가 있다면 도움이 될 것이다. 기드라 치트 시트(https://ghidra-sre.org/CheatSheet.html)는 일반적인 사용자 작업과 관련 단축키, 툴 버튼 정보를 제공하는 유용한 안내서다. IDA에서 주로 사용하는 기능에 대한 기드라의 단축키는 무엇인지 바로 알게 될 것이다.

데이터베이스 생성

IDA에서는 하나의 데이터베이스에 하나의 바이너리만을 임포트하고 단일 사용자가 기본이지만 기드라는 프로젝트 지향적이어서 하나의 프로젝트가 여러 개의 파일을 포함할 수 있고 동일한 프로젝트를 여러 명의 사용자가 협업해서 리버싱을 할 수 있도록 지원한다. IDA의 데이터베이스를 기드라에서는 프로젝트 내의 단일 프로그램이라고 생각하면 된다. 기드라의 사용자 인터페이스는 크게 Project와 CodeBrowser라는 2가지 요소로 나뉜다.

기드라에서 가장 먼저 수행하는 작업은 프로젝트(공유 프로젝트 또는 비공유 프로젝트)를 만들고 Project 창을 통해 프로젝트에 '프로그램'(바이너리)을 임포트하는 것이다. IDA의 경우에는 새로운 바이너리를 열어 새로운 데이터베이스를 만드는 것이며, 다음과 같은 작업이 수행된다.

1. (IDA) 사용 가능한 모든 로더에 질의해서 새로 선택된 파일을 인식하는 로더를 알아낸다.
2. (IDA) 사용 가능한 로더, 프로세서 모듈 및 분석 옵션을 표시하는 대화상자를 보여준다.
3. (사용자) 파일 내용을 새로운 데이터베이스에 로드하는 데 사용할 로더 모듈을 대화상자에서 선택하거나 IDA가 제공하는 디폴트 옵션을 선택한다.
4. (사용자) 데이터베이스 내용을 디스어셈블할 때 사용될 프로세서 모듈을 선택하거나 IDA가 제공하는 디폴트 옵션을 선택한다.

5. (사용자) 초기 데이터베이스를 만들 때 사용되는 분석 옵션을 선택하거나 IDA가 제공하는 디폴트 옵션을 선택한다. 이때 분석을 완전히 비활성화하도록 선택할 수도 있다.

6. (사용자) OK 버튼을 클릭한다.

7. (IDA) 선택된 로더 모듈은 원본 파일에서 가져온 바이트 내용으로 데이터베이스를 채운다. IDA 로더는 일반적으로 전체 파일을 데이터베이스에 로드하지 않기 때문에 새로 만들어진 데이터베이스의 내용으로 원본 파일을 다시 만드는 것은 불가능하다.

8. (IDA) 분석이 활성화된 경우 선택된 프로세서 모듈을 사용해 로더와 선택된 분석기는 코드 바이트를 디스어셈블한다(IDA는 분석기 커널 옵션을 호출한다).

9. (IDA) 디스어셈블된 내용이 IDA의 사용자 인터페이스에 표시된다.

분석 데이터베이스를 만드는 IDA의 각 단계는 기드라와 유사하지만 기드라는 임포트와 분석이라는 2개의 개별적인 단계로 나뉜다. 기드라의 임포트 과정은 일반적으로 Project 창에서 수행되며 다음과 같은 과정을 거친다.

1. (기드라) 사용 가능한 모든 로더에 질의해서 새로 선택된 파일을 인식하는 로더를 알아낸다.

2. (기드라) 허용 가능한 형식(로더) 및 언어(프로세서 모듈) 목록을 표시하는 임포트 대화상자를 표시한다.

3. (사용자) 현재 프로젝트에 파일을 임포트하기 위한 형식을 선택하거나 기드라가 제공하는 디폴트 옵션을 선택한다.

4. (사용자) 프로그램의 내용을 디스어셈블할 언어를 선택하거나 기드라가 제공하는 디폴트 옵션을 선택한다.

5. (사용자) OK 버튼을 클릭한다.

6. (기드라) 선택한 형식과 연결된 로더는 원본 파일에서 가져온 바이트 내용을 현재 프로젝트의 새 '프로그램'으로 로드한다. 로더는 프로그램 섹션을 만들고 바이너리의 심볼, 임포트 테이블과 익스포트 테이블을 처리하지만 디

스어셈블리와 관련된 분석은 수행하지 않는다. 기드라 로더는 일반적으로 전체 파일을 기드라 프로젝트에 로드하지만 파일의 일부는 CodeBrowser에 의해 표시되지 않을 수 있다.

위 과정은 IDA가 데이터베이스를 만드는 과정과 유사하지만 일부 단계는 빠져있다. 기드라에서 분석은 CodeBrowser에서 수행된다. 일단 성공적으로 파일을 임포트했다면 Project 뷰에서 해당 파일을 더블클릭하면 기드라의 CodeBrowser에 해당 파일이 열린다. 처음 프로그램을 연 경우에는 다음과 같은 작업을 거친다.

1. (기드라) CodeBrowser를 열면 임포트를 수행한 결과가 표시되고 해당 파일을 분석할지 여부를 묻는다.

2. (사용자) 파일을 분석할지 결정한다. 파일을 분석하지 않기로 결정했다면 바이트 내용을 스크롤해서 볼 수는 있지만 CodeBrowser에서 디스어셈블리 코드를 볼 수는 없다. 이때 파일 분석을 수행하려면 Analysis ➤ Auto Analyze를 선택하면 된다. 파일을 분석하기로 결정한 경우 기드라는 현재 파일 형식 및 언어 설정과 호환되는 '분석기' 목록을 표시한다. 실행시킬 분석기를 선택한 다음 기드라가 초기 분석을 수행하기 전에 분석기가 사용하는 옵션을 수정할 수 있다.

3. (기드라) 선택된 모든 분석가가 실행되면 CodeBrowser에 분석된 내용이 표시되고 사용자는 해당 내용을 바탕으로 작업을 시작한다.

임포트와 분석 과정에 대한 좀 더 자세한 정보는 이 책에서 해당 내용을 설명하는 부분을 참고하길 바란다. IDA에는 기드라의 Project 뷰에 해당하는 것이 없고 공유되는 Lumina 데이터베이스 외에는 리버싱 협업을 위한 기능이 없다. Project 뷰는 4장에서 설명했다. 프로젝트 공유와 리버스 엔지니어링 협업은 11장에서 설명했다. CodeBrowser는 4장에서 소개하고 5장에서 좀 더 자세히 다루며 이 책 전반에 걸쳐 관련 내용이 포함돼 있다.

CodeBrowser는 기드라의 툴이며 프로그램 분석을 위한 기본적인 사용자 인터페이스다. 그리고 CodeBrowser는 IDA의 사용자 인터페이스와 가장 유사한 구성 요소이기 때문에 IDA의 사용자 인터페이스와 CodeBrowser를 비교해보자.

기본적인 창과 탐색

기본 구성에서 CodeBrowser는 프로그램 기능에 대한 정보를 표시하는 여러 가지 특수한 창을 포함하는 컨테이너다. CodeBrowser에 대한 자세한 내용은 5장부터 시작해 관련 데이터 표시를 다루는 10장까지 이어진다.

Listing 뷰

CodeBrowser의 중앙에는 텍스트 모드의 IDA View와 유사한 전통적인 디스어셈블리 코드를 보여주는 Listing 창이 위치한다. Listing 창이 보여주는 내용의 형식을 사용자 지정하려면 개별적인 항목을 수정하거나 재정렬, 삭제할 수 있는 Browser Field Formatter를 이용하면 된다. IDA에서처럼 Listing 창에서는 라벨(IDA에서는 이름)을 더블클릭하면 해당 라벨과 관련된 주소로 이동할 수 있다. 마우스 오른쪽 버튼을 클릭하면 상황에 맞는 메뉴가 나오고 그것을 통해 이름 바꾸기나 다시 입력과 같은 라벨과 관련된 작업을 수행할 수 있다.

IDA와 유사하게 Listing 창에서 보여주는 각 함수의 시작 부분(함수 헤더)에는 함수의 프로토타입이나 함수의 지역 분수에 대한 요약 정보, 해당 함수에 대한 상호 참조 정보를 보여주는 주석이 위치한다. IDA의 Stack 뷰와 동일한 기능을 위해 기드라에서는 함수 헤더를 마우스 오른쪽 버튼으로 클릭한 다음 Function ➤ Edit Stack Frame을 선택하면 된다.

IDA에서 문자열(레지스터 이름이나 명령 니모닉)을 클릭하면 해당 문자열이 발견되는 모든 곳에서 강조 표시되는데, 기드라에서는 디폴트로 해당 기능을 지원하지 않기 때문에 실망스러울 수도 있다. 기드라에서 해당 기능을 활성화하려면 Edit ➤ Tool Options ➤ Listing Fields ➤ Cursor Text Highlight를 선택하고 Mouse Button to Activate

를 MIDDLE에서 LEFT로 변경하면 된다. 사용자가 좋아하거나 싫어할 수 있는 기능으로는 Markup Register Variable References가 있는데, 그것은 기드라가 함수에 인자를 전달하고자 사용하는 레지스터의 이름을 자동으로 변경하는 기능이다. 이 기능을 비활성화시키려면 Edit ➤ Tool Options ➤ Listing Fields ➤ Operands Fields를 선택하고 Markup Register Variable References를 선택 취소하면 된다.

마지막으로 무심코 IDA의 단축키를 사용할 때 기드라가 '원하는 대로 동작'하기 원한다면 Edit ➤ Tool Options ➤ Key Bindings를 선택해 기드라의 단축키 조합을 IDA의 단축키와 동일하게 변경하면 된다. IDA 사용자를 위해 즐겨 사용되는 모든 단축키를 기드라에 자동으로 적용시키기 위한 키 바인딩 파일도 있다.[1]

Graph 뷰

기드라의 Listing 창은 텍스트만 보여준다. IDA의 그래프 뷰에서 작업하는 것을 선호한다면 기드라에서는 별도의 Function Graph 창을 열어야 한다. IDA의 Graph 뷰와 마찬가지로 기드라의 Function Graph 창은 한 번에 하나의 함수를 표시할 수 있으며 Listing 창에서와 같이 Function Graph 창의 항목을 변경할 수도 있다.

기본적으로 기드라의 그래프 레이아웃 알고리듬은 기본 블록 노드 뒤에 에지를 위치시키기 때문에 에지에 대한 추적이 어려워질 수 있다. 이를 개선하려면 Edit ➤ Tool Options ➤ Function Graph ➤ Nested Code Layout을 선택한 다음 Route Edges Around Vertices를 체크하면 된다.

디컴파일러

기드라에는 지원되는 모든 프로세서에 대한 디컴파일러가 포함돼 있다. 기본적으로 Decompiler 창은 Listing 창 오른쪽에 위치하며 Listing 창의 함수에 커서가 위치할 때마다 해당 함수의 디컴파일된 C 소스코드를 보여준다. 디컴파일된 C 소스코드

---

1. https://github.com/enovella/ida2ghidra-kb/ 또는 https://github.com/JeremyBlackthorne/Ghidra-Keybindings/

에 주석을 추가하거나 보려면 Edit ➤ Tool Options ➤ Decompiler ➤ Display를 선택하고 Display EOL comments를 체크하면 된다. 동일한 옵션 탭에 있는 Disable printing of type casts 옵션은 경우에 따라 디컴파일된 코드를 극적으로 정리해서 가독성을 높여주기도 한다.

또한 디컴파일러는 생성한 코드를 적극적으로 최적화하는 경향이 있다. 디컴파일된 함수의 코드에 누락된 것이 있는 것처럼 느껴진다면 디컴파일러가 해당 함수 내에서 사용되지 않는다고 판단한 코드를 제거한 경우일 수 있다. 디컴파일러가 제거한 코드를 보려면 Edit ➤ Tool Options ➤ Decompiler ➤ Analysis를 선택해 Eliminate dead code를 선택 해제하면 된다. 디컴파일러는 19장에서 다뤘다.

Symbol Tree 창

CodeBrowser의 Symbol Tree 창은 프로그램에 포함된 모든 심볼을 계층적으로 보여준다. Symbol Tree에는 6개의 최상위 폴더가 포함되는데, 그것은 6가지의 심볼 클래스를 위한 것이다. Symbol Tree 폴더 안의 이름을 클릭하면 Listing 창은 해당 주소로 이동된다.

Imports: 임포트 폴더는 동적으로 링크된 바이너리와 관련이 있으며 프로그램에서 참조하는 외부 함수와 라이브러리 목록을 제공한다. 이는 IDA의 Imports 탭과 가장 밀접하게 관련이 있다.

Exports: 익스포트 폴더는 프로그램 외부에서 공개적으로 볼 수 있는 프로그램 안의 모든 심볼 목록을 제공한다. 이 폴더 안의 심볼은 nm 유틸리티의 출력 결과와 유사한 경우가 많다.

Functions: 이 폴더는 프로그램 안의 함수 목록을 제공한다.

Labels: 이 폴더는 프로그램 안의 추가적인 비로컬 라벨 목록을 제공한다.

Classes: 이 폴더는 기드라가 RTTI[RunTime Type Identification]를 찾은 모든 C++ 클래스 이름 목록을 제공한다.

Namespaces: 이 폴더는 기드라가 프로그램을 분석하는 동안 만들어낸 네임스페이스 목록을 제공한다. 기드라의 네임스페이스에 대한 추가적인 정보는 기드라 Help를 참고하길 바란다.

Data Type Manager

Data Type Manager는 데이터 구조체와 함수 프로토타입에 대한 모든 정보를 유지 관리한다. Data Type Manager 안의 각 폴더는 IDA의 타입 라이브러리(.til)와 대략적으로 비슷하다. Data Type Manager는 IDA의 Structures 창, Enums 창, Local Types 창 그리고 Type Libraries 창의 역할을 수행하며, 8장에서 자세히 다뤘다.

스크립트

기드라는 자바로 구현됐으며 기본적인 스크립트 언어는 자바다. 일상적인 스크립트 외에도 기드라의 자바 익스텐션에는 분석기, 플러그인, 로더가 포함된다. 기드라 분석기와 플러그인은 함께 IDA의 플러그인과 동일한 역할을 수행하며, 기드라 로더는 IDA 로더와 본질적으로 동일한 역할을 수행한다. 기드라는 프로세서 모듈 개념을 지원하지만 SLEIGH라는 특정 언어로 정의된다.

기드라에는 일반적인 스크립트 작업을 위한 기본적인 스크립트 편집기와 더 복잡한 기드라 스크립트 및 익스텐션을 쉽게 만들 수 있는 이클립스 플러그인이 포함돼 있다. 파이썬 언어는 Jython을 통해 지원한다. 기드라 API는 바이너리의 기능을 자바 객체로 표현하는 클래스 계층으로 구현되며, 가장 일반적으로 사용되는 일부 API 클래스를 쉽게 사용할 수 있는 클래스를 별도로 제공한다. 기드라 스크립트는 14장과 15장에서 설명했으며 익스텐션은 15, 17, 18장에서 설명했다.

요약

기드라의 기능은 IDA의 기능과 매우 유사하다. 어떤 경우에는 기드라의 디스플레이가 IDA와 상당히 유사해서 그런 경우 IDA 사용자가 기드라 사용법을 익히는 데 유일한 장애 요소는 새로운 단축키와 도구 버튼, 메뉴라고 할 수 있다. 어떤 경우에는 IDA와 다른 방식으로 정보가 제공되기 때문에 좀 더 학습이 필요할 수 있다. 2가지 경우 모두 기드라의 사용자 정의 기능을 이용해 IDA처럼 작동하게 만들거나 기드라의 새로운 작업 방식을 시간을 들여 배운다면 기드라가 대부분의 리버스 엔지니어링 요구 사항을 충족한다는 사실과 경우에 따라 완전히 새로운 방식으로 작업을 완료할 수 있다는 사실을 알게 될 것이다.

찾아보기

ㅇ

ㅈ

ㅊ

ㅋ